三维六商孕育经

（在线答疑版）

张飞驰 张丽娟 岳少杰 张卫社 王东波◎著

CTS K 湖南科学技术出版社

作者简介

张飞驰 湖南中医药大学医疗专业毕业，研究生学历，中医主治医师和高级经济师双职称。毕业后在湖南中医药大学第二附属医院从事中医临床工作10年，后调入湖南省某厅局从事国家公务工作，以及湖南省管某集团企业担任中高层企业管理工作。现任湖南德沐素质教育研究所所长，潜心研究人的综合素质和素质教育，以及人的保健养生和自私无私行为，独创性提出了“三维六商”素质教育理论、“123保健养生体系”和“境界自私论”等，其中重点倡导的“家庭教育要从经验教育向科学教育升级”的理论，将为年轻父母和隔代父母进行优生优育优教和家庭隔代教育活动提供科学有效的理念与方法。

张丽娟 中南大学湘雅二医院妇产科教授，全国“三下乡”先进个人，湖南省妇幼保健与优生优育协会专家，妊娠期胎心监护、妊娠期营养与体重管理专家，中国两项发明专利（专利号：ZL 201510357122.0、专利申请号：201711416456.6）第一发明人，发表学术论文数十篇。一直在中南大学湘雅二医院妇产科从事妇产科临床、教学和科研工作，主要研究与专攻方向：妊娠期高血压疾病、妊娠期肝内胆汁淤积症、胎儿宫内监测、保胎养胎、母胎保健与胎教等。

岳少杰 美国BAYLOR医学院分子生物学和细胞生物学系博士后。中南大学湘雅医院二级教授，一级主任医师，博士研究生导师，湘雅名医。湖南省第三批跨世纪学术和技术带头人，湖南省新世纪121人才工程第三层次，国家卫生健康委员会新生儿专家。中华医学会围产医学分会委员和新生儿复苏学组委员，中华医学会儿科学分会新生儿学组委员，中国医师协会新生儿科医师分会常务理事及母源性疾病专业委员会主任委员，中国中西医结合学会儿科专业委员会副主任委员和新生儿学组组长，湖南省新生儿医疗质量控制中心主任，湖南省围产专业委员会候任主任委员和新生儿学组组长，湖南省儿科学专业委员会委员和新生儿学组组长，湖南省中西医结合学会儿科专业委员会主任委员。《中国当代儿科杂志》副主编，《中华围产医学杂志》等5本杂志编委。先后主持完成国家自然科学基金项目5项、部省级课题10余项。长期从事儿科尤其是新生儿临床、教学与科研，对新生儿疾病诊治有较高的造诣。

张卫社 中南大学湘雅医院产科主任，教授，主任医师，博士研究生导师，湖南产科救治联盟主席，中华医学会妇产科学分会产科学组成员，中华医学会围产医学分会委员，中国妇幼保健协会高危妊娠专业委员会常委，中华预防医学会产科疾病与出生缺陷防控学组成员，湖南省妇幼保健与优生优育协会产科重大疾病救治专业委员会主任委员，湖南省妇幼保健专业委员会副主任委员。专攻复杂疑难重症母胎疾病的救治、妊娠期评估及指导。

本书阅读与应用说明

尊敬的读者朋友：

您好！

谢谢您阅读《三维六商孕育经（在线答疑版）》一书，也恭喜您拥有一本既能阅读知识又能享受服务的多功能书籍！

本书是一本纸质阅读和移动阅读相结合、知识学习与同步服务相结合的系统化养胎育儿书籍，既有系统的养胎育儿科学体系，又有同步精准的超值服务。

阅读之前，请您打开微信，扫码关注下方二维码并完成注册，立即成为本书专有的母婴宝服务平台的会员，享受超值的阅读乐趣和优质的服务体验：

1．移动扩展阅读：本书纸面上的文字主要是养胎育儿的核心内容，供读者随时翻阅学习。由于版面有限，更多内容采用移动互联技术放在了服务平台后台，读者朋友只需拿出手机对着书中“移动阅读”的二维码扫一扫，就可在手机上随时阅读相应的扩展内容，非常方便。

2．专家咨询服务：读者朋友在养胎育儿过程中有什么疑问和难点，可通过平台发送文字和图片咨询本书作者，享受专业的在线咨询服务。

3．同步资讯服务：注册输入预产期或孩子生日，可每天免费获得同步精准的养胎育儿知识、妊娠期营养与体重管理等母婴保健指导。

4．全程个性化提醒：注册输入预产期或孩子生日，可免费获得孕检提醒与疫苗接种提醒服务，减少遗忘的烦恼。

还等什么？赶快关注注册吧！

同步服务平台微信二维码

前言

PREFACE

教育，一个人类永恒的主题，更是一个普遍的话题。

当您拿着本书看到“教育”一词时，肯定和我一样，对中国教育有说不完的理解和感慨。我们曾经都是孩子，是学生，站在“被教育”者的位置亲身体验了中国教育十几年，包括家庭教育、学校教育和社会教育。现在，我们已经成为或即将成为家长了，对于下一代，我们自然而然成为孩子的老师、“教育者”。

做好“被教育者”的角色，保持很高的学习能力，是人一生中不可或缺的基本追求，所谓“活到老，学到老”是也。但当我们又增加了一个“教育者”角色时，我们不知不觉转换了位置和角度，我们成为或即将成为孩子的“老师”，我们准备好了吗？我们合格吗？

对孩子的教育不仅是一项伟大而有意义的事业，更是一项细致而漫长的实践。实践中必须要掌握好教育培养下一代的科学理论、规则原理和操作方法。我们既不能“误人子弟”，更不能“误己子弟”啊！

谈到教育培养孩子的原理和方法，可谓众说纷纭、莫衷一是。这让我想起了疾病治疗上存在的一种普遍现象。

笔者在本科阶段和研究生阶段就读于湖南中医药大学，研读中医临床医学。职业生涯的第一个10年，是在一家省级中医医院从事临床医疗工作。在10多年的医学学习和临床工作中，我发现一个普遍现象：但凡是对某种疾病没有找到很好的治疗方法和特效药物的时候，有关这种疾病的发病机制、治疗方法和治疗药物就会层出不穷、各有各法。而一旦弄清了该病的发病原理，找到了有效治疗方法和特效药物后，这种病的治疗、康复反而就简单了。比如胃溃疡，在1983年以前是有很多治疗理念、治疗方法和治疗药物的，但治疗效果一直不够理想。而自从后来成功培养出幽门螺杆菌，并通过大量研究证明，幽门螺杆菌感染是消化性溃疡的主要原因后，胃溃疡的治疗就变得很简单而有效了。

在孩子教育培养问题上，目前也是理论观念各呈精彩，方法经验层出不穷，但是教育效果却不尽人意，尤其在家庭教育方面更是如此。关于这一点每一位读者都应该有亲身感受。稍微观察一下周围的人就会发现，很多国人对中国当前的教育有诸多不满意，对孩子的素质状况也越来越担忧。这实际上就说明一个问题：我们在孩子教育，尤其是家庭教育和孩子综合素质培养方面还没有完全找到真正的科学原理和切实有效的教育方法。

科学原理与实操方法也是两个不同的概念，相对而言，大部分家长更喜欢学习实操方法。我们在长期的家长走访或开展家长培训和经验分享过程中，就经常碰到这样的问题：家长们对家庭教育理论原理不太感兴趣，而对直接的操作方法兴趣更浓。个别家长甚至说，可否跳过那些理论宣教环节，直接说怎么做就行了。应该说，这是典型的中国人的思维习惯，追求直接实用有效，不太想去弄明白深层的原理。再加上生活的快节奏和功利性，想直接学习实操方法就成为必然。但是我总是不厌其烦地告诉家长们，在孩子漫长的的教育培养过程中真不能这样简单地追求实操方法，因为所有的经验方法都是因时因地因人而异的，带有很强的针对性。如果只知道怎么做（知其然），而不知道为什么这么做（知其所以然），那就是只懂方法操作层次的知识，不懂其规律原理，不懂系统理论，这在孩子的教育方面是很难有效果的。只有弄懂了教育原理，教育方法就能随机应变，效果倍增，家长自己可以根据自己的知识技能、孩子的优势特长和周围的自然人文环境来制定一套适合自己孩子素质培养的教育方法。

只要稍微留意，就会发现目前有关孩子教育方面的知识和获取知识的渠道非常多，包括各类书籍、培训班、门户网站、微信公众号、各种APP资讯平台，以及父母长辈、亲戚朋友，等等，应有尽有。但是这些大多都是方法和经验层面的东西，鲜有从底层的理论原理层次进行论述的。在这里我要请各位读者注意，当看到听到别人用某种方法来教育培养孩子显得非常成功有效时，我们往往照葫芦画瓢运用同样的方法来教育自己的孩子、学生时，就未必适用有效了，因为一种方法是否有效不在于方法本身，而在于如何运用这种方法。如何运用，就是教学的理论原理层次的东西了。因此，别人有效的方法和成功的经验，都只能拿来分析参考，而不是照抄照搬。要运用好别人的好方法，首先要充分理解经验方法背后的理论原理。

当然，我们也肯定听过一些孩子培养和家庭教育的理论原理，比如意大利蒙台梭利的窗口期理论，瑞士皮亚杰的游戏促进思维发展和促进学习的理论，美国的布鲁姆发展速率论，德国的卡尔维特教育理论，英国的快乐教育理论，以及日本教育专家七田真教授的右脑教育理论，韩国的瑞吉欧方案教学理论，等等。这些理念对我国的早教幼教和家长教育起到了非常积极的作用。但是只要细心观察思考就会发现，这些理论都只是从某一个方面来解释孩子的教育原理，还没有上升到从整体上来说明孩子素质培养的原理和方法。更深层次的问题是，教育是意识形态和文化层面的东西，不同国家、不同民族，因为文化和意识形态的差异，其教育理论和教育方法也不尽相同，大多与自己民族的文化传统和意识形态水土不服，所以外来的理论与方法只能借鉴参考。

基于上述原因，我和大家一样，30 年前就开始关注和研究人的基本素质和素质教育问题，尤其是家庭教育与家庭对孩子的素质培养问题。针对孩子教育的原理和方法，我们做了长期的调查研究和理论分析。我们发现，所有教育的出发点和归宿，都是为了人的健康发展和良好素质的形成。本书就是从人的素质形成的规律、教育原理和系统方法等多个层次来分析研究这一系列问题。

在当今信息爆炸、时间碎片和移动阅读时代，不敢祈求读者能够带着多大的兴趣和爱好来阅读本书，因为阅读一部系统的理论原理性书籍确实亟须耐心和恒心。但我们既然因书结缘了，那就请您一定要带着责任、带着问题来阅读。比如下面几个问题值得我们一起来思考：

什么是教育？什么是学习？教育与学习有什么区别？它们之间又有什么关系？

当前中国的教育到底存在哪些问题？为什么？

中国提出了“素质教育”理念，并实行素质教育几十年。效果为什么不尽如人意？为什么？

为了从深层次原理上来解答这些问题，我们提出了“三维六商”素质教育理论体系。提出这一理论体系，目的是想从素质教育的4个方面来指导素质教育的实践活动：

第一，孩子的综合素质到底包括哪些？这方面的内容简称为素质结构系统。其实我国从提出素质教育以来，这个问题一直没有得到很好的解决。尽管现在普遍认同学生的综合素质包括德、智、体、美、劳等方面，但从素质结构的层次条理和实操指导意义来讲，还是觉得不全面、太抽象，对家长和老师在实际教学过程中指导意义不够。而如果不真正弄清楚孩子的综合素质到底包括哪些，那么开展素质教育就会陷入迷茫和无所适从。

第二，孩子的素质发育总体上是有规律的，那么根据孩子的发育规律，在某个阶段应该培养哪方面的素质？这方面的内容简称为同步教育系统。因为孩子的成长确实是有阶段性规律的，他的学习能力也是有规律的，这就决定了在教育培养孩子的综合素质时，必须遵循孩子学习能力的发育规律。尤其是在孩子0～6岁这个关键时期，既不能灌输一些超越孩子学习能力的相关知识，否则就是拔苗助长，适得其反，也不能落后或者错过了孩子学习能力的发育期，因为0～6岁的孩子大脑发育和学习认知能力的发育有一个“窗口期”，错过了这个“窗口期”就不会再有，后续再来补救几乎没有效果。因此，在这个重要时期就要给予全面充分、科学有序的刺激教育和认知学习，既要激活潜在的智商潜能，又要让孩子获得相应的知识内容。不仅整体上如此，而且不同的孩子在整体规律上还存在差异性，家长、老师如何根据不同孩子的差异性进行不同的素质培养，这更需要家长、老师具有较高的科学的素质教育理念和方式方法。

第三，用什么方法来培养孩子的素质，我们称之为方法操作系统。方法是千变万化的，找到合适孩子的方法才是最好的。孔子有句话叫“因材施教”，我们常规的理解就是说针对不同的孩子，要根据他的学习能力、兴趣爱好等，采用不同的教育方法。但这种常规的理解其实也是很不全面的。因为教学是个多因素的互动过程，所以“因材施教”既要因孩子的材，还要因父母、老师这些教育者的材，更要因自然环境和人文环境的材。这方面的分析在后文中有详细论述。

第四，素质教育的目的当然是培养孩子的优良素质，那么在孩子素质教育培养过程中，就要预防不良素质的形成，而孩子一旦形成了不良素质时又要知道如何进行纠正。这方面的内容简称为预防纠错系统。不管观念方法如何不同，所有教育培养孩子的目的都是为了培养孩子的优良素质，同时预防或杜绝不良素质。那么家长首先就要辨别清楚哪些是优良素质，哪些是不良素质，然后才能针对性地培养良好素质，预防不良素质；其次还要掌握一定的方法，当孩子出现不良素质时，能及时引导纠正，使其恢复到优良素质轨道上来。

由此可见，孩子的综合素质培养确实是一个内容丰富、过程漫长的庞大工程，但只要我们系统学习、掌握规律，就完全可以做到有章可循、轻松实践，消除家长、老师在孩子教育过程中的惶恐迷茫和手足无措。

俗话说，一个人在事业上再怎么成功，都难以弥补育儿方面的失败。在养胎育儿和家庭教育方面的成功是其他所有成功无法比拟的。这种成功不仅关系到个人和家庭的幸福，更关系到国家和民族的未来。从这方面讲，切实做好优生优育和家庭教育，做一个合格、优秀和成功的父母，不仅是个人的事，更是国家和民族的事，责任重大，意义深远。如果我们的家长能够全面掌握这 4 个方面的原理和方法体系，那么在孩子培养方面就会得心应手。

“三维六商”素质教育理论的提出，仅仅想起一个抛砖引玉的作用。因为种种现象表明，中国教育已经处在一个很关键的阶段，就是从以经验教育为主的传统阶段向以科学教育为主的新阶段转化。在经验教育为主的阶段都以方法经验为主，教育的主体多以有经验的名优特老师、有经验的家长等为优质资源。但随着对教育与学习的不断研究和实践，系统、科学的教学体系和相应的方法即将来临，未来的科学教学体系将比老师和家长更重要。这就好比医学体系的发展一样，在过去以经验医学为主的时代，有经验的名医名家是最重要的医疗资源。但随着经验医学向循证医学、生物医学的转变，科学的、整体的医学医疗体系比名医名家更为重要。规范系统的医疗体系、配套的医疗设备与规范的医疗标准流程，成为当代医疗水平的物质基础和制度保证。现在的人们看病需要找名医，更要找有科学体系支撑的医院，因为这些医院的设备和诊疗体系更全面、更先进，而一些名医如果离开这一体系，他的诊疗水平就会大打折扣。比如一些在城里大医院的名医名家有时回乡村探亲，偶尔有父老乡亲找他（她）看病，他会突然发觉离开大医院的医疗体系就感到有点茫然，不会看病了，他（她）唯一能做的就是动员父老乡亲去医院找他（她）。教育孩子与医疗一样，具有很高的相似性。随着教育科学化的不断深入，科学的、系统的教学体系比名优特老师和有经验的家长更为重要。不是说名师、家长不重要，而是科学的教学体系更重要。比如一些有经验的名师教一些素质高的好学生有很好的效果，但让他们教一些素质差一点的中差生，他们的教学效果就不好了，甚至不如一些年轻的普通老师，这就是经验教学的天然缺陷。

因此，在这个社会大发展、教育大变革的时代，不管是老师还是家长，既要高度重视子女的教育，更要关注自身对教育的认识，树立科学的教学观，掌握科学的教学方法，真正做到按规律教学，实现有教无类、因材施教，全面提高孩子的综合素质，为中华之崛起和民族之复兴做出应有的贡献。

张飞驰　张丽娟　岳少杰　张卫社　王东波

于长沙

目录

CONTENTS

上篇　理论篇

三维六商理论概述・生存维素质・发展维素质

成功维素质・方法教育与习惯培养・家庭教育

第一章

三维六商理论概述

PART1

第1节　三维六商理论的科学性

“三维六商”素质教育理论体系，是根据养胎育儿的规律特点和家庭教育的现状，在总结国内外家庭教育的各种理论观点和经验方法的基础上提出来的。这一理论体系在一些一般性问题（而不是具体方法）层次对养胎育儿和家庭教育，乃至整个教育体系，都有一个系统全面的解释，基本符合当前家庭教育的趋势规律和发展现状。“三维六商”理论是集国内外家庭教育理论之大成，为了便于理解，许多名词称谓和定义尽量与近现代公认的理论学说相呼应，但更多的是在对国内外家庭教育理论的长期思考、归纳总结、细化深化的基础上，对有些长期含混不清概念进行了区分、细化和深化，如聪明素质与智慧素质的区分与具体化等；对一些粗浅抽象的概念也进行了具体化和细化，如精神素质与意志素质等。整个理论自成体系、条理清晰，这对养胎育儿和家庭教育实践有很强的指导意义。

符合教学规律

一个正确理论体系的提出，它一定要符合客观规律，能对客观规律有正确的认识和系统的原理性解释，能解决实际问题，并可重复验证，不然就不叫理论，仅仅是个“想法”，充其量是经验之谈、观点看法而已。

“三维六商”素质教育理论的提出，第一条就是跟人类社会群体的存在状况相符合的。

人类社会群体的存在的状况，不管是一个国家或群体部落，一般都存在三种状况：

第一种状态是为了生存而存在的状况，这部分人按照有些专家的统计大概在75%左右，他的心态是为生存而存在，他们大部分的行为只是为了生存而奔波，只要生存不成问题就行了，满足感就满满的了；

第二种状况，就是发展状态。这些人在思考自己的基本生存基础上，还要思考如何生存得更好更有质量，他们除了追求自己的生存，还要为了家人和自己周围的人群而奋斗，他们相对来讲有比较好的职业，有一定的物质财富，这就是发展状态。这种人占人群总数的20%左右。

第三种状态，就是处于成功的状态。这是很少一部分人，这部分人观念和行动上除了自己和周围的人以外，更高的追求主要是为了人类和社会的进步而活着，他们有远大的理想目标，有长远的理想，并通过自己孜孜不倦的努力去奋斗而实现了，这种人就是处于成功状态。

国内外对人群中处于生存、发展和成功状态的3种人都有一些长期的研究，发现这3种状态的人群都各自具有不同的素质特征。对于个人来讲，要达到某种状态，就要有相应的素质要求，我们把这种素质要求分别称为生存素质、发展素质和成功素质。人的素质对应着3种状态都有不同的素质要求，归纳起来看，人的综合素质就包括这3个维度，一个是生存所需要的素质，一个是发展所需要的素质，一个是成功所需要的素质，这就是3个维度的素质。

进一步研究发现，这3种状态不是孤立的，而是一个整体的不同层次，生存状态是基础，发展状态是过程，成功状态是目标。对应到家庭针对孩子的教育中，就要分别从生存素质、发展素质和成功素质3个方面来进行全面培养。

与公认理论殊途同归

"三维六商"素质教育理论体系的提出，跟马斯洛提出人的需求层次理论是基本一致的（图1-1）。

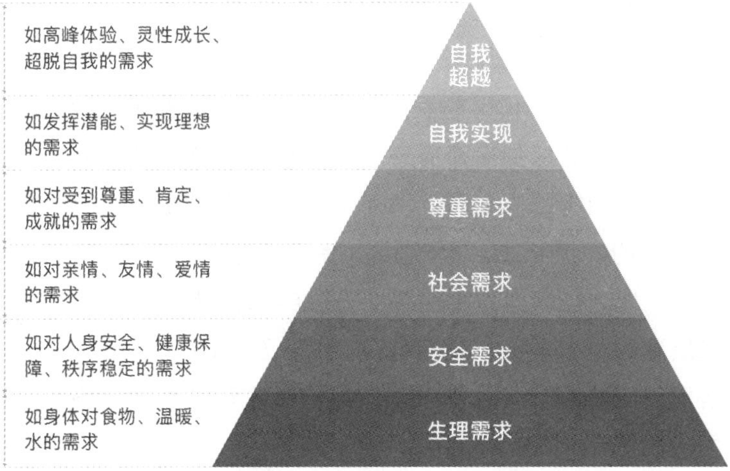

图1-1　马斯洛需求层次理论

关于需求的理论全世界都在探讨，其中被大家比较认同的，是马斯洛提出的需求层次理论。马斯洛的需求层次理论把人的需求分 5 个层次，其实他晚年的时候又提出了一个层次，一共 6 个层次。马斯洛的 6 个需求层次指出，人的第一个层次的需求是生理需求，包括吃、穿、性等生理需求；第二个层次是安全需求，也就是希望生活在一个舒适、安全的物理环境和人际环境里，让人感到放心，没有危险感；第三个层次是爱与被爱以及归属感，也就是爱的需求和社会性依恋归属需求；第四个层次是尊重与被尊重的需求；第五个层次是自我实现的需求；第六个层次是他晚年提出来的，就是超越自我的需求。

从马斯洛的需求层次理论看，第一个层次的生理需求和安全需求实际上就是人的生存所需要的需求。我们提出来的生存素质跟他的生理需求与安全需求是相符合的。如果生理上没得到满足，或者说生理上出现问题，或者疾病或者别的问题，都影响他的生存。同样，安全需求如果得不到满足，住的房子随时可能塌了，走在路上说不定猛兽来袭了，或者住所总是闹火灾、闹地震了，或者社会上各种犯罪活动太猖獗了，就会不安全，就会危及生存。所以生理上的和安全上的这两种需求，实际上就是“三维六商”理论提出的生存需求。

马斯洛第二个层次的需求，就是心理上的爱与被爱和归属的需求，以及尊重与被尊重的需求。人是带有七情六欲的社会性高等动物，在生存得到较好满足的基础上，心理情感需求就变得更加突出了。爱与被爱、群体归属等重要心理需求，尊重别人和被别人尊重的需求等都是社会性情感需求。这些需求的满足都是在有较好物质与文化生活基础上才能获得，这种较好的物质文化生活基础就是一个人获得的发展状态。被爱、被尊重，心理需求得到满足了，就会愉悦快乐、感到生命有意义。而要在社会交往中获得这种需求的满足，自己必须有值得别人爱戴、尊重的资本，那就是自己一定要处于较好的物质文化生活的发展状态。而这种发展状态的素质要求，就是发展素质，有了这个素质，你才能获得这个需求。“三维六商”理论提出的发展素质与马斯洛的第二层次的需求理论，是基本一致的，互相印证的。

马斯洛提出的第三层次的需求，包括自我实现和超越自我，实际上就是人的成功层次的高级需求。自我实现或超越自我，就是自己的想法实现了，甚至超越了自己的能力水平，实现了自己的愿望，这不正是成功状态吗？自我实现和超越自我，就是成功的需求，而要获得成功，就要有基本的成功素质。这就使“三维六商”素质教育理论与需求层次理论殊途同归的研究结果。

其实，我国近代的梁启超先生就认为，人类心理有知、情、意三部分。所以教育应分为智育、情育、意育三方面，智育要教导人不惑，情育要教导人不忧，意育要教导人不惧。这里的“智育”和现在的概念基本一致，是教人不惑的，主要是培养人的判断力，获得必要的相关常识，对自己要做的事有专门知识技能，以及遇事能断的智慧。假如一个人连常识都没有，听见打雷，说是雷公发威，看见月蚀，说是蛤蟆贪嘴，那么他一定会是愚昧无知的，遇事没有主意，面难就靠求神拜佛，成为“大惑不解”的可怜人；梁先生讲的“情育”，实际上与我们提倡的精神素质培养完全一致。所谓教人不忧，就是培养人的高尚的理想目标、良好的观念道德、优秀的情绪管理和积极的心态境界；而“意育”教育和教人不惧，实际上就是意志素质的培养，包括勤奋力、自信力、胆魄力、容忍力、坚持力等方面。

能解释和指导实际问题

“三维六商”素质教育理论体系提出，系统地满足了家庭教育的现实需要，对广大家长的养胎育儿和家庭教育具有很好的指导意义。其中最重要的是分析解释了中国学校教育和家庭教育中存在的4个方面的基本问题，这对我们教育理念的升级和教育方法的完善改进具有积极的指导意义。

1. 教育与学习的矛盾问题：教育与学习是不可分割的对立统一的整体。老师与学生、家长与孩子，教育内容与学习兴趣、教育方法与学习效果等，都是对立统一的。教育离不开学习，学习也离不开教育。家长在家里教育孩子，孩子学习模仿家长的言行；有教育，一定要有学习，教育和学习是对立统一的关系，否则教育就成为无的之矢、毫无意义的事情。

但是两者之间，学习是第一性的，是内因，是教学矛盾的主要方面；教育是第二性的，是外因，是教学矛盾的次要方面。教育一定要服从服务于学习，而不是学习服从服务于教育。具体点讲，就是家长的教育一定要根据孩子的学习能力、学习兴趣、学习效果来设计。教育内容、教育方法，都是为了学习效果，为了学生良好素质的养成。因材施教，就是让教育服务于学习。

2. 内容教学与方法教学的矛盾问题：理清了教育与学习的矛盾关系问题

后，就要进一步搞清楚教什么、怎么教，以及学什么、怎么学的问题，这就是内容教学和方法教学的矛盾关系问题。在我们的知识领域里有个已知世界和未知世界的概念。在已知世界里，又有个方法类知识和结果事实类知识之分，也就是常说的“鱼”和“渔”的关系问题，前者称之为“内容知识”，这里简称为“内容”，后者称为“方法知识”，这里简称为“方法”。很明显，内容与方法都属于知识范畴，是对立统一的矛盾体。

内容型知识是原理性、结论性、相对静止性、统一性的知识，而方法类知识是多样性、操作性、过程性、探索性、动态性、非统一性的知识。比方说，罗马城在地球的哪个国家，经纬度是多少，这是内容型的知识，这种知识是相对静止固定的、描述统一的知识。而如果说从中国长沙出发，怎样才能到达罗马中心广场？这就是操作性、多样性、动态性的知识，因为“条条道路通罗马”。

内容型知识的教学强调的是意识记忆、抽象思维和事例结论等，而方法类知识的教学则更强调动手操作、身心体验和实践过程。那么在孩子的教育与学习中，方法教育与内容教育谁更重要呢？我们经常说“授之予鱼不如授之予渔”，也就是说，教育孩子的方法知识比教育内容知识更重要，学习方法类知识比学习结论事例性内容知识更重要。

3. 家庭教育在整个教育体系中的地位问题：目前所有的学者都把它分为三大块，即家庭教育、学校教育和社会教育。

有关家庭教育、学校教育和社会教育三者的关系，目前国内论述不多。大多认为三者都是相对独立的教育实践活动，各自承担着不可替代的教育责任。家庭教育主要是为了挖掘和发现子女的天赋潜能，培养孩子的性格、行为习惯而进行的个性化培育过程；学校教育主要是为了把学生培养成德智体美劳全面发展的社会人的共性化培育过程；社会教育的目的主要是为了培养与时俱进、积极向上的合格有用人才。这三者又有着密切的联系。孩子的教育必须要把家庭教育与学校教育、社会教育紧密结合起来。三种教育协调一致，互相配合，实现整个教育在时空上的紧密衔接。家庭、学校和社会这三方面以不同的空间和时间形式占据了孩子的整个生活环节。家庭教育、学校教育和社会教育的紧密结合，有利于保证整个教育在方向上的高度一致。家庭教育、学校教育和社会教育三者的分工协调，有利于实现各种教育作用的互补，从而加强对孩子教育的有效性。

现实教育中，学校教育具有更强的计划性、统一性和系统性，它有利于孩子较为系统地掌握科学知识，形成良好的道德品质；社会教育在内容上具有多样性、实用性、补偿性的特点，其教育方式也更加灵活多样，有利于孩子了解自然和社会，发展不同的兴趣爱好，培育健康的人格，但其学习效果更多的要依靠学生自己的自学能力。

但是人的教育是一项系统工程，不管是家庭教育、学校教育，还是社会教育，三者其实是相互关联，有机结合，相互影响，相互作用，相互制约，离开哪一项都是不完整的。这三大块教育的功能怎么分工，怎么配合，这是整个教育有没有效果、有没有顺序的一个重要的关系问题。这是一个教育的秩序问题，不能忽视，更不能搞乱了秩序。

我国当前对这三者的秩序定位可用一句话来描述：以学校教育为主，以家庭教育和社会教育为辅。也就是说，家庭教育是相对被忽略的。《中华人民共和国教育法》中有关家庭教育的描述，以及对家庭教育的功能说明和实践指导等，也是惜字如金。现实中也是如此，学校的作业没完成，肯定要回到家里做，孩子在学校的哪门课比较弱，家长马上请家教老师来给孩子补课。家庭教育普遍成为学校教育的补充，一切围绕学校的教育来安排孩子的时间，很少去思考家庭和家长应该怎样教育和培养孩子的哪些方面的素质，这就是我国目前家庭教育的一个现状。

有没有人思考过，目前这种对家庭教育的定位是不是正确的呢?

要回答好这个问题，我们就不能回避孩子的成长发展和教育规律。按照教育与学习的对立统一的矛盾运动规律分析，教育因学习而存在，没有孩子的学习能力，教育就没有意义。孩子的学习能力是随着生物学遗传、大脑发育、潜能激活、能力开发运用后而产生的。但上述这些能力的开发激活，80%以上是在孩子 6 岁之前完成的，而 6 岁之前的开发激活都是在家庭完成的。孩子的各种素质培养大部分需要亲情和爱心陪伴，因此，家庭是完成这些基础素质培养的唯一的和最好的场所。这些基础素质的培养，既是学校教育的生物物质保证和智力基础，也是孩子未来成长、成才、成功的精神基础。因此，家庭教育与学校教育、社会教育的关系应该是这样的：家庭教育是一切教育的基础，学校教育和社会教育是在家庭教育基础上的提高，是对孩子的未来的职业化和社会化的素质培养。明确了家庭教育是一切教育的基础，那么家庭教育的重要性就立马显得尤为突出了。就好比建房子，地基没打好，房子修不高，如果家庭教育没有搞好，孩子的未来就很难飞高，学校教育和社会教育难以有好的效果。现实中也是如此，凡是家庭教育不好的孩子，学校教育也很难有突出的成绩，走向社会也很难有大的作为，甚至会走向社会的反面。许多学者和有体会的家长都有相同的感觉，家庭教育不好的孩子，哪怕家庭条件再好，送到哪个学校都难有好的学习效果。

由此可见，家庭教育的重要性非同一般。我们的家长就一定要加强对家庭教育的重视程度，切实抓好孩子的各项基础素质培养，为孩子未来的学校教育和社会教育打好坚实的基础，而不能像以前一样，把家庭教育仅仅作为学校教育和社会教育的辅助和补充。

既然家庭教育是一切教育的基础，那么作为孩子的父母，就一定要明白，孩子的综合基础素质到底包括哪些，在孩子的不同发育阶段应该培养哪些基础素质，如何根据孩子特点优势和自己的优势特点采取最合适的方法来培养孩子的基础素质，以及如何培养孩子的良好素质和预防纠错孩子的不良素质等等。这些都是家庭教育的关键问题，也是教育活动中存在的第四大问题：教育理论与教育实践是否适应的问题（图 1－2）。

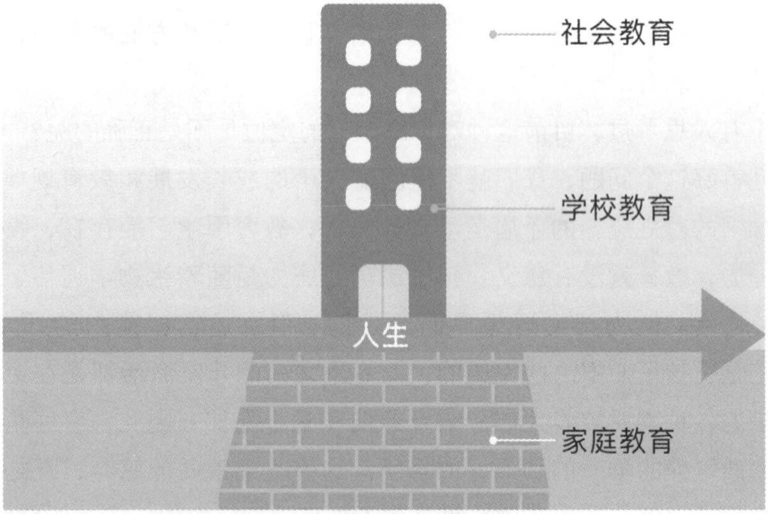

图 1－2　家庭教育基础性示意图

4. 落后的教育理论与教育实践需求之间的矛盾问题：从哲学层面讲，意识来源于实践，又反作用实践。教育本来是一个实践性非常强的人类活动，当然需要教育经验和理论的指导。

我们已经分析了，中国的教育面临着从经验教学向科学教学的阶段迈进的重要阶段。现有的以经验教学为主的状态已经不能满足现实教育实践需求，需要有新的、科学的教育理论来指导我们的教育实践。比如我国提出素质教育很多年了，每个家长和老师也都很重视孩子的素质培养，但是由于没有理论指导，素质教育的效果一直不尽如人意。摸着石头过河，水浅，可以摸，可以学习模仿别人来前进。水深了怎么办？到了深水区，石头摸不着了，无法辨明方向，这个时候就一定要靠理论来指导了。当前中国的教育改革其实就处于深水区，未来的教育何去何从，一定要有一个科学的、实用的教育理论来指导中国未来的教育实践。教育理论能够适应和引导教育实践，就会促进教育的发展。而如果教育理论落后于教育实践，不能满足教育实践的需要，就会拖延甚至阻碍教育实践的发展。

就拿中国目前的素质教育分析，我国推行素质教育二十多年，素质教育现状又如何呢？

比如对孩子琴棋书画的技能培养，本来说好是素质培养的，但慢慢发现，这种所谓的素质教育的琴棋书画技能培养也变成了应试教育，造成学生的负担越来越重，学校的各科课程刚刚考完，马上就接着去考各个级别的琴棋书画考试，总感觉这个素质教育越来越变味了。再比如教育部三令五申不许搞课外补习，家长却跑到学校去提意见要求学校补课，或者带着孩子到校外补课。这些都说明一个现实问题：我们虽然提出了素质教育概念，但并没有合适的素质教育理论来指导实践，即便有，也好像还是应试教育的翻版，无法满足真正的素质教育的需要，这就使我们在教育实践当中难以从应试教育中摆脱出来。

家庭教育也是一样。家庭教育很重要，是培养孩子基础综合素质的最佳场所。那么我们是否真正明白，孩子的基础综合素质到底包括哪些？如何按照孩子的发育规律来培养孩子的基础素质？在某个年龄段应该培养孩子什么样的素质？怎样培养孩子的素质？如何防范孩子出现不良素质？如果出现不良素质了怎么纠正？等等。这些都要告诉家长，告诉老师，告诉学校，告诉社会，这就需要科学系统的教育理论体系了。

当代中国在教育实践上确实取得了举世瞩目的成绩，但从教学理论上讲，目前还没有找到真正适合自己教育实践的科学教育理论，很多的教育理论都还在不断应用探索中。当前出现的有传统复古的教育理论，有国外的教育理论，也有一些专家提出的教育理论等，但总体来讲，还没有一个真正适合当前教育实践的理论体系。尤其在引进国外的一些教育理论方面，引进时觉得“高大上”，时兴一时，慢慢就觉得也就那么回事。可能是部分引进者只看到国外教育理论的外表，没有学到和应用其内在原理。但更有可能的是，教育理论本来是意识形态层面的东西，它与民族文化和社会特点息息相关。引进国外教育理论如果与中国民族文化和社会特征不相适应，结果只能是水土不服，难有效果。因此，中国教育的改革，中国教育体制的顶层设计，以及对家庭教育、学校教育和社会教育实践指导，必须立足于中华文化和教育实践，不能寄希望于国外引进。我们相信，中国教育必将迎来科学教育的春天。当然，要想形成真正的科学教育体系还有很长的路要走。

综观教育体系里的四大基本问题，即教育与学习的矛盾问题，内容教育与方法教育的问题，家庭教育、学校教育与社会教育之间的关系问题，以及教育理论和教育实践相适应的问题。分析这些问题发现，我国整个教育活动中在处理这四大矛盾问题时，似乎都存在这样那样的不足，需要全社会共同努力，从观念、体制和行为上不断改革完善来解决。解决好这些问题，有利于大大促进我国的科学教学体系的形成。

符合文化的传承规律

谈到教育，就无法离开文化。因为教育的根本目的就是文化的传承，所以有必要在此对文化概念进行一次简明扼要但不失系统的阐述。

什么是文化呢?

文化，可以说是最常见和最常用的概念，也是最难统一认识的概念。教育的目的是传承文化，那么我们静下心来认真想一想，我们是否真的弄明白了什么是文化?文化到底包括那些内容呢?文化与文明又有什么关系呢?

“文化”乃是“人文化成”一语的缩写。就词的释意来说：文，就是人类通过自己的智慧和双手创造出来的有形和无形，并通过“记录、表达和评述”出来的看得见和看不见的东西；化就是被大家“分析、理解和包容”并变成大家普遍接受并实践的社会现象。

关于文化的定义，到目前为止还没有定论的，也就是说关于文化是什么，可谓是众说纷纭，各有特色。换句话说，要给文化下一个准确的定义，的确是一件非常困难的事情。因为文化本身就是一个与时俱进，不断丰富提升的东西。

1. 关于文化的理解：既然文化的定义很难，我们索性就从文化的内涵来理解它，即文化到底包括那些内容呢？

关于文化的内涵，我们在这无数的文化解释中进行了提炼归纳，提出了“文化三层次”的涵义，从层次结构方面来理解文化。

我们认为，文化涵义总体上讲包括 3 个层次：

第一层次，方法文化。方法文化就是人类生产生活、创新创造过程中所表现出来的各种各样的操作方法，包括基本的生物本能型的方法、生产生活的应用型方法和社会人际交往等方法。基本的生物本能型方法全人类大致雷同，如婴儿吮吸、吃饭喝水、恐惧避险等；生产生活应用型方法与社会人际交往的方法，就会因地域不同、民族不同、对某些事物的适应处理不同，就会形成各自不同的方法，也形成带有自己民族特征的不同的方法层次的文化。比如中国的饮食文化中摄取食品烹饪加工的方法和西方摄取食品烹饪加工方法、中国人说话语言发音方法和欧美的发音方法、中国人绘画与西方人绘画的方法、中国民歌的民族唱法与欧美的美声唱法、中医治疗方法与西医治疗方法，等等，都大有不同，这些都属于方法层次的文化。

第二层次，物质文化。所谓物质文化，就是各区域的人们采用自己的方法所产生和形成的有形或无形的物质载体和工具，包括建筑物、器具、文字、音乐、书籍、制度律法文本，等等。这些有形或无形的载体和工具，能够被人的不同感官系统感觉到的物质东西，形成为各民族自己的物质文化。比如中国人吃饭用的工具是碗筷，而欧美人吃饭都用盘子与刀叉；中国人说话语言是汉语汉字，欧美说话发音是英语法语德语等和相应的字母文字；中国人绘画用水墨宣纸，西方人绘画用油墨画布，中国民歌的旋律与欧美的歌剧一听就明显不同；中医治疗用中药针灸，西医治疗用西药手术刀，等等。这些都属于在方法基础上产生的物质层次的文化。

第三层次，精神文化。精神文化，就是在已有的方法文化、物质文化基础上形成的形而上的思想意识、道德观念，以及表现出来的社会言行风貌等，包括世界观、人生观、价值观、家庭观、职业观，各种理论思想，各种宗教信仰，以及表现在外的社会道德风尚、精神面貌等。比如欧美社会的人比较直接、自信，中国人比较含蓄、委婉。欧美人信仰基督教，中国人大多不信宗教等。

因此，文化是人类在其漫长的生存发展过程中所形成的方法体系、物质结果（有形的和无形的）和思想观念（精神的）的整体。但这 3 个层次的文化在漫长的形成过程有一定的顺序进化规律。从人类进化和社会历史发展的递进规律看，人类文化的进化也是先有方法文化，然后在方法文化基础上产生的物质文化，再在方法文化和物质文化基础上形成了精神文化。为什么是这个顺序呢？这是由人的大脑发育和手的解放所决定的。首先是人类智力的发展和手的解放，使原来生存的方法有了质的飞跃。人类可以通过手工劳动慢慢掌握一些科学有效的方法和经验，出现了方法文化；然后通过这些方法的不断传承迭代、完善升级，慢慢创新创造出了各种各样的有形和无形的产品和工具，物质文化就出现了；再然后，人类大脑的进化发育，对物质世界和人类自己的精神世界进行不断探索认识、抽象提高，慢慢形成了观念思想和宗教信仰，于是就形成了精神文化。

2. 文化与文明：了解了以上的文化的 3 个层次的基本涵义，我们再来谈谈文明。

那么文化与文明有什么关系呢？他们的区别是什么呢？关于这一问题，大家有空时可以查一查就会发现，有关文化与文明的关系也没有形成较大的共识。较多的观点认为，当人类出现集群而居出现城市生活时，才能出现文明。我们暂且不去深度探究文明的概念，不妨顺着上述有关的文化的三个层次和顺序概念来进一步探讨一下文化与文明的关系和区别。

既然文化是人类在其漫长的生存进化和发展过程中形成的方法体系、物质载体和思想观念，那么文化就是一个非常广泛的概念，几乎包括人类方法的、物质的和精神的所有东西。而事物总是多面的，至少是两面的。这种广泛的文化概念必然包括有益于自然、社会和人类自身生存发展的内容，也包括了不利于甚至有损于自然、社会和人类自身生存发展的内容。而那些有益于自然、社会和人类自身生存发展的文化就叫文明，那些不利于甚至有损于自然、社会和人类自身生存发展的消极有害文化一般就叫野蛮、糟粕。当我们在讲“文化”概念时，主要从人类或某一群体的总体方法、物质和精神范畴来阐述，而当我们谈“文明”概念时，就是有针对性地谈论其文化概念中积极的且有益于自然、社会和人类自身生存发展的内容。在人类历史的长河中，人类从直立行走、手的解放开始，就产生了方法上、创造上的多样性，人类由此进入了文明发展阶段。由于方法经验的积累和科学技术的进步不同，不同年代、不同地域、不同年代、不同民族，其文明的先进程度也有不同，存在有明显代次差异性，比如人类文明从游牧文明到农业文明、到手工业文明，再到工业文明等的不断发展递进。即便是工业文明，也从蒸汽时代的第一次工业革命，电气时代的第二次工业革命，信息时代的第三次工业革命，到现在正在出现的智能化时代的第四次工业革命，每一个新的工业文明确实具有更加有益于自然、社会和人类自身生存发展的先进性。我们常说，世界历史上有四大古文明，其实就是说这四大古文明在当时是相对先进的文化存在。其中古埃及文明、古巴比伦文明、古印度文明这三大古文明由于没有得到有效传承、升级、更新迭代，被更先进的文明所消灭取代了，只剩下中华文明不断兼收并蓄、自我改造、升级完善，一直延续至今，并随着新的科技进步而焕发出新的生机。对国家民族如此，对个人而言也是这样。有些人看起来很有文化但未必就有文明，他的文化可能是与时代不符的落后的文化；而有些人可能文化层次并不高，但却有一定的先进性。

既然文明是先进的积极的文化，而人类社会也一直在不断进化发展提高，那么文明在人类历史上就有顺序递进的代次，高代次的文明必然优于低代次的文明。比如工业文明一定要高于农业文明，正在展开的大数据人工智能文明，一定会高于现在的工业文明。人类社会不同国家与民族的竞争，很大程度上就是文明的竞争，高代次的文明往往会压制或者战胜取代低代次的文明。从鸦片战争到甲午战争，从八国联军火烧圆明园到“918”后的日本侵华战争，中国近代百年历史，就是屡屡受到欧美日等国家的侵略凌辱的屈辱史，其主要原因就是中国近代的农业文明落后于欧美日的工业文明，欧美日的工业文明对近代中国的农业文明具有压倒性的优势。美国学者塞缪尔·亨廷顿还专门写了一本《文明的冲突》，就人类各民族的文明进行了较系统的论述，尽管从中国文化角度来看并不完全赞同他的观点，但从文明角度来论述国家民族之间的竞争确实具有一定的客观性。

3. 文化与教学的关系：通过上述简要介绍了文化和文明的概念后，我们再来谈谈文化与教学的关系。

教学的目的就是传承文化，也就是要传授方法文化、物质文化和精神文化。那么从文化的本质上讲，教学的知识结构就必然由文化的这三个内涵所决定。可以说，文化的内容涵盖了人类文明的全部，而这么庞大的文化内容怎么样才能传授给被教育者呢？而且要如何传授先进的文化，学习现代文明，让学习者成为当代文明的贡献者呢？换句话说，我们应该选择什么样的内容、按照什么顺序安排、采用什么样的方式方法，把优秀文化传授给被教育者呢？这既是一个事关教育规律的基本问题，更是一个教育科学化的重要现实问题。

这里提出教育科学化，实际上就是说现有的一些教学实践经验成分太多，已经不能适应当今的教学实践。提倡科学教学，实际上就是按照教学规律来教学，包括教学内容的选择、内容顺序的安排和因材施教的方法等。文化形成的规律，首先是方法文化，再到物质文化，然后才有精神文化。按照这种文化递进的规律，教学的顺序安排也应该按照这种递进规律来推进，即：先教学方法知识，再认知人类创造的载体工具和内容知识，再然后认知思想观念和精神文化。我们常说，带有方法的"会学"比带有知识的"学会"更重要，就是这个意思。其实，古时候师傅带徒弟就是一个古老的教学传承方式，没有什么职业培训，首先用面对面、手把手的方法传授，然后是做人做事规则和行为习惯的养成，最后才慢慢出现一些承载方法知识的秘籍。

因此，教学传承的顺序，首先是方法知识的教学，再到物质工具知识教学，再到精神思想观念知识的教学。但很可惜，到目前为止，人们在谈论文化时更多的是"物质文化"和"精神文化"，很少谈论"方法文化"。这种不足状况直接导致的结果就是，在教学内容和顺序安排上，大多忽略了第一层次的方法教育，一开始就教学知识内容和思想道德，而不是首先传授方法和体验。所谓填鸭式应试教育主要以内容教育为主，而方法教育的体验式、场景式教育确实不多，值得大家认真思考。

在方法教学方面，欧美的教育确实走在了我们的前面。

我们先来分享一位旅美教育学者曾在《中国教育报》上发表的一篇文章，题目是《美国教育的秘密：鼓励孩子们的挑战精神》。作者通过亲身体验对中美教育进行了一些对比分析。

文章写道："美国五年级学生从写作文开始，就与中国同龄孩子不同。中国是一个班级几十人做同一个话题或同一个题目，而美国则是每个孩子自己找题目，他们称之为找课题（project）。在中国，"找课题"往往只有对在读研究生及以上的人才有要求。自我写作、自我创作、我写我思，这才是真正的作文教学。因此，在美国小学教室里，你会看到学生带来的各种小"玩意儿"，有的提着一个有小白兔的笼子，而有的拿着小鱼缸。不用奇怪，因为也许他们正在做与之相关的课题。”

文章认为，美国教育的任务是发现孩子的短处，并想方设法弥补孩子的短处。美国的小学虽然没有在课堂上对孩子们进行大量的知识灌输，但是他们想方设法把孩子的眼光引向校园外那个无边无际的知识海洋；他们没有让孩子们死记硬背大量的公式和定理，但是他们煞费苦心地告诉孩子们怎样思考问题，教给孩子们面对陌生领域寻找答案的方法；他们从不用考试把学生分成三六九等，而是竭尽全力肯定每一个孩子，努力赞扬孩子们自己思考的一切结论，保护和激励孩子们所有的创造欲望和方法尝试。美国教师认为，每一个孩子都是富有创造力的生命，关键在于我们能否发现他们的天赋。

文章写到，在美国就读的中国孩子最怕的学科不是数理化，不是英语，而是美国历史。这些学生体验后说，学美国历史，不仅要了解美国历史，还要理解美国历史。例如，老师的作业“公民权利”研究论文要求写 3～5 页，打印出来，要双空行，至少用 3 种资料来源（如网上、书籍等），至少有 5 句引文。同时，对比以下 4 人关于黑色美国（BLACK-AMERICA）的观点：布克·华盛顿、杜伯依斯、马丁·路德·金和马尔科姆。在论文里，需要把每个人介绍一点，还必须纳入贴切的材料。然后，讨论他们关于黑色美国的观点，要把想法写进去，还要把引文或材料来源列出来，比如某某网页、某某书。

面对这样的作业，孩子能说不难吗？可见，美国学校在一种表面上轻松、开放、自由的教育过程中，对孩子的基本学习能力、研究能力、动手能力、观察能力进行训练，对他们的严谨、细致、专心习性进行培养，让孩子们从小养成尊重事实、注重调查的务实精神。美国老师布置的作业，看上去和玩一样，但是对过程的要求非常细致，孩子几乎不可能偷懒。

通过对比就清楚地发现，中国目前的教育精力主要在内容知识教育方面，而在方法知识教育方面不管从知识量、动手训练，还是教学年龄段的适应性选择方面，都远远落后于美国。人们常说中国学生知识考试比美国学生强，而动手创新能力却整体比美国学生差，这应该是根本原因之一。

第2节 三维六商素质教育理论的基本内容

前面阐述了“三维六商”素质教育理论的系统性、科学性，下面就来谈谈“三维六商”素质教育理论的基本内容，重点从人的素质概念谈起。

三维六商素质是人的基础素质

人的素质概念，乍一看可能太抽象、太泛指了，可以从不同的角度和层次来观察分析，比如人的应用层次的素质，如教学素质、职业素质、军事素质、社会素质、政治素质、生活素质等。但这里谈的“三维六商素质”，是人的基础素质，是站在人的应用素质的基础层面和角度来看问题的，也就是说，三维六商素质是比人的应用素质更底层的基础素质。

为什么提“三维六商”，而不是“四维八商”或别的什么商呢？目前社会上一些早教幼教机构参照“智商”“情商”普遍性的提法，不是也提出了一些这个商、那个商吗？仔细分析发现，目前市场的各种教育方面“商”的提法，基本上是凑数，没有彼此的联系，毫无理论体系可言，最多是个经验集。而我们提出的人的基础素质的“三维六商”，是根据人的社会存在状态、各种状态对人的素质要求，从人的整体素质角度全面分析而对应提出来的。每个人的社会存在状态可能千差万别，但总体归纳起来无外乎 3 种状态：一是生存状态，这是一个人存在的基础，也是其他状态的前提；二是发展状态，在生存状态的基础上获得数量的提高和质量的提升，生活有保障，工作有成就，社会有地位等；三是成功状态，就是自己的理想目标得到了实现甚至超越自己的追求，对家庭、对他人、对社会做出了一定的有价值的贡献。这 3 种状态对人的基础素质有对应的要求，因此，人的基础素质就包括生存所需的素质、发展所需的素质和成功所需的素质。生存所需的素质包括健康素质和安全素质，发展所需的素质包括聪明素质和智慧素质，成功所需的素质包括精神素质和意志，这三个维度六个方面的素质这就是我们要讲的“三维六商”素质。

本书的上篇力求系统分析人的三维六商素质和具体细节，按照孩子发育过程来说明各种素质的发育规律，以及在具体的养胎育儿过程中如何培养孩子各项素质，就是要让家长、老师能全面掌握孩子的综合素质内容包括哪些，什么时候应该培养什么素质，培养孩子各项素质的理论体系和实操方法是什么，以及如何预防和纠正不良素质等，这就是“三维六商”素质教育的理论体系和方法体系。

三维六商素质的关键在家庭

国内外许多研究和实践经验都发现，人的三维六商基础素质一般在 7 岁之前就基本形成，7 岁以后的各种教育和自我学习，都只是在这种基础素质的框架下的内容填充和发展提高。不仅如此，由于人的大脑发育特点和教育窗口期的规律，人的很多素质包括智商激活、观念形成、方法体验和行为习惯养成等，必须在 7 岁之前完成大部分的培养，错过这一关键期就很难形成良好的素质，或者很难改变素质不高的局面。而这个时期起决定作用的人是父母。学校教育当然重要，但在孩子基础素质培养方面的功效远远不如家庭的父母教育。

三维六商家庭素质教育理论和方法体系是专门为广大老师、家长们学习、运用的一套新的、科学的家庭教育理论体系和方法体系，意在帮助老师家长更科学地培养孩子的综合素质。这一体系包括：生存素质的孕前优生、养胎保胎、营养保健、心理保健、防病治病、被动安全、主动安全、各种适应能力培养等；发展素质中的智商激活，注意力、观察力、记忆力、思维力、想象力等智力开发，思维模式、学习体验、选择博弈、资源管理和创新创造力等聪明素质和智慧素质的培养；成功素质中的理想目标教育、观念教育、道德素质培养、情绪控制、心态性格养成，以及勤奋力、自信力、胆魄力、容忍力和坚持力等各种意志能力的培养等。

俗话说，生儿育女，天经地义。既要实现生命的延续，又要实现文化的传承。作为父母或者长辈，如果我们在执行这两个任务时的观念、方法、责任感和努力程度不同，那么孩子从怀孕到出生，再到长大成人，就可能会出现不同的人生结果。归纳起来讲，这种结果大体上有 3 个层次：一是长大成人，二是长大成才，三是长大成功。每一个父母对自己孩子的未来都有一个美好的愿望，这些愿望其实也可归纳为这 3 个层次：即长大成人、成才、成功。但经验与研究表明，父母只有在养胎育儿过程中，将这3个层次合三为一，父母的愿望才能实现。比如怀孕了，就都想生一个健康聪明的宝宝；宝宝出生了，就希望宝宝健康顺利地成长；孩子上学了，就希望宝宝聪明过人、智慧超群，将来能上个好大学，毕业能有份好工作；工作了，就希望孩子成龙成凤、功成名就、光宗耀祖，等等。实际上，这些愿望都包含着望子成人、成才、成功的三者合一。“三维六商”家庭素质教育理论，就是在原理和操作层次两个方面指导父母如何培养孩子三者合一的综合素质。

不管是专家统计还是现实表现，几乎所有的家长都注意孩子第一层次的素质培养，那就是健康和安全。但只有35%的家长真正重视孩子第二层次的素质培养，即聪明素质和智慧素质；而确实注意培养孩子第三层次的精神素质和意志素质的父母却不到10%。据成功学家统计，真正的成功人士只占总人口的3%左右，而长期跟踪这3%的成功人士的早期教育发现，他们的父母几乎都在他们7岁之前就注意第三层次的素质培养。这些家长在孩子7岁之前不仅培养孩子的生存素质和发展素质，同时关注孩子的思想品德、人格心态和精神意志，为孩子长大成功打下坚实的素质基础。

三维六商家庭素质教育理论体系与方法体系，就是要告诉家长，要从生命的源头和生长发育的早期着手，从三个维度、六大类素质着手，即健康素质、安全素质、聪明素质、智慧素质、精神素质和意志素质六个方面着手，来培养宝宝三个层次的综合素质，使自己的孩子既要长大成人，还要长大成才，更要长大成功。

亲爱的家长，您的家庭教育观念和方法目前处于哪个层次呢？

如果觉得还有待提高，让我们一起来深入探讨“三维六商”家庭素质教育理论体系的原理和方法吧。

移动阅读

人的三维素质开始形成的时间
三岁看大七岁看老的理论依据
英国专家为“三岁看老”找到证据
马斯洛需求层次理论
马斯洛得出的成功自我实现者的人格特征
马斯洛需求层次的价值
马斯洛需求层次理论在家庭教育中的应用
马斯洛效应：满足他人的不同需求

第二章

生存维素质

PART2

第1节 生存素质

人生活在大自然里，也生活在家庭和社会里，既要跟大自然交流，又要在家庭里生活，在社会上学习工作。对于这些学习、交流、生活、工作等活动，首先你自己必须是现实存在，自己必须处于生存状态。要处于良好的生存状态对人的基础素质有什么要求呢？第一是身心处于健康状态，第二是生命处于安全状态。

身心健康是我们自身内在的生理和心理的素质条件，而生命安全是外在环境的生存条件以及自身适应内外在环境的能力。前者是人的生理和心理要维持在正常状态，也就是处于健康状态下，不要生病不要神志有毛病；后者是要想办法使自己不受各种内在或外来因素的伤害。作为每个个体来讲，他的生存必须要具备这两个方面的素质，即健康素质和安全素质，缺乏这两个方面的素质，人的生存就成问题。

健康素质

人们普遍把人的身心状态分为三种：正常状态、疾病状态以及介于健康和疾病之间的亚健康状态。而所谓健康素质（健商），就是健康状态和健康能力的总称，既要有健康的身体和心理，又要有保持健康（保健）、纠正亚健康、防病治病的意识、方法和习惯。所以，健康素质主要包括：健康健全的身心状态，以及保健意识、保健知识、保健行为与习惯、纠正亚健康和防病治病知识与方法等。

健康健全的身心，一方面是先天健康素质，也就是从怀孕到孩子出生到孩子能独立活动这段时间由父母给予和培育的健康素质；另一方面是孩子出生后与后天因素相关由孩子自己继续保持的健康的身心素质。保健意识、保健知识、保健行为与习惯，以及纠正亚健康、防病治病的观念、知识、方法与习惯等，是后天形成的。健康素质的高低，作为我们成年个体来讲，主要是指后天素质，而对于孩子来讲，我们就要注意从孕前优生开始，到孕期保健，到婴幼儿保健，再到培养孩子主动的保健知识、保健方法和保健习惯等。

所以，健康与健康素质是有区别的。健康的标准是健康的体质和心理，但健康素质就不仅仅包括健康的身心，更要包括保健意识、保健知识、保健方法和保健习惯，以及纠正亚健康、防病治病的意识、知识、方法和习惯等，而单方面强调健康体质是片面的健康观。

健康素质，这里称为健商（HQ），是健康商数（Health Quotient）的缩写。健商概念，最早是由加拿大华裔医学专家谢华真教授提出来的，总体上讲是指一个人已具备和应具备的健康意识、健康知识和健康能力。从微观上说，可细化为体商（BQ）、心灵商（MQ）、人缘商（RQ）和性商（SQ）。谢教授提出健商概念，并不是对智商、情商的简单模仿，而是在对现代西方主流医学和保健思想的反思和批评的基础上，提出的一个崭新的保健理念。我们这里沿用“健商”这一概念来表达健康素质，是想在谢教授“健商”内容的基础上进一步丰富内涵。

安全素质

安全是一个人生命存在的重要前提，安全得不到保障，人就难以生存。

安全有整个人类生存安全和个体生存的安全。比如外星球对地球的撞击等，这是人类生存的安全。这里讲的安全，是指个体生存安全。从某种意义上讲，所谓安全素质，实际上是指适应环境、安全意识、危险预测和逃生自救的能力。比如恐龙为什么灭绝？那是因为恐龙整个适应环境变化的能力差，造成了整个物种的生存危机而灭绝。而人类能够生存下来，因为人类的适应能力非常强。即使人类个体适应能力不强，但人类的群体社会性适应能力非常强。即使人类躯体本身的适应能力随着文明的进步而相对退化了、不强了，但是人类可以通过聪明才智和科技手段发明创造各种物质的、科学的工具来延伸替代人的适应能力，从而更好地适应各种复杂环境。比如人发明了服装和空调可以适应非常寒冷和炎热的环境，发明了城堡、住房、床被可以让人居住得更安全更舒适，人类发明的航天器可以让人在没有氧气的九天探月，也可发明深海探测器让人类深下几千米的深海捉鳖。这些看起来是文明的进步，但也是人类的适应能力的扩大，间接的是人的安全能力更强了。

总体来讲，人的安全包括被动安全和主动安全两个方面。关于这一点，后面会专门论述。

孩子的安全素质培养，是一个从被动安全到主动安全的转变过程。孩子在真正独立之前，特别是宝宝3岁之前，基本上由父母提供被动的安全环境，进行全方位的安全呵护，包括空间安全、饮食安全、器物危害安全、交通安全、水电安全、疾病危害安全等，这就是被动安全的营造。但是除了这种被动安全外，更重要的是孩子的主动安全素质的培养，家长要在被动安全的基础上，慢慢教育培养孩子的主动安全素质，让孩子具有主动安全能力，这才是孩子的真正的安全素质，我们称之为安全商数（Safety Quotient），简称安商（SQ）。

所谓安商，是我们针对个体的生存安全能力而提出的一个新的概念，是对一个人安全素质的描述。与生产安全、社会安全等其他安全不同，安商是指个人的安全本能、安全意识、安全知识、体验适应环境的能力，以及预测危险和逃生自救的能力。

人的生存，既要健康的身心，又要有安全的环境和能力，健康和安全是人的生存不可或缺的两大因素，也就是一个人生存所需要的两大素质，健康素质和安全素质，这两者也是相互联系的整体素质。比如人要吃东西要摄取营养物质，这是保健问题，而知道哪些东西能吃哪些东西不能吃，有些东西吃了有利于健康生存，有些东西吃了就会被毒死，这就是安全问题。再比如我们到外地旅游，去深山老林里呼吸新鲜空气，这是活动保健、呼吸保健和生活享受的问题，而旅途注意交通安全，深山里防止蛇兽侵害，攀爬中注意山崖陡峭等，以及能够预测危险，出现落水、火灾、地震，或者车祸等情况能够逃生自救等，这些就是安全问题。所以安全素质就是一个人能够使自己处于安全状态的能力，它与人的健康素质一样，是人的生存素质。只有健康了，安全了，生存才有了保障。因此安商，是人的两大生存商数的内容之一。

第2节　健康素质与健商（HQ）

生命状态与健康管理

人的生命存在，可以描述为健康、疾病和亚健康3种物理状态。在这3

种状态中，我们最希望的状态当然是正常的健康状态。要保持这种正常的健康状态，我们就要有科学的知识观念、采取各种科学的方法措施，这些方法措施就是保健养生。但几乎每个人都不可能永远处于健康状态，由于各种原因总会有某段时间或某个部分处于不正常的疾病状态。疾病状态不是我们希望的，所以我们就要尽量预防疾病，一旦发生了疾病，就要尽快治愈，使自己的身心康复到正常状态。当然，还有一种状态就是介于两者之间的亚健康状态，尤其是当今社会，生活节奏越来越快，生活方式迅速变化，很多人觉得处于一种说有病也没病、说健康却感觉不舒服的那种亚健康状态。在这种状态下，就需要进行亚健康纠正和身心康复，使这种状态向健康方向发展，而不是向疾病状态发展。

作为个体，当我们处在不同的状态时，就要采取不同的处理行为。我们要积极主动保持自己的身心处于健康状态、纠正亚健康状态和防治疾病状态，就要对危害身体健康的危险因素进行全面管理，这个过程就叫健康管理。健康管理的宗旨是调动个人及集体的积极性，有效地利用有限的资源来达到最大的健康效果。保健养生、纠正亚健康和预防疾病的活动就是健康管理活动，这些活动主要靠我们自己。即便当身体处于疾病状态时，尽管诊疗活动要交给医疗机构和医护人员处理，但配合治疗，愈后康复还要靠自己。身体生命是自己的，我们的健康必须首先依靠自己。我们每一个人都期望健康，我们真正要做好的也是保持健康、纠正亚健康和预防疾病。

人体三大基本功能与保健

维持人的健康状态，主要靠人体的“123 体系”。所谓保健养生，从原理层面上讲，就是如何保护好人体的“123 体系”。

1——就是 1 个先天禀赋体系，是指人的先天禀赋素质。中医称之为“元气”，包括元阴、元阳、元神，相当于现代医学生物学叫的“遗传因素”或遗传基因；

2——就是 2 个后天成长发育形成的结构体系。人以元气为先天基础，在健康安全的环境中通过从自然、社会获取各种物质营养和精神营养，按照既有的规律自然发育成长，并与外界交流激活而形成的后天素质，后天素质包括人体四肢体型外貌（阴），以及力量活动精神（阳）等，简单的说法就是人的“精气神”，这就是表现在外的人的结构体系；

3——就是3大功能体系，这是指人体结构体系中自身具备的三大基本功能体系：包括自适应动态平衡体系（简称：适应力）、获得性自动免疫体系（简称：免疫力）和主动性自愈修复体系（简称：自愈力）。

人体内自带的“123体系”，是个相互联系、相互依存、多维统一的整体。先天的元气是基础，不同父母，不同民族，不同环境，都有可能给予后代不同的基因特质。一旦出生，这种元气量就基本确定；但这种元气在出生时还只是一个潜在值，需要后天从自然和社会中获取营养能量、发育成长和不断激活，才能使人的元气量通过结构体系确定下来。元气在不断激活充值的基础上，促进人体的成长发育，形成各自的四肢体型外貌和力量活动精神等精气神；元气还驱动着人体内在的三大功能体系，维持人的健康。

为了进一步说明这个“123体系”，我们把人体自带的体系形象地比喻成电动汽车。人的元气好比是电动汽车的电池，人的结构体系好比汽车的整体外观与驱动力量，三大功能体系好比汽车的各种功能系统等。汽车电池的关键是电池储能量，电池的储能量出厂的时候就基本确定了，汽车出厂后一定要将电池充满电才能正式上路行驶，第一次充满电后，未来的使用过程中一定要注意电池的保养，电池消耗掉了要及时充满电，不然就会影响电池的蓄能量和使用寿命。这就好比人的元气，出生时潜在阈值就基本确定了。元气的阈值必须在出生后的发育成长中不断充值激活，成熟后使之达到最大阈值，才能正式步入社会、生儿育女。如果发育没完成就过早步入社会、过早生育，或者日常活动中损耗了元气没有及时补充，就会损害元气，不利于人的健康生活和正常寿命；汽车的外观、汽车的驱动力、操控性，以及汽车的其他性能等，跟汽车厂家对该车型的定位设计、元器件等有关系。汽车行驶一段距离后电池快没电了，就要充满电，汽车要定期保养，有了毛病就要及时维修。汽车开了几十万公里，电池的储能量就不够了，怎么充电也达不到出厂时的储能量，汽车的各个零部件开始老化，最后就只有报废了。这就好比人的形体外观、活动力量与精神，通过发育成长把元气充分表现出来。人的身心和各项功能也必须注意保养，劳累了就要休息以利恢复，要定期体检，发现亚健康或有病了就要纠正亚健康，治病康复。如果积劳成疾、有病不治，就会大伤元气，危害健康，甚至影响寿命。比如偶尔熬夜、一次很辛苦的劳动、几次很投入酣畅的性生活，或者得了一场大病等，这些都要消耗元气的。只要时间不长，感到累了注意休息、调养，有病了及时治愈，把消耗的元气补回来，就不会损伤元气阈值，一般不影响未来的健康。但如果长期熬夜、过度劳累、连续过度房事、长期患病不治等，又不注意休息治疗调养把元气补回来，那就好像损害电池储能性能一样，大伤元气、降低元气阈值，损害健康，甚至影响寿命的长度。

这里重点说说人体自带的三大功能体系：即适应力、免疫力和自愈力。这三大功能体系一般出生后就潜在自带了，但却需要外部的刺激来激活。当我们在炎热的环境里皮肤毛孔会张开、出汗，皮下毛细血管会扩张，血液循环会加快。而在寒冷的环境，皮肤毛孔就收缩甚至起“鸡皮疙瘩”，皮下毛细血管收缩，四肢变凉，全身瑟瑟发抖。这些就是身体的自动适应环境变化以达到动态平衡的自适应动态平衡功能系统；当出现冷空气造成病菌繁殖增多时就容易打喷嚏，当吃进去不良食物或有毒食物时容易导致呕吐，当得过感冒或一些不太严重的传染病后身体会自动产生抗体暂时或终身具有针对这种疾病的免疫力，这些就是身体的自动防疫功能体系；而当身体得了感冒后休息一周左右就好了，肢体遇到外伤、骨折、出血，有时不用任何治疗也能够慢慢愈合或恢复，这就是人体的自我修复自愈功能体系。

人体三大基本功能不仅指生理上的，其实人的心理上也有这三大基本功能，包括人的心理自适应动态平衡体系（简称心理适应力）、获得性心理免疫体系（简称：心理免疫力）和主动性心理自愈修复体系（简称：心理自愈力）。其原理和生理上的雷同，这里不展开论述了。

人的健康都是靠这三大基本的功能体系来维持的。如果一个人这三大自有功能正常，就能够使自己的身体处于健康状态；如果这三大功能有缺失(如先天性无触觉就会导致没有痛感不适应触觉环境、先天性失明耳聋不利于适应视觉听觉环境、先天性免疫缺陷就容易得感染性疾病等)，或者这三大功能亢奋或者低下，或者外部环境变化超过人的三大功能的应对能力，如外部环境超出了自身适应能力、外部病菌超过自身防疫能力、外部伤害超过自身修复自愈能力等，就会出现疾病。

保健养生的基本原理

保健的基本原理和目标，其实就是保护好人体元气处于高储能状态，维护好身体的这三种基本功能处于高水平的最佳状态，让人体四肢体型外貌（阴）和力量活动精神（阳）等表现出健康阳光有活力的精气神。如果人的元气受伤，以及 3 种基本功能体系不起作用或者外来的侵害超过了这 3 种本能范围，就会得病，就需要调养治疗。调养治疗的基本原理和根本目的，也是帮助身体补足元气，修复 3 种自有本能，使之恢复到起作用的正常状态，使身心重新达到健康状态。而如果治疗不起作用或者失败，也就是说人体的三大基本功能体系不起作用了，那就是预后不佳的疾病状态，甚至有生命危险了。

疾病的治疗属于医疗范畴，有专门医学书籍，这里不多讨论。这里主要从保健的角度来讨论人的元气保护与三大功能体系的维护。保健防病方法可能非常多，但从人的元气与三大基本功能体系上讲，不外乎 4 个方面的基本原理：

第一个原理，及时补充元气使之处于高阈值状态。

保健的第一原理是及时补充元气，并使之处于高阈值的状态，简称为“补充元气”。

小孩子在发育成熟之前，还处于元气阈值激活扩充阶段，还谈不上保健。他们的新陈代谢旺盛，吃的较多，要获取各种营养能量；他们喜欢活动，感觉他们不知疲倦，有使不完的劲；但他们更容易入睡，一旦睡觉就需要较长的睡眠时间，似乎又睡不醒。这些都是孩子发育成长过程中激活元气阈值和促进身心发育成长的过程。这一过程的关键是全面激活元气的潜在阈值达到最大储能量，并且促进身心的全面健康发育成长。

如何激活元气阈值呢？“四多原则”，八个字：多吃、多动、多思、多睡。多吃，就是元阴阈值的激活，在饮食营养方面适量多样，尽量不要忌口，为元气阈值激活和发育成长提供尽可能丰富的营养；多动，属于元阳阈值的刺激激活，从抚触按摩到感统训练，再到各种体育活动、游戏，到家务和社会劳动等。适量科学的活动，促进发育成长和激活元阳的阈值；多思，就是元神的激活，也就是当前说的大脑的激活，包括各种智力开发、全脑训练、脑筋急转弯、阅读学习，等等；多睡，就是充足的睡眠，这是整个元气阈值在醒着的时候消耗元气后充分地补充元气的过程。由于小孩子代谢快、相对活动量大、大脑接收外界信息量很大，醒着的时候消耗的元气也相对要比成人大很多，所以他们的睡眠时间要更长，这样有利于完全补充元气到最大值。父母要激活孩子的元气阈值，就是要帮助孩子做到这“四多”，把潜在的元气激活扩充到最大值，使他的元阴、元阳、元神处于他自己的最高值状态。

而人一旦发育成熟后（一般是十八岁左右），元气的储能阈值量就基本确定了，从此就需要保养元气了。元气的保养，就是要高效输出元气，并及时补充恢复元气。元气的作用，就像电动汽车的电池一样，一是驱动人体内部三大基本功能的高效运行，二是为人的躯体和大脑活动提供能量。不管是驱动内部三大功能运行还是给身心活动提供能量，都要消耗元气，同时又要求元气处于高能量状态。这就要求元气处于一个高阈值水平的动态平衡状态中，关键是及时补充元气，只要及时补充就不会伤元气，就不会降低元气阈值量。健康状态下，饿了、累了、困了，都是元气被消耗的身体感觉，需要及时补充，切忌过度。饿了就吃，营养不良就补充营养，累了就休息，困了就睡觉。疾病状态下，更会消耗元气，甚至损害元气，小病要调养，大病就要治疗，要及时恢复元气。比如长期处于饥饿状态，营养不良，如不能及时补充元气，就容易伤元阴；劳累过度不及时休息、长期熬夜不注意睡觉补回来，就容易伤元阳；长期压力过大、心急如焚或突发性惊恐容易伤元神；长期患病，没有得到及时调养或治疗，就容易大伤元气等。元气不怕消耗，就怕不及时补充恢复，不及时补充就会伤元气。元气一旦受损，或者元气储备量下降，人体就开始衰老，人体四肢体型外貌出现老相，人体自身具备的自适应动态平衡功能、获得性自动免疫功能和主动性自愈修复功能就会下降。

第二个原理，保持身体自适应动态平衡状态。

保健的第二原理，锻炼和维持身心的适应能力，并使之处于动态平衡状态，简称为“适应能力”。

处于健康状态就是人体正常状态，而要保持健康状态、防止不健康状态，就是要锻炼和维护自身的自适应动态平衡能力，使身心处于能够自适应的正常阈值范围内，并保持动态平衡状态。这个平衡状态可能阈值比较高（如年轻时元气充足，是高阈值平衡），身体素质比较高。也可能是稍低阈值的动态平衡（如老年人元气较低，处于较低水平的动态平衡），这跟人的体质、年龄有一定差异，但保健原理是一样的，这就是动态平衡状态。中医讲的阴阳平衡，其实就是身体的动态平衡状态。比如营养平衡就属于动态平衡，吃进去的营养和消耗掉的营养保持平衡，身体就不会发胖，如果吃的多了，消耗少了，身体就会发胖，时间一长，高血脂、高血压、高血糖就都来了。所以保持动态平衡，有利于保持健康、预防疾病。饮食营养保健要遵守这一原则：首先营养要丰富、全面。各种各样的营养素，不可能全部包含在你常吃的食品里面，有一些可能包含在其他食品里面，多吃各种品类食物才能保证你的各种营养。其次是要适度锻炼，经常进行各种关节活动、各种器官活动，保持它们的正常运转。第三就是让两者结合起来，使它们处于动态的平衡中，预防疾病形成。

第三个原理，就是刺激性获得自身免疫能力。

保健的第三大原理，就是激活、保持和正确运用好人体的自身免疫能力，简称“免疫能力”。

人体的自动免疫能力，是人体防疫疾病的基本能力。但这种能力的获得，要有针对性地进行内外刺激来激活。其实，人类疫苗就是基于这一原理而发明和应用的。在疫苗发明和应用之前，很多人得了天花、白喉、肺结核、流感等各种传染性疾病后，难以治疗，死亡率很高。现在的白喉基本被消灭了，肺结核等其他传染性疾病发病的越来越少。为什么？因为人类发明了针对性的疫苗。疫苗就是从病毒的毒素里面提取一部分，进行减毒或灭活等特殊处理后，再注射到人体内，刺激作用于人体，这些毒素不至于致病，但会激活你身体内的防御系统，产生针对性的抗体，人为地提前获得了对某种疾病的免疫力，当下次再遇到这个病毒侵犯的时候，身体里的抗体就会认得这个病毒，自动跳出来吞噬和杀死病菌，保护你的健康，这就是刺激获得性原理。

人的身体要保持预防疾病的功能，刺激性获得原理非常实用。老人常讲“要想小儿安，三分饥和寒”，要想让小孩子身体健康，穿衣时不能太多太保暖，要稍微冻一冻，吃饭时不要太过饱，要留三分让孩子饿一饿，这是很有道理的，它有利于刺激身体获得免疫能力。俗话说“不干不净，吃了没病”，就是这个原理。这并不是提倡大家都去吃那些不干净的东西，而是告诉家长，饮食用的器具、食物，不必要100%杀毒，只要保证它不至于得病，同时能让它对身体进行刺激而适应和获得预防能力。有些人过于讲究干净，不管什么东西，要么酒精消毒，煮沸杀毒，但是结果是事与愿违，孩子的消化系统适应能力和抵抗能很差。这种过分强调杀毒灭菌的行为违背了刺激获得性原理，不利于健康和防病。这里完全不是不要清洁、消毒的意思，而是要正确地把握这个度。

第四个原理，合理利用好主动性自愈修复能力。

保健的第四大原理，就是激活和正确运用自身的自愈修复能力，简称

"自愈能力"。

科学家的研究早就发现，只要注意调养和改善生活习惯，60%～70%的疾病都能够自愈。也就是说，人身本来就自带了主动的自愈修复能力。因为人体内自备了一位高度负责的贴身"医生"——自愈系统，包括排异能力、修复能力（愈合和再生能力）、内分泌调节能力、应激能力等。当人有不适或生病时，这位"医生"可以敏感地捕捉到人体异常信号，马上调整人体的各种功能，并及时调动"药铺"中的各种激素，进行"配药""用药"，从而达到治疗的目的。比如感冒了，身体受到细菌、病毒的袭击时，自愈系统会迅速地组织免疫细胞来打一场防卫战。大多数感冒 5～7 天都可以不治而愈；再比如小伤口，不小心蹭坏了皮肤、出了血，过一会儿就会自然止住，这就是体内有天然的止血药——血小板；一些轻度的"三高"，是因为机体内出现了多余的垃圾废物，这时身体就会有条不紊地通过各种渠道清除它。比如肝脏、肾脏都可以为身体排毒，体内积聚了多余的脂肪热量，通过均衡的饮食、适度的运动，脂肪肝、部分心脑血管疾病、糖尿病、痛风等生活方式疾病在初期，不用药也可以控制得很好，只要定期监测就会扫清身体的隐患；再比如失眠了，只要放松心情、适当锻炼，可以很快消除失眠，恢复酣睡。相反，如果人体的这种能力遭到彻底破坏，即使华佗再世，也不可能挽救性命，艾滋病之所以目前成为"不治之症"，最主要的问题是免疫系统和自愈修复系统遭到了灭顶性破坏，身体不能免疫、不能自愈修复了，所以艾滋病又称"获得性免疫缺陷综合征"。

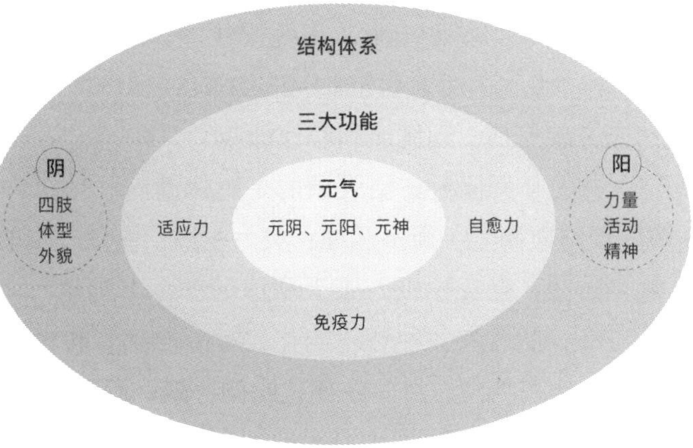

图 2-1　人体"123 体系"示意图

移动阅读

健康状态与保健养生

人们把健康与人生的其他内容作了一个形象的比喻：健康是“1”，名誉、金钱、地位、爱情、友情等都是“1”后面的“0”，有了“1”，后面的“0”才有意义。而失去健康，即没有了“1”，其后面的名誉、地位、金钱等，即使再多也只能是个“0”，没有意义。似乎有了一切，但由于失去了健康而导致失去一切。就算事业成功了，身体累跨了，付出了那么多，却因病痛缠身失去了享受成功喜悦和生活的乐趣。健康是幸福、快乐的源泉和基础。有了健康的身心，生活才会充满阳光，人生才会更加完美。如果失去健康，真如无本之木，无源之水。

健康，是生命的正常状态，保持健康状态的活动就是保健养生活动，简称为保养。那么首先，我们要进一步认识健康状态，掌握保健养生原理，形成保健养生体系。

人的健康状态主要包括生理健康和心理健康。

生理健康（又称身体健康）主要强调的是躯体健康。1978 年世界卫生组织（WHO）给生理健康制定了衡量标准：精力充沛，能从容不迫地应付日常生活和工作；处事乐观，态度积极，乐于承担任务，不挑剔；善于休息，睡眠良好；应变能力强，能适应各种环境变化；对一般感冒和传染病有一定的抵抗力；体重适当，体态均匀，身体各部位比例协调；眼睛明亮，反应敏锐，眼睑不发炎；牙齿洁白，无缺损，无疼痛感，牙龈正常，无蛀牙；头发光洁，无头屑；肌肤有光泽，有弹性，走路轻松，有活力。进一步抽象描述，生理健康包括两个方面：一是物质层面的生理健全、运行正常，即躯体四肢和各系统器官无缺陷，运行活动正常。这一方面主要由先天因素决定，就是在孕期注意保健和体检，防止宝宝的出生缺陷，给宝宝一个健康健全的身体；二是在活动层面的生理支持与运行正常，即在正常活动阈值范围内生理上能充分支持、各系统运行正常。这一方面主要是人在活动状态下的生理支撑能力和各系统的功能适应能力。比如在进行体育活动时心脏能正常加快跳动以支撑活动所需，呼吸系统加快运行补充氧气，等等；繁重的脑力思维活动时，身体各系统能够正常地提供营养和各种支持等。如果一个人稍微加大活动强度，心脏就不能承受，呼吸也不能支撑，就说明生理健康出现问题。

那什么是心理健康呢？心理健康就是正常的心理素质状态，与生理健康相对应。目前普遍认同的成人心理健康标准有 10 条：充分的安全感；充分了解自己，正确评估自己的能力；生活的目标切合实际；与现实的环境保持良好接触；保持人格的完整与和谐；具有从经验中学习的能力；能保持良好的人际关系；适度的情绪表达与控制；在不违背社会规范的条件下对个人基本需要作恰当的满足；在不违背社会规范的条件下能作有限的个性发挥。而我国青春期儿童心理应具备以下品质：个体智力发展水平与其实际年龄相称；稳定的情绪，尽管会有悲哀、困惑、失败、挫折等，但不会持续长久；能正确认识自己，清楚自己存在的价值，有自己的理想，对未来充满信心；有良好的人际关系，尊重理解他人，学习他人长处，友善、宽容地与人相处；能对自己个性倾向和个性心理特征进行有效控制和调节；热爱生活，能充分发挥自己各方面的潜力，不因挫折和失败而对生活失去信心。进一步抽象描述，心理健康也包括两个方面：一是先天性的大脑发育正常，智商达到正常人水平。如果大脑发育不正常或者智力低下，观察力、注意力、记忆力、思维力和想象力低于正常人，那就是智障性心理疾病；二是后天性大脑功能运行要正常，包括情绪、慧商、情商和意商等要运行正常。智商、慧商、情商、意商，这些都是大脑的功能，也是心理活动的具体表现。心理健康，实际上就是这四大心理活动能正常运行。从这个意义上讲，心理健康就包括智力正常、情绪健康、意志健全、行为协调、人际关系和社会适应能力、反应适度、心理特点等符合相应年龄阶段。

为了便于记忆世界卫组织提出的健康标准，有专家对此进行了形象描述，就是“五快”“三良”。“五快”主要指生理健康标准，即“吃得快、便得快、睡得快、说得快、走得快”。“吃得快”，表明胃口好，吃得香，不挑食，说明消化系统功能正常。“便得快”，是指大小便通畅，轻松自如，表明肠道、泌尿排泄功能正常。“睡得快”，即上床能入睡，睡得深沉，睡得快，醒后头脑清醒，精神饱满，心境平和，无杂念无烦恼，中枢神经系统协调功能良好。“说得快”，是指说话流畅，思维敏捷，表达合乎逻辑，说明思维功能正常。“走得快”，是指步履轻快，身体运动自如，说明骨骼肌肉系统的运动功能正常。如果一个人吃东西不进，大小便不畅，口齿不清，入睡不好，走路慢腾腾的人，肯定是健康出了毛病。这“五快”是生理健康（身体健康）的可靠指标，父母在养胎育儿过程中，就要从这五个方面来观察孩子的健康状况；“三良”主要指心理健康标准，即“良好的个性、良好的人际关系、良好的处世能力”。良好的个性：乐观豁达，胸襟坦荡；良好的处世技巧：保持稳定持久的适应性，保持对社会外部环境和自身体内环境的平衡；良好的人际关系：善待自己，自爱、自信，又能助人为乐，与人为善。再进一步简化，就六个字：自主、和谐、希望，这是心理健康的三大支柱性要素。

1. 健康管理：随着社会的发展和科技的进步，人们从更高的层次提出了对健康、亚健康和疾病这 3 种状态进行的管控的要求，慢慢出现了健康管理的概念。这个概念是 10 年前从西方国家引进的，尽管我们中医有治未病的概念，但是没有形成体系。但发展到今天，健康管理概念越来越丰富，也越来越引起社会和个人的重视。

健康管理虽然针对的是个人的健康，但目前更多的是指对整个社会的健康进行管理。

健康管理主要包括：第一是健康教育，把保健知识告诉大家，让大家掌握保健养生、防病治病的原理；第二是健康体检，就是定期检查自己的身体情况，了解自己的健康状况，及时发现和及早处理不正常的疾病状况，防微杜渐。这几年人们对健康体检越来越重视了，一方面是大家富裕了，另一方面就是越来越重视健康管理了。体检就是发现或者诊断自己的健康状态，有没有疾病，如果有疾病早预防、早治疗，这是健康体检；第三就是健康干预，就是在发现疾病后，尽早干预、尽早治疗。大部分疾病一旦到了中后期是不好治疗的，尽早发现、尽早干预，成为一种非常有效的措施。比如在早期发现了一个良性肿瘤，就要注意尽早关注并干预，一方面让它不继续增长，另一方面尽可能让它慢慢缩小，最重要的就是不要让它恶变；第四就是健康促进，通过活动或其他一些方法和手段促进大家健康，这就带有群体性，比如以前的群体性广播体操、各种晨练和健身活动等；第五就是健康经济，不管是国家社会也好，个人也罢，进行了健康管理以后的目的不仅仅是促进人们的健康，还要减少防病治病的经济消耗。社会群体不可能永远保持在健康状态下，总有可能发生疾病，社会需要花钱预防疾病，还要花钱治疗疾病，如何花最少的钱来预防疾病和治疗疾病，这就是健康经济。

西方国家非常重视健康经济。健康管理概念其实一开始不是政府机构来重视的，而是那些保险公司重视的。因为西方国家的保险可能跟我们中国的不一样，它保险投资比较重，投保人治病时医疗治疗费用也比较高。中国人到了国外病不起，就是这个原因。在这种情况下，西方的保险机构就想办法来搞健康管理。首先想办法让你保持健康，尽量不生病，这就是保健防病。而一旦发生了病，怎么采取措施跟医院达成协议，用最少的钱，把病治好，这就是健康经济。我们在这里讲的健康管理，更多的是针对家庭个人而提出的，是针对家庭父母的健康教育、健康体检、健康干预、健康促进和健康经济等五个方面来服务的。

2. 亚健康与健康管理：纠正亚健康和防病治病是为了预防和治疗纠正身心的不正常状态。这些都是比较专业的东西，需要专门的研究、学习与训练。但是从科普方面看，尽量懂得一些基本的防病治病的常识和方法，尤其是非药物性防病治病的知识与方法，这对身心保健非常有用，这也是一个人健康素质的重要体现。比如，如何预防传染病，如何预防感冒，如何在感冒的时候进行非药物性治疗，如何区别普通感冒和一些严重的疾病以免贻误治病良机，在疾病治疗期间如何进行自我护理，等等，这些都是非常重要的。孕妇如果知道防病治病、养胎保胎的知识和方法，这对胎儿发育和健康生长将是非常有力的保证。产妇掌握一些婴幼儿的生理病理知识，掌握疾病预防和家庭护理知识，就能减少孩子生病概率，孩子生病时能够更好地配合医生的治疗，做好家庭护理有利于生病孩子的早日康复，等等，这对孩子的健康成长也是非常重要的。

健商是一个整体性概念，既要保持健康，又要防病治病，最终对自己的健康拥有主动的管理能力，变过去被动的疾病治疗转变为主动的健康管理，达到节约医疗费用、维护自身健康的目的。

我们知道，个体从健康到疾病都有一个发展过程的。一般来说，健康出现问题，是从低危险状态发展到高危险状态，再到早期病变，然后出现临床症状，最后形成疾病。这个过程有短有长，长的往往需要几年乃至几十年的时间。期间的变化多数不被轻易地察觉，各阶段之间也无截然的界线，但这在客观上为我们提供了健康管理的条件和时间。如果我们在形成疾病以前进行有针对性的预防干预，就可能成功地阻断、延缓甚至逆转疾病的发生和发展，从而实现维护健康的目的。因此，健康管理是对个体及群体的健康危险因素进行全面管理的过程，即对健康危险因素的检查监测（发现健康问题）到评价（认识健康问题）再到干预（解决健康问题）循环的不断运行，其中干预（解决健康问题）是健康管理的核心。

3. 保健与身心健康：保健活动主要分为 3 个方面，一是营养保健，二是活动保健，三是心理保健。而营养保健又分饮食营养保健和呼吸营养保健，活动保健也分体力活动保健和脑力活动保健，而心理保健分为情感营养保健和适应体验保健。

（1）营养保健：首先我们来谈谈营养保健，包括饮食营养保健和呼吸营养保健。人是生活在大自然里的最高等的生物，整个人的身体维持在正常的健康状态，需要从周围大自然环境中获取养料养分，维持生命的正常新陈代谢。这种养料养分有两种：第一种就是通过消化系统的饮食营养来获得的，这就是饮食营养保健；还有一个是通过呼吸道和皮肤跟大自然的空气和水进行交流而获取的，我们叫呼吸营养保健。饮食营养保健大家都知道，呼吸营养保健可能第一次听，这是三维六商素质教育理论特别提出来的。

1）饮食营养保健：饮食营养主要包括我们通过口、消化道吃的东西。饮食营养很复杂，大家公认的就是七大营养素，即蛋白质、脂类、水、维生素、碳水化合物、矿物质和膳食纤维。就是我们经常吃的各种东西里面，或者含有这几种营养素，或者含有那几种营养素。这七大类营养素每一类还有细小的分类，比如蛋白质，在营养学上根据食物蛋白质所含氨基酸的种类和数量不同将食物蛋白质分为完全蛋白质（所含的必需氨基酸种类齐全，数量充足，彼此比例适当，不但可以维持人体健康，还可以促进生长发育。奶、蛋、鱼、肉中的蛋白质都属于完全蛋白质）、半完全蛋白质（所含氨基酸虽然种类齐，但某些氨基酸的数量不能满足人体的需要，不能促进生长发育。如小麦中的麦胶蛋白）和不完全蛋白质（不能提供人体所需的全部必需的氨基酸，不能促进生长发育，也不能维持生命。如肉皮中的胶原蛋白）。即便是完全蛋白中的鱼类的蛋白更有利于人类。再来看看，我们炒菜为什么要放油、放盐？人为什么喜欢吃甜食？这些都是因为身体需要，不完全是口味。口味是因为生理需要而产生的欲望，有欲望的时候就希望吃进去，吃了就感到满足的愉快。譬如吃甜食的时候觉得很舒服，就会说“生活比蜜甜”。所以从某种意义上讲，所谓愉悦快乐，都是身心欲望得到适度满足后的一种积极感觉。

饮食营养保健原理，就是要掌握：人每天需要哪七大营养素，每天需要的营养素的量分别是多少，这些营养素在哪些植物和动物身上有，怎么获取这些营养素才更有利于吸收。营养素的获取的数量和质量怎样和身体的消耗达到动态平衡，并维持动态的新陈代谢平衡等。比如怀孕后靠简单的饮食难以满足胎儿对叶酸和钙的需要，就要额外补充叶酸和钙片等。当我们知道这些食物成分和加工摄取方法，饮食保健就不成问题了，就不会盲目相信一些错误的养生保健方法了。从保健技能上讲，首先是养成良好的膳食习惯，就是在吃东西的时候尽量杂一点，不要偏食。因为不同的食物中所含的营养成分不同，含量也不等，尽量吃的杂一些，就能保证营养的丰富性。孕产妇养成好的膳食习惯，就基本能确保自己和宝宝的营养需要。其次是有意选择一些有营养的食物。比如含蛋白的食物，首选一些含有优质蛋白质的豆类、蛋类、瘦肉以及鱼类等为佳；其次是含碘食物如紫菜、海蜇；含锌、铜的食物如鸡肉、牛肉、羊肉；有助于补铁的食物如芝麻、猪肝、芹菜；含足量维生素的，如新鲜的瓜果和蔬菜。只要我们掌握了这些知识和方法，以后的饮食营养保健就不成问题了。也就不会被某些吃个土豆会治癌的谬论所误导了。

2）呼吸营养保健：人类身体所需要的物质营养除了通过消化系统吸收的七大饮食营养素以外，还有一个容易被人们忽略的最大营养素——氧气以及空气中的其他营养成分。我们提出的呼吸营养保健主要是指通过肺的呼吸运动和皮肤与外界的交换来持续提供生命所需要的氧气和负氧离子等营养物质。

人们已经慢慢发现，空气的质量和含氧量直接影响身体健康，其中氧含量和负离子的多少是空气质量的重要指标。在人的呼吸系统正常的情况下，呼吸营养保健的关键有两点：一是保证呼吸道能够吸收充足含氧量的清新空气；二是防止吸入有害的气体。每个人都生活在自己局域性的空气中，一般情况下氧气的含量不成问题，但由于空间受到越来越多的工业污染、生态破坏的影响，空气质量越来越引起人们注意。如果空气含氧量不高，如地下室、水下、高山上等，人就会因为缺氧而产生病变甚至窒息而亡。如果空气质量不好，如充满着各种尘埃、烟雾、花粉、毛屑、霉菌、病毒等有害物质，这些看不见摸不着的隐形杀手也会直接危害人们的身心健康。当人体持续呼入这些悬浮在空气中的有害颗粒，就容易出现咳嗽、支气管炎、过敏、头疼等症状，久而久之，导致呼吸道、心血管类慢性疾病的发生。因此，做好空气环境的保护、做好呼吸营养保健，非常重要。

从呼吸保健技能上讲，首先要注意改善和维护生活和工作的空间环境。比如保持房间通风，房间内摆放些花草净化空气，或者人工增加空间的负离子，不抽烟，不乱烧东西等；其次，要有意识地去一些空气清新的地方走走，比如去公园散步，或者去森林公园旅游等；更重要的是，要远离有害空气和不安全的环境。比如在准备受孕期间，就要远离化学物质和空气不好的环境。一天在电脑前工作不要超过 8 小时，每隔 3 小时最好离开一下空调环境，去户外透透气，呼吸新鲜空气等。

呼吸营养保健过去人们不太重视，不是呼吸营养保健不重要，而是因为氧气这个最大的营养素在空气中取之不竭，用之不尽，无须费用。但是现在为什么又重视了呢？因为空气污染越来越厉害，PM2.5、PM1.0 等越来越高了。联合国健康卫生组织研究提出，PM2.5 对肺癌的产生有显著相关性。我国把对空气污染的治理提到了国家层次，现在稍微大点的城市，都有 PM2.5 的检测，每个星期都要公布。这从反面说明，PM2.5 已经开始慢慢损害我们呼吸营养了。

那呼吸营养除了氧气以外还有别的什么呢？如负氧离子等。肯定还有很多我们目前没有认识到的空气营养成分。但是有一点我们有亲身体会的，我们到深山老林去、空气新鲜的地方去，人就会感到很舒服。为什么舒服？因为这种空气里面肯定有很多我们体内需要的东西，满足了我们的营养需要，只是我们目前不知道到底是什么。今后，随着科技的发展，呼吸营养里面肯定还有新的成分被发现。比如我们发现，百岁老人大部分都生活在空气比较好的地方。因此如果有机会，我们一个星期到深山老林里或森林里面去呼吸几个小时的清新空气，就会对身体健康有好处。旅游选择农家乐或者森林公园，都是有好处的。

(2) 活动保健：保健不仅要营养保健，还要活动保健。活动保健又分为体力活动保健和脑力活动保健。不管是体力活动保健还是脑力活动保健，实际上就是按照“用进废退”的原理，遵循身体各个系统的功能活动规律，进行适时适度的功能活动，从而保持各个系统功能处于健康正常的状态。

1）体力活动保健：因为人是动物，“动”即是人的本能，也是健康的表现。看过动物世界电视栏目，我们就知道：动物之间的游戏，都是本能的表现和主动的训练。人是高等动物，同样需要训练和活动来保持和提高本能，增强人的反应性、灵活性、平衡性和力量。

专家认为，适当的活动，是保持人的本能和健康的重要手段，人体发育和各种机能都有一种“用进废退”的规律，“用”，就是要通过活动来实现。有规律的体育运动和耐力活动，如游戏、晨跑、散步、游泳、下棋、竞猜思考等活动，都有利于改善体质、活跃思维。活动可以不要求强度，但贵在坚持。有些活动还通过特有的技能素质表现出来，如人们常说“琴棋书画、诗歌舞剑”这些技能，既可以作为素质技能，也可作为谋生的职业技能，也是活动保健的技能。

人是活体动物，不光肢体需要活动，各种器官也要保持在活动状态。如果你没有保持健康状态，其阈值会越来越低。就像发动机一样的，不注重保养，阈值会越来越低。如果油门一踩，跑到 110 km/h，发动机都没问题，说明你阈值比较高。活动保健就是经常活动每一块肌肉、每一个器官和各个关节，让它们都保持在健康的状态下。用进废退，不用它，它就退化和功能低下，一旦遇上需要大阈值的功能活动时就会跟不上，就会出问题。

人体各个器官的锻炼，比如呼吸系统怎样锻炼，消化道和循环系统怎么锻炼？一定幅度的跑步就是很好的一种锻炼方式，跑步可以增加活动量，让身体处于有氧范围。这种跑步锻炼最好是有氧锻炼，活动的时候让心跳呼吸增加，提供的氧气大于身体需要的氧气。但如果锻炼超负荷，那么心跳和呼吸提供的氧气不能满足身体的需要，就变成超负荷锻炼了。一些专业田径运动员为了提高极限才进行超负荷锻炼，尽管呼吸心跳已经达到很高的频率了，还要继续锻炼，有些长跑运动员被拉到高原地区去锻炼，甚至进行极限锻炼，都是为了不断提高身体各器官的适应能力，这就叫负氧锻炼。

一般人的锻炼，有氧运动最好，不要做过多的超负荷锻炼，尽量做有氧运动。比如通过快走、慢跑、游泳、太极运动、五禽戏等有氧运动来保持和提高心肺功能，通过广播操、瑜伽等有利于肢体韧带关节活动的运动来保持各关节、韧带的柔性功能，通过下棋、打牌、猜谜等娱乐活动来保持大脑的思维功能，等等。

婴儿的肢体活动保健是被动的，一方面要给婴幼儿宽松的环境，让孩子活动自如，而不要束缚孩子的活动。另一方面，大人要帮助孩子做一些被动的体操活动，比如抚触按摩、婴幼儿体操等，这些都是大人为了孩子而进行的被动的体力活动保健；婴儿的脑力活动也是被动的，大人要给孩子音乐、颜色、气味、口味等五官上的刺激，以及语言上的被动交流等，就给孩子被动的脑力活动保健；稍大一点孩子的活动保健，就是在家长的看护和指导下，广泛开展这些趣味性、功能性的游戏活动，如捉迷藏、猜谜语等，既促进生长发育，又维持技能健康，非常有好处；3 岁以上的孩子，就要鼓励参加一些有趣体育活动，慢慢地变被动活动保健为主动活动保健，提高孩子运动素质和保健能力。

所以体力活动保健道理很简单，就是如何让你肌肉、肢体、器官保持在正常阈值活动范围之内。所以我们需要多锻炼、正确锻炼，做这些锻炼就是做好体力活动保健。

2）脑力活动保健：活动保健运动有两类，除了体力活动运动，还有一个就是脑力活动运动。如果想让大脑的功能保持在正常阈值范围之内，那么大脑就要进行专门的锻炼。

我们都知道老年痴呆症，老年痴呆症的发生除了物理因素以外，大脑的活动保健做得不够可能也是一个因素。为什么说很多老年人热衷于打麻将、下象棋，有利于预防老年痴呆呢？这是因为这种娱乐体育活动起到了锻炼大脑的作用。

大脑锻炼的方法很多，首先是通过细小关节的活动来刺激大脑，比如玩掌上圈、掌上球等，有利于手掌的指关节活动；其次就是通过玩牌、下棋等娱乐活动来运用大脑的意识思维功能；第三，还要保持大脑所需的各种营养供应，包括饮食营养和大脑的氧气供应，都有保健作用；第四，就是一定的上下起伏的运动，有利于大脑保健。比如小幅度的跑步，上下颠簸，不仅消化系统等器官起到了颠簸锻炼作用，大脑也受到一定的锻炼，有利于大脑的保健。

小孩的脑力活动保健与成人的脑力活动保健原理基本一样，只是目的更多，其中最主要的是刺激大脑的发育和大脑功能的训练。

(3) 心理保健：除了身体的体力活动保健和脑力活动保健外，还有一个很重要的保健活动——心理保健。

心理保健的原理：一是像满足身体的营养需求一样，满足心理的营养。什么是心理营养？心理营养实际上就是合理欲望的适度满足和心态情感的适度体验。心理欲望适度满足后会产生心理上的愉悦感，而心态情感上的适度体验能促进心态情绪的丰富。比如婴儿期的孩子主要是食欲的适度满足、大小便的及时清理、身体的安全依附需要，以及被动的安全保护需求等，父母就要及时喂奶、温柔的拥抱、语言和眼神上的关爱表达，用脸或者手抚摸孩子的皮肤传递母爱。到了幼儿期，就要进一步有被爱、被赞扬、想表现、求知欲等需求，父母要用语言和行动来表达由衷的爱心，父母的温暖呵护，及时满足求知欲，正确及时满足孩子的心理需求，让孩子享受到被爱、被保护、被重视、被尊重，创造和谐的家庭生活环境，这对孩子心理锻炼和心理健康很有好处。为什么单亲家庭不利于孩子的心理成长？这是因为单亲家庭的孩子获得的爱不够完整，因此完整的家庭对孩子的心理发育非常重要。而在情感体验中，最喜欢的是笑，笑是心理愉快的情感表达。但情感中只体验笑是不够的，要尽量寻找机会体验其他的情感，比如看小说、看电影电视剧，入戏后与剧中人物感同身受等，这样就有利于心理的保健；二是要开展心理保健。心理保健的核心是保持心情平静，也就是我们常说的保持平常心。平常心就是平静，包括心态的平静和情绪的平静，做到不急不躁、不喜不悲、财色不乱、荣辱不惊。那么不平常心是什么呢？就是心态的趋势走向和情绪的感性表达出了问题。心态的趋势走向包括积极阳光心态和消极阴暗心态。情绪的感性表达，就是我们常说的“七情”：即喜、怒、忧、思、悲、恐、惊这七种情感表达出了问题。心态的趋势走向和“七情”体验，对人体的生理健康具有直接的影响作用，主要影响人体自带的适应力、免疫力和自愈力这三大基本功能。有研究发现，积极的心态和良好的情绪能促进适应力、免疫力和自愈力的提高和恢复，对疾病的治疗有超过 30%的治愈作用。相反，同样的研究发现，消极悲观的心态和负面情绪，能伤害自身的适应力、免疫力和自愈力，尤其是伤害自身免疫力，对疾病的治疗有超过 30%的加重作用。中医认为，喜伤心、怒伤肝、忧思伤脾、悲伤肺、惊恐伤肾。有些癌症患者医学上觉得无药可救，判了死刑，但患者以平常心情和积极乐观的心态，坦然对待，该吃吃该喝喝，加强营养，适度锻炼，照常社交，照常工作，病情竟然取得稳定甚至好转了。而相反，很多患者得知自己得了癌症，心态一下子就极度消极悲观，心理压力非常大，情绪一直处于悲伤惊恐当中，就会伤害自身的适应力、免疫力和自愈力，大大加速了疾病的发展，甚至走向死亡。积极的心态和良好的情绪不仅有利于健康和疾病治疗，还有利于元气保养、延缓衰老、延年益寿。有人统计发现，世界上长寿的人有个共同特点，那就是心态平和，积极乐观。

保健养生与医疗

保健与养生，目前都认为是一个概念的两种不同说法。但通过学习“人体 123 体系”后，我们就能理解这两者既有相同的部分也有一定的区别，他们都是人们保护和维持身心健康的有益活动，但两者针对的重点略有不同。保健活动，主要是通过人的营养保健、活动保健和心理保健三大保健活动来维护人体自身的适应力、免疫力和自愈力三大功能体系为主，重点是保持身心的存在状态处于健康状态，以防病治病为主；而养生活动，主要的是保护人体的真元之气、维护人的青春活力、延缓人的衰老退化时间为主，重点是在成长发育期激活元气达到最大阈值，成年后要注意合理利用元气并及时补充元气使元气处于最大阈值，延缓阈值降低速度，主要与人的寿命天年有关。保健主要是维护身心健康，注重于生命的宽度与质量。而养生是保护人体的元气，更注重于生命的长度。保健活动在孩子的成长发育期就需要做好，而养生活动一般在成年后才提倡。成长发育期主要是激活元气达到元气的潜在最大阈值；现实中有些人一直比较健康，但到了一定年纪后衰老比较快，最后寿命也不是很长。而有些人平时看起来病怏怏的，似乎不是很健康，但是一直显得很年轻，寿命也很长。这些都是健康与寿命、保健与养生之间的区别。当然，保健有利于养生，养生更有利于保健，两者肯定是不可分割的整体。

人的疾病形成也有一些不同。那些感染性、外伤性、自身免疫性、占位性、心理性等疾病，大多与三大体系功能低下或者超出三大功能体系的能力有关，而一些退行性疾病，大多与元气受损或者元气阈值降低有关。比如当人们进入老年以后，生理心理都感觉没有什么病，到医院做体检各项指标都比较正常，但是总感觉下肢没有力气了，活动一下就容易疲乏，听力视力开始下降了，近期的事情总是不记得了，尤其在七十岁左右后尤其明显，这就是元气的阈值开始下降了。从现代医学讲，人的各个组织器官开始老化、退化，细胞的活跃度、兴奋度下降了。虽然元气阈值下降了，但元阴元阳元神还在为三大基本功能的作用发挥提供动力，并保持动态平衡状态，身心还是健康的。虽然说生老病死是自然现象，元气阈值的逐渐衰减直至耗尽是自然规律，但人们完全可以通过正确养生和科学保健，既能保持元气阈值尽量维持在较高水平，保持体内激素水平和细胞的活跃度，延缓衰老；同时又能维持体内三大功能体系处于较高程度，身心处于健康状态。

这里重点谈谈自愈力保护、医疗原理与养生延缓衰老的方法。

(1) 自愈力激活保健：自愈力是人人都有、与生自带的东西，但是，这种自带的东西既要不断激活，又要防止不合适的干预。如何正确激发、保护五脏自愈力，其实很重要。

激发心脏、血管自愈力。所有的血管都是和心脏相连的，心脏自愈力上来了，血管有点毛病，都可以自己恢复。心脏每天运行，“激发”需要每天进行。比如在饮食营养中加点醋、减点盐，可以找些高盐调味料的替代品，比如醋、番茄等；加点钾，助排钠。钠吃多了，会降低心脏自愈能力，造成胸闷、心悸，高钾食物（香蕉、海带、菠菜）有利于排钠，增强自愈能力；加点钙，护血管。中老年人，每天吃脱脂牛奶 250～300 mL，激发血管自愈力。

激发骨骼自愈力。发生骨折时，骨骼中的活性成分骨细胞就会被自动激活，它对骨头修复发挥着关键作用。谈到骨骼就会想到维生素 D，其实这种观点比较陈旧，真正锁定骨细胞的，是维生素 K。每天要吃一次菠菜或西兰花，它们含有丰富的维生素 K。骨折发生 6 周后，应适当活动以刺激骨细胞，加速骨骼修复。

激发肝脏自愈力。肝脏是唯一即使切除部分坏死组织，也可自我修复的器官。平常可以补充叶酸和 B 族维生素，特别是用大枣煮水长期喝，以激发肝脏的自愈力。

激发肾脏自愈力。人类的肾脏具有很强的自我修复能力。激发方法：黄芪熬汤煮饭。黄芪先熬水，然后煮饭，一天的用量在 100 g 内。

激发胃肠道自愈力。胃肠道细胞是人体更新速度最快的细胞，平均一两天就会更新一次。早餐吃全谷物食品，就是老玉米和燕麦，少吃粉、面这种油脂重的，以及馒头、包子这种精制的食物，这样有利于胃部自愈力的激发。

激发肺部自愈力。烟雾等严重污染会加重肺脏负担，破坏它的自我修复功能。视黄酸有助于肺脏自愈力激发。胡萝卜、红薯和芒果最好每天吃，量不应低于 900 mg。

激发大脑自愈力。我们的大脑并不是老了才会老化，人的大脑在我们上高中的时候就停止产生神经元，走下坡路了。但激发神经元生成，有利于充分唤醒沉睡的大脑自愈力。如快步走，每天至少 30 分钟，每周 2～3 天。那些不幸老年痴呆的人大多都是整年不运动的，这种行为就是给自愈力捣乱。

当然，激发自愈力可以让我们少得病、不得病，不可以替代医疗手段。一旦得病了，还是要去医院寻求专业的治疗康复。

(2) 养生与延缓衰老：虽然人的生老病死是自然规律，不可违背。但如果认识规律、遵循规律、利用规律，对人的健康长寿是有很大裨益的。

人在出生之前，元气授之于父母。一旦成长发育完成以后，人的元气的阈值就基本确立，往后的日子就要注意元气的保护，及时补充元气，维持元气阈值处于高水平状态，延缓衰老。人体虽然是一个有机整体，但身体的每个组织器官走向衰老的过程却有先后的。比如大脑、肺脏等器官开始老化的时间比你想象的要早。研究人员给出了一个人体各组织器官衰老时间表和相对应的养生方法，这里转载给大家参考。

肺功能的减弱从 20 岁开始的，当人进入 40 岁后，有时走路都会变得气喘吁吁，部分原因是控制呼吸的肌肉和肋骨变得僵硬，使肺的运转困难，肺的残气量亦增加。养生方法：首先加强呼吸营养保健，多到空气新鲜的郊外、氧气充足的树林中走一走，洗洗肺。不吸烟，吸烟的人最好戒烟；其次是加强运动保健，特别是肺活量方面的锻炼，如跑步等；三是多吃新鲜蔬菜、水果，比如梨可以润肺，葡萄、苹果也都有利于肺部保护。

大脑 30 岁开始衰老。随着年龄的增长，大脑神经细胞的数量开始减少。之前人体大脑神经细胞有 1000 亿个，到 20 岁时开始逐渐减少；到 40 岁时，大脑神经细胞每天损失 1 万个，相应地伴随着出现记忆力下降和大脑功能减退。保养方法：下午 3 点后到下班前，是出现“伤脑筋”症状的固定时段。如果条件允许，可以暂时从工作中脱离一下，吃个水果（补充葡萄糖）、在办公室里面散散步（加快血液循环）、玩玩数独（给大脑做体操），让大脑放松一下，远离疲惫。

骨骼从 40 岁开始疏松。人的骨细胞一直在不断损耗与补给中，而到 40 岁，损耗速度开始加快，最终损耗大于补给。女性步入更年期后，骨骼日趋“脆弱”，更容易发生骨质疏松症。保养方法：多食用含钙、磷高的食品，如鱼、虾、牛奶、芝麻酱、杂粮、绿叶蔬菜等；坚持科学的生活方式，坚持体育锻炼，50 岁以后尽量每年进行一次骨密度检查。

牙齿 45 岁开始衰老。随着年龄的增长，尤其是进入 45 岁之后，我们的齿龈会逐渐开始衰减，牙齿会越来越脆弱，吃不了冷的、硬的东西。保养方法：坚持叩齿，认真刷牙。刷牙时每个牙面需要刷 15～20 次，上面牙齿从上往下刷，下面牙齿从下往上刷。刷上下牙咬合面时，将牙刷放在牙齿咬合面上，稍用力以水平方向来回刷。每半年或一年最好去医院洗一次牙。

眼睛从 45 岁开始衰老。英国南安普敦大学眼科学教授安德鲁·洛特瑞称，随着年龄的增大，眼睛肌肉变得虚弱，眼睛视觉聚焦能力逐渐恶化。保养方法：工作间隙不妨画画“十”字，身体坐直，伸出食指在脸部前方正中，让眼珠跟随指尖向左边慢慢移动，然后回到正中央，再依次向右、向上、向下移动。每次连续做 5～10 次，每天可做 3～5 次，能促进眼部肌肉和睫状体的运动，缓解眼疲劳、增强视力。

心脏从 50 岁开始衰老。心脏开始衰老，向全身输送血液的效率降低，血管壁弹性下降，动脉变硬，容易导致脂肪在冠状动脉堆积，导致心血管疾病。保养方法：做好活动保健。根据美国哈佛大学医学院的研究人员发表的论文中所述，运动能够促进心脏的修复，改善心脏血液循环，增强心脏的功能。

肾脏从 50 岁开始衰老。50 岁时，憋尿的能力变差，男性前列腺开始出现增生的问题。保养方法：多喝水，每天至少喝 8 杯水，且不要憋尿；合理膳食，营养均衡，多锻炼身体少吃药，不滥用抗生素有利于肾功能；平时也可以多按摩腰部。

肠道从 55 岁开始衰老。一个健康的肠道可以在有害和无害的细菌之间建立很好的平衡关系。伦敦医学院免疫学教授汤姆·麦克唐纳称，当人们的年龄超过 55 岁时，肠道消化系统中的无害细胞指数逐渐下降。最终的结果是，我们将面临消化能力减弱，肠道疾病增加的事实，其中便秘就是随着人体衰老，中老年经常表现出来的一种症状。保养方法：要做到“两通”：一是保证消化道从出口到入口一定要通。二是保持心情愉悦，情绪畅通。当然，一些小技巧也能帮助养护肠胃，比如吃饭时细嚼慢咽，增加膳食纤维摄入等。

肝脏从 70 岁开始衰老。肝脏似乎是唯一能挑战衰老进程的器官，其再生能力很强，也是最后开始衰老的器官。所以常常在医学上有 70 岁的老爷爷给 20 岁小伙子换肝脏的例子。保养方法：忌油腻、辛辣、高脂肪的食物，多吃谷类食物、蘑菇、海带、青苹果等；保证充足、高质量的睡眠，适当运动；常按太冲穴、三阴交穴。

(3) 医疗原理：前面说过，疾病状态是人体的三大基本功能降低，或者内在或外在的损害超出人体三大基本功能的活动能而出现的身心不健康的状态。疾病分几大类，其中功能性疾病、免疫性疾病、退行性疾病，属于自身三大基本功能低下导致的，而外伤侵害与炎性疾病、增长性疾病等，属于内外损害超出人体三大基本功的活动能力导致的。从某种程度上来说，医生治病，就是通过药物、手术和理疗等手段，借助和帮助人体的三大基本功能使身心恢复到健康状态。尤其是激发和扶持人类机体的自愈能力。因此最终治好疾病的，不是药和手术，而是人们自己。

移动阅读

保健与保健意识　　什么是活动保健

什么是呼吸营养保健　　低龄儿童呼吸道健康的呵护

雾霾天气儿童会出现以下几种疾病　　雾霾天气下如何保护孩子的呼吸道健康

钟南山：空气污染对人体危害堪比 SARS

宝宝的健康素质培养

对小孩从小时候的健康素质培养，有被动的健康素质和主动的健康素质之分。在这一过程中，这里要重点提醒家长有两个需要重点注意的常见问题：一个是如何培养孩子的主动健康素质，一个是如何处理孩子感冒发热和抗生素的使用问题。

1. 宝宝的被动健商与主动健商：父母要有强烈的健商意识和高度的责任感来对待未来宝宝的健商。父母是宝宝健康的赐予者、保护者和健商的教育者，这就要求父母自己一定要有较高的健商。父母首先要通过各种渠道和方式去全面掌握婚产孕育方面的知识和胎儿和宝宝发育成长的规律；二是充分做好孕前准备，切实加强孕前保健和孕期监护，生一个先天健康、元气潜阈值很高的宝宝，给宝宝一个健康的身体和心理；三是要为宝宝创造一个健康舒适的生长发育环境，如提供充足的母乳或奶粉等营养物质、清新的空气环境以做好营养保健。适当舒适的衣物保暖，加强抚触按摩、感统训练等，做好被动的活动保健。多拥抱宝宝、理解宝宝哭声，针对性地满足他的需求，多与宝宝沟通，多创造机会让宝宝笑，再大一点就让他享受各种情感体验等，以做好宝宝的心理保健；四是要激活宝宝的元气阈值和三大基本功能，包括做好宝宝疫苗接种，细心观察和监控宝宝健康，防止宝宝疾病的发生。一旦出现疾病，积极科学护理，及时就医，纠正疾病，防止各种并发症，对宝宝的健康进行管理。

但是按照主动被动原则，我们一定要注意让这种被动慢慢变成宝宝的主动，宝宝健商培养就是从被动健商到主动健商的过程。两者目标一致，但从宝宝的健康素质来讲，一个是被动，一个是主动，性质完全不同。其实每一个父母都希望自己的宝宝有主动的健康素质，但很多父母却一味地注意宝宝的被动健康素质，在宝宝长大以后还是不知道也不愿意培养宝宝的主动健康素质。结果是宝宝不敢离开父母身边，一旦离开父母就感到生存困难。特别一些父母有溺爱意识，宝宝有依赖意识，一般父母很难放弃被动健商行为，不主动或无意识去培养宝宝的主动健商。一定要注意及时放弃单纯被动健商的做法，督促和逼迫宝宝从被动健商向主动健商的转变。父母要根据宝宝的发育规律，按照宝宝成长和学习能力的增长状况，有意识地将自己所掌握的保健知识、保健方法和保健习惯在日常生活中通过示范慢慢传授给宝宝，变成宝宝的意识和行为，如定时吃饭，杂食不偏食，定时休息，鼓励活动，多做游戏，饭前便后洗手，早晚主动刷牙，等等。在传授和培养宝宝主动健商的时候，注意采用游戏的方式进行。人和动物一样，游戏是本能和兴趣的原动力，因此宝宝喜欢玩游戏，而且这些游戏大多是与人的本能和未来的社会相联系的活动。宝宝的学习成长也需要以游戏为主，按照年龄的不同分龄设置游戏和训练活动，大力训练和提高宝宝机体的各种本能，促进宝宝生长发育、感统协调、智力开发和体质增强。在游戏中增强宝宝的体质，形成保健意识，学习和获得保健技能，从被动健商慢慢变成主动健商。宝宝长大点儿，父母就要传授健康知识和防病治病知识，传授保健方法，督促养成良好的保健习惯。

2. 如何对待感冒发热和抗生素的使用：由于胎儿时宝宝体内流着妈妈的血液，出生后会保留妈妈体内的部分抗体，这是妈妈给予宝宝的被动免疫能力。但这个免疫能力一般在 6 个月后就慢慢消失了，而宝宝自己的免疫力还没有完全形成，还需要外界刺激来激活，这个时候宝宝的免疫力比较低下，就很容易感冒、发热、咳嗽。一旦宝宝感冒了，父母就会非常紧张，动不动就送进医院，甚至头皮吊针、注射抗生素。其实针对宝宝感冒我们不要过分地紧张，要辩证地对待。一方面，要按时给孩子接种疫苗，针对性激活孩子自身免疫力；另一方面要认识到宝宝感冒是个必然的过程，它既是激活宝宝免疫力的自然刺激因素，激活了宝宝体内的免疫能力，发热了进行物理降温，再严重一点就用一些宝宝退热药物，7 天左右感冒就慢慢好了，只要注意没有严重急性的并发症发生就行了。而如果动不动就用抗生素，就会干扰宝宝自身免疫能力的激活，不利于宝宝免疫力的形成。因此宝宝感冒了尽量不用抗生素。而且过早使用抗生素，干扰宝宝自身免疫力的激活和完成形成，容易导致宝宝自身免疫力的紊乱，成年后很容易得过敏性疾病。据最新研究表明，6 个月以内婴儿使用抗生素，他们在 7 岁前发生过敏反应（如变应性鼻炎和哮喘）的危险明显增多。

移动阅读

幼儿体能发展的重要性
“要想小儿安，常带三分饥和寒”
车子与孩子，这些细节不能忽视
儿童心理健康的潜质表现
儿童心理健康可影响日后职业之路
儿童心理健康，父母要做到八“不”
心理健康的标准
适当哭泣有利于心理健康
体能活动有益孩子的健康
家庭中如何培养幼儿良好的生活习惯
父母应教会孩子自我保护
儿童心理不健康的十种表现
培养儿童健康的心理父母应遵循的原则
为孩子注入“心灵营养素”
不健康的心理类型

孩子的身高外貌

父母在孩子健康素质方面，除了关心孩子的身心健康之外，还非常关心孩子的身高，其次是长相外貌。身高与外貌本不是本书的重点，但身高与外貌确实容易影响孩子的心理心态，自然会影响孩子综合素质的培养。因此，在这里也简要讨论一下，供家长参考。

1. 孩子的身高：孩子成人后的身高，75％取决于父母的遗传因素，仅 25％取决于后天营养锻炼和环境因素。不过，遗传因素只能决定未来身高生长的潜力，这种潜力能否得到全部发挥，有赖于后天各种环境条件来促进实现，如营养、体育锻炼、睡眠、疾病防治、生活规律和心理健康等。

这里介绍一个孩子未来身高的通用计算方法：

男孩子成年后身高（cm）=（父亲身高+母亲身高）×1.08÷2

女孩子成年后身高（cm）=（父亲身高×0.923+母亲身高）÷2

目前，中国男性平均身高为 167.1 cm，其中北方男性身高为 167＋8＝175 cm，南方男性身高为 167－8＝159 cm；中国女性平均身高为 155.8 cm，其中北方女性身高为 155.8＋8＝163.8 cm，南方女性身高为 155.8－8＝147.8 cm。

近 20 年来，世界各国的平均身高每 10 年增长 1 cm，人类的身高出现了一代更比一代高的趋势。一般来讲，女孩身高发育要比男孩早，在 12～13 岁为快速增长时期，到 19～23 岁开始停止增长；而男孩身高发育相对晚一点，在 15～16 岁为快速增长时期，到 20～24 岁停止增长。人的身高在四肢长骨和脊椎骨均已完成骨化后，身高就停止增长了。

在正常的情况下，人出生时身长为 50 cm 左右；1 周岁内是身高增长的第 1 波高峰期，能长到 75 cm 左右；2 周岁时长到 85 cm 左右；3～7 周岁每年增高 6～15 cm。大多数人到 11～12 周岁时，会长到 155～160 cm。这一时期，大多数人的身高差别还不是很大。但随着青春期的到来，人概在上初中时期，身高和全身器官一样，进入第二次增长高峰期。这一时期会因为各自的遗传因素、营养状况、体育锻炼和睡眠情况等因素，使得人和人之间身体高矮出现了明显的差异。有人每年可增高 6～7 cm，甚至 10～13 cm，往往一两年内，一个天真烂漫、充满稚气的儿童就发育成一个壮实的小伙子或亭亭玉立的美少女了。进入 17～18 周岁以后，身高增长速度就明显放慢，一直到性成熟时，即女孩 18～23 周岁，男孩 22～25 周岁时就基本停止增长，人的身高就基本定型了。

在这里重点介绍一下婴幼儿期后天因素促进身高的方法：

(1) 不要挑食：人的长高过程有两个高峰期，一个是婴幼儿时期，另一个是青春期。这两个时期促进长高最重要的就是丰富的营养。要给孩子多吃些富含各类营养的食物，如豆类制品、蛋、鱼虾、奶类、瘦肉等动物性食物，富含维生素 C、A 和 D 以及钙等无机盐的蔬菜、水果等，尤其是钙，给幼儿和学龄儿童添加适量的钙质和鱼肝油，对婴幼儿长高很有益处。

(2) 保证充足的睡眠："孩子睡得好，个子长得高。"研究发现，身高的增长取决于骨骺的不断增长，骨骺的生长又受内分泌腺的控制，控制身高内分泌激素主要有脑下垂体分泌的生长素、促黄体素和性激素，其中生长激素作用最显著。生长激素的分泌有其明显的规律性，即白天分泌较少，夜晚睡眠时分泌较多。当儿童深睡 1 小时后，生长激素的分泌量，超过白天 5～7 倍，而深睡时性激素和促黄体素的分泌也很旺盛。显然，这对儿童身高的增长非常有利。青春期是生长激素和雄激素分泌最旺盛的时期。生长激素的主要功能是使四肢骨骼增长；雄激素则使骨骼增粗，更结实。这两种激素的分泌在睡眠中尤其旺盛，所以青少年要保证充足的睡眠，每晚至少要睡足 8 小时。

(3) 多选有利于长个的体育运动：据调查，一年的体育锻炼就能使男孩子的身高比不锻炼的同龄者多长 1～2 cm，女孩子多长 2～3 cm。体育锻炼既能促进生长激素的分泌，又能加强骨细胞的血液供应，有利于提高骺软骨的增殖能力，还对骺软骨的增殖有良好的刺激作用。运动以后，生长激素分泌明显增加，同时运动还会锻炼肌肉、骨胳，使之更加健壮。因此，国内外学者一致肯定：运动有助于长高，尤其是那些轻松活泼、自由伸展和开放拉伸的项目，比如吊吊环、单杠悬垂、摸高练习、爬杆或爬绳梯、上体前引、交叉伸展、跳绳、跳皮筋、踢毽子、游泳等。这些训练会增加关节、韧带的柔韧性，有助于身高发育。而那些负重、收缩或压缩性的运动，比如举重、举哑铃、拉力器、摔跤、长距离跑步等，对身高增长是不利的。

(4) 保持愉快的心情：孩子的生长激素在睡眠和运动的时候分泌较高，在情绪消极低落的时候分泌较少。研究发现，精神上受过严重创伤的孩子生长发育迟缓，甚至停滞。孩子如果经常遭受批评、责备甚至打骂，或者父母经常争吵导致家庭环境不好，就会让孩子心情压抑、情绪低落，也会严重影响孩子身高增长，重者导致各种疾病。

2. 身高与孩子的情商心态：在孩子成长过程中，每一位家长都关心孩子的身高，一旦发现孩子增高太快或者不长个，心里都比较惊讶或者着急。不仅家长惊讶着急，孩子一旦有了自主意识，特别是对自己的身体有自知能力的时候，身材的高矮就会影响孩子的自知能力和心态，高个子的孩子容易高估自己，容易出现高傲、瞧不起矮个子同学的心态，而身材矮小的孩子大多容易低估自己，产生自卑的心态。面对这一情况，家长要区别对待，正确引导。一方面要告诉孩子身高增长有前有后，有些先长高，有些后发育，个子高、有骄傲心态的孩子不要骄傲，个子矮有自卑心态的孩子不要着急、不必自卑；另一方面，告诉个子高的孩子要有胆量承担更多的责任，让孩子把身高优势变成担当意识。告诉个子矮小的孩子，从别的方面提高自己，增加优势，比如学习更努力取得更好的成绩，做事更勤快让更多人喜欢等。

3. 孩子的外貌与父母基因：和身高一样，孩子的外貌也是与父母的先天遗传有很大关系。研究发现，孩子像谁主要由等位基因决定。爸爸的精子带着 23 条爸爸的染色体，妈妈的卵细胞则带着 23 条来自妈妈的染色体，它们组合在一起，就构成了宝宝的 23 对染色体。那么孩子会更多继承哪一方呢？这主要是由等位基因决定的。每对染色体上相同位置的基因就叫等位基因，它们控制的是同一性状，一个来自父亲、一个来自母亲。基因有显性和隐性之分，如果一对染色体上两个等位基因都是显性或者一个显性一个隐性，表现出来的性状都是显性性状，只有当两个等位基因都是隐性时，才表现出隐性性状。

孩子的眼形、大小遗传自父母，大眼睛相对小眼睛是显性遗传。父母有一人是大眼睛，生大眼睛孩子的可能就会大一些。双眼皮是显性遗传，单眼皮与双眼皮的人生孩子极有可能是双眼皮。但父母都是单眼皮，一般孩子也是单眼皮。眼球颜色方面，黑色等深色相对于浅色而言是显性遗传。也就是说，黑眼球和蓝眼球的人结合，所生的孩子不会是蓝眼球。长睫毛也是显性遗传的，父母只要一人有长睫毛，孩子遗传长睫毛的可能性就非常大；耳朵的形状是遗传的，大耳朵相对于小耳朵是显性遗传。父母双方只要一个人是大耳朵，那么孩子就极有可能也是一对大耳朵；让少男少女耿耿于怀的青春痘，居然也与遗传有关。父母双方若患过青春痘，子女们的患病率将比无家庭史者高出 20 倍；孩子的肤色，遵循“相乘后再平均”的自然法则，让人别无选择。若父母皮肤较黑，绝不会有白嫩肌肤的子女。若一方白一方黑，大部分会给子女一个“中性”肤色，也有更偏向一方的情况；腿型，酷似父母的脂肪堆积的腿，完全可以通过充分的锻炼而塑造为修长健壮的腿。倒是那双腿若因遗传而显得过长或太短时，就无法再塑，只有听任自然了；秃头，只传给男子，不传给女性。父亲是秃头，遗传给儿子概率则有 50%，就连母亲的父亲，也会将自己秃头的 25%的概率留给外孙们。

4. 孩子的外貌与情商心态：外貌的美丑本没有绝对的、一成不变的标准，唐朝时期以丰腴为美，清代时以小脚为美。一般来讲，绝大多数人的外貌都处于普通型、大众型外貌，只有极少数人貌若天仙、风度翩翩，也只有极少数人相貌丑陋。外貌不仅与身高、体型、五官等的协调性有关，而且与脸色、眼神等精气神健康状况很有关系，健康美才是真正的美。

和身材高矮一样，孩子一旦有了自主意识，特别是对自己的外貌有自知能力以后，外貌姣好、风度翩翩的孩子容易听到更多人的夸赞，导致高估自己，容易出现孤傲、瞧不起别人的心态，而相貌平平甚至畸形有缺陷的孩子，大多容易遭到别人的冷眼讥笑，导致低估自己，产生自卑的心态。面对这一情况，家长同样要区别对待，正确引导。一方面要告诉孩子："人不可貌相，海水不可斗量。"外貌只是外在的，真正值得夸奖佩服的是内在的真才实学和品德人格。可以将现实中那些外貌一般但非常成功的公众人物作为案例教育孩子，外貌好的不要骄傲，外貌差的不必自卑，都要注重健康美和内在美的建设，全方位提高自己。尤其是外貌差一点的孩子，完全可以通过增加其他方面更多的优势来充实自己在外貌上面的不足。

第3节　安全素质与安商（AQ）

安全，包括被动安全和主动安全两大部分。孩子的被动安全主要指家长为孩子营造的安全环境和安全监护，是家长的安全素质内容。这里讲的安全素质主要指主动安全，它既是一种安全需求，更是一种安全能力，包括安全意识、安全知识、安全技能、营造安全环境的能力、预测危害的能力和逃生自救的能力等。

被动安全环境与安全监护

被动安全环境与安全监护，是父母安全素质的具体体现，就是为孩子营造一个被动的安全环境，并提供全方位的安全监护。

从胎儿到出生再到能独立适应环境，孩子除了基本安全意识和能力低下的安全本能外，其安全状况几乎全部要求大人从外部来提供，这就是孩子的被动安全。

孩子出生后的安全意识主要表现是求生欲，对陌生环境害怕，对父母依赖很强。稍大一点后随着好奇与好动等能力的出现，对其他环境危害的认识都是空白，行动上没有安全意识，到处乱走乱摸乱抓，什么东西都往嘴里送，全然没有“害怕”，所谓“无知无畏”。在这种情况下，父母只能给孩子创造被动的安全环境。

营造被动安全要注意以下几点：一是父母自身安全素质要提高。比如女性孕期自身安全是胎儿安全的保证，孩子出生后懂得给孩子营造舒适安全的环境，孩子大一点懂得培养孩子主动安全素质等；二是对孩子的监护责任切实履行到位。对孩子的监护是被动安全的必然要求，欧美一些国家从法律上明确了父母的监护行为和过失惩罚，一旦疏忽监护，就会剥夺监护权。这一点中国父母相对宽松，确实不太在意对孩子的监护，在孩子睡觉的时候把孩子反锁在家里自己出去了，全国每年都有许多孩子卡在窗户护栏上被英雄救起的报道，但很少有人从父母监护制度上进行思考；三是营造舒适的安全环境，衣物穿着、喂养、床铺、地面的安全舒适，家具物品锐角、刀剑利器、电器插座、热水器等的处理。

安全本能与安全感

和饮食需求一样，安全需求也是人的本能需求，这是人的生存本能。安全需求得到适当满足就有安全感，如果没有得到适当满足，就容易缺少安全感。我们经常听到人们说某某孩子缺少安全感，实际上就是这个孩子在小时候的安全需求没有得到及时适度的满足，造成孩子有安全饥渴，心理比较脆弱，依耐性比较强，严重者会导致心理疾病。因此，满足孩子小时候的安全需求一定要及时适度。

人的安全需求在胎儿时期就本能地存在了，孕妈妈的子宫，以及子宫内部的胎盘、羊水等，就是妈妈为胎宝宝营造的第一个安全环境，是胎宝宝从胚胎形成到最后发育成熟的重要“保护所”，良好健康的子宫可以保证胎儿的正常发育。在子宫的保护下，胎儿可以安心成长，给胎宝宝足够的“安全感”。

从孕中期开始，胎儿就具备了感知能力了，胎儿在宫内的发育同时也受到了母体的影响，当母体有一些不良的行为或者外部声音等异常刺激行为时，都会让胎儿感觉到没有安全感。常见的有孕妈在睡觉的时候身体没有动静，让胎儿感知到没有安全感，除此之外到一些喧哗场所、突然的刺耳声音，胎儿也容易没有安全感。当胎儿出现安全需求时，最主要的表现就是超出正常胎动次数的频繁胎动。当胎儿出现频繁胎动时，孕妈妈第一件事就是抚摸自己的肚子，或者是唱歌、说话，让胎儿感知到母体的安抚，感知到母体的保护。与此同时孕妈也要排除让胎儿感觉到不适的事情，如果是在睡觉应该要起来活跃一下身体，过一会胎动安静下来后再入睡。

孩子出生后，由于胎儿时期胎宝宝生长在温暖安全的环境里，一旦出生，立即感觉到环境发生了改变，这就刺激孩子产生了不安全感，双手就会紧握、啼哭。于是通过穿衣保护、大人抱着肌肤触摸等，给予孩子安全感。比如孩子洗澡前脱衣服后，就会有不安全感，双手紧握、双眼紧闭，啼哭抵抗，而用毛巾包裹后，很快感到安全。有些孩子出生后生病了，需要打针、吃药，疼痛和不舒服给孩子产生刺激，也产生不安全感，下次一碰到头部或臀部就紧张害怕，对父母的依赖就更强。

无依无靠、无人陪伴、黑暗环境、陌生人，是导致孩子没有安全感的常见原因，满足安全感需求的方法就是拥抱、亲人陪伴、明亮但不刺眼的环境。比如孩子出生以后，从舒适的子宫来到新的环境，一下子无依无靠，肯定没有安全感。这时旁边的接生医生或者亲人就要用手接触新生儿身体，洗干净后用舒适柔软温暖的衣物包裹起来，让孩子皮肤接触到舒适的衣物产生安全感。再比如突然让孩子单独分床睡，旁边没有亲人陪伴，特别受过惊吓的孩子，就容易导致孩子没有安全感。正确的做法是，先单独睡小床，小床放在大人床的旁边，给孩子陪伴。过一段时间再进入单独房间睡觉，孩子在单独房间睡觉前，睡前亲人要陪伴孩子，告诉孩子睡着了爸爸妈妈才离开，并强调爸爸妈妈就在隔壁房间陪着孩子。然后陪孩子看看书、讲讲勇敢的故事，让孩子睡着了才离开。

移动阅读

美国儿童的安全手册
澳大利亚：安全教育从爸妈抓起
美国学校的安全教育
国外儿童的防灾教育
美国严厉处罚儿童性侵者
加拿大“性侵”教育从幼儿开始
德国三方联手防性侵
奇怪的叔叔
美国：严法“强迫”父母监护
英国：儿童协会统管全国
国外幼儿园的安全教育
美国家庭怎样对孩子进行防灾教育
法国儿童的性教育
瑞士性侵受害人起诉不设时限
澳大利亚高福利降低“性侵”

安全素质

安全素质是指一个人体验适应环境能力、安全意识、安全知识、安全技能、预测危害和逃生自救能力等。比如远离火灾隐患，不玩水果刀叉等锋利危险物品，这就是安全意识；再比如说手烫了马上缩回来，针扎了马上躲开，这些就是安全本能；而在溺水、火灾、地震、被劫持等天灾人祸中能够预测或者逃生自救，这就是安全能力。因此，安全素质包括安全意识、安全知识、适应能力、危害预测能力和逃生自救能力等综合能力的统称，简称为“安商”，包括被动安全素质和主动安全素质。

被动安全，就是父母给孩子创造一个安全的环境，让孩子别摔着、别冻着、别噎着、别烫着、别伤着。家具棱角要包起来，儿童使用的家具都要按国家的安全标准制作，家里地面要平整，刀叉要藏起来，开水、电气、火种要远离，尽量不上高处等，这些都是被动安全。父母在孩子的安全方面毫无疑问是非常注重的，但往往注重被动安全更多，容易忽略主动安全，忽略了孩子主动安全的能力的培养。而且忽略孩子主动安全素质的培养，是中国家长目前最忽视的素质教育。这其实与我们好多家长自己的主动安全观不够是有关系的。

还记得 2008 年汶川大地震吗？有一个学校由于之前注重地震自救安全教育，整个学校的学生在地震中都能及时逃生，全部安全无恙，这就是安县桑枣中学。2005 年开始，每学期要在全校组织一次紧急疏散的演习，每周二都是学校规定的安全教育时间，让老师专门讲交通安全和饮食卫生等。刚组织紧急疏散时，多数孩子觉得好玩，而家长认为多此一举，有反对意见，但校长叶志平坚持。后来，学生老师都习惯了，每次疏散都井然有序。2008 年，汶川地震那天，学生们正是按着平时学校要求和他们练熟了的方式疏散。地震波一来，老师喊：所有人趴在桌子下！学生们立即趴下去。老师们把教室的前后门都打开了，怕地震扭曲了房门。震波一过，学生们立即冲出了教室。那天，连怀孕的老师都按照平时的学校要求行事。由于平时的多次演习，地震发生后，全校师生，2200 多名学生，上百名老师，从不同的教学楼和不同的教室中，全部冲到操场，以班级为组织站好，用时 1 分钟 36 秒，无一伤亡。而不幸的是，地震中另外一些学校，有好多孩子被埋在了地下。

上面这个案例，实际上就是有没有做好主动安全教育训练的典型区别。之前做好安全教育和训练的学生都能逃生自救，而没有经过安全素质教育和训练的很多孩子在遇到地震时惊慌失措、无所适从，包括老师、家长自己也是如此。地震瞬间导致房屋倒塌，就是几秒钟的事情，没有逃出来，就遇难了。

1. 体验适应环境的能力：适应能力，本来是指身体内部适应环境使身体各项机能处于动态平衡状态从而使身心处于健康状态的能力，这是健康的范围，而这里讲的体验适应能力，是指一个人经过身心体验各种环境和物体，使自己适应所在的环境和物体而让自己身心不受伤害的能力。从一定意义上讲，安全素质的核心能力就是体验适应能力，适应了就安全了，不适应就不安全。进化论中的“适者生存”，适应就是生存能力，个体适应了，人类适应了，就能不断进化，生存下来。如果个体不适应环境变化，人类也无法适应，就会无法生存，最终灭绝。孩子的生长发育过程，实际上也是他不断体验环境适应环境的过程，包括各种工具和水、火、利器等的利用，如果不适应就会危害，如果熟练了适应了也就安全了。这种熟练操作与适应的能力必须在慢慢体验中才能获得。人类的适应潜能非常大，但必须在实际体验当中去激活，离开实际体验，适应潜能就被埋没。因此，人类在婴幼儿时期必须通过大人的教育、示范、提醒，让婴幼儿自己不断摸索体验、学习模仿等来获得适应环境的能力，掌握对危险事物的认识和处理方法，最终表现出对周围环境和自我活动的全面适应能力。比如说哪些物品有毒不能食用，哪些地方不能单独去，通过体验爬高后获得适应高度、掌握平衡、寻找支撑的安全能力，能适应交通规则安全过马路，能适应吃带刺的食物或者果冻等胶状食物而不发生异物卡喉，能适应使用刀剪而不伤害自己；再比如菜刀是利器，如果以前没体验使用过菜刀，就往往不适应很容易伤到手，如果像“庖丁解牛”一样应用自如了，那么刀就成为一种工具，对使用者而言基本上没有安全问题了。以此类推，包括开水、火、电、悬崖，等等，一些无法离开的环境与工具，不能认为远离就安全了，只有适应才是最好的安全。通过不断体验，慢慢适应了环境和活动，安全素质就慢慢提高了。可见，安全知识和环境适应能力是人的安全素质的核心能力，具有安全意识和丰富的安全知识，对各种环境和自我活动很适应，人的安全就有了保证。

2. 安全意识与安全技能：安全意识是随着人的大脑发育和意识的形成慢

慢产生的。婴幼儿时期的安全意识是通过安全本能的体验刺激慢慢形成的，最早的安全意识就是害怕、胆小。从这个方面讲，胆小害怕是自我保护的一种意识状态，具有一定的积极意义。随着年龄的长大，安全意识从单纯本能的胆小害怕慢慢发展成为一种高层次自我保护意识。比如喝水吃饭时，首先就会先舔一舔试试温度，看到陌生人先用眼睛盯着看一看，这就是安全意识。

随着年龄的增长，孩子的好奇心和好动性让孩子接触的世界越来越广，接触的事物越来越多，但孩子往往缺乏安全意识和危害预测的能力，很容易出现安全事故。这个时候成人的监护和孩子的安全素质培养就非常重要。吃各种各样的食物，需要看清是不是有毒，有没有异物、危险物品等；爬高了要看清脚下牢不牢、高度如何；用火的时候要注意离易燃物品远一点、不要烫伤身体；使用刀叉、电器，同样需要注意安全；与同伴发生争斗时，既不要伤害自己，更不要伤害别人；过马路要注意交通安全，一看二停三通过；当出现突发事件时更要注意自身和他人的安全，等等。

人的生命是脆弱的，到处都有安全问题，行动前和行动中拥有自我保护的安全意识非常重要。

3. 预测危险与逃生自救技能：预测危险与逃生自救的技能是高层次的安全素质。人的安全素质既要有安全意识、安全知识和适应环境的能力，又要在这一基础上有提前预测某些环境或事物是否有危险，及早采取避免行动等能力，同时面对出现的危险，自己能够及时逃离危险处境，或者及时处理伤情自救的能力。

比如说爬高取物，首先要有安全意识，及时加固支撑物；同时要观察环境预测可能会有那些危险，想好一些预案；第三，如果不小心摔下来，能够采取必要的行为避免摔伤，摔伤后能够及时正确处理保障安全。随着人的社会性和不同专业劳动分工的不断深化，人类社会像地震、火灾、洪灾等一些大的危害预测、预防和灾害救护等已经由专门的机构进行处理，但个体自身的主动安全素质永远是整体安全的基础。

比如前面讲的汶川安县桑枣中学平时进行模拟地震的训练，学校师生经过平时模拟体验获得了地震时逃生自救的实际能力，在大地震时全校师生无一伤亡，这就是有针对性的主动安全素质培养的结果。人类的生存安全既要有专门机构对大的自然灾害进行预测、预防和及时处理，每个人更要进行学习、训练和提高。每个人预测危害与逃生自救的能力最初都是通过大人的教育、示范、提醒，自己不断学习模仿、摸索体验适应而获得的，因此家长学习提高自己的安全素质并传授培养孩子的安全素质，就是家庭教育的重要责任。

移动阅读

适者生存	印第安人的“土法优生学”
缩小自己，扩大生存空间	9 岁男孩逃出绑匪魔掌
迷路洞中科教片指路	被困电梯鞋子报警

被动安全与主动安全

这里讲的安全素质都是指狭义的个人的安全能力，不包括国家、社会与生产等安全。人的安全素质可分为主动安全素质和被动安全素质两大类。人的安全素质的获得和提高，都是从最初的被动安全向主动安全的转变过程。

每个人生下来后各种能力都很柔弱，只有求生欲望没有求生本能，自己的安全必须由成人来提供保护，由外部提供安全环境和被动安全行为，这就是被动安全。

随着个体在被动安全环境中的不断发育生长，各种能力得到加强，自身所具有的安全本能、安全意识、安全知识与适应能力，以及预测危险与逃身自救的技能等主动安全能力越来越强，可以在离开大人提供的安全环境、没有大人监护的情况下进行独立活动而不受危害，这就是主动安全素质。

作为父母必须知道，培养孩子的安全素质非常重要，在培养中要掌握孩子被动安全和主动安全的原理，既要给孩子创造安全舒适的被动安全环境，又要及时培养孩子的主动安全素质。

我们的家长当然知道孩子安全的重要性，但是许多家长并没有对孩子的安全素质培养引起足够的重视，主要原因是没有弄清楚孩子安全素质的被动与主动原理，一味地停留在被动安全层面，这对孩子的素质培养是很不利的。

家庭教育中孩子安商的培养

人和动物一样，安全本能具有先天性，主要以条件反射体现出来，后天通过训练得到提高和加强。比如产生痛觉立即收缩（如碰到很烫的东西），看到异物眼睑闭合和躲闪，闻到异味立即掩鼻或者打喷嚏，异物刺激咽喉立即咳嗽，等等，这些都是身体里面自我保护的本能的安全行为；安全意识是随着人的大脑发育和意识的形成慢慢产生的自我保护意识，这种意识一般与安全本能相一致；安全知识就是人类总结出来并可以传授的有关危险事物的认识和处理的知识，包括各种危害生命安全的食物、自然灾害、社会文明带来的灾害等，体验与适应环境的能力，实际上是安全素质的核心能力。从某种意义上讲，适应了就是安全了，不适应就存在不安全因素；预测危险与逃生自救技能，是通过长期观察思考和体验训练而形成的对未来危险状况的感觉和预测，以及出现危险时能够熟练运用各种逃生自救的技能，使自己脱离危险处境。因此，家庭教育中孩子的安商培养，主要指培养孩子自身拥有的主动的安全素质。

培养孩子主动安全素质

随着孩子慢慢长大，大人就不能一味地提供全部的安全环境了，而是要让孩子认识危险，不断激活和增强安全本能，体验各种食品、物体和环境，拥有主动的安全意识、安全知识与适应环境的能力，以及预测危险、躲避危害和逃生自救的能力。这种能力需要父母示范指导、提醒，以及切实体验来获得。

比如孩子走向饮水机，正在努力地压“红色”的水龙头；孩子的球掉到了楼梯下面，正准备拉着栏杆挪动脚步想下楼梯；孩子无意中拉开了抽屉，正从抽屉里拿出了锋利的刀子。面对这些情况怎么办？

许多家长就是把孩子尽快抱起远离危险物体了事，甚至用手拍打孩子的手警告孩子不能碰这些物体。其实，这就是单纯的被动安全观在作怪，忽略了这个时候是培养孩子主动安全能力的绝好机会。尤其在孩子 2 岁左右的时候，自主意识出现，认识能力爆发，对周围的一切都感到好奇，多动、乱翻、乱摸、乱吃、乱走是其特点，爬高、跌倒、磕磕碰碰、哭哭闹闹是常有的表现，这个时候如果以被动安全观来对待孩子，就大大限制孩子的行为，这也不能吃，那也不能摸，这里不能碰，那里不能去，孩子探寻世界的兴趣和行为体验在大人的被动安全保护下被严重压制。

父母如果以被动安全观来教育孩子，一味地提供孩子的被动安全环境，而不适时培养孩子的主动安全素质，必然影响孩子的安全素质提高。

一是不利于孩子对不安全的环境的认识和操作性体验，就没有基本的概念和肌肉记忆，以后在没有大人提供被动安全保护时出现相同的危险情况，就没有处理危险事物的能力和经验，不利于安全素质的提高。比如很多孩子由于没有经过模拟火灾逃生自救训练，一旦出现火灾时就惊慌失措，酿成悲剧；二是缺少必要的环境刺激，也不利于大脑的发育和智商的提高；三是长期的压制容易导致孩子胆小怕事，长大以后胆小、怕冒险，对父母的依赖性增强，独立性较弱，不愿离开父母等。

在这种情况下正确的做法是，除了要尽可能地改善生活环境的安全性、全程监护孩子的行为外，更重要的就是教育孩子认识危险，区分安全与危害，树立安全意识，体验和提高适应各种环境行为方法和能力，提高预测危险和应对各种危害实现逃生自救的安全技能。

安全素质如何培养，有各种各样的细节，只要大家有意识地去培养、去训练，很快就有效果。比如遇到火灾怎么逃生，溺水怎么自救，触电了怎么自救或他救，地震了怎么跑躲，危险、危害怎么预测，平时多告诉孩子安全知识并进行训练，这就是主动安全素质培养，形成他的主动安全素质。

不同年龄段安全素质的培养

1. 妊娠期如何培养孩子的安商：妊娠期间培养孩子的安商主要是从优生角度来培育孩子的先天安全本能。一方面要注意自己的安全，防止各个方面的伤害，这是孩子安全的根本保证；二是加强孕前检查和孕期保健，防止出现各种出生缺陷，确保孩子身心的健康完整。也就是说，父母要注意优生保健、孕期监护，保证胎儿正常发育，赋予孩子各方面正常的安全本能，预防出现一些安全本能上的缺陷。

比如生理功能和代谢缺陷常常导致先天性智力低下，以及聋哑、致盲等异常。这些都是孩子未来的安全本能和生存能力，如果这些本能和能力缺失或者低下，那么孩子未来的生存能力就会就大大降低；比如怀孕期间注意胎位要保持正位，即头下臀上的胎位。有专家认为，怀孕期间胎位不正，往往容易产生孩子固有的平衡失常，出生以后容易出现平衡能力差等现象；再比如孩子出生时一些感觉缺失，孩子在意识清晰的情况下就会对这些相应的刺激不能感知，包括痛觉缺失、触觉缺失、温度觉缺失和深感觉障碍等，这些都会给孩子造成安全问题。比如痛觉缺失时，即使受到了严重损伤，如刺伤、烫伤等，孩子也不知道痛。痛，其实是一种防御机制，一旦痛了就会离开、躲避，使自己安全，如果不知道痛就不知道自己受伤了，不知道躲避，伤害就会加深。

2. 孩子1岁前的安商培养：孩子出生后到1岁前的安商培养主要有3个方面。

一是要营造和保证完全的被动安全环境。1岁之前孩子适应能力和行动力差，营造被动安全环境主要是注意包裹安全、抱放安全、睡觉安全、喂养安全，以及防止刀剪、开水、电火伤害等；二是在孩子出生后要检查孩子的四肢活动能力和触、听、视、味、嗅觉等感觉系统是否正常，尤其是视觉和听觉的检查，发现问题及时干预补救。如果发现孩子行动不协调、感觉不统一，就要进行感统训练等；三是要注意将孩子的安全本能给予激活和加强。孩子出生后，各种安全本能储备在体内，需要经过有意无意的环境刺激给予激活。如孩子出生后受到空气刺激肺部出现张开，产生正常呼吸运动，提供足够的氧气，并产生嗅觉；嘴唇受到刺激就产生正常吸吮运动，可以吸奶提供营养，并刺激加强味觉；其他各种本能都要经过刺激给予激活或者加强。

正常情况下，孩子在胎儿时期就有触觉、视觉、听觉和平衡感觉，出生后就要经过刺激给予加强。各种感觉系统得到激活，孩子可有效利用自身感观，从环境刺激中获得不同的感觉信息（视、听、嗅、味、触、前庭和本体觉等）输入大脑，大脑对输入的信息进行加工处理并作出适应性反应，这就是常说的感觉统合能力。要给予孩子尽可能多的适当的刺激，并通过各种适当的活动让安全本能通过大脑进行整合形成正常的感觉统合能力。比如自然分娩有利于孩子触觉刺激，而剖腹产儿童就容易造成触觉学习不足。

3. 孩子1岁后的安商培养：孩子1岁后，就进入安全教育和培训阶段了，主要是让孩子从被动安全转向主动安全素质培养的阶段。

孩子出生后，几乎是完全的被动安全阶段，一切安全需求都需要父母提供。随着孩子的成长，父母要根据孩子的发育成长规律，适时进行安全教育和培训，让孩子获得安全意识、安全知识与体验适应环境的能力，以及预测危害和逃生自救的能力。

父母在孩子的被动安全期，要提供必要完整的被动安全环境，如适当的包裹孩子、正确的抱姿、安全舒适的房间和婴儿床铺、干净营养的母乳或奶制品饮食，搀扶孩子走路避免摔倒受伤，等等。

而进入 1 岁以后，就要重视孩子的安全教育了。

孩子的安全教育主要包括两个方面，即人身安全和心理安全。这些安全教育和培训要结合孩子的实际生活环境和具体活动来进行，主要包括有：食物安全、爬高安全、用电安全、危险物品处理安全（刀、剪、化学物品、火、开水等）、交通安全、健康的交往方式和危险局面的处理等，让孩子慢慢认知危险事物和危险环境、避免危险性尝试行为、应对独处和紧急危险等。

积极的安全教育将有利于孩子形成积极的自我概念、尊重自己的身体、更好地和别人交往，既保护自己的安全，又不伤害别人的安全。

父母在针对孩子进行安全教育和培训时要明白，孩子毕竟很小，无论您是否对孩子进行过安全教育，有的危险孩子是不能应对的，这就需要提供被动安全保护。父母要尽可能地减少孩子生活环境中的不安全因素，要掌握一些发生紧急危险或事故时的应对技巧，然后才是针对孩子的安全教育。

4. 培养孩子主动安全素质的内容与方法：主动安全素质培养包括安全意识、适应能力、危害预测与逃生自救的安全技能等。

首先是认识安全，即培养安全意识。就是在大人指导下观察和体验安全，按照快乐原则，采取游戏方式，让孩子体验安全、认识安全，慢慢树立安全意识。

大部分家长是被动的安全观，尽可能创造没有任何安全隐患的环境，发现孩子接触危险物品或者出现危险情况就立马让孩子离开危险，忘记教育孩子的安全素质。正确的做法，就是要提供安全环境的同时，在大人监护下有意创造与危险物品和危险环境的接触体验，并及时教育培养安全意识。

比如认识“刀”、“剪”等危险物品，手把手告诉孩子正确用法，然后用刀具砍剪东西，再吓唬削剪孩子的手，如果孩子把手缩回去，就说明他懂得了刀剪的锋利和害怕了，然后告诉孩子剪刀伤手、出血、痛等，然后再把玩具刀剪给孩子玩。

以同样的方法可以训练孩子认识“高”，孩子 6 个月以后就有高度的感觉。您故意把孩子放在高 10～15 cm 的平台上，大部分会爬的孩子就会马上翻下来，没有特别害怕的表情；但是如果把孩子放到 90 cm 高的桌子上，父母在一旁注意观察并保护，看看孩子表情，一般孩子爬到桌子边缘时就停止动作。这时大人就告诉孩子，这是“高”，掉下去很危险。可以将物体从高空掉下摔碎，然后做出恐惧痛苦的样子。然后妈妈抱着孩子从上面放下来，告诉孩子，爬高很危险，如果爬到上面下不来就要喊妈妈。

再比如培养孩子认识“烫”。可以用两个玻璃杯，分别装入冷水和 70 ℃左右的开水，用手握着孩子的手去感觉温度，让孩子感受不同的触觉感受，触摸开水时最好让孩子能感到“烫”或“痛”的感觉，然后分别告诉孩子“冷水”、“开水”、“冷”、“烫”。进一步，可以把有水蒸气的水壶打开，拉着孩子的手一起放在水壶口上方，让孩子感受到蒸汽，并再次强调“烫”。也可以用两块毛巾分别浸过冷、热两种水，当把毛巾给孩子的时候，告诉孩子“冷”和“烫”。还比如，哪些东西不能乱吃，吃了肚子会痛，大人做痛苦恐惧状，给孩子痛苦感觉的传递。

父母可以用类似的方式教会孩子认识打火机出“火”、门缝“夹手”、牙齿“咬人”、电线插座电人、走路“摔跤”等危险，告诉孩子要怎么正确处理。

父母要注意，在这样的游戏活动中，观察孩子是否能够判断环境和事物的变化，有没有危险意识，是否同时做出身体的适应性反应，如果有适应性反应就是主动安全素质培养的关键效果。这样的游戏可以帮助孩子理解和认识危险物品，以及危险的概念，建立相应的适应方式和肌肉记忆，促进孩子的自我安全意识的发展。

主动安全素质培养的重点，就是适应性培养。主动安全观认为，最安全的状况就是熟练应用和自觉适应环境。与其限制孩子这也不能碰，那也不能做，实际上就是限制了他的探索，倒不如放手给他尝试应用，练习多了就自觉适应和熟练掌握了，以后就安全了。

制造被动安全环境是非常必要的，随着孩子年龄的增大，在具有安全意识的基础上，就要训练孩子掌握适应环境和利用工具的方法。培养孩子自立能力之一就是训练孩子一些方法和适应性。

比如孩子口渴，就会找水喝，这时就要教会孩子学习倒水。可以给孩子准备一把小茶壶，提前在里面装上孩子要喝的干净水，并把它放在孩子拿得着的地方，并在指导下训练孩子自己倒水，下次孩子渴了，他自己就会去倒水喝，你只在旁边提醒，不要把水洒了、注意握紧茶杯等。

比如学习用刀具、剪刀。在认识剪刀、刀具的前提下，孩子一般会产生玩刀具、剪刀的兴趣，这是孩子想探索新事物的本能决定的。可以给孩子买一把儿童安全刀具和剪刀，教孩子用刀割东西、用剪刀剪开纸。可以用同样的方式，让孩子学用玩具螺丝刀、火柴、夹子、爬高，等等。

学习运用工具，可以提高孩子使用工具的手上技巧，防止孩子在使用工具时伤害自己，促进孩子的自我意识领域的发展。父母在训练孩子主动安全素质时，要结合具体的场景或正在发生的状态，告诉孩子什么是安全的，什么是不安全的，怎么做才是正确方式，并督促多次，慢慢形成良好的习惯。

随着孩子进一步长大和对危险的认识，就要有意培养孩子对安全规律的认识和危险的预测和预防，在遇到危险时才能有规避的意识和能力。

比如防火意识。在认识火的危险后，进一步认识打火机、火柴、电烤炉、煤气灶等，一切能产生火的东西。父母主动点燃一张纸或者其他东西，告诉这些东西容易点燃烧着，让孩子注意怎样预防火灾。教育孩子不要随便玩火柴、打火机、蜡烛等产生火源的东西，并逐渐教会孩子在遇到火灾时拨打 119 火警电话等。

再比如防电击。小孩总有一个时期很喜欢细小的东西，比如头发、床单上的小点、小渣子等，当然也包括墙壁上的小洞——插座孔了。对于离地面低容易够着的插座，最好用透明胶盖上，或者买一套插座保护器，防患于未然。同时要教育孩子，虽然孩子不懂电的概念，但告诉孩子插座里面有火，“烫”、“痛”，孩子就有安全意识和预防概念了。

再比如预防交通安全。孩子进一步长大，外出的机会越来越多，而交通安全成为必要的教育科目。现在车多人多，就要告诉孩子简单的交通规则，过马路要遵守红绿灯，一看二慢三通过。出现什么情况找警察叔叔，拨打 110 电话等。

孩子再大一点，认识的事物越来越多，就可以进一步开展食品安全教育和逃生自救能力的培养了。

比如坏了的食物不能吃，不认识的、没吃过的东西不能随便吃；比如吃苹果的时候注意不吃里面的苹果籽，苹果籽吃多了容易中毒。比如看电视看到火灾现场，可以告诉孩子火灾是很危险的，小心处理可能导致火灾的物品，例如：鞭炮、打火机、烟头、燃着的蚊香等。

孩子会说话以后，让孩子记住爸爸妈妈的名字和电话以及家庭住址，以防孩子走散。

在对孩子进行安全教育时，父母应以身作则、言传身教。

比如父母要养成定期检查环境安全的习惯。要在必要的时候创造一些模拟环境来训练孩子的预测危害和逃生自救的能力。

比如模拟发生火灾后，如何想到逃身线路，如何用湿毛巾捂着鼻口，如何匍匐前进，尽快逃离火灾现场等。模拟地震时，如何逃离危险区、如何选择安全地、如何寻找支撑等。一般来讲，孩子经过某种危险环境或者从某种危险环境中脱离以后都比较害怕，这时大人千万不要以恐吓的方式教育孩子，因为这样容易让孩子变得更加胆小怕事，不利于孩子成功素质的培养。正确的做法是：一要让孩子对危险环境产生记忆，同时要告诉孩子掌握离开危险环境的观念和方法，让孩子下次遇到同样的危险场景能够正确应对，还要从正面提示孩子，发生危险应该怎么做，要懂得及时远离危险。

移动阅读

夜间给孩子喂奶如何保证安全	孩子高空跌落引发的思考
孩子食物中毒的预防和处理	儿童乘车意外伤害的防范措施
怎样预防孩子被拐走、盗走	带孩子去超市应做好安全教育
对幼儿进行防骗意识教育	不要迷信儿童专用食品
国外儿童交通安全教育	从迈克尔·杰克逊的成长经历谈幼儿安全感培养
儿童食品方面的安全	《爸爸去哪儿》细节体现爸爸们的安全意识
儿童居所方面的安全	儿童出行方面的安全
自行车带孩子怎样注意安全	“星妈”呼吁关注童装安全
药品安全包装让孩子远离误服危险	保护儿童隐私安全

第三章

发展维素质

PART3

第1节 发展素质

一个人如果生存有问题，那么发展、成功就无从谈起。所以生存是基础，生存所需的健康素质、安全素质是人的第一个层次的基础素质。

但是人活着不仅仅为了生存而生存，还要追求生存的质量，这就是发展。发展就是使你的生存状况更好，生存质量更高。生存是量的保证，而发展是质的提高。比如说我们以前住的是窑洞，现在我们住的是高楼大厦，舒适性、安全性明显提高；以前饮食靠采摘野果、茹毛饮血，现在是煎煮烤炸，各种烹饪，既营养安全又有利于吸收；以前靠两条腿走路，现在可以开汽车坐飞机了，舒适和速度天壤之别。这就是发展了，文化文明出现了，生存质量和效率提高了。那么高楼大厦、烹饪工具、汽车飞机是怎么来的？是靠人类的想象思考、文明进步、发明创造出来的。人类的文明进步和人的发明创造靠什么？就是靠人类的聪明素质和智慧素质，靠大脑、手、眼、耳等劳动创造出来的。人的这种促进生存质量和速度进步的素质，就是人的第二个层次的素质——发展素质，包括聪明素质和智慧素质。聪明素质，简称为智商；智慧素质，简称为慧商。

关于聪明与智慧的区别

不管是国内还是国外，大多还是将智慧与聪明混合在一起描述的，也就是说没有将聪明与智慧、智商与慧商区分开来描述，没有将能力和能力的运用区分开，把智商、智慧视为同义词，统称人的智力素质。例如《新华字典》对“智慧”的解释是：对事物能迅速、灵活、正确地理解和解决的能力。

其实，这样不分开来认识聪明和智慧是不利于家庭教育中对孩子的素质培养的。在这种能力里面有先天因素，也有后天因素，有不可改变的因素，也有可以通过教育学习而提高的因素。那么这种能力是怎样形成的？先天和后天如何进行培养？是否可以提高和如何提高？怎么应用？等等，如果两者混在一起就没有办法讲清楚。而对父母来讲，如何在家庭教育当中培养孩子的聪明智慧，恰恰需要弄明白这些的。因此，将聪明和智慧、智商和慧商分开，才可以清晰地告诉家长，聪明是一种能力，而智慧是运用这种能力的能力。

大到人类，小到个人，要想实现发展，主要靠人的聪明智力，以及对这种聪明智力的运用。目前，人们对这种聪明之力和对这种聪明智力运用没有做细致的区分，统称为智商（IQ）。但随着观察研究和思考分析的深入，人们越来越发现，人在智力方面的能力和对这种能力的运用之间，确实存在着明显的不同。因此，我们在此将两者区分开来，前者仍可称为聪明（智商），后者称为智慧（慧商）。简单的理解就是，智商是人类大脑的一种能力，而智慧就是如何运用这种能力的能力。

其实人们在日常概念运用中有意无意还是进行了区分，比如我们说“小聪明，大智慧”，就是指聪明与智慧有层级上的区别，聪明是较低层次的能力，而智慧是高层级的千变万化的能力。有时候我们在评价某个人的时候，说这个人很聪明，但办事能力却不怎么样。这个人很有聪明才智，但是运用不得当或者错误地运用了，就很难体现出优秀的能力。因为聪明智商有 5 个方面的能力，人与人之间在这 5 个方面的能力肯定有差异，如何合理运用这 5 个方面的能力，就是千变万化的智慧。比如某个人看似整体智商不高，甚至有点愚笨，但是在某一方面能力有相对优势，比如他的观察力、注意力、思维力和想象力都一般，但是记忆力相对较强，如是他能发挥他的记忆能力，并不断训练提高，最后博闻强记，成为高智慧的人。这就好比两个武侠高手，一个善于用刀，一个善于使剑，刀和剑各有千秋，难分伯仲，谁胜谁负，就看你怎么运用、如何把各自的优势发挥到极致了。人的智商水平可能差不多，但各自智商的某些方面肯定存在差异，各自在不同方面各有千秋，而如何运用各自的智商能力，这就是智慧。

把聪明与智慧区别开来意义重大

将聪明（智商）与智慧（慧商）区别开来，让人们弄清楚以先天为主的智力和后天培养为主的智力运用能力之间的差异，这对整个教育，对孩子发展素质培养包括成人教育，都有非常重要的指导意义和非常积极的现实价值。

第一，从智商来看，每一个孩子的先天智力只要环境刺激适当，绝大部分智商水平是差不多的，父母既要注重孕前优生和孕期保健，将最好的基因给孩子，又要在孕期胎教和孩子出生后全方位的环境刺激，尽可能多地激活孩子智商，使孩子的智力开发达到较高水平，更重要的是注重在孩子后天培养运用智力的能力，避免“维智商论”。如果发现孩子智商差一点，不要气馁，因为智商差一点并不一定代表智慧差，只要运用得当，发挥优势，照样会获得较高的智慧；第二，从智商要素构成来看，孩子智商至少包括观察、注意、记忆、思维、想象等 5 个方面，大部分孩子不可能每一项都非常优秀。家长明白智商与智慧的区别，就可以认真观察自己孩子在哪方面有相对优势，然后引导孩子兴趣化运用，进行精准化家庭教育和能力培养，就能增强优势，形成较高的智慧；第三，搞清楚智慧与聪明的区别，以及慧商的五大要素，可以从观念上避免当前单方面重视知识学习的错误作法，指导家长细化家庭教育方法，切实培养孩子的综合素质。

把聪明和智慧分开，对大家教育孩子有好处，可以提醒家长、老师不要唯智商论，尤其那些家长认为自己的孩子智商不高时，不要过于紧张，完全可以训练培养孩子更好地运用好自己的智商，获得更好的智慧，照样有成就。先天智商要靠激活变成现实智商，智慧是对激活后的智商的运用，这样的话就避免父母亲的唯智商论；这种区分可以引导父母发现孩子的优势，培养孩子的优势。因为每个孩子出生后，智商的 5 个方面不一样，要教育孩子发挥自己的优势。这种区分还可以从观念上避免单方面重视知识学习，其实还有很多能力需要培养。中老年人的智商能力肯定低于自己 18 岁时的智商能力，但是现在的智慧，肯定要高于 18 岁时的智商，这就是为什么要区分智商和智慧。

家长可以细化家庭教育的方法，切实培养孩子的综合素质。智商是一种能力，智慧是运用这个能力的能力。比如思维模式，出生以后大脑神经单元形成了神经束，变成了思维用的通道以后，再建成自己的模式，思维模式的形成有利于快速化。思维模式是运用智商里面的观察力，注意力，记忆力，思维力和想象力的综合，对外界形成的形象的或抽象的间接的反映，比如通过语言、思维和表达交流。我们的思维都是靠语言来思维，我们学的汉语，我们的思维肯定是汉语的思维，人家学的英语可能是英语的思维。所以学外语，如果学会用英语来思维，英语肯定是学到家了。但是一般来讲，改变自己的母语思维很难。

把智商和智慧进行科学区分以后，好多以前不好解释的问题就可以轻松解释了。比如同样 4 岁的两个男孩子，一个生活在山区农村穷人家里，一个出生在城市富裕家庭，按现在的智商测试标准同时测智商，可以肯定农村孩子智商要低于城市孩。为什么这样呢？难道真的是农村孩子智商低吗？如果把智商和智慧区分开来后就发现，这其实就是把智商和智慧混为一谈的结果。包括提出智商概念的法国专家，他也把这两者混为一谈，在智商测评过程中，把智商和智慧混在一起测评。智慧是运用智商的能力，城市孩子的智商运用得早，测出来的智商肯定要高。但其实他的智商并不一定比农村孩子高，他只是运用得早而已。农村孩子的智商运用的较晚和较少，智慧相对低一点，用智商智慧混合的测试方法测试肯定智商得分要低。

从印度狼孩事例来分析聪明与智慧的区别

1920 年代，印度“狼孩”事件曾经轰动世界。

据记载，“狼孩”卡玛拉七八岁刚被发现时用四肢行走，只懂得一般 6 个月婴儿所懂得的事，花了很大气力都不能使她很快地适应人类的生活方式，2 年后才会直立，6 年后才艰难地学会独立行走，但快跑时还得四肢并用。直到死也未能真正学会讲话：4 年内只学会 6 个词，听懂几句简单的话，7 年时才学会 45 个词并勉强地学几句话。在最后的 3 年中，卡玛拉终于学会在晚上睡觉，她也怕黑暗了。很不幸，就在她开始朝人的生活习性迈进时，她死去了。据估计，卡玛拉死时已 16 岁左右，但她的智力只相当于三四岁的孩子！

通过“狼孩”事件，人们已经认识到，人类的知识和才能并非天赋、生来就有的，而是人类社会实践的产物，也就是认为文明传承的结果。人不是孤立的，而是高度社会化的，脱离了人类社会环境，脱离了人类文明的传递，个体就难以形成人所固有的特点，而人类文明和文明的传承，本身就是人类对大脑运用在实践活动中的产物，就是智慧的结晶，包括音乐、语言、各种知识和方法等。

人脑是物质世界长期发展的产物，它本身通过基因遗传有潜在的智力水平(潜在智商)，但这种潜在的能力必须要通过后天的各种感官刺激来激活。更重要的是，激活后的智商如何运用，便成为其重要区别。不同的激活和运用，就会形成不同的智慧水平。狼孩出生时，应该和当时的其他孩子的潜在智商不相上下，由于后来在狼群环境中接受各种刺激，智商可能在观察力、注意力方面得到激活，但在智慧形成方面只能具有狼的特质，没有了人类的智慧。

"狼孩"事件还证明了窗口期理论的原理，说明 7 岁之前在人类大脑发育上的重要性。错过了大脑开发的窗口期，就很难再次开发提高。新生儿脑的质量平均约 390 g，9 个月的婴儿脑重 560 g，2.5 岁到 3 岁的儿童脑重增至 900～1011 g，7 岁儿童约为 1280 g，而成年人的脑重平均约 1400 g。在社会环境作用下，儿童的大脑获得迅速发展，逐步学会了直立和说话，学会用脑思维，为以后智力运用和才能发展打下基础。而"狼孩"在动物中长大，错过了这种人类社会的大脑运用，这就使她的智慧水平远远比不上同年岁的正常儿童。

印度"狼孩"事件还证明一点：人类的智商激活开发与自然环境和人文环境具有紧要关系，把智商与智慧区别开来，具有重大意义，值得我们进一步深入研究。

关于天才

天才，顾名思义，是指天生有才能的人。西方的天才一词"Genius"源自于拉丁语，原意是指守护神，随后衍生出创造能力、天赋、才华等意思。但目前对天才的理解，一般是指这个人天生有才，就是具有先天禀赋，非常聪明，而且在某些方面很有才，并做出超出一般人的业绩或突出贡献。这里有 3 层意思：一层意思是指这个人拥有一定的天赋，智商很高，特别聪明，心理学上称有超常智力的人物，比人才高级。智商高低是评判天才第一层水平的重要标准；第二层意思是这个人在某一个领域很有才干，分析问题解决问题方法独特有效。从某种意义上说，就是对智商的运用，就是智慧。要评判这一层水平目前还没有定量化标准，主要看行为表现；第三层次就是在这一领域做出了业绩，为他人和社会做出突出贡献，比如爱因斯坦是理论物理上的天才，牛顿是经典物理上的天才。评判这一层水平的标准就是看结果，看社会大众的公认程度。一个人能否获得"天才"称号，不仅仅是先天禀赋，还要在某一方面的实际应用中体现突出才能，做出超出常人的贡献。如果某人只是先天聪明、智商很高，即便在某些实际应用中表现出特殊的才能，但没有为人类为他人做出突出贡献，还不能叫天才，最多叫小聪明。由此可见，所谓天才，既有先天的聪明，又有后天的智慧，更包括积极正面的贡献。在某种意义上讲，后天的智慧，即在某一领域运用自己的聪明并做出突出贡献者，才能叫天才。

世上并无天生就会拥有社会长期发展出的知识、技术的人，这些知识技能都是后天通过学习体验而获得的。但是少部分人确实天生就有某方面或多方面胜过大多数人的学习能力及创新发展能力。人们还发现，一些被称为天才的人，不一定是天生全能之才，往往只是在某一方面能力突出，正如一个人智商的几个能力不是全面突出一样。而且这种某一方面的突出能力通常与后天学习及发挥其才能的优势分不开。目前很多智力测验都会检测到许多后学成分，而后学是可以通过后天的努力来补偿的，且会受成长背景、文化氛围、过去经验回忆等影响。可见，天才要完全发挥其胜过大多数人的认知功能，既有先天的优势，更有后天的智力发挥、努力动机、思想观念、精神意志等方面，甚至加上比常人有效率的睡眠生理机制。比如有不少的天才，就是清心寡欲、淡泊名利、与世无争的人。而且大多数天才都比较勤俭、谨慎、幽默、博爱、富有创造力及推理判断力，健康、学业、事业、人际情感、休闲方面都会有不错的表现。

每一位家长都希望自己的孩子聪明健康，希望自己的孩子成为天才少年。理解了天才的 3 层含义后，就可以避免唯智商论，更要培养孩子的智商运用，培养智慧，更要在理想目标、思想观念、做人品德，意志习惯等方面加强培养。

移动阅读

什么是智力
为什么要开发儿童的智力
大脑的用进废退学说
智商与大脑发育相关，与脑体量无关
想聪明，先修脑神经之“路”
婴幼儿大脑高级神经网络的构建
大脑两个半球的分工与合作
与智力有关的特定基因首次被发现
美国研究称人类的智力水平或正不断下降
右脑的生物节律
开发右脑的小游戏
男女孩子的智力有什么差异
哪些因素会造就智商高孩子
聪明的男孩
影响智力的因素
如何开发儿童的智力
开发右脑的新方法
与智力相关的大脑网络
婴幼儿期是脑发育的关键期
心智发展与大脑发育同步性
关于遗传、环境与智力之间关系
人脑中灰色物质与智力相关
右脑的五个特点
你不知道的大脑的秘密
父亲带大的孩子更聪明
孩子高智商的表现
脑发育的可塑性

第2节　聪明素质与智商（IQ）

聪明素质与智商

中国人讲话往往是定性的。在讲某个人很聪明的时候，往往是以比较的方式描述，说这个人比较聪明，那个人很聪明，这些都是定性的，不太习惯定量。想知道这个人到底聪明不聪明，他往往拿这个人和另外一个人比较才能知道，这个人比那个人更聪明，这跟中国人的思维是有关系的。而西方的思维跟我们有不一样的地方，他们思维做事都喜欢定量。在衡量一个人聪明不聪明时，就喜欢定量描述。先把 100 个、1000 个孩子叫到一起，搞一个聪明的平均值，然后拿某一个具体的孩子的智力能力和这个平均值比较，形成一个商数，这就是智商概念的来源。如这个平均值是 100，那个孩子的智力水平正好是 100，100 除以 100 再乘以 100，这个孩子的智商是 100，说明这个孩子的智商与平均值相等，是正常的智商。如果那个孩子智商水平达到 120 以上，那么这个孩子的智商高于平均值，是高智商的孩子。西方人就是这种定量的思维，智商就是西方人提出来的概念。

一般来讲，智商在 90～110 属于正常范围，超过了 110，到 120 的，就是比较高的智商了。120～140 的，智力非常优秀了，140 以上的，那是天才了。智商低于 90 以下，相对来讲还比较愚钝，到了 70～80，就比较弱了，如果 70 以下，那就是弱智儿了。智商的评判标准就是这样的。但是这个评判标准，是法国总统要法国人搞个评判孩童智力高低的东西，临时搞出来的。虽然后来大家都接受了，但他自己提出来以后也表明了，就是这个东西千万不要信以为真，或者也不要作为孩子智力高低评判的标准，仅仅只能做参考。从某些方面讲，聪明和智商是同一个事物的不同描述。智商是法国人提出来的，他后来也认识到在测评这个智商时设定的标准也不一定非常全面，但是现在已经得到全世界的公认了，已经无奈了。

通过长时间的分析研究，智商概念从定义和内涵上都基本达成了共识，那就是智商包括 5 个方面的能力：观察力、注意力、记忆力、思维力、想象力。

1. 观察力：观察力就是我们用眼睛、耳朵、鼻子、口舌、手碰撞等，感触和观察周围事物的能力，主要是指用眼睛观察事物的能力。有些人，一路走过，周围的情况他一清二楚，跟人交往，这个人眼睛一眨巴，他就发现了问题，说明他的观察力就很强。有些人观察能力差一些，所谓的马大哈，对周围事物不太注意、观察力不强。

2. 注意力：注意力又称关注力，是我们关注某件事物的力度和持续时间的能力。孩子如果注意力不够，今后学习就会成问题。但是注意力往往是有限的，并且随着年龄的不同而不同。为什么幼儿园上课比我们成人上课要少15 分钟，基本上半个小时就要下课了？因为小孩的注意力保持的时间就在半个小时左右，超过半个小时孩子的注意力就下降了。而成人上课，一般注意力保持在 45 分钟左右，再往后就会走神了，所以上课时间一般在 45 分钟就下课了，让学生休息下再来上课。真正全神贯注的注意力，按照心理学的研究，一般很难超过 15 分钟，超过 15 分钟以后就很难受了。

3. 记忆力：记忆力就是识记、保持、再认识和重现客观事物所反映的内容和经验的能力，它是学习当中的一个重要能力，也是智商的一个重要能力。如我们到老时也还记得父亲母亲年轻时的形象，少年时家庭的环境等一些场景，那就是人的记忆在起作用。

4. 思维力：思维力就是人脑对客观事物间接的、概括的反映能力。当人们在学会观察事物之后，会逐渐把各种不同的物品、事件、经验分类归纳，联系起来，不同的类型他都能通过思维进行概括，形成前因后果，来龙去脉。

5. 想象力：想象力就是人在已有形象的基础上，在头脑中创造出新形象的能力。比如当你说起汽车，我马上就想象出各种各样的汽车形象来就是这个道理。因此，想象一般是在掌握一定的知识面的基础上完成的。

测智商就是从智商的 5 个力——观察力、注意力、记忆力、思维力和想象力，这 5 个方面测试的。开发和培养孩子的智商，也是从这 5 个方面来进行的。

人类智力的研究

除了未知的外星人，从地球上的生物来看，目前总体来讲人类的智力水平是最高的，至今还没有发现综合智力高于人类的生物。那么人们就会问，人类智力高的原因是什么？人类的大脑里面是不是有什么比其他东西更先进的物质基础？

研究发现，相比其他物种来讲，人脑中的星形胶质细胞更多、更大和更具多样性。这些人体中枢神经系统的星形胶质细胞最近被认为是人类的“管家”细胞。西方有学者就做过这样的研究，他们把人体中枢神经系统中的胶质细胞植入到动物体内，发现这些人体细胞影响动物大脑的通讯能力。他们认为，星形胶质细胞的进化可能是造成人类发展中更高认知功能和使人类不同于其他物种的关键因素的其中一个重要方面。这项新研究的负责人、罗彻斯特大学医学中心神经专家史蒂文·高曼表示：“我们认为，我们的研究最早证明了人体胶质细胞具有独特功能优势。”他们的研究结果表明，“人体胶质细胞在智慧能力和认知处理中扮演着一种特异角色。尽管一段时间以来科学家认为它可能是存在的，但我们的研究为它提供最早的证据。”

这些研究人员指出，他们的发现为医学界提供一个了解和治疗神经障碍的新工具。这项研究也能够引导人们进一步认识人类的智力基础，激活和开发人类的智商，治疗和康复人类智力或精神方面的疾病。

潜在智商与智商激活

智商高低，与父母遗传有关，来源于元气中的元神，与先天因素相关度达到75%。但从胎儿时期开始，这种与先天因素相关的智商首先是潜在智商，因为智商它仅仅是大脑的一个潜在的能力。智商真正形成，必须靠激活和开发。专家认为，绝大部分人在出生时，其大脑智商没有明显的高低区别，都很相近，除非在怀孕期间和生产当中造成大脑缺氧或损伤。也就是说，人在出生后大脑的潜在智商基本都差不多，后面如果出现智商的差距，原因不在先天因素，而在于孕期和出生后激活了多少。

有研究发现，人类大脑的利用率一般来讲在7%左右。大家公认的绝顶聪明的爱因斯坦，他的大脑利用率约在15%。也就是说，大脑还有80%～90%的空间可以供大家开发利用。大脑具有无限的潜在功能，需要后天去不断激活。后天激活，确实受到环境、文化、家庭的影响。不同的地方，不同的民族，不同家庭，不同人文环境，这些对大脑激活程度就不一样。激活大脑是通过自然环境，声音、光线、色彩、气味、味道来刺激五官，以及四肢活动等来刺激大脑，激活智商。孩子出生以后，懂得大脑开发的一些家长，除了声音、光线以外，还给他抚触、按摩，给他尝味道，闻气味，就是刺激激活孩子的智商。由于人文因素，声音刺激变成了音乐刺激，好听了；色彩刺激变成了图画刺激，好看了；把原来简单活动变成很多玩具、游戏，好玩了。这就更好的激活智商，激活的程度会更高了。

神经生理科学研究发现，人的大脑发育在 3 岁左右就基本完成并基本定型，一般要到 18 岁基本停止发育。大脑 95%左右的基本元素，3 岁左右基本就发育完成，这是通过神经元到神经束的不断发育联络来完成的。刚刚出生的时候大脑是单个分立的神经单元，没有对接，随着大脑的神经单元与另外的神经单元对接起来的，形成一个个的神经束，这就慢慢形成了思维，为思维做准备。形成神经束，就是为了以后快速认识世界打下基础。一旦问题一来，就能快速反应认识和解决。跟我们建高速公路一样的，如果没有路径，要靠找路走好难。神经束建立以后，一旦有问题马上通过神经链路反应到大脑皮质，有利于思维的快速性。思维的快速性就是通过开始很多很多的神经元，通过刺激以后变成了神经束，最后到了 3 岁以后，有些很密茂的神经束慢慢变得稀疏，有些变得无效，大脑就不要了。最后优选的就固定下来，这就是我们讲人的思维形成的生理学基础。

因此，大脑激活的最佳时间段在 3 岁前后，最迟 7 岁之前，这就是我们所讲的孩子智力开发的最佳“窗口期”。如果你不在这个“窗口期”把潜在智商激活，或者激活比率不高，那么窗口期一旦错过，智商就定型了，以后再刺激他也没有多大作用了。因为孩子出生后，大脑神经元还都是没有连接成束的单个细胞，通过外界的刺激，神经元慢慢连接成束，最后定型。在 3 岁之前刺激大脑激活智商，最迟不超过 7 岁。7 岁以后，智商激活还要继续，但更多的是智商应用，也就是智慧的形成了。在现实中，各种早教开展的抚触按摩、感统训练、全脑开发、记忆力训练等，都是基于这一原理而开展的智商激活行为。

由此可见，智商的高低，既是先天因素，更有后天的激活的结果，被激活的部分才是人的真正的现实智商。人的大脑出生时潜质都差不多，出生后因为激活的程度不一样，所以造成智商有差别。因此，科学地激活大脑的潜质是提高智商的关键，理想状态是全面激活智商5个方面的能力。从生理学来讲，智商是不能提高的。人为什么越来越聪明，因为人类刺激激活大脑这个手段、方法越来越科学。人类的智力还有大量的开发空间，还有无限的想象空间。我们普通人只用了7%，还有80%～90%没用。所以说，随着人类文明的进步，未来的人会越来越聪明。

智商激活与感觉统合训练

关于智商激活观念，欧美一些国家曾经提出过类似的说法，叫做感觉统合训练。这种感觉统合基本上都是一些心理学家和儿童教育学家提出来的。

20世纪70年代，欧美、日本等城市化发展较早的国家，出现一些问题儿童，引起了数百位专家的兴趣。经过一段时间研究，由美国南加州大学爱尔丝博士（J. Ayres）于1972年首先提出感觉统合理论。她认为感觉统合是指将人体器官各部分感觉信息（视、听、嗅、味、触、前庭和本体觉等）输入组合起来，经大脑统合作用，完成对身体内外知觉做出反应。只有经过感觉统合，神经系统的不同部分才能协调整体工作，使个体与环境顺利接触。感觉统合就是人体在环境内有效利用自身的感观，从外界获得不同的感觉信息输入大脑，大脑对输入信息进行加工处理并作出适应性反应的能力。感觉统合不足或感觉统合失调就会影响大脑各功能区、感觉器官及身体的协调发挥，引发学习、生活等方面的问题。

人的感觉，是指视觉、听觉、味觉吸嗅觉，但实际上人类生存需要的最基本而且最重要的感觉却是触觉、前庭觉及运动觉。触觉是指分布于全身皮肤上的神经细胞接受来自外界的温度、湿度、疼痛、压力及震动的感觉。前庭平衡觉是利用内耳的3对半规管及耳石（碳酸钙结晶体）来探测地心引力并控制头部在活动中的方位，及保持身体的平衡。运动觉（又称深感觉）是来自于我们身体内部的肌肉、关节的感觉，它是了解肢体的位置与运动的感觉。人类的各种感觉学习贯穿了人的一生，简单地讲，这是一种大脑和身体相互协调的学习过程。没有感觉统合，大脑和身体都不能发展。感觉统合学习的最关键期是7岁以前，因为在这期间，人类的大脑发展特别快。

大脑的学习有赖于身体感觉的输入，学习后的大脑则发挥其指挥身体及感官的能力。由于大脑、身体及感觉器官的神经体系是非常复杂的，所以需要统合，如果这一能力不足，就会造成大脑、身体及感觉器官的学习混乱，产生感觉统合失常的现象。这种学习在婴幼儿期几乎已经打下了80%的基础。

目前由于种种原因（都市化生活使活动空间的减少，户外活动减少，独生子女群体生活的不足等）使婴幼儿期的感觉学习明显不足，尤其是触觉、前庭平衡觉及运动觉的学习。因此感觉统合失常的儿童越来越多。我国有关研究表明在儿童中存在不同程度的感觉统合失常者占10%～30%。感觉统合失败的罪魁祸首，是都市化生活和小家庭制度。感觉统合不足造成的行为失常：好动不安、注意力不集中、笨手笨脚、严重害羞等，一直困扰着老师和家长。Ayres提出的感觉统合治疗方法为这些儿童提供了矫治的机会，也解决了家长和老师对高智商低成绩儿童现象的烦恼。这些感觉统合不足的治疗方法一般称为感觉统合训练，简称为“感统训练”。

那么，感觉统合失常主要有哪些表现呢？

1. 身体运动协调障碍：指身体运动的协调能力，这方面存在问题，会导致运动障碍。儿童早期会表现穿脱衣裤，扣纽扣，拉链，系鞋带动作缓慢及笨拙；运动协调不佳；吃饭时常掉饭粒；由于控制肌肉及手眼协调的肌肉发育欠佳，影响舌头及唇部肌肉、呼吸和声带的运动，会造成发音及语言表达能力不佳。运动协调不良是由感觉统合障碍所致；在学习困难儿童中，较正常儿童更为多见。

2. 结构和空间知觉障碍：可表现为不同形式，主要涉及视知觉问题，一方面可能与躯体感觉过程有关，另一方面与右脑半球的功能有关。这类障碍在儿童可表现为对空间距离知觉不准确，左右分辨不清，易迷失方向。儿童有时还会表现为视觉的不平顺。视觉的跳动原本是婴幼儿的自然现象，人的视觉天生是不稳定的，所以婴幼儿最喜欢看车子外的移动物体，如跳动的物体比静止的东西更容易引起他的注意。随着年龄的增长，视觉也逐渐地稳定，便能做左右或上下的移动，这也是阅读的开始。儿童若视觉不稳定，便无法做平顺移动，所以看书会跳字、跳行，严重的无法进行阅读，做功课眼睛也容易疲劳，造成学习能力的不足。

3. 前庭平衡功能障碍：这可能与前庭功能障碍关系密切。学习困难儿童可能前庭功能未见下降，但他们往往对前庭刺激的统合存在问题。地心引力对人类的影响最大，人的翻、爬、坐、站、跑的学习与前庭功能关系密切。前庭功能影响了身体和周围环境的协调。由于胎位不正、爬行不足及早年活动不足都会引起前庭功能不足。失常的儿童会表现为喜欢旋转或绕圈子跑、手脚笨拙、容易跌倒、常碰撞桌椅；爬上爬下、不安地乱动；组织力不佳，经常弄乱东西，不喜欢整理自己的环境。

4. 听觉语言障碍：一种观点认为这种障碍与左脑半球功能有关，而与感觉统合过程无关；另一种观点却认为它与前庭平衡功能统合障碍有关。人类的听觉神经形成比较早，但成熟却比较晚。由于儿童早年的听觉较弱，故受不了太大的声音。因此，环境嘈杂声音太多、父母经常发脾气或责骂儿童，都会造成儿童在听觉上形成一层自我的保护膜，养成拒绝听别人讲话的习惯。在儿童长大后，就会表现出听力不佳，不知如何与人沟通，还会表现为语言发展迟缓，语言表达能力不佳。

5. 触觉防御障碍：近来有很多研究都证实它与不安、活动过多有关。当对这类儿童进行触知觉检查时，儿童常表现出过分防御、躯体和情绪反应过度。

那么怎样开展感觉统合训练呢？

感觉统合训练的原则：感觉统合训练的关键是同时给予儿童前庭、肌肉、关节、皮肤触摸、视、听、嗅等多种刺激，并将这些刺激与运动相结合。

感觉统合训练涉及心理、大脑和躯体三者之间的相互关系，而不只是一种生理上的功能训练，儿童在训练过程中获得熟练的感觉，增强自信心和自我控制的能力，并在指导下感觉到自己对躯体的控制，由原来焦虑的情绪变为愉快，在积极积累经验的基础上，敢于对意志想象进行挑战。感觉统合训练就是要耐心培养孩子的兴趣，建立孩子的自信心；要让孩子在感觉统合训练的游戏中感到快乐，自动自发才有效；感觉统合训练因人而异，让孩子每天都有多样的感觉刺激。

感觉统合训练主要是人类最重要的感觉系统，可分为触觉、前庭平衡训练、运动感觉等项目的训练。主要有以下几种：

1. 触觉训练：强化皮肤、大小肌肉关节神经感应，辨识感觉层次，调整大脑感觉神经的灵敏度。

训练器材：按摩球、波波池、平衡触觉板。

适应证：爱哭、胆小、情绪化、怕陌生、笨手笨脚、怕人触摸、发音不正确、偏食、挑食、注意力差、自闭、体弱多病等。

2. 前庭平衡觉训练：调整前庭信息及平衡神经系统自动反应机能，促进语言组织神经健全、前庭平衡及视听能力完整程度。

训练器材：圆筒、平衡踩踏车、按摩大龙球、滑梯、平衡台、晃动独木桥、袋鼠袋、圆形滑车。

适应证：身体灵活度不足、姿势不正、双侧协调不佳、多动、爱惹人、语言发展迟缓、视觉空间不佳、阅读困难、自信心不足、注意力不集中、容易跌倒、方向感不明、学习能力以及习惯培养不起来。

3. 弹跳训练：调整固有平衡、前庭平衡感觉神经系统，强化触觉神经、关节信息，促进左右脑健全发展。

训练器材：羊角球、跳床。

适应证：站坐无相、姿势不正、情绪化、身体灵活度不够、多动、注意力不集中、语言发展迟缓、阅读困难、胆小、情绪化、笨手笨脚、视觉判断不良、触觉发展不佳、关节信息不足。

4. 固有平衡训练：调整脊髓中枢神经核对地心吸力的协调，强化中耳平衡体系，协调全身神经机能，奠定大脑发展基础。

训练器材：独脚椅、大陀螺、脚步器、竖抱筒。

适应证：多动不安、容易跌倒、脾气急躁、好惹人、语言发展不佳、缺乏组织能力及推理能力、双侧协调不良、手脚不灵活、自信心不足。

5. 本体感训练：强化固有平衡、触觉、大小肌肉双侧协调，灵活身体运动能力、健全左右脑均衡发展。

训练器材：跳床、平衡木、晃动独木桥、滑板、S 型垂直平衡木、S 型水平平衡木、圆形平衡板。

适应证：语言发展缓慢、笨手笨脚、注意力不集中、多动不安、情绪化、组织力及创造力不足。

6. 感觉统合的适用范围：每一种干预技术都有其适用范围，针对特定的问题，表现出解决问题的特异性。感觉统合训练作为儿童问题干预技术之一，虽可用于应对儿童发展的多方面问题，但仍然表现出领域的特异性，有其可为之处，亦有其不可为之处。感觉统合训练多用于解决儿童如下几个方面问题：

（1）视觉、听觉、前庭觉及本体感觉某一或某几个方面存在异常。

(2) 经常出现类似的异常行为，或有自伤行为，或频发的自我刺激行为。

(3) 完成动作有困难。

(4) 喜欢独处，与同伴一起游戏或沟通存在困难。

(5) 害怕别人触摸或者喜欢别人触摸。

(6) 喜欢爬高，旋转不觉得眩晕；害怕爬高或者害怕眩晕。

(7) 语言发育迟缓、姿势别扭、动作不协调。

(8) 注意力存在缺陷，多动或冲动，并因此呈现出学业不良问题。

现实中，儿童可能呈现上述问题的一个或几个方面。一般而言，感觉统合失调较为严重的儿童往往伴随有多个方面问题。

父母是孩子智商开发与提高的关键

近些年，美国、英国和以色列等国的科学家们发现，儿童在改变饮食习惯（不吃含添加糖分、色素和高脂肪的食物）后的 6 个月，大脑潜力利用率可增加 0～25 个点。换句话说，要是该名儿童在改变饮食习惯前的智商是 100 点（普通智商），后来却增加了 25 点，那他的智商就提升至天才儿童的智商。除了改变孩子的饮食习惯之外，提供有益于脑细胞发育的环境，也可以提升他们的智商。

婴儿出世后一天到晚都在睡觉，而且睡饱就喝奶，喝饱后又继续睡。这种自然行为对许多父母而言是“乖孩子”的表现，但是对美国的专家而言，却是不明智的做法，因为这会白白错失了提升智商的良机。据美国科学家拉加扁说，“婴儿最关键性的时刻就是在出生后的头 2 年。很多家长在这 2 年内总是让孩子尽量睡觉，甚至每天让他们睡上 17～19 个小时，而且还自豪地到处夸奖自己的孩子很听话、不会吵闹。”这根本就是错误的认知。一味地让孩子睡觉简直就是把孩子当成一盆盆花草植物来养育，对孩子脑细胞的发育并没有多大用处。做父母的应该好好利用时间陪婴儿玩耍，对他们说话，让他们学习辨认各种声音。研究显示，要是父母经常和孩子沟通，孩子长大后将会比较懂得利用言语来表达自己，当然也比较聪明。

那么父母应该怎么激活智商、培养智商呢？那就需要父母按照规律来科学育儿。

孩子一旦出生后，智商的潜在值是不能提高的，但是可以通过科学合理多方面的刺激，使潜在的智商尽可能多地得到激活，其结果也提高了智商。简单讲，首先，在怀孕期间就要注意科学胎教，包括情绪胎教、音乐胎教、光线胎教、活动胎教、胎位调整等。大量事实证明，胎教是有作用的，包括澳大利亚心理学家和我国的研究都证实了这一点；其次、亲情交流。孩子一出生，父母就有意识地和孩子交流。孩子不能理解你说的话，却能从你的表情中尝到“爱”的滋味。稍大一点，父母可尝试与孩子一起玩，营造一个具启发性和感官刺激的环境，促进孩子智力发育；第三、培养兴趣。孩子面对未知的世界，头脑中有很多“为什么”，顺应孩子探索的欲望，培养孩子对各种事物的兴趣。知识能刺激孩子的智力发展；第四、游戏加玩具。做游戏是促进孩子智力发展的最好方式之一。比如组词游戏，给孩子一个字“白”，和孩子交替说出组词，如白天、白云、白玉、白色、白雪等。再如颜色分类游戏，将 3 种颜色、3 种形状、3 种重量的小玩具混在一起，让孩子把它们按颜色、形状、重量分类。还可以编故事。3 岁左右的孩子一般都听过很多故事，试着让孩子把几个故事编成一个故事，启发孩子把故事编得完整、合理。如果孩子在熟悉的故事外有一些创造，是再好不过的了；第五、听曲听故事填词。给孩子听一支曲子、一首歌或一段好故事，3 遍之后要求孩子哼哼出曲调来；让孩子给熟悉的歌填上不同的词，锻炼孩子对音乐、故事情节和语言的敏感度；第六、培养操作。“心灵手巧”的说法是有道理的。多给孩子动手的机会，比如买一把安全剪刀教孩子剪纸，用碎布给布娃娃做件衣服，捡几片树叶做张贴画。

观察力培养

培养孩子观察力的几种具体方法：

1. 培养孩子的兴趣，激发他观察的欲望：孩子一旦对某事物产生了兴趣，观察就成了他们自觉、自愿、自主的行为了。

2. 指导孩子养成良好的观察习惯，明确观察目的：明确观察目的，包含两层意思：一层是教育孩子树立观察的意识，认清观察对于发展自身智能的好处；另一层是教育孩子在观察任何事物时，都要有明确的目的，即观察什么，为什么观察。

3. 教给孩子进行正确观察的方法：孩子有了观察兴趣之后，就要引导他进行正确的观察。如观察有一定的顺序，可以按从上到下或是从左到右的顺序对物体进行观察。观察也有一点的内容，可以观察物体的颜色、形状、大小等。

4. 培养孩子有计划地观察事物：在观察活动开始之前，先定好观察的目的。

5. 引导孩子进行深入的观察：孩子观察了眼前事物之后，还要启发孩子进行联想，联想生活中自己见过的其他相关或相似的事物，比较一下有什么异同，找出异同的原因。

6. 教孩子使用多种感官进行观察：孩子是靠眼、耳、鼻、舌、口和皮肤来获得对外界事物的认识的。比如吃水果时，可以让他看看外形特征和颜色，用手摸摸表面是光滑还是粗糙，是软是硬，是温是凉，用鼻子闻一闻，用嘴尝一尝。

7. 在观察过程中多提问：在观察时多向孩子提问，并让孩子制订观察计划，可以使孩子透过事物的现象看本质，并提出新的问题，激励他继续寻找答案。

8. 用游戏训练观察力：比如找不同游戏。

注意力培养

培养孩子注意力的几种具体方法：

1. 有意识地创造能够引起孩子注意的环境：心理学的研究表明强烈的、新奇的、活动的物体最能引起孩子的注意，家中要有意识地放置一些鲜艳的、活动的玩具，如彩色气球、不倒翁、会跳舞的娃娃、小熊打鼓等，以便引起孩子的注意。

2. 丰富孩子的生活经验和知识：孩子所拥有的生活经验和知识，对引起和保持他的注意有密切关系。人对熟悉的事往往会有较多的注意，例如一首熟悉的歌、一个熟悉的东西、一本熟悉的书都能引起幼儿的注意。

3. 激发孩子参与活动的兴趣：兴趣是孩子活动的内在推动力，是直接影响孩子注意力的情感系统。为了维持孩子对某一活动的持续兴趣，活动内容的难度要适合孩子的水平，既要让孩子体验到成功的快乐，同时又能感受到一定的挑战。

4. 培养孩子的自我约束力：孩子的自控能力较差是注意力容易分散的另一个重要原因。要培养孩子的自我约束能力，家长可以采用游戏的方式，例如，与孩子一起玩“指挥交通”的游戏，让孩子扮演交通警察，事先约定每班交通警察要站 3 分钟的岗，时间到后才能换岗。

5. 让孩子有目标地参与活动：注意是为任务服务的，任务越明确，完成任务的愿望就越迫切，注意力就越能集中和持久。要想使孩子的注意力持久，家长不能强迫孩子做什么，而要让他知道为什么要这样做，激发他做好这件事的兴趣。在活动之前，家长应当帮助孩子明确活动的目的和要求。在活动过程中，家长应当及时提醒孩子，使其注意力始终指向某个方向。

6. 与游戏结合：和孩子一起玩拼图、下棋、猜物、故事接龙、传悄悄话、找数字、连图形等游戏。

记忆力培养

培养孩子记忆力的几种具体方法：

1. 了解孩子记忆的特点：孩子 3 岁之前，对自己感兴趣和特点鲜明的事物容易记住，但这种记忆往往缺乏目的性，随意性较大，记忆保持的时间较短。3 岁之后，孩子的无意识记忆逐渐发展，随着父母的引导，孩子的有意记忆也开始发展，父母可以明确指出识记目的、任务，这样有助于帮助孩子记忆。

2. 为孩子大脑提供科学营养：孩子较强的记忆力需要健全的大脑以及良好的大脑环境，在孩子的饮食方面要做到如下几点。①保证孩子摄入足够的蛋白质，它是脑神经细胞间传递信息的桥梁，对增强孩子的记忆力大有裨益，主要存在于蛋黄、瘦肉、海鲜、黄豆等中。②常吃胡萝卜，这有助于保证孩子大脑的新陈代谢。③合理搭配蔬菜、水果。

3. 激发孩子的记忆兴趣：孩子在兴趣的指引下，会逐渐增加记忆的积极性，对有兴趣的东西往往会表现出很强的记忆力。

4. 让孩子掌握遗忘规律：记忆规律也是遗忘规律。遗忘总是先快后慢，随着时间的推移，遗忘的速度逐渐减缓，遗忘的数量也会减少。父母要根据这个遗忘规律，教孩子把握记忆的最佳时机。

5. 帮助孩子发现最佳记忆时间：人的记忆时间有 4 个最高峰，即早晨起床后、上午8点到10点、下午18点到20点、晚上睡觉前。这4个时间段，脑神经处于高度兴奋状态，思维灵敏，记忆效率高。父母要找出孩子的最佳记忆时间，让孩子在最佳状态中记忆知识，以达到理想的记忆效果。

6. 让孩子掌握正确的记忆方法：孩子的大脑潜力是巨大的，父母如果有意识地教给孩子一些科学的记忆方法，会使孩子达到事半功倍的记忆效果。可以对孩子采用以下几种方法来有效培养和发展孩子的记忆力：直观形象法、游戏记忆法、归类记忆法、理解记忆法、联想记忆法、器官参与法、开头结尾记忆法、口诀记忆法、重复强化法、情绪记忆法等。

思维力培养

培养孩子思维力的几种具体方法：

1. 丰富孩子的词汇使之掌握一定数量的概念：语言是思维的工具，因此，多让孩子掌握“新词”，是培养孩子思维能力的有效办法。家长要适时、适量地教孩子一些抽象性的词语，如“动物”“植物”“水果”“交通工具”“家具”等。

2. 激励孩子的好奇心和探索行为：让孩子多看、多听、多闻、多摸、多活动，以取得丰富的感性认识。在感性认识的基础上培养孩子根据事物的本质进行初步概括的能力，形成抽象思维。

3. 为孩子创设各种各样的问题情境：设计巧妙的问题，激发孩子动脑筋，丰富孩子想象力，锻炼孩子的思维能力。如给孩子讲故事，把故事讲到一半，戛然而止，然后引导孩子想一想，这个故事会怎样发展下去？结果如何？让孩子接着讲下去。孩子就会展开想象的翅膀，靠联想来回答故事的结局，这就培养了孩子的想象思维。

4. 用游戏促进孩子的思维：家长应充分利用游戏这一形式，将教寓于游戏之中，将思寓于玩耍之中，达到事半功倍的效果。如在孩子面前摆放一盆水，同时放着许多不同大小、形状、用途的积木和其他物品，有的放在水里可以浮起，有的不能浮起，让孩子把能浮起的东西挑出来。孩子为了要做出正确的猜测，需要认识到一切木制品都会浮起，这些物品是木制的，所以这些物品都会漂浮。

想象力培养

培养孩子想象力的几种具体方法：

1. 尊重孩子的想象力：孩子喜欢问为什么，这是他们想象力萌芽的标志。家庭教育只有顺应孩子的天性，才会真正有教育效果，这就要求父母面对孩子怪异离奇的想法时，要懂得尊重孩子自由想象的权利，这是对孩子创造天性的最大保护而不是扼杀孩子的想象力。

2. 引导孩子进行主动想象：孩子在幼儿时期就开始具有想象力，也是最容易形成思维模式的阶段，一旦形成，就会长期保持，影响孩子的一生。父母要注意引导孩子主动想象，及时鼓励孩子做出充满想象力的回答，以培养孩子的创新能力。

3. 拓展孩子的知识经验：想象力是建立在丰富的表象基础之上的，如果孩子大脑中没有足够的表象储备，就不会激发起他们的想象力。表象是外界事物在孩子头脑中留下的影像，它们是很具体的、形象的，是想象的基础和材料。

4. 用游戏激发孩子的想象力：孩子一般都喜欢游戏，游戏时，孩子会将自己对现实生活的理解进行创造性的反映，想象力也会得到发挥。孩童时期是想象力最活跃的时期，男孩或女孩在游戏中扮演不同的角色，玩得越好，想象能力就会越强。

5. 教孩子学会幻想：幻想是想象的基础，喜欢幻想的孩子，一般具有丰富的想象力。在幻想的过程中，孩子可以给自己赋予不同的角色，体验喜怒哀乐，丰富孩子的人生。在幻想的过程中，孩子会假设遇到棘手的问题，在这个过程中，分析问题和解决问题的能力也会得到提高，因此，父母必须呵护孩子的幻想能力，鼓励孩子幻想。

6. 经常给孩子讲故事：孩子在听父母讲故事时，想象力会很丰富。

移动阅读

尝尿的教授	如何训练观察力
日常生活中如何培养观察力	观察要有计划
想飞的莱特兄弟	想象力创造的奇迹
创造潜能早期开发的必要性	创造潜能开发的可能性

第3节　智慧素质与慧商（WQ）

聪明智商有先天因素，一旦激活定型后很难提高，而如何运用智商的能力，就成为家庭教育的关键，这种运用智商的能力就是智慧。智慧是后天的能力，是通过后天的教育、学习、体验而获得的，是可以通过后天的努力而不断得到提高的。

智慧素质的五大组成部分

既然智慧是指一个人如何运用自己智商的能力，那么智慧的组成部分就应该根据人们的运用方向和范畴来分析。根据这一原则，智慧素质（慧商）至少包括：思维模式、学习体验、选择博弈、资源管理、发明创新等五大方面。

首先，人们要运用自己的智商来认识分析和思考各种信息，长此以往，慢慢就形成带有自己思维特征和规律的模式，这就是思维模式效力；其次，人们运用自己的智商去学习科技知识、传承人类文化和体验模仿别人的方法行为，这就是学习体验能力；第三，人们对各种不变的和变化的事物进行选择，与自然和人类自己进行竞争或者斗争，这就是选择博弈能力；第四，是运用智商能力对自己周围的环境资源进行分配管理和运用，这就是资源管理能力；第五，是运用智商观察分析和挖掘事物的规律，并通过劳动创造观念和实物，这就是发明创新。从大的方面来看，智慧素质主要包括这 5 个方面，不过这只是为了分析问题的需要而细分的，其实每一个应用方面彼此都不是孤立的，而是相互联系、互相运用、互相补充的。

思维模式

思维，通俗地讲，就是人的各种感觉系统在接受外界刺激后，通过智商的观察力、注意力、记忆力、思维力和想象力的综合运用，对外界刺激形成了形象的和抽象的反映，并通过语言进行思维、表达和交流。所以学者把思维分为 3 个层次，即知觉、回忆和组合。

当你看到月亮，你就认识了它，这是知觉。如果记住它，这时月亮在你大脑里的投影就是记块，以后在大脑里回忆起该次月亮的情况时，在你大脑里所出现的影像就是回忆。如果你将这次月亮所形成的记块用来思维，并跟其他记块组合，所形成的就是组合。这种大脑思维活动的内在过程就是思维程式。

由于文化氛围和环境刺激不同，人们的思维会形成不同模式特点和效率特征，这就是人们常说的“思维模式”（或“思维方式”）。思维模式对人们的言行（乃影响外部世界）起决定性作用。表面上看具有非物质性，像人的思想一样，无色无形，不可捕捉，而且主要由后天环境（文化及教育的）影响所致；其实又具有物质性，因为它是大脑皮层对相同事物的反映，会引起皮层“突触”产生某种化学反应和物理（生物电）脉冲，并按“既定路径”来变化传递，在大脑中形成一定的观念（思想）。这种非物质性和物质性的交相影响，“无生有，有生无”，就能够构成思维方式演进发展的矛盾运动。

1. 语言与人的思维发展：一个人从出生到语言思维发育完全，其实就是人类思维语言漫长进化的浓缩过程。孩子从胎儿期到出生后 11 月左右，只会发声没有语言，思维基本上也是原始的形象行动型的。来到人间第一声，就是大声啼哭，这是肺部张开、开始肺呼吸的表现。孩子思维简单，但是都有情绪表达和需求表达的本领，他的语言很简单，就是“啊、哇、咿、呀”，无法用成人语言来表达，家长如何听懂孩子的“语言”就很重要，比如哪种哭声代表肚子饿了，哪种哭声代表要尿尿了，需要家长慢慢体会。

人类的语言文字，本身就是智慧的产物，因此学习语言文字，就是智慧的获得，同时也是孩子对自己大脑的运用。随着孩子大脑的发育和语言环境的刺激，1 岁左右就开始学习语言了，这种第一语言环境影响和主要学会的语言就是“母语”。有了语言，语言就成为思维的工具，慢慢就有了抽象意识、抽象概念和脱离具体事务的思维。比如学会了“爸爸”、“妈妈”，尽管爸爸妈妈不在眼前，只要听到叫“爸爸”、“妈妈”，孩子的脑海里就会有爸爸妈妈的形象。

孩子的语言发展，一般从单音节、单词、简单句子到复杂句子逐步提高的过程，孩子的思维也是相应发展的。而如何培养孩子运用这种思维，形成一定的方法习惯模式，那就是思维模式。

2. 思维模式特征效率与不同母语的关系：根据智商和慧商的区别，思维能力是先天本能的智商，而思维的运用，即用精细语言来思维并形成的思维模式，这就是慧商了。这样就不难理解，文字、语言等人类文明的产物，都是人类运用智商发明创造的智慧的产物。尽管人类进化规律都是一样的，但由于地域和文化发展不同，不同地域、不同民族会形成不同的文字、语言。而思维都是用语言来进行的，因此，利用语言思维的思维模式，就会有相应的差异区别。

比如人们发现，汉语地区与英语地区的人的思维模式，确实存在一定差异。汉语地区的人，形象思维、辩证思维相对突出，而逻辑思维相对较弱，这是否跟汉字象形文字有关呢？汉语地区的人看见或思维时出现的汉字，因形会意，形象思维突出，思维效率相对要快速一些，而用英语思维的人，多个字母组成一个词，看见或思维时出现的词，必须把字母顺序组合看清楚才能明白，这就有利于逻辑思维，而且思维效率、速度相对慢一点。

再比如，汉语语言在表达 10 以下的数字时都是单音节，而英语表达 10 以下的数字时，有多个数字都是多音节，这可能就是汉语言的人心算速度快、数学相对突出的重要因素。因此，以汉语为母语的人在学习字母拼音，或者学习英语，是否有利于逻辑思维能力的培养，值得研究。

3. 思维模式之基本形成：思维是人脑的本能，是人脑对外在各种信息的分析、抽象、综合、概括、对比等系统的和具体的处理过程，是人脑对客观现实的本质和事物间规律性联系的概括的和间接的反映，是人脑的高级心理活动形式。思维是大脑的重要智力表现，而如何运用这种能力的方法、特征，我们就称之为思维模式。

美国心理学家马克斯韦尔·马尔茨曾说过：“所有人都是为成功而降临这个世界上，但是有的人成功了，有的人没有，那是因为每个人使用头脑的方法不同。”使用大脑的方法就是思维模式，也就是一个人的思维定型或形成思维定势，这是人类思维发展的必然趋势，是不可避免的现实。

关键是我们能否有意识地塑造高效的正确的思维模式。而任其自由发展，不加引导训练，或者由于环境刺激和引导训练出现偏差，则有可能形成低劣的、低效的甚至错误的思维模式。

从某种程度上讲，所有的思维模式都对头脑具有一定的方法和习惯性的束缚作用，而要想改变已定型的思维模式是困难重重的。而思维模式的形成基本上在 3 岁之前就成雏形，7 岁之前就趋稳定。

因此在 3 岁之前，至多在 7 岁之前就要关注孩子的思维环境的营造和思维模式的引导和训练，让孩子的思维通过无意识的刺激、引导训练，慢慢形成全面正确，适合自己的高效的思维模式。

4. 思维模式之三大类型：小孩刚出生时往往只有生理反射反应，几乎没有意识思维，后来通过环境的激活，智商中的思维力才慢慢得到运用和提高，才开始对事物进行认识、思考。在认识和思考事物时，往往有一个思维方法的习惯定型问题，这种习惯定型就是思维模式的形成。

最初时孩子大脑和思维是一张白纸，思维模式的形成主要受家庭成员思维模式的环境影响，以及思考过程中逐步形成的。如果家长的思维模式好，往往影响小孩形成一套较好的思维模式。一个好的思维模式有利于提高思维效率，有利于正确认识分析事物。

对于思维模式分类目前众说纷纭，但总体上讲可分三大类：即形象思维、逻辑思维和辩证思维。形象思维模式，是通过视觉和听觉、嗅觉、味觉、触觉等感官系统来认识事物，事物在大脑中形成对应的形象。

当孩子在思考某一事物时，就有与某事物相关的形象出现，这就形成了形象思维。形象思维不仅通过视觉感受来思维，还要通过听觉、嗅觉、味觉、和触觉等感受来思维，比如音乐感觉思维等。进一步发展，形象思维与情感及创新性结合，就成为感性思维，感性思维是艺术创作的主要思维方式；其次是逻辑思维。逻辑思维是一种规范要求很强的抽象思维。如果把思维当成一个过程的话，那么逻辑思维要求思维主体在思维现实事物时，往前要求寻找根本原因，往后就要求一环扣一环的一对一的因果推理过程，最后得出结果；第三，辩证思维。辩证思维是一种联想式的全面立体的思维，至少是二维思维，想到这一面就要想到另一面，想到现在就要想到过去和未来。

为了更好地理解三大思维模式的特点，我们举一个“烧开水”的例子。当我们脑海里浮现“烧开水”这个词时，就会有一个形象的过程：用茶壶装一壶水，放在火上面烧，烧到一定程度后就会有响声，慢慢就会沸腾，沸腾后就会产生蒸汽，沸水一边翻滚一边发出咕噜咕噜的声音，蒸汽把锅盖冲起又发出扑腾的声音等，大脑中这个完整的有序过程就是形象思维。对于烧开水现象，大部分的孩子，包括大部分的成年人，其思维模式大多到此为止，停留在这一形象思维层面；如果有人进一步琢磨：为什么这水用火烧到一定程度就会沸腾呢？什么时候沸腾呢？为什么产生蒸汽呢？把锅盖冲开与蒸汽有关吗？等等。最后琢磨后发现：水烧到 100 ℃时就会沸腾，沸腾的水一定会产生蒸汽，蒸汽具有冲击力，冲击力大了就把锅盖冲起来，这种思维模式就是逻辑思维了。那么这种蒸汽能不能够利用？于是瓦特就进一步思考，发明了蒸汽机，大大解放了劳动力，提高了生产效率，促进了人类历史上第一次工业革命。这就是逻辑思维；如果进一步思考：发明蒸汽机促进工业革命，造福人类福祉，这当然是好的一面。但如果蒸汽机被坏人利用，用于伤害别人，就会对社会造成较大的破坏，同时要大量产生蒸汽，就需要大量的煤炭或者木材，就要大量砍伐森林、污染环境，这就是不好的一面。也就是说，对待蒸汽机的发明，我们既要认识到它好的一面，也要认识到它不好的一面，而这种思维就是辩证思维了。

5. 思维水平的螺旋式上升规律：经验和研究表明，人的思维模式一般在 7 岁之前就基本形成了，而且思维模式一旦形成就终生难以改变，改变的只是通过这种思维模式来学习、思考事物，好的思维模式会更多更快地获取知识、经验与真理，掌握更高更有效的技能。由此可见，引导和帮助孩子形成良好的思维模式将会让孩子受益终生，而不好的思维模式就会影响孩子一辈子。

从整体来看，相对于西方文明来讲，中国近代文化的思维模式里，形象思维和辩证思维相对发达一些，而逻辑思维相对弱一些，这跟中华民族的实用性原则是一致的。而从个体来看，我国大部分成年人（包括老师）的思维模式也是形象思维和辩证思维相对发达，逻辑思维相对较弱。因此，在中国环境中培养出来的孩子，大多是形象思维和辩证思维相对较好，逻辑思维相对薄弱。这主要是逻辑思维训练不足，比如逻辑思维训练在家里几乎没有，只有在上小学以后才从学校里得到部分训练，但这时对于逻辑思维模式的形成已经比较晚了。而欧美文化环境中长大的人逻辑思维相对发达，而形象思维、辩证思维相对弱一些，他们从家庭教育、幼儿教育，直至中学大学，都非常重视逻辑思维，包括专题辩论、专题论文和实证研究训练等。

思维科学研究发现，一个社会，或者个体的思维水平的提高，一般从形象思维、逻辑思维和辩证思维这一顺序螺旋式上升的，而如果在这一螺旋循环中哪一个较弱，比如逻辑思维较弱的话，那么整个思维水平的提高就会受到影响。比如说中国古代的一些经书如《易经》《道德经》和《黄帝内经》等文献，是中国古代形象思维和辩证思维的经典著作。今天的人们来学习研究这些古籍，如果仍然是辩证思维式的注解，而不是采用逻辑思维的方式去实证研究它们，那么可以说今天人们的思维水平还不如当年的作者们，就很难有创新，没有创新就不会有提高。相对来讲，西方近现代的思维模式中逻辑思维更突出。西方一些学者从中国古籍中吸取营养，再通过逻辑思维、实证研究，发明很多新的科学技术，提出了很多新的思想学说。比如从中国火药中发明了火炮、火箭，从阴阳八卦中发明了二进制进而发明了电子计算机等。因此，中国的思维模式教育应该在维持现有的形象思维和辩证思维优势的基础上，切实加强逻辑思维的训练培养，促进整体思维水平的提高。

6. 怎样培养孩子的形象思维：形象思维是最基本的思维模式，是其他思维模式的基础。形象思维是一种本能性思维，只要智力正常，小孩都会有基本的形象思维。这里需要注意的是，如何提高孩子的形象思维水平。

一是在智商激活时创造机会让孩子多看、多听、多嗅、多摸、多尝、多体验时间和方位等，获得尽可能多的环境映像认识，形成自己对世界的形象；二是运用孩子的观察力、注意力和思维力，完整地观察某个现象的整个过程，比如玩积木、汽车等玩具，父母先示范，孩子观察，变化各种形象，然后让孩子自己玩，让孩子在快乐中体验培养动手能力和形象思维；三是发现孩子开始画画、涂鸦时，正是培养孩子形象思维的好机会，家长应创造条件并鼓励孩子画画，莫怕搞脏了墙壁纸张。先是任其乱画涂鸦，培养兴趣、色彩等感觉，然后父母把周围的人物、物体画大体框架和孩子交流，告诉孩子“这是爸爸，这是妈妈，这是孩子”，让孩子感到亲切而有兴趣，慢慢就会模仿着画。画画是培养孩子形象思维很好的方法；四是让孩子观看动物后，大人模仿动物的动作和叫声，然后引导孩子去模仿；五是听音乐、听故事，让孩子培养音乐形象思维；六是在孩子 3 岁左右或稍大一点，就带孩子逛街、游公园，提醒孩子观察、记忆，然后让孩子回家画地图，标识行走路线、主要标志建筑物或地标，从易到难，培养孩子时空形象和方位形象。许多女孩子长大以后方位感比较差，就是缺少这方面的培养。

7. 怎样培养孩子的逻辑思维：逻辑思维，就是运用智商（包括观察力、注意力、思维力、记忆力、想象力）来对事物进行归纳分析、因果推理的思维模式。通俗点说主要有两个要点：一是要弄清原因和过程。在看到某种现象或结果时，往前思考要寻找分析原因和机制，往后思考要推导探求结果和过程；二是要尽可能地精准，有时要通过实证研究和可重复性来确认，甚至通过假设来证伪。

培养孩子逻辑思维，关键就是要培养孩子找原因、探究竟、推结果的方法和习惯。当孩子的一些行为脱离具体的物象，出现类比和想象行为时，就开始有抽象的逻辑思维了。比如听到别人喊妈妈、喊爸爸时，孩子开始用眼光寻找爸爸妈妈，或者在现实中或电视上看到别人骑自行车、骑马在跑后，自己就拿着扫帚、枕头骑上去叫唤着“驾”、“走”开始跑时，或者孩子开始问“这是什么”、“那是什么”的时候，这些都是孩子好奇探究竟的抽象思维表现。

有这种表现行为时，家长就应该从易到难、耐心引导孩子形成逻辑思维的方法和习惯。一是引导孩子运用观察能力，把日常生活中的玩具、用品，根据颜色、形状等不同特点进行归类整理，学习分类；二是从白天黑夜、房间里面外面，到玩具摆放前后顺序，再到数字大小顺序等学习，了解时空观念和顺序过程的概念，这是训练孩子逻辑思维的重要途径；三是一定要认真对待孩子的“为什么”，孩子的所有问题，家长都要认真回答，千万不可敷衍，更不能拒绝。回答孩子“为什么”时不一定是客观的，可以是童话般的想象，但一定要有逻辑。同时要经常反问一个“为什么”，引导孩子思考、探索；四是创造条件给孩子演示一些玩具装配的全过程，然后让孩子自己学着装配；五是在稍大一点后，给孩子讲推理的故事，吸引孩子自己看一些推理的故事书籍。

8. 怎样培养孩子的辩证思维：辩证思维就是以变化发展的视角来认识分析事物的思维，也就是整体的、发展的、多维的思维，一般说的横向思维、逆向思维、跳跃思维、多维思维等，都属于辩证思维范畴。最简单的辩证思维形式，就是我们常说的“一分为二”、“对立统一”、“此一时彼一时”、“动态平衡”等。

培养孩子的辩证思维要注意以下几点：

一是自己要以辩证的思维来看待孩子，尤其在孩子犯错时，一定要发现孩子好的一面，积极引导，着眼长远，以自己的言行去影响孩子的辩证思维；二是在与孩子交流当中，不管是积极地促膝谈心，还是消极赌气争吵，父母一定不要以家长自居，要放低身份，以平等的心态与孩子进行辩论，用辩证的语言与孩子讲理、辩论，必要时要给孩子更多的时间去寻找各种有利于他自己的理由依据后再来辩论，只要有理有据、逻辑清晰，就可以让孩子获得“胜利”，慢慢形成辩证思维模式，培养思辨习惯和能力，这对孩子未来的演说能力非常有帮助，千万不可以高压政策来压制孩子的辩论，强迫孩子服从；三是讲一些需要思考答案的故事，提出问题交给孩子思考选择，以故事来启蒙辩证思维。如“人长得高好呢，还是长得矮好”、“孩子读书好，还是不读书好”等；四是用一些事物，如纸张的正面反面、衣服的里面外面、白天和黑夜、筷子的长和短等，以形象的东西来引导孩子形成良好的辩证思维。

9. 培养孩子好奇思考能力：孩子的好奇心就像食欲一样，是天生的本领，食欲需要食物来满足，好奇心需要新鲜事物来满足。孩子在学会说话以前就有了好奇心，往往以“嗷嗷”和手舞足蹈来表达，而一旦学会说话，就有没完没了的“这是什么”、“那是为什么”，这就是好奇的表现。这个时候千万小心，你一定要非常慎重地回应孩子的好奇，否则就会扼杀孩子未来的创新能力。孩子爱问为什么，就是逻辑思维在慢慢打开，求知欲才变得越来越强。0～3 岁是培养孩子好奇心的最佳阶段，一旦错过这个敏感期，再好的训练方法也只能事倍功半。

下面给大家介绍一些培养孩子好奇心的方法：

(1) 从毁坏中开始：孩子对一些玩具或者其他事物产生好奇心，往往喜欢摔、撕，这时爸爸妈妈可以和孩子一起玩玩具，并且在玩的过程中，告诉孩子这些东西的使用方法，必要的时候可以和孩子一起拆开玩具来研究一下它的内部构造。

(2) 从模仿中训练好奇心：模仿是孩子的天性，也是好奇学习的基本表现。需要注意的是，孩子在模仿好的行为时，要尽可能鼓励，并让他模仿成功，一旦模仿受到讥笑或受挫，那么他做事就很容易放弃，这种性格甚至会贯穿其一生，这样的孩子长大后往往很听话、很顺从，但遇事往往听天由命，没有主见，不知所措。

(3) 从实践中训练好奇心：孩子问“为什么”的时候，尽可能给孩子创造条件观察原因和过程，满足好奇心而得到快乐。

(4) 从声音中训练好奇心：孩子喜欢敲打东西产生各种响声，这是感兴趣的表现，可以专门找一些不同质地的物品，让孩子用筷子来敲，发出不同的声音。

(5) 从游戏中训练好奇心：用玩具、游戏，引起孩子好奇和玩耍。

(6) 从观察中训练好奇心：可以带孩子外出游玩，一起寻找一些奇怪的花草树叶、石头等，告诉孩子这些花草树木的名字，形状奇特的石头还可以让孩子带回家收藏。

学习体验

学习与体验，这就是让孩子利用智商来学习知识、体验知识、形成自己的经验，进而变成孩子自己的知识性智慧和操作性能力。通常所说的智育，就是知识的学习。但智育不仅要“学”，更要“习”。《论语》开篇第一句就说：“学而时习之，不亦说乎？”学是取得知识，习就是模仿、练习、体验，就是付之实践；说，通“悦”字，就是喜悦愉快，也就是我们常说的快乐学习。目前提供给孩子学习的知识，主要是书本知识和老师（师傅）的经验。

书本知识是通过语言文字记载下来的。老师（师傅）的知识经验和操作技能，基本上也是以文字语言和肢体操作技能记忆在大脑里的。这些都必须通过老师（师傅）的言传身教来传达给学生学习的。语言文字，本身就是人类智慧的产物，而由语言文字描述记载和表达的知识，更是人类智慧的结晶。学习知识，就是学习已有的智慧，其中包括对客观世界的规律性认识、获得这些知识的原理方法，以及成功的经验和失败的教训等。

孩子学到的这些知识，首先是利用智商中的观察力、注意力、意识记忆力、思维和想象力来取得的，还必须要让孩子进行各种各样的高效体验，形成潜意识记忆和肌肉记忆，知识才能变成孩子自己的东西，才能够通过思维力、想象力来举一反三，不断运用。只有学习并体验了，知识变成孩子自己的东西了，孩子的智慧才能真正提高。学习的效率高不高，直接影响孩子智慧水平的提高效率。

目前我们的教育普遍存在重“学”轻“习”的现象，强调书本知识的学，忽视孩子动手动脑操作体验等实践，严重影响学习效率和智慧水平，值得家长和老师的关注。学习与体验，就是运用智商来学习，还要让学习变成体验，变成自己的东西。活到老，学到老。学什么，不是学知识，是学智慧。外面世界有已知世界，还有未知世界，有探索世界的方法，有探索世界形成的知识。那么教育教什么？一要教知识，更要教方法。如果我们一天到晚钻在知识里面不出来，方法学的很少，更没有体验提高，那是没用的。人类的知识经过多年探索积累后，已经是浩瀚如海，天量级的数据。在教学中要想尽快的到达前沿知识阵地，不可能等到完全学完现有知识才能涉及，唯一的办法是在教知识的同时教方法，要尽快掌握获取知识的方法，就能尽快达到前沿知识阵地。

学习体验获得的知识，主要靠记忆力储存在人的大脑和四肢肌肉里。学过心理学的都知道，记忆有 3 个层次：第一个层次叫意识记忆，比如今天与一个陌生人见面，互相介绍了自己的姓名、职业，我就要靠意识来记忆，但是今天记得明天可能就忘记了；第二层次是潜意识记忆。第一次见面第二天就忘了姓名和外貌，这是意识记忆的特点。如果多接触几次，就加深了印象，这就进入第二个层次潜意识记忆了，下次一见面马上就认出来了；第三层级的记忆是肌肉记忆。如果这个陌生人第二次因为某种事情和你打了一架，甚至把你打疼了，闹得不愉快，这就变成肌肉记忆了。肌肉记忆是最难忘的，比如我们学会了骑单车，过了很久没有骑了，今天拿一辆单车给你，你只要一下你就会骑上去了，这就是肌肉记忆，你记忆到肌肉里面去了。

潜意识的记忆就是通过反复的训练、刺激，反复的暗示，记忆到你的潜意识里面。中国古代启蒙教育，主要是学习典籍和传统礼节的培训。这个时候，大脑是纯洁的，进入大脑观念知识就是第一观念知识，就像第一口奶一样。比如小孩在背诵《三字经》：人之初、性本善，性相近、习相远。如此这般，摇头晃脑，很有孩提景象。但如果只是通过意识记忆，孩子记忆力都很好，很快就能背诵。但孩子这个时候根本不理解原文意思，意识记忆下来后，不出一个星期，绝对忘记。只有多看多读、多背几次，就进入孩子的潜意识里了，以后就很难忘记，到能够理解的时候再来温故知新，不断升华。成人也是一样，意识记忆只是短时间的。比如考试的时候，急着复习，博闻强记，靠意识记忆。考完后过不了一段时间，保证就忘得差不多了。要想变成潜意识记忆和肌肉记忆，并储存到记忆库里面去，只能靠体验，光靠学是不行的，一定要习，要体验。所以鼓励孩子多看多读、多动脑、多动手，实实在在的体验，非常重要。而我们的家长，我们的老师就恰恰在这方面弱，特别是家长们比较忽视。

那么怎么理解“体验”呢？

中国有句古话，“授之予鱼”不如“授之予渔”。“鱼”代表现成的知识，而“渔”则是捕鱼的方法。教育的真谛，既要传授学生知识，更要传授探索获取知识的方法。人类的知识从属性来看包括内容型知识（如结论性、固定性、相对静止性的知识）和方法类知识（多样性、操作性、过程性、探索性、动态性、非统一性），从可知程度看，又可分为已知知识和未知知识。未知知识属于人类需要探索研究的未知世界。当前中国的学校教育，不管是早教幼教，小学教育，还是中学大学教育，包括家庭教育，大都以已有知识教育为主，有些学生大学毕业以后，甚至硕士，博士毕业以后，很多还没有接触前沿科学知识，一直在已知的知识海洋里面转，没有传授探索未知世界的方法去探索前沿科学知识，没有尽快接触前沿科学。曾经有许多人问比尔盖茨成功靠的是什么？比尔盖茨说，他的成功很大一个原因是他大学的时候，就接触到了前沿科学。他发现家用计算机是未来的大方向，所以放弃学业也一定要研究这个东西，因为那个时候他已经接触到了前沿科学。看看我们国家，读到博士都没有接触前沿科学。记得在前几届的一次全国人大会议上有个院士曾指出，中国教育如果再不改，大学毕业根本还是中等的方法，读到博士还没有接触到前沿科学，中国科学是很难发展的。真正的教育是在教育已有的基础知识的同时，要花大力气培养学习方法、探索方法，让学生尽快进入未知世界的探索，尽快进入前沿科学阵地。这种学习探索的方法，是典型的动手动脑操作性的知识技能，就只能通过体验才能掌握。比如在传授万有引力或者浮力知识时，要同时传授国际上经典的发现万有引力和浮力的人物、故事背景和操作方法，然后让学生按照同样的方法重新演示操作一遍，重现当年发现万有引力和浮力的操作过程，这就是体验式教学。学生只要经过切身体验了，对知识的理解记忆就特别深刻，而且可以启发学生的思维，可能引导出新的更好的方法，也可以用这些方法去探索新的未知世界。

怎样培养孩子的学习力？

所谓学习力，就是学生利用自己的智商（注意力、观察力、记忆力、思维力和想象力）去学习探索已知和未知知识的能力。学习力的培养，就是让孩子在学习体验过程中熟练运用智商中的各要素、能力去获得别人的智慧、形成自己的智慧的过程。

（1）注意力训练运用：注意力又称关注力，是一切学习能力的基础，是影响孩子学习成绩提升的关键因素；注意力是最重要的智力因素，是记忆力、想象力、思维力、观察力的准备状态；是大脑进行感知、学习、思维等认知活动的基本条件。孩子在学习过程中，首先要有高度的注意力，注意力不集中，学习就不专心，开小差，孩子很难取得好成绩，甚至失去学习兴趣，没有自信，然后注意力更不集中，造成恶性循环。因此，父母一定要重视培养孩子主动地集中注意力。人的注意力是有限的，虽然有个体差异，但一般成人的注意力在 30 分钟左右，高度集中注意力在 20 分钟左右，超过这个时间就容易注意力疲劳，注意力分散，学习很难有效果，因此学校教育每堂课上课时间规定在 45 分钟左右。而 6 岁之前的孩子，其注意力时间更短，一般在 20 分钟左右，高度集中注意力更短。注意力的培养训练，主要通过刺激、兴趣、竞争、激励等方法来吸引，以游戏的方式引导，形成正反馈，让注意力时间慢慢延长，形成习惯。

（2）观察力训练运用：观察力主要指人从外界接触获取信息。人类获得的知识 80％以上都要通过听觉和视觉渠道传入大脑的，剩下的 20％知识靠触觉、味觉和嗅觉来获取的。中文的“聪明”原意就是耳聪目明，因此聪明的概念应当首先包括视觉、听觉的观察力。观察力是人类智力结构的重要组成部分，是一切科学发明和艺术创造的前提。如何有效地使用自己的眼睛和耳朵，是人们认识世界、提高智力的前提。观是全面地看，察是细心地察。认识一个事物，既要静看全面，又要洞察细节，有了观察，便开始有了注意、记忆、想象和思维等，因此在学习中非常重要。实践证明，观察力的强弱，直接影响着学生的学业成绩。比如在语文学习中，两个字的字形、写法只有细微差异，观察力较强的同学就能看出来，观察力较差的同学就常常把它们认错或写错。在写作文时，只有观察力强的人，才能抓住现实生活中的大量材料，对人物、事件的描写就细致、深入、具体、生动，反之，就会觉得没有什么可写，写了也是空洞无物。

（3）记忆力训练运用：记忆力的作用就是对周围信息和知识的保持。如果边学边忘，人就会一无所获，永远处于无知状态，相反，超人的记忆往往是成才成功的重要条件之一。所以必须从孩子们的儿童时期就要科学地培养和训练他们的记忆能力。前面描述了人的记忆包括意识记忆、潜意识记忆和肌肉记忆 3 个层次，培养孩子的记忆力首先要培养孩子的注意力、观察力，然后进行反复训练和操作体验，进入潜意识记忆和肌肉记忆。目前市面上一些记忆力培训，大多是有专业方法的意识记忆，学习一下、训练一下无妨，但作为学习能力培养，还是要按照记忆力的 3 个层次规律来训练培养。

（4）思维力训练运用：思维是智力的核心，是考察一个人智力高低的主要标志。恩格斯把思维誉为“地球上最美丽的花朵”，人的一切创造性活动都与思维力有关。人类的进步从根本上来说，就是人的思维的进步。一个人未来能否成才，最关键的还是在于从小能否进行有效的思维力的锻炼。思维力训练培养主要是培养孩子的三大思维模式，形象思维培养从玩玩具、看颜色开始，吸引孩子的注意力，给他观看完整的过程。逻辑思维力培养从孩子问第一个“为什么”开始，针对他注意的事物反问几个“为什么”，然后给予回答，层层递进引导思维，注意指出什么是原因，什么是结果等。辩证思维训练一般从 3 岁时可以全面观察事物，或者有了好坏的价值判断的时候开始，可以引导孩子观察自己的手掌，指出有手心和手背两个面。遇到某件开心或不开心的事情时，要引导他认识好的一面，又指出可能有不好的一面。尤其是拿刀、火等进行安全体验教育时，就是很好的辩证思维训练。

(5) 想象力训练运用：想象力主要是形象思维的结果，尤其那些创造性的工作更需要想象力。很多时候，有了记忆力，记住该怎么做就行了。但有相当多的事情，尤其是创造性工作，必须要具备想象力。比如作家、画家、音乐家、设计师等，就必须在头脑中进行反复地想象，先有想象，再把它变成现实。建筑设计师首先考虑外形该怎么设计，内部结构该采用什么，外形与结构怎样搭配才合理，只有经过这种在头脑中不断地试验磨合才能设计出一个好的方案，如果他仅是通过记忆照抄别人设计的建筑物，就不叫创造。孩子的想象力一般比成年人的丰富，但是不如成年人系统、连贯。培养孩子的想象力，应当从孩子乱写乱画开始，不管他画什么，首先表扬，不要打击，要引导他遐想，让他系统地说出来画的是什么，用语言描述出来。家长也可以画个东西，让孩子猜想，并用语言描述出来。练习多了，想象力就丰富了。

移动阅读

- 贪玩的孩子多智慧
- 玩对孩子的好处
- 儿童思维训练的三个阶段
- 详解逆向思维能力培养
- 关于逆向思维的故事
- 什么是潜意识
- 潜意识的特性
- 比黄金更贵的是智慧
- 区别最有价值的金人
- 将军的瓶子

选择博弈

1. 选择能力：世界事物是纷繁多样的，而人类的认知能力是有限的，人的一生几乎每时每刻都面临着各种选择，怎样正确选择、选择正确的事物的能力便成为人类的重要的智慧能力。广义上讲，选择有两种：一种是大自然的选择，比如抓阄、抽签、掷骰子等。另一种是人的智慧选择。这里讨论的主要是人类的智慧选择，是人类利用自己智商中的理性选择。

一般来讲，选择是人对静态的、可预知的东西进行分析、比较，从而进行取舍的过程。选择有轻有重，有简单有复杂，好比今天中午我们是吃饭还是吃面？这个很简单，也不重要，我们可以不加思考就可以选择。复杂一点的选择，如女孩子同时有五六个男孩子追她，要选择哪一个作为未来结婚的对象？高中毕业要考大学了，选择什么专业作为未来的学业和职业发展方向？大学毕业要就业了，是考公务员从事社会公共服务职业，还是先进企业打工积累经验，以后自己创业干事业？这些重要的事情就需要运用大脑进行分析、判断，运用自己的智慧进行选择了。

2. 选择能力的培养：选择能力与意志能力中的胆魄力结合，组成人的决策能力，并且选择能力是决策力最基础的组成部分，可见选择能力是一个人重要的智慧能力，也是体现一个人能力是否突出的重要标志。但是我们很多家长特别不注意培养孩子的选择能力的培养，孩子有什么事往往父母就包办了，父母替孩子选择了，这是不利于孩子选择能力培养的。

由于父母包办，孩子的选择能力没能得到锻炼，孩子长大以后，他就不会选择或不愿选择，甚至有选择恐惧症，遇到事情动不动就问爸爸妈妈，这个事怎么办，那个事怎么办。现实生活中很多这样的孩子，选择能力比较差，对父母的依赖很强。因为在他的成长过程中，大小事情都由家长来选择了，他自己没有得到选择能力的培养，长大了只能继续依靠父母。

选择能力的培养其实很简单，就是尽可能地为孩子创造选择机会，引导孩子思考，产生他自己的选择方法就行了。比如在孩子提出各种需求的时候，说“妈妈我要吃糖”、“妈妈我要吃苹果”，如果家长没有培养孩子选择能力的理念，就会不假思索地给几颗糖给孩子，或者洗一个苹果给孩子。如果家长有培养孩子选择能力的理念，这时就可以利用这个机会训练孩子，至少给孩子两种糖果或者大小差不多的两个苹果，或者一颗糖一个饼干，一个苹果和一个梨，然后对他说，“你只能选一种”或“只能选一个”，让孩子自己选择。要创造条件给出两个以上的东西或事件，而且只能选一个，孩子自然就处于选择的局面，他就会观察、分析、评判，看看哪个好、哪个有利于自己，然后他就会做出选择。开始选择的时候，孩子一般会犹豫不决，或者不遵守父母确定的只许选择一个的规则，想全部拥有，这个时候父母就一定要有耐心，同时一定要坚持原则。只要经过几次这样的训练，孩子很快就会适应，选择速度和选择能力很快就会提高。再比如父母带小孩到商场里面买东西，孩子看到琳琅满目的商品和自己喜欢的东西，一般都会要求父母买这买那，这时候正好是训练孩子选择能力的好机会。首先父母给孩子定个规矩，对孩子说：“今天到商场里来，你可以到商场各个地方去看去选，但只能买一样东西，不管这样东西多少钱，你只能选一样东西。”一般来讲，孩子喜欢的东西不会很贵，你放心让他去选，但一定注意要他自己去选。有了这个规矩后，他就会马上来了精神，到处去看去选，而且一般很认真，看了这个不错，看了那个也行，但只能买一样，显得很犹豫，然而他必须要选择。他会跑遍整个商场，父母要耐心等待，不去催促。通过这样几次选择练习，孩子的选择能力很快就提高了。有一位母亲，她有一个 4 岁多的孩子，学习了三维六商中选择能力的训练方法后，第二天就带小孩子去商场了。她按照这个理论和方法给孩子定了规矩后，小孩高兴坏了，到处找到处选，整个商场找遍了，最后买了 10 节 7 号电池，原来孩子的玩具汽车没有电池了，需要买电池回家换。这次选择能力的训练不仅提高了孩子的选择能力，而且训练了孩子的逻辑思维能力了，也给孩子一个体力活动锻炼的机会。

其实，有时候选择是很难的，即便是成人，当遇到两件事物差不多的时候，很难甄别哪个更好，主要是信息掌握不全导致的。小孩子也一样，当他选择能力不强或者不好选择的时候，往往就依靠自然选择法则，什么“石头剪刀布”、划拳、“点子点菠萝”、抽签、抓阄、摇奖，等等，都是自然选择，这种选择是不通过大脑来选择的。自然选择一般来讲概率是平均的，有些时候采用自然选择方法本身就是一种方法的选择，也是人类的智慧体现。但更多的时候还是需要智慧选择，单纯依靠自然选择是不负责任的。比如女孩子找对象，五六个男孩追自己，找哪一个做对象更好呢？最好要用自己的智慧选择，如果你没有智慧去分析，采用抽签或抓阄的方法选择，很可能就不利于未来的家庭生活。因此，一个人的选择能力非常重要。

移动阅读

找麦穗　　　　　选择是一种力量

选择比努力更重要　　　　　思路决定出路

在日常生活中培养孩子的选择能力

3. 博弈能力：如果说选择是对静态的、可预知的几个事物进行分析判断和选择的话，那么博弈是两个或两个以上的主体之间进行的动态、全时空的、难以预知的相互竞争和斗争。博弈过程中包括无数的选择，博弈是更高层次、更大范围、多维度的综合选择能力的集合。

博弈有两种状态：一种是直接的体力博弈，一些体育类的竞技博弈，包括打架等，都是体力博弈；另一种是智慧博弈，就是靠大脑的智慧进行博弈。这里主要讲的是大脑智慧的博弈。智慧博弈又有两种方式：一种是有规则的博弈，比如下棋，你走一步，我走一步，然后你再走一步，而且必须按照双方确定的或者约定俗成的规则走，犯规了就算输，这就是有规则的博弈。下棋、打篮球、赌博、赛马等，都是有规则的博弈；另一种就是无规则的博弈，比如近现代战争就是无规则的博弈。随着博弈的发展和案例的积累，产生了很多谋略或者诡计，也流传着很多脍炙人口的经典故事。《孙子兵法》《三十六计》都是中国谋略方面的经典。《三国演义》中的诸葛亮，他的智慧博弈能力和一系列故事家喻户晓，就是他在不规则的博弈中掌握了博弈的主动权，各种谋略叹为观止，可谓是谋略智慧的化身。谋略中有阴谋和阳谋，所谓阴谋就是不告诉你，你什么都不知道。阳谋，就是我干脆告诉你，但是你根本没办法破解，这就是最高明的博弈谋略，这些都是博弈。

关于规则博弈和无规则博弈，中国的传统文化里范例很多，博弈上升为科学理论并进行实证研究，目前也取得了很大进步，西方学术界还提出了“博弈论”的概念，各种博弈分析层出不穷，这里就不展开论述了。

4. 博弈能力的培养：孩子博弈能力的培养，主要注意以下几点。

第一，家长一定要有培养孩子博弈能力的意识和观念。很多家长觉得博弈能力高深莫测，自己没能力培养。有些家长觉得，培养博弈能力应该到更大的年龄，至少到学校教育以后才开始，把博弈能力的培养全部寄希望于学校教育。这些观念都是不对的，没有理解博弈能力的真正含义，把一些相对高深莫测的谋略策略作为博弈能力的全部，忽略了孩子基本博弈能力的培养。

第二，多给孩子机会学习博弈的知识和技能。其一，就是让孩子听故事、讲故事，多听多讲有关斗争智慧的故事，启发孩子的博弈思维。故事听多了，智慧博弈慢慢就形成了。在孩子听完故事以后，家长先要孩子重复故事情节，然后要注意引导孩子分析斗争博弈故事的细节，然后询问孩子如果出现其他情况时应该采取什么对策。这就是听故事启发智慧博弈思维；其次，就是教孩子学习棋类等博弈游戏，通过这些规则博弈学习和游戏实践，提高孩子的博弈思维和博弈技能，学习下棋、参加竞技性体育活动，学会规则博弈，并如何利用规则去获胜。

第三，在家庭里面创造机会直接和孩子斗智斗勇，以实践来训练孩子的博弈能力。首先，家长一定要把自己降下来，与孩子处于一个平等的地位，千万不能用权威让孩子服从。因为家长和孩子在人类智慧的掌握方面不是一个层次，而博弈的前提，是双方或多方处于平等地位。要想创造一个培养孩子博弈能力的环境，家长就一定要降低自己，使自己与孩子平等。西方国家这方面处理的比较好，孩子可以直呼父母亲的名字，家长孩子显得比较平等，国家法律也禁止家长体罚孩子，这样就有利于家长跟孩子进行辩论博弈。争议也是博弈，思辨、辩论都是博弈。而我们大部分家长总是高高在上，把孩子不当独立的个体看，不听话就批评、甚至体罚，结果是不存在智慧博弈，只存在孩子对父母的服从，这不利于孩子博弈能力的培养；其次，当孩子3岁左右出现逆反心理的时候，正是父母培养孩子博弈能力的最好机会。逆反心理表明他开始想独立了，开始认识自我，开始自我主张，不愿意总是服从父母了，这个时候父母千万不能烦恼生气，更不能采取批评、威吓或体罚的方式强压孩子屈服，而应该和孩子平等的辩论、博弈。与孩子博弈，需要的就是家长的耐心、细心和平等心，家长要提高自己素质，学点育儿知识和婴幼儿心理学，认识孩子的发育规律，观察孩子的心理特征，在与孩子“斗智斗勇”中掌握主动权。但是我们很多家长的做法就不是这样，总希望唯唯诺诺听话的孩子，当孩子逆反不听话时，就喜欢强压孩子屈服，这样很难形成博弈的环境，孩子就很难形成博弈的思维。

移动阅读

博弈故事之旅行者困境
酒吧博弈问题
三个火枪手的博弈
一元面钞的价格悖论
陆贾分金享天年
田忌赛马的故事
明斗暗合的两兄弟
经济学中的“智猪博弈”
别人的信封诱人吗
肯德鸡和麦当劳的恶性竞争
美女的硬币

资源管理

资源管理能力是体现一个人对时间、空间和所拥有的物质财富和精神财富的组织管理的能力素质。对时间、空间和财富管理需要全面、细致和精心策划和合理配置安排，所以属于智慧能力的重要表现。我们这里讲的资源不是大家说的手上的各种各样的资源，而是每个人都拥有的时间、空间和物质精神财富。对这些资源的管理体现的是一个人组织管理能力的素质。如果家长希望自己的孩子未来成为管理者、领导者，那就要在孩子小的时候注意培养他的资源管理能力。因为所有领导管理的行为，抽象起来说是时间上的规划、空间上的分配、各种资源的配置，就是一个时间安排、空间安排和物资安排的过程。所以说，管理是一门艺术，一门智慧运用的艺术。管理学学来学去，其实就是资源管理的原理和技巧。管理者的基本素质就这 3 个：怎么管时间、空间和各种资源。

1. 关于时间管理：有些小孩子，时间管理能力好，做事有安排，轻重有顺序。而很多小孩子时间管理存在问题，做事情总是拖拖拉拉，就是家长没注意孩子这方面智慧的培养。

(1) 培养孩子时间管理能力：那么怎样培养孩子的时间管理能力，养成良好的时间观念的行为习惯呢？父母可以试试经典的“柳比歇夫时间管理法”。当然，家长们自己也可以参照一下这种方法来提高自己的实际管理能力。这个方法分为四步：

第一步：记录。就是做好孩子在时间行为上的记录，要认真观察，一条条记录，看看孩子每天把时间用在什么事上。做完一件事立刻就记，不要到了晚上才回想着记录，这能提升家长自己对时间感知的准确性，提高时间利用效率。比如感觉一个小时的时间，一开始你的误差可能是 15 分钟。记录久了，误差能缩短到 5 分钟。

第二步：统计。记录一个星期或者一个月，把记录的时间使用的数据统计一下，看看这个星期或整个月在每类事情一共花了多少时间。比如吃饭多少次花了 12 小时，读书 50 小时，玩玩具 60 小时，与小朋友玩 6 次花 8 小时等。

第三步：分析。看看各个事情占用的时间，是过多还是过少。比如户外活动只有 6 小时、睡觉只有 30 小时，明显太少了；而吃饭花的时间比较长，坐着看电视的时间太长等。这样就知道哪些方面要加强，哪些方面该调整了。

第四步：反馈。根据分析的结果，有意识地引导孩子调整时间安排，决定明天每件事上的时间分配，比如安排去公园玩、去农家乐玩的时间来增加户外活动锻炼时间、减少看电视的时间，9 点之前让宝宝上床睡觉等。重复几个周期后，宝宝的管理时间的能力就会大大提高，行为习惯就会慢慢养成。

(2) 提高时间利用效率：孩子大一点，慢慢就要注意孩子的做事效率了。有些孩子总喜欢磨磨蹭蹭，拖拖拉拉，这个时候就要想办法引导孩子提高时间的利用效率。那么如何培养孩子的时间利用效率呢？家长可以按照以下方法来处理：

首先，一次只做一件事，减少任务间的切换。研究发现：人的大脑处理信息的能力是很有限的，当在两个任务之间来回切换时，人就会有 20%的时间被浪费；当在五个任务间切换时，时间损失率高达 75%。所以，在孩子自己做某种事情时，只要不是不许做的事，尽量不去打断他、干扰他；当父母要安排孩子去做某件事时，尽量先安排一件事，如果有几件事那就要告诉他办事的顺序，一件一件完成，做完一个再开始下一个，减少任务切换。

其次，根据孩子的精力和兴趣来安排事情的时间顺序。把需要集中精力、需要思维的事情，放在上午或孩子起床后精力充沛的时间段做，比如阅读、做逻辑题、玩单个游戏或下棋等。而把那些不太需要集中注意力的事情、与人交往的事情、多人游戏、练琴、舞蹈等，则要安排在孩子开始好动的时候，或者下午和晚上去做。

第三，用提醒或表扬来引导孩子提高时间效率。家长要随时发现孩子的行为效率效果。当他专注某项事，一旦完成并取得效果时，要及时当面表扬鼓励，让他产生满足感和快乐体验。而当发现孩子做事不集中精力，没有兴趣，拖拖拉拉时，要及时提醒或引导他，或者干脆要孩子停止干某事，以免养成拖拉的不良习惯。

2. 空间管理：有些小孩空间管理有问题，房间里面乱七八糟的，家长稍微动一动清理房间，孩子就找不到东西了。怪谁？怪父母！父母没有教育好孩子，拿了东西用过后要放回到原处，而不是满地丢，这就是空间管理问题。家长就要想办法培养孩子的空间管理能力，把空间管理得井井有条，甚至达到功效学的要求。

3. 财富管理：再就是财富管理，有些人创造了很多财富，但一辈子还是缺钱用，有些人财富不多，但财务有余，这是财富管理方面的学问。现在世面上出现的财商教育，实际上也是培养人的财富资源的管理能力。父母从小就要培养孩子的财富管理能力，包括玩具管理、书籍管理、文具管理、现金管理等，长大了就要指导孩子如何管理压岁钱、管理生活费，再大一点指导孩子如何投资，如何与朋友打交道等。这些都是智慧素质中的资源管理素质。

移动阅读

理财教育决定孩子一生
理财教育造就未来的经济总统
国外如何培养孩子的财商
德国父母如何培养孩子的时间观念
时间管理的四象限图
给思考留出点时间
洛克菲勒的小账本
随时随地的理财教育
以色列孩子的生财之道
谁扛走了富翁的“箱子”
学会管理时间
生命中的鹅卵石

创新发明

创新发明是更高的智慧，包括发明发现和创新创造等。创新发明素质是一个综合智慧素质的体现，它既要有创新发明意识，更要有创新发明思维，还要有创新发明行为，要敢于创新、敢于冒险、敢于试错、敢于承担各种失败。

培养小孩的创新发明素质，就是要鼓励孩子多动脑、勤动手，要让他多想、大胆地想，即使是异想天开也要鼓励。然后就是鼓励孩子动手，比如玩玩具、拆玩具重新组装玩具等。在教育孩子知识的同时，一定要告诉孩子获取知识的方法，然后鼓励孩子动手操作体验。然后就是一定要耐心回答和积极引导孩子的每一个“为什么”。孩子稍微大一点，就会对周围事物产生好奇，就会向大人问一些“为什么”。有些问题幼稚好笑，有些问题莫名其妙，许多家长往往不加注意，敷衍过去。殊不知，这正是培养孩子创新发明素质的绝佳机会。当孩子问各种各样的为什么的时候，家长要尽可能地满足他，不要让他停留在“问”而无答的阶段，不能到此为止。很多问题，不能马上回答不要紧，现在网络发达，到网上查查再回答不迟，但一定要回答，并且鼓励和引导孩子去思考、去自己解答。满足他的探索需求以后，还要问他为什么。因为世界上还有很多的未知的东西，你要多问他“为什么”，这样可以启发孩子的思考，这个“为什么”像一颗种子，深埋在孩子的思维里，以后一定会引导他去探索、去寻求答案。这样，就能慢慢培养孩子的创新意识和能力。我们运用智商，运用观察力、分析力、思维力来创新、创造和发明。培养孩子的创新素质，首先就要培养他的逻辑思维和动手操作能力。比如瓦特发明蒸汽机，就是源于他的外婆问他锅子里的蒸汽为什么冲起了锅盖。不仅要问孩子，还要他行动起来。家里的玩具、各种东西，只要他感兴趣，让他动手就是了，拆了又装，装了又拆，损坏了要引导他慢慢修，孩子修不好就一起帮他修，实在家长也修不好就拆了一个零件一个零件摆好，一起分析，自己首先不要急，要引导孩子也不要急，一起想办法如何组装起来，在想办法怎么才能修好。如果还是修不好，那就再去买一个回来对比分析。这就是动手、形象思维、逻辑思维和创新创造很好的培训方法。再如画画，孩子在开始运用自己的形象思维时，最喜欢的动作就是画画。孩子有时候看起来是乱写乱画，墙上、地上、书本上，甚至床上，只要能画的地方，都会大显身手。这个时候家长一定要知道这是孩子创造性思维培养很好的机会。墙画花了不要紧，大不了再粉刷一次，错过了或者压制孩子的创新思维，损失更大。当然买一块大一点的白板、白纸让孩子画，那就更好，这些都有利于孩子的创造性思维。只要他感兴趣，有快乐就行，让他画。家长千万不能把画脏了墙壁就打击孩子动手画画而压制了创新思维的开发，打击孩子的创造能力，更不能不让孩子动手。家长唯一应该做的：一是尽可能提供孩子施展手脚画画的地方，白纸、白板、画布，甚至墙壁，粉笔、画笔、水性笔，甚至毛笔都行，色彩越丰富越好；二是要及时鼓励表扬。不管是过程还是结果，都要及时表扬鼓励。孩子很小，不可能画出什么与现实很像的东西，家长不要觉得他画的不好就不当回事，更不能批评他、压制他，否则孩子很容易亦步亦趣，不敢想、不敢做，慢慢就缺少发明的兴趣和能力；第三点，也是最重要的一点，就是要问孩子，问他想画什么。画出东西来了以后问他画的是什么？因为孩子的想象力非常丰富，他画的画，就是孩子异想天开的想法通过手和画笔表达出来了，家长就要耐心问孩子画的是什么，这个时候孩子就会从毫无逻辑的形象思维中想办法通过语言来表达自己的想法，引导孩子慢慢向逻辑思维转变，这就有利于创新思维和动手能力的提高。

移动阅读

认识孩子创造力发展的规律
陈景润保护孩子好奇心的故事
外国孩子动手能力强
日本幼儿园如何培养孩子的动手能力
美国人怎样培养孩子的创新能力
发明望远镜的李普希
给图书馆搬家
让思维拐个弯
只需要一把剪刀
把电梯装在楼外
阻碍孩子创新能力发展的因素
国外注重孩子创造力的培养
外国幼儿园的手工课
尊重兴趣是培养创造力重要手段
莫尔斯与电报
一张独特的讨债单
问倒教授
换个角度
观念是创新的起点
都市里的悬崖

第四章

成功维素质

PART4

第1节　成功素质

成功，简单地说就是在指定的时间内达成所设定的目标。由于目标不同，成功可以分为项目的成功、事业的成功、家庭的成功和人生的成功等。我们这里讲的主要是指人生的成功。俗话说，失败的方式各种各样，成功的方式基本雷同。成功可能有不同的方向、程度，实现成功的具体方法千差万别，但研究发现，成功人士都有一些共同特征和素质，这些成功所需要的素质就称为成功素质。所谓成功素质，就是人生成功所需要的基础素质，包括精神素质和意志素质两大类。精神素质又包括理想目标、观念道德、情绪管理、心态等 4 个方面；意志素质包括 5 个方面，即勤奋力、自信力、胆魄力、容忍力和坚持力等。

心理情感、性格与成功素质

由于成功素质包括精神素质和意志素质，这种精神与意志素质必然与人的情感、性格因素有分不开的关系。人的欲望体现在心理上就产生心理需求，在心理需求基础上都对需要的东西产生情感，心理需求就是情感的源泉。需求是否得到满足，满足的程度如何，都会通过情感表现出来，并产生对外界人和事的情感反应，慢慢形成了带有个人特点的性格特征。马斯洛的需求理论里面有个爱与被爱，尊重与被尊重的需求，这都是我们的心理需求。小孩子为什么喜欢听故事？为什么成人喜欢看电视电影、看新闻？这些都说明，小孩和成人一样，都有心理需求。不仅如此，很多人在看电视电影的时候，都喜欢钻到故事里面去，然后和主人翁一起感同身受，这就是情感体验，这是情商中同理心的具体表现，这也是人的心理满足、情感体验的满足。中国情感有七情之分：喜、怒、忧、思、悲、恐、惊，这些情感都是需要通过体验来感受的，这种心理情感的需求是人类精神意志的基础。一个人有了爱与被爱，就有了追求和精神寄托，就会精神饱满、情感丰富、有血有肉、品格高尚；一个人如果有尊重和被尊重，就会有敬畏、忠诚和从内心爆发的强大执行力，就会有无穷的力量和高尚的人格。

情感和性格是个非常复杂的领域，这里不多讨论，它更多的是生理需求和心理需求是否满足的体验表达，属于感性的范畴。而这里讲的成功素质，包括精神素质和意志素质，更多的是理性范畴，是人们利用自己的思维力、想象力和各种智慧，进行理性的思考、升华而形成的素质特征，这种素质特征有利于人的成功。

这种成功素质与心理情感和发展素质有千丝万缕的关系，比如精神素质是建立在人的心理情感需求和发展素质基础上的，是在发展素质的运用后获得各种能力和收获的基础上，上升到精神层次的结果。而意志素质，是在精神素质基础上的进一步升华，是对精神素质的强化和突出，并体现在人的内心深处和行为习惯上，形成一种让人看得见、感觉得到的一种力量。比如某个人聪明睿智，办事方法多，解决问题的能力很强，并获得较好的个人发展空间，但是这些能力和结果是否符合自己的人生目标？对人类世界是否有价值有意义？能否发动和团结其他人为了自己的事业一起奋斗？这些就是成功素质的范畴了。我们知道智商是一种能力，智慧是运用这种能力的能力，这些都是发展所需要的知识、能力和技巧。但是这些能力运用的方向、社会价值，是否吸引和团结其他人，能否在奋斗中克服困难、百折不挠，直至胜利，这些光有发展素质就不够了，需要更高层次的精神素质和意志素质了。

成功素质包括精神素质与意志素质

成功是生存和发展基础上的更高层次的社会存在状态，成功所需要的素质，既要有自身内在的素质，更要有与他人、与社会相互交往的素质。因为成功是理想目标的实现，为他人为社会实现了有意义的价值，因此成功素质的第一条就是理想目标；人的成功不仅是个人的，还有与社会与他人的交往、合作的因素，更有为社会为他人的贡献等意义，因此成功所需要的素质必然包括观念道德、情绪管理和性格心态等素质，这些都是精神范畴的素质要求；不仅如此，人的成功非常需要勤奋拼搏、坚定自信、勇敢胆略、忍耐宽容和长时间的坚持不懈，这些都是意志范畴的素质要求。因此，成功素质必然包括精神素质和意志素质。

第2节　精神素质与情商（EQ）

理想目标

所谓成功，就是你的想法或者目标实现了。要想成功，首先就应该有想法，有志向，并且有实现这一想法和目标的思路和措施，并努力实践，这就是理想目标。因此成功的第一个素质，就是理想目标。

在理想目标之前，人们一般都有很多想法。想法可能是低层次的、一时性的、多变的，理想目标是高层次的追求。想法就是简单的一个观念、一个念头。研究发现，人一天就有无数的想法。而理想目标是有具体的愿景、完成时间和质量要求的。所以理想目标是一生的追求，至少是某个阶段的追求。理想目标可以分阶段，有近段的，有远期的，还有实现目标的基本思路和具体措施。其中实现目标的基本思路和具体措施是理想目标不同于一般想法的核心标准，非常重要。有些人认为自己是有理想目标的，但如果没有实现这一理想目标的时间计划、质量标准和相对具体的思路措施，那还只能算个想法，不能算理想目标。因此，理想目标要具备三点要求：第一，要达到什么样的标准；第二，什么时候完成；第三，实现理想目标的思路和措施是什么。

理想目标与一般想法是不同的，它是一种长期而清晰的想法。想法往往一闪而过，或者经常变化，如果一个想法长期坚持，慢慢清晰，并且有实现这一想法的思路和步骤，那么这就是理想目标。生活要有理想，人生要有目标，没有理想目标人生就没有意义，理想目标是人生的基因，有多大的理想目标，就可能有多好的未来人生。

1. 如何培养孩子的理想目标：立志教育就是培养孩子的理想目标。

每一个孩子，只要有正常意识和思维能力，就会有自己的想法。孩子的想法可能不切实际，可能没有你想象的远大，甚至有的小孩子的理想目标稀奇古怪，这些都是好现象。当出现这些现象时，家长就要问孩子，实现这些想法的思路是什么，怎么才能实现这一想法呢？这就是励志教育的第一步。

孩子小时候理想目标可能是离谱的，这个目标随着他长大以后，理性思维越来越清晰以后，他的理想目标会越来越远大。理想目标的大小只是量的问题，没有理想目标才是最关键的。因此家长一定要想办法鼓励孩子有自己的理想目标，小的时候让他自己产生想法，大一点就告诉他实现想法的思路，慢慢就会形成理想目标。

理想目标的产生和选择，家长同样需要一个思路。理想目标的确立和实现，一般经过 5 个阶段：即好奇阶段、兴趣阶段、爱好阶段、特长阶段、优势阶段。好奇是孩子的本性，好奇以后就会对某个事物产生兴趣。有了兴趣就让他爱不释手，经常把玩，通过玩或者训练享受乐趣，慢慢变成了爱好。爱好产生后就很难离开它，离开它就会觉得不舒服。有了爱好以后再进一步的训练、锻炼，慢慢在这个方面形成特长。特长再进一步的加强，在小圈子里面成为特长，慢慢在大圈子里面也成为特长，这个特长与别人相比，就会形成优势。当形成优势以后与理想目标已经很近了，理想目标的思路和实践就这么完成了。

比如我们培养孩子学艺术，弹钢琴或者跳舞，如果孩子没有兴趣，肯定坚持不了多久。有兴趣以后，如果不是爱好，很难形成特长。有了爱好，经常训练，经常考级，考过一级以后得到表扬，就会得到加强，这叫正反馈强化，不断强化不断练习，这一方面就会形成特长了。这个特长可能在小圈子里面是特长，圈子大了就会有竞争，高人多的是，如果相比较特长更突出，就有了优势。当形成优势的时候，离实现理想目标就很近了。这就是实现理想目标的一个思路和过程。培养孩子的理想目标，也就是立志教育，发现和培养孩子的兴趣是基础，没有兴趣这第一步就会止步不前，就会没有爱好，就很难形成特长了，没有优势，理想目标就难以实现。

小孩子从有自我意识开始就有想法了，譬如一些小孩子说，我要跟某某结婚，我要飞起来等，这就是他的想法，但是我们很多家长总觉得幼稚、可笑，就不太在意，甚至打击他。正确的做法是，不管孩子有什么想法，一定要重视并引导他，大人要做的就是发现他的兴趣，然后培养训练，再引导孩子把自己的想法变得清晰，帮助孩子把实现这一想法的思路想出来，慢慢就树立了理想目标。

我们曾经在几个大学做过一定数量的大学生调查，很多大学生不知道未来干什么。他们回答较多的，就是到时候找爸爸妈妈，自己没有明确的目标。理想目标在大学生里边目前比较缺乏，快毕业了都还不知道未来干什么，就是理想目标缺失的表现，是很不正常的。而如果没有理想目标，那么在大学里面就没有学习的主动性和方向性可言了，学习的动力和方向就成了问题。这是否可以反证，这些孩子小时候家庭立志教育可能是不够的。理想目标要早期确立，一旦确定，一般是长久的。成功的对立面是失败。成功者立长志，失败者常立志。今天立一个目标，明天立一个目标，目标不长久不利于成功。成功素质第一个，就是培养孩子的理想目标，这个至关重要。心中有理想目标，人生的所有困难都只是过程，心中没有理想目标，所有的困难都是问题。

孩子早期励志教育非常重要，它会影响孩子未来的一生。英国 BBC 曾有一个叫“7 up to 28”的节目。节目组织一些社会学和心理学家对一批 7 岁的孩子进行实地调查和试验。节目主持人对这批 7 岁的孩子进行采访，问他们长大以后想干什么，怎么去实现自己的理想，对生活、对社会有什么看法等等。然后每隔 7 年追踪采访一次，直到他们满了 28 岁，整个过程一直观察他们的生活与工作现状、自我理想的实现程度和自我满意程度等。结果是：这批孩子的命运基本上从他们 7 岁说的话中就显现出来了。凡是那些 7 岁时有远大理想、实现理想的思路比较清晰、对家庭和社会满意的小孩，后来的生活和工作都很好，而那些说不出理想、思维混乱、对家庭和社会不满意的小孩，后来的状态都不幸福，甚至生活无着落。节目的结论是：是否立志决定孩子的命运，但立志的习惯在 7 岁时就基本形成，以后就难以改变。节目主持人调侃说：给我一个 7 岁以下的孩子，我一定把他调教成您想要的人。这个调查充分说明了培养小孩子的理想目标的重要性。有了理想目标，实现过程必定伴随追求，追求得到满足以后就有正强化，事业肯定会成功。从兴趣到爱好，到特长，到优势，技能就出现了，这样的话，他在单位里或者在自己奋斗的领域就会大有斩获，这是人家研究的一个结果，值得我们家长好好学习。

观念道德

成功的第二个素质要求就是观念与道德。但是观念与道德这两者是有区别的，有必要分开来认识。观念就是人对世界、对人生、对价值、对其他事物的看法和认识，就是我们常说的世界观、人生观、价值观，以及家庭观、婚姻观、职业观，等等。而道德是在观念的指导下产生的行为，也就是说这种行为是不是符合自然和社会的客观规律。老子的《道德经》中曾说过，道，就是规律；德，就是遵循规律，按规律办事。正确的观念是对世界事物的规律性的正确认识，在这种观念指导下的行为，一般会按规律办事，符合客观规律，所以就是有道德的行为，否则就是不道德的行为（包括四肢、眼睛的动作行为，以及语言文字的表达行为等）。这个人有没有道德，就看这个人的言行，他心里在想什么人们很难知道，而一旦从言行上表现出来了，人们就看得见、听得到了。因此，观念是讲思想、看法，包括世界观、人生观、价值观。而道德主要讲言行表现。

1. 思想观念与行为：我们的行为是受思想观念来支配的，观念是人在大脑中形成的对事物的对错的一个判断和对事物的方向性指引，行为就是处理这一事件的过程。在不同的思想观念下，人会做出不同的判断，然后进行不同的行动。一种行为多次反复就会形成习惯，一旦习惯形成就相当于建立了一个有效的条件反射，一旦在做同一事件时就会轻车熟路自然而然了。一个人思想观念的形成，其实也是长期坚持形成的习惯。坚持好的行为就会形成好的习惯，就是一个有道德的人。而坚持不好的行为，就会形成不好的习惯。习惯一旦形成就很难改变的。比如人的金钱观，有些人很节俭，有些人花钱大手大脚，这都是他们长期形成的习惯。一个习惯了大手大脚花钱的人，你让他突然节俭那是很难受的，如果非要他节俭，首先需要让他在观念上发生改变，然后坚持很长一段时间才能达成。

2. 关于人性的自私性研究：在进一步谈论观念道德之前，这里有必要简要分享一下关于人性的相关研究结果。因为观念、道德与人性是分不开的，深入理解人性，有利于更好地理解观念道德。人的思想观和道德行为，是基于自身本来属性基础，通过家庭、社会、学校的影响，然后通过自己的思考、总结，慢慢形成的思想观念，并形成自己的道德行为。离开本性谈观念道德，容易成为无本之木，无源之水。

那么人的本性是什么？是性本善还是性本恶？再具体一点讲，人是自私的还是无私的？这些都是心理本性的问题，这也是国内外争辩了几千年的老问题。西方的基督教认为“人本恶”，人的本性是自私的。中国的《三字经》开篇第一句就说“人之初，性本善”。那么到底是人本恶还是人本善？目前还是没有定论，宗教里面没有定论，世俗科学中也没有定论。西方国家承认了人的本性是自私的，然后他们好多的科学理论和社会法律制度都是以此发展起来的。譬如说人本身就是恶的，那么一出生就通过各种制度来限制你，所以他们在制度建设方面比较完善。

西方的自由市场经济理论体系中有三大支柱，第一大支柱是经济人，也就是自私的人；第二大支柱是所有的资源都是有限的；第三大支柱是私人的任何财产神圣不可侵犯。这就是西方经济学的三大理论支柱。第一大支柱是自私的人或者人是经济人，什么意思呢？人是自私的，各自是为自己服务的，所以才追求公平交易。比如到菜市场里面向大妈买菜，问大妈这个菜多少钱1斤。大妈说1块钱1斤。如果你是无私的，你说："给你2块钱1斤吧。"如果大妈也是无私的，见你给出2块钱1斤的价，她就说："这哪行呢！我干脆把菜送给你，不要钱了。"如果是这样的话，这市场就无法交易了，市场经济也就没法玩了。那会不会出现这些情况呢？不会，也可能会。因为人的本性是自私的，所以才有经济环境的市场交易这个行为。市场交易必须承认人是自私的，是经济人，都是为自己的利益做最好的打算，实现价值最大化。但可能也会，因为人的社会性有时候会战胜自己的自私行为，表现出无私情况现象。

下面，让我们一起来简要探讨一下自私的问题。

第一，人的自私是绝对的，无私是相对的。

那么人到底是自私的还是无私的？我们通过对自私的长期研究和分析认为：

人的自私是绝对的，而且这种本源的自私是没有善恶的区分，自私就是人的心理本性。如果一个人没有为了自己的这个需求和能力，他就没法生存。基因学研究都发现，基因都是自私的。英国演化理论学者理查德·道金斯在其《自私的基因》一书中提出：人们生来是自私的。道金斯以生物学研究上的进展及自己的理解为基础，将生物进化的单元或层次确定于基因，并通过对伦理学语言的运用，说明基因的基本特性就是"自私"。基因为达到其生存目的会不择手段。比如，动物照料它的后代，从生物个体的角度来看，这也许是一种利他行为。但是正是因为基因控制着这种行为，它才能通过动物照料后代的这种利他行为完成自身的复制，从而使其自身得以生存。显然，所有在生物个体角度看来明显是利他行为的例子，均是基因自私的结果。基因唯一感兴趣的就是不断重复地拷贝自身，以便在进化过程中争取最大限度的生存和扩张。由于基因掌握着生物的"遗传密码"，所以一切生命的繁殖演化和进化的关键最终都归结于基因的“自私”。所以人的本性就是自私的，没有善和恶之分，是个本能。

第二，自私是有不同境界的，无私是相对高境界的自私，所以无私是相对的。

既然自私是绝对的，那为什么有一些无私的行为呢？因为人是社会性群居动物，这种群就有不同的范围和境界，就会形成不同境界的自私，在某一境界内就会产生无私奉献的行为。比如说母亲对子女的爱，产生了无私奉献的行为。

为了说明自私的境界属性，我们先做一个假设。假如两个母亲各自带着自己的孩子，大家都饿得奄奄一息了。现在只有两个面包在这里，一个母亲发现后马上去抢，抢了面包以后自己吃了，小孩子饿死了；另外一个母亲抢回去以后，自己不吃，给自己小孩，小孩吃了，自己饿死了。相对于家庭与家庭之间这个境界来讲，这两个母亲都是自私的，都在抢面包。而到家庭里面，第一个母亲，她为了自己生存而吃了面包，不管自己孩子的死活，在这个家庭里面这个母亲是自私的，这个叫个体自私。而另一个母亲把面包给自己的孩子吃了，宁愿自己饿死，在这个家庭里面这就是无私，但这个无私相对于另外一个家庭来讲她又是自私的。而如果两个母亲中，有一个母亲把两个馒头都无偿送给另一个母亲，自己去另想办法，那么这个母亲在家庭与家庭之间这个境界，就是无私的。我们进 步假设。假设两个单位要进行篮球比赛，你为了打赢比赛，天天下了班就去训练，连家庭都不顾，你这种行为是不是无私的？对，在你自己的单位这个境界内是无私奉献，值得表扬。但相对于另外一个竞争单位来讲，你打篮球争抢得很厉害，人家要投篮了，你把人家拦住，这种行为相对于另外那个单位来讲，你就是自私的。你在单位与单位之间这个范围之内，你的行为是自私的。

由此看来，自私是绝对，无私是相对。自私是有境界的，高境界的自私在特定境界下就显示为无私的。沿着这一逻辑进一步理解，当我们为了人类的和谐，为了人类的发展而贡献自己的力量，这种行为在人类的境界范围内肯定是无私的。但是万一外星人打过来了？我们豁出自己的生命去抵抗，相对于地球人类来说是无私的，但相对于外星人来讲，又是自私的。这就是自私和无私的相对论。这就是自私的第二个层次：自私是有境界的，无私是相对高境界的自私。

第三，自私境界具有道德要求的，低境界的自私要服从高境界的自私。

正因为人的社会性和自私的不同境界，就必然产生不同境界自私的矛盾冲突，尤其是当低境界的个人的自私（利益）和相对高境界的家庭或单位甚至国家的自私（利益）发生矛盾冲突时，就需要可以遵循的准则要求，从道德原则讲，应该要以集体利益或者大的利益为重，低境界的自私要服从高境界的自私，否则就是不道德的，甚至是违法的。但是如果没有矛盾冲突时，就一定要尊重个体自私和低境界的自私，这也是维护高境界自私的基础。

第四，对于自私与否的评判一定要放在同一境界范围内比较。

有了这个自私的相对论和境界自私理论，那么在评判一个人是无私还是自私的时候，就要认真思考一下，首先把他放到哪一个境界范围里再来评判。比如对两个人的行为进行评判，如果在同一境界范围里面，就可以区分哪个是无私的，哪个是自私的。如果不在一个境界里面争，争论一辈子也争不清。一旦把境界范围划清了，评判就简单容易了。在评判这个人是自私还是无私后，再看这个人的个体自私是不是和高境界的自私发生矛盾，如果和高境界的自私没有矛盾，那这个人就是相对无私的。如果这个人的自私境界与高境界的自私有矛盾冲突，那这个人就是自私的。

3. 如何培养孩子正确观念：有了这个自私本性的基础以后，由于对境界自私的评判不一样，就会形成了很多的观念。培养孩子正确观念，就要通过灌输学习和切身体验来进行。

(1) 世界观的培养：世界观就是对世界的看法。小孩子的世界观怎么培养？首先一条就是带孩子亲近大自然，带他到处遛，到处认识，到处去看，行万里路，阅人无数，然后不断灌输相关的自然知识，让他慢慢体验，慢慢就学到知识了，学到知识以后就变成自己的了，就形成了世界观。

(2) 人生观的培养：人生观培养的第一步，就是进行立志教育，确立有价值有意义的人生目标，再来培养对这种价值意义的认识，包括你是怎么来的，现在有什么价值，未来做些什么，等等。如果总是悲观地看待自己的人生，这就是人生观不够好。有的人总说我的家庭很不好，我为什么这么穷，为什么没出息就是因为家庭的问题，这就是人生观不正确。要让孩子明白未来的人生，是要靠自己奋斗的，跟家里没关系，这才是积极的人生观。人生观是慢慢形成的，从小就要培养。在人生观的培养过程中，有 3 个基本的观念一定要注意灌输：一个是健康高质量的生存，二是有价值的劳动，三是优生优育繁衍后代。人类社会是由无数的个体组成的，个体的健康高质量的生存是人类存在的基础，健康有质量的生存关键是尊重生命，既要尊重自己的生命，还要尊重他人的生命，不做有损自己的生命和他人生命的事情，由此扩展，还要爱护动物，爱护花花草草；有价值的劳动，就是为家庭、他人和社会创造价值，关键是热爱劳动，而且是从事有利于家庭和社会的劳动，不做有损家庭、他人和社会的劳动；优生优育繁衍后代，是针对人类的生存而言的。个体的生命是有限的，人类的生存离不开个体的繁衍，这就要求每个人树立正确的恋爱观、家庭观、婚姻观，做到优生优育，既要生育后代，而且要生育高质量的后代，不要做丁克家庭，不要单身不育，更不要生育有健康问题的后代。

(3) 价值观的培养：首先父母亲的价值观一定要正确，并通过正确的形式传递给孩子。就像第一口奶一样，第一观念非常重要。孩子还没有形成观念的时候，你提出一个第一观念，孩子一旦接受，一辈子都不会忘。这个价值观会影响终身。其次，按照人的本性是不同境界自私的特点，依据本能的判断来进行不同境界的分析引导，哪些是有利，哪些是不利，慢慢让孩子形成自己的价值判断观念。

4. 道德行为与道德底线：人的世界观、人生观、价值观三观形成后，指导人的行为才能变成道德。道德是个行为问题，道德好不好主要看行为的结果。人的思维是多维度思维，行为的结果主要是个人与他人、与社会的关系，我们把它变成一个二维图，一个是自己，一个是他人和社会，画成二维图来分析行为产生的各种结果，以下 9 种结果。

第一种行为结果：不损人，也不利人利己。那就是瞎折腾，不利于别人也不利于自己，也不损害别人，也不损害自己、瞎折腾。

第二种行为结果：利人利己，善莫大焉，最好的，每个人都想追求这样的行为结果。

第三种行为结果：利人不利己，也不损己。我帮助了别人，虽然没帮到自己，但是也没损害自己，做了好事，也没损害自己。

第四个行为结果：损己利人，虽然损害了自己的利益，但是我的行为对别人有好处。看到你为了 100 块钱犯难，我拿 100 钱给你算了。损己利人，境界不错。

第五个行为结果：利己不损人，也不利人，仅仅利己。

第六个行为结果：损己不利人，也不损人，就害自己。

第七个行为结果：损人利己。

第八个行为结果：损人不利己，也不损己。

第九个行为结果：损人损己。(图 4－1)

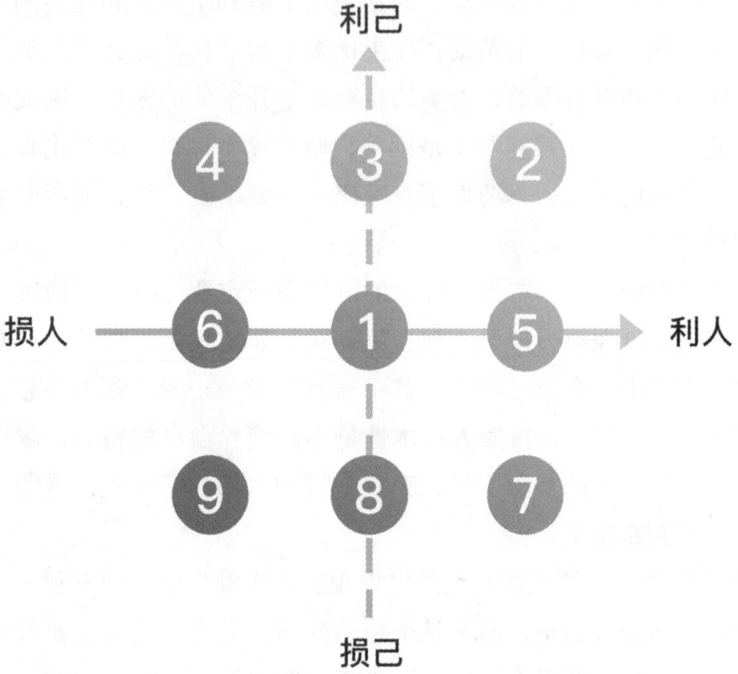

图 4－1　人的行为结果示意图

人的行为大概有这 9 种结果。但目前世界上，每个国家的道德行为都是有底线的，它会尽量崇尚、宣扬好的那一面，但还是有个底线。我们国家现在似乎这个底线不是很清晰，但西方人在法律上、道德上、宗教上划的底线比较清楚，最终的底线就是：可以利己，但不能损人，也不强调利人。你利己可以，只要不损害别人，不损害社会，随你怎么做。道德底线以下的行为靠法律制裁，损人损己、利己损人这些都靠法律来约束。道德约束道德底线以上的行为，道德底线以下的行为由法律来判定，这样就很清晰，可能法律和道德就和谐了。

5. 如何培养孩子的优良道德：往往成功人士都有好的三观，都有被人称道的道德行为，这是个人成功的重要素质要求。因此家庭教育中道德教育非常重要。

小孩子的道德教育怎么做？首先要把 9 种行为结果告诉孩子，稍微懂理以后就告诉他，让孩子清楚要做哪些是好的，哪些是不好的不可以做。那什么是好，什么是不好？我们家长自己的三观要正确，然后用第一观念去影响孩子，告诉他这个是对的，那个是错的，这个是好的，那个是不好的。说清楚了，他的行为上就有个底线了。这个好，那个不好，应该做什么，不应该做什么，孩子就有了自己的道德底线。就算他有时候有坏的想法，只要不做出来，道德还是不受影响。

其次，就是行为结果的试错教育。按照人类获得免疫抵抗力用的刺激获得性原理，孩子的道德培养，也可以用刺激获得性原理来做到。放手让孩子去犯点小错误，犯错后就会有错误结果，面对这个错误结果直接进行教育，一定要告诉他，这是错的，这个错误行为损害了哪个人或者哪件事，是损害自己还是损害别人，用这个观念来分析。孩子体验以后知道这是错的，并且通过试错体验记忆到潜意识以后，下次他就不会再做了。通过犯小错，提高认识，产生精神上、思想上的免疫，以后大错他就不犯了。挫折教育也好，试错教育也好，非常有用。千万不能把孩子关在屋子里面，不让他犯错，不让他走到社会上与人交流。让孩子犯点小错不要紧，但千万不能犯了错就完了。许多家长有这样一种观点，总是说“他还是个孩子啊”，他犯了错不要跟他计较。这种家庭教育观念是不对的。这不是说要跟孩子计较，而是要让孩子在犯错后体验结果的危害，树立正确的观念，养成正确的行为。如果犯错了，不计较，到此为止了，孩子的体验就不完整，很难获得观念道德上的免疫力，以后可能犯大错。

6. 关于打人骂脏话等不道德言行的分析：人们都认为，打人与骂脏话都是不文明不道德的言行，这是影响个人成功的重要因素之一。因此在家庭教育中，如何培养孩子不打人、不骂脏话，就是道德教育中非常重要的一环。

首先我们来分析一下，人类为什么总是存在打人骂脏话的现象？

打人和骂脏话，都是人类攻击性的表现，打人是行动的攻击性，骂脏话是语言的攻击性。攻击性是人类最原始的与生俱来的本能行为，是人类为了驱赶危害或者征服占有的本能表现，因此这种攻击行为大多与激动的情绪一并发生的。所以你看，全世界的人类都有打人的行为，都有骂脏话的语言，首先都出现愤怒的情绪等，概莫能免。既然是本能行为，那就是无法消灭的，社会上打人骂脏话的现象随处可见，我们每一个人也都不敢说自己没打过人、没骂过脏话，反正我必须承认自己打过人骂过脏话的。既然是本能行为，也就无所谓善与恶，它总是有存在的理由，因为它有时候肯定是有利的，只是不能滥用，要看场景和对象，滥用了就有损个人形象和社会和谐了。比如遇到一件被冤枉、被误解的事，心理郁积着愤怒，很不开心，当一个人独处的时候就可以大骂出口，摔摔东西，就有利于宣泄消极情绪，有利于身心健康。当两队军队打仗时，也用舆论引导，激发起士兵的愤怒情绪和攻击性，等等。但是社会交往中却不能滥用打人骂脏话的本能，因为打人骂脏话就是攻击，就会伤害他人和社会，就是不道德不文明的行为。

培养孩子的道德行为，可以从培养孩子不打人、不骂脏话，不滥用这种本能的攻击行为开始。怎么才能做到不滥用呢？这就是观念培养与道德修养的问题了，这不仅是孩童时期的必修课，也是人一生的必修课。由于打人骂脏话首先是情绪的愤怒激动引起，那控制这种攻击行为滥用的第一步，就是学会控制情绪。关于这一点，在后面的情绪管理中会重点分析；不滥用这种攻击行为的第二步，就是学会选择场景和对象。当发现孩子在有人的环境有情绪、有具体攻击欲望的时候，尽快把孩子拉开，脱离这个可能有攻击对象的环境。并且一边走一边开导，或者岔开说一件别的事情把他的思维引导开。实在不行了，就尽量找个没人的地方让他独自发泄一下，哭闹骂人摔东西都可以，但千万不能让孩子来打家长自己；第三步，如果家长不在身边孩子已经发生了打人骂脏话行为了，那就要根据攻击行为的结果进行弥补性教育。不管是行动攻击打伤了人还是骂脏话伤了人家的心，家长首先就要蹲下身子心平气和地和孩子交流，多问几个为什么，了解事情的原委，然后根据攻击的结果来和孩子一起讨论怎么办？让孩子自己先说。一般来讲，孩子在情绪激动中攻击了别人，攻击过后情绪平静了下来，看到了攻击结果后往往也有点担心和害怕，家长和他商量怎么办时他就有依赖感了，这个时候就是教育他价值观的最佳时机。要告诉他打人是不对的，骂脏话是错误的，都是不文明的行为。然后尽量引导孩子，让他自己说出来去道歉的处理办法。如果他去道歉了，那教育就成功了一半；第四步，就是随着年纪的长大，一定要培养孩子多读书、多学知识、多让孩子学习逻辑思维（理性思维）。研究发现，越是读书少、知识少、思维层次低的人，越容易被情绪控制，出现打人骂脏话的现象越多。而那些读书多、知识丰富、理性思维多的人，越不容易打人骂脏话。即便想骂人了，也不带脏字，至少显得更文明，更有文采。

移动阅读

3 岁，应开始培养孩子的各种观念
儿童各年龄阶段的品德培养
学前儿童的家庭道德教育
如何发展孩子的道德认识
培养孩子诚信品质的故事
目标像一颗种子
一个心理学家的试验
将目标集中到一点
成功的道路是目标铺出来的
孩子道德智商的形成
学前儿童道德意识的发展
家庭道德教育应教些什么
儿童道德意识的形成轨迹
目标是成功的起点
猎人的目标
大目标由小目标组成
目标决定成绩

情绪管理

情绪管理简称为情商。这里的情商是狭隘的意义，也是从西方引进的概念，主要有 5 个方面的内容，即自知力、自制力、自励力、同理心、人际关系管理能力等。

1. 自知能力：自知能力，就是认识自己的能力。俗话说，人贵有自知之明。一个人能够认识自己是非常可贵的。既要认识自己的优点，也要认识自己的缺点，要合理发挥自己的优势，克服自己的不足。人只有认识自己，才能有针对性地发挥自己、提高自己。其实一个人正确客观的认识自己是非常难的，不是低估就是高估，而且往往是肤浅模糊，不清晰不深入。在没有遇上实际问题之前，往往会高估自己，甚至飘飘然高估到自负，而一旦解决问题失败了又会垂头丧气，低估自己，甚至一蹶不振。这些都是自知能力较差、没有正确认识自己的表现。孩子一旦有自我意识，就有自我表现的欲望，喜欢表达自己的意愿，有自己的主张，甚至开始有逆反心理。这时孩子的自我意识往往是以自我为中心的，大多是高估自己。这时家长就要意识到孩子的自我意识能力出现了，既不能压制他，也不能顺其发展，而是要正确引导孩子的自我意识，达到正确认识自己。可以从认识自己的身体开始，通过和别的小朋友对比来认识自己与别人的不同，慢慢地让孩子学习训练独立穿衣、走路、吃饭、喝水和大小便的能力，认识自己的生活能力；再到兴趣爱好的发现，各种技能的学习；再到认识自己的脾气、性格是什么样的，应该怎样好一些等；然后在做事成功时一起高兴，发现自己的长处优势不断强化，遭受挫折时如何认识不足继续改进等。通过这些自我身体的认识、解决问题时的能力认识、自我情绪特点的认识等，引导孩子正确认识自己。

2. 自制能力：自制能力就是自己控制自己情绪的能力。情绪是情感体验的外在感性表现，因此每个人都有情绪，也都有过情绪激动的时候。如何控制自己的情绪其实是非常难的，需要长期的修炼，做到理性掌控感性，才能使情绪适可而止，收放自如。孩子的情绪特点虽然因人而异，但共同特点是非常直接，基本不受理性控制的。培训孩子学会控制自己的情绪是一种非常重要的训练，就是要学会：不急躁激动、不紧张恐慌、不趾高气扬、不颓废消沉。训练孩子控制情绪，首先是家长在孩子性格形成过程中不要以粗暴言行去刺激小孩情绪，因为孩子 6 岁之前是性格情绪塑形期，家长在与孩子交往中首先自己要控制自己的情绪，不要发脾气去刺激孩子，要心平气和说话，孩子做错事时不要当场指出来，也不要立即批评责骂。孩子的不良性格和情绪大多是小时候家庭环境塑造出来的，经常对孩子发脾气就容易塑造爱发脾气的孩子；经常责骂孩子就容易塑造消沉的孩子等。正确的做法是，约法三章，当发现孩子情绪出现时及时提出之前的约定，一旦孩子遵守了约定控制了情绪，就及时给予鼓励。稍微懂事了，就采用延迟满足法训练孩子控制情绪，如孩子需要某种东西、提出某种需求时，家长不急不躁，稍微延迟给予答复，训练孩子耐心。而当孩子情绪出现时，教会孩子采取数数的方法来延迟情绪、控制情绪等。

3. 自励能力：自励能力，就是自己鼓励自己的能力。人的一生会遇到无数的坎坷经历，而人生不如意十有八九，自己鼓励自己就是一个人成功的重要因素。研究发现，鼓励是动力的源泉，人如果没有动力，能力只能发挥不到 20%；受到别人的鼓励，潜力能够发挥 50%；而自己能够鼓励自己，其潜力能够发挥到 70%～80%。自励主要是通过对理想目标想象、美好未来的憧憬和自我能力的肯定来激发自己的激情，从而在潜意识中形成肯定必胜的理念，起到激发潜力的目的。

培养小孩的自立能力最重要的就是凡事鼓励孩子，并且让孩子一直相信自己是最棒的，让孩子看到自己优秀的一面，千万不可打击责怪孩子，误导孩子去认识自己不足的一面。稍大一点后，要指导孩子对着镜子或面壁挥拳，大声说出自己的愿望理想，自我肯定自己的能力，大声表达必胜的豪言。孩子如果因某种原因挫折了、失败了，很容易产生自卑和放弃，这时就需要家长开导、鼓励，培养孩子的自励能力。

4. 同理心：同理心，就是站在别人的角度去思考问题的能力，也就是常说的换位思考。交往中，换位思考可以理解别人，博弈中换位思考可以知己知彼，这些都是掌握主动权的重要方法，也是成功素质之一。孩子本来有天然的同理心，比如看到别的孩子伤心痛苦的时候就会情绪忧伤，容易被感染一同哭泣。但是在与人争吵时往往以自我为中心，很难有同理心。这时的家长就要引导，经常提醒孩子“如果你是他，你会怎么想?”提醒的次数多了，也就有了同理心。

5. 人际关系管理能力：人际关系管理能力，就是处理自己与周围人际关系的能力，又称社交能力。由于人的社会性决定，人总是要与人交往的，交往的方式总体上分为竞争与合作两大类。如果说，人的发展素质的聪明智慧是人的竞争力的基础，那么人际关系管理就是人合作的基础。所以情商是成功的重要素质。你的理念思想与理想目标能获得很多人的认同和追随，你的人格能到很多人的肯定和尊重，你获得和管理着很大规模的人际关系，那么离成功就不远了。培养孩子人际关系管理能力要注意以下几点：一是多见世面、广泛接触，培养孩子善于结交朋友的习惯和能力；二是自由平等对待朋友、与朋友分享快乐的习惯；三是培养孩子多通过思辨讲理来解决冲突的能力和习惯，而不是暴力攻击解决冲突的能力。这一点非常重要，因为孩子的攻击性是天然形成，培养孩子减少攻击性，形成思辨讲理的习惯，既有利于提高孩子的思辨和口才，也有利于未来参与社交的技能提高。

6. 情商的发展与胎教早教：有专家认为，一个人是否具有较高的情商，和童年时期的教育培养有着密切的关系。因此，培养情商应从小时候开始。

情商形成于婴幼儿时期，成型于儿童和青少年阶段，它主要是在后天的人际互动中培养起来的。青春期是一个人的黄金时代，因为这是一个人走向成人的过渡时期。在这个时期，学习和发展任务是非常重要的。但是，中学生由于面临着生理上、心理上的急剧变化，还有学业上的巨大压力，很容易造成现代中学生心理失衡和复杂的心理矛盾，甚至产生种种不良后果。

据一份 22 个城市的调查报告显示，实际上我国中学生中有各种心理问题者达 15%～20%，表现形式以亲子矛盾、伙伴关系紧张、厌学和学习困难、考试焦虑等现象为多。这些问题的发生大多与学生的自我控制能力有关，多是源于其心中时常涌出的各种非理性情绪。而提升 EQ 水平最快捷、最有效的方法是心理训练。

弘扬个性、发展能力是素质教育的目标，但这一切都源于心理素质的提高。为此，就要通过家长教育或者开设青少年心理素质训练班，通过心理教育、心理训练，着重开发学生的非智力因素，提高自我心理觉察能力和认知水平，学会自我情绪控制，改善其不适当的情绪行为，提高情商水平，让孩子学会“做自己情绪的主人”，使学生树立良好的价值观及具理性信念的人生观，增强其心理适应能力，提高学习能力，以积极的心态应对各种压力和挑战，促进身心健康发展。

7. 情商（EQ）和智商（IQ）的关系：智商与情商不同。智商是用以表示智力水平的工具，也是测量智力水平常用的方法，智商的高低反映着智力水平的高低。情商是表示认识、控制和调节自身情感的能力。情商的高低反映着情感品质的差异。智商和情商，都是人的重要的心理品质，都是事业成功的重要基础。

正确认识这两种心理品质之间的差异和联系，有利于更好地认识人自身，有利于克服智力第一和智力唯一的错误倾向，有利于我们的素质教育，培养出更健康、更优秀的人才。

（1）智商和情商是大脑能力的两种性质不同方面：智商主要反映人的认知能力、思维能力、语言能力、观察能力、计算能力、律动的能力等。也就是说，它主要表现人的理性能力。它可能是大脑皮层，特别是主管抽象思维和分析思维的左半球大脑的功能。情商主要反映一个人感受、理解、运用、表达、控制和调节自己情感的能力，以及处理自己与他人之间的情感关系的能力。情商主要反映个体把握与处理情感问题的能力。情感常常走在理智的前面，它是非理性的，其物质基础主要与脑干系统相联系。大脑额叶对情感有控制作用。

（2）智商和情商的形成基础有所不同：情商和智商虽然都与遗传因素、环境因素有关，但是，它们与遗传、环境因素的关系是有所区别的。智商与遗传因素的关系远大于社会环境因素。据英国《简明不列颠百科全书·智力商数》词条载：根据调查结果，70%～80%的智力差异源于遗传基因，20%～30%的智力差异系受到不同的环境影响所致。情商的形成和发展，先天的因素也是存在的。但是，后天的社会环境影响最大，通过后天的学习、修炼，可以慢慢得到成长。

（3）智商和情商的作用不同：智商的作用主要在于更好地认识事物。智商高的人，思维品质优良，学习能力强，认识深度深，容易在某个专业领域做出杰出成就，成为某个领域的专家。调查表明，许多高智商的人成为专家、学者、教授、法官、律师、记者等，在自己的领域有较高造诣。情商主要与非理性因素有关，它影响着认识和实践活动的动力。它通过影响人的兴趣、意志、毅力，加强或弱化认识事物的驱动力。智商不高而情商较高的人，学习效率虽然不如高智商者，但是，有时能比高智商者学得更好，成就更大，因此情商与成功更有关系。因为锲而不舍的精神使得勤能补拙。另外，情商是自我和他人情感把握和调节的一种能力，因此，对人际关系的处理有较大作用。其作用与社会生活、人际关系、健康状况、婚姻状况有密切关联。情商低的人人际关系紧张，婚姻容易破裂，领导水平不高。而情商较高的人，通常有较健康的情绪，有较完满的婚姻和家庭，有良好的人际关系。

（4）智商和情商的维度不同：从一定意义上讲，智商和情商实际上都是心理健康的两个不同方面的概念，是对心理能力的二维描述。智商是从纵向解释人类个体认识世界改造世界的心理能力，它与我们前面提到的方法文化相联系。比如某个人对某个问题的观察分析能力和问题的解决能力很强，说明他有很好的观察分析问题和解决处理问题的方法，这就是对智商的描述。而情商是从横向描述个体在处理人与自然、人与人之间关系时的一种心理能力和习惯特征，它与我们前面提到的习惯相联系。比如某人在解决某个问题时一次次失败也不气馁，能够鼓舞、团结同事一起努力，发挥每一个人的特长，终于把问题解决了，这就是对情商的描述。对于一个人来讲，智商是心理能力的基础，情商是充分发挥能力的条件，智商和情商对于一个人来讲都是非常重要的。一个可爱的孩子不仅仅要有高智商，更要有高情商，在一般的智商水平基础上，情商显得更为重要，这对他未来的成功具有积极意义。经常可以看到这样的人，受过高等教育，智商使他具有非常丰富的知识，能顺利地到一个单位就职或者从事一项研究工作。如果他情商高，情绪稳定，适应环境能力强，对外界和上司、同事没有过分苛求，对自己有适当的评价，不因外界的影响而“热胀冷缩”，在受到挫败时能“重整旗鼓”，并能不断提高自身心理素质，从不怨天尤人或悲观失望。这样的话他的智商和潜能就能得到充分发挥，在工作中游刃有余，走向成功。反之，一个人智商虽高，却以此自负，情商低下，昼夜为自己周围并不理想的环境所困扰，那他的结局或是愤世嫉俗、孤芳自赏，与社会、单位、同事融不到一起；或高不成低不就，一辈子碌碌无为；或是走上邪门歪道，毁于高智力犯罪。

可见，一个人成功与否，情商与智商一样重要。智商高的人可以在专业里出成绩，而情商高的人却可以在管理运作上出成绩。不论在何种事业上获得成功，成功者往往智商、情商皆具。情商虽然也有天生的成分，但更多的是后天的不断学习和经验积累而逐渐提高的，因此拥有高情商并不是一件可望而不可及的事。要想成为一名成功的人，不但应该学习相关领域的新知识、新技能，还应不断地有意识地提高自己的情商水平，这可以影响其他能力的充分发挥。

8. 孩子情商的开发与提高：智商主要是先天性的，激活提高智商有一定的限制。与智商不同，情商的形成有先天的因素，但主要还是后天形成的，并且可以通过教学、训练、自我修炼而提高的，这就为情商教学提出了更高的要求。从某种意义上讲，情商实际上就是人的心理素质，只不过比简单的心理素质的提法更有针对性和操作性。

目前，通过情商教学来提高情商的方法有以下几种方法：

(1) 从胎儿开始就要注意培养孩子的情商：胎儿至婴幼儿期具有很大的情商潜能，这与孩子脑细胞的发育有关。在孩子发育的关键期胎儿期开始，有效控制孕妇体内外的各种条件，有意识地给予胎儿良好的刺激，防止不良因素对胎儿的影响，使胎儿具有更好的先天素质，为出生后的健康成长打下良好的基础。由于胎儿在母亲肚子里逐渐长大，子宫的功能状态就构成了胎儿的生长环境。因此母亲的喜、怒、哀、乐以及营养、内分泌等变化，都对胎儿的生长发育具有重大的影响。

到了婴幼儿期，情商的一些基本要素已经出现。如 9 个月大的小孩每次看到其他小朋友跌倒，眼眶就泛起泪水，然后爬到母亲怀里寻求慰籍，仿佛跌倒的是他自己。发展心理学家发现，婴儿还未完全明了人我之分时，便能同情别人的疾苦。几个月大的婴儿看到别人啼哭也会跟着哭。周岁的孩子开始明白别人的痛苦是别人的，但自己仍会感到难过。这种同情心就要加以鼓励引导，培养成孩子的良好情商。

(2) 教会孩子学会划定恰当的心理界限：与“天赋神权”一样，每个人都有自己的活动界限，客观上要求人与人之间有一定的界限。仔细观察周遭不难发现，界限能力差的人易于患上病态恐惧症，他们不会与侵犯者对抗，而更愿意向第三者倾诉。如果我们是那个侵犯了别人心理界限的人，发现事实的真相后，我们会感觉自己是个冷血的大笨蛋。同时我们也会感到受伤害，因为我们既为自己的过错而自责，又对一个第三者卷进来对我们评头论足而感到愤慨。

教会大家把各自的界限划清晰，这对大家都有好处。明白了什么是别人可以和不可以对你做的，当别人侵犯了你的心理界限，告诉他，以求得改正。如果总是划不清心理界限，那就需要加强教育培养，提高孩子的认知水平。

9. 家长如何运用情商和智商来教育孩子：智商是用以表示智力水平的工具，也是测量智力水平常用的方法，智商的高低反映着智力水平的高低。情商是表示认识、控制和调节自身情感的能力。情商的高低反映着情感品质的差异。情商对于人的成功起着比智商更加重要的作用。

对于情商，西方的研究已经很充分，10 年前情商大师丹尼尔·戈尔曼就发现，情商是成为一个领导人的必要条件。美国南加州大学著名的心理系对美国经理人情商的研究数据显示，情商对建立成功领导力和信任度所起的作用达到 93%，智商仅占 7%。

商业界有一种流行的说法：“智商决定择业，情商决定升迁。”这里再加上一句：“智商决定方法，情商决定习惯。”

美国一位心理学家对 1500 名智力超常儿童进行追踪研究，30 年后总结时发现，他们中有的成了社会名流、专家学者，有的却变得穷困、潦倒、流落街头。结局不同的主要原因是人格特点差异。成就最大的人具有自信、谨慎、有坚持性和胜过别人的愿望。有些智力平常而有坚强意志的人，同样能取得成就。可见，一个人未来成功的关键，不取决于智商，而取决于情商，而情商是自我管理情绪的能力，是一种非智力的因素。这从一个方面证明，家庭教育对于培养孩子的情商是多么重要，因为学校培养的主要是智商。

情商高，你在社会上就跑得溜顺，你的成功概率就比人家高得多。所以有人说情商比智商更重要。情商更有利于成功，小孩子情商怎么培养，全靠你的环境，全靠你的说教。很多小孩子情商的培养，也是靠刺激获得性原理，靠刺激形成的，情商低也是刺激出来的。比如说小孩子脾气暴躁，家长肯定是暴躁的人。要想培养孩子好的情绪，你自己要有好的情绪。遇到孩子逆反心理或者犯错，家长要用同理心跟他谈谈，有脾气你就别理他，不刺激他，不打他，日子一长，他的性格就好了。性格暴躁的人，父母亲都是要求过于严格的人，人家话还没说完、事还没做完就开始打起来了，马上情绪弹跳。通过刺激性获得性原理，获得了不好的情绪。

还有这么一类人，有好的性格，就是不求人。好多人，特别是技术人员，感觉自己一世不求人。其实，一世不求人就很难成功，要想成功一定要求人。因为这个社会是交换的社会，是团队的社会，一个人是做不成事的。要变成团队，你就要求人家，人际关系处理好，就要有很好的情商。凡属求人的，求得比较好的，成功概率要高的多。所谓一世不求人的，90%都不会成功。所以说孩子很小的时候，就要多带他跟其他小孩子社交、交往。尤其我们独生子女关在家里，没有玩伴，带出去跟小孩子进行交往，这就是我们讲的情商培养。

移动阅读

什么是非智力因素
情商的标准
情商比智商更重要
幼儿情商教育极为重要
情商对孩子的影响
良好的情感是儿童成才的催化剂
培养孩子情商的黄金期
马丁·塞利格曼的“乐观测试”
做高情商的父母
别让消极影响你
你是一位高情商的父母吗
案例分析：情商的运用
案例分析：缺乏情商会有什么危害
案例分析：自我意识能力
案例分析：食言的代价
情商故事：赞赏式的责备
情商的重要性
情商真正的内涵
情商是孩子未来成功的关键
什么是情感智力
兴趣是儿童成才的动力
如何培养孩子的情商
高情商决定好未来
SEL 计划
情商教育的误区
你孩子的情商有多高
你对孩子的情商教育有多重视
案例分析：学学“软技能”
案例分析：情感劫持
案例分析：不要让情感大脑蒙蔽了事实
情商故事：镜子里的狗

10. 如何教会孩子控制管理情绪：美国人曾开玩笑地说，当遇到事情时，理智的孩子让血液进入大脑，能聪明地思考问题；野蛮的孩子让血液进入四肢，大脑空虚，疯狂冲动。让血液充满大脑的，你头脑清醒，举止得当；反之，当血液都流向你的四肢和舌头的时候，你就会做蠢事，冲动暴躁，口不择言。要知道，在文明社会中，这种原始动物样的表现会带来大麻烦的。

当孩子闹情绪时，可以选用以下的方法来让他平静下来：

(1) 叫孩子深呼吸，直至冷静下来。慢慢地、深深地吸气，让气体充满整个肺部。把一只手放在腹部，确保孩子的呼吸方法正确。

(2) 用语言安慰孩子。比如对自己说："发脾气别人不喜欢。"或者说："一切都会过去的。"

(3) 给孩子泡个热水澡，可能会让孩子的怒气和焦虑随浴液的泡沫一起消失。

(4) 说孩子感兴趣或高兴的事情。

(5) 让孩子把不愉快的事说出来。把自己当成孩子可以依靠的有同情心的第三方，让孩子倾诉委屈，孩子很快就会感觉好受一些。你可以对孩子说："可怜的宝贝!"这对他来说是莫大的安慰，他的压力似乎减轻了。因此，当孩子抱怨时，就会感受到巨大的心理压力，让孩子感觉不舒服。此时父母可以成为孩子可信赖的朋友，或者教会孩子寻找信得过的朋友倾诉的办法，释放情绪、减轻心理压力。并且鼓励孩子学会承受压力，并主动采取行动改变现状。

(6) 向身边的优秀人物学习。榜样人物有时候显得很遥远，身边的优秀人物近在咫尺，教会孩子用欣赏的眼光来观察身边出色的人物，作为学习的榜样。要让孩子思考并确信，别人能做的我也可以做到，但我们的风格迥异，我不可能以他的方式完成他所做的事，但我可以模仿他做一些事，以我自己的方式来完成。孩子从优秀人物的身上看到了从来没察觉到的自身潜能，通过对周围优秀人物的学习参考，就会激发孩子的上进心，就会在追赶的过程中自然地提高自己的情商。

移动阅读

认识情绪	什么是情绪管理
情绪智慧涵盖的能力	儿童情绪智力与心理健康
情绪管理的基本形态	自我情绪管理的方法
皮格马利翁效应	皮格马利翁效应在生活中的实践
超限效应	期待效应：一位母亲与家长会
不要只盯着别人的缺点	换个角度看别人的缺点

移动阅读

缺点是个营养不良的优点	笑是良药
请你尽量不要生气	嫉妒是心灵的地狱
情绪是可管理的	什么是人际关系
人际关系的建立发展	人际关系的要素
什么是同理心	关于同理心的经典故事

性格心态

精神素质中的重要素质之一——心态。俗话说，性格决定人生命运，心态决定事业成败，可见性格心态对成功是多么重要。

性格与心态，通俗地说就是面对事物的情感表达和心理态度，性格是感性的表达，心态是理性的表达。从表达的趋向来归纳，性格与心态分两大类：一类是积极的性格心态，一类是消极的性格心态。性格心态确实跟健康有一定关系，比如体弱多病的人性格与心态难免消极一点，而活泼健康的人性格心态一般都要积极开朗一些。但没有绝对的关系，有些残疾人照样性格开朗，乐观积极，因为他的观念认为，烦心苦恼是一天，高高兴兴也是一天，为何我不高兴呢？而有些健康的人，性格心态未必阳光，遇到一点事就只看到不好的一面，看不到好的一面，往往急躁、消沉、悲观、抑郁。反过来，性格与心态又影响身心健康。消极的性格心态，不利于身心健康。如火爆的脾气和急性的性格容易导致高血压，低落的情绪和悲观的心态会导致免疫力低下容易得感冒得肿瘤等疾病。更重要的是，过于消极的性格心态，不利于人的成功，甚至把好的趋势变成不好的趋势，离成功越来越远。因此，积极的性格心态对人的身心健康和人生成功具有非常重要的作用。

1. 性格塑造注意事项：这里提出性格塑造，是因为性格是人对事物的感性表达方式。感性表达与先天因素有一定的关系，并具有一定的突然性，而且慢慢会形成每个人的表达特征而固定下来，这种特征更多的与家庭环境尤其与身边人的性格特征有重要关系，这种家庭环境和身边人的性格特征对孩子的性格形成起决定性作用。孩子的性格形成关键时期是 7 岁之前，这段时期的环境刺激对孩子的性格形成非常关键。俗话说，有什么样的家长就有什么样的孩子。急性格的家长容易培养孩子的急性格，暴脾气的家长容易导致孩子的暴脾气，因为家长性格急躁、脾气暴躁，容易刺激孩子的情绪立即激动、暴躁，时间一长就容易定型形成急性格暴脾气。因此，塑造孩子的性格，首先家长自己要性格平和，遇事缓一缓，问问原因，分清是由再做处理，尽量营造轻松愉快的家庭环境，而不是营造紧张压抑的家庭环境，让孩子的性格朝着积极的方向发展。

2. 心态培养注意事项：同样，在家庭教育中，家长的心态关系到孩子心态的形成，家长持有什么样的心态，往往就会造成孩子什么样的心态。每一个孩子都有两面性，有好的一面，也有不足的一面。家长首先自己要心态端正，要看孩子的积极的一面，发现孩子的长处，并加以鼓励培养。千万不要将自己的孩子与别人的孩子胡乱比较，更不应该要求自己的孩子不足的一面和人家的孩子优秀的一面去比较。但我们很多家长不是这样，总以消极心态来看待孩子。家长老看到坏的一面，就看不到好的一面，总是讲孩子这也不行，那也不行，老是拿自己孩子不好的一面与别的孩子好的一面来比较，越比孩子的心态越消沉，给孩子极大的压力和打击，就会认为自己总是不如别人，自己什么都不行，这样孩子的心态就慢慢悲观消极了。如果家长换个心态，千方百计去找孩子的积极面，只要你去找，绝对有。然后不断鼓励孩子、帮助孩子发挥自己的优势，这样就培养了孩子的积极心态；第二，家长要创造一些机会及时灌输积极的心态，如孩子遇到挫折时，就要教孩子挫折是锻炼耐心和意志的好机会，顶住挫折就是胜利。再比如某次考试成绩不理想时，不要责怪孩子，而是要支持孩子分析原因，是粗心大意还是知识点学习不够，要告诉孩子考试成绩不理想正好是寻找自己不足的机会，一定找到原因，及时补充回来，加以解决。如此这般，孩子的心态慢慢地就往积极的方向发展了。

移动阅读

重视孩子性格的培养	婴儿时期孩子的性格发展过程
孩子性格形成与教育的关键期	孩子性格形成跟父母态度有关
命运与性格	扛船赶路
超越心中的冰点	空杯的心态

第3节 意志素质（意商VQ）

一个人除了要有精神，还要有意志。意志是精神的升华，更是精神的体现。将意志力进一步细分的话，可以归纳为 5 个方面，即勤奋力、自信力、胆魄力、容忍力和坚持力。

勤奋力（执行力）

勤奋，就是勤劳奋斗，这是成功的重要素质。再好的想法不去做，再优秀的理想目标不付诸勤奋的行为，一切都是虚幻的，不可能有成功。因此，勤奋力和我们常说的“执行力”是同一个概念。勤劳是一种习惯，奋斗是一种精神，执行是一种过程。勤奋力不是一天两天，不是三天打鱼两天晒网，而是一种持续不断的身心劳动，关键要形成一种勤劳的习惯，这就成为一种意志的表现。

讲到勤奋，就要讲懒惰。懒惰是动物性的本质特征，因为劳动是需要消耗能量的。动物只要吃饱了没有危险，肯定是慵懒自在地躺着，勤奋只是被动的。因此培养孩子勤奋力，就是克服他懒惰的本能习惯，训练养成勤奋的习惯。

勤劳就是辛勤劳动，努力生产物质财富和精神财富。勤劳是一种习惯，如果一个人做事不能日复一日地坚持下去，就不能称之为勤劳。比如做家务事，如果今天做，明天不做，做家务的这天家里很整洁干净，不做的这天家里乱成一团糟，别人看到，肯定会认为这个人很懒。如果锻炼身体三天打鱼两天晒网，那也和勤劳沾不上边。只有当你做某件事成为一种习惯，比如看到家里乱，心里就不舒服，就会立马动手去收拾；哪天不锻炼身体就不舒服，必须天天去锻炼。当这些成为你生活中的习惯，不干就不舒服，这样才能称之为勤奋。

我国东晋著名书法家王羲之是一个勤劳的人，他每天坚持练字，练完后就在家门边的一口池塘里洗笔，这样日复一日，竟将整口池塘的水染成了黑色。

我国数学家华罗庚曾说过："勤能补拙是良训，一分辛苦一分才。"古今中外，许许多多有成就的人，他们都是因为勤奋，才从众多的人中脱颖而出，成为人们所佩服的成功人士。那么，父母如何培养孩子的勤奋力呢？方法如下：

（1）自己的事情自己干：培养孩子勤奋力，首先从培养孩子的自理自立能力开始。比如早上定时起床不睡懒觉，自己刷牙、洗脸、上厕所，自己收拾东西、整理衣物，自己吃饭、穿鞋系鞋带，自己背书包上学等，大一点了就要求他自己整理床铺房间，自己上学，慢慢帮助家里干一些家务等。自己解决碰到的问题，自己做一些力所能及甚至部分超过能力的事情。

一家教育机构的调查显示，有90%的家长属于包办型，对孩子生活中的一切都大包大揽。这样做的结果是：孩子缺乏自理能力，只有依赖，难有勤奋。所以需要家长不失时机地找机会锻炼他们，让他们学会自己的事情自己做，这样才能经受住挫折，有益于今后的生活。

其实每一个孩子都是喜欢自己的事情自己干的，只是在成长的过程中，父母包办太多，剥夺了孩子自己动手的机会，所以慢慢地就习惯了饭来张口、衣来伸手，自己不再动手了。父母们一定还记得，七八个月的孩子就很想自己吃饭，即使那时他们还不会拿餐具，但他们还是喜欢用手去抓东西吃。到1岁多的时候，就很想自己拿着勺子往嘴里送东西。可父母们总觉得他们吃不好，弄脏衣服，弄得到处都是，所以都喜欢喂孩子。结果到了五六岁，孩子还不愿意自己吃饭，父母家长便追着孩子喂，边追边抱怨：这孩子怎么连饭都不自己吃呢？其实，这样的结果是父母自己造成的。

在孩子很小的时候，就要放手让他们尝试做力所能及的事，这样能锻炼他们的自理能力，也能让孩子早日自立。父母可以采取做一半留一半的方法来训练孩子自己的事自己做。比如给孩子洗手，只洗一只，另一只让孩子自己洗；给孩子穿鞋，只穿一只，另一只让孩子自己穿。帮孩子穿一只是给孩子做示范，教给他们方法，留一半是给孩子自己的事自己做的机会。

（2）赏识孩子的勤奋和努力：当孩子主动地做了一点事，不管那事儿做得是否值得称赞，都要称赞他、鼓励他、表扬他，这样会大大提高他做事的兴趣。要想尽办法让孩子做事后有获得感、荣誉感，乐意做事。只有乐意做事才能坚持做事，才能形成勤奋的习惯。这里要注意的是，这种获得感主要以表扬、欣赏等精神鼓励为主，尽量不用物质奖励激励。当然，有些家长觉得，当孩子自觉完成家务时，给予适当的物质奖励也是对的，对孩子提前认识劳动价值很有帮助，还能提高孩子的劳动热情。

(3) 父母要适当地偷懒：对于孩子自己的事情，父母不要包办，要适当地偷懒。如帮孩子洗一只鞋、一只袜，给孩子收拾柜子，整理书桌时。留下一半工作，也让孩子感到别扭而不得不动手干。

(4) 让孩子参与家务劳动：让孩子做家务当作家庭日常生活的一部分，给孩子分配家庭卫生责任区，家长定期检查，总结表扬。孩子除了自己的事情自己做之外，应按年龄大小，负责部分家务，这样可以增强孩子的责任感和完成工作后的成功感。

(5) 强调做事有始有终，不许拖拉，要有结果。

孩子做事时，一定要引导孩子有始有终，既不能半途而废，也不能拖拖拉拉。更要追求好的结果。做事不拖拉，有始有终，追求尽可能好的结果，是培养孩子执行能力的关键。家长可以督促，可以在旁边指导，但不能代替。只要不拖拉，有了结果，就要一次次鼓励，让下次的结果更好。慢慢养成习惯，受用终生。

移动阅读

孩子怕脏怕累有点懒惰怎么办

孩子喜欢睡懒觉怎么办

培养孩子勤奋的妙招

培养一个勤劳的孩子，你也做得到

自信力

自信是对理想目标的坚定信念和自知基础上的自我肯定，就是对自己理想目标的信仰，而不是无知基础上的无畏和错误认识自己基础上的固执。培养孩子自信的关键，就是不断鼓励孩子，给孩子以希望，让孩子自己养成自信自励的习惯，形成孩子的自我肯定和信心满满，觉得自己是最棒的，每天都是进步的。

自信就是自己相信自己。自信对我们的生活非常的重要，我们的事业、我们的爱情、我们的生活、我们的工作，不管是哪一个领域，自信都是无比重要的。自信给人以力量，给人以快乐。正是有了自信，人们才充满了睿智，才能于逆境中看到希望。

在爱因斯坦的相对论发表以后，有人曾炮制了一本《百人驳相对论》，网罗了一些所谓的名流对这一理论进行声势浩大的讨伐，可是爱因斯坦坚信自己的理论必然胜利，对讨伐不屑一顾，他说：“假如我的理论是错的，一个人反驳就够了，一百个零加起来还是零。”他坚定了必胜的信念，坚持研究终于使相对论成为20世纪的伟大理论，为世人所瞩目。

自知人的自信才是真正的自信，因为他明白自己的能力，明白自己的优势，也明白自己为自己的优势付出了多少努力。小泽征尔是世界著名的交响乐指挥家。在一次世界优秀指挥家大赛的决赛中，他按照评委会给的乐谱指挥演奏，他敏锐地发现了不和谐的声音。起初，他以为是乐队演奏出了错误，就停下来重新演奏，但还是不对，他觉得是乐谱有问题。这时，在场的作曲家和评委会的权威人士坚持说乐谱绝对没有问题，是他错了。面对一大批音乐大师和权威人士，他思考再三，最后斩钉截铁地大声说：“不！一定是乐谱错了！”话音刚落，评委席上的评委们立即站起来，报以热烈的掌声，祝贺他大赛夺魁。原来，这是评委们精心设计的“圈套”，以此来检验指挥家在发现乐谱错误并遭到权威人士“否定”的情况下，能否坚持自己的正确主张。前两位参加决赛的指挥家虽然也发现了错误，但终因随声附和权威们的意见而被淘汰，小泽征尔却因充满自信而摘取了世界指挥家大赛的桂冠。

每一位家长都希望自己的孩子取得成功，这就需要你给孩子的心灵注入自信的力量。其实让孩子变得更自信并不是什么很困难的事情，你只要从以下几个步骤入手，就完全可以让自己的孩子充满自信：

(1) 创造机会增加孩子的成功体验：要培养孩子的自信心，首先必须对孩子充满信心和希望。然后创造条件让孩子不断地获得成功的体验，而过多的失败体验，往往使孩子对自己的能力产生怀疑。家长应根据孩子发展特点和个体差异，提出适合其水平的任务和要求，确立一个适当的目标，使其经过努力能完成。完成了，就给与鼓励，让孩子体验成功的愉悦。父母就要多表扬、鼓励，多肯定他们所取得的成绩。尤其要善于发现孩子的“闪光点”，充分肯定他们取得的点滴进步。

(2) 帮助孩子充分认识自身价值和潜力，发现自身的长处：自信心是建立在充分估价自己的基础之上的，让孩子认识不到自身拥有的潜力或低估自己都不利于自信心的确立。增强孩子的自信心，必须帮助他们认识到自身拥有的巨大潜能和广阔的发展可能性，使他们深信：只要自己在某些领域的努力持之以恒，坚持不懈，就一定能做出比较突出的成绩，成为国家的有用人才。

(3) 帮助孩子建立合理的成功期望值：针对自己的孩子的实际情况，帮助他们建立适合自身发展水平的合理的成功预期，教育他们不能好高骛远，眼高手低，避免孩子因期望过高而又难以实现从而遭受心理挫折。

(4) 言传身教帮助孩子树立自信心：创设培养孩子自信心的环境，让孩子在潜移默化中“自信”起来。

(5) 适当的挫折教育加强孩子的自信心：成功与挫折是相辅相成的，是完全相反的一对范畴。在孩子的早期经验中，“成功”固然有助于建立自信，但是培养孩子自信心的目的之一，是为了帮助他们正确地面对挫折与失败，家长更要容忍失败，引导孩子容忍自己的每一次失败，关键是从失败中找到原因，进一步增加成功的信心。这样有利于孩子在以后的工作、生活中，不至于因为一次乃至数次失败而气馁。

移动阅读

孩子不自信的原因	孩子不自信的表现
握住自信	抬起头，你就很特别
当世界向你说不	好猫与烂虎

胆魄力

胆魄力，一是指勇敢，有胆量，有担当，不畏艰险，不怕苦难，勇往直前；二是指做事果敢，有魄力，有决断力。两者合在一起，就是胆魄力。俗话说撑死胆大的，饿死胆小的。胆大就容易成功，胆小就难以成功。很多的事情只要你勇敢地跨过一步你就成功了，而畏畏缩缩、裹足不前往往难成大事。现实中也有很多现象来佐证，比如改革开放早期，很多发财的市场机会，很多有学问的、了解趋势的人都不敢去抓取，而那些相对底层的人们大胆抓取机会，很快发了财。再比如做新项目，有些过于谨慎的做调研、左右分析，花了很长时间都不敢启动，而有些敢于冒险的人看准市场机会，调研分析后觉得只要50%的把握就马上启动项目，往往后者成功了。再比如想提升自己的演讲能力，第一步就是突破在人群面前演讲的恐惧，勇敢地上台，不然即便你有千言万语也只能在心里默念，无法成为演讲高手。歌德说过："你若失去了财产——你只失去了一点儿；你若失去了荣誉——你就失去了很多；你若失去了勇敢——你就把一切都失去了。"由此可见，胆魄力在人的成功过程中是多么重要的素质。

胆魄力与胆小害怕恐惧是相对应的心理素质。胆小害怕，本来也是动物为了自身安全，进行自我保护的本能心理，是人在面对现实中，或想象中的危险时，产生的一种紧张的情绪反应。因此，胆小、害怕、恐惧，也是人的一种重要而正面的情绪。比如新生儿出生时，离开了温暖的子宫来到人世间，一下了感觉没有依靠就害怕，就会哭，这一哭就使肺部张开了，有了肺的呼吸。这个时候就要有人用手去摸，清洗后赶快用干净的衣服包裹起来，让新生儿感觉到有依靠，减少害怕。稍大一点后，孩子有了自我意识，就会出现胆小怕黑、怕见生人，这些都是自我保护的积极意义。

但是过于害怕恐惧，不利于认识世界、探索世界，因此培养孩子胆量，克服恐惧胆小非常重要。培养孩子的胆魄力，就从孩子包裹、怀抱、脱衣、洗澡等方面开始，然后慢慢训练独立睡觉。如果怕黑，就要训练在黑暗中交流、鼓励黑暗中行走；如果怕见陌生人，就鼓励孩子与生人交流，先打招呼问好，再面对面说话，再让陌生人接触拥抱等；稍大一点后，就在安全保护的基础上培养爬高、上台唱歌、跳舞演讲等，总之要创造条件克服胆小恐惧，克服好了，胆子就大了。

上面说的是克服胆小恐惧，训练胆量，下面再来说说培养魄力、果敢、担当。比如如何做到遇事从容、干练，有一定的鼓动性或者说是带动性，办事从不拖泥带水，这就是魄力的一个重要表现。如果对一件事情缺乏冷静的分析和审慎的思考，这时候在人身上涌现出的就不是胆魄了，而是冲动、鲁莽。勇敢是人格中最神圣最宝贵的东西。敢不敢冒险、是否敢于竞争、善于竞争，正是区别强者和弱者的标志之一。

在生活中，一定要注意培养孩子的胆量和魄力。我们很多家庭在对孩子的教育中，对孩子的智力投资愿意花钱，甚至不惜血本，但如果说要如何培养孩子的胆魄力，几乎可能就犹豫了，甚至因为担心孩子的安全放弃胆魄力的培养。在畅销的少儿读物中，怎样使孩子变得更聪明的书比比皆是，却难得一本教孩子怎么勇敢的书。如果家长不注意培养孩子的勇敢精神，刚强意志，就会使孩子胆怯，怕“生”，遇事焦虑紧张，畏首畏尾，不敢单独处事，更不敢冒险和探险。而在孩子未来的人生旅途中，也许他们缺乏的并不是聪明，而是勇敢。

培养孩子的胆魄力，可从以下几方面入手：

(1) 从孩子能站立行走开始就对他进行自立训练：让孩子慢慢独自睡觉，训练他们面对黑暗，自己的事情自己干，不要时时刻刻围绕着孩子转，当孩子在玩玩具或与小朋友一起玩时，父母不要总是围在一边守着他们，在保证安全的情况下，让他自己去玩，让他自己去与别人交往，家长在远一点的地方注意观察就行。

(2) 对孩子进行英雄榜样的教育：榜样的力量是无穷的，无数英模人物在追求真理和祖国的前途时，在集体和他人遇到困难、危险时，都能表现出勇敢献身的精神，令人敬佩，值得青少年学习。多讲一些英雄故事，能激发孩子的胆魄，克服恐惧。

(3) 创造条件各种活动训练孩子的勇敢：比如，在夏天，可带孩子一起去游泳，克服对水的恐惧；冬天，可同孩子一起去玩雪，堆雪；在儿童乐园里，家长可同孩子一起玩体育游戏、乘滑梯、爬攀登架、坐登月火箭等。

(4) 让孩子跟他自己作对：德国文学家歌德曾经对登高望远感到恐惧，他便强迫自己从塔顶里钻出来，站在一块不到一平方米的木板上，鸟瞰塔下的村庄田野。为了培养孩子的勇敢精神，可以引导孩子经常自觉地同他自己作对，经常让他自己置身于需要勇气的环境，大有好处。比如，孩子怕河水吗？那就偏要经常带他到游泳池去，到安全的河流中去，经常下水游泳，最终才会使他战胜对水的恐惧。孩子怕黑暗中独处吗？那就偏要在晚间锻炼他一个人慢慢地沿着黑暗的楼梯上来下去，这样久而久之，就不会把黑暗当一回事了。

移动阅读

孩子不勇敢的原因	让孩子区分勇敢和鲁莽
怎样才能让孩子勇敢起来	培养勇敢力要“对症下药”
怎样培养孩子勇敢的精神	坚韧、意志坚强的女孩更勇敢

容忍力

容忍力，是成功素质中重要的素质，包括被动的忍耐和主动宽容两个方面，与人们常说的忍耐性、耐性类似。

人有时会遭到各种打击、挫折，甚至遭到别人的打骂等，怎么办？人生在世，不如意事十有八九，不能凡事都去计较，有时就需要被动忍耐。被误会、遭遇不公待遇，需要宽容对方。自己做事情失败了，有时需要宽容自己。有些人能够忍耐胯下之辱，能做到“大肚能容天下难容之事”。而有些人，眼里掺不得沙子，斤斤计较，睚眦必报。前者有利于成功，后者容易偏离目标，不利于人生的成功。

1. 孩子缺乏容忍力的基本特征：孩子有没有耐性直接关系到孩子的情商和心理的健康发展；年轻父母往往只注意倾注对孩子的爱，忽略了原则性和引导，使得孩子的耐性越来越差，最后导致一连串恶性循环。耐性不足的孩子，情商和逆境商相对较低：他们比较散漫、自控力弱、做事有始无终；适应性差、喜欢依赖，不容易融入新环境；在挫折面前，往往表现出急躁、知难而退甚至暴力的苗头。另外，缺乏耐性的孩子很少有幸福的感觉，他们也不懂得什么叫“珍惜”。

那么，孩子缺乏忍耐性有什么特征呢？

暴力性：这是缺乏忍耐性的最大特征，即有暴力性语言和行动，如做不愿做的事或得不到想要的东西时失去控制地尖叫、骂人或打小朋友等。刚开始还会自责，不过一旦形成习惯，自责感会消失，不仅不听父母的劝导，还使性子、发火。

依赖性：碰到稍陌生或困难的问题，便丧失了独自解决问题的意志，转而向别人求助。这种有依赖性的孩子渐渐会变得意志薄弱。

注意力低下：没有忍耐性的孩子做事肯定没有持久性，因而注意力低下、散漫。玩玩具时，看看这个拿拿那个，都不怎么集中注意力。

2. 容忍力的培养：忍耐不是孩子与生俱来的东西，不同年龄段的孩子，他的忍耐能力也是不同的。一岁半以前的婴儿忍耐力非常有限，他们只能等待两三分钟。如果不及时地满足他的需要，他的哭声就会逐渐升级，同时他已经学到的所有关于忍耐的要求会被忘记得一干二净。对于这个年龄段的孩子，利用听觉上的辅助，帮助孩子理解时间概念，通过适当等待来锻炼他的忍耐力。

（1）培养孩子的容忍力从孩子的大小便训练和需求满足开始：婴儿期，孩子大小便是想拉就拉、想尿就尿的。从半岁开始可以开展大小便训练，比如用一些气球吹大，在孩子快要小便的时候把球放在孩子面前晃动让孩子看见，然后用针把气球扎破，“啪”的响声刺激孩子产生惊吓收缩。第二次、第三次，“啪”、“啪”，孩子慢慢有了适应性，在看到刺破气球时就有了一定忍耐力和适应性。但到第 4 个气球时，把针头对着气球做刺破的假动作，但迟迟不刺破，这样就训练孩子的大小便的忍耐力，慢慢培养孩子的自主大小便的能力。

（2）创造条件训练宝宝忍耐力：1 岁半到 3 岁的孩子忍耐力已有了一定的提高，这时的孩子已经会用语言向你倾诉他的要求，但他还不大懂得通过许多能力来调整自己，而是直接表达自己的急切。

孩子肯定有各种需求，这就是训练忍耐力的机会。训练延迟满足是一种容忍力培养的好方法。比如孩子哭闹，一般情况下大人会马上抱起孩子。而延迟满足方式则要求家长用条件反射原理训练孩子，哭的时候不抱，让孩子哭，哭得再伤心也微笑地看着他不抱，而等孩子不哭的时候马上抱起，这样来回几次，孩子就慢慢不哭了，延迟满足也得到训练。比如当孩子要吃某样东西时，和他说：“请稍等一下，我们听一个故事就吃。”再比如孩子大一点看见某种好吃的东西就想要，这时就拖着孩子去看那个好吃的东西，但是任凭孩子怎样哭闹都不给他吃，而且在哭闹的时候强行拖走，等孩子不哭了再带他过来看，再次引起孩子的欲望，哭闹的时候再强行拖走，这样来回 3～4 次，孩子再次见到想吃的东西时就有了忍耐力，不再哭闹了。稍大一点，孩子面对挫折、批评，遭受失败，就要引导孩子积极面对。必要时，父母要有意创造一些机会给孩子进行挫折教育，提高孩子的忍耐力。愿望，迫切希望得到他需要的东西，从而常常显得毫不讲理。这是这个年龄段发展的一个健康、正常的特点。缺乏忍耐力和有限的忍受挫折的能力是因为他仍习惯于把他自己的需要放在首位。

（3）以理想期待来提高孩子容忍力：3～6 岁的孩子能更好地忍受挫折和学会等待。虽说他的忍耐力在发展，但还没有取得行为的一致性。这时父母可教孩子学会使用天、星期、月和四季的说法。对于即将到来的重要日子，如生日、节日等，教会孩子通过看日历学会期待与等待。

(4) 通过有规则的体育运动来锻炼容忍力：有了健康的身体才会有健康的心理，健康与否与容忍力有很大关系。孩子每天进行一定量的运动锻炼，锻炼时需要付出能量，要忍耐体力上的艰辛，孩子在锻炼中逐步具备自我忍耐与调整的能力，这本来就是忍耐力的训练。再比如玩益智玩具，让孩子玩一些具有开发智力功能的玩具，如搭积木等，也需要耐力。把一个个小木块堆积在一起组成不同的形状，在这个过程中既锻炼关注力、动手能力，还锻炼孩子的忍耐力，如果搭着搭着突然塌倒了，让他前面的辛苦一下子毁了，肯定就是锻炼容忍力绝佳机会，鼓励孩子重新再来。此外剪纸同样也是一种培养孩子忍耐性的好方法，沿着画好的线小心地裁剪，自然而然地锻炼了孩子的忍耐性。玩游戏除了个人游戏，还要多玩团体游戏，玩团体游戏就有规则，很多时候需要等待别人，可以使孩子养成遵守规则的习惯，在游戏等待的过程中，锻炼孩子的忍耐性和团结协作精神。

移动阅读

如何按年龄特点来培养孩子的忍耐力
主动宽容和被动忍耐
真正的宽容
有关忍耐的经典故事
有关宽容的典型事例
教育从容忍缺陷开始
怎样让孩子学会宽容
给忍耐一个目标
忍耐测试故事

坚持力（毅力）

坚持力是指某个人在理性基础上不轻易放弃理想目标，坚持到底直至胜利的能力，是一个人毅力强弱的重要表现，因此又叫毅力。坚持力是意志素质中非常重要的素质，它与人的理想目标、兴趣爱好、身心健康、安全因素等许多因素有关。

1. 坚持力的重要性：美国心理学家威蒙曾对 150 名有成就的较高智商者作过研究，发现他们的成功与三种性格品质有关：一是坚持力，二是善于为实现目标不断积累，三是自信。由此可见，持之以恒的坚持力对一个人的成功是多么重要。具有坚持力的孩子在学习时，往往会认真对待每一节课，认真完成每一次作业，日积月累就会取得好成绩。缺乏坚持力的孩子则往往表现出没有耐心，无法坚持做完一件事情，这些都给孩子的学习和生活带来了困难。坚持力被认为是一个人心理素质优劣、心理健康与否的衡量标准之一，也是孩子未来成功的关键因素之一。培养孩子的坚持力，对孩子今后的人生道路有很大的影响。因此，父母一定要对孩子的坚持力进行训练，当然也需要父母的坚持力才能培养出孩子的坚持力。

2. 目标理想与坚持力：目标理想是人生的指路明灯，也是坚持力的方向和动力，没有目标理想，就没有坚定的方向，失去前进的力量。俗话说，常立志不如立长志，意思是“一个人经常立志向，但不努力去实现，还不如立一个长远的志向而为之去奋斗”。换言之，就是目标理想需要长期坚持，一个没有坚持力的人，很难达成他的目标理想。曾有一副对联很好地诠释了目标理想与坚持力的关系，上联是：有志者，事竟成，破釜沉舟，百二秦关终属楚；下联是：苦心人，天不负，卧薪尝胆，三千越甲可吞吴。世界上没有一个目标是可以立马实现的，也没有任何理想可以一蹴而就的。理想是我们的长期目标，实现这个目标需要长期的坚持。在实现理想目标的过程中，可能把长远目标划分为一个个小目标，但千万不要忘记初心，不要忘记那个最终的目标，并且一定要为了那个最终目标始终坚持，努力不懈，终将成功。

3. 兴趣爱好与坚持力：兴趣爱好在人的实践活动中具有重要的意义，可以使人集中注意，产生愉快紧张的心理状态，也是人们坚持力的内在动力。如果对求知欲有兴趣，它可以使人集中精力去获得知识，并创造性地完成当前的活动，并促使人深入钻研、创造性的工作和学习。兴趣是支撑人始终坚持把某一件事情一直做下去的关键。兴趣失去了，自信心也就不足了，也就动摇了把事情继续做下去的基础。一个人一旦对某事物有了浓厚的兴趣，从兴趣到爱好，就会主动去求知、去探索、去实践，并在求知、探索、实践中产生愉快的情绪和体验，这样才能将这件事情坚持下去。舞蹈家杨丽萍的侄女彩旗，第一次看杨丽萍跳舞就深深地喜欢上了跳舞，那时她才几岁，当时她就决定留在北京和阿姨学跳舞，正是这种兴趣爱好，让一个几岁的孩子将跳舞这件艰苦而枯燥的事坚持了十多年。2014 年春节联欢晚会上，在现场数千观众和电视机前数亿观众见证下，小彩旗持续旋转 4 个多小时，成为央视马年春晚的热议话题，被网友戏称为“春晚小陀螺”。

4. 健康素质与坚持力：健康与坚持力，在很多人看来是风马牛不相及的事儿，但事实上，它们有着丝丝缕缕的联系。我们之所以健康，正是因为我们长期坚持健康生活方式、健康饮食习惯、健康的心理态度等。如果哪一方面没有坚持下去，我们的身体肯定就会出问题。如不坚持健康的饮食习惯，长期高脂肪、高热量的饮食，人就会发胖，就有可能得糖尿病、高血压等疾病；如果没有健康的生活方式，比如喜欢熬夜，会使身体的正常节律性发生紊乱，对视力、肠胃及睡眠都造成影响，时间长了，就算不生病，也有可能亚健康，觉得总是提不起劲，总是容易疲劳。如果没有健康的心理，遇事就心里不平，或者充满怨恨，或者总是很悲观，时间长了，就容易造成抑郁心理。

健康本身是我们长期坚持正确、科学保健的结果。同时，一个人具备了健康素质，可以让其更好地坚持自己的理想目标。相反，一个经常体弱多病的人他的坚持力也是大打折扣的。所以说健康与坚持力是相互作用的，是一种互补关系，两者一起，才能收到更好的效果。

5. 安全素质与坚持力：安全素质是人们的安全意识、安全知识和安全技能的总和。一个人安全素质的强弱，同样是长期坚持的结果。我们周围具有这样或那样的不安全因素，因此，需要我们时刻具有安全意识。近年来交通事故一直在上升，这里面很大一个原因是人们缺乏相关的安全素质，没有坚持遵守交通规则。如果我们在过马路时坚持走人行道，坚持绿灯行，红灯停的原则；司机能遵守交通规则，不闯红灯、不超速、不酒驾，交通事故自然会少很多。安全知识很多人都懂得，但是很多人却不能始终坚持正确去运用这些安全知识。广东工厂的流水线上，经常有人因为操作不当而压伤甚至压断手，这并不是他们没有相关的安全知识，一个重要的原因是他们没有坚持执行安全操作。因为那些安全操作程序比较繁琐，有些员工嫌麻烦，又存有侥幸心理，因此没有完全按要求来操作。时刻保持安全意识，长期坚持安全操作，不断坚持学习安全技能，我们的安全素质就会不断提高。

6. 怎样培养坚持力：在日常生活中，不少孩子做事情虎头蛇尾，刚开始时认认真真，时间稍长就不能坚持，做不到有始有终，让家长大伤脑筋。家长为之伤脑筋不无道理，因为孩子坚持性的发展不仅可以促进其健康人格的养成，而且可以发展他的认知能力。拥有良好坚持性的孩子更容易成长为一个独立自主、有毅力、有恒心、自信、乐观、社会适应能力强的人。

坚持力对于孩子的人生这么重要，那怎样培养孩子的坚持力呢？

(1) 家长自己首先要有坚持力：培养孩子的毅力，家长一定自己要先有恒心、信心和耐心，这样可以给孩子一种潜移默化的影响，从而达到培养孩子毅力的目的。为了培养孩子的坚持力，家长自己做事都应体现出榜样的力量，对孩子树立身边的榜样，起到无形的有效教育。有时，孩子在遇到难题时往往会懒得动脑筋。如果父母在边上督促他再仔细反复琢磨一会儿，并从中给予一定的启发，当孩子解决难题的时候，他便会享受到最大的满足和喜悦，久而久之，他就会坚持成习惯。

(2) 根据孩子的不同年龄精准培养：人的坚持力不是天生的，它是后天教育和培养的结果。培养儿童的坚持力，越早越好。但不同年龄的孩子，坚持力也不一样。孩子的坚持力水平是随年龄的增长而提高的。3～4 岁：孩子以无意识注意力为主，且注意力稳定性较差，对事物的兴趣容易转移，易受无关刺激的干扰，从而导致孩子的坚持性不够好。孩子开始能按照一定的规则做事，能初步控制自己的情绪和行为，不过有时会出现“反抗”行为，如天冷不愿意起床等；5～6 岁：孩子能主动地克服困难，坚持把事情做完，如，坚持画完一幅画再去玩玩具；坚持自己穿脱衣服等。孩子开始具有一定程度的自控能力，能拒绝某些诱惑和干扰。孩子积累了一些“抗挫”经验与能力，逐渐能接受心理暗示，从而提高了坚持性的水平；从幼儿园（或家庭）进入小学阶段，生活和活动的环境条件发生了重大变化，孩子的心理也会随之发生变化。家长如果在这个时期注意孩子坚持力的培养，将会使孩子终身受益。孩子在小学期间，意志品质的可塑性很强，学校集体生活，正好为他们毅力的培养创造了良好的条件。

(3) 协商建立小目标，及时鼓励坚持：为孩子制订一些具体、细小的目标，要求孩子每天坚持去做。当孩子坚持做一件事取得成绩时，及时给予奖励，这些奖励可以是物质的，也可以是精神的，如一个眼神、一个微笑，或是几句赞扬的话语，如“我知道你会成功的!”“你做得确实很不错!”“既然你已经开始了，就坚持到底!”

(4) 与孩子一起想办法，帮助孩子坚持：有时候孩子并不是不想坚持，而是缺乏能够坚持的方法，这时候你就要培养他懂得坚持的方法，他才能坚持下来，特别对于一些不良行为的纠正更是这样。比如老师批评孩子老爱讽刺女生，答应改，但坚持了两天老毛病又犯了。父母就要教给孩子方法，让他用一块纸板在上面写几个字，然后吊在脖子上，藏在衣服里面，当他毛病要犯的时候就经常拍拍胸脯，很快，这种缺点就改了。

(5) 借用体育活动来磨练孩子的坚持力：体育锻炼对坚持力的培养非常

有用。孩子小的时候可以让他双手吊在单杠或吊环上，然后每一次记录坚持下来的时间，每一次家长在旁边一边注意安全保护一边鼓励他坚持不松手，只要一次比一次坚持时间长就及时奖励。稍大一点就鼓励孩子长跑，鼓励每一次增加长跑距离。家长应当选择适合孩子的项目、安全的活动，给孩子创造磨练的空间，锻炼孩子坚持力。

(6) 培养孩子的兴趣、理智和自信：孩子一般在自己有兴趣的事情上面会有坚持力，重视培养孩子的兴趣爱好，有利于培训他们的坚持力。比如孩子对玩具感兴趣，培养孩子坚持力可从小孩第一次玩玩具、看书开始。孩子小的时候，无论是玩玩具还是看“小人书”，只要他有兴趣，就陪他玩、看，做到有始有终，养成习惯。但如果遇上孩子不感兴趣的事情，可又必须要做的事情怎么办？这时就要注意培养孩子做个有理智的人，冷静地面对事情，看清事情的结果，能掂量出事情的轻重，能分析出事情对于自己的利弊。理智，能帮助孩子在兴趣之外的事情上也有坚持力。由于自信仍是毅力的“精神基础”，自卑者往往难有坚持。因此，父母应从增强孩子的自信心，消除自卑感，来培养孩子的毅力。

(7) 吃苦锻炼坚持力：在当今物质条件过分优裕环境中，孩子大多缺乏坚持力，因此，父母应有意让孩子吃点苦。中国有句俗话“再苦不要苦孩子”，但日本的家长恰恰相反，很注意对他们的孩子进行“吃苦教育”，再富也要苦苦孩子。日本的小学生在无老师带领的情况下，面对着既无水源又无淡水的可怕自然界，安营扎寨，寻觅野果，捡拾柴草，寻找水源，自己营救自己。物质生活十分富裕的西方国家，也非常重视对孩子的“吃苦”锻炼，以培养他们的坚持力，值得我们家长参考学习。其实早在 1915 年，心理学家巴雷特曾经提出一套锻炼坚持力的方法。其中包括从椅子上起身和坐下 30 次，把一盒火柴全部倒出然后一根一根地装回盒子里。他认为，这些练习可以增强人的坚持力，以便日后去面对更严重更困难的挑战。巴雷特的具体建议可能有些过时，但他的思路却给人以启发。

(8) 故事熏陶，树立榜样：孩子都喜欢听故事，父母可以经常有意识地给他讲一些古今中外的名人故事，让故事中的榜样的坚持力故事内容感染他。

(9) 展开竞争，促进坚持：竞争力其实是与生俱来的能力，想让孩子把一件事情坚持干好，有个很好的方法就是创造条件让孩子进入比赛环节，这样不仅可以提高孩子做事的积极性，还能让孩子最大限度的体会胜利的喜悦。

比如家长和孩子进行比赛，虽然孩子很难战胜父母，但为了培养孩子的吃苦耐劳的精神，父母可以故意让着他点，并在干完事情后给予孩子表扬。

培养孩子的坚持性是个需要耐心的过程。以上这些方法肯定挂一漏万，只要家长自己懂得原理，办法其实很容易想出来，并摸索出一套适合自己孩子的方法。随着孩子年龄的增长、认知能力的提高以及自我控制能力的加强，他的坚持性也自然会得到发展。

移动阅读

如何提高孩子的坚持力

培养坚持力的故事

甩手的故事

锅里的上帝

家庭教育的快乐教育方法

日本孩子如何锻炼毅力

永远的坐票

像秒钟一样每秒摆一下

最美的垫底者

第五章

方法教育与习惯培养

PART5

前面我们讨论的人的基本素质三维六商，包括生存维、发展维、成功维3个维度和健康、安全、聪明、智慧、精神、意志6个方面。但是这6个方面的素质成为人的内在素质并且表现在外能够让人感觉得到的，主要表现为方法和习惯，包括保健方法与习惯、安全方法与习惯、聪明方法与习惯、智慧方法与习惯、精神方法与习惯和意志方法和习惯等。培养孩子三维六商素质，主要也是培养三维六商的方法，并反复实践形成习惯。只要孩子掌握了方法，形成了习惯，他就形成了自己的素质。

第1节　方法教育

什么是方法

所谓方法，就是认识世界和改造世界的具体办法，包括通过人的行为表现出来的方法、通过文字语言记载和描述的方法，以及通过方法制造出来的工具等。方法的说法很多，可涵盖办法、做法、想法、技术、技巧、工艺、科技、程序、步骤、规则、规章、计划、规划、策划、计谋、谋略，等等，小至生活琐事，大至人生路线，小至个人问题，广至人类宇宙，凡能提供解决问题之道的，都可称之为“方法”。

方法有3种形态：第一种是观念形态，第二种是实践形态，第三种是物质形态。方法的观念形态是指人们在大脑里形成的解决问题的办法；实践形态是在观念形态指导下具体解决某个问题的实践活动；而物质形态就是人们通过实践而发明创造的、通过科技手段把方法固化在物质或其他载体上的各种工具、设备等。比如开红酒瓶瓶塞的方法，首先在脑海里出现一些打开酒瓶的常用方法，方法有很多种，你选择用开瓶器来拔出红酒瓶塞，也可以用刀子一点一点把瓶塞挖出来，这些就是方法的观念形态；如果选择用开瓶器来开红酒，就会寻找开瓶器，然后把开瓶器套在红酒盖上，用力压住，把旋杆旋进软木塞，再旋转外盖，慢慢把软木塞拉出来，红酒打开了，这个实际开瓶的完整的操作过程就是方法的实践形态；而开瓶器就是这种开瓶方法通过开瓶器厂家的制造而产生的方法的物质形态。

方法与方法素质

方法的 3 个形态要变成某个人的素质，需要长时间的学习、训练和掌握。培养孩子的方法素质，也有三个层次：首先是观念形态的教育，让孩子接受方法知识的教育，学习理解方法知识，形成意识记忆；其次是实践形态的形成，就是要动手操作，第一步是看，看完了就模仿，模仿对了鼓励，模仿错了修正，反复训练，提高效率，慢慢熟练，变成潜意识记忆和肌肉记忆；第三层次就是鼓励孩子根据现有的方法进行改进，如果方法有改进，或许就能发明创造新的工具，就是在熟练方法操作和理解原理的基础上，思考有没有更好的方法，将方法进行物化和工具设备的改进、创新等。因此，一个人的方法素质高不高，就是看这 3 个层次的能力如何。

如何培养孩子的正确方法

在文化教育一节中，我们提到了文化的层次包括方法文化、物质文化和精神文化 3 个层次，培养文化素养，首先是方法文化的教育。俗话说，授之予鱼不如授之予渔。“鱼”是可享用的鱼肉，是物质文化，而“渔”是捕鱼的方法，是方法文化。这就说明培养一个人的方法比给予享受用的物质要重要得多。家庭教育的重要任务之一，就是培养孩子的各种方法，并且让孩了养成遇事思考的习惯，探索和试验解决问题的各种新方法。

那么怎样培养孩子的方法素质呢？

培养方法素质，最简单的方法就从生活方面入手，要根据孩子的年龄状态，告诉孩子各种各样的生活方法，比如尽早让孩子学会吃饭、穿衣，大一点了就学会收拾东西整理房间，再大一点就学习洗碗拖地，做到自己的事情尽量自己做，在不断的“做”当中培养生活中的各种方法；再比如在十字路口告诉孩子看红绿灯过马路的方法，前几次绿灯时牵着孩子，让孩子跟着过马路，而不是抱着孩子过马路。再比如模拟火灾、地震等危险环境告诉孩子怎样逃生自救等，这些就是培养孩子的安全素质方法。

在人际交往、接人待物方面，要创造条件让孩子多与人接触。先与周围亲戚接触，再慢慢与朋友和陌生人交往，适应各种环境，告诉孩子怎样说话，怎样处理问题，怎样控制情绪，让孩子亲自体验各种方法；还要创造一些“问题”让孩子去面对，鼓励他动脑子想办法解决。

尤其是在教学素质方面，家庭教育一定不要以知识学习为目的，而应该以培养和提高学习兴趣、学习方法、养成学习习惯为目的，其中学习方法的学习模仿和摸索提高非常重要。即便是记忆，也不要死记硬背，要告诉孩子的记忆规律和科学方法。让孩子掌握适合自己的学习方法，以后在学习中就能够起到事半功倍的效果。所有操作类、技术类的工作，都是方法类的，所谓技术创新，也都是方法上的进步和物化。所以，如果一个人在解决问题上有办法，就说明这个人方法素质高，能力强。

移动阅读

方法与手段　　邮寄砖头

找到空肥皂盒　　借钱

成功一定有方法

第2节　习惯培养

什么是习惯

首先我们来看一个故事。

父子俩住在山上，每天都要赶着牛车下山卖柴。父亲较有经验，坐镇驾车，山路崎岖，弯道特多，儿子眼神较好，总是在要转弯时提醒道：“爹，转弯啦!”有一次父亲因病没有下山，儿子一人驾车。到了弯道，牛怎么也不肯转弯，儿子下车又是推又是拉，用青草诱之，总之用尽各种方法，牛就是一动不动。到底是怎么回事？儿子百思不得其解。最后只有一个办法了，他左右看看无人，贴近牛的耳朵大声叫道：“爹，转弯啦!”牛应声而动，拉着车下山了。

从故事中我们不难理解，一次次的重复，牛形成了习惯和条件反射。其实人也一样，也会形成习惯和条件反射。一个成功的人知道如何培养好的习惯来代替坏的习惯，当好的习惯积累多了，自然会有一个好的人生。所谓习惯，就是某个行为的反复出现，并内化为人的本能行动。当出现类似的条件时，人们在不经意间通过条件反射就会出现同样的行为，这样有利于快速高效地做出反应、处理问题。现实中，人们也是通过对这种重复出现的行为来观察认识某个人的。正如亚里士多德所说："我们每一个人都是由自己一再重复的行为所铸造的。因而优秀不是一种行为，而是一种习惯。"当然，习惯有好有坏。亚里士多德说："优秀是一种习惯"。反过来话说，低劣也是种习惯。习惯一旦形成，有时就成为人的内在驱动程序一样，一经启动就自动运行。所以休谟说："习惯是人生最大的指导。"人活一世，很大程度上是在靠习惯活着。很多东西我们并没有花很多时间去绞尽脑汁想办法、费尽心机去斟酌，往往仅凭习惯就可以做出令自己满意的选择。真正表现在外的能够被我们观察分析的确实是行为，但评价某人品德好坏的却是他的习惯，一两个哪怕非常优秀的行为终究敌不过优秀的行为习惯。一两个优秀的行为可能是孤立的、偶然的、缺乏后续性的，而优秀的行为习惯才是优秀行为层出不穷的制度性保证，它甚至有可能是一系列指向明确但普通平凡的行为产生不平凡的整体效果。比如一些性情残暴、丧尽天良的人，有时候也能够做出一两件好事情来，这一件好事情就是孤立的、偶然的，无法改变人们对他习惯造成的坏的印象。毛泽东同志说过："一个人做一件好事并不难，难的是一辈子做好事。"

因此，一个人要想实现人生价值，成就自己的事业，至少要成为一个称职的社会成员，培养一个优秀的习惯是非常重要的。正如美国激励大师金克拉指出的："良好的习惯是您能够拥有的最好的素质，尤其在事业上。"而良好习惯的培养，就是素质教育的关键内容。如果我们不注重良好习惯的培养，相反形成了一个不好的习惯，甚至恶劣的习惯，那将对人的一生遗患无穷。柏拉图曾经对一个小孩的恶劣行为提出了严厉的责备，小孩很委屈说："就因为这点小事，您就这么责备我吗？"柏拉图严肃地说："如果养成了习惯，可就不是小事了！"

方法与习惯的关系

方法是空间上的概念，习惯是时间上的概念，方法不断重复就会成为习惯，而习惯每次出现都包含有某种方法，方法与习惯的有机结合就成为一定的方式。有关生活方面的方法习惯就成为生活方式的主要内容，有关学习方面的方法习惯就成为学习方式的主要内容，有关职业方面的方法习惯就成为职业方式的主要内容，有关社会活动方面的方法习惯也就成为社会方式的主要内容，而有关成功的方法和习惯问题，就是成功方式的主要内容。因此，我们在谈成功方式的时候，就一定要谈到成功的方法和成功的习惯两个方面，这才是成功的关键所在。

方法可以通过教育培训获得，也可以在已有的知识智慧基础上通过思考而得来。而习惯只能通过个体对某一方法行为的不断重复、领会、改进，才能养成。方法是一时的、技巧性的，如果将某一方法经常运用，慢慢就会形成习惯。由于方法具有好坏区分，因此通过方法行为形成的习惯就有优劣之分。如果将某些重要的正确的方法长期坚持、不懈训练，慢慢就会变成良好的习惯。相反，将不好的方法或错误的方法长期坚持，就会形成不良的甚至恶劣的习惯。因此，教育培训的目的是既要让学生掌握和运用正确的方法，更要养成良好的习惯。正确的方法能保证一时解决某个问题，但不能保证远大理想的实现；而良好的习惯才能保证成功的实践过程得到很好的完成，从而实现成功。

龟兔赛跑的故事家喻户晓，兔子跑得快，具有很强的赛跑方面的特长优势和竞跑方法，但是没有一个良好的习惯，它最后败给了乌龟。方法固然重要，习惯显得更有意义。比如有些家庭的孩子，父母几乎是个文盲，不能教育孩子很多的方法，但是这些父母能通过培养孩子良好的习惯，往往也能够使孩子获得较好的成功。而有些家庭条件优越，孩子通过各种学习获得了广泛的方法技能素质，但可能由于忽视了良好习惯的养成，特长优势得不到应有的挖掘和发挥，最终平庸无奇。

这里强调方法习惯也不是忽视智商的开发和情商的培养，而是将智商开发和情商培养落实到具体的方法和习惯上，更好地提高人的智商和情商。同样，强调习惯素质，并不是忽视道德素质，而是从更广泛、更易于操作的层面将道德素质落实到具体的行为和习惯上。良好的道德素质，不管是社会公德、家庭美德、学习道德，还是职业道德，都不能停留在道德的观念层次，更应该体现在行为层次，并且要进一步体现在习惯层次。

国人评价某人道德素质如何，不要指望通过某人的观念来评价，因为观念只能通过语言表达，不能通过客观观察的。要想客观评价某人，只能通过对某人的行为和习惯的观察才能得出结论。但是人的行为是受人的思想观念支配的。要想产生优良道德行为，首先应树立良好的道德观念，这就是我们传统上说的“正心、诚意、修身”。但仅仅停留在树立良好的道德观念上是远远不够的，最重要的是道德实践，就是在道德观念支配下去做好一件件的事情，以实际行动去“齐家、治国、平天下”，并通过这些行为的不断重复形成良好的道德习惯。我国对于道德观念的传承是非常重视的，但对道德行为习惯的形成培养却不那么重视，结果是道德教育素质更多地停留在观念上喊口号，现实道德水准却不尽人意。因此，从行为习惯上培育道德素质，是道德素质教学的根本。

良好习惯是成功的保证

研究发现，一个的人习惯大都是在他 7 岁之前就基本形成，而小时候形成的观念习惯一旦稳定就会影响其一生。习惯各种各样，在孩提时注意引导培养好的习惯，会使孩子受益终生。

比如父母要从小注意培养孩子：

1. 学习习惯：每天固定一个时间，父母陪孩子一起看书讲书。

2. 饮食作息习惯：从婴儿期就要按时休息、按时进餐、均衡饮食。

3. 语言沟通习惯：沟通要从语言开始，让孩子从小善于表达、举止文雅、待人诚恳、落落大方。

4. 劳动习惯：培养动手能力，力所能及的事情尽量自己做。父母在孩子 7 岁之前注意教育和培养他的正确观念和良好习惯，这对于他未来的成功具有决定性的重要作用。

孩子的习惯培养

习惯由于是方法的反复实践而慢慢养成的，而方法有观念方法、实践方法和物质方法之分，那么也可分为思维习惯和行为习惯。当遇见某个问题、出现某种状况时，人的大脑里面很自然地思考着解决这个问题办法，这种思维是快速思维，往往参照过去相同的或类似的经验或者知识来处理，这就是思维习惯；而行为习惯就是表现在外的具体解决办法。每一个人都有习惯，现实中的人也是生活在习惯中的。一个人是否优秀，不是看某个人的一两个行为，而是要看是否养成就优秀的良好习惯。一个人是否有道德，会不会成功，很大程度上也是由他的习惯决定的。习惯来源于行为，行为来源于思想观念。因此，要想培养孩子良好的习惯，就要从培养孩子的正确观念和正确方法入手，并坚持正确的行为，形成习惯。英国作家查·艾霍尔曾说过：有什么样的思想，就有什么样的行为；有什么样的行为，就有什么样的习惯；有什么样的习惯，就有什么样的性格；有什么样的性格，就有什么样的命运。某种程度上说，习惯决定命运。

1988 年，有人问一位获得诺贝尔奖的科学家："请问您在哪所大学、哪所实验室里学到了您认为最重要的东西?"这位白发苍苍的学者的回答出人意料："是在幼儿园。"又问："您在幼儿园里学到了什么呢?"学者回答："把自己的东西分一半给小伙伴们；不是自己的东西不要拿；要孝顺父母，对人有礼貌；做了错事要表示歉意；要多思考，多观察，热爱自然。从根本上说，我学到的全部东西就是这些。"这些就是正确的观念，以及在观念下形成的良好行为习惯。

其实所有的成功人士都有共同的特点，也就是表现在外的行为习惯，以及在这些行为习惯下的正确观念。比如他们有远大的理想目标，他们有正确的观念和良好道德行为，有很好的情绪管理和社交能力，有非常积极的心态，有勤奋节俭的习惯，有自信和毅力，有勇气和魄力，有坚韧的性格和宽容的胸怀等。

怎样理解"三岁看大，七岁看老"

中国有句古话："三岁看大，七岁看老。""三岁看大"看什么？"七岁看老"又看什么？通过"三维六商"素质教育理论的分析，三岁看大主要看孩子的发展素质，看孩子是否聪明，有没有智慧，解决问题有没有方法和策略。如果孩子在 3 岁的时候很聪明，也很有智慧，遇见问题喜欢动脑子想办法，而且解决问题办法很不错等，那么可以预测，孩子长大了以后肯定有比较好的工作、好的发展空间，未来的工作和生活状况应该不错。开个玩笑，如果想给 3 岁的孩子定个娃娃亲的话，就要注意看对方 3 岁孩子的发展素质。如果他在 3 岁的时候很聪明，而且有智慧，那他长大以后肯定有发展空间。这就是 3 岁看大，主要看聪明、智慧以及方法等发展维度的素质；7 岁看老，主要是看他的理想目标、行为习惯、理想观念、情绪管控能力、心态等精神素质，以及勤奋、自信、胆魄、容忍和毅力等成功维度的素质。如果一个 7 岁的孩子有理想，行为习惯好，道德观念优良，情商高，意志力强，那么他老的时候，应该是一个很幸福、很成功的人，至少成功的概率比普通人高很多。

预测孩子的未来，不仅要看他的聪明和方法层次，更要看他的智慧和成功素质，以及长期养成的行为习惯。比如一些看起来非常聪明的孩子，长大后成功概率并不高。而一些在小时候看起来笨笨的孩子，只要坚持做某件事，长大后往往拥有较高的成就，美国有个著名电影《阿甘正传》就是描述后者的状况。那么这种现象怎么解释呢？可能有人会说，看起来笨笨的孩子情商更高，而在成功的道路上情商比智商更重要。其实从“三维六商”理论来分析，聪明是发展素质，而坚持力才是成功素质。聪明的人往往聪明反被聪明误，缺乏对某种事物的坚持，而那些看起来傻傻的人一旦认准目标就咬住目标不放松，长期坚持做下去，自然就成功了。在成功素质观察方面，胆魄力非常重要。比如胆小谨慎、畏首畏脚的人成功概率更低，而那些胆大有魄力敢于冒险探索的人，成功概率更高。

移动阅读

培养好习惯只需 21 天	管理习惯的培养
学习习惯的培养	卫生习惯的培养
培养孩子生活卫生的习惯	培养孩子良好的学习卫生习惯
运动习惯的培养	好习惯使人终身受益
大象缘何挣不脱小木桩	习惯会在不知不觉中影响人的行为
一颗老鼠心	习惯即命运
习惯的力量	好习惯养成的十个步骤
教育就是培养习惯	好习惯要在生活中培养
好习惯要在实践中培养	好习惯是培养出来的
习惯是怎样形成的	家庭是孩子习惯形成的摇篮
习惯养成离不开学校	习惯养成的群体影响
习惯养成的环境影响	培养习惯才是真正的教育
培养习惯要抓住关键期	培养孩子习惯要有明确的目标

移动阅读

习惯的养成需要不断强化
培养孩子习惯要循序渐进
培养孩子习惯要注重“第一次”
培养孩子习惯要前后一致
怎样培养孩子的探索习惯
如何培养幼儿的提问习惯
如何培养幼儿良好的进餐习惯
怎样培养孩子良好的生活习惯
好习惯和坏习惯都有强大力量
怎样培养孩子的勤俭习惯
好习惯要培养，坏习惯要纠正
怎样纠正孩子学习中的坏习惯
怎样纠正孩子不守信用坏习惯
怎样纠正孩子心胸狭窄坏习惯
培养孩子习惯要给予理解与尊重
培养孩子习惯要拥有宽容和耐心
培养孩子习惯要让孩子亲身体验
怎样培养孩子的观察习惯
怎样培养孩子的独立思考习惯
如何培养孩子喝水的习惯
如何培养幼儿良好的睡眠习惯
如何培养孩子阅读的习惯
怎样培养孩子的储蓄习惯
如何培养幼儿的劳动习惯
纠正孩子坏习惯要有毅力
怎样纠正孩子虚荣的坏习惯
怎样纠正孩子无理取闹的坏习惯
用习惯来改变习惯

第六章

家庭教育

PART6

在本书第一章就已经论述，家庭教育是一切教育的基础，学校教育和社会教育只是在家庭教育的基础上的丰富、提高和职业化培养。凡是家庭教育不错的孩子，都会有很好的素质、不错的发展和更大的成功希望。凡是家庭教育不好的孩子，学校教育也很难有突出的成绩，走向社会也难有作为。因此，家庭教育在孩子整个教育培养过程中非常重要。

父母是一个崇高职业，但这个职业有三大岗位职责：其一是生一个健康聪明的孩子；其二是抚养孩子健康成长，直到独立成人；其三是教育培养好孩子，让孩子掌握必备的文化知识和相应技能，长大成才，长大成功。从父母培养孩子的愿望和结果上看，大体分 3 个层次：第一层次，注重孩子生存素质的培养，主要目标是长大成人，让孩子首先具备生存能力；第二层次是在注重生存素质培养的同时，还注重孩子发展素质的教育培养，让孩子长大成才，在未来的人生中学习有成、生活富足、职业顺利和社会有地位；第三层次，就是在培养孩子生存素质、发展素质的基础上，更注重培养孩子成功素质，让孩子长大成功，在未来人生中实现理想，超远自我，为家庭、为他人、为社会做出一定的贡献。不管是专家统计还是现实表现，几乎所有的家长都注意孩子第一层次的素质培养，那就是健康和安全。但只有 35%的家长真正重视孩子第二层次的素质培养，即聪明素质和智慧素质；而确实注意培养孩子第三层次的精神素质和意志素质的父母却不到 10%。而真正成功的人只占总人口的 3%左右，他们的父母几乎都注重孩子生存素质、发展素质，特别是成功素质的培养。

我们现在回到第一章提出的问题：亲爱的家长，您的家庭教育观念和方法目前处于哪个层次呢?

如果觉得自己教育孩子的理念和方法还有待提高，让我们继续按照“三维六商”家庭素质教育理论体系来探讨自己教育孩子原理、方法和制定合适的方案吧。三维六商家庭素质教育理论体系是一个开放的理论架构，它需要与家长教育培养孩子的具体实践相结合，在原理和操作层面指导父母如何培养孩子的综合素质，协助家长实现自己培养孩子成人、成才、成功的愿望。

第1节　家庭教育需要解决的四大基本问题

学习三维六商家庭素质教育理论体系与方法体系，就是希望家长在孩子的培养教育上解决4个方面的问题：

孩子的综合素质包括哪些

素质教育理念的提出已经很多年了，目的是促进孩子综合素质的提高，避免唯分数论。既然要培养孩子的综合素质，那么我们是否弄清楚了孩子的综合素质到底包括哪些呢？换句话说，孩子的综合素质是由哪些素质组成的呢？其实这个问题是一切素质教育的前提和根本，如果连孩子的综合素质包括哪些都没搞清楚，综合素质培养就无从谈起，只能沿着经验教育的老路来教育培养孩子。也许有人说，在学校教育中提出的“德、智、体、美、劳”就是孩子的综合素质，那么我们深入分析一下，这五个方面素质教育是否有体系、有深度呢？是否完全包括了孩子的综合素质呢？其实到目前为止，“德、智、体、美、劳”只能算是学生素质培养几个大的方向，至今还没有形成相互联系的、系统的、可操作的指导理论，而且这五个方面还不能完全代表学生的综合素质。

那么怎样才能全面理解人的综合素质呢？三维六商理论体系在此做了初步尝试，希望抛砖引玉。从人的综合素质结构上分，人的素质包括基本素质和应用素质两大方面。基本素质包括三个维度六个方面，即生存维的健康素质和安全素质，发展维的聪明素质和智慧素质，成功维的精神素质和意志素质，也就是本书重点讨论的内容。而应用素质，就是人的“三维六商”基本素质在生活、教学、工作、社会等方面的具体运用，包括生活素质、教学素质、职业素质、社会素质和政治素质等。不管是基础素质还是应用素质，家庭教育是人的综合素质培养的重点，学校教育和社会教育主要负责职业素质和社会素质的教育，是在家庭教育基础上的职业化、社会化。因此，各位家长必须要高度重视、全面掌握并长期实践科学的家庭教育理念和方法。我们把人的综合素质架构体系叫作家庭素质教育的“素质架构系统”。

怎样按照成长规律针对性地培养孩子素质

从孩子的教育与学习的矛盾规律分析，学习是第一性的，教育是第二性的，家长的教育一定要服从服务于孩子学习，而不是要求孩子的学习来服从家长的教育。孩子从出生后，一直处于成长发育过程中，他的先天因素、大脑发育程度和学习接受能力同样处于成长过程中。从出生到 7 岁，孩子的学习能力一直处于有规律的成长发育中，家长的教育就一定要根据孩子不同年龄段的学习能力、学习兴趣来进行。既不能超过孩子的学习能力实行拔苗助长式的教育，也不能错过孩子的学习窗口期实行马后炮式的教育，这两种教育都是错误的，效果不理想的。只有掌握在什么时间段针对性培养什么素质，才能算科学的教育。比如 3 岁之前要注意孩子健康素质的免疫力培养和聪明素质的智商激活与开发，7 岁之前要注意孩子智慧素质、理想目标、观念道德和良好行为习惯的养成。我们把这种根据不同发育阶段、学习能力等针对性地开展教育的体系，叫作家庭素质教育的“同步教育系统”。

用什么方法来培养孩子的综合素质

知道了孩子的综合素质包括哪些，也知道了什么时候有针对性的培养哪些素质，那么接下来要懂得的就是用什么方法来教育培养孩子的综合素质了，这一体系就叫作家庭素质教育的“方法操作系统”。

家庭教育的方法可以千变万化，可以因时施教、因材施教，也可以参照前人的方法自己设计，但是所有的教育方法必须不能违背教学原则。孩子的教育方法确实很多，有中国传统的教育方法，有老一辈爷爷奶奶的经验方法、有引进国外的经验方法，还有身边朋友教育孩子很成功的经验方法等等。但孩子的教育有没有效，关键还是要依靠孩子的学习能力和兴趣爱好，所有教育方法只是服从服务于孩子的学习，一切教育方法的采纳、设计和运用，都必须围绕着如何激活提高孩子学习能力、培养和引导孩子的兴趣爱好来设计。千万不能随心所欲采用方法，也不能照搬传统的、老一辈的和别人教育孩子的经验方法，更不能按照自己的意愿采用一些违背孩子学习能力和兴趣爱好的经验方法。一定要做到科学教育，因材施教。因材施教，就是让家长的教育服从服务于孩子学习的教学方法。

如何培养孩子的良好素质

所有的教学实践都是为了一个目的，那就是培养孩子形成全面的良好的素质。但是事物总是存在两面性，有良好的素质，就有不良的素质。就像驾驶汽车一样，有发动机驱动系统，就有刹车制动系统，如果没有制动系统，驾驶汽车就非常危险。所以在孩子的教育过程中，既要有培养良好素质原理方法，还要有防止出现不良素质，出现不良素质时还要有纠正不良素质的原理方法，这些原理方法称为家庭素质教育的“预防纠错系统”。

预防纠错系统是整个家庭教学体系的重要一环，也是家长们最难以掌握的教学系统。家长首先要能够观察分析和区分孩子的素质中哪些是良好素质，哪些是不良素质，哪些是不良素质的苗头等。只有找准了不良素质的苗头和真正的不良素质，才能够进行预防和纠错。比如孩子的逆反心理和逆反行为，这到底是正常素质表现，还是不良素质或者不良素质苗头？如果家长不能区分良莠，很可能在教育中适得其反。其实逆反心理与行为，是孩子具有自我意识的表现，大多数都是正常发育过程中的正常表现。这个时候家长要做的有两点，一是懂得孩子的成长发育到一定时间段的逆反特征，尊重孩子开始独立和突出自我的意识，尽量离开一点，不唠叨，不指责；二是注意观察，要以关爱的眼光、提前关爱的行为去满足孩子的一些必要的需求，预防逆反走向极端，比如吸烟喝酒离家出走等；三是可以用试错教育的方法来预防和纠错。一旦发现有不良素质的苗头，家长不如提前创造相应的机会，鼓励孩子去试错，然后根据他做错事或者失败后的反应，和孩子一起分析，让孩子从心里认识这个方向不能走、这件事不能做。通过孩子自身的试错体验来认识错误，预防和纠错效果很好；四是一旦发现有逆反极端行为，就要及时纠正。纠正的方法首先还是包容关爱的方式，在包容关爱中走进孩子心里，理解孩子的想法与苦恼，和孩子交心一起想办法度过逆反期，过了逆反期自然就好多了。千万不要与孩子对着来，更不要采用征服的方式，那样只会适得其反。当然，如果孩子犯错了伤害了别人或社会，那就要发挥父母的权威，采取惩戒教育了，通过惩戒来纠错。

第2节 家庭教育的经典方法分析

家庭教育非常重要，各位家长就需要掌握一些有限的家庭教育方法。方法千变万化，但是万变不离其宗，家庭教育的一些基本原理是一致的，有些是经过千百年的传承和实践证明了其科学性、有效性的。这里选择几个经典的教育方法或现象，采用“三维六商”素质教育理论体系来进行原理分析。这些方法和现象包括因材施教、快乐施教、试错教育、惩戒教育和隔代教育，目的是希望各位家长知其然，还要知其所以然，为各自家庭分析设计自己孩子的家庭教育方案提供思路和素材。

因材施教

文献记载，“因材施教”最早是由孔子提出的。《论语·为政》“子游问孝”、“子夏问孝”朱熹集注引宋程颐曰：“子游能养而或失于敬，子夏能直义而或少温润之色，各因其材之高下与其所失而告之，故不同也。”这里还有一个典故有利于大家理解“因材施教”：

有一次，孔子讲完课，回到自己的书房，学生公西华给他端上一杯水。这时，子路匆匆进来大声向孔子讨教：“先生，如果我听到一种正确的主张，可以立刻去做么？”孔子看了子路一眼，慢条斯理地说：“总要问一下父亲和兄长吧，怎么能听到就去做呢？”子路刚出去，另一个学生冉有悄悄走到孔子面前，恭敬地问：“先生，我要是听到正确的主张应该立刻去做么？”孔子马上回答：“对，应该立刻实行。”冉有走后，公西华奇怪地问：“先生，一样的问题你的回答怎么相反呢？”孔子笑了笑说：“冉有性格谦逊，办事犹豫不决，所以我鼓励他临事果断。但子路逞强好胜，办事不周全，所以我就劝他遇事多听取别人意见，三思而行。”

不难理解，因材施教的意思是：在教学过程中老师家长要根据不同学生的认知水平、学习能力以及素质条件，选择适合每个学生特点的学习方法来有针对性的教学，发挥学生的长处，弥补学生的不足，激发学生学习的兴趣，树立学生学习的信心，从而促进学生全面发展。

但是孩子的发育成长和综合素质的形成，受到多重因素的影响，既有孩子自身的先天因素和后天形成的素质条件影响，又有父母老师的影响，还有家庭环境和周围自然社会环境的影响。如果“因材施教”仅仅只因孩子的“材”，是不是不全面呢？答案是肯定的。全面的“因材施教”，既要因孩子的“材”，又要因老师家长的“材”，还要因家庭环境和自然社会环境的“材”，只有这样，才是真正的全面的“因材施教”。

1. 因孩子的“材”：前面的“同步教育系统”已经论述了，孩子从出生后一直处于有规律的成长发育过程中，再加上遗传上的不同，大脑发育程度同样处于成长过程中，因此不同阶段就有不同的学习接受能力。因此“因材施教”就要根据不同年龄段的学习能力而施教；其次，智商、慧商有很多方面，每个孩子因先天因素和后天激活开发方向和程度不同，其智商、慧商的总体水平和各个细分能力肯定有差异，比如有些孩子观察力强但记忆力稍差，有些孩子注意力强但想象力不够突出，有些孩子记忆力强但思维力、观察力较弱，有些孩子想象思维好但逻辑思维较弱，有些孩子选择能力差但动手创造能力突出，等等。那么因材施教就要根据孩子智商、慧商水平和细分能力的差异，有针对性地进行教育培养，发挥优势，弥补不足；其三，由于孩子的环境不一样，对事物的兴趣爱好也有差异，家长的教育就一定要根据孩子不同的兴趣爱好来施教。因孩子的“材”施教，既不能超过孩子的学习能力实行拔苗助长式的教育，也不能错过孩子的学习窗口期实行马后炮式的教育，更不能不顾孩子的细分能力、兴趣爱好来进行施教。

2. 因家长的“材”：学习与教育是一个整体，家庭教育中不仅要因孩子的“材”，还要因家长的“材”。面对同样年龄的同样学习能力的两个孩子，一个父母是山区农村、大字不识一个的农民，一个是学车五斗、大学教授，这两个家长教育孩子的方法会相同吗？当然会不一样。假如要你预测一下这两个孩子的未来，你会看好哪一个？也许你会看好教授的孩子。但我们认为不一定，要深入了解，看看这两对家长对孩子的家庭教育。有一对城市环卫工人父母，小学毕业，文化知识不多，无法辅导正在上小学的孩子的学习，他们怎么教育孩子呢？他们对孩子说，爸妈年轻时家庭条件太差，小学毕业就没上学了。现在你在城里上学了，学的东西比爸妈那个时候好得多，爸妈也想学，所以就定了个规矩，让孩子每天上学回来后，给爸妈上课教爸妈学习，并布置作业。孩子一听，一下子就来了精神，每天认真听课、记笔记，回家做完作业后就帮爸妈做完家务，然后就有模有样地给爸妈上课布置作业，日复一日，年复一年，孩子最后考上清华，而且勤劳、有担当，演讲能力很好，综合素质非常优秀。而有些知识分子家庭，由于不根据孩子的“材”和自己的“材”设计合适的家庭教育模式，其子女的未来大多很平庸。

3. 因环境的“材”：古时候有孟母三迁的典故，为什么要三迁，就是觉得家庭居住环境不利于孩子的成长教育。孩子的教育不仅与家庭环境、居住社会环境有关系以外，还与自然环境有关系。单亲家庭的孩子与双亲家庭的孩子，富人的孩子与穷人的孩子，山区的孩子与海边的孩子，农村孩子与城市的孩子，这些环境不一样，孩子的教育方法必然有所区别。

4. “因材施教”要“三材结合”：因材施教要因孩子的“材”、老师家长的“材”和环境的“材”，这三者不是割裂开来的，而是三者结合，又多因素分析，确定合适的教育方法。农村的孩子，家长如果文化底子薄，没有更多的时间辅导孩子，那就多培养孩子的成功素质，因为农村的环境有利于成功素质培养。要在鼓励孩子努力学习，保持成绩中上水平的同时，尽快让孩子承担一些家务劳动，参与家庭事务的决策，按照“穷人的孩子早当家”的模式教育培养孩子，包括立志教育，观念道德教育，同理心教育，积极心态教育，锻炼孩子的勤奋力、自信力、胆魄力、容忍力和坚持力。千万要注意的是，农村孩子不能照搬城市家庭教育的模式，让孩子不做事，专读书，这样容易导致既读不好书，又养成五体不勤的懒惰习惯，甚至成为问题小孩。而城市的孩子，家庭条件非常优裕，就要采取精英教育的方式，全面激活开发大脑功能，学习更多的知识技能和智慧运用，参与更多的社会活动。必须培养兴趣参加一种或两种团队体育活动，锻炼体能、竞争意识和团队意识，也锻炼精神和意志，多去旅游认识世界，认识更多的人，把丰厚的物质条件变成孩子自己的优秀的综合素质，尤其是突出的成功素质，为孩子未来的生存发展和成功打下基础，千万不能只注重生存素质发展素质的培养，忽略成功素质的教育，否则可能成为只动脑不动手，成年了还要啃父母的平庸之辈。

快乐施教

各位家长！读书学习到底是不是一件很痛苦的事情？

一谈到读书，什么“学海无涯苦作舟”“寒窗苦读”“头悬梁，锥刺股”

等，一听就让人感到一个“苦”字，似乎读书学习没有“乐趣”。毫无疑问，读书学习确实是件很“辛苦”的过程，如果要读书、读好书、学业有成，那就必须得付出“辛苦”，千万不要被一些过度减轻学习负担、放任孩子玩耍的所谓“快乐教育”所迷惑。

1. 关于快乐教育的误解：有些人认为，“快乐教育”是从欧美国家传入中国的，有些人认为“快乐教育”纯粹是中国人自己发明的一个教育理念。不管怎样，这种“快乐教育”理念在中国时兴有很多年了，只是由于过去一些年实施“快乐教育”的效果不尽如人意，这种模式开始遭到了国内大部分家长、老师的质疑、声讨。这里不想参与“快乐教育”具体讨论，但从过去一段时间“快乐教育”实践过程和当前对“快乐教育”的质疑声讨来看，发现对“快乐教育”的理解存在两种极端性误解。

一种是把“快乐教育”单纯理解为“让孩子成为快乐的人”。那怎么让孩子快乐？一些教育“专家”和家长都把快乐教育理解为“顺其自然”，理解为单纯的学习减负、不留作业、放任自流。很显然，这种理解违背了教育目的，误以为只要孩子快乐，就能主动学习。忽略了孩子的自我激励、自我管控能力弱，主要随着欲望与兴趣走的特点，最终容易导致老师家长忽视教学成绩、孩子学生逃避学业压力的不良后果。

另一种就把“快乐教育”当成“毒药”全盘否定了。认为读书学习本来就是辛苦的事情，“快乐教育”会毒害家长，误了青少年。这种理解是对第一种观念的否定，但同时也否定了孩子读书学习中欲望和兴趣的引导，以及适度满足中的快乐。

这两种理解都是对“快乐教育”的误解，都是不利于孩子的快乐教育的。为了不引起各位家长、老师的误解，我们将快乐教育孩子的模式在此称为“快乐施教”，以区别过去一段时期的“快乐教育”。

2. 欲望兴趣与快乐施教：读书学习是幼童时期的主要任务。童年时期是最喜欢玩耍的时期，而读书学习是个很辛苦的过程，这就成为一对无法割舍的矛盾。这对矛盾如果不能调和解决，孩子的读书学习可能陷入恶性循环，如果这对矛盾调和解决好了，孩子的学习就会进入良性循环。

那这对矛盾能够调和吗？怎么调和呢？

当然能，调和的方法就是在辛苦读书学习的过程中想尽办法让孩子获得快乐，这就是真正的“快乐施教”。其中“赏识教育”就是快乐施教的重要方法之一。从三维六商理论讲，家长的教育方法要服从服务于孩子的学习，这种方法就是要让孩子能够在学习中获得乐趣。如果家长只强调读书学习中的“苦”，不去想办法让孩子在读书学习过程中获得更多的快乐，那这样的童年确实是痛苦的，这也是我们的家长只重视教育，轻视孩子学习的具体体现。家长、老师必须转变观念，改进教育方法。只要我们真正做到科学施教、快乐施教，孩子在读书学习过程中可以获得更多的乐趣和满足的。

家长们既想给孩子一个快乐的童年，又要培养孩子的综合素质，似乎觉得很难。其实，孩子的所有学习动力来源于他的求知欲望和在这一欲望基础上产生的兴趣与心理需求，对这一需求进行科学的适度满足，就会让孩子产生心理愉悦，快乐教育就实现了。弄明白这一基本原理，一切就好办了，让孩子在学习中获得快乐也就是件比较容易的事情了。

为了理解快乐施教，我们来认识一下什么是快乐。

简单地说，快乐就是在生理和心理欲望得到适度满足过程中和适度满足后伴随产生的生理和心理的愉悦体验。只有适度满足才能导致愉快，不满足欲望或过度满足欲望都会导致不快乐。不管生理上的欲望还是心理上的欲望，在得到适度满足的时候，它就伴随着快乐，快乐是欲望适度满足的伴随物。人类追求幸福、追求快乐，也是这个原因。如果欲望满足，它就快乐。如果欲望不满足或者过度满足，就不快乐。

那欲望从哪里来的呢？欲望来源于生理和心理的需求。孩子本来就有各种各样的需求，包括生理上的食欲，安全需求，心理上探索世界的需求，被欣赏、被夸赞的心理需求等。有了需求就会产生欲望，有了欲望就想获得满足。如果欲望得到了适度满足，孩子就会有快乐。有了快乐的体验，下一次就会对同样的事物产生兴趣，沿着兴趣不断的加强和重复获得快乐体验，就会成为他的爱好，然后成为特长、优势，顺着这个思路推进，教育的目的就实现了。比如心理上有探索周围世界的欲望，这个时候就要给予孩子适度的满足，创造条件满足孩子，鼓励孩子在安全的前提下去探索周围，过程中给予夸赞，有了结果给予表扬，让孩子从过程到结果都获得快乐，慢慢地就能够产生学习的兴趣。

3. 适度满足与快乐施教：这里有个关键词，就是“适度满足”，就是既不能不去满足，也不能过分地满足。好像我们肚子饿了，就想吃东西，但是吃饱了、撑着了，还要继续吃的话，就是过度满足，那就不快乐了。孩子肚子饿了，确实要及时给予营养食物。但是也不能过度满足。许多家长追着给小孩子喂饭，越喂孩子越不想吃，为什么？本来吃饭是件快乐的事，如果肚子饿了，肯定想吃饭。但是孩子肚子不饿，没有食欲，或者已经吃饱了，不想吃了，家长却硬逼着孩子吃，过度满足孩子的食欲，这就变成了痛苦的事情了。学习也是一样，如果在孩子没有学习欲望、没有学习兴趣的时候硬是给予教育，他肯定就会难以接受，没有快乐，也听不进去，慢慢就会产生厌学情绪。同样的道理，当你把教育的内容加得太多了，学习的压力太大了，孩子就没兴趣了，厌学也就难免了。现实中也是如此，当孩子没有学习欲望的时候，家长强行去教，一定不会有教育效果的。所以，家长的家庭教育一定要服从服务于孩子的学习欲望和学习兴趣。

现在很多家长在孩子养育的过程中，没有去认真发现孩子到底对什么感兴趣，甚至认为孩子没有什么特别感兴趣的地方，于是在没有进行兴趣试探分析的基础上，就逼着孩子学这学那，那肯定是学不好的。其实，一个人干一件不感兴趣的事情是很痛苦的。尽管痛苦，成人可以通过责任担当、自我强迫或环境逼迫等原因，强制自己干一些不感兴趣的事情，而且有可能干着干着时间长了慢慢从痛苦不感兴趣变成感兴趣了，并且成为这方面的行家里手。所以对成人来讲，可以不首先谈兴趣爱好，要做到“干一行爱一行”。但孩子不像成人，他的本能是追求快乐，他的行为是跟着欲望和兴趣走的。如果他对某一事物没有欲望，不感兴趣，家长怎么办？家长不能拿成人的标准去要求孩子，6 岁前的孩子基本上无法做到自己强迫自己去干自己不感兴趣的事情。那只有一个办法，那就是制造孩子的需求，培养孩子的兴趣。

4. 快乐施教原理与方法：既然需求和兴趣对孩子的快乐施教这么重要，那怎样制造需求，如何培养兴趣呢？原理很简单：玩乐中创造需求，适度满足中产生快乐、培养兴趣。

原理简单，但方法往往很不简单，需要根据具体事情具体分析，采取不同的方法。比如一些聪明的家长想培养孩子对钢琴的兴趣，就先带他去看别人弹钢琴，听钢琴曲，带他到钢琴培训学校去玩，孩子在学校看到别的孩子弹钢琴、听到优雅的钢琴音乐，一般都会蹦蹦跳跳，慢慢就会想模仿并产生兴趣。一次两次，他产生兴趣更浓了，就让孩子自己去模仿敲打钢琴，发出叮咚的声音，就是玩，不要给他压力，兴趣大时多玩，兴趣小时少玩。如果真有兴趣了，他自然就会喜欢向钢琴方面发展了。

在此，将快乐施教的步骤方法归纳出以下几点，供家长、老师参考：

（1）正确理解“快乐施教”：树立“快乐施教”和“家长教育服从孩子学习”的正确理念，意识到孩子的学习行为来源于孩子的求知欲，这种求知欲会表现出探索周围世界、认识周围事物的需求。

（2）观察分析孩子的欲望需求：孩子欲望会表现出各种需求行为，家长、老师要做的，就要认真观察分析孩子的需求是什么。1 岁之前，孩子的求知欲需求通过手指指向、手抓和嗷嗷叫来体现，2 岁左右就开始问“为什么”了，这个时候既是孩子逻辑思维发育的开始，也是求知欲需求的表现，3～6 岁，就有自主行为表现出具体的兴趣爱好了。

（3）适度满足孩子的欲望需求：分析认识到孩子的求知欲望后，就要根据孩子欲望需求的具体指向给予适度满足。适度满足有两个环节不可忽视，一是要根据欲望需求的程度针对性地适时满足。所谓适时，就是要把握好时间，最好在欲望需求比较强烈时及时满足。如果欲望需求不强烈，可以延迟满足，既可以训练孩子忍耐力，又能促进欲望需求增强。比如孩子看见别人的玩具就想要，这是求知欲需求的体现，如果需求很强烈，就可以临时借用一下让孩子玩一下。如果需求不是很强烈，就可以告诉孩子，这个玩具是别人的，我们回家自己买一个，这就是延迟满足；二是让孩子的欲望需求适度满足过程中和满足后及时表扬赏识，语言夸赞、鼓励，竖大拇指，肢体拥抱等。表扬和赏识就是引导，就是快乐强化，容易产生兴趣，爱好，容易进入良性循环。

（4）适度逼迫教育：前面讲了欲望需求的适度满足与赏识引导，但孩子不像成人，有时候很难发现满意的兴趣，或者开始有兴趣后来慢慢就失去兴趣难以坚持。这时候就需要家长、老师有适度的逼迫教育了，就要像成人用责任感、担当来逼迫自己一样。根据孩子的特点，选择几个合适的学习项目让孩子参加。刚开始肯定好奇感兴趣，但一般慢慢就兴趣不浓，觉得辛苦不想学习了。这是就需要家长、老师与孩子斗智斗勇，威逼利诱，有时候家长、老师确实需要“心狠”一点，不可放纵孩子。同时，要从辛苦的教育学习过程中寻找让孩子产生快乐的每一件事情，包括学习过程中的欣赏，考级竞争意识的鼓励，进级后的表扬奖励等。这个时候关键是坚持，以及坚持过程中的快乐体验，如果坚持下来了，就是家庭教育的胜利。

试错教育

一段时期以来，中国社会和个人自己对犯错失败越来越没有包容心，好像社会只有成功、没有失败一样。比如古时候做官能上能下，现在的人似乎只能上不能下了。对待孩子也一样，面对考试成绩的下滑，父母孩子都是心里着急，尤其是班上前几名的孩子压力非常大。

其实这是一种不正常心态，对孩子的教育也是不利的。因为随着社会的多元化发展和竞争的激烈，一个人面对的身边问题和人生机会越来越多，就要不断选择，想办法解决，可能会成功，但也可能犯错、失败，而且问题机会越多，犯错失败就越多。你可能会想，只有不面对、不选择、不解决，就不会犯错失败，但是不面对不选择不解决可能本身就是个错误和失败的表现。所以现实当中常常发现，越是能者多劳、积极做事的人犯的错越多，而那些明哲保身、不愿做事、遇事躲着走的人，一生很少犯错。但是真正能够成功的人，却是那些做事多、犯错也多的人。所以家长们教育孩子过程中，不要怕孩子犯错，也不要担心孩子成长过程中做事的一个个小失败。相反，从智慧素质的学习体验和精神意志素质培养来看，家长要善于采用试错教育的方法，创造机会鼓励孩子勇敢面对和解决那些较难的问题。一开始孩子肯定会犯错甚至失败，家长自己要包容他的犯错和失败，同时安慰孩子说，没关系，再来一次，失败是成功之母，然后和孩子一道分析问题，寻找办法，然后鼓励孩子继续面对困难想办法，直到成功解决问题为止。有了深刻的试错甚至失败的体验，又有一次次犯错失败后成功体验，孩子的容错能力和成功素质都会大大提高。不仅如此，在培养孩子如何做人方面更要采用试错教育。在孩子成长和为人处世过程中让他多经历一次次的小错误、小失败，然后和孩子一道分析总结犯错失败的危害，以后如何预防，让孩子心里有了敬畏和制动机制，长大以后就不会犯大错误，不会有大的失败。比如某个小孩趁人家不注意拿了人家的东西，家长发现以后应该怎么处理？小孩的行为往大里说，是一种偷窃行为，往小里说也是拿了不该拿的东西，总之孩子犯错了。如果家长处理不当，很可能错过了教育孩子的机会，孩子以后可能成为小偷小摸问题少年，甚至入室盗窃、拦路抢劫的坏人。比较可取的处理方法就是试错教育，家长可以按下列步骤来处理：

(1) 首先趁孩子不注意在孩子房间书包衣服里，看有没有拿别的东西，判断一下是无意初犯还是犯过几次了。

(2) 与丢东西的小孩或他的家长商量好，设计一个有较大“损失”的结果。

(3) 然后心平气和地问孩子，为什么拿人家的东西（不要用“偷”这个字），看孩子怎么回答，了解孩子的动机。如果孩子回答说上次他拿了我的东西，我也要拿他的东西，那这是报复心理；如果回答说喜欢这件东西，那就是兴趣导致的无意占有。

(4) 不管是报复心理还是兴趣占有，家长要将设计好的较大损失的结果讲给孩子听，让孩子感到自己的犯错行为导致人家损失很大，然后带着孩子当着人家的面慎重其事地进行“赔偿”，这种“赔偿”行为会给孩子心理造成很大的震撼，孩子会从心里认识到自己犯错了，给家里造成了“损失”。这时家长就要及时鼓励孩子说，能够认识自己的错误就是勇敢、给予表扬，家里损失一点不算什么，下次改正不再犯就是好孩子。如果是兴趣占有行为，家长就还要教育孩子，如果喜欢某个东要告诉父母，咱们自己想办法买，千万不要拿别人的东西，必要时可以灌输“产权”知识和法律知识。然后带着孩子去商店买一个他喜欢的一模一样东西，或者别的类似的东西。

(5) 如果孩子不是第一次拿人家的东西，那就要加大试错教育的力度，并适度地使用惩戒教育，比如在“赔偿”以后，把家里的“损失”告诉孩子，然后慎重地告诉孩子要接受惩戒，惩戒的方法很多，哪只手拿的就打哪只手心，或者关黑屋禁闭几个小时反省，或者取消孩子最喜欢的事情几天等。

(6) 最后，在孩子真正认识自己错误的前提下，用孩子认同的方式让孩子许诺以后不再犯这种错误，比如小一点的与孩子拉钩，大一点的要求写保证书。如果不是初犯，那就采用挂胸牌的方式，让孩子自己写一个保证许诺胸牌，挂在胸前衣服里面，让孩子自己知道就行，挂上后拍拍胸脯许诺，有了这些语言许诺和胸牌随身，孩子基本上不会再犯同样的错误了。

惩戒教育

中国古时候对孩子的教育还没有现在的学校教育，主要以私塾教育为主。如果学生犯了错，私塾先生就会用一种特制的木板对学生施行体罚，这个木板有个专有名词：戒尺。这就是惩戒教育的源头。惩，是惩罚。戒，是戒除。惩罚是手段，戒除是目的，惩罚的目的不是为了对人的身心造成伤害，强迫其屈服，而是为了让其有羞愧之感，激发其悔改之意，产生肌肉记忆达到戒除错误的教育目的。

关于惩戒教育，在这里要稍微展开多说几句。因为最近几年来，国内对惩戒教育众说纷纭，还经常出现一些引人关注的事件。

纵观古今中外的教育史，惩戒教育现象一直存在，也普遍存在，源远流长，那肯定有存在的理由。学生成长既需和风细雨、润物无声的引导教育，也需要适当的惩戒教育。引导教育是“疏”，是引流，是引导孩子朝着正确的方向走。而惩戒教育是“堵”，就是筑堤禁止往这个方向走。好像大禹治水一样，教育孩子也要“疏”，但不能只有“疏”，还要有“堵”。惩罚可以戒除坏行为，但不能促成好行为的养成，只有疏导赏识教育才能帮助学生建立好的行为模式，所以教育中要以“疏”为主，以“堵”为辅，“疏”“堵”结合，才是完整的教育方法。古人云：“赏善而不罚恶，则乱；罚恶而不赏善，亦乱”。犯了错误不处罚就不能达到戒除的目的，合理的惩戒是非常必要的。

西方学习心理学代表斯金纳认为：行为随着其后的及时的结果变化，愉快的结果强化行为，不愉快的结果抑制行为。赏识和惩戒都是利用这一原理针对不同的教育情境采取的不同的教育方式。惩戒就是要对学生的不当行为施以不愉快的结果，以抑制其不当行为的一种教育方式。教育学理论也认为，教育的基本功能是促进学生的社会化发展，而惩戒教育在促进学生社会发展方面具有其他方法难以替代的价值和功能。社会生活充满着各种规则和惩戒，若教育要为学生的社会生活做准备，就不能一厢情愿地否定教育惩戒，否则学生不能养成良好的规则意识，不能锻炼出承担责任、承受挫折的心理品质。

学校的惩戒教育本书不展开讨论，这里重点谈谈家庭教育中家长如何有效进行适度的惩戒教育。过去几年，一些家长对“虎妈”、“狼爸”很热捧，在这些人的潜意识中，惩戒就是打骂，因而常常在报刊上见到少数家长对孩子戒站、戒跪、戒饿甚至虐待孩子致死的报道，这些家长便是对惩戒缺乏正确的理解和把握。由于赏识教育与惩戒教育需要结合运用，所以惩戒教育其实是一门家庭教育的艺术，惩戒能否达到预期效果，关键是看父母能否使用得当。

1. 正确认识惩戒教育：惩戒教育不等于体罚。完整的惩戒教育方法，按照从轻到重的顺序，包括父母表达不高兴或者伤心、严厉批评、取消以前的许诺、罚反复做某件事、画地为牢罚站、罚做体力劳动、关禁闭、大声斥责、适度体罚等，都是惩戒教育的具体方法。

2. 惩戒之前立规矩：国有国法，家有家规，家庭教育中立家规非常必要。如果孩子稍微懂事了，还要邀请孩子一起参与立家规。有了规矩，惩戒才有依据。当然，孩子既是自己的孩子，又是国家的未来，因此立的家规要符合《妇女儿童保护法》和《教育法》，不能违反国家法律。

3. 准确“量刑”合理惩戒：惩戒孩子的目的是为了引起孩子向良性转化，那么惩戒前先要准确“量刑”，然后按家规进行惩戒。惩戒的方式多种多样，要根据孩子犯错的轻重程度合理运用惩戒的方法，从轻到重。惩戒不能过重，过重容易引起孩子的对抗情绪，也不能太轻，太轻了又不足以使孩子引以为戒。对于轻微的错误，父母只需要用自己的言语或行动向孩子表示一点不满，给孩子使个眼色、对他的行动加以限制、没收他的玩具等，孩子都会觉得是对他的错误的惩戒，从而自觉改错。《三字经》中“昔孟母，择邻处，子不学，断机杼”，“断机杼”也是一种惩戒教育；再重一点的可采用间接的和直接的批评；最后才能采取体罚打骂的惩戒。打骂只是其中一种最后使用的惩戒孩子极端性行为的方法，千万不能一开始体罚打骂，因为对孩子的肉体和心灵施暴，会加重孩子的逆反心理，长此以往就会使惩戒教育失效，最终导致“管不住孩子”，或者造成孩子心灵的扭曲等严重后果，影响孩子今后的学习生活。

4. 与试错教育结合使用：惩罚只是手段而不是目的，惩罚之后必须要及时把家规搬出来与孩子心平气和地说理，使孩子明白他为什么会受罚，知道犯错误的原因，讲清楚犯错的后果，让孩子接收惩戒后心服口服。这里面让孩子明白自己受罚的原因才是根除错误的关键。如果孩子不明白受罚的原因并心服口服，那他在忍受了惩罚之后还将会依然如故，毫无效果，就是失败的惩戒。

5. 杜绝精神伤害：每个稍微懂事的孩子都有自尊心的，尤其在逆反期的孩子自尊心更强。父母千万不要有“孩子是我生我养的，就能随便打骂”的错误观念，在惩戒教育过程中要力戒讽刺挖苦，更不能用恶毒的语言谩骂孩子伤自尊。要时刻牢记惩戒孩子的目的是帮助孩子改正错误，不是为了自己图一时口快，去刺伤孩子的心灵，这样不利于孩子精神素质的培养。

隔代教育

家庭教育其实是既古老又现代的教育模式，只是后来学校教育和机构培训的兴起，家庭教育受到了很大冲击，再加上一些错误观念的影响和教育机构商业宣传的引导，家庭教育的重视程度慢慢下降了。其实，这是错误的。随着社会分工的不断深化和教育理念不断多元化，学校教育、机构培训和社会教育的作用越来越突出，但无论怎么变化，家庭教育的基础性作用和影响孩子一生长远意义，不但没有弱化，而且越来越重要。中华民族历史上是个非常重视孩子教育的民族，近年来，随着国家对学前教育的重视，家庭教育也越来越引起年轻家长的关注。年轻的家长在孩子教育方面越来越舍得投入也对一些传统教育模式，如隔代教育等，提出了质疑，对现代机构培训也有了自己的选择。

一个民族的教育方式与其历史文化特征息息相关，比如“隔代教育”现象就是中国教育普遍存在的现象。据统计，在我国城镇有近五成的孩子跟着爷爷奶奶、外公外婆长大，孩子的年龄越小，与祖辈家长在一起生活的比例就越高。而且随着中国社会高龄化趋势的到来，隔代教育现象似乎有愈来愈增加的趋势。而在国外，孩子很小就可进幼儿园、托儿所，18 岁独立成人走进社会，父母也不太继续管了，所以基本上没有隔代教育。

造成中国隔代教育这一现象的原因很多专家已经分析过了，一是中国人口多就业竞争激烈，年轻父母在生活、学习、工作上压力大，没有更多的时间精力长时间全脱产抚养教育孩子；二是认为祖辈家长有丰富的生活知识和深厚的人生阅历，为教育孩子提供了经验资本和权威性；三是祖孙有血缘关系，老人会本能地对孙辈产生慈爱之心，又有充裕的时间和足够的耐心，而且多数祖辈家长还常有一种儿童心理，特别喜欢和小孩玩乐，极易形成融洽的关系。这就有了隔代育儿获得成功的心理基础和良好的机会条件。

然而，越来越多的年轻父母开始认识到隔代教育的局限性，认为隔代家长们的素质远远落后于时代发展和孩子成长的要求。调查发现，95%以上的年轻家长没有学习过如何教育子女这门学问，而隔代家长的这个比例接近 100%。

那么如何看待隔代教育呢？

1. 目前隔代教育的不足：就目前隔代教育的情况分析，确实存在一些不足，主要有以下几个方面。

(1) 只重视生存素质，不重视发展和成功素质的培养。这是目前隔代教育最不足的地方。许多祖辈家长固执地认为，隔代带孩子关键责任就是让孩子吃好睡好不生病，安全成长无意外。同时老人心理上会有一些顾忌，生怕出差错儿女责怪。至于怎么开发孩子聪明素质、智慧素质、精神素质和意志素质等，由学校教育负责。

(2) 祖辈只重视经验教育，不利于孙辈综合素质的培养。祖辈们深受传统思想的束缚，几十年来形成的思维模式、生活方式和育儿经验很难改变，生活与教育观念相对滞后，不太容易接受新生事物和先进理念。祖辈在与孩子相处时，不善于运用科学、有创造性的方式引导孩子，对于孩子出现的诸如破坏行为、尝试行为、试错行为等一切具有冒险和创新性的探究行为，总是急着加以阻止，严重影响孩子创新个性的形成。祖辈也重视孩子的教育，但他们更多凭经验来教孩子认字、数数，容易忽略孩子的勤奋、谦让、照顾别人、自信力、坚持力等优良素质。当孩子有最初的劳动欲望时，一方面嫌孩子碍手碍脚，另一方面怕孩子累了而加以阻止。无形之中打击了孩子的劳动热情，扼杀了孩子的劳动意识，久而久之，孩子就不愿意动手了。当孩子与同伴交往出现纠纷时，祖辈总是从自己孩子的“利益”出发，想方设法为孩子讨回“公道”。当年轻父母产生怀疑，祖辈父母会说：“你小时候也是这样养育，也长成今天的你了？”一句话就把你顶了回来，无话可说了。

(3) 容易导致“溺爱”，养成孩子不良素质。祖辈们人到老年，格外疼爱孙辈，容易陷入无原则的迁就和溺爱之中，很多事情不让孩子去体验，事事依着孩子，处处围着孩子，孩子犯错了过于包容也不及时纠正，孩子不合理的欲望也常会无原则地满足。不少祖辈习惯于包办孩子生活上的一切。当孩子把玩具乱撒一气时，他们会一遍又一遍地整理；当孩子蹒跚着上下楼时，他们担心孩子摔倒，会抱着孩子上下楼梯；当孩子自己吃饭时，他们又担心孩子弄得一塌糊涂，就一口一口地喂。久而久之，孩子的手脚得不到充分的运动，孩子的大脑也用不着独立思考，很容易导致孩子动作发展缓慢，独立生活能力差，增加了对家长的依赖。孩子一旦遇到困难或自己的要求得不到满足，就没有信心去解决问题，继而产生愤怒、不满足的情绪。时间一长，孩子越来越任性，成为家庭的“小皇帝”，人人都得听我的，稍不合心意就大哭大闹，通过撒泼、发脾气等来达到自己的目的，长大后容易发脾气要挟家长，甚至成为啃老一族。

2. 发挥隔代教育优势，塑造“特色教育”：关于中国的隔代教育，目前很多人认为，虽然不能全盘否定隔代教育的价值，但长远看弊大于利。现在很多年轻父母开始拒绝隔代教育，有的只让祖辈管孩子的生活起居，自己负责孩子的教育，在一些具体教育过程中往往与祖辈发生观念和方法上的冲突。

作为中国目前的普遍现象，尽管有这样那样的不足，隔代教育并不是没有优势的。如果能够发挥隔代教育的优势，克服不足，积极引导，帮助更多的祖辈家长们成为与时俱进的合格家长，年轻父母与祖辈在教育观念和教育方法上达成一致，让隔代教育成为“中国特色教育”，通过学校、社会与家庭教育的相互配合，合力打造新式的隔代教育。从长远来看，笔者对中国的隔代教育持乐观态度。

(1) 隔代教育符合中华民族的文化特征：改革开放以来，欧美日韩等一些发达国家的教育理念，尤其是早教幼教理念传入我国，促进了我国早教幼教事业的发展和家庭教育理念的提升，其中欧美家庭教育由亲生父母负责，祖辈家长尽量不插手的理念，对中国的年轻家长的育儿观念造成比较大的冲击。记得有一篇《一个中国婆婆对美国洋媳妇育儿方法的赞叹》当时在网上广为传播。文章说的是一位中国女退休老师去定居美国儿子家三个月，观察美国媳妇教育孙子的几件典型事件，美国媳妇在处理孩子自己吃饭、穿反鞋、穿反裤、打人、抢玩具等几件日常事情中所采取美国式有效方法，对中国婆婆造成很大冲击并大加赞赏，文章还重点突出了“管教孩了是父母的事”，祖辈不能掺合、干涉的理念。这个美国媳妇做法一定程度上代表了西方国家当前家庭教育的普遍现象和文化特征，一些育儿观念和具体方法确实值得我们学习借鉴。但是教育是意识形态的范畴，与民族文化息息相关的。西方关于“管教孩子是父母的事”，祖辈不能掺合、干涉的观念和做法，其实与西方家长在孩子成年后就要求孩子独立出去，子女在父母年老以后也不太关照一样，都是与西方突出个人主义、个人独立性的文化特征一脉相承的。这并不是说西方人的家庭观念不浓，西方人有西方人的家庭观念，他们的家族理念从某种程度上比中国人家庭观念更浓，他们那种大到家族事业的传承与百年老店，小到个人与小家庭空间的极力维护等，都是家庭观念的典型体现。而中国的家庭文化有中国的特点，更多的体现了父慈子孝、互帮互助的文化，父母与子女的相互帮助、相互依赖的关系比西方要紧密得多，父母对子女的关爱奉献不仅仅在孩子成年之前，基本上一直延续到孩子独立生活、成家立业，还要覆盖到孙辈。隔代教育就是在这种文化背景下产生的。只要父母还活着，就会一直关爱自己的下一代、下下一代，直至自己有心无力为止，基本上是无限责任。同样，相对于父母对子女的付出，子女对父母的关爱现实中虽然要差一些，但基本上也是强调孝顺、赡养终老，直到自己无能为力。中国家庭的现象与中国文化中的整体观念、祖宗崇拜、突出父母的家庭砥柱作用等息息相关的。中国人总有一种感觉，“父母在哪儿家就在哪儿”，这种以父母为核心的家庭观念，与西方家庭观念有明显区别。以这种家庭文化为基础扩大到国家层面，中国人的家国情怀，一方有难八方支援等，都是典型的文化特征体现。中西方家庭文化观念的不同，没有谁先进谁落后的区别，而是不同民族历史形成的不同文明，各有自己的优势，不同民族更适合自己的家庭文化而已。因此从家庭文化层面上讲，隔代教育是适合中国家庭教育的，没必要因为西方的家庭教育方式来贬低中国隔代教育的作用，更不应该否定隔代教育的积极意义。

(2) 隔代教育可以实现优势互补：中国人口多，年轻的父母们往往处在一个竞争激烈的环境，生存压力比较大，很容易将工作当中那种紧张的情绪带回家，造成不太和谐的家庭氛围，带给宝宝过多的心理压力，妨碍孩子健康快乐地成长。但老人有颗平和的童心，极易与孙子孙女建立融洽的感情，为教育孩子创造良好的感情基础，利于祖孙两辈身心健康。老人们有充裕的时间和精力可以陪小孩玩玩具，带小孩去买玩具。可以和小孩玩一些益智玩具，老人们也可以动一下脑筋。祖辈在抚养和教育孩子方面有着丰富的实践经验，他们对孩子各阶段的发展特点也了解得更准确，尤其在孩子生病，或者遭遇其他问题时，他们更清楚应该怎么样去处理，不会像年轻的父母一样不知道怎么教育小孩，祖辈们这种处事的方式会带给孩子更多的安全感，同时也能给父母一种心理上的支持，对解决这些问题起着非常积极的作用。孙辈由祖辈家长教养，年轻父母得以解决后顾之忧，专心致力于事业。现在很多父母都非常繁忙，因为社会竞争压力大，就业困难。很难有时间照顾孩子的起居与学习。祖辈家长一般都很有耐心听取孩子内心的声音，孩子想要什么，要玩什么，吃什么，他们是最清楚的，不仅如此，祖辈在长期生活实践中积累的社会阅历和人生感悟，对孙辈的成长也有着潜移默化的积极影响。

中华民族有许多优秀的文化传统和美德，老一辈会更多地保有这些传统的文化和美德，有他们参与教育孙辈，孩子们不仅可以接受先进的文化的熏陶，也有机会更好地传承这些优秀的传统文化和美德，而且可以让小孩孜孜不倦地去摄取并养成这种良好的品德。特别对于一些单亲家庭而言，由祖辈介入孩子的教育，不仅能弥补孩子母爱或父爱的空白，还能为其提供性别模仿的对象，使得孩子能更加健康地成长。

(3) 以科学教育统一教育理念，隔代教育将重现辉煌：由父母亲自抚养教育孩子，还是隔代教育方式抚养教育孩子，这不是孩子教育的根本问题，根本问题是如何统一和采用最适合孩子的科学有效的教育方法问题，以及家庭教育过程中祖辈父母与亲生父母分工协作的问题。中国隔代教育目前存在的关键问题是，祖辈抚养教育孩子的理念和方法基本上是传统的理念和经验习惯，如何学习掌握先进的家庭教育方法，结合自己的传统理念和过来人的经验，使自己的家庭教育理念方法上升到科学的理论和有效方法，并与年轻父母达成一致的理念和方法，然后通过家庭教育中的合理分工，协调配合，发挥祖辈父母与年轻父母各自的优势，就能把隔代教育变成具有中国特色的、合适有效的家庭教育。比如按照三维六商素质教育理论体系和方法体系，在祖辈和亲生父母统一家庭教育观念和方法后，祖辈父母以负责孩子的健康和安全素质教育，方法教育，以及习惯培养为主，其他素质教育为辅。亲生父母以培养孩子的智商、慧商、精神意志素质教育为主等。

隔代教育是一种普遍客观存在的中国家庭教育方式，如何正确处理和运用这一模式，对孩子的身心成长和个性发展有着极大的影响。所以，我们应该清楚地认识到隔代教育的利与弊，在发挥其教育优势的同时，认真克服种种负面影响，使孩子现有的家庭教育状况得以改进，使我们的孩子快乐、健康地成长。

下篇　实践篇

妊娠期保健与胎教优生・科学坐月子・科学育儿与早教（0～1 岁）・
科学育儿与早教（1～2 岁）・科学育儿与早教（2～3 岁）・
幼儿园与家庭教育・科学育儿与幼教（3～6 岁）

从生命的最初形态受精卵开始，胎儿在母亲子宫内经过10个月的成长发育，就会成为社会的一员。母亲要为新生命的诞生度过一段快乐而又难忘的岁月，280天的孕育历程带给年轻父母的不仅仅是一个惊喜，还有新一轮的操劳。

著名教育家巴甫洛夫说过一句话：从孩子出生第3天开始教育，就已经晚了2天。对于这句话，家长们深信不疑，也由此产生了恐慌。出于望子成龙、望女成凤的迫切心态，家长们纷纷将子女送进早教机构，早教逐渐被人们曲解和误读。大部分家长认为把孩子送入早教班就是对孩子进行了早教，自己也尽到了父母的责任，殊不知作为父母却忽视了早教的最佳氛围——家庭。

“三岁看大，七岁看老”，人的教育是一项系统的教育工程，这里包含着家庭教育、社会教育、集体（托幼园所、学校）教育，三者相互关联且有机地结合在一起，相互影响、相互作用、相互制约，离开哪一项都不可能，但在这项系统工程之中，家庭教育是一切教育的基础。

6岁之前的早期干预教育都应该以家庭为核心，以父母陪伴为主导的家庭亲子教育，可以适当借助辅助工具进行，绝不是以送到早教培训班为核心的教育方式。婴幼儿的早教不在于向宝宝灌输什么知识，或者让宝宝更早学会听、说、读、写和表达，而是全方面的、最大程度地丰富宝宝的体验，让宝宝形成良好的行为习惯，养成合群、自信、健康的心理，潜移默化地引导开发他们发展的各种潜能。

或许很多人觉得现在网上的资料非常丰富，我们想在网上看什么样的内容，就可以直接下载阅读，但是本书首次采用纸质书本阅读与手机移动阅读的形式。你买的不仅仅只是书本上的有限资料，更有移动APP阅读里的广泛事例分析与操作步骤讲解，为您在养胎育儿的过程中将会遇到的一些问题，提供一个最合适的解决方案，让您更加轻松地实现优生优育优教。

第七章

妊娠期保健与胎教优生

PART7

第1节　妊娠期母婴变化

孕一月：精王子和卵公主相爱了

每一位婚后的女性，只要是过着健康、圆满的婚姻生活，并没有采用任何避孕方法的话，就要随时注意有怀孕的可能。孕早期往往不被发觉，即使确知怀孕了，也会因身体上没有多大变化，而不会稍加注意。这个时期的宝宝还没有形成人的特征，在不久的将来就会发育成胎儿及胎儿附属组织胎盘等。

1. 直视准妈妈：出现类似感冒的症状。从末次月经第 1 天起到第 4 周为孕一月。这个月的前半个月还没有授精，妊娠大约在月中旬。这时，绝大部分的准妈妈还没有主观上的妊娠反应。少部分的准妈妈可能出现类似感冒的症状：身体疲乏无力、发热、畏寒等。有的准妈妈还伴有恶心、呕吐。这时的子宫已稍显饱满，约有鸡蛋那么大。但外表还看不出明显变化来，与没有怀孕时一样，小腹还是平平的。

由于没有妊娠的自觉症状，大部分孕妇不知道自己已经怀孕，所以希望已婚育龄妇女应注意观察自己的身体状况，一旦发现有怀孕的征兆，就不要随便吃药，不要轻易接受 X 线检查，更不要参加剧烈的体育活动。

2. 透视宝宝：像只小海马。女性的卵子与男性的精子结合，在医学上称为肉眼见不到的受精卵，一个新生命就此形成了。受精后 7～12 天着床，逐渐成长。

受精卵着床后直至发育到第 8 周为止，称为胚芽。发育到第 3 周末的胚芽，长 0.5～1 cm，重约 1 g，用肉眼可以看见了。

这时的胚芽，身体分两大部分，非常大的部分为头部，占了身长的一半，头部相连着的躯体，有长长的尾巴，很像小海马的形状。这时人类的胚芽，在外观上，与其他动物的胚芽没有什么区别，手脚因为太小，肉眼还看不清楚。

胚芽的表面覆盖着绒毛组织，这种组织不久将要形成胎盘。胎儿通过胎盘吸收母体的营养成分，排出代谢产物。

这个时期的胎儿，眼睛、鼻子、耳朵尚未形成，但嘴和下巴的雏形已经能看到了。血液循环系统器官原型已出现，脑、脊髓神经系统器官原型也已出现；肝脏在这个时期也开始显著发育；心脏的发育较显著，在第 2 周末成形，从第 3 周末起开始搏动；与母体相连的胎盘；脐带也从这个时候开始发育了。

孕二月：胎儿打实基础

由于激素的作用，准妈妈可能在未确知怀孕前就已觉得自己的身体有了一种异样的充实感，果然，准妈妈的身体确实开始发生变化了。这个时候的宝宝，如果仔细观察，头和躯干已经能够分辨清楚了。

1. 直视准妈妈：身体有异样的充实感。生命的种子已种植在身体内，如果你对孕育一个宝宝是有备而来的，从大约得知自己的排卵那时起，你就会非常敏感地关注着自己的一切变化，期待着所希望的事情发生。

进入孕二月，大部分的准妈妈已经知道自己怀孕了。头晕、乏力、嗜睡、流涎、恶心、呕吐、喜食酸性食物、厌油腻等早孕反应表现明显。多数准妈妈会有尿频、乳房增大、乳房胀痛、腰腹部酸胀等症状，有人还会感觉到身体发热。

这时期，准妈妈的子宫增大，大小如鹅蛋，小腹部尚看不出有什么变化。

2. 透视宝宝：像颗葡萄。这时宝宝的生长发育已由分化前期（从受精到形成胚卵）进入分化期（器官形成期），即受精后的 15～56 天是胚胎器官高度分化和形成期，表现为：5 周时，头大但松弛无力地垂下，已具有萌芽状态的手、脚和尾巴；7 周时，头、身体、手脚开始有区别，尾巴逐渐缩短；到了第 2 个月末，胚胎有 2～3 cm 长，体重增加到 4 g，用肉眼也可以分辨出头、身体和手足，看上去像颗葡萄。

胚胎的器官已经开始有明显的特征。手指和脚趾间看上去有少量的蹼状物。这时胚胎像跳动的豆子一样开始有运动。因为骨髓还没有成形，现在由肝脏来生产大量的红细胞，直到骨髓成形后去接替肝脏的作用。胚胎迅速地成长，胎儿的心脏已经开始划分出心室，并进行有规律的跳动及开始供血。细胞不停地分裂，主要器官包括肾和心脏的雏形都已发育。胎儿脑的各部分，如大脑、延髓等器官逐渐分明，脑的分化也开始进行，神经管开始连接大脑和脊髓。胚胎的上面和下面开始长出肢体的幼芽，这是将来宝宝的手臂和腿。日后将形成嘴巴处的下方，有一些小皱痕，它最终会发育成脖子和下颌。面部的基本器官已经开始成形，已经能清晰地看到鼻孔，眼睛也可见雏形。

孕三月：胎儿基础工程完成

这时，准妈妈的基础体温仍然保持升高状态。妊娠反应的各种不适也达到了顶点，体重慢慢地增长，准妈妈渐渐丰满起来。这个时期的宝宝，成长也非常迅速，透过超声波还能听到宝宝的心跳。

1. 直视准妈妈：妊娠反应明显。孕 9～12 周为孕三月。胎儿发育到 11 周末，子宫增大如拳头大小，孕妇下腹部隆起外观仍不明显。到这个月末，胎盘已经完全长好了，你的小宝宝所有的营养将全部靠它供给，它像一个吸盘吸附在子宫壁上，通过血液循环把你身体里的营养源源不绝地吸收过来。增大的子宫压迫周围组织，孕妇会感到下腹部有一种压迫感。孕妇会出现脚后跟抽筋，去厕所的次数明显增多。

这一时期，孕妇妊娠反应明显，妊娠第 8 周、第 9 周是孕妇生理上最难受的时期，家人应多一些体贴关怀，帮助孕妇努力坚持度过这一时期。这个时期已经到了妊娠反应的后半期，随着妊娠天数的增加症状开始减轻，不久就会消失。

准妈妈在这时候会发现，自己体重没有增加太多，但乳房却更加肿胀，不得不更换更大尺码的内衣了。偏瘦的准妈妈要臭美起来了，因为怀孕会让你显得丰满不少。乳头和乳晕的颜色越来越深，腹中线（腹部中间的一条竖线）也呈现出黑黑的一道。

这时期还容易发生便秘、腹泻等症状，注意用科学饮食进行调理，不要乱用药物。

2. 透视宝宝：已有“人样儿”。孕三月的胚芽，又称胎儿，身长为 7～9 cm，体重约为 20 g。

此期胎儿发育得很快，尾巴完全消失，躯体和下肢变大，头的大小也很显眼。

眼睛开始形成，长出眼皮，皮肤仍是透明的，所以从外观可看到皮下血管和内脏。鼻和嘴唇的周围以及声带、齿根开始生成，下颌和两颊开始发育，从面部特征上看与人类的脸部很相似。

胃、肠、肝脏、心脏等进一步发育，肾脏也开始发育、输尿管开始生成，胎儿的排泄系统逐渐形成。

骨骼开始逐渐骨化变硬，指甲、眉毛、头发也开始发育。脐带变长，胎儿可在羊水中自由活动。胎儿的性别从外观上可以清楚地辨认，内生殖器的分泌功能也逐渐体现出来。

这个月，胎儿的神经和肌肉正在分化，大脑和骨骼正在形成。他的生长迅速，并已开始练习着吸吮、吞咽、踢腿等动作。

孕四月：胎儿模样初长成

子宫进一步增大，如同婴儿的头一样大，所以准妈妈的下腹部明显隆起，在下腹部很容易摸到。宝宝这个时候皮肤开始增厚，并开始长头发了，骨骼得到进一步发育，肌肉结实。加上羊水增多，宝宝开始在羊水里稍微活动了。

1. 直视准妈妈：下腹部明显隆起。进入孕四月，大多数准妈妈的早孕反应开始减轻，孕早期的疲劳、恶心以及尿频都已经减少。进入孕中期，你原来的衣服开始变得不合体，不久你就需要穿孕妇装了，下腹部开始出现隆起子宫已如婴孩头大小，穿原有的裤或裙装也有些紧。为了将来顺利地分娩及产后的恢复，现在你需要做一些适当的运动，比如可以有目的地做一些孕妇操，每天还可以让丈夫陪你一起散散步，这是最安全的运动。

同时，准妈妈已能感到乳房的增大，并且乳周发黑的乳晕更为清晰。因为胎盘已形成，所以流产的可能性明显减少，加之早孕反应自然消失，准妈妈的身体和心情舒爽多了。但白带、腹部沉重感及尿频现象依然持续存在。

2. 透视宝宝：脸部有人的轮廓和外形。在妊娠四个月末时，胎儿身长约 16 cm，体重约 135 g。此时胎儿大脑细胞的数量开始增加，大脑皮质结构已逐步定型，脑的表面尚未产生皱褶。胎儿的头渐渐伸直，脸部已有了人的轮廓和外形，头发也开始长出；下颌骨、面颊骨、鼻梁骨等开始形成，耳廓伸长；20 颗乳牙迅速增加，脊柱、肝、肾都已“进入角色”，此时胎儿皮肤薄而透明，能看到皮肤下的血管网。眉心和眼睫毛也开始长出，面部和身体上也长出了纤细的绒毛，称为毳毛。

这个月的胎儿已能用胸部做呼吸动作。此时，虽然胎儿的眼睛仍然是闭着的，但视网膜已经能够感觉到光。胎儿的小耳朵也已经能听到子宫外的声音了，当听到巨大的声音时，他还会感到吃惊。

这个月里，胎儿与母体连接的脐带已经成形，他在妈妈的子宫里安全地住下来了，到这个月末，他的身长能达到 16 cm，还可以轻轻地打嗝。

孕五月：胎儿开始感受世界

随着胎儿的长大，对营养的需求越来越大，准妈妈会明显感觉到自己的食欲比以前要好很多。为了宝宝的成长，准妈妈应当少食多餐，力争及时补充宝宝成长所需的各种营养。这个时候的宝宝，神经组织已经非常发达，并且开始有了感觉。透过超声波可以看到宝宝已经能够做一些细小的动作。

1. 直视准妈妈：腰身变粗。准妈妈在孕五月一般无妊娠反应，食欲较好，流产危险性减少，感觉上比前几个月要舒服。胎儿生长较快，子宫渐渐变大，如幼儿头大小，子宫高度为 15～18 cm（脐下 1 横指）。准妈妈的下腹部隆起明显，会感到腹部沉重。由于乳腺管、腺泡发育，乳房会变得丰满，乳头着色加深。由于皮下脂肪增加，孕妇会显得体态丰盈。随着胎儿的长大，从母体吸收营养多，准妈妈的营养需求量增大，故准妈妈要注意从饮食中补充各种营养，否则易致贫血，影响胎儿的智力发育及身体生长。

准妈妈的体重增加了 2～5 kg，腰身变粗、动作略显笨拙起来，乳房还在持续增大。便秘几乎和胃酸一样普遍，因为孕激素会降低肠道的正常功能。

有的准妈妈会感到腹部有一阵阵的撕扯般的疼痛感，这种反应在走路时更加明显，关于这一点，准妈妈先不要惊慌，这种疼痛不会影响到肚子里的小宝宝，这是腹部空前膨胀、韧带抻拉造成的。

孕 18～20 周时，孕妇自己可以感觉到胎动活跃，这是胎儿情况良好的表现。20 周末时，经腹壁能触及胎儿肢体及浮球感胎头（宫内羊水致浮动感）。准妈妈偶感宫体间歇性收缩，并非异常，不要紧张。此时注意事项：

（1）定期产前检查，每月或 4 周检查一次。

（2）节制性生活。

（3）避免过度劳累，动静结合。

（4）做血液检查，以便及早发现贫血，及时纠正。

2. 透视宝宝：听力发育越来越完善。孕 17～20 周为孕五月，这阶段胎儿生长较快，变化明显。妊娠 16 周末胎儿皮肤红润透明，可见到皮下血管；根据外生殖器开始能分辨男或女（借助超声波）；呼吸肌开始运动；1 个月后皮肤渐变暗红，逐渐不透明，开始长胎毛、胎发、眉毛、指甲。这一时期的胎儿皮下脂肪很薄，显得皮肤不厚；头部较大，头围约 17.6 cm，大小如同一只鸡蛋，约占身长的 1/3；骨骼和肌肉发育较以前结实，四肢活动增强，因此母亲可以感到胎动。

此段时期正常胎儿的心跳逐渐有力，胎心率每分钟 120～160 次，18 周后用听诊器在母亲腹壁可听到胎心；同时胎儿也能听到外界较强的声音，可进行胎教。此期，正常胎儿身长 18～27 cm，体重 250～300 g。这时胎儿已经具有了吞咽及排尿功能。

宝宝的听力发育越来越完善了，他是躲在妈妈身体里的隔墙小耳。他原来偏向两侧的眼睛开始向中央集中，面部有了更加丰富的表情，皱眉、斜眼、做鬼脸，无一不能。

孕六月：胎儿开始艰难岁月

准妈妈肚子变大凸出后，身体的重心也随之改变，走路较不平稳，并且容易疲倦。此时，准妈妈身体已能充分适应怀孕状态，身心较趋于畅快。这个时候的宝宝在准妈妈子宫的羊水中姿势自如地游泳，并会用脚踢子宫、羊水因此而发生震荡。

1. 直视准妈妈：体重增长加速。妊娠 6 个月的准妈妈，妊娠反应结束，心情较妊娠初期好转。体重增长加快，增加比较明显，从外观上看，妊娠 6 个月的准妈妈腹部增大，前凸明显，子宫高度为 18～24 cm（约平脐高或脐上 1 指）；这时，准妈妈要注意饮食结构，既保证胎儿营养所需，也要避免自己过胖和胎儿过大，不要吃只提供热量但营养价值很低的食物，如含糖高的食物。

子宫也进一步增大，可达脐上两指，使得下腹部看起来明显隆起。在别人看来，孕妇活动不像以前灵活了，但孕妇本人却大多感觉不到自己有多大的变化，可能走得还会很快。如果孕妇自己并不觉得笨重，尽可按照自己的意愿行事，过分休养既不利于胎儿发育，也不利于顺利分娩。这一时期由于子宫增大压迫盆腔静脉会使孕妇下肢静脉血液回流不畅，可引起双腿水肿，足背及内、外踝部水肿尤多见，下午和晚上水肿加重，晨起减轻。由于子宫挤压胃肠，影响胃肠排空，孕妇可能常感饱胀，便秘，所以饮食宜每次少量，多次进餐。

此期孕妇心率增快，每分钟增加 10～15 次；乳腺发达，乳房进一步增大，且可挤出淡淡的初乳，同时阴道分泌物增多，呈白色糊状。有的孕妇因缺乏微量元素及维生素出现口腔炎，有的出现龋齿，这与内分泌变化、激素水平改变及缺钙有关，应及时到口腔科治疗。同时注意口腔卫生，保护牙齿，并适当补钙及维生素 D。

怀孕后，基础代谢率增高约 20%，这使得孕妇在孕中期以后，很少会感觉到冷，甚至比男士更耐寒。即使天气转冷了，有些孕妇还是穿得不厚。不过，也不要穿得过于单薄，孕期适当保暖还是必要的，只要不出汗就可以。大多数孕妇在孕早期都有怕冷的感觉，到了孕中、晚期就开始怕热了。另外，此期较妊娠初期和晚期相对舒服些，故如有不得不去的外出旅行，可放在此期。

2. 透视宝宝：各内脏器官均已发育。第 6 个月末时，胎儿身长约 33 cm，体重约 570 g，骨骼发育良好，并长出睫毛和眉毛。由于缺乏皮下脂肪，皮肤发红且有皱，但比以前变得结实了。此时胎儿的相貌已与刚出生的婴儿非常相似，各内脏器官均已发育，只是皮下没有脂肪，身体仍然较瘦小。

胎儿脑细胞分化逐渐形成，表面开始产生皱褶，接近成人的脑部构造。

胎儿的上肢和下肢的肌肉已发育良好，经常会在妈妈的子宫中活跃地运动，在羊水中姿势自如地游泳并会用脚踢子宫壁，使羊水摇晃。这样可刺激胎儿的皮肤，引起大脑冲动而促进皮肤发育。这时，如果子宫收缩或受到外方压迫，胎儿会猛踢子宫壁，把这种信息传递给妈妈。当然，胎儿也有安静的时候，静止和运动会交替出现。

胎儿的听力进一步发展，对喜欢的声音会以活动表示回应，而突然的喧闹声则会让他惊跳。胎儿能够嗅出妈妈的体味，并记忆在脑中。胎儿的呼吸系统也正在发育。

孕七月：努力长成聪明宝宝

妊娠七个月的准妈妈，肚子越来越大了，体型发生明显变化。随着身体越来越重，很多小麻烦也就接踵而至，困扰着准妈妈。这个时期的宝宝，已经会做梦了，并且以这种方式进行脑部体操。

1. 直视准妈妈：下肢开始出现水肿。准妈妈会出现一些新状况，且大多不是那么令人愉快，但是这有什么关系呢？新生命的降临总要付出点代价才对。

这些小麻烦包括妊娠纹可能会更加明显，尤其在腹部和腿上，颜色也逐渐加重，好像皮肤正在裂开；有些准妈妈的腹部伴有瘙痒。腹部的沉重让准妈妈感到有些累了，腰腿痛也开始见苗头，腿有时会抽筋，腿部静脉曲张，行动笨拙。有的准妈妈此时开始出现下肢水肿。

眼睛也可能开始发干、怕光，牙龈也会偶尔出血，鼻子也干燥起来，甚至流鼻血，便秘现象越来越多，白带量也有不同程度的增多。

另外，本月，有的准妈妈会因血压升高或贫血加重引发头痛和头晕，心理负担和精神因素也会造成头痛，所以要注意保持心情愉快。这时还要预防妊娠糖尿病，这是由于妊娠期体内分泌的肾上腺皮质等激素能对抗胰岛素，胎盘也会分泌一些抗胰岛素的物质，使胰岛功能失调，危害与孕前糖尿病相同。已经出现尿糖阳性的孕妇应在医生的指导下，适当控制饮食或者用药，并加强对胎儿的监护。

这个时候，准妈妈们普遍会对自己的健康状况产生怀疑，其实没关系，孕育的过程就是这样，这是不可避免的，只要你以好的心态去对待这些小麻烦，它们也就显得无关紧要了。

2. 透视宝宝：呼吸动作已明显。这个月的胎儿体重已有 1100～1400 g，身长为 36～40 cm，几乎已经快占满整个子宫空间。随着皮下脂肪的增多，胎儿越来越胖了。但皮下脂肪仍然尚未充足，皮肤呈暗红色，皱纹较多，脸部如小老人一般。

有趣的是，他甚至会把自己的大拇指或其他手指放到嘴里去。尽管胎儿的肺叶尚未发育完全，但是如果这个时候早产，胎儿在借助一些医疗设备的前提下，已经可以进行呼吸。

胎儿作息已规律。胎儿的眼睛既能睁开也能闭上，眼睑打开，还长出眼睫毛来。他已形成了自己的睡眠周期。气管和肺部还未发育成熟，但是呼吸动作已经很明显。

孕八月：胎儿开始耳聪目明

这个时期的准妈妈身体十分沉重，行动更加困难，很多动作都不能做。另外，由于子宫上升使胃部受压，食欲明显下降。此时的宝宝，生长迅速，眼皮常常在活跃时睁开，他还能够辨别明暗，甚至跟踪光源。

1. 直视准妈妈：食欲降低。大多数准妈妈已经增加了 5 kg 以上的体重，肚子越来越大，低下头，甚至看不到自己的脚了。

这个月可能会发生不规则的假宫缩，就是肚子偶尔会感到一阵阵地发硬发紧。走路多一些或身体疲劳时更加明显，所以不要长时间走路或站立。

因为胎儿长得越来越大，子宫内的活动空间越来越小了，胎动有所减少。同时你会感到子宫顶到了你的胃，吃下食物后也总是觉得胃里不舒服，食欲也相应减弱，甚至呼吸越发困难，时常喘不上气来。

有意思的事情是你可以直观地看到肚子在动，当你静坐在沙发上时，宝宝会把你的肚皮顶起一个又一个小包来，非常有趣。

这一期间，孕妇子宫的宫底上升到胸与脐之间，子宫底高度 26～32 cm，胎动强烈。子宫不断增大使腹壁绷紧，腹部强力纤维出现浅红色或暗紫色的妊娠纹，有的乳房及大腿部也可以出现这种现象。有的孕妇体内黑色素分泌增多，面部可出现妊娠斑，同时乳头周围、下腹部、外阴部皮肤颜色也逐渐发黑，属正常现象。此期下肢水肿者增多，有的孕妇这时出现妊娠高血压综合征、贫血、眼花、静脉曲张、痔疮、便秘、抽筋等，如出现这些症状孕妇要及时就医诊治，坚持每两周到医院检查一次。

2. 透视宝宝：对光敏感。孕 29～32 周为孕八月，这时胎儿的身长为 40～44 cm，体重约为 1700 g 左右，头围在 30 cm 左右，羊水量增加速度减缓，胎儿生长迅速。32 周末时，胎儿已没有自由活动的余地，胎位相对稳定，身体蜷曲，因头重自然朝下，此为正常胎位。腹壁紧的初产妇此时胎头开始入骨盆。此时胎儿面部胎毛开始脱落，皮肤深红色，胎脂较多，有皱褶；以脑为主的神经系统及肺、胃、肾等脏器的发育近于成熟，脑部皱褶基本成形，脑细胞几乎与成人相同；听力增强，对外界强烈的音响有反应；若此时早产，精心护理新生儿是可以存活的。

胎儿头发变浓密了，他的眼皮常常在活跃时睁开，他还能够辨别明暗，甚至跟踪光源。他可以睁开眼睛并把头转向从妈妈子宫壁外透射进来的光。

孕九月：胎儿已经成熟

这个时候的准妈妈因为身体欠灵活，所以非常容易疲倦。由于胎儿的头部下降，压迫着膀胱，准妈妈的尿频症状更加明显。此时宝宝皮下脂肪增厚皱纹减少，皮肤富于弹性，整个胎儿皮肤呈粉红色，胎体呈现圆桶状。

1. 直视准妈妈：初乳试生产。这期间孕妇的腹部高度隆起，子宫底从胸下2横指处，上升到心窝下面一点，宫底高度为29.8～34.5 cm，挤压胃肠现象加重，且使膈肌上移，心脏向左上方移位。心脏和双肺受到挤压，加之血容量增加到最高峰，故心脏负荷加大，心跳呼吸增快，气喘、胃胀、食欲不振、便秘，此时胎头开始逐渐下降入盆腔，挤压膀胱，引起尿频。

这时孕妇身体较笨重，行动不灵活，易疲倦，要注意休息，饮食应少量多次，停止性生活以免早产和感染。坚持每两周做孕期检查一次，从36周始每周检查一次，有异常时更应及时检查。

由于胎儿的头部下降，压迫着膀胱，准妈妈的尿频症状更加明显。骨盆和耻骨联合处正在变得松软，这让准妈妈感觉有些酸痛。同时，全身的关节和韧带逐渐松弛，外阴也变得柔软而肿胀……这一切都是在为分娩做着准备。

准妈妈的体重此时大约以每周500 g的速度增长，这其中几乎有一半重量长在了宝宝身上。宝宝这段时间增长的体重是出生时体重的30%～50%，宝宝要为自己在母体外的生活做好体重上的准备。有些细心的准妈妈会发现乳头上有时会分泌出零星的乳汁，这些乳汁只是乳房的试生产，到宝宝娩出后才会大量生产真正的乳汁。

2. 透视宝宝：头部已开始降入骨盆。孕33～36周末为孕九月，这时的胎儿身长在45～48 cm左右，头围约为34 cm，体重在这四周增长得最快，36周时体重可达2500 g左右，皮下脂肪开始增多，皮肤皱褶变少，身体较以前丰润。9个月的胎儿皮肤红润带有色泽，胎毛渐脱落，脸及腹部胎毛已消失，只有肩背部仍可见胎毛，皮肤上有黏性脂肪，指甲长出指尖。男胎睾丸大多下降至阴囊，女胎大阴唇隆起，生殖器官发育完善。这个时期胎儿的内脏器官发育基本成熟，具备了较强的呼吸和吸吮能力，在宫内可吞咽羊水，消化道分泌物及尿排泄在羊水里。若此期离开母体，基本具备生存能力。

这个月末，宝宝头部已开始降入骨盆，开始做出生的准备，但位置尚未完全固定；宝宝已经占满了整个子宫空间，运动的次数减少，但更富有力量。

孕十月：万事俱备，胎儿要搬家

到了这个时候，准妈妈便进入了一个“收获”的季节。随着胎儿的入盆，宫顶位置下移，准妈妈已经感觉到隆起的腹部多少有些下移了。此时，宝宝在子宫内已处于降临入世的倒计时阶段，胎动比以前更加频繁。

1. 直视准妈妈：突出的肚子逐渐下坠。随着胎儿的头部进入骨盆，准妈妈的胃和胸部的感觉轻松了。

阴道及子宫越来越柔软，下腹部的压力越来越大，突出的肚子逐渐下坠。胎头下降牵拉宫颈，有的准妈妈会觉得胎儿好像就要掉出来了似的，而且膀胱受到压力，使准妈妈一天到晚都像有便意。阴道分泌物也更多了，如果其中带有血迹，就应该留心是否伴有腹痛，如果出血量大、破水就应立即去医院了。

准妈妈现在最强烈的压力来自于对即将到来的分娩的期待。所以，准妈妈应尽量放下既紧张又焦急的情绪，适当活动，充分休息，密切关注自己身体的变化，是否有临产的 3 个重要征兆——宫缩痛、破水和流血，并随时做好入院准备。

这段时期母体的子宫底高度 30～35.3 cm，随着胎儿的入盆，宫底位置下移，对心脏、肺、胃的挤压减轻，胃胀缓解，食欲增加，但对直肠和膀胱的压迫加重，尿频、便秘、腰腿痛等症状更明显，阴道分泌物增多有利于润滑产道。因胎儿大，羊水相对变少，腹壁紧绷而发硬，有无规律的宫缩。

孕妇要坚持每周一次的产前检查，以便发现异常尽早处理。这段时期孕妇尤其要注意全身清洁，按摩乳头；禁止性生活，因性生活可导致破水和早产。

2. 透视宝宝：马上就要变成婴儿了。孕 37～40 周为孕十月，这时胎儿身长 48～56 cm，体重 2700～3300 g，头围约 35 cm，头盖骨变硬。此期胎儿皮肤皱褶消失，肤色淡红，皮下脂肪增多，身体略显丰润。头发长 2～3 cm，指（趾）甲超过指（趾）尖。除肩背部有的尚有胎毛，其余胎毛全部脱落。背部、臀部和关节等处可见胎脂，有的胎儿全身覆盖一层厚厚的胎脂。呼吸系统、消化系统、泌尿系统及心、脑、肝、外生殖器等器官均发育完好，已经属于成熟儿。10 个月的胎儿出生后哭声洪亮，吸吮力强，四肢活动有力，脱离母体可以独立生存。

大多数的宝宝都将在这个月最后两周诞生，但真正能准确地在预产日期出生的婴儿只有 5%，因为在计算预产期时已包括了合理误差，提前两周或推迟两周都是正常的，不必过于着急。但如果推迟两周后还没有临产迹象，特别是胎动明显减少时，就应该尽快去医院，医生会采取相应措施，尽快使宝宝娩出。

移动阅读

怀孕早期胎儿发育的基本情况
胎儿在妈妈子宫里会撒尿吗
胎儿会打嗝吗
胎儿耳朵的形成过程
胎儿眼睛发育时间表
胎儿大脑的发育规律
胎儿几个月脑部能产生记忆功能
胎儿脑部成长全记录
1 至 4 周胎儿的变化
5 至 8 周胎儿的变化
9 至 12 周胎儿的变化
13 至 16 周胎儿的变化
17 至 20 周胎儿的变化
21 至 24 周胎儿的变化
25 至 28 周胎儿的变化
29 至 32 周胎儿的变化
33 至 36 周胎儿的变化
37 至 40 周胎儿的变化
准妈妈子宫的神奇变化
胎儿能看到东西吗
子宫中的胎儿在做什么
眼的胚胎发育
双胞胎的发育过程
胎儿大脑发育的关键时间
胎儿大脑神经的发育
1 至 4 周母体的变化
5 至 8 周母体的变化
9 至 12 周母体的变化
13 至 16 周母体的变化
17 至 20 周母体的变化
21 至 24 周母体的变化
25 至 28 周母体的变化
29 至 32 周母体的变化
33 至 36 周母体的变化
37 至 40 周母体的变化

第2节　妊娠期保健

妊娠期40周营养方案大全

在妊娠期，营养素需求增加基于如下两个众所周知的原因：母亲血浆容量增加，器官体积增大需要能量及营养素；胎儿的成长需要物质及能量。这些需求也会随怀孕阶段的不同而有所变化。下面是母婴宝孕育专家针对孕期各阶段的变化，为准妈妈们制定了一套营养方案大全，供大家参考。

1. 0～8周：这个阶段很多人甚至并未意识到自己已经怀孕了，所以在饮食方面也不会特别留意。只要保持积极的生活方式，让体重保持在一个适当的水平就可以了。如果因为以前曾经流产或者存在其他健康情况，那么建议你不要从事剧烈的运动。照顾好自己的身体，还意味着你要戒烟，不喝或少喝酒。怀孕期间吸烟会让婴儿体重过低，还会引起一些并发症，如流产，也会危及宝宝将来的健康。

(1) 最重要的营养任务——叶酸。

很多食物中都含有天然叶酸，但只靠食物摄取叶酸，并不足以降低宝宝患有脊柱裂或者其他神经管缺陷的危险。怀孕前的几个月内和怀孕最初的3个月，每天补充400 μg的叶酸。在整个怀孕期间都要多吃含叶酸的食物，如芦笋、鳄梨、甜菜根、黑豆、哈密瓜、强化早餐麦片、橘子、菠菜和全麦面包。

(2) 应付最常见的不适——疲惫。

如果你发现自己白天感到疲惫，那么：看看自己是否缺铁，造成疲惫的原因一般是贫血；定时进餐；如果想吃零食，可以吃一些碳水化合物，它们可以为你提供几个小时的能量。不要选择饼干、巧克力和甜饮料，它们只会给你很短时间的能量，吃过不久你又会觉得饥饿。

2. 9～12周：这个阶段，胎儿的身体结构已经发育完整，良好的营养更有助于他的发育。

(1) 最重要的营养任务——镁和维生素A。

这两种营养元素是构筑宝宝健康的两块至关重要的基石。镁不仅对胎儿的肌肉的健康至关重要，而且也有助于骨骼的正常发育。近期研究表明，怀孕头三个月摄取的镁的数量关系到新生儿的身高、体重和头围大小，幸运的是，在色拉油、绿叶蔬菜、坚果、大豆、南瓜、甜瓜、葵花籽和全麦食品中都很容易找到镁的身影。镁对准妈妈的子宫肌肉恢复也很有好处。怀孕后期，如果准妈妈体内镁含量下降，有可能会导致阵痛。

胎儿发育的整个过程都需要维生素 A，它尤其能保证胎儿皮肤、胃肠道和肺部的健康。怀孕的头 3 个月，胎儿自己并不储存维生素 A，因此一定要供应充足。甘薯、南瓜、菠菜和芒果都含有大量的维生素 A。

（2）应付最常见的不适——疲劳和恶心。

你怀孕的这一期间，疲劳是主要的问题。早上起来工作，或者做早饭，对你来说是不大可能的事。你也许还会感到恶心，一般是在早上，不过一天中的任何时间也都可能发生。下面是一些帮助你缓解恶心的小窍门：①在床头放一些小零食，如饼干之类，起床前吃上一两块。②恶心时喝点含姜饮料，如姜汁饮料，或在一杯热水里放一片生姜。③两餐之间吃一些刺激性少的零食，如面包干或饼干。④如果炒菜的气味让你受不了，让你老公下厨，或者在你感觉好的时候多做点，吃剩下的放在冰箱里。⑤如果你真的不能吃不能喝，请教一下医生或者助产士，他们有办法帮助你。注意防止脱水。

（3）准备好营养早餐。

稀的东西：如果早上吃不下，可以把粥装在暖瓶里，带到办公室。

甜的东西：买几种不同的小包早餐麦片，每天带一包去上班，吃的时候搭配上一两块水果。

开胃的东西：可以自制一个小三明治，如果不喜欢奶酪，可以用酸奶代替，加一些清爽的菜叶、黄瓜、西红柿、火腿或者是煎鸡蛋。

3. 13～16 周：这个时期，你会感到恶心减轻，精神多了，也有了胃口。如果你又能吃饭了，好好享受美味吧，买一些和往常不一样的蔬菜和水果，来拓宽你的营养来源。食物要多样，这很重要，因为胎儿需要一系列营养以便充分发育。这期间最重要的营养包括维生素 D、ω-3 脂肪酸、DHA，这些对胎儿的大脑和眼睛的发育很重要。鱼类和海鲜是这些营养最好的来源。如果你不喜欢吃鱼，医生会建议你吃一些替代品。

最重要的营养任务——碘。

14周左右，胎儿的甲状腺开始起作用，制造自己的激素。而甲状腺需要碘才能发挥正常的作用。鱼类、贝类和海藻等海鲜是碘最丰富的食物来源。所以下面这些食物每周至少要吃两次：鳕鱼、紫菜、鲭鱼、大虾、鲑鱼、沙丁鱼、海藻、鳟鱼、海带等。但尽量不要吃鱼罐头和生鱼片。

4. 17～20周：在你进入了第4个月以后，可能不会觉得那么累了，甚至会觉得神采奕奕。

(1) 最重要的营养任务——维生素D和钙。

这段时间你需要充分的维生素D和钙来帮助胎儿的骨骼生长。鱼类是维生素D的主要来源。如果不能吃鱼，鸡蛋里也含有维生素D，晒太阳也能制造维生素D，每天晒半个小时就足够了。别忘了做好防晒的工作。

钙对神经传输和肌肉收缩具有很重要的作用，也对牙齿和骨骼健康影响很大。孕妈要把钙供应给胎儿，促进胎儿骨骼的生长，因此一定要吃足够的含钙食品，尤其是奶制品。

在有些国家，医生并不建议孕妇补充额外的钙质，因为他们认为从食物中吸收钙更加有效。不过，一定要吃足够的含钙多的食品，这很重要。含钙多的食物包括杏仁、豆类、奶制品、带骨鱼类、牛奶豆奶、芝麻酱、豆腐和菠菜等。

(2) 应付最常见的不适——妊娠期高血压疾病。

研究表明，容易患有高血压的孕妇补充钙质以后，患有妊娠期高血压疾病的可能性比那些没有补钙的孕妇要低。选择补钙产品之前需要咨询一下医生，不同种类的钙所需的剂量各有不同。

5. 21～24周：你现在开始显怀了，食欲也不错，不过，你的身体能更有效地从食物中吸收营养，因此与往常相比，你不必吃得太多。重要的是应该摄取多种多样的食物，保证蔬菜、水果、面包、坚果、果实的供应。尽管你的食物很多样，但你也要注意不要让自己的心血白费。比如说，吃东西的同时喝茶或喝咖啡会减少你的身体从食物中吸收的铁的数量。这是因为茶和咖啡中含有丹宁酸，阻碍对铁的吸收。吃饭以后，喝茶或喝咖啡以前，至少要留出30分钟的间隔。

吃大量的全麦食品（如糙米、全麦面包等）对大多数孕妇来说问题不大，但如果吃得过量就会影响身体对钙、铁、锌的吸收。

多吃豆类。豆类不仅能提供能量和纤维，还含有一定量的铁，因此每个人的日常饮食都应该包括豆类。尽量多吃豆类。橙子、西红柿等富含维生素C的食品有助于铁的吸收。

最重要的营养任务——铁。

尽管一些医生喜欢建议孕妇补铁，但并不是每个孕妇都有此需要，另外，补铁也可能引起便秘。如果医生说你贫血，问问他是否测量过你的血液中的铁蛋白，这是你血液中储存的铁的数量，比测量血红蛋白的数量更加可靠。

如果你不需要补铁，或者决定不补铁，那么要保证多吃含铁食物，如精瘦肉、家禽、强化早餐麦片等。

6. 25～28周：怀孕的第6个月，可以说喜忧参半。体内激素分泌增加会让很多女人看起来更性感，不过，不断长大的胎儿会压迫你的胃，引起胃部灼热，你也可能会便秘。

妊娠期你的新陈代谢的速度要增加大概20%，也就是说，即便你在休息，你的体温也比以往要高。如果你觉得体温过高，多喝水，以补充排汗丧失的水分。如果这期间你做过血液检查，你会发现血液中胆固醇含量升高了，这很正常，没什么好担心的。因为胆固醇是形成很多激素的基础，所以含量会增加。不要吃那些宣称可以降低胆固醇的食品，除非你的医生建议你这么做。

(1) 最重要的营养任务——食物纤维。

纤维对保证消化系统的健康很重要，也能够减轻便秘。它还有助于维持稳定的血糖水平。食物纤维分为两种，可溶纤维和不可溶纤维。可溶纤维能让你更久保持吃饱的感觉，让糖分稳定地进入血液。不可溶纤维让食物更快地通过身体，防止便秘，借助排便清除体内废物。可溶纤维主要包括苹果、豆类、燕麦、梨和黑面包。不可溶纤维主要包括水果、绿叶蔬菜、扁豆和全麦麦片。

(2) 应付最常见的不适——睡眠不好、胃灼热、便秘。

睡眠策略：①喝杯饮料让自己放松下来。如果你觉得入睡困难，就在睡前喝一小杯甘菊茶或热牛奶。②不要夜间起来吃东西。晚饭时多吃一些含碳水化合物的食品，如面包、米饭和土豆等，或者吃一些麦片，都有助于加速睡眠。③睡前做好准备。床边放一大杯水，晚上就不用起床了。如果你半夜经常饿醒，那就在床边放一暖瓶热牛奶，醒来时喝上一杯，会让你重新睡着。夜间唾液分泌减少，所以不要吃任何甜食，除非你做好刷牙的准备。

减轻胃灼热（烧心）：胃灼热和消化不良是这一阶段的常见症状。体内的黄体酮和不断长大的胎儿都会减缓胃排空，因而胃酸被顶了上去，就会感到胃灼热。减轻胃灼热的方法是少食多餐，让身体每次都有足够的时间去消化。避免辛辣和油腻的食物，不喝刺激性强的饮料，饭后不要躺着，穿宽松的衣服，都有助于减轻胃灼热和消化不良。

动起来：防止便秘要比治疗便秘好得多，那么，喝足够的水（每天 6～8 大杯），多吃纤维食品。运动也会有帮助，试着散步或者游泳。

7. 29～32 周：你的宝宝的体重正在迅速增加，他变得很活跃，哪怕是在晚上也一样。如果你夜间烦躁不安，疲惫重新控制了你，你肯定不愿意花几个小时在厨房里准备饭菜，因此做些简单省时的饭菜就行了。另外，不要忘记，疲乏也许是贫血的征兆，所以还要吃些含铁食物。尽管炖菜比较费时间，但你可以先做好，或者冷冻起来，或者放在冰箱内的密封容器内，保留一两天。和维生素 C 不同，铁与空气接触也不会损坏，所以尽管保存吧。

(1) 最重要的营养任务——不饱和脂肪酸。

人的一生都需要不饱和脂肪酸，怀孕期间尤其如此。不饱和脂肪酸中的 ω-3 和 DHA 有助于宝宝眼睛、大脑、血液和神经系统的发育，整个孕期都需要这些元素，尤其是怀孕的最后 3 个月，宝宝大脑迅速发育的时候。因此，专家建议你的早餐应该经常包括：各种鱼类，如鲭鱼、鲑鱼、鲱鱼等；坚果和果实，如葵花籽；绿叶蔬菜；从葵花子、亚麻籽或油菜籽中提取的油或食物。

(2) 应付最常见的不适——睡眠问题。

你的宝宝现在容易乱动，尤其喜欢活动手臂和腿脚，也许他的生物钟和你不一样，这对你来说意味着许多夜晚将在不眠中度过。他在子宫里占的地方越来越大，压迫你的膀胱，你可能一两个小时就想上一次厕所。不要试图通过白天少喝水来防止晚上起夜，因为你还需要大量的水。

8. 33～36 周：由于你所需能量的增加，不要忘了多吃新鲜水果和蔬菜，这对你和宝宝都至关重要。

如何应付最常见的不适——牙齿问题。

面对怀孕带来的那么多改变，很容易忽视口腔健康。很多焦急等待宝宝出世的准妈妈会发现自己的牙龈经常流血，这是因为体内激素的改变，以及血压升高的缘故。所以，一定要照顾好自己的牙齿，经常刷牙，用牙线清洁牙齿。怀孕期间还应该至少去看一次牙医。但别忘了告诉牙医你是孕妇。

你的饮食习惯也会影响牙齿，如果你一天吃好多次，甚至晚上也吃宵夜，你就应该更经常地清洁牙齿。牙齿中的细菌让食物中的淀粉和糖发酵产生酸，腐蚀你的牙齿。定期清洁牙齿，尤其是在吃饭以后，这样能够减少口腔内细菌的活动。

怀孕的这个阶段，牙齿护理包括以下 3 点：

(1) 经常清洁牙齿，每次吃完甜食要刷牙。

(2) 选择低糖食品。例如蔬菜，蔬菜可以生吃，可以蘸酱，可以做成色拉，对你的牙齿健康有好处。

(3) 多吃维生素 C，这对牙齿非常关键。一份清蒸花椰菜或者一个油桃能够满足你的每天需要。

9. 37～40 周：这时候，很多准妈妈都觉得消化系统慢了下来，感到便秘，引起这种状况的原因有很多。胎儿越长越大，造成了很大的压力，激素分泌的改变，更少活动，也会产生负面影响。预防胜过治疗。如果你开始感到不舒服，多喝水，多吃含纤维食品，由于婴儿压迫膀胱，多喝水可能并不令人愉快，但要大便通畅，你就需要喝水，茶和咖啡并不解决问题，事实上，它们只会帮倒忙。

(1) 最重要的营养任务——维生素 B_{12}和维生素 K。

这一阶段，宝宝的神经开始发育出起保护作用的髓鞘，发育过程将持续到他出生以后。髓鞘发育依赖于维生素 B_{12}，这种维生素几乎只存在于动物制品中。保证吃一些精瘦肉或家禽，吃足够的低脂肪奶制品。如果你吃素，那么就要补充维生素，吃强化早餐麦片，保证吸收足够的维生素 B_{12}。

维生素 K 对血液凝结很重要，人的一生都需要它，对准备生宝宝的女人来说尤其重要。椰菜、甘蓝、菠菜、香瓜、青豆、强化早餐麦片和全麦面包都对你很有好处。

(2) 为住院做准备。

随着住院日期的迫近，你要准备一些零食和饮料好带去医院。不过你在生宝宝时能否进食，取决于医院，最好先问问医院的规定。如果愿意，住院前吃一点东西。吃一些容易消化的东西，以免你在初期感到饥饿。饼干、葡萄干和葡萄糖都是理想的零食。

妊娠期不同阶段的活动保健

有些准妈妈一知道自己怀孕了，就马上进入全程“戒备”状态，推掉工作、娱乐和一切体力活动，坐在家里等着宝宝出生。其实，孕妇在怀孕期间进行适度的运动，对孕妇和胎儿都有多方面的好处。

对孕妇而言，运动能促进血液循环和新陈代谢，增强心肺功能，有助睡眠，减轻腰腿酸痛，预防或减轻下肢水肿。此外，运动还能增加体力，使肌肉有弹性，这对顺利分娩非常有意义。对于患有糖尿病的孕妇，运动还可以辅助治疗疾病。

对胎儿而言，运动为准妈妈大脑提供充足的氧气和营养，促使大脑释放脑啡肽等有益物质，通过胎盘进入胎儿体内，可加快新陈代谢，从而促进生长发育；孕妇做适当的运动，可以刺激腹中宝宝的大脑、感觉器官、平衡器官以及呼吸系统的发育。运动还可以摇动羊水，刺激胎儿全身皮肤，就好比给胎儿做按摩，十分利于胎儿的大脑发育，出生后会更聪明。

至于孕妇适合做哪种运动，以及运动量的大小，都要根据个人的身体状况而定，不能一概而论。如果孕妇怀孕前就一直有锻炼的习惯，在孕期可以继续锻炼，但开始的时候一定要慢慢来。

1. 孕早期多做有氧运动：妊娠期的前 3 个月一定要小心，很多孕妇以为这个时候刚刚怀孕，肚子也不大，因此还可以运动，但事实上这个时候胚胎在子宫里还没有牢固地“安营扎寨”，剧烈的运动很容易导致流产，因此这个阶段最好不要剧烈运动。即使不在孕期，有氧运动对身心也是极为有益的。至于孕期适宜做哪些有氧运动，那就要根据自己的喜好和体质来决定。如果感觉不好，这一段时间可以不要做运动。

在孕早期可以选择游泳，游泳对孕妇来说是比较安全的。游泳可以促进血液流通，增加心肺功能，减轻关节的负担，以消除淤血、浮肿和静脉曲张等问题，还能使准妈妈心情愉快，减轻妊娠反应，对腹中宝宝的神经系统有很好的影响。但要选择卫生条件好、人少的游泳池，注意不被人撞到，而且时间不宜过长，20 分钟即可。

除此之外，准妈妈还可以散散步、做简单的韵律舞、爬爬楼梯等，这些有节奏性的有氧运动可以每天定时做一两项，或者做些简单的家务，都是不错的选择。

2. 孕中期可适当增加运动频率：在此时可以适当增加运动频率，是因为怀孕中期胎盘已经形成，不太容易造成流产。可以早晚散散步，既可以增加耐力，促进肠胃功能，还能刺激腹中宝宝的活动，尤其是在温和的阳光下散步还能促进宝宝对钙质的吸收。

不过，这个时期由于体重增加，身体失衡，准妈妈尽量不要再做家务，尤其要避免擦高处玻璃，弯腰擦地等。

3. 孕晚期进行慢节奏的运动：这时候已经临近预产期了，身体负担很重，不宜进行过于劳累的活动，运动时间最好不超过 15 分钟。所有的运动都要以慢速度进行，最好以散步为主。在散步的同时，还可以加上静态的骨盆肌肉和腹肌的锻炼，这既可以为分娩做准备，还能促进宝宝的发育。此时，准妈妈可以进行一些慢动作的健身体操，像简单的伸展运动；坐在垫子上屈伸双腿；平躺下来，轻轻扭动骨盆；身体仰卧，双膝弯曲，用手抱住小腿，身体向膝盖靠等简单动作。健身操时间不宜过长，不要劳累。

4. 妊娠期运动的注意事项：准妈妈每周至少运动 3 次。运动量的大小以心率在每分钟 140 次以下为宜，需氧运动每次不超过 20 分钟。准妈妈应在运动前多喝水。喝水多，运动时出汗多，体温散得快，体温不会升高。运动前要做好准备活动，使全身关节和肌肉活动开。

需要特别提醒准妈妈的是，无论在哪个时期进行运动，在运动过程中都要注意自我控制，随时观察自己的脉搏、体温，如果出现头晕、气短；宫缩频率增加；某个部位疼痛；阴道突然有血丝或大量流血，要马上停止运动，如果症状不能缓解，要尽快去医院检查。

另外，孕妇一定要避免强烈的腹部运动，也要避免做和别人有身体接触的运动，以免被碰撞。不能进行跳跃性的或者需要冲刺的运动，要避免做快速爆发的运动，如打羽毛球、网球，骑马或者潜水等运动。在运动时要注意保暖，还要穿宽松的衣服，合脚的平底鞋；选择空气清新、氧气浓度高，尘土和噪声都较少的环境，这对腹中的宝宝和孕妇都有好处。

妊娠期心理保健

女性在孕育胎儿及分娩的过程中，不仅身体发生了一系列巨大的变化，心理上也受到了不同寻常的震撼，更何况还有来自家庭、社会等诸多方面的影响。因此，妊娠分娩对于女性的身心是一场严峻的考验！更重要的是，这关系到母婴两个人！

现在已可用现代技术监测准妈妈情绪变化对胎儿发生的影响，如忧虑、焦躁、悲痛会使胎动增加，影响胎盘血液循环和氧提供。可以肯定，孕妇愉悦、豁达的心情有益于胎儿的生长发育。

1. 孕早期的心理保健：孕早期发生的心理方面的问题，大致有以下 3 种。

（1）过分担心：有些孕妇对怀孕没有科学的认识，易产生既高兴又担心的矛盾心理。她们对自己的身体能否胜任孕育胎儿的任务、胎儿是否正常总是持怀疑态度，对任何药物都会拒之千里。

（2）早孕反应：严格说来，早孕反应（孕吐）是一种躯体和心理因素共同作用而产生的症状。但医学家发现，孕吐与心理因素有密切的关系。如孕妇厌恶怀孕，则绝大多数会孕吐并伴体重减轻，如果孕妇本身性格外露，心理和情绪变化大，还会发生剧烈孕吐和其他反应。

（3）心理紧张：有些孕妇及亲属盼子心切，又对将来的生活茫然无知，因为住房、收入、照料婴儿等问题的担心，导致心理上的高度紧张。

上述这些不良心态，会使孕妇情绪不稳定，依赖性强，甚至会表现出神经质。这对孕妇和胎儿是十分不利的。改善的原则是，孕妇本人要尽可能做到凡事豁达，不必斤斤计较；遇有不顺心的事，也不要去钻牛角尖。丈夫和其他亲属应关心和照顾孕妇，不要让孕妇受到过多的不良刺激，不要做可能引起孕妇猜疑的言行，使孕妇的心理状态保持在最佳状态。

2. 孕中期的心理保健：进入孕中期以后，孕妇体内已经形成了适应胎儿生长的新的平衡，孕吐等不适应反应也逐渐消失，孕妇的情绪也变得相对稳定。所以，孕中期心理安定，其保健的重点应在于通过生活、工作和休息的适当调整，保证良好的心理状态。

（1）避免心理上过于放松：身体状况的安定，可能会导致精神上的松懈，孕妇会大舒一口气。但是，孕中期并不一定就平安无事。如由于怀孕造成各个系统的负担，可能加重原有的心脏、肾脏、肝脏等病情；孕中期也可能会出现各种病理状况，如妊娠期高血压疾病和贫血等，放松对身体状况的注意，很可能会导致不良后果。所以，应定期到医院接受检查。

（2）减轻对分娩的恐惧：虽然中期距分娩时间尚有一段距离，但毕竟使孕妇感受到一种压力，有些孕妇会从这时开始感到惶恐不安。分娩无痛苦是不可能的，但过分恐惧并不是好办法，孕妇应学习一些关于分娩的知识。另外，如果孕妇和家人一起为未出世的孩子准备一些必需品，也许能使孕妇心情好转。这样做往往可以使孕妇从对分娩的恐惧变为急切的盼望。

（3）过分依赖：毫无疑问，孕中期妇女适当做一些工作，并参加一些平缓的运动没有危害。但有些孕妇因体形显露而不愿活动，每天不干任何事情，凡事都由丈夫包办，以为这样才会对胎儿有利。可这样做却易引起心理上的郁闷、压抑、孤独，这对胎儿是不利的。医学界认为，孕期适当的活动可以增强孕妇的肌肉力量，对分娩有一定帮助。所以，孕妇可以从事家务劳动，如果没有异常情况，孕中期仍能正常上班，这样对于改善心理状态也大有益处。

3. 孕晚期的心理保健：进入孕晚期以后，孕妇子宫已经极度胀大，各器官、系统的负担也接近高峰，因而，孕妇心理上的压力也是比较重的。由于体型变化和运动不便，孕妇心理上产生了一些变化，有许多孕妇会产生一种兴奋与紧张的矛盾心理，从而导致情绪不稳定、精神压抑等心理问题，甚至会因心理作用而自感全身无力，即使一切情况正常，也不愿活动。

由于临近预产期，孕妇对分娩的恐惧、焦虑或不安会加重，对分娩“谈虎色变”。有些孕妇对临产时如何应付，如有临产先兆后会不会来不及到医院等过于担心，因而稍有“风吹草动”就赶到医院，甚至在尚未临产，无任何异常的情况下，缠住产科医生要求提前住院。

所以，孕晚期心理保健应注意以下问题。

（1）了解分娩原理及有关科学知识：克服分娩恐惧，最好的办法是让孕妇自己了解分娩的全过程以及可能出现的情况，对孕妇进行分娩前的有关训练，许多地方的医院或有关机构均举办了“孕妇学校”，在怀孕的早、中、晚期对孕妇及其丈夫进行教育，专门讲解有关的医学知识，以及孕妇在分娩时的配合。这对有效地减轻心理压力，解除思想负担以及做好孕期保健，及时发现并诊治各类异常情况等均大有帮助。

（2）做好分娩准备：分娩的准备包括孕晚期的健康检查、心理上的准备和物质上的准备。一切准备的目的都是为了保证母婴平安，所以，准备的过程也是对孕妇的安慰。如果孕妇了解到家人及医生为自己做了大量的工作，并且对意外情况也有所考虑，那么，她的心中就应该有底了。

孕晚期以后，特别是临近预产期时，孕妇的丈夫应留在家中，使妻子心中有所依托。

(3) 身体没有意外情况时不宜提早入院：毫无疑问，临产时身在医院，是最保险的办法。可是，提早入院等待时间太长也不一定就好。首先，医疗设置的配备是有限的，如果每个孕妇都提前入院，医院不可能像家中那样舒适、安静和方便；其次，孕妇入院后较长时间不临产，会有一种紧迫感，尤其看到后入院者已经分娩，对她也是一种刺激。另外，产科病房内的每一件事都可能影响住院者的情绪，这种影响有时候并不十分有利。

所以，孕妇应稳定情绪，保持心绪的平和，安心等待分娩时刻的到来。不是医生建议提前住院的孕妇，不要提前入院等待。

妊娠期常见疾病发病率排行榜

妊娠期，是女人最幸福的一个时期，却也是最脆弱的一个时期。这里所说的脆弱，是针对病菌的容易侵袭——这是一个新陈代谢的特殊阶段，任何病菌都可能趁虚而入。下面我们对孕期易发疾病做个排行，供大家参考。

1. 痔疮 (76%)：痔疮是一种慢性病，孕妈妈痔疮的发病率可高达 76% 左右。这是因为妊娠后随着胎儿一天天长大，日益膨大的子宫压迫下腔静脉，腹内压增加，影响了血液的回流，致使痔静脉充血、扩张、弯曲成团，从而形成痔疮。

痔疮初起时，主要依靠饮食调理，不吃辛辣食物，如胡椒、花椒、生姜、葱、蒜等，以及油炸的食物，少吃不易消化的东西，以免引起便秘，可多吃富含膳食纤维的蔬菜和水果，如马齿苋、芹菜、白菜、菠菜、木耳、黄花菜以及苹果、香蕉、桃、梨、瓜类等。要多饮水，最好早晨起来后喝一杯淡盐水或蜂蜜水。这样可避免便秘，减少硬结粪便对痔静脉的刺激。遇有便秘时还可多食一些含植物油脂的食品，如芝麻、核桃等。为了不使便秘形成，可少量口服或外用缓泻药，如蜂蜜、开塞露等，不宜服用大黄、番泻叶等下泻药，以免引起早产。

孕妈妈早晚可散步、做体操，平时卧床休息时可将骨盆部抬高 20～25 cm。避免久坐、久站，适当增加休息。手纸宜柔软洁净，内痔脱出应及时托回。也可进行肛门收缩运动，每天早晚各做一次提肛运动，每次 30 下，可以加强肛周组织的收缩力，有助于肛周组织的血液循环。定时排便，养成良好的排便习惯，如厕时不读书看报。

一般来说，在生育之后痔疮是可以痊愈的。即使需要手术，医生一般也建议等到生育之后再进行。

2. 妊娠糖尿病（60%）：据国内资料显示，糖尿病孕妇的胎儿发生先天畸形的概率比一般孕妇高 2～3 倍。而且，大约 30%的妊娠糖尿病患者在 5～10 年后转变为慢性的 2 型糖尿病，最终发病率达到 60%。

糖妈妈的六大饮食原则：

（1）注意热量需求：妊娠初期不需要特别增加热量，中、后期必须依照孕前所需的热量，再增加（255 kJ/d）。由于体重减轻可能会使母体内的酮体增加，对胎儿造成不良影响，故妊娠期中不宜减重。

（2）注意餐次分配：为维持血糖值平稳及避免酮血症之发生，餐次的分配非常重要。因为一次进食大量食物会造成血糖快速上升，且母体空腹太久时，容易产生酮体，所以建议少量多餐，将每天应摄取的食物分成 5～6 餐。特别要避免晚餐与隔天早餐的时间相距过长，所以睡前要补充点心。

（3）正确摄取糖类：糖类的摄取是为提供热量、维持代谢正常，并避免酮体产生。不应误以为不吃淀粉类可控制血糖或体重，而完全不吃饭；而是应尽量避免加有蔗糖、砂糖、果糖、葡萄糖、冰糖、蜂蜜、麦芽糖之含糖饮料及甜食，可避免餐后快速的血糖增加。建议您尽量选择纤维含量较高的未精制主食，可更有利于血糖的控制，如：以糙米或五谷饭取代白米饭，选用全谷类面包或馒头等。妊娠糖尿病孕妇早晨的血糖值较高，因此早餐淀粉类食物的含量必须较少。

（4）注重蛋白质摄取：如果在孕前已摄取足够营养，则妊娠初期不需增加蛋白质摄取量，妊娠中、后期每天需增加蛋白质的量各为 6 g、12 g，其中一半需来自高蛋白，如蛋、牛奶、深红色肉类、鱼类及豆浆、豆腐等黄豆制品。最好每天喝至少 2 杯牛奶，以获得足够钙质，但千万不可以牛奶当水喝，以免血糖过高。

（5）油脂类要注意：烹调用油以植物油为主，减少油炸、油煎、油酥之食物，以及动物之皮、肥肉等。

（6）多摄取纤维质：在可摄取的份量范围内，多摄取高纤维食物，如以糙米或五谷米饭取代白米饭，增加蔬菜之摄取量，吃新鲜水果而勿喝果汁等，如此可延缓血糖的升高，帮助血糖的控制，也比较有饱足感。但千万不可无限量地吃水果。

3. 牙龈炎（50%）：临床发现，孕妇的牙龈炎发病率高达50%左右。要想平安度过妊娠期，怀孕前应到口腔科做全面的口腔健康检查，及时治疗原有的牙龈炎；注意妊娠期的口腔卫生，坚持做到每餐饭后漱口、睡前刷牙，使用软毛牙刷；平时应该多食含有丰富维生素和蛋白质的食物，特别要多吃富含维生素C的新鲜蔬菜和水果。

4. 念珠菌阴道炎（15%）：孕妇是念珠菌阴道炎的高发人群。其原因是：妊娠期性激素水平升高，使阴道上皮内糖原含量增加，阴道pH值有所改变；同时肾糖阈降低，尿糖含量增高。这些都有利于念珠菌的生长繁殖。据统计，约有1/3的孕妇阴道中带有念珠菌，发病率在15%左右，而普通健康妇女阴道中的带念珠菌率仅为10%～20%。

孕妇患病后，极少数人阴道中的念珠菌能经子宫颈上行，穿透胎膜感染胎儿，引起早产。另外，当胎儿经母亲阴道分娩时，也可能被念珠菌感染，多引起口腔念珠菌病，如通常所说的鹅口疮就是口腔念珠菌感染引起的。有些婴儿还可能出现肛门周围念珠菌皮炎。由此可见，为了避免感染胎儿，孕妇患念珠菌阴道炎后应积极治疗。治疗以局部用药为妥。

5. 妊娠期高血压疾病（10.32%）：妊娠期高血压疾病是孕产妇特有的一种全身性疾病，我国的发病率为10.32%，多发生在妊娠20周以后至产后2周，临床主要表现为水肿、高血压、蛋白尿三大症候群，重度患者伴有头痛、眼花甚至抽搐、昏迷。

五大策略预防妊娠期高血压疾病：

（1）定时做产检：这是及早发现妊娠期高血压疾病的最好方法。每一次检查医生都会测量血压、验尿及称体重，并检查腿部水肿现象。这些均是判别妊娠期高血压疾病的重要指标，如有异常医生会马上发现，及早采取措施对症治疗。

（2）合理安排妊娠期饮食：妊娠期高血压疾病与营养因素密切相关。动物脂肪、热能摄入太多，蛋白质、各种维生素、无机盐和微量元素摄入不足，都会诱发或加重妊娠期高血压疾病。因此，正确指导孕妈妈合理安排饮食，对预防和控制妊娠期高血压疾病的发生发展非常关键。

(3) 生活规律并加强自我护理：从孕 7 个月起不做过重、过于激烈的工作和运动，减少家务劳动；身体疲乏时马上休息，每天保证睡眠和安静歇息至少在 8 小时以上，包括中午休息 0.5～1 小时；心态要平稳，情绪不大起大落，感到不适赶快去看医生。睡眠时取左侧卧位，避免子宫压迫脊柱旁大血管，使下肢大静脉血液正常回流心脏，减轻或预防下肢水肿。

(4) 坚持做适量运动：经常散步、游泳或森林浴（即沐浴森林里的新鲜空气），增强抗病力，但同时要注意掌握以运动后感到舒适为原则。

(5) 控制体重过分增长：身体过胖容易引起妊娠期高血压疾病。一般在孕 28 周后每周体重增加应控制在 500 g 以内，体重增加过快可能是合并妊娠水肿，必须马上看医生。

移动阅读

确认怀孕的小方法
哪些因素影响胎儿眼睛发育
哪些食物有利于胎儿眼睛发育
准妈妈与胎儿五大方面的交流
如何刺激胎儿的大脑发育
促进胎儿大脑发育的营养素
伤害胎儿大脑发育的食物
孕期营养对胎儿智力发育的影响
健脑益智食谱
准妈妈的特殊营养需求
准妈妈日常营养的摄取
准妈妈需要额外补充的营养素
准妈妈专用的营养素
氧气与胎儿大脑发育的关系
PM2.5 究竟为何物
PM2.5 可进入肺部，而 PM1 可以进入血液
妊娠期规律运动可避免剖宫产
适当的营养运动才能确保母亲胎儿的健康
孕妇运动的好处和运动最佳时期
妊娠期平衡运动对胎儿的帮助
妊娠期如何正确散步
准妈妈健身及运动的原则
伸展运动，助你孕期健康又放松
怀孕后还可以跑步吗
足底按摩有助于缓解孕吐吗
妊娠期要多注意脚上运动减少脚的疲劳
不同妊娠期的运动项目和注意事项
孕妇体操可助准妈妈顺利分娩
妊娠期怎样进行乳房按摩
上班族准妈妈应对策略
职业女性如何安度妊娠期
如何做个健康的职场准妈妈
白领准妈妈巧防办公室杀手
孕妇不适合七种工作
准妈妈爱美禁忌
妊娠期请远离首饰
做高龄妈妈需注意些什么
夫妻感情好对优生的作用
妊娠期心理保健的作用
孕妇的心理状态与胎儿发育的关系
孕妇心理与宝宝智商的关系
孕妇感染病毒对胎儿的危害
孕妇打鼾对胎儿的危害
孕吐严重会对胎儿造成影响吗

移动阅读

母儿血型不合会威胁胎儿健康吗	准妈妈受到惊吓对胎儿的影响
准妈妈预防风疹的重要性	影响胎儿健康的不利因素及应对
影响胎儿发育的疾病	如何判断胎儿是否入盆
过期妊娠怎么办	哪些情况需要做会阴侧切
准爸爸如何照顾孕晚期的妻子	准爸爸的产前准备
什么时候应该准备去医院	怎样选择合适自己的待产医院
纠正胎位的最佳时间	孕妇乳头下陷与扁平的纠正方法
羊水是胎儿的守护神	羊水有时也会变杀手
增加分娩产力的三大绝招	打麻醉针有风险吗
哪些产妇不宜选择无痛分娩	分娩时不能做的事
如何聘选合适的月嫂	怎样选择保姆和育婴嫂

第3节　妊娠期胎教方法

胎教的3个关键时间

胎教越来越被准爸妈接受，甚至很多准妈妈非常热衷于胎教，希望通过胎教，孕教出一个聪明的宝宝。胎教的确能开发宝宝的智力，如果准妈妈在进行胎教时能抓住3个关键时刻，将令你的胎教起到事半功倍的效果，会让宝宝更聪明。

1. 关键期1：妊娠前8周（脑细胞形成期）。据研究显示，最初的原生神经组织，约是在卵子受精后第18天，从中胚层与外胚层的交互作用中所产生；一般认为，神经胚形成约是在卵子受精后的第19天，这时候通常也是妈妈发现受孕成功的阶段，在确定自己即将成为父母时，胎儿的脑部组织也就开始形成了，这时，“先天遗传”已经确定，而胎儿后续发展就要看父母亲如何给予“后天环境”的培养了。

第19天起，胚胎的神经系统便快速地发展，直到第26天左右从底端开始产生闭合，向下延伸成为脊髓，也就是说，胎儿的脑部发育，从卵子受精

4 周后就已经开始形成，而从妊娠第 8 周开始，胎儿已经有了基本雏形，虽然距离完全成形还有点远，不过，这时要正式称作胎儿，而非“胚胎”了。

2. 关键期 2：妊娠第 20 周左右（脑细胞增殖期）。大约在妊娠第 20 周，胎儿的听觉、视觉等神经系统便陆续发展，20 周后，脑细胞的发育会变得愈来愈复杂，而这个时期也是胎动出现之始。虽然很多实证医学上无法证实胎教的效用，不过，相信胎儿会随着神经系统的发育与外界的刺激，在子宫内就开始进行学习，而这个阶段，正是妈妈与胎儿互动最有效的阶段，最适合给予胎儿良好的刺激，让他形成良好的神经回路，协助脑细胞逐渐朝向良性发展。

3. 关键期 3：妊娠第 30 周左右到出生后（脑成长活泼期）。胎儿的脑部基础发展在妊娠第 4 个月左右就已全部成形，不过影响脑神经发展的神经元却不会停止作用，而会持续进行树状突触直到出生后 3 岁左右，甚至到青春期都可能持续发展。这些神经突触的刺激与发展，正是奠定胎儿日后许多能力（视觉、听觉、触觉、味觉、嗅觉、前庭觉、运动觉等）的重要关键。准妈妈在怀孕期间的活动力会影响胎儿日后的感觉统合现象，尤其活动力太少，更缺乏前庭刺激容易导致日后出现过动的现象。

孕一月：主推情绪胎教

从确诊怀孕的第一天起，就应当树立“宁静养胎即教胎”的观点，在妊娠期间确保孕妇的情绪乐观稳定，切忌发生大悲大怒，甚至吵架斗殴等不良行为。如果准妈妈情绪不佳便可能对胎儿产生不利影响。

孕妇的情绪可作为思维信息直接传给胎儿，母亲心情愉快或恐惧，可影响胎儿生长发育。胎儿前 3 个月是腭骨发育时期，这一时期孕妇过度焦虑不安、抑郁寡欢，有可能导致胎儿唇腭发育畸形，最后死亡。妊娠期孕妇若长时期处于悲伤、忧愁、抑郁、焦虑的不良环境下，或者大怒、过喜、骤惊等强烈的刺激，都对胎儿不利。长期焦虑不安、惊恐，可使胎儿生后形成不稳定的性格和脾气。妊娠第 7～第 10 周。孕妇的过度不安易导致自然流产。妊娠后期，过度惊吓、恐惧、忧伤或刺激，可使胎儿的生长受到影响，出生后体重低于正常新生儿。孕妇的不良情绪对胎儿影响很大，无形的心理因素对胎儿的影响也是如此。为了生一个健康、活泼、聪明的宝宝，母亲应在妊娠期保持良好的心境和愉快的情绪，避免悲伤、忧郁等不良情绪产生。

情绪胎教是保障孕期母子心理健康的重要方法。决定着母子关系的和谐与否，以及孩子后天心理素质及心理健康。因此，怀孕期间，父母应胸怀宽广，乐观舒畅，多想孩子远大的前途和美好的未来，避免烦恼、惊恐和忧虑情绪。

把生活环境布置得整洁美观，赏心悦目。还应挂几张健美的娃娃头像，孕妇可以天天看，想象腹中的孩子也是这样健康、美丽、可爱。多欣赏花卉盆景、美术作品和大自然美好的景色，多到野外呼吸新鲜空气。

饮食起居要有规律，按时作息，行之有效的劳动和锻炼。衣着打扮、梳洗美容应考虑有利于胎儿和自身健康。

常听优美的音乐，常读诗歌、童话和科学育儿书刊。不看恐怖、紧张、色情的电视、电影、录像和小说。

丈夫在情绪胎教中负有特殊的使命，应了解怀孕会使妻子产生一系列生理、心理变化，应加倍爱抚、安慰、体贴妻子，做她有力的心理支柱。尽可能使妻子快乐，多做美味可口的食物。创造美好的生活环境，使生活恬静，谈吐幽默诙谐，双双憧憬美好的未来，这是做父亲给自己孩子的第一份美好的礼物。

孕二月：主推音乐胎教

进入妊娠期第 2 个月，胎宝宝的听觉器官已经开始发育，在这个月给胎宝宝听音乐，有利于刺激胎宝宝的大脑发育。优良的乐性声波能刺激大脑皮层，促使其脑神经元的轴突、树突及突触发育，使胎宝宝获得兴奋和抑制的平衡。

建议您在闲暇时，多看看文字优美的书，听一听胎教光盘，整体感受一下好听的音乐。可以根据每月的建议音乐谱进行，您当然可以自己做些调整，选取那些您真正喜欢的音乐，反复欣赏；然后，根据您自己的时间安排，制定一个妊娠期的音乐计划。比如，在这 3 个时间段：

(1) 在早起时，午休的时间，或下班之后、睡觉之前，大致先固定几个时间，这样，使您的生活也比较有规律，并潜移默化地影响宝宝的生物钟，比如晨起时播放一首活泼的音乐《布谷》、维瓦尔第的四季中的《春》，给您一天的好心情。

(2) 下班以后，先放下一天的疲惫，打开 CD，品一杯营养的饮品，吃一点小点心，再去做其他的事情，身心会真正地得到放松。

(3) 夜晚入睡前听着《仲夏夜之梦》，读一读书中乐曲的相关的小品文，甜甜地入睡，会让您第二天神采奕奕。甚至您可以拿上随身听，在等候时间、堵车时间都可以暂时逃到另外一个快乐的星球里面，同时还做了音乐胎教呢，一举两得。

给宝宝做胎教，准妈妈要注意避免以下 3 个雷区。

雷区一：离肚皮越近宝宝听得越清楚。很多孕妈妈都会每天让宝宝听听音乐，而且有不少准父母，为了让孩子听得更真切一点，就把传声器紧紧地贴在肚皮上。这是非常危险的。还在腹中的小宝宝儿的耳蜗是非常脆弱，内耳基底膜上面的短纤维也很娇嫩，如果音乐声音太大，很可能会让它遭受不可弥补的损伤。

因此妈妈们千万要记得，在给宝宝进行音乐教育时，声音不能超过 85 dB，音频应该保持在 2000 Hz 以下。传播声音的工具不能紧紧贴在肚皮上，最好离肚皮 2 cm 左右，不要直接放在肚皮上。

雷区二：只要是好音乐都能给宝宝听。并不是所有的世界名曲都适合用来做胎教音乐的。很多准父母爱子心切，对他们的要求和寄望也很高，尤其是年轻的白领夫妇，孩子还没出生呢，就希望他们比其他小孩懂得更多更全面。连胎教音乐都五花八门，多种多样，这样对胎儿并不好。

专家认为，在选择胎教音乐时，是非常有讲究的。即使是健康的世界名曲，也不全合适，一定要选择舒缓、明快、欢乐的，那些忧伤、刺激的音乐对孕妇和胎儿都不好。

雷区三：胎教时间越长越好。胎教的过程不仅是一个语言、音乐学习的过程，也是胎儿对父母形成依恋关系的过程。尚未出生的宝宝和成人不同，及时接受胎教信息，也不是时间越长，接收得就越多。所以，父母不可操之过急，要讲究规律性，每天定时为宝宝进行胎教，每次最好不要超过 10 分钟，如果时间长了会打搅肚子里的小宝宝。另外，在和宝宝接触的过程中，父母一定要集中注意力，全心投入，让自己的身心和胎儿共振共鸣。

孕三月：主推抚摸胎教

一般来说，胎儿在孕 7 周之后就开始活动了。相信关于这个话题，准妈妈们都很好奇，胎宝宝在妈妈肚子里的活动都有哪些呢？胎儿的活动很丰富，有眯眼、蹬腿、翻筋斗、吞羊水、伸展四肢、咂拇指、握拳头、转身等。而且胎宝宝在受到刺激后还会做出各种反应。妊娠 3 个月，准妈妈可以通过抚摸胎儿的方式与宝宝沟通、交流感情，帮助宝宝做“体操”。

1. 抚摸方法：“抚摸”这个词看似简单，但是在进行胎教时是需要讲究技巧的，首先，准妈妈要平躺在床上，全身尽量放松，等腹部也处于松弛的状态下时，开始用一个手指轻轻按一下胎儿再抬起，此时胎儿会立即有反应，即轻微的胎动。但有时也要过一阵子才会有反应，有的甚至做了几天后才有反应。

2. 抚摸时间：一般来说，抚摸胎教的时间是有要求的，最好是早晨和晚上开始做，每次的时间保持在 5～10 分钟即可，不要过长。

3. 注意事项：在胎教过程中，遇到一些情况时就要立即停止，比如开始轻轻抚摸一下时，胎儿可能会“不高兴”，他会通过用力挣脱或者蹬腿反射来表达自己的不满，这时候就要立即停止抚摸胎教。等过几天后，胎儿对母亲的手法适应了，再从头试做，如果胎儿在母亲手轻轻一按时，就主动迎上去，那表示宝宝在欢迎妈妈与之互动交流呢。

专家温馨提示：在做胎教时，准妈妈一定要全身心放松，保持最好的心态。

孕四月：主推视觉胎教

从妊娠第 4 个月起，胎儿对光线已经非常敏感。科学工作者在对母亲腹壁直接进行光照射时，采用B超探测观察可以见到胎儿出现躲避反射，背过脸去，同时有睁眼、闭眼活动。因此有人主张在胎儿觉醒时可进行视觉功能训练。

1. 视觉胎教的定义：视觉胎教就是通过接触色彩，训练胎儿感性能力的视觉方式。如对于名画的鉴赏、给图片上色等都属于视觉胎教。准妈妈看到的东西越多，胎儿所能感受到的美觉体验就越多。

2. 视觉胎教的好处：对胎儿的视觉刺激与听觉刺激同样重要。照射到妈妈眼睛里的光线会对一种称为褪黑激素的物质产生调节的作用，当看到明亮的物体时，褪黑素的分泌就会下降，看到昏暗物体的时候上升，这一点使胎儿也具备了辨别外界事物明暗的本能。胎儿对外界的光线产生反应一般是在孕 7 个月以后产生的。

欣赏一幅好的作品就和听到一个优美的旋律、阅读感人的文字一样是一种美的感受，会使人的内心感受安定，甚至有被净化的感觉。

3. 进行视觉胎教的方法：对于很多人来说，欣赏图画似乎就是视觉胎教的全部内容，其实系蝴蝶结、绣十字绣、折纸和陶艺等需要靠手指来进行的操作也都属于视觉胎教的范畴，不仅能够培养孕妇的注意力，还可以使她的内心很快安定下来。因此孕妇最好能培养自己对这些活动的兴趣，并且用它们来打发平日里的闲暇时光。

孕妇也可以经常去文化宫或美术馆探索，并尝试适合自己的视觉胎教方法。

对美术毫无兴趣的人，如果因为怀孕而强迫自己去美术馆或画展，是不可取的。这时，和丈夫一起去看场电影，漫步在夜景迷人的步行街，或者看一看可以带来美好回忆的照片是较为明智的选择。无论是真实的风景还是照片，只要能让孕妇心态平和并引起欣赏的兴趣，就可以称得上是视觉胎教最好的方法。

孕五月：主推运动胎教

孕 5 个月胎动已经比较明显了，每天准妈妈都清楚地感到胎儿在不停地运动，这时是进行运动胎教的最好时机。运动胎教的实质性内容是对胎宝宝开展积极教育，有计划有意识地对胎宝宝提供有益且适当的刺激，促使胎儿对刺激作出相应的反应，从而进一步刺激胎儿大脑的功能、躯体运动功能的生长发育。

准妈妈在饭后 1～2 小时后，以最舒服的姿势躺着或坐下，用一只手压住自己腹部的一边，再用另一只手压住腹部的另一边，轻轻挤压，感觉胎儿的反应。反复几次，胎儿可能就感觉到有人触摸他，就会踢脚。此时可轻轻拍打被踢的部位几下。一般在一两分钟以后，胎儿会再踢，这时再轻拍几下。拍打时，可换换部位，胎儿就会向改变的部位踢，但注意改变的部位不要离上次被踢部位太远，手法需轻柔。这样的活动每次可进行 5 分钟左右，每天 1～2 次。

在这个过程中，可以为其准备一首轻松的背景音乐，对活泼好动的胎宝宝，可多听一些舒缓优美的乐曲，对文静少动的胎宝宝，则应多听一些明快轻松的音乐。并且不时和胎宝宝说话，夸奖他几句，观察他的反应。准妈妈的夸奖可是宝宝最大的动力哦！

准妈妈的健康是最好的胎教。准妈妈的健康直接关系着胚胎的成长、发育，如果准妈妈的身体出现疾病、损害，就谈不上胎儿的健康成长。因此，保持适当舒缓的运动，强身健体，增强身体免疫力，防止被病菌感染，避免孕期并发症的发生都非常有效。适当的锻炼可使全身肌肉得到增强，有助于日后顺利分娩。准妈妈可以根据自身的特点，选择柔韧性和灵活性较强的锻炼方法，如健美操、瑜伽、游泳、慢跑等。运动时听点音乐，可以提高兴趣，将锻炼坚持下去。

孕六月：主推求知胎教

怀孕后，许多孕妇往往容易发懒，什么也不想干，什么也不愿想，这正是胎教学中的一大忌讳。我们知道，准妈妈与胎宝宝之间有着神奇的信息传递，胎宝宝能随时感知母亲的思想。如果怀孕的母亲既不思考也不学习，胎儿便会深受感染，变得懒惰起来。显然，这对于胎儿的大脑发育极为不利。

孕 6 个月左右正是宝宝大脑发育的高速时期，准妈妈一定要以身作则，保持旺盛的求知欲，使宝宝不断接受刺激，促使大脑神经和细胞的发育。

准妈妈一定要勤于动脑，读一本好书，看一篇好的文章，使精神上获得一次净化，还能让人心情开朗，精神振奋。同时，也能对深居腹中的胎儿起到潜移默化的渗透作用。有条件的话，准妈妈可以看一些美术作品，去美术馆也是不错的主意。在准妈妈理解和鉴赏的过程中，美的体验同时也传达给了腹中的宝宝。

在妊娠期用巧心思给肚子里的胎宝宝做一些你平时没有时间做的手工编织，会使腹中的宝宝心灵手巧。因为，手指的动作精细、灵敏，可以促进大脑皮质相应部位的生理活动，提高人的思维能力。准妈妈的编织活动，能够通过信息传递的方式，促进胎宝宝大脑发育和手指的精细动作。

孕七月：主推光照胎教

光照胎教是指在胎儿视觉发育的特殊时期，利用光源进行刺激，进而促进视觉器官发育和大脑发育的一种胎教方法。在人类获取的信息的方式中，视觉无疑是最主要的信息来源，因此视觉对于人类来说异常重要，视觉刺激对于大脑的发育也有着不可取代的作用。对胎儿进行视觉开发对于胎儿后天的视觉发育、大脑智力的开发也是最为重要的影响因素。因此以视觉为媒介的光照胎教法在众多胎教中占有重要的地位。

视觉是胎儿最晚发育的特殊时期。早产婴儿可以看到光和物体形状。研究人员指出，在孕 10～26 周时，胎儿的眼睑虽依然闭合，但却已开始感觉到光。正如子宫中并非完全寂静一样，它亦非完全黑暗。通过母体组织渗透进的光能够使胎儿产生视觉反应，胎儿会躲开羊膜穿刺的针头或用拳头打针管。20 周左右的双胞胎能不费劲地相互触摸和拉手，或许便归因于这种发育中的部分的“视力”。

国内外研究发现，用手电筒的光照射孕妇的腹壁，向子宫内透入光线，使羊水由暗变亮。这种光亮可使胎儿视网膜上称为锥体细胞和杆状细胞的神经元产生视觉电脉冲，经视神经传入到大脑枕部的大脑皮质上的视觉中枢。经常产生这样的电脉冲和向视觉中枢传递，对孩子视觉功能的建立和发展有极好的促进作用。孩子出生后，耳聪、目明、体健又聪慧，记忆力也比一般孩子强。

但是，不科学的光照胎教也会对胎儿视觉产生不良影响。6 个月的早产儿，其大脑尚未发育到从眼睛接受信号，然后发送至大脑视觉皮质，又从皮质送至合成信息的前叶的完整的反射弧。如果这时对胎儿进行长时间过强的光照刺激，可能会照成胎儿视网膜受损，并影响胎儿的神经系统的发育。

因此，准妈妈在每天早晨起床前，用手电筒的微光一闪一灭地照射胎宝宝腹部，告诉他：“好孩子，从小就要养成早起的好习惯哦！”在晚上看完电视后，同样以用手电筒的微光一闪一灭地照射 3 次，告诉胎宝宝：“现在是宝宝晚上学习知识的时间！”这样可以训练胎儿昼夜节律，即夜间睡眠，白天觉醒，促进胎儿视觉功能及大脑的健康发育。但是，准妈妈要记住，每次进行的时间要以 5 分钟左右为宜。

孕八月：主推性格胎教

这时期的宝宝是个真正的小人儿了，准妈妈的修养、兴趣、爱好、职业，以及与准爸爸的融洽关系，都能影响胎宝宝的性格。高尚的情趣、豁达的心胸、丰富的生活、真挚热烈的爱情，会使胎宝宝的外环境稳定，让宝宝感受到幸福。

胎宝宝在子宫内如果感到温暖、和谐、慈爱的气氛，其幼小的心灵将感到生活的美好和欢乐，可逐渐形成热爱生活、活泼外向等优良性格的基础；如果家庭人际关系紧张，甚至充满敌意和怨恨，或者准妈妈的心里不喜欢这个孩子，时时感到厌烦，胎宝宝会感受到痛苦，以致影响将来性格的发育。当实施性格胎教时，准妈妈爸爸们要做到以下几点：

1. 准妈妈要以身作则：胎儿接受准妈妈的影响是自然而然的，特别在胎儿 6 个月以后，能把感觉转换为情绪。因此，在怀孕过程中，准妈妈要时刻注意当好胎儿的老师，塑造胎儿良好的性格。

研究表明，准妈妈的精神状态、情感、行为、意识可以引起体内激素分泌异常，影响到胎儿的性格形成。如果准妈妈能积极对待妊娠期反应带来的烦恼，坚强地克服孕晚期和分娩中的痛苦，这种坚强的意志会影响到胎儿，为胎儿出生后能有自尊自强、勇于与困难作斗争的好性格打下基础。反之，如果孕妇心情忧郁，缺乏活力，胎宝宝出生后就爱长时间啼哭，长大后感情脆弱，比较抑郁。

2. 准爸爸要有“精神刺激”意识：有意识地对准妈妈进行“精神刺激”，由准爸爸来做，实际上就是准爸爸逗着准妈妈玩，时常制造一些小惊喜，使准妈妈有片刻的情绪波动，并且让准妈妈的这种情绪波动影响胎儿，使胎儿得到锻炼。

例一：不少准妈妈在孕早期会出现恶心、呕吐、厌食的情况，这时，如果准爸爸把一份亲自做的酸甜可口、色香味俱全的美餐放在准妈妈面前，说：“亲爱的，看我特地为你和小宝宝做了一份好吃的。”当准妈妈看到准爸爸亲自做了她平时最爱吃的美餐，她一定会很感动，并为准爸爸对她和胎儿的关爱感到无比欣慰，食欲大增。

例二：到了孕中期，准妈妈能明显感觉到胎动，胎儿有时文静，有时乱踢乱动。这时，准妈妈往往会产生各种猜测，想得最多的便是胎儿的性别，怕生了女孩准爸爸不高兴，家人不喜欢。此时，准爸爸可以和准妈妈猜猜小宝宝是男还是女，准爸爸可以先装出喜欢男孩、讨厌女孩的表情，刺激准妈妈，然后再解释，无论生男生女都非常高兴。

例三：准爸爸可以在准妈妈孕晚期，为准妈妈买一件纪念品，或趁准妈妈不备时给将要出生的小宝宝买漂亮的衣物，悄悄放在床头，给准妈妈一个意外的惊喜。这些有益的刺激，能为胎儿日后养成坚强、自信的性格奠定基础。

3. 实施性格胎教需要注意的地方：“江山易改，禀性难移”，一旦不良性格形成，要想改变是很困难的，因此，为了宝宝一生的幸福，准爸爸准妈妈要抓住这一关键时期，争取在娘胎里就为胎儿提供一个良好性格形成的环境氛围，努力为腹内的小生命创造一个充满温暖、慈爱、宽松、积极的生活环境，努力避免各种不良的刺激，使胎儿拥有一个健康美好的精神世界，使其良好性格的形成有一个理想的开端。

第一，为了能使准妈妈有一个意外的惊喜，准爸爸要在准妈妈毫无心理准备的时候进行。

第二，准爸爸要选择准妈妈心情最好的时候，如果准妈妈心情不好，有一些烦恼，对胎儿不利。

第三，准爸爸对妻子精神上的刺激不能过强，只能是小小的、短暂的、心情愉悦的。

准爸爸可以与准妈妈讨论为孩子取名的问题，各自陈述理由，在反复的思考中既体现出准爸爸对胎儿的亲情，又能促进准妈妈思想不断地活动，使胎儿的神经系统得到锻炼。

孕九月：主推美育胎教

美，能陶冶性格，净化环境，开拓眼界，具有奇妙的魅力。生活中处处都充满了美，把美的信息传递的过程称为美育。美育是母亲与胎儿交流的重要内容，也是净化胎教氛围的必要手段。

孕九月，胎儿初步的意识萌动已经建立，所以，这时候可以开始对宝宝进行较抽象、较立体的美育胎教法。美育胎教要求准妈妈通过看、听、体会生活中一切的美，将自己美的感受通过神经传导输送给胎儿。

美育胎教主要有以下方法。

1. 阅读一些优秀的作品和欣赏优美的图画：准妈妈要选择那些立意高、风格雅、个性鲜明的作品阅读，尤其可以多选择一些中外名著。准妈妈在阅读这些文学作品时一定要边看、边思、边体会，强化自己对美的感受，这样胎儿才能受益。有条件的话，准妈妈还可以看一些著名的美术作品，比如中国的山水画、西方的油画，在欣赏美术作品时，调动自己的理解力和鉴赏力，把生活中美的体验传导给胎儿。

2. 听抒怀的音乐：无论是休息还是做家务时，准妈妈都可以打开音乐，每天多次欣赏音乐名曲，如《春江花月夜》《平沙落雁》《雨打芭蕉》等，使自己处于优雅的音乐环境中。在听的过程中，可随着音乐的起伏时而浮想翩翩，时而沉浸在一江春水的妙境，时而徜徉在芭蕉绿雨的幽谷，如醉如痴，遐想悠悠。

3. 体会大自然的美好：准妈妈在这个阶段也要适度走动，可到环境优美、空气质量较好的大自然中去欣赏大自然的美，这个欣赏的过程也就是准妈妈对自然美的体会过程，准妈妈通过欣赏美丽的景色从而产生出美好的情怀，这样也是一种不错的胎教。

4. 装扮自身仪容：胎教是贯穿于整个妊娠期的始终的行为，所以，孕妇生活本身也就是一种胎教。

有些孕妇为失去了苗条的身姿而痛苦。其实大可不必这样。怀孕几乎是每一位女性都要经历的，你可以观察到大多数妇女分娩后不久就会像以前一样体态轻盈、姿容美丽，而且还会增添几分女性的成熟美。

在妊娠期，孕妇也可以打扮得很漂亮。事实上，美容、穿衣也是胎教，孕妇完全有必要精心打扮自己。美丽是每一位女性所追求的，姣好的容颜会给你带来许多欢乐，怀孕了就更应精心打扮。这一方面是自娱的一种方式，对自己容颜、服装的关心会使你忘掉妊娠中不快的反应；另一方面，打扮一下也会使你保持自信、乐观、心情舒畅。因此，美容、打扮无论对自己还是对胎儿都是很有意义的。

孕十月：主推意想胎教

日渐临近的分娩使准妈妈感到忐忑不安甚至有些紧张，这时准妈妈可以开始意想胎教。冥想能够提高自己的自信心，并能最大限度地激发宝宝的潜能，对克服怀孕抑郁症也很有效果。

摆出舒服的姿势让身体放松，然后想象最令人愉悦和安定的场景。准妈妈沉浸在美好的想象之中，格外珍惜腹中的宝宝，以其博大的母爱关注着宝宝的变化。胎儿通过感官得到这些健康的、积极的、乐观的信息，这就是胎教最好的过程。

其实，从受孕开始准妈妈就可以积极设想自己宝宝的形象了，把美好的愿望具体化、形象化。仔细观察你和准爸爸的相貌特点，进行综合，想象宝宝会有什么样的相貌，什么样的性格，什么样的气质等，在头脑中形成一个具体的美好形象，以“我的宝宝就是这样子”的坚定信念传递给宝宝，还可以把自己的想象通过语言、动作等方式传递给腹中的宝宝，保持愉悦的心情，潜移默化地影响着他。

在心里祈求平安和顺产时，坐下来，放松呼吸。坐下后腰部挺直伸展，两腿盘起，双手自然搭在膝盖上然后深吸吸。将深深吸入的空气聚集在肚脐下面，然后慢慢呼出去，如此反复。

听着舒缓的音乐或者沉浸在美好的回忆里进行冥想，效果会加倍。

人疲倦的时候，总喜欢到大自然中走走。人类生存、繁衍奔流不息，时时刻刻在大自然中感受它的广阔、神奇、美丽、富饶和温馨。走进大自然，感受这个清新的世界，对一个新生命来说，也是必要的，它可以说是促进胎儿智力开发的很重要的胎教基础课。

移动阅读

胎教的好处
认识胎教
胎教与优生优育
用胎教丰富宝宝的大脑
教你绕开胎教雷池
实施胎教要遵循胎儿发育规律
不同时期的胎教注意事项
综合运动胎教法
夫妻感情对胎儿的影响
胎儿也有“小脾气”
准爸爸如何和胎儿交流

胎教的方法
胎教早教与素质教育
胎教的作用究竟有多大
胎教指导的误解
容易犯的胎教错误
不同孕期的胎教重点
胎教，应该重视性格的培养
准妈妈心理与胎教的关系
性格胎教——宝宝性格妈妈来做主
快乐的心态是胎教的关键

第八章

科学坐月子

PART8

第1节 产后身体变化和健康自测

产后母亲身体变化

生完宝宝，新妈妈的身体会不可避免地发生一系列变化，主要表现为：

1. 子宫：分娩后，新妈妈可以非常容易地在腹部下方摸到一个拳头般大小的鼓包，也就是子宫。随着子宫逐渐收缩还原，一般经过1周左右，子宫就会完全下降到骨盆腔内，再也摸不到了。子宫恢复的快慢与产妇的年龄、健康状况、产程长短、分娩方式、分娩次数以及是否哺乳有关。一般来说，由于胎儿的娩出和胎盘的剥离，在子宫内膜的表面形成了一个创面，需要到产后6周才能完全愈合，这时候子宫也基本上能恢复到非妊娠期状态。

2. 会阴部：产妇在分娩时阴道和会阴部会有不同程度的充血、肿胀，分娩后阴道口会逐渐缩小，盆底会阴部以及伤口的水肿症状会逐渐改善，慢慢恢复正常。做过会阴侧切手术的需注意会阴部的护理，避免伤口感染。一般在产后5天左右伤口可以拆线。新妈妈要每天检查伤口的愈合情况，如果出现血肿、感染、拆线后裂开等情况，需及时就医。

3. 卵巢：分娩之后母体很快就会有新的卵泡发育成熟，但母体的乳腺分泌能抑制排卵，因此，在哺乳期的新妈妈大多数不排卵，也无月经。

4. 乳房：分娩之后，血液中雌激素与孕酮减少，催乳素增加，在产后2～3天，乳房胀大并发硬，有时会伴有发热的感觉，并开始分泌乳汁。

5. 腹壁：产后，下腹部正中线的色素逐渐消退，腹壁上的紫红色妊娠纹会逐渐变成白色。因怀孕而胀大、松弛的腹壁，需要进行适度锻炼才能恢复。

6. 体温：产后1～2天，因为身体疲劳，新妈妈会出现轻微的体温升高现象，一般经过休息就会降下来。但是如果超过38 ℃，就要考虑是不是病理现象了。

7. 血压和脉搏：产妇分娩后脉搏会略微减慢，1周左右能恢复正常；有的产妇血压可能会有所波动，一般情况下，如果妈妈在分娩之前没有高血压病，那么其血压也会在正常的范围。

8. 大量出汗：在怀孕期间，母体体内积聚了大量的液体，这些体液通过肾脏来排泄是比较困难的，所以需要通过皮肤以大量出汗的形式进行排泄，我们称之为“褥汗”，一般在产后 1 周左右会自行好转。

产后恶露

产妇在分娩后，坏死的子宫蜕膜（特别是胎盘附着物处脱落的蜕膜）等组织会混合着血液经阴道排出，我们称之为恶露。

产后最初几天，恶露量比较多，颜色鲜红，故称为红恶露，又称血性恶露；3～5 天后所含血量减少，恶露变为淡红色，称为浆恶露；产后 10～14 天，恶露呈白色或淡黄色，称为白恶露。

正常的恶露有血腥味，但不臭，大约在产后 3 周干净。剖宫产的产妇恶露时间比阴道分娩的要长些。

如果产后 2 周恶露仍然为血性，量多，伴有恶臭味，有时排出烂肉样的东西或者胎膜样物，子宫复旧很差，这时应考虑子宫内可能残留有胎盘或胎膜，随时有可能出现大出血。

产后发生产褥感染时，会引起子宫内膜炎或子宫肌炎。这时，产妇有发热、下腹疼痛、恶露增多等症状。这时的恶露不仅有臭味，而且颜色也不是正常的血性或浆液性，而是呈浑浊、污秽的土褐色。

产后健康自我检测

产后的妇女一般存在这样或那样的问题，或明显或隐匿，有的有药可医，但有的只能自我调理。下面提供了 20 题，供产妇自我检测健康状况。

1. 你是否每天至少三餐，其中包括一顿固定的早餐？

2. 你是否限定饮食中脂肪的摄入量低于食物总量的 20%～30%？

3. 你每天的膳食中是否包含 20～30 g 的纤维素（富含于水果、蔬菜、糙米、全麦面谷物、干豆类食物中)？

4. 你是否每天吃 5 个水果或适量蔬菜（如橙子、草莓、西兰花、西红柿)，以补充胡萝卜素和维生素？

5. 你是否每天摄入 15 mg 的铁，从早餐的麦片、面包、新鲜瘦肉、禽类、干豆类、绿色阔叶蔬菜、豌豆与干果中去摄取？

6. 你是否每天吃3次富钙低脂的食物配餐，如酸奶、牛奶与奶酪？

7. 你是否是不吸烟，也不接触吸烟的人？

8. 你是否保证每周3次每次至少20～30分钟的有氧运动？

9. 你的训练计划中是否包含改善心血管循环功能、增长力量与提高柔韧性的内容？

10. 你每天是否饮用8杯水，若运动则加量？

11. 你是否定期进行体格与牙齿的健康检查？

12. 你是否在月经期后的一周进行乳房的自我检查？

13. 你是否在半年到一年内做一次巴氏涂片？

14. 你若大于35岁，是否接受医生的建议做乳房X线检查？

15. 你是否适度饮酒，每周少于5次？

16. 你是否过有规律的性生活？

17. 你是否在开车时系好安全带？

18. 你家中是否安装了火警警报器？

19. 你是否有充足的休息与睡眠？

20. 你是否能承受生活中的压力，特别是工作中人际关系的压力？

每题答“是”得分。若15～20分，则非常好；若10～15分，则需要调整生活习惯；若10分以下，你的生活方式对健康不利。

你也可以参照以下产后自我检测法，判断你的恢复情况。

1. 看褥汗：以夜间睡眠和刚刚醒时明显，持续1周后好转。

2. 查子宫：产后10～14天子宫降入骨盆，经腹部检查触不到子宫底，要检查有无压痛。6周左右恢复至未孕时的状态。

3. 观恶露：恶露是由血液、坏死蜕膜组织及黏液组成，经阴道排出。一般产后3周左右干净，如果血性恶露持续两周以上，说明子宫复原不好；如有臭味说明可能有产褥感染。此外，产妇还要注意观察腹部、会阴伤口愈合情况。

4. 测血压：初次与第二次访视中均测血压，发现产后血压升高应给予处理。

5. 测体温：分娩后24小时内由于分娩疲劳，体温轻度升高，一般不超过38℃。产后3～4天内由于乳房极度充盈，体温有时可达38.5℃～39℃，持续 1 小时，最多不超过 12 小时，属正常情况。如持续升高，要查明原因。

6. 测脉搏：由于胎盘循环停止、循环血量变少，加之产褥期卧床休息，产妇脉搏较慢但规律，为 60～70 次/min。

7. 测呼吸：因产后腹压降低、膈肌下降，呼吸深且慢（14～16 次/min），当产妇体温升高时，呼吸和脉搏均加快。

8. 看排尿：产妇应定时排尿，至少每 4 小时一次，经产钳、剖腹产、滞产的产妇要特别注意产后 4 小时内排尿是否通畅。

此外，产妇还要观察胃肠功能恢复情况，并做乳房的检查，乳房有无红肿、硬结，乳汁分泌量是否正常，还要观察阴道和外阴的恢复。

移动阅读

产后子宫的恢复	产后阴道的恢复
产后外阴及盆底组织的恢复	产后腹部肌肉的恢复
产后泌尿系统的恢复	产后呼吸、消化系统的恢复
产后骨盆肌肉的恢复	产后膀胱的恢复

第2节　科学坐月子

月子期间护理

产妇分娩后要身心休养一个月，这就是坐月子。在这一个月中，女性要通过适当的方式方法，把因怀孕造成的身体各系统的改变得以恢复，把在分娩过程中消耗的体力、精力等弥补回来，还要学习如何做一个合格的母亲。这么多的事情在一个月中做到谈何容易，这就是自古以来我们重视坐月子的原因了。

1. 产后静养：分娩是人类最重的体力劳动，在分娩过程中除了用力使胎儿娩出外，心理要承受着对陌生分娩过程的恐惧心理，还有对胎儿企盼和前途未卜的心理焦虑，真可以说是身心疲惫，因此在产后需要好好休养以恢复身心。

产后最主要的改变就是身边多了一个生龙活虎的小宝宝，会哭，会吃，会拉。因此产妇的静养就要和宝宝同步，宝宝睡就跟着睡，宝宝醒就跟着喂奶，只有这样抓紧休养才能迅速恢复体力和精力。

2. 合理膳食：产妇的饮食应该以精、杂、稀、软为主要原则；选择“温、热、平”的食物，禁吃“寒、生、冷”的食物。因为产后脾胃虚弱，又需要哺乳，因此要吃些好消化易吸收的饮食。所谓“精”是不需要吃得太多，少吃多餐；“杂”指品种多样化，口味好能引起食欲；“稀”是指含水分多些的食物，补充因出汗、排出恶露，以及哺乳分泌的乳汁；“软”是指易于消化吸收的食物。

3. 保持清洁：产后由于体内的水分大部分要通过汗液排出，毛孔处于开张状态，因此应该在保暖的情况下，经常洗头、洗澡、洗脚。孕妇少吃多餐，又多睡眠，因此要注意牙齿的清洁，注意勤刷牙。月子期间子宫逐渐缩小，恶露排出，有些产妇还有会阴伤口，因此一定要勤洗会阴，大小便后洗一洗，保持会阴的清洁和干燥，利于伤口愈合，避免细菌上行感染子宫。

4. 母乳喂养：母乳是孩子的最佳食品，从产后第一天开始，就要勤哺乳，分娩后半小时就可以让宝宝吸吮乳头，这样可以尽早建立催乳和排乳反射，促进乳汁分泌。分娩后的 2～3 天，乳房就会逐渐开始充血、发涨，分泌大量乳汁。如果乳汁分泌得过多，又未能及时排出，就会出现奶胀。较长时间的奶胀容易引起乳腺炎症，不要怕疼，要及时揉开。新妈妈还要学习如何哺乳，在哺乳过程中建立亲子关系，培养孩子的好习惯。

5. 心情舒畅：产后的新妈妈都会因为有了孩子而感情脆弱、敏感，因此调整心态非常重要。孩子是父母的一个有思想有感情的小朋友，要重视孩子的成长变化，又不要草木皆兵，以阳光的心态对待自己、对待孩子、对待家人，就能很快地恢复身心健康。做好心态自我调整是在坐月子中非常重要的一点。

6. 绝对避免性生活：女性的生殖器官经过妊娠和分娩的变化，必须经过一段时间才能恢复正常，产妇身体的全面恢复需要 56 天。正常分娩 56 天后，才能开始性生活，而且最好是月经恢复后再开始性生活。产钳及缝合术者，在伤口愈合、瘢痕形成后才能开始性生活；若是剖宫产，那就至少要等到 3 个月以后了。

月子期间饮食营养

产妇由于分娩时的创伤、出血、劳累和情绪变化损耗了不少元气，产后百节空虚，气血虚弱，瘀血内阻，需格外注意调养，稍有不慎就会引起疾病或影响产妇恢复，故饮食调养要特别注意以下几点：

1. 要保护脾胃，吃清淡而易消化的食物，不要一味进补。产妇的脾胃功能较差，特别是在分娩后的十几天内更需保护，如果这时吃过于肥腻的食物，骤然进补，反而欲速不达，使脾胃功能受损，引起消化不良，吸收不良。

进补需根据阴阳、气血、津精、虚实辨证，应宜消化又能健脾养胃，在烹调方法上多采用蒸、炖、焖、煮，不采用煎、炸的方法。可多食汤、粥、羹类，可少食多餐，每天进食 5～6 次。

2. 多吃有利于产妇恢复的食物，以养气补血，恢复元气。饮食要有充足的营养，包括各营养素和合适的药性成分。产后各器官、各系统都有一个复原过程，如子宫未康复时可多用活血化瘀的食品。

从营养方面来说，剖宫产的妈妈对营养的要求比正常分娩的产妇更高。手术中的麻醉、开腹等手段，对身体本身就是一次打击，因此，剖宫产的妈妈产后恢复会比正常分娩者慢些。同时，因手术刀口的疼痛，妈妈的食欲会受到影响。

术后妈妈可先喝点萝卜汤，帮助因麻醉而停止蠕动的胃肠道保持正常运作，以肠道排气作为可以开始进食的标志。术后第一天，一般以稀粥、米粉、藕粉、果汁、鱼汤、肉汤等流质食物为主，分 6～8 次进食。在术后第 2 天，妈妈可吃些稀、软、烂的半流质食物，如肉末、肝泥、鱼肉、蛋羹、烂面、烂饭等，每天吃 4～5 次。

第 3 天后，妈妈就可以吃普通饮食了，注意补充优质蛋白质，各种维生素和微量元素，每天可选用主食 350～400 g，牛奶 250～500 mL，肉类 150～200 g，鸡蛋 2 个，蔬菜水果 500～1000 g，植物油 30 g 左右，这样才能有效保证乳母和婴儿的营养。

月子里卧床休息的时间比较多，所以食物应以高蛋白、低脂肪为主，例如：黑鱼、鲫鱼、虾、黄鳝、鸽子，避免因脂肪摄入过多引起产后肥胖。

3. 要符合催乳、哺乳的需要，选择能养血增乳、疏肝通乳的食物，并根据产妇乳汁的分泌情况、哺乳的不同阶段进行调整。有的产妇为了迅速恢复身材，在月子里就开始节食，这样是不对的，因为如果摄入的热量不足，就会影响妈妈的泌乳量，宝宝的“口粮”就得不到保证，会影响宝宝的生长发育。

为了恢复体力和早日下奶，保持充足的奶量，产后头几天的饮食安排很重要，以下几点供参考。

(1) 由于产后消化能力弱，食欲尚未恢复，产后头几天饮食以半流食、软饭为主，加工也要精细一些。可选用稀粥、汤面、馄饨、面包、牛奶、豆浆等，选择的动物蛋白以鸡蛋、瘦肉、鱼、鸡较好。除了 3 顿饭，可以在下午和晚间各加餐一次。

(2) 鸡汤、鱼汤、排骨汤有利于下奶，但要把汤内的浮油撇净，以免进食过多脂肪，导致婴儿腹泻。在下奶前不要喝太多汤水，以防奶胀，乳管通畅后可以不再限制。

(3) 不要忌食青菜和水果。绿叶菜和水果含有丰富的维生素 C 和膳食纤维，能使大便通畅。

(4) 妊娠期并发有缺钙、贫血以及分娩时出血多的产妇，除了吃含钙、铁多的食物（如牛奶、猪肝、鸡血、菠菜、豆制品）外，还要继续服用鱼肝油丸、钙片等。

4. 注意必要的饮食禁忌：凡大热、大燥、生冷、酸涩之物，会导致脾胃虚寒、脏腑失调，有毒的、不洁的、有可能过敏的、含有特殊成分的，都要慎用和忌用。

5. 根据婴儿的大便性状调整饮食：因为婴儿消化能力差，母乳成分发生变化时，婴儿的大便性状相应就会发生改变。例如乳母吃了豆制品，肠胀气明显，排气多，婴儿也会排气多，大便稀黄水样，这时就要停食豆制品。婴儿大便泡沫多且酸味重，与乳母进食过多甜食，糖类在婴儿肠内发酵产气有很大关系，此时要控制甜食。

产后 42 天体检

十月怀胎，终于生下宝宝后，很多妈妈感觉松了口气，认为只要宝宝顺利生下来就万事大吉了，对自己的身体也没有在怀孕期间那么注意了。其实，产后检查也是十分重要的，它能及时发现妈妈的多种疾病，还能避免患病妈妈对婴儿健康的影响。

产后 42 天体检，对于不少妈妈来说，也许是产后第一次“出远门”，或多或少会有些异样感：新鲜兴奋，抑或眩晕不适。此时，妈妈应尽量选择一个好天气，在一个适宜的时间出门。对外界，妈妈也要有适应的过程，不要去贪玩，也不要过于担心，听从身体的指令，不要让自己疲劳。

进了医院，你只要在挂号处说明是产后 42 天检查，工作人员自会明白。妈妈一般在妇科门诊，主要检查项目如下：

1. 称体重：坐月子期间新妈妈们常常会自觉不自觉地“大吃大喝”，如果发现产后体重增加过快，就应适当调整饮食，减少主食和糖类的摄入，增加含蛋白质和维生素较丰富的食物，同时应该坚持锻炼。体重下降过快的妈妈，则应加强营养，有助身体恢复，亦保证奶水的质量。体重是最便于自测的健康标准，新妈妈不妨在家备一个方便秤，随时关注自己的体重，均衡自己的膳食。

2. 测血压：成人的正常血压应该是 120/80mmHg。妈妈在怀孕后血压和以前不大一样，有些妈妈还伴有妊娠期高血压疾病。产后，一般血压都会恢复到孕前水平。如果血压尚未恢复正常，应该及时查明原因，对症治疗。

3. 血常规：妊娠合并贫血及产后出血的产妇，要复查血常规，如有贫血，应及时治疗。若出现高热等症状的妈妈也需要进行血常规的检查，便于确定身体是否有炎症。

4. 尿常规：患妊娠中毒与当时自我感觉小便不适的妈妈，需要做尿常规检查。一方面看看妊娠中毒是否已经恢复正常，另一方面可检查出小便不适的妈妈是否有尿路感染等。

5. 盆腔器官检查：这是产后 42 天检查中最为重要，最能看出妈妈产后复旧情况的一项。盆腔器官检查的主要内容包括：

(1) 子宫大小是否正常，有无脱垂。如子宫位置靠后，则应采取侧卧睡眠，膝胸卧位的练习有助于子宫位置的恢复。

(2) 阴道分泌物的量、色、味。产褥期过后，一般产妇恶露都会干净。如果还有血性分泌物，颜色暗且量大，或有臭味，则表明子宫复旧不良或子宫内膜有炎症。

(3) 子宫颈有无糜烂。如有，可于 3～4 个月后进行复查及治疗。

(4) 子宫的附件及周围组织有无炎症及包块。

(5) 顺产的妈妈，需检查会阴及产道的裂伤愈合情况、骨盆底肌肉组织紧张力恢复情况，以及观察阴道壁有无膨出；剖腹产的妈妈，应注意检查腹部伤口的愈合情况，是否柔软，子宫及腹部伤口是否有粘连等。

6. 其他内科检查：有产后合并症的妈妈，如患肝病、心脏病、肾炎等，应到内科再做检查。

7. 特殊项目：

(1) 避孕指导：这一项是产后复查中特有的。产妇应请医生帮助确定采取适宜的有效避孕措施，不要抱有侥幸心理，人工流产手术对正恢复身体的产妇来说十分有害。

(2) 新生儿喂哺指导：对自己的奶水质量有疑惑的妈妈，可以进行奶水的乳钙水平测试。如果对自己的营养状况不确定，妈妈可列举自己一天的饮食状况，医生通过计算，大致可以了解你的营养状况，并给出合理的营养建议。

移动阅读

怎样科学坐月子
产妇穿衣要讲究
月子期间的饮食原则
如何正确服用催奶汤
产后怎样喝水
春天坐月子的注意细节
秋季坐月子的注意事项
试试在医院坐月子
产后妈妈如何护理伤口
会阴侧切后的自我防护
产后疼痛的防治
产后骨盆疼痛的防治
催乳按摩不当可致乳腺炎
乳腺炎的饮食调理法
轻松应对产后多汗
坐月子期间应注意哪些讲究
产妇如何适应寒温
产后怎样吃水果
产后怎样吃红糖
剖腹产后如何上下床
夏天坐月子怎样预防中暑
冬季怎样舒服坐月子
南方月子餐和北方月子餐
产后会阴部的护理
安全度过产后的 3 个重要阶段
如何防治产后关节痛
产后宫缩痛如何应对
产后如何防治急性乳腺炎
应对产后尿失禁

第3节　产后护理和运动

女性产后易出现哪些问题

生一个宝宝真不容易，它会使你的身体消耗特别大。让你在照顾小宝宝的同时也对自己的情况了如指掌，从容地应付一切变化，更好地度过产后最初的阶段。分娩过程是痛苦的，但当你看到呱呱坠地的小宝宝时，你会认为那是值得的。

问题一：产后“忘性大”咋回事？朱女士在分娩后的头两天一直觉得神思恍惚，记忆力严重下降，走路也晃晃悠悠的……经专家诊断后表示，朱某出现的是“产后认识功能短暂缺失”。

据专家介绍，“产后认识功能短暂缺失”会在分娩后大约5天内出现，产妇产前都没有精神异常，而是由于分娩前精神高度紧张或是分娩时的疼痛，导致大脑皮层功能紊乱引起该病。

要预防“产后认识功能短暂缺失”，由导乐或家属陪伴分娩，产前重视分娩前的精神心理指导，可以缓解产妇的紧张情绪。其次要保证产妇充分休息、合理饮食，以保持充沛体力和精力。第三，可以考虑采取无痛分娩，减轻产妇的疼痛；产后适当允许访视，加强产妇与外界沟通；在5天内出院，因为家庭的环境更有利于产妇的恢复。

问题二：产后乳房皴裂与急性乳腺炎。生完宝宝后，妈妈的第一件事是什么？答案是——开奶。现在，母乳喂养已经被公认为宝宝的最佳喂养方式，只要妈妈身体健康，就应尽量让宝宝喝上甘甜的母乳。但是，母乳喂养的过程中也会遇到不少麻烦，出现最多问题的当属妈妈的双乳了。

当乳头发生破裂时，首先要特别注意局部的卫生，以防感染。如果只是较轻的小裂口，可以涂些小儿鱼肝油，喂奶时注意先将药物洗净。也可外涂一些红枣香油蜂蜜膏，即取1份香油，1份蜂蜜，把红枣洗净去核，加适量水煮1小时，过滤去渣留汁，将枣汁熬浓后放入香油、蜂蜜以微火熬煮一会儿，除去泡沫后冷却成膏，每次喂奶后涂于裂口处，效果很好。也可用吸奶器将奶水抽出后喂宝宝，以免导致奶水减少，使母乳喂养失败。每次喂奶前后，都要用温开水洗净乳头、乳晕，保持干燥清洁，防止再发生裂口。

问题三：产后手脚痛。临床上经常发现有些妇女在产后出现手脚疼痛，很多人认为是因为在“月子”里受了风所致。其实，这种认识是错误的。妇女产后手痛的主要部位在手腕和手指关节等处。现代医学认为，妇女在产后和哺乳期间，由于身体内分泌激素的变化，常使肌肉、肌腱的弹性和力量有不同程度的下降，关节囊和关节附近的韧带也会出现张力下降，因而导致关节。

在这种情况下，如果产妇不注意休息而从事较多的家务劳动，将会使本来已经薄弱的关节、肌腱、韧带负担过重而出现疼痛。如果产妇在家务劳动时使用冷水或受寒冷的刺激，便会出现手痛症状。

产后妇女脚痛常发生在脚跟部，这是由于脚跟脂肪垫退化所引起的。产妇在月子里如果不注意适当的下地活动，脚跟脂肪垫也会出现退化现象，这样一旦下地行走，则由于退化的脂肪垫承受不了体重的压力和行走的震动，会出现脂肪垫水肿、充血等炎症现象而引起疼痛。

预防妇女产后手脚疼痛，首先，应注意充分的休息，不宜做过多的家务劳动，特别要注意减少手指和手腕的负担。例如，给孩子洗澡时夫妻应配合，避免由产妇一个人经常一手托头一手洗；洗尿布时一定要用温水，避免寒冷的刺激。

其次，产妇在休养的同时应适当的下床活动，特别是坐月子后期和出满月后，要经常下地走动，这样不仅能防止脚跟脂肪垫退化，避免产后脚痛的发生，而且能防止产妇体重过分增加，调节神经功能，对改善睡眠、增进食欲十分有利。

如果不慎患上产后手脚痛，可以采用一些自我温灸、热敷、按摩等方法。温灸可每天 2 次，每次 5～10 分钟。热敷用热毛巾即可，如能加上一些补气养血、通经活络、祛风除湿的中草药，则效果更佳。还可以进行按摩，一般是在痛点处先轻压后重压，压 30 秒放开 15 秒，交替进行，注意按压时不要揉捏，否则会使疼痛加重。

问题四：产后尿失禁。产后不能约束小便而漏尿，这就是产后尿失禁。这是因为分娩时，第二产程过长（从看得见孩子的头到胎儿娩出这个时间段一般最好半个小时，超过两个小时就算太久），胎儿的先露部分（尤其是头）

对产妇的盆底韧带及肌肉的过度扩张，特别是使支持膀胱底及上 2/3 尿道的组织松弛。

临床上发现，经阴道分娩的产妇更容易发生尿失禁。这是因为在阴道分娩时，胎儿过大生不出来的时候，只能采用钳产、阴道助产，而这样产妇的盆底韧带、肌肉等就会被牵拉得太久而变得松弛。通常这种情况导致的尿失禁，几天后便可恢复。如果长时间未恢复，则需要做盆底康复来改善尿失禁症状。

一般来说，生完孩子就可以做盆体康复，比如提肛训练，它有利于提升盆底肌、收缩盆底肌肉。当然，最好在产后 42 天做一个系统完整的盆底康复治疗，通过这种治疗能让盆底肌肉、韧带恢复到产前的状态，一天做一次，既可塑形，又可使阴道收紧，对产后身材恢复、性和谐都有很大帮助。

产后恢复运动

无论身材多么曼妙的女人经历了怀胎分娩都会变得肌肉松弛、体态臃肿。如何在产后迅速恢复，减少妊娠带来的负面影响呢？我们不妨从运动开始，合理的运动可以协助妈妈循序渐进地减下水桶腰，恢复好身材。

第一阶段：产后 24 小时。可在分娩后立即开始这项运动，虽然刚开始做时不会有感觉，但还是要做。这项运动可在床上或坐浴时进行，或在排尿时做收缩而暂停排尿，然后放松使尿液排出，重复多次。由于肌肉状态逐渐恢复，在动作的反复之间，可以做到只许数滴尿液排出。

腹式深呼吸法：采取基本姿势，把手放在腹部，当由鼻子慢慢吸气时，能够感觉腹部上升起来；由嘴巴慢慢吐气时，缩紧腹部肌肉。刚开始只要做 2～3 次，以免发生换气过度的情形（运动过量的征兆，会有晕眩或昏倒、刺痛感，或视物模糊等现象）。

第二阶段：分娩 3 天以后。分娩 3 天以后可以开始做比较正式的运动，不过，必须确定腹直肌在妊娠期间没有分离的情况下才可以进行。这种腹直肌分离的情形相当普遍，特别在生有数个子女的经产妇身上更为常见，如果未使这种分离先行痊愈的话，即使是极不费力的动作，也会使分离情况更加恶化。

可向医师或护士询问腹直肌状况，或可自行以这种方式检查：由基本姿势躺下，微微抬起头，伸出手臂在肚脐下摸摸看有无柔软的团状，这种团状便表示有分离现象。

假使有分离的情形，可以做以下运动来加以矫正：采取基本姿势，吸气，两手在腹部交叉，用手指把两边腹部肌肉聚拢，一面吐气，一面慢慢举起头来。然后吸气，与此同时把头慢慢放下。重复3～4次，一天2回。等分离闭合以后，可以进行抬头运动、抬腿运动和骨盆倾斜运动。

骨盆倾斜运动：基本姿势躺下，后腰向地板下压，同时吸气，然后吐气放松。刚开始重复3～4次，逐渐增加到12次，然后增加到24次。

第三阶段：产后检查以后。在医师的同意下，现在可以进行较剧烈的运动，包括散步、慢跑、游泳、有氧舞蹈、骑自行车或类似的活动，可是不要操之过急。

产后运动除了可以使腹部平坦，会阴紧缩，各项运动都有额外的功效：会阴运动可以避免尿失禁、骨盆内脱垂和性交困难；腹部运动可以减少背痛、静脉曲张、腿抽筋、浮肿等。定期运动还可加速子宫、腹部和骨盆各部位的受损肌肉恢复健康，并减少因缺乏运动可能造成的虚弱状态。此外，对妊娠与分娩所造成的关节松散也具有恢复功效，并且可以预防进一步的虚弱与紧张。最后，还有心理上的收效，能够增强面对压力时的应变能力，帮助放松，因而减少罹患产后抑郁症的机会。

(1) 产后早晨健美操：

1) 两腿分开，双手向上伸，弯身，用手指触右脚；直立，再弯身，用手指触左脚。反复做几次。

2) 双手向上伸直，身体向右翻转两次，然后，再向左翻转2次。

3) 身体站直，两腿轮流抬起与地板平行，在原地慢慢下蹲。

4) 在原地跳跃，就像小时候跳绳一样。

5) 双手向上伸直，吸气，全身用力，然后全身放松，身体向前倾斜，同时呼气，复原；之后，再吸气。

(2) 收缩大腿肌肉体操：

1) 坐在地上，使双脚脚底相合，然后左右手各自压左右膝，使其紧迫。

2) 弯曲一边膝盖，并将脚底放在另一脚的大腿上，俯身下去，以手指伸直碰到伸直的脚趾尖端。

(3) 使大腿与腹肌坚实操：

1）直立，手指扶住椅背。

2）弯曲右腿，提起膝盖，背部弯曲，下巴晚收紧。

3）右腿向后摆踢，背向后弯，下巴向上抬起。

4）回复至步骤 1）反复做。

（4）恢复细腰的体操：

1）抬头挺胸站好，左脚大步横向跨出略比肩宽，一面吐气，一面弯腰用右手指尖去碰左脚趾尖，意识想着按压腰部的赘肉，然后吐气。

2）回复到站直的姿势再换右边，然后再以左手指尖去碰右脚趾尖。左右各做 7～8 次。

（5）常规健腰运动：

1）小腰、侧腹的有效运动。以跪立姿势，或坐在椅子上也可以。双手撑于腰际，腰部向左扭转，感觉有舒畅感时再返回做。左右各进行数次。

2）以节奏式的扭转，使腰部舒畅。双手与肩同高并伸直，微侧身向左右扭转。此时手臂与地板平行运动。回转 1 次 2～3 秒，左右各重复数次。

3）使侧腹紧张，腰部纤细，对腰部有效的扭转运动。右手扶左腰，左手由后方持右腰，上半身充分扭转后静止不动。此时，意识集中于腹部。腰部感到有手支撑的力量，脸部则朝与扭转方向的反侧。

移动阅读

产后恢复的 3 个黄金时段	产后月经何时恢复
产后月经复潮及避孕	产后妈妈如何祛除妊娠纹
剖腹产疤痕最小化策略	产后面部皱纹的祛除办法
产后不同肤质的皮肤护理	产后不同部位皮肤护理
产后不同季节皮肤护理	如何预防产后乳房变形
产后妈妈的美胸秘方	怎样改善产后乳房松弛
拯救产后脱发	产后半年减肥最科学
产后腹带的使用	产后妈妈的塑身运动
产后瘦身保健操	产后 6 周的暖身运动
产后 6 周肌肉的伸展运动	产后锻炼需知
产后可用按摩恢复身体	腿部的健美与按摩
产后怎样保养双腿	臀部按摩健美操
产后瑜伽怎样练	产后懒人如何健身

第 4 节 产后心理保健

产后抑郁的预防护理

近几年来，产后抑郁症逐渐增多。据调查，50%～57%的妈妈在产后第1周都会出现没有明显理由的悲伤和焦虑，甚至常常哭泣，称为产后忧郁。这种情况开始于产后第1周（1～4天），正常情况2周内自动减缓。

产后抑郁是比产后忧郁更严重的症状，在10个产妇中大约有1个受其影响。你可能经历“高声”与“低声”频繁的哭泣、易怒和疲劳，以及感到犯罪、焦虑和不能照顾你自己和你的宝宝。症状的范围从轻微到严重，可能是产后几天出现或者逐渐出现，甚至1年后出现。症状可持续几周到1年。

有机构对孕妇做产前、产后抑郁及婴幼儿发育追踪研究，发现产前抑郁者占17.4%，产后抑郁者占14.6%。而且，越是学历高的女性，越容易发生产后抑郁。

为什么这些年来，产后抑郁症越来越明显呢？专家分析说，以前女人生孩子，往往是两三年一个，生得比较多，再加上家务繁忙等原因，产后基本没时间去抑郁。而现在中国大多数家庭中，产妇多是独生女，从小就娇生惯养。怀孕之后，身材臃肿，生理发生改变，也不懂得如何处理并调整这种变化，等孩子出生了，又不知道如何照顾小孩，尤其是产后无老人帮忙带孩子，面对这些一团糟的情况，产妇无法应对改变，适应不过来，进而发展成抑郁。另外，还有一种情况就是家里有“重男轻女”观念，对产妇生了女孩后，表示失望，给产妇脸色看，甚至不照顾产妇，这些自然引起产妇焦虑、烦躁、紧张，继而出现抑郁。

新妈妈产后情绪低落和抑郁，不仅对自己的健康不利，更会影响小宝宝的发育。研究表明，大约3/4抑郁母亲的孩子会发生行为问题，妈妈的抑郁不仅对宝宝发育产生影响，而且使他们的慢性疾病增多，身体素质下降，易感很多疾病，甚至使宝宝发生意外事故的危险性增加。

产后抑郁的表现与一般的抑郁症有些不同，新妈妈不妨自我测试一下，近 2 周内，你是否有以下表现和感受：

（1）白天情绪低落，夜晚情绪高涨，呈现昼夜颠倒的现象。

（2）几乎对所有事物失去兴趣，感觉到生活无趣无味，活着等于受罪。

（3）食欲大增或大减，妈妈体重增减变化较大。

（4）睡眠不佳或严重失眠，因此白天昏昏欲睡。

（5）精神焦虑不安或呆滞，常为一点小事而恼怒，或者几天不言不语、不吃不喝。

（6）身体异常疲劳或虚弱状态。

（7）思想不能集中，语言表达紊乱，缺乏逻辑性和综合判断能力。

（8）有明显的自卑感，常常不由自主地过度自责，对任何事都缺乏自信。

（9）有反复自杀的意念或企图。

第一种情况：如果这 9 道题的答案，你有 5 条答“是”的话，且这种状态持续了 2 周的时间，那么就要怀疑自己是产后抑郁了。

第二种情况：如果这 9 道题的答案只有 1 条答“是”，但每天都出现，那么也应该警惕自己遭遇了产后抑郁。

如果不满足以上两种情况，但又感到有些情绪低落的话，就很可能是产后忧郁。

为预防产后抑郁症的发生，有必要在产前、围生期和产后向产妇提供心理支持和必要的生理、心理知识，以便产后抑郁障碍的早期识别和早期治疗，减少意外事件的发生。

（1）准妈妈要注意妊娠期的体育锻炼，每天参加一些有氧运动，使心肺功能得到锻炼，以便机体能够适应日后繁忙的母亲角色。

（2）建议妊娠期多阅读相关知识，参加准妈妈派对、接受产前心理指导等讲座，了解母亲角色转变过程中可能出现的各种难题。这样可减少产后 6～8 周的紧张、焦虑、抑郁情绪。

（3）家人不能对生男生女进行抱怨、指责，要为她创造一个良好和谐的产前、产后环境。特别是丈夫，要多陪伴在妻子身边，协助护理妻儿。

（4）认知重建以及自信心训练是最常见的治疗方法，在产前就要大胆接受一些心理治疗。如认知治疗、放松训练，尽量避免悲观情绪，闲暇时多听一些轻柔、舒缓的音乐，以愉悦身心。

（5）分娩期准爸爸要给妻子心理支持。准爸爸们在这个关键的时期一定要多陪陪妻子，尽量少出差。最好能在生产前联系好分娩时的医院，提前准备好一些妻子住院分娩需要的资料，提前做好妻子住院及出院物品的准备，布置好出院后的家庭环境，安排好交通工具，以防情况突然发生时手忙脚乱。

在妻子阵痛时，要陪伴妻子，握着妻子的手给她以力量，喂她喝喝水，陪她说说话，减轻她对分娩的恐惧，给她以鼓励和安慰。现在有些医院允许丈夫陪产，但提醒准爸爸们，一般人在看了分娩过程后，很长时间心理会有一些阴影，影响了今后的夫妻生活。所以说，在妻子分娩的最后时段不提倡丈夫陪产。

如果已发生抑郁，为避免症状的扩大，女性产后，医院与家庭应该尽力创造一个轻松和谐又温馨的休养环境，耐心地教她母乳喂养的基本知识，讲解新生儿正常的生理发育过程。

（1）心理支持：倾听她内心深处的惶惑、不安，打开导致她情绪焦躁、不稳定的症结，比如夫妻关系紧张、婆媳相处不好、从小自闭感到孤单、生男不生女的心理暗示和长期担忧等。同时，对产妇的家属普及产后抑郁症的相关知识，获得家人最有利、最科学的关怀与支持。

（2）提供生活上的帮助：鼓励在哺乳期间多参加人际交往活动，特别是一些有益于女性身心保健的知识讲座。

（3）药物治疗：在专业医生的指导下，定期服用抗抑郁药，严重有自杀倾向的患者必须入院接受治疗。

（4）对已患过抑郁症的女性要更加呵护：抑郁症不是一次性疾病，约1/3的患者一生中只患一次，其余的患者在首次发病后的2～5年间会再次发作。

移动阅读

产后抑郁症的症状和原因

这样预防产后抑郁症

这些食物可消除产后抑郁

爸爸也会患“产后抑郁”

专家分析产后抑郁

产后抑郁症的自我调节法

七大方法远离产后抑郁

第九章

科学育儿与早教（0~1岁）

PART9

第1节 0～1岁宝宝的发育指标

新生儿的发育指标

新生儿特指未满月的婴儿或出生至28天的孩子。刚刚出生的婴儿头大，身长，四肢短，反应迟钝，睡眠多，呼吸和心跳快。一般情况下，新生宝宝的各项发育应达到如下标准：

1. 身体发育：

(1) 体重：体重是反映新生儿发育水平的重要标志，出生时男婴一般为2.7～4.4 kg，女婴为2.5～3.6 kg，低于2.5 kg属于未成熟儿。

(2) 身长：身长是反映新生儿骨骼发育水平的重要指标，出生时一般男婴为47.7～53.7 cm，女婴为46.1～52.0 cm，其中头长占身长的1/4。

(3) 体温：新生儿体温调节中枢发育尚不完善，体温不稳定。新生儿从母体到体外，由于室温较宫内温度低，婴儿出生后体温明显下降，以后逐渐回升，稳定在36 ℃～37 ℃。

(4) 呼吸：新生儿的肺活量小，吸入氧气少，远远不能满足其新陈代谢的需要，只能通过加快呼吸次数来弥补。正常新生儿每分钟呼吸35～45次，哭闹时可达60次/min。由于呼吸中枢的不健全，刚出生的婴儿表现为呼吸浅快、不匀。

(5) 心跳：正常足月新生儿脉搏一般是没有规律的，为120～160次/min，平均120次/min，最快可达140次/min。

(6) 头围和胸围：新生宝宝的头围平均34 cm左右，胸围比头围少1 cm左右。如果头围比胸围少得太多，可能为小头畸形；头围比胸围大得太多，可能为脑积水。

2. 能力发育：

(1) 语言能力：离开母腹的第一声啼哭，即是第一次发音，表明发音器官已经为语音的发生做好了最基本的准备。

(2) 运动能力：受到惊吓时会拱背和腿并伸出手臂，能将头从一侧转向另一侧。

(3) 视力：新生儿只能看到 15 cm 左右、45°范围内的物体，所以要想让宝宝看到你，就必须把脸凑近宝宝。

(4) 听觉：听觉很敏感，头会转向发出声音的方向，眼睛也会去寻找声源。

(5) 触觉：触觉很敏感，对不适应的感觉会做出反应，有多种反射反应。

(6) 味觉：新生儿的味蕾数量似乎比成年人多。他对甜和苦这两种味道的感知与生俱来，但对咸味食物的反应大约要在 5 个月之后才有。

(7) 嗅觉：你的宝宝生下来就会使用他的嗅觉，而且能够找出气味是从哪里来的。当他闻到难闻的气味（比如他的脏尿布）时，会把小脑袋扭开。

除此之外，新生儿还会有一些本能反应，如果父母看到新生宝宝的下列行为，请不要担心。

(1) 觅食反射：当你用手指或乳头接触新生宝宝的脸颊、嘴唇或嘴巴时，你的宝宝会转过头来面对着你，同时张开嘴巴做吃奶动作。这种反射使新生儿能够找到你的乳房，并学会如何吮奶。

(2) 摩罗反射：当他感觉到很大的声音或突然的动作时会自动拱起背来，伸开手臂和腿，有时还会放声大哭。新生儿即使在睡觉时也会有这种反应，但几个月以后就会逐渐消失了。

(3) 眨眼反射：物体或气流刺激睫毛、眼皮或眼角时，新生儿会做出眨眼动作。这是一种防御本能，可以保护眼睛。

(4) 怀抱反射：当新生儿被抱起时，他会本能地紧紧靠贴成人。

(5) 巴宾斯基反射：当你用力挠宝宝的脚心时，他的大脚趾会向后弯曲，其他几个脚趾则呈扇形张开。

(6) 跨步反射：当宝宝的脚碰到坚硬的平面时，他好像要迈步或者跳舞。

(7) 挺舌反射：当你把东西放在宝宝的舌头上时，他会把舌头吐出来。

0～1 岁宝宝的发育规律

0～1 岁是儿童生长发育最为迅速的时期，婴儿的生理发展直接影响并制约着婴儿的心理发生发展过程。因此，要做好婴儿期的卫生保健，保证婴儿身体健康发育，为婴儿的心理、智力发展提供良好的物质基础。

1. 身体发育：体重和身高是衡量儿童身体发育的两项重要指标。儿童的体重容易受到疾病和营养的影响。婴儿出生时体重平均为3000 g，生后的第一个月体重增加可达1～1.5 kg，生后3个月体重约等于出生时体重的2倍。头3个月每月增加体重约为800～1200 g，3～6个月每月平均增加体重400～800 g，6～9个月每月平均增加体重300～400 g，9～12个月每月平均增加200～300 g。因此，上半年平均每月体重增加700 g，下半年平均每月增加250 g。

一般婴儿的体重可用公式来计算：

出生后1～6个月体重（g）＝出生时体重（g）＋月龄×700(g)

7～12个月体重（g）＝出生时体重（g）＋6（月）×800（g）＋(月龄－6)×250(g)

或＝6(kg)＋月龄×0.25(kg)

婴儿出生时身高平均50 cm，第1年平均增加25 cm，1周岁为75 cm左右。第二年平均增长10 cm，2周岁为85 cm左右，2岁以后，平均每年长5～7 cm。儿童身高受种族、遗传和环境的影响较为明显，受营养的短期影响不明显，但长期的营养不良会影响身高的增长。

2岁以后的身高：

年龄×7(cm)＋70 cm

除了身高和体重以外，宝宝全身的主要变化还有身体比例、姿势和对身体的控制能力。宝宝的头颅与身体其他部分相比，变小了；四肢相对的变长、变结实。到了1岁以后，宝宝已经能够控制自己的身体，所以不再是软绵绵的，而是能做出有目的的运动。

宝宝在子宫内的生长是非常迅速的，在出生后的6个月里，也表现出非常快的发育速度，到了1岁，宝宝的生长速度渐渐下降。一般来讲，6个月的宝宝身高增加1/3，体重增加1.4倍。头围出生时平均33～34cm，1岁时46cm，2岁时48cm，15岁时54～58cm，基本同成人。

大多数的身高～体重表上都标有周龄，以周龄为标准，以kg为单位标出宝宝的重量，以cm为单位标出身高。在宝宝出生后的几周里，体重受到父母的重视，但是不要过于担心。如果宝宝看起来很健康，而且表现也很活泼、正常，宝宝就不可能有什么毛病。

宝宝的生长是一个长期的过程，如果考虑体重的增长，你必须把季节因素考虑进来，宝宝春天长得最快，而秋天最慢。所以很明显，如果长期、客观地分析宝宝的增重，一年内的变化没有代表意义。在分析宝宝增重的时候，重点应该放在宝宝增重的规律上，而不是放在宝宝的体重上。只要宝宝的体重在几周后增加，尽管可能有点无规律，但宝宝快乐、精神良好，你也不需要有什么担心。

进一步讲，所有的图表都是以“平均”作为标准的，从理论上讲，是一种理想的儿童平均水平。你的宝宝是一个现实的个体，有自己的独特性，可能与你所见过的所有宝宝都不相同，但这并不意味着你的宝宝不正常。

2. 大脑和神经系统的发育：婴儿的大脑从胚胎期就开始发育，到出生时其重量已达 390 g 左右，是成人脑重量的 25%，而这时的体重只占成人的 5%。婴儿第 1 年内脑重量增长速度最快，6 个月时已达 700 g 左右，到 1 岁时达到 900 g 左右，约为成人脑重的 60%，而儿童体重要到 10 岁时才达到成人的 50%。可见大脑的发育大大超过了身体发育的速度。同时，神经系统，特别是脑的结构和功能也迅速发展和完善，为婴儿心理和行为的发展提供了生理基础。

3. 动作的发展：婴儿的动作发展是在脑和神经系统、骨骼肌肉控制下进行的。因此，婴儿动作的发展和婴儿身体的发展、大脑和神经系统的发展是密切联系的。婴儿动作发展主要表现为手的动作和为直立行走做准备。其规律是从整体动作到分化动作，从上部动作到下部动作，从大肌肉动作到小肌肉动作。

0～1 岁宝宝每个月的身体状况如下。

1 个月：宝宝失去了初生时的外观特点，但腿仍然总是弯着，可能会抬头；宝宝的小手可以捏紧，可以反射性地抓住东西。

2 个月：身体继续变直，可以把头抬起 45°，并能坚持一会；可以张开手，有意识地抓住东西。

3 个月：身体变直，腿已经伸展开，可以抬起头来；手保持张开，但还不能长时间握住。

4 个月：宝宝可以左右翻身，上肢可以支撑起上半身；宝宝意识到手是自己的，可以吃手、吮手、玩手。

5 个月：趴着时，把头部抬起，可以从仰卧翻向侧卧；可以用两只手抓住物体，这时最愿意吃自己的脚。

6 个月：能够向所有方向扭动，可以不用扶着坐几秒；宝宝能够用拇指和食指拿住东西，可以转动手腕。

7个月：宝宝坐的能力有所提高，可能需要身体前倾，以维持身体的平衡；拇指与食指对应比较好，双手均可抓住物品。

8个月：不用扶着，可以坐得很好，可以自由翻身；灵活性有很大的发展，拇指和食指，可以像镊子状抓住物体。

9个月：宝宝非常想爬，可以四肢支撑起身体；灵活性继续发展，可以用食指抠东西。

10个月：可以保持四肢伸直地爬行，可以坚持着站立起来；一只手可以同时拿起两个东西，放开时有些不灵活。

11～12个月：有人扶着时，宝宝可以走路，但是表现得跌跌撞撞；可以自己吃东西，拿蜡笔，可以传递东西，协调能力每天都有提高。

移动阅读

新生儿成长指标的测量方法	新生儿的生长发育规律
2个月宝宝的发育指标	3个月宝宝的发育指标
4个月宝宝的发育指标	5个月宝宝的发育指标
6个月宝宝的发育指标	7个月宝宝的发育指标
8个月宝宝的发育指标	9个月宝宝的发育指标
10个月宝宝的发育指标	11个月宝宝的发育指标
12个月宝宝的发育指标	不同孕周的早产儿的发育
如何预测宝宝的身高	婴儿智力发育的八次飞跃
宝宝思维能力的发展	宝宝语言能力的发育
宝宝理解能力的发育	宝宝情商的发展
宝宝社交能力的发育	儿童自信心的发展

第2节 0～1岁宝宝的保健

关于母乳喂养

母乳是婴儿的天然生理食品。母乳中所含的脂肪酸、乳糖、水、氨基酸的比例刚好适合婴儿的消化系统，能促进婴儿脑的发育和身体的成长。妈妈体内产生的抗体通过母乳进入婴儿体内后，有助于提高婴儿免疫力，减少患病机会。婴儿吮吸乳头比吮吸奶瓶要花更大的力气，这有助于下颌的发育，可以锻炼下颌的力量，使牙床发育得更好，为将来牙齿的健康奠定良好的基础。母乳喂养还有利于产妇恢复身体健康，减少女性患卵巢癌、乳腺癌的概率。

母乳按阶段可分为以下几类：

1. 初乳：产后至 5～7 天内母亲乳房分泌的乳汁称为初乳，呈蛋黄色，质稠、量少，含有丰富的蛋白质，脂肪较少，有大量的分泌型 IgA 和吞噬细胞、粒细胞、淋巴细胞，这有助于增进新生儿呼吸道及消化道防御病菌入侵的能力，提高宝宝的抵抗力，因此，不管今后是采用母乳喂养还是人工喂养都一定要将初乳喂给宝宝，切勿将其弃之。

2. 过渡乳：产后 6～10 天，母亲分泌的乳汁称为过渡乳，脂肪含量高，蛋白质与矿物质有所减少。

3. 成熟乳：产后 11 天至 9 个月内母亲分泌的乳汁称为成熟乳，脂肪比较多，蛋白质、矿物质进一步减少。

4. 晚乳：产后 10 个月母亲分泌的乳汁称为晚乳，其量及各种营养成分较前更少。

新妈妈第一次给新生儿喂奶称为“开奶”。新生儿出生后第一个小时是敏感期，而且出生后 20～30 分钟内，新生儿的吸吮反射最强。因此提倡顺产的妈妈在产后半小时让宝宝开始吮吸，剖腹产的妈妈可以根据情况适当延迟 1～2 小时，越早吮吸越有助于乳汁的分泌，更是很好的亲子机会。

哺乳前乳母可先为婴儿更换干净的尿布，然后洗净双手，对乳腺和乳头进行湿热敷 3～5 分钟，同时按摩乳房刺激泌乳反射。哺乳前，除分娩后最初几天乳母可采取半卧位哺乳外，一般宜采用坐位。将婴儿抱于怀中，让婴儿的头部、肩部枕于要哺乳一侧的肘弯，婴儿的头部可稍高（可置一小凳于脚下）。

哺乳时母亲要将奶头和大部分乳晕送入婴儿口中，婴儿下嘴唇略外翻，使婴儿的舌头能从下至上裹住母亲的乳头和乳晕，且能自由地用鼻呼吸。这样随着婴儿吸吮时舌头由前向后呈波浪性运动，嘴唇或松或紧有节奏的运动，可以很好地刺激母亲乳晕部位的神经敏感区，这是促使泌乳的最好信号。

每次哺乳应尽量让宝宝吸奶吸到满足为止，但不宜超过 15～20 分钟。哺乳完毕，用食指轻压宝宝下颏，将乳头轻轻拔出。然后将宝宝竖直，头部紧靠在妈妈肩上，用手掌轻拍宝宝背部以帮助将胃内的空气呃出。

晚上哺乳一般母亲是躺在床上哺喂，可让婴儿稍稍侧躺，母亲自己也对着婴儿侧躺进行哺喂。晚间最好不要让婴儿仰躺，而母亲用胳膊支撑着自己俯身给婴儿哺喂。因为这样一旦母亲支撑不住入睡，会压着婴儿造成窒息；也不要让婴儿口含乳头（或橡皮乳头）入睡，不仅不卫生，也易不慎引起婴儿窒息或呕吐。

以下几种情况不宜进行母乳喂养：

1. 乳母患有各科疾病，如严重心脏病、慢性肾炎；患有急性肝炎、结核病；患精神病和癫痫病；甲状腺功能亢进症；患急性感染，在服用四环素、氯霉素、磺胺喹诺酮类等药物治疗期间，应停止给宝宝喂奶数天。

2. 生下患乳糖血症或苯丙酮尿症患儿的妈妈，要立即停止用母乳及其他乳类制品喂养患儿，以免患儿智力受到损害。

3. 妈妈乳房患病，如乳头糜烂、乳腺炎等都不宜给宝宝喂奶。

4. 服用避孕药时，也不宜让宝宝吃母乳。

5. 妈妈患严重感冒或高热时，也要暂时中止喂奶，等恢复之后再喂。

奶粉的冲泡

当妈妈因各种原因不能喂哺宝宝时，可选用牛、羊乳等兽乳，或其他代乳品喂养宝宝，这些统称为人工喂养。人工喂养需要适量而定，否则不利于宝宝发育。初生的宝宝应该使用配方奶粉，6 个月以后选择助长奶粉，9 个月以后可以食用全牛奶。冲调奶粉的方法如下：

1. 冲奶前洗净双手，将奶瓶奶嘴及瓶盖洗净，放入沸水煮 5 分钟。

2. 准备沸水，冷却到 40 ℃～60 ℃，将适量的温开水倒入奶瓶。可滴一滴在自己的手背上，如果感觉不烫也不凉，就大约是 40 ℃。为了方便，也可以事先准备好凉白开，需要的时候用沸水一兑就可以了。

不可直接使用开水冲泡，那样会使牛奶产生蛋白质凝结，其中的磷酸钙就会由酸性变成中性而发生沉淀，乳糖也会因焦化而分解为乳酸和甲酸，从而使牛奶的营养价值和色、香、味均有所降低。

不要用纯净水或矿泉水冲奶粉。纯净水失去了普通自来水的矿物元素，而矿泉水由于矿物质含量较多，且杂，也不适宜给初生宝宝饮用。

3. 在奶瓶中加入准确分量的奶粉。只可用专用的量匙盛取奶粉，匙中的奶粉不要堆高也不要压紧。奶水浓度过浓或过稀，皆会影响宝宝的健康。

有的妈妈觉得奶粉量多宝宝可以吃得饱，其实不然。奶粉中含有钠离子，需要加足量水稀释。如果奶粉浓度过高，幼儿饮用后，会使血管壁压力增加，胃肠消化能力难以负担，肾脏的排泄能力也难以承受，甚至发生肾衰竭。相反，奶粉冲得太稀，则会导致蛋白质含量不足，引起宝宝营养不良。

4. 把胶盖和胶垫圈装到奶瓶上旋紧，使奶瓶密闭，用双手捧住奶瓶在手心里来回搓动，使奶粉与水完全融合。

人工喂养的宝宝每次奶量为 60～120 ml，每天 6～7 次，一般每隔 3 个半小时至 4 小时一次。配方奶营养丰富，细菌很容易繁殖，宝宝喝剩的奶粉一定不能留到下次喝，每次都要重新冲泡。冲泡前要先做好奶具和双手的清洁工作。

冲调好的奶粉不能再煮沸，会使蛋白质、维生素等营养物质的结构发生变化，从而失去原有的营养价值。宝宝再喝这样的奶水，获得的营养也要大打折扣。

新生儿脐带护理

脐带的直径约 1 cm，剪断后对新生儿来说是一个很大的伤口，如果护理不当，将成为病原菌侵入机体的重要途径，引起新生儿破伤风、新生儿败血症等疾病，因此必须做好新生儿脐部的护理。

为了保护脐部，医护人员往往将脐部敷上纱布。纱布应该在生后 12～24 小时去除，如包扎的时间过长，纱布容易被新生儿的大小便污染，给细菌在脐部生长繁殖创造条件。脐部的纱布去除后应注意观察：

1. 脐带有无出血：主要由于脐带结扎不紧，或结扎用的丝线太粗引起。出现这种情况时，可用乙醇仔细消毒脐带及周围皮肤，再用乙醇浸泡过的细丝线结扎。结扎后用棉签沾上碘酊消毒脐带断端。有时在脐带脱落时也会出血，这是因脐带根部细小血管被损伤所致，一般出血量不多。此时可用棉签沾上少许络合碘涂到脐窝里。

2. 脐部是否干燥：脐带脱落前或刚脱落，脐窝还未干燥时，应保证脐带和脐窝的干燥。即将脱落的脐带是一种坏死组织，为细菌的良好培养基，因此脐带一旦被水浸湿或被尿液污染，应马上用干棉球擦干，然后用乙醇棉签消毒。

3. 脐部是否清洁：新生儿脐窝里经常有分泌物，分泌物干燥后能使脐窝和脐带的根部发生粘连，这时脐带表面看起来很干净，其实脐窝里可能积有脓液。有的母亲不敢触动脐带根部，仅在脐带表面擦拭，其实起不到消毒的作用。正确的消毒方法是在每天洗澡之后用棉签沾上 75%乙醇，一只手提起脐带的结扎线，另一只手用乙醇棉签仔细分离脐窝和脐带根部的粘连部分，周边都分离开后，换新的乙醇棉签从脐窝中心向外转圈擦拭，擦拭干净后再把提过的结扎线涂上乙醇。有些新生儿出生 1 周后脐带还未脱落，部分原因就是脐带和脐窝粘连所致。用上述方法处理脐带，则能加速脐带的脱落。

4. 及时处理脐部渗液：脐带自然脱落后，脐窝会有些潮湿并有少许米汤样液体渗出，这是脐带脱落的表面还未完全被上皮细胞覆盖，肉芽组织里的液体渗出所致。可用 75%乙醇擦净，一般一天 1～2 次即可，2～3 天后脐窝就会干燥。如果发现脐窝有脓性分泌物、红肿或有臭味，说明存在脐部感染，应找医生及时处理。

5. 脐疝的处理：有的新生儿可见到脐部突出，用手轻轻按压则变平，当新生儿咳嗽、哭闹时更明显，这种现象在医学上称为脐疝。脐疝的发生与新生儿脐部的肌肉和鞘膜发育不良有关，当腹内压增高时，腹腔内容物，主要是小肠连同腹膜可一起突到皮下组织中，形成了脐部突出物。

如果脐疝不大，随着婴儿肌肉的发育，多数在 1 岁内自行痊愈，无须特殊处理。如果脐环直径在 2 cm 以上，首先应尽量减少婴儿哭闹，因为大声哭闹能使脐环不断扩大，影响脐疝的愈合。如果无效可用一条宽 5～6 cm、长 10～15 cm 的胶布，将脐疝复位后拉紧皮肤后粘贴到脐疝的两侧，以减少疝内容物的突出及对脐环的扩张，有利于脐疝的修复。若 3 个月后仍无效，应放弃这种疗法，及时请医生诊治。

怎样给新生儿洗澡

给新生儿洗澡前，首先应将沐浴中需用的物品备齐。如消毒脐带用物(新生儿脐带未掉落之前)、要换的婴儿衣物、尿片，以及小毛巾、大浴巾、澡盆、冷水、热水、婴儿油等物。同时检查一下自己的手指甲，以免刮伤您的宝宝，再用肥皂洗净双手。

给新生儿洗澡时，室温最好维持在 26 ℃～28 ℃，水温则以 37 ℃～42 ℃为宜。在盆内先倒入冷水，再加热水，用手试一下水温，使水温恰到好处。值得注意的是，沐浴时要避免阵风的正面吹袭，以防宝宝着凉生病。沐浴时间应安排在给婴儿哺乳 1～2 小时后，否则易引起呕吐。

出生后第一周内，宝宝脐带未脱落时，可采用“分段沐浴法”：

脱下宝宝衣服，并将此衣服包裹于胸腹上，暂以保暖。开始洗脸、洗头及颈部，注意勿使水流入耳内。用左肘部和腰部夹住宝宝的屁股，左手掌和左臂托住宝宝的头，用右手慢慢清洗。

（1）洗面：用洗脸的纱布或小毛巾沾水后轻轻拭擦。

（2）洗眼：由内眼角向外眼角擦。

（3）洗额：由眉心向两侧轻轻拭擦前额。

（4）洗耳：用手指裹毛巾轻轻拭擦耳廓及耳背。

（5）洗头：将婴儿专用、对眼睛无刺激的洗头水倒在手上，然后在宝宝的头上轻轻揉洗，注意不要用指甲接触宝宝的头皮。若头皮上有污垢，可在洗澡前将婴儿油涂抹在宝宝头上，这样可使头垢软化而易于去除。然后将新生儿头上的洗发水洗干净。

（6）洗下身：将新生儿的头部靠在左肘窝，左手握住新生儿的左大腿，依次洗新生儿的阴部、臀部、大腿、小腿和脚。

若宝宝的脐带已脱落，那么在洗净脸及头颈部之后，就可将宝宝颈部以下置入浴盆中，成仰卧的姿态，由上而下洗完后，将宝宝改为俯卧姿势，以洗背部及臀部肛门处。最后，以双手为支托并抓稳宝宝肩部，抱离水中，置于大浴巾上。用浴巾裹住宝宝的全身时，可留出脐部，用乙醇棉棒从中间向外清洗脐部，注意保持脐部的干燥和清洁。如果脐部发红、出脓液或有难闻的气味，就应该找医生处理。

另外，身体的褶皱及弯曲部位，应特别注意洗净擦干，且动作要轻柔，使宝宝有安全感。通常在皮肤褶皱处，可替宝宝抹些爽身粉，使他感到干爽舒适。在宝宝的臀部涂上护肤油，防止尿液刺激皮肤产生尿布疹。

注意事项：

（1）新生儿洗澡不必过勤。新生儿排泌的汗液有限，不必每天都洗澡，热天隔天洗一次，冷天隔2天洗一次即可。

(2) 为新生儿洗澡时所用的毛巾要纯棉质且柔软，动作要轻柔、有章法，避免伤及新生儿的皮肤和肢体，小心不要让新生儿被水呛到。注意清洁皮肤的皱褶处。

(3) 新生儿的皮肤酸碱度为6.5～7.5，偏碱性，不具抵抗细菌的能力。为了不提升新生儿皮肤的碱性，为早产儿及皮肤有破损的新生儿洗澡时，只用温度适宜的清水擦洗即可。

(4) 每次洗澡，新生儿身体接触水的时间不宜超过5分钟。洗后用吸水性好的柔软毛巾轻轻擦干新生儿的身体，再抹上婴儿专用的润肤油。最后为新生儿穿上干净衣物。

怎样给新生儿穿衣

给新宝宝穿衣服可不是件容易的事，宝宝全身软软的，又不会配合穿衣的动作，往往弄得妈妈手忙脚乱。所以给新宝宝穿衣，一定要讲究点技巧。

新生儿的穿衣顺序是先穿上衣再穿裤子。先让宝宝平躺在床上，查看一下尿布是否需要更换，这样可以避免宝宝在穿衣服的过程中尿床，接下来就可以穿上衣了。

1. 套头衫：

(1) 把上衣沿着领口折叠成圆圈状，将2个手指从中间伸进去把上衣领口撑开，然后从宝宝的头部套过。为了避免套头时宝宝因被遮住视线而恐惧，妈妈要一边跟他说话一边进行，以分散他的注意力。

(2) 穿袖子：先把一只袖子沿袖口折叠成圆圈形，妈妈的手从中间穿过去后，握住宝宝的手腕，从袖圈中轻轻拉过，顺势把衣袖套在宝宝的手臂上，然后以同样的方式穿另一条衣袖。

(3) 整理：一只手轻轻把宝宝抬起，另一只手把上衣拉下去。

2. 穿裤子：

(1) 先把裤腿折叠成圆圈形，母亲的手指从中穿过去后握住宝宝的足腕，将脚轻轻地拉过去。

(2) 穿好2只裤腿之后抬起宝宝的腿，把裤子拉直。

(3) 抱起宝宝把裤腰提上去包住上衣，并把衣服整理平整。

3. 连体衣：如果是连体衣，应先把所有的扣子都解开，让宝宝平躺在衣服上，脖子对准衣领的位置，然后用和上面同样的方式把衣服套入宝宝的手臂和腿。

注意给宝宝穿衣服时动作一定要轻柔，要顺着其肢体弯曲和活动的方向进行，不能生拉硬拽，从而伤到宝宝。

要注意根据季节给新生儿增减衣服，原则上以小儿的面色正常、四肢温暖和不出汗为宜。假如新生儿行为异常，脸上有汗，体温在 37.5 ℃以上，就表明保暖过度，应适量减点衣被。如孩子手脚发冷，体温不足 36 ℃，说明保暖不够，需要增加衣被和提高室温。这样才能使宝宝健康地生长发育。

怎样正确包裹、抱放新生儿

1. 包裹新生儿：包裹新生宝宝时不要过紧，应该使宝宝的四肢处于自然的生理状态。合理包裹新生宝宝的方式是：

(1) 先将薄毛毯对折成三角形，顶端朝上平铺在床中间。

(2) 将宝宝放在毯中间，脖子要对着毯顶端，并包好尿布，注意不要盖住脐部。

(3) 然后将一侧对折包住宝宝身体，将多余的部分平塞在宝宝身体下面。

(4) 再将另一侧以相反的方向对折并塞好。

(5) 最后，再盖一层蓬松的小棉被，将被角塞到毯子下面，或者将宝宝放入睡袋。

在北方普遍用棉被包裹婴儿，有时为防止孩子蹬脱被盖而受凉，父母还常常将包被捆上 2～3 道绳带，认为这样既保暖，孩子睡得又安稳，却没想到包裹过紧会妨碍婴儿的四肢运动，孩子被捆绑后，手指不能碰触周围的物体，不利于新生儿的触觉发育，而且包裹过紧也影响皮肤散热，汗液及粪便的污染易引起皮肤感染，严重时还会造成髋关节脱位。

2. 抱放新生儿：

(1) 慢慢地弯下腰，从侧面或正面贴近宝宝，一手伸入他的颈后，托住新生儿的脑袋，另一只手放在他的背臀部之间，支撑住宝宝的下半身。

(2) 轻柔平稳地将宝宝抱起。将宝宝整个体重转移至手上，并确保头部被稳稳地托在手中，然后边起身边把他抱到自己的胸前。

(3) 最后，把宝宝平抱或竖抱在自己的胸前。

(4) 放下宝宝时，要用手臂支撑住新生宝宝的脑袋，然后平稳地将其放在床上，同时要用温柔的目光注视宝宝。

怎样根据宝宝的哭声判断其需求

哭闹是婴儿表现情感、提出要求的方式，学会“听”懂他们特殊的“语言”是妈妈们的必修课。年轻的父母应该通过察颜辨声来熟悉和了解孩子的这种奇特的语言，根据婴幼儿哭声的高低、强弱、面部表情及手舞足蹈的程度来综合判断，细心观察，正确地理解和寻找啼哭声中所表达的真正含义和原因。

1. 饥饿时的啼哭：婴幼儿表示饥饿的主要方式体现在啼哭上，并主动将头转到母亲的胸怀寻找乳头，此时若用手指试探口唇时，会不由自主地伸出舌头做出吮乳的动作，一经喂奶或食品后，便马上安静下来。对人工喂养的婴儿，如食物调制太浓、太热或周围环境嘈杂等影响孩子情绪或口渴时，也会表现像饥饿时一样的哭声，这时若将孩子抱起或换个环境，哭声亦会停止。饥饿性夜间哭闹常见于 3 个月内的婴儿，往往由于母乳分泌不足、乳头凹陷等导致孩子吃不饱而造成。这种哭闹表现在喂奶后仍有吸吮动作，间隙哭闹、吮手指、啃拳头等。

2. 不舒适时的啼哭：若遇突然的冷热刺激、衣服布料粗糙不平整、衣被裹得过紧、尿布湿了或被蚊虫叮咬等都可能引起啼哭。这种哭声初时声音较大，以后逐渐变小，并有全身躁动不安。如听到突发性巨响、受到惊吓、异物刺激时都会突然哭叫，并伴有惊恐万状的面部表情。对这些原因引起的啼哭，只要及时得到帮助，如经常更换尿布，注意冷暖寒热，保持环境幽雅平静，清除身上的异物或抱在怀中予以轻柔地抚摸慰藉，都可有效地平抑哭声。

3. 情感依赖性的啼哭：当亲近的人离开或失去心爱的玩具时，起先哭声洪亮，尔后逐渐减弱，且有感到痛心的表情，伴之涕泪俱下，无精打采的懒散情绪。此时，你若抱起他，会使其情绪稳定，精神愉快，体型上也会变得优美，那种完全不理睬婴幼儿的感情需求的做法，则不利于宝宝的心身发育。

4. 带有意向性要求的啼哭：这种以企盼达到某一目的的啼哭，其哭声忽大忽小，呈间歇性，或伴有蹬脚、挺胸、摇头、就地打滚及干嚎怪叫的行为，若无人理睬，其哭声即渐渐转弱而停止。这种有意识的哭喊，多见于1岁以上的幼儿。

5. 入睡时哭：有些婴儿入睡前也会哭闹，这种哭声比较低，双目时睁时闭，哭声断断续续，中止哭闹即入睡。

6. 过分疲倦、睡眠不足的婴儿被惊醒后，常常哭闹不止。此外，白天或睡前嬉闹过度或受到惊吓，造成婴儿过分兴奋、紧张，睡熟后也会惊醒啼哭。

7. 便时哭闹，伴面部涨红或用力动作。

婴儿抚触与保健按摩

婴儿抚触是指成人用双手对婴儿进行有顺序、有手法技巧的抚摸按摩，来达到保健的目的。经科学研究和临床实验证明，抚触可以解除新生儿“皮肤饥渴”，刺激宝宝的淋巴系统，增强抵抗能力；可以改善宝宝的消化系统，缓解胀气现象，增进食欲；抚触可以降低宝宝沮丧焦虑的症状和感觉，平复他们暴躁的情绪，让他们觉得舒适安全，减少哭泣；抚触还可以增强宝宝反应的灵活性。对早产儿和患病婴儿的抚触有益于其体重增长、生物节律的形成和精神神经的发育。

宝宝的抚触按摩大致分为这七步走：

第一步，热身运动。这是进行按摩的初始。抚触者坐在地板上伸直双腿，让宝宝仰面躺在抚触者腿上，头朝抚触者双脚的方向。为了安全起见，可以在腿上先铺上毛巾。

在胸前打开再合拢他的胳膊，这能使宝宝放松背部，能够更好地呼吸。然后上下移动宝宝的双腿，模拟走路的样子，这个动作能刺激宝宝的大脑两侧。

第二步，胸膛和躯干。抚触者两手分别从宝宝胸部外下侧向对侧肩部轻轻按摩，然后由上而下反复轻抚宝宝的身体。如果宝宝有不高兴的表现，那不妨换下一个姿势。这个动作能够促进宝宝的呼吸循环。

第三步，胳膊和双手。抚触者用一只手轻握宝宝一只手并将他的胳膊抬起，用另一只手按摩宝宝这只手的胳膊，从肩膀到手腕，然后再到每一个手指。轻轻地打开宝宝的手掌和手指，并轻轻揉擦。然后转另一只手做同样的动作。这可以增加宝宝的灵活性。

第四步，腹部。抚触者先用整个手掌从宝宝的肋骨到骨盆位置轻轻按揉，接着用手指肚自右上腹滑向右下腹，再从左上腹滑向左下腹。腹部按摩可以帮助宝宝排气，缓解便秘。

第五步，腿部和脚部。抚触者先用一只手扶住宝宝的一只脚踝，把腿抬起，接着用另一只手按摩宝宝抬起的腿。按摩从臀部开始，一直到脚踝，然后用手掌抚摸宝宝的小脚丫。小脚丫的按摩采取从脚后跟到脚趾自下而上的顺序。之后，再换另一侧做同样的动作。按摩腿脚能够增强宝宝的协调能力，使宝宝的肢体更灵活。

第六步，背部。如果宝宝不介意俯卧，可以试着让他面朝下躺在抚触者腿上。然后抚触者用手掌从宝宝的脖子到臀部自上而下进行按摩。如果宝宝不喜欢俯卧，也可以让宝宝平躺着。抚触者用一只手托起宝宝的臀部，另一只手轻轻地从宝宝的脖子处慢慢向下揉搓宝宝的脊梁骨。背部按摩有助于增强宝宝的免疫力。

第七步，脸部。全部的按摩也可以从脸部开始，让宝宝先看清楚抚触者，再进行身体其他部位的按摩。如此宝宝会比较有安全感。

用两只手指由宝宝前额的中心向两侧抚摸。然后，顺着鼻梁向鼻尖滑行，再从鼻尖滑向鼻子的两侧。多数宝宝会喜欢这个手法，他们以为是在做游戏。但是如果你的宝宝觉得不舒服就先停止做这个动作，隔天不妨再试一次。

这套按摩动作也可以在床上进行，抚触时间视婴儿的月龄可以从每次 5 分钟开始，逐渐延长到每次 15～20 分钟，每天 2～3 次。婴儿抚触不是机械的操作，而是亲情的交流。妈妈一边抚触，一边微笑着轻轻地和宝宝说说话，可使母婴都得到满足。

给宝宝穿开裆裤的注意事项

开裆裤，对家长们来说并不陌生。家长们选择开裆裤的原因，主要是舒服、方便。舒服是对宝宝而言的，宝宝不用整天包着小屁股，不用担心尿布把屁股捂出红疹。另一方面，家长在照顾宝宝时也方便，不用经常换洗尿布，宝宝一蹲下就能解决大、小便的问题，而且在经济上也划算，毕竟一次性尿片的费用也是一个不小的开支。

但实际上，开裆裤弊大于利，家长应坚决地对它说“不”。孩子穿开裆裤的弊端主要有以下三点：

1. 不卫生：1岁以内的宝宝已经能站立并开始学习行走，在这个阶段，白天已很少用尿布了，可是由于宝宝此时行走不稳，最容易在地上爬、地上坐，而地上往往很脏，身体暴露部位易受污物侵袭而引发疾病。

解决对策：爸妈不要怕辛苦，应给学会坐和爬的宝宝更换满裆裤，防止不洁物入侵小屁屁，特别是女宝宝。如果宝宝尚小，爸妈要严格注意家中的卫生保洁，女宝宝可以用一次性尿布保护会阴部，男宝宝则在开裆裤处钉上子母扣，大小便时一拉就开，便后再扣上。等宝宝长到一岁半时，逐步开始训练宝宝自己大小便。

2. 容易被冻伤：随着宝宝的长大，宝宝的活动范围也随之增大，穿开裆裤使臀部裸露在外，前后通风，还会使冷风直接灌入腰腹部和大腿根部，特别是冬天易着凉，造成感冒或腹泻。

解决的对策：冬天，里面毛裤是可以开裆，最外面的那层裤子就不用开裆了，这样既有利于保护宝宝，又方便爸妈，且在公共场合也显得更文明。

3. 不安全：宝宝穿开裆裤暴露臀部、外阴部，在宝宝活动时，容易被锐器扎伤或被火、开水烫伤。此外，女宝宝外阴部由于生理的原因和开裆裤的暴露性容易被感染，患上尿道炎、膀胱炎、泌尿系统感染，男宝宝容易玩弄生殖器而养成不良习惯。宝宝穿开裆裤时间长还会养成大小便无规律和随地大小便的不卫生习惯。

解决的对策：爸妈看护时要密切观察，要随时留意宝宝会阴部的健康状况，发现异常务必及时查看，存在“险情”时，及时送医院就诊。若爸妈是全职照顾宝宝，又能及时注意到宝宝的大小便需要，则此时仍以穿开裆裤为佳。在家时可穿开裆裤，外出时再套上满裆裤。

宝宝疫苗接种时间表

宝宝从出生后至12岁，要注射各种各样的疫苗。

1. 一类疫苗：具体接种时间如下。出生24小时内：乙肝疫苗（第一针）；卡介苗（初种）。

1月龄：乙肝疫苗（第二针）。

2月龄：脊髓灰质炎糖丸（第一针）。

3 月龄：脊髓灰质炎糖丸（第二针）；百白破疫苗（第一针）。

4 月龄：脊髓灰质炎糖丸（第三针）；百白破疫苗（第二针）。

6 月龄：百白破疫苗（第三针）；乙肝疫苗（第三针）；A 群流脑疫苗（第一针）。

8 月龄：麻疹疫苗（第一针）。

9 月龄：A 群流脑疫苗（第二针）。

1 岁：乙脑疫苗（初种）。

1.5～2 岁：百白破疫苗（加强）；脊髓灰质炎糖丸（部分加强）；乙脑疫苗（加强）；甲肝疫苗。

3 岁：A 群流脑疫苗（第三针，也可用 A+C 群流脑疫苗）。

4 岁：脊髓灰质炎疫苗（加强针）。

6 岁：麻疹疫苗（加强针）；白破二联疫苗（加强针）；乙脑疫苗（第三针）；A 群流脑疫苗（第四针）。

12 岁：卡介苗（加强针）。

新生儿从出生到 18 个月龄之内是接种疫苗的“密集期”，在这期间家长平均每隔一个月就要带自己的宝宝去相关单位接种一次疫苗。6 周岁之前，儿童需要注射的计划免疫疫苗有 24 次之多。

2. 二类疫苗：具体接种时间如下。

A+C 群流脑疫苗：3 周岁注射 1 针次，6、9 周岁各加强 1 针。

无细胞百白破疫苗：可替代全细胞百白破疫苗，接种程序同全细胞百白破疫苗。

麻腮风疫苗：1.5～2 周岁注射 1 针，基础免疫后 4 年加强 1 针。

甲肝减毒活疫苗或甲肝灭活疫苗：甲肝减毒活疫苗接种时间是 2 岁时注射 1 针，4 年后加强 1 针。灭活疫苗 1～16 岁接种 2 针，间隔 6 个月，16 岁以上接种 1 针。

水痘疫苗：1～12 岁接种 1 针次。

B 型流感嗜血杆菌疫苗：2、4、6 月龄各注射一次，12 月龄以上接种 1 针即可。

流感灭活病毒疫苗：1～3 周岁每年注射 2 针，间隔 1 个月。3 周岁以上每年接种 1 次即可。

宝宝辅食添加

添加辅食是婴儿断奶前的一个阶段。从出生 3～4 个月左右开始，单纯的母乳喂养已无法满足婴儿所需的营养。父母要一边关注宝宝的大便情况和喂养方法，一边逐步过渡到添辅食阶段，切忌勉强和激进。

不同类型的食物所含的营养成分是不一样的，这些不同的营养成分在互相搭配的时候还会产生互补、增强和阻碍的作用，如果能注意到食物中的营养差别，给每一种食材找到它的最佳搭档，就能提高食物的整体营养价值，更好地为宝宝的辅食营养加分。那么妈妈们知道婴儿辅食添加的原则有哪些吗？

1. 从少量到多量：以添加鸡蛋黄为例，开始添加的时候应从 1/5 或 1/4 加起，历经 1～2 周可加至一个以让宝宝的胃肠道功能有个逐步适应的过程。

2. 由一种到多种：在 1～2 天之内给婴儿所加食物的种类不宜超过两种以上，使孩子对不同种类、不同味道的食物有一个循序渐进的接受过程。

3. 由稀到稠：以添加谷类的大米为例，应从米汤加起，然后是米粉→烂米粥→米粥→软饭→成人吃的米饭。

4. 由细到粗：以蔬菜为例，应从添加菜汁开始→菜泥→碎菜→短纤维的青菜→可供成人吃的青菜。

5. 少盐不甜忌油腻：有的家长常常会依自己的口味来喂养宝宝，自己的口味重，在给宝宝制作饮食的时候也会按照自己的习惯给婴儿的饭菜中加同样量的盐，这样做是十分不对的。另外，甜食摄入过多会增加宝宝胃肠道的饱胀感而降低食欲，而且过多的糖可变为脂肪被储存在体内，久而久之可导致儿童期肥胖症。

具体来说，给宝宝成功地添加辅食需要经过以下 5 个阶段：

1. 准备期（3～4 个月）：主要品种是蛋黄、米粉；软硬度是稀糊状；每天一次，小勺喂食；口味主要以清淡、多汁为主。

沐浴后，用调羹或奶瓶喂少许凉开水或烧熟的蔬菜汁，鲜榨的苹果汁、橘子汁可用白开水稀释后用来补充水分。这个时期是宝宝开始适应母乳以外的味道以及适应调羹和奶瓶的时期。家长可以先尝尝看，确保温度适宜，再喂宝宝。调羹和奶瓶要注意消毒。

2. 断奶初期（5～6个月）：主要品种是米粉、粥、蛋黄泥、菜泥、鱼泥、水果泥、豆浆；软硬度是稠糊状；每天2次，小勺喂食；口味主要以清淡、多汁为主。

宝宝体重达到7 kg时，就可以开始添加辅食了。把米汤、煮烂的蔬菜弄碎用调羹喂给他。这时宝宝还不能很好地吞咽，食物可能会从嘴里漏出来。可以给宝宝戴上围兜以防弄脏衣服。用调羹喂的时候，用手托住宝宝的下巴，轻轻地把脸往上抬，这样嘴巴和食管就成了一条直线，食物就很方便喂进去了。宝宝食后2～3小时开始排便。大便的颜色会随着食物的不同发生变化，并非异常。宝宝身体不舒服时会出现软便、发酵臭以及排便间隔短等症状。

3. 断奶中期（7～8个月）：主要品种是稠粥、烂面条、蛋羹、菜末、肝泥、肉末、豆腐、面包片、馒头片、水果片；软硬度是豆腐；每天2次，小勺喂食或宝宝手抓；口味主要以清淡、多汁为主。

宝宝逐渐适应吃辅食之后，可以吃的食物一下子多了起来。食物的软硬和大小以宝宝的牙龈和舌头能弄碎的程度为宜。

4. 断乳后期（9～11个月）：主要品种是软饭、碎菜、全蛋、小块肉类、豆制品、馒头、饺子、水果；软硬度是香蕉；每天3次，宝宝手抓或宝宝用勺；口味主要以清淡、少盐、少油为主。

10个月开始准备断奶。用练习杯、吸管来进行喝水练习。到了断奶后期，宝宝开始把食物或饮料含在嘴里，一点一点开始吞咽。宝宝把食物放进嘴里后，妈妈跟他说："嚼呀嚼。"宝宝用手抓食物吃时，妈妈不要责骂，最为重要的是保护宝宝对吃饭的兴趣。可以用毛巾将宝宝的手、餐桌、地板擦干净。宝宝开始玩食物了，妈妈就对他说："吃好了吧？"然后结束吃饭。宝宝在可以按照自己的意识来控制嘴的动作后，会故意把食物吐出来，以观察家长的反应。

5. 结束期（12～15个月）：主要品种是同成人、稍软食物；软硬度是软饭；每天3次，宝宝用勺或用筷子喂食；口味主要以清淡、少盐、少油为主。

煮得软软的蔬菜，清淡的鱼肉都可以给宝宝吃。如果宝宝不喜欢硬的食物，可以弄碎后喂给他。调味料的添加要严格控制，盐、糖不能过量。1岁以后可以开始喝牛奶。宝宝开始关注家长是怎么吃饭的，希望自己拿着调羹或者叉子吃，但他吃不好，总是会把食物弄洒了。这时候，妈妈应添把手，帮助宝宝把食物顺利地送到嘴里。

需要注意的是，婴儿辅食添加时间表只是给妈妈提供的参考，宝宝的身体成长表现才是决定何时添加辅食的重要因素，下面大家一起来看看婴儿辅食添加时间表的内容。

辅食添加的时候，家长要特别注意，以下这些食物不适宜出现在宝宝的辅食里。

1. 主食类：谷类、淀粉类食物容易消化和吸收，且不易致敏，因此是宝宝辅食添加的首选。但有些爸妈过分注重营养，会偏向于选择精细的谷类食物，其实精细的谷类食物里大部分维生素已遭到破坏，特别是减少了B族维生素的摄入会影响宝宝神经系统的发育。而且，还会因损失过多的铬元素而影响视力发育，成为近视眼的一大成因。

2. 荤食类：荤食类富含铁质和蛋白质，但是以下列举的这几种食物，在辅食添加的初期，还是不要让它们出现为好。

(1) 蛋清：鸡蛋清中的蛋白分子较小，有时能通过肠壁直接进入婴儿血液中，使婴儿机体对异体蛋白分子产生过敏反应，导致湿疹、荨麻疹等疾病。蛋清要等到宝宝满1岁才能给。

(2) 汞含量较高的鱼：汞主要以甲基汞的有机形态积聚于食物链内的生物体，特别是鱼类，而甲基汞可能会影响人类神经系统，准妈妈、胎儿和婴儿更容易受到影响。在选择鱼类时，应避免进食体型较大的鱼类或其他汞含量较高的鱼类，包括鲨鱼、剑鱼、旗鱼、鲶鱼、罗非鱼、金目鲷及吞拿鱼，特别是大眼吞拿鱼、蓝鳍吞拿鱼等。

(3) 带壳类海鲜：螃蟹、虾等带壳类海鲜会引发婴儿的过敏症状，也建议不宜在1岁以前喂食。

3. 蔬菜类：蔬菜中含有大量的维生素和矿物质，好处多多，但也要注意有些蔬菜，还是不宜过早出现在辅食中。

(1) 含有大量草酸的蔬菜：菠菜、韭菜、苋菜等蔬菜含有的大量草酸，在人体内不易吸收，并且会影响食物中钙的吸收，可导致儿童骨骼、牙齿发育不良。

(2) 豆类：豆类含有能致甲状腺肿的因子，宝宝处于生长发育期更易受损害。此外，豆类较难煮熟透，容易引起过敏和中毒反应。

(3) 不易消化的蔬菜：婴儿的消化功能发育不完全，所以竹笋和牛蒡等较难消化的蔬菜最好等宝宝大些再喂给他吃。此外，纤维素太多的菜梗也不要喂给宝宝吃。

4. 水果类：水果中富含维生素C，且酸甜可口，是非常适宜的婴儿辅食。但是，有些水果容易引起过敏，最好不要给宝宝吃。

(1) 芒果：芒果中含有一些化学物质，不成熟的芒果还含有醛酸，这些都对皮肤的黏膜有一定的刺激作用，引发口唇部接触性皮炎。

(2) 菠萝：菠萝含有菠萝蛋白酶等多种活性物质，对人的皮肤血管都有一定的刺激作用，有些人食用后很快出现皮肤瘙痒，四肢口舌麻木等。

(3) 有毛的水果：表面有绒毛的水果中含有大量的大分子物质，婴幼儿肠胃透析能力差，无法消化这些物质，很容易造成过敏反应，如水蜜桃、奇异果等。

宝宝的翻身安坐练习

小宝宝从会抬头到会翻身，从爬行到站立，每一个进步，每一次跳跃，都渗透着宝宝的努力和妈妈的惊喜。如果妈妈能够细心观察，留心训练，一定会让宝宝更顺利地度过每个阶段。

1. 翻身训练：4～6个月的宝宝，身体各部分的发展日臻成熟，会出现一些反射反应，跃跃欲试地想来个“咸鱼翻身”。先是尝试着趴下，再试着平躺，小宝宝好有韧劲啊，一刻都不停息。

(1) 方法指导：

1) 宝宝清醒时，平躺在床上，妈妈将吸引宝宝的玩具置于他的一侧，让宝宝的头轻轻往一边歪过去。如果他对玩具感兴趣的话，甚至会伸出手去，这样的动作会带动宝宝身体慢慢地转过去。妈妈也可以用双手抓住宝宝的脚，慢转至另一方向，由下往上带动身体翻转。

2) 妈妈抱起宝宝，让宝宝与自己的身体保持一段距离，最好不要让宝宝贴着妈妈的胸部。与宝宝讲话、逗他玩乐，吸引他看着妈妈的脸。这样可以训练宝宝支撑头部的力量，锻炼颈肌，可以帮助宝宝翻身。

(2) 安全提醒：

1) 宝宝大部分时间仰卧在床上，当他开始翻身时，一定要注意看看小手触及的地方有没有危险物品，以防宝宝随意抓握被弄伤，更要防止宝宝将物品放入嘴中造成窒息。

2）刚刚学会翻身的宝宝，喜欢尝试新事物带来的快乐，所以喜欢翻来翻去。如果你的安全措施没有做好，他很有可能从床上滚下，导致受伤，所以宝宝床的护栏作用不可轻视。

3）处于翻身阶段的宝宝，妈妈一定要细心照看，最好不离开宝宝。受运动能力的限制，他很有可能翻过去就翻不回来了，没有大人的帮助，很容易导致宝宝窒息死亡，希望妈妈细心谨慎。

2. 安坐训练：6～8个月的宝宝，脊部、背部、腰部已渐渐茁壮，所以从翻身到坐起是连贯动作的自然发展。通常宝宝会先靠着呈现半躺坐的姿势，接下来身体会微微向前倾，并以双手在两侧辅助支撑。但是如果他倾倒了，就无法自己恢复坐姿，一直要到8个月大时才能无须任何扶助自己坐直。

（1）方法指导：一般来说，宝宝4个月左右时，妈妈就可用手支撑宝宝的腰背部，让他维持短暂的坐姿。到了6个月开始学习坐立时，妈妈可在宝宝面前摆放一些玩具，引诱他去抓握，前倾力量可以渐渐锻炼宝宝的坐立能力。

（2）安全提醒：

1）宝宝学坐时，妈妈不要让他坐得时间太久。宝宝的脊椎骨尚未发育完全，如果长时间坐着，对脊柱的发育不利。

2）宝宝坐着时，不要让他跪坐，两腿形成“W”状或将两腿压在屁股下，容易影响腿部发展。最好的姿势是，采用双腿交叉向前盘坐。

3）不可让宝宝单独坐在床上。如果将宝宝置于床上，床面最好有与其身体呈垂直角度的靠垫围在侧面和后面，以防有外力或宝宝动作过大而摔下床。此外，妈妈可将宝宝坐的空间用护栏围起来，里面放些玩具可让宝宝有兴趣地坐起来。

揭示宝宝的几种爬行

宝宝的第一次爬行是宝宝学会掌握自己的肢体，去探索身边的世界迈出的第一步。爬不仅仅是宝宝成长中的一段探索体验，更会对宝宝未来产生积极影响，让宝宝动作更协调，更聪明，爬不可忽略，爬能许给宝宝一个美好的未来。

1. 蠕动爬：这是最初宝宝学爬的姿式，宝宝腹部始终贴地，以腹部为支点蠕动，四肢则不规则地划动。宝宝可能只是原地打转，如果移动，也是像虫子一样，向前蠕动，行进缓慢，感觉有些吃力。

(1) 姿势解析：宝宝开始爬行时以腹部为支点蠕动，与他的手臂力量太小有关系。这个姿势是由于宝宝的臂力不够，不足以撑起上半身，要加强胳膊的力量，妈妈可以通过一些小方法，帮助宝宝爬行进阶。

(2) 妈妈可以这样做：

1) 首先要训练宝宝的手臂力量。每天让宝宝俯卧几次，然后帮助他用手臂撑起身体，时间可以从短到长，慢慢地宝宝就可以很好地用自己的双手撑起上半身，这时正式开始训练宝宝爬行的效果会比较好。

2) 如果宝宝练习爬行一段时间后腹部仍然离不开地面，大人可用手或一条毛巾放在他的腹部，然后帮助宝宝提起腹部，让他练习手膝爬行。开始的时候宝宝手脚的力量不够，可能还会习惯性地依赖腹部，妈妈可要多些耐心。当看到宝宝是手和膝盖着地时，就用两手轻轻托起他的胸脯和肚子，帮助他的手和膝盖着地，然后再向前稍微送一下，让他有爬的感觉。不断地练习俯卧，反复锻炼双臂、双腿的力量及重心移动，宝宝很快就能学会爬了。

2. 匍匐爬：宝宝爬的时候总是用一边爬，总是右边的手和脚用力，感觉像是用右腿爬行来带动另一条腿，肚子紧贴在地上。

(1) 姿势解析：宝宝在爬行时如果总向一边侧歪，可能是手脚的协调性还没有掌握好，也可能是两臂、两腿的力量发育不对称。如果是只用手爬行，那就更需要加强手脚的协调性训练了，这样才可以爬得更快。当宝宝学爬时，四肢如何协调一致地运动成为他们最不易突破的难题，他们经常是顾得了手却顾不了脚，或者是顾得了左边却顾不了右边。这时需要父母给予一定的爬行姿势的训练。

(2) 妈妈可以这样做：

1) 一开始时，妈妈可以用双手贴着宝宝的脚底，当宝宝左手向前移动的时候推右脚，移动右手的时候推左脚，利用条件反射让宝宝的四肢被动协调起来。

2) 让宝宝趴在床上，用毛毯兜住胸腹部，爸爸把毛毯提起，妈妈推动宝宝左手、右脚，前进一步后，再推动宝宝右手、左脚，轮流进行，训练宝宝手、膝爬行。在训练中要注意适时休息，并要多给宝宝鼓励。刚开始可以从几分钟做起，经过反复练习，宝宝的手脚协调性会得到很大提高。

3. 螃蟹爬：宝宝用胳膊在地板上推，这样就使得宝宝的身体向后退，而不是向前进。这种结果往往并非宝宝的意愿，通常会让宝宝感到沮丧。

(1) 姿势解析：宝宝在爬行时后退，可能是没有掌握好手脚，特别是脚的用力以及方向，经过逗引和训练，宝宝可以学会爬着向前进。

(2) 妈妈可以这样做：

1）在宝宝爬行时，爸爸或妈妈可以用手顶他的脚底，这样会使他有东西蹬着，易于往前爬，这样也可以练习宝宝腿部的力量和用力方式。只要经过努力宝宝有了进步，就要给予他鼓励。

2）妈妈可以利用一些宝宝所喜欢的玩具逗引宝宝往前爬，这也是提高宝宝爬行兴趣的好办法。让他爬着去够你手中的玩具，注意一开始妈妈逗引时离宝宝的距离是只需他向前爬一步就可够到的地方，以免宝宝因为太困难，而失去兴趣。

3）当宝宝逐渐熟练以后，可以用会动的玩具，比如小汽车、球类等让宝宝练习，这样对宝宝更具有吸引力，因为宝宝都喜欢追逐这些玩具，这样可以让宝宝更多地爬行。

4. 狗爬：宝宝交替使用胳膊和腿，左胳膊伸出去，左手着地的同时右腿也往前移动，然后右胳膊往前伸，右手着地的同时左腿再往前移动。一些宝宝一直保持肚子着地的姿势爬行，直到开始走路，另一些宝宝会从肚子爬转变到狗爬，然后再开始走路。

(1) 姿势解析：爬行如果发展顺利，宝宝到 9 个月大时，可以把小肚子完全提起来，用手和膝盖爬行，这时速度也可以很快，即所谓“狗爬”。

(2) 妈妈可以这样做：

1）这时候的宝宝活动范围扩大了很多，妈妈要注意安全第一，把家中所有宝宝可触及的范围全部检查一遍，避免危险发生。

2）在爬动中的宝宝，速度很快，千万不要让他离开你的视线范围，一个掉落的硬币也可能会成为宝宝的口中之物。

5. 小熊爬：宝宝四肢伸直，着地爬行，如同熊在地上的行走的姿势，小屁屁一扭一扭的。

(1) 姿势解析：其实这是很自然的一个爬行姿势，应该说是爬行的最高级别，宝宝膝盖不着地爬行，屁股高高翘起，有人把这叫小熊式。宝宝自此，会过渡到蹲起、站立，最后是学走路。

(2) 妈妈可以这样做：

1) 妈妈可以随时注意宝宝的举动，说不定哪天会看到宝宝忽然自己扶着沙发站起来。

2) 妈妈也可以为宝宝提供一些练习站立的机会，比如扶着他的双臂让他站上十几秒钟，为以后学习走路打下基础。

宝宝学走路要注意哪些问题

当宝宝晃晃悠悠踏出第一步的时候，父母往往既期待又紧张。走路是宝宝进入另一个成长阶段的象征，在学习走路的过程中，只要父母在 4 个方面多加注意，一般不会出现什么问题。

1. 注意时机：学走路是一种很自然的过程。随着宝宝肢体运动能力的日益增强，在经历翻身、坐、爬、站之后，走路就被提到日程上来。

每个宝宝开始学走路的时间都不相同，甚至可能出现较大的差距。因此，学走路并没有所谓最适当的时机，必须视自身的发展状况而定。这也是一个渐进的过程，一般来说，宝宝在 11～14 个月时开始学走路。如果在 11 个月以前就有学走路的意愿，也不会有太大影响。只要宝宝在 1 岁 6 个月之前能独立走路，就没有什么可担心的。

值得注意的是，如果宝宝还没有达到学走路的年龄，而且本身也缺乏走路的意愿，那就不能强迫宝宝去学走路，否则很可能对肢体发育产生不良影响。

2. 注意姿势：在学走路的时候，由于下肢尚未发育完全，所以容易出现不正确的走路姿势，但大多数都属于正常现象。随着宝宝逐渐成长，大多会慢慢自行调整，恢复正常的走路姿势。

偏内八字的姿势可说最为常见。除此之外，有些宝宝也可能出现脚板重心偏内而出现脚丫外侧翘起的现象。这是由于宝宝的筋很柔软，而且还不会完全控制脚板的肌肉，所以会在脚板内侧发力，造成外侧有些翘起，对此父母不需要过于担心。

在宝宝刚出生时，小腿多会向内弯。另外，在人体发育初期，大腿骨会偏向内旋，导致宝宝两腿与膝关节向外远离，形成 O 型腿，也就是医学上所谓的“膝内翻”。在开始学站或学走路时，宝宝O型腿的情形会更加明显，但随后便渐渐好转，会自行调整回来，在1岁半以前几乎都会恢复正常。如果宝宝的O型腿超过2岁仍未改善，就需要请医师诊断治疗。

有些宝宝学走路时经常跌倒，让父母十分担心。事实上，这是由于宝宝的平衡感及肌肉运动协调能力还没有发育完全，容易出现重心不稳，这是很正常的现象。请在平时多多观察，只要宝宝跌倒的情形在逐渐改善，或是跌倒次数日益减少，那就表示宝宝一直在进步，也就不用太过紧张。

对宝宝来说，学走路是一段新的发展历程，为了让宝宝能勇敢地试着往前走，父母应该多多鼓励。当宝宝害怕踏出脚步时，您可以用温和带着微笑的口吻告诉他“宝宝加油，你可以做得到”“妈妈在这里陪着你”，这样宝宝就有动力继续走下去。当宝宝走到目的地时，父母可以抱抱他或为他拍拍手，让宝宝更有信心。

3. 注意异常：

1）O型腿大多属于生理性的表现，会随着宝宝的成长而自然恢复正常。不过，仍有小部分宝宝是因为腿部发育异常所导致，必须接受治疗。如果O型腿现象持续到2岁以上，或是发现有其他不正常症状出现，例如宝宝走路时膝盖部位的稳定性不佳、走路时有疼痛的感觉等，就应该尽早就医诊断，必要时还要转诊到小儿骨科，做更详细的检查与治疗。

在宝宝学走路时，父母可以运用一些简单的观察原则，来检测宝宝腿部发育是否出现异常。最基本的就是观察宝宝的双腿（整个下肢），看外观有无异常，如单侧肥大、大小肢、长短脚等。一旦发现宝宝双腿皮肤的纹路出现不对称的情形，那就很可能出现了长短脚。另外，注意宝宝的髋关节在走路时是否能顺利张开、有无发出声响。如果有这种情形，很可能是有先天性的问题，如先天性髋关节脱位。

在经过检查确诊之后，如果宝宝腿部发育的确出现异常，医师会根据骨骼异常程度以及年龄来选择最适当的治疗方式。一般来说，治疗方式包括药物治疗、穿戴矫正支架和手术矫正。需要手术矫正的情形大多由疾病所引起，并不常见。

2）扁平足大多不需担心。扁平足是指足部内侧脚弓在站立时出现消失的情形。在刚刚出生之后，宝宝双脚的脂肪一般都比较多，而且韧带松弛，因此几乎都有扁平足的现象。尤其到了学走路的阶段，看起来就更为明显。不过，大多数宝宝的脚弓在长大后会自然出现，不需要特别治疗。因此，建议父母不妨先观察，如果宝宝 2 岁以后还有扁平足的现象，再带宝宝到小儿科或小儿骨科检查也不迟。

4. 注意安全：刚开始学走路时，宝宝会有强烈的好奇心，喜欢四处探索新事物。因此一定要格外留意，否则宝宝很容易碰撞、跌倒或滑倒等。为了让宝宝有一个更安全的行走空间，父母应该对家中环境来一个彻底的检查和处理。请注意以下几个重点，以便将发生意外的概率降至最低。

(1) 收拾地面：尽量维持地面的干净整洁，将电线、杂物等收拾好，以免宝宝不小心被绊倒，或是踩到尖锐的物品。

(2) 注意锐角：检查家中摆设是否有尖锐处或棱角，如果有这类的摆设，可以先暂时收起来。如果不能收起来，则可以在尖锐处或棱角上加装软垫。

(3) 铺设软垫：家中地面如果是比较光滑的材质，可以加装地垫或软垫，以防宝宝在学走路的过程中不慎摔伤或滑倒。

(4) 地面平整：在宝宝学走路时，如果家中地面不够平整，宝宝就可能因重心不稳而跌倒。因此应仔细检查地面，尽量消除高低不平的情形。

(5) 避开易碎物：将容易碎裂或损坏的贵重物品收起来，以免宝宝受到吸引去碰撞物品而受伤，或是损坏家中的摆设。

(6) 列出救援电话：将紧急救援的电话号码贴在明显处或电话机旁，一旦宝宝不幸发生紧急状况，就可以立刻寻求协助。

0～1 岁宝宝常见疾病的治疗护理

宝宝生病，当妈的比自己生病了更着急。下面整理了 0～1 岁宝宝最容易患的一些疾病的治疗与护理方法，有了这个，宝宝生病就再也不用发愁了。

1. 新生儿黄疸：新生儿黄疸有生理性和病理性之分。生理性黄疸在出生后 2～3 天出现，4～6 天达到高峰，7～10 天消退，早产儿持续时间较长，除有轻微食欲不振外，无其他临床症状。生理性黄疸属于正常生理现象，不需治疗。

若出生后 24 小时即出现黄疸，2～3 周仍不退，甚至继续加深加重或消退后重复出现或生后 1 周至数周内才开始出现黄疸，均为病理性黄疸。

10%～15%以母乳喂养为主的宝宝会有母乳性黄疸。母乳性黄疸对宝宝的发育和成长不会有任何影响，不需治疗，也不影响疫苗接种。个别严重者，可暂停母乳。

对病理性黄疸，光疗是最安全的治疗。白光（包括太阳光）、蓝光照在皮肤上可通过皮肤将引起黄疸的胆红素结构变性，阻止胆红素进入大脑，避免因高胆红素可能造成的脑损伤。光疗不会给孩子带来风险，仅光疗后一段时间皮肤稍黑而已。增加喂养可增加经肠道胆红素的排泄量，两者协同效果更好。

2. 新生儿肺炎：新生儿肺炎分为吸入性肺炎（羊水、胎粪、乳汁）和感染性肺炎（宫内感染和出生后感染）。

新生儿得肺炎不像婴幼儿肺炎有明显的咳嗽及呼吸困难，尤其早产儿得肺炎后很少有咳嗽，除了气急、萎靡、少哭、拒哺之外，还有口吐白色泡沫，口周三角发青、呻吟及点头呼吸。

国际上介绍的最简单的方法是数呼吸的次数，当新生儿每分钟呼吸超过60次时就有可能得了肺炎（也可能比肺炎还严重），应马上送医院诊治。胎粪吸入性肺炎与宫内感染性肺炎比一般肺炎更严重，治疗更棘手。凡新生儿肺炎均需住院治疗。

新生儿肺炎的护理：

（1）要密切观察宝宝的体温变化、精神状态、呼吸情况。体位：要注意经常变换体位，取头高侧卧位，保持呼吸道通畅，以利分泌物的排出。

（2）室内空气要新鲜，太闷太热对肺炎患儿都非常不利，可使咳嗽加重，痰液变稠，呼吸更为困难。室内的湿度也要适宜，火炉上应放上水盆，地上应经常洒些水，使室内空气不要太干燥。可以的话，放置加湿器也好。新生儿室内温度应在 20 ℃～24 ℃为宜，相对湿度维持在 60%，并保持室内空气流通，但要避免对流，以防受凉。

（3）新生儿得了肺炎往往不愿吃奶，应注意补充足够的液体和热量，除注意喂奶外，可输葡萄糖液。还可以买袋装的葡萄糖粉冲水给他喝。如喂奶时患儿口鼻周围出现青紫、呛咳，应立即停止，并予吸氧。病情稳定后，喂奶也应少量多次。

（4）患儿因发热、出汗、呼吸快而失去的水分较多，要多喂水，这样也可以使咽喉部湿润，使稠痰变稀，呼吸道通畅。必要时可以到医院做痰液雾化。

(5) 由于吃奶时可以加重喘，所以不要用奶瓶喂奶，应改用小勺喂。

(6) 要注意宝宝鼻腔内有无干痂，如有可用棉签蘸水后轻轻取出，以解决因鼻腔阻塞而引起的呼吸不畅。

3. 鹅口疮：由一种真菌引起，多由于乳头、手指及皮肤感染，尤其是奶嘴污染。症状表现为出生后不久在口腔黏膜上出现白色点状或片状膜，很像奶凝块，在牙龈及颊黏膜上，容易刮去，可能会影响哺乳。

治疗方法：可用纱布蘸茶水轻轻揩去白膜，涂以 1∶10 万制霉菌素甘油或 1%甲紫溶液，效果较好。口腔黏膜千万不可挑破，以免细菌侵入，造成局部化脓，引起败血症。

预防方法：母亲喂乳前，要洗净乳头或喂奶用品，奶嘴要煮沸消毒。

4. 湿疹：如果你看到宝宝皮肤上有一些鳞片样，好像很痒的红斑，很可能是长湿疹了。婴儿湿疹又称为“特应性皮炎”，俗称“奶癣”，是一种皮疹，2 个月至 2 岁之间的宝宝最容易长湿疹。

婴儿湿疹通常出现在宝宝的前额、双颊、头皮、眉间、颈部、颌下和耳后，但也可能延伸到手臂、腿、胸部或身体的其他部位。婴儿湿疹症状表现可以是干燥、增厚、鳞片样皮肤，也可能是皮肤有一些轻微的红肿，有水泡，或渗出液体，搔抓后可能会感染。因为发生婴儿湿疹的部位特别痒，所以，很难控制宝宝不去挠抓。

湿疹宝宝的护理：

(1) 患湿疹的宝宝不要洗澡过勤，如湿疹合成片状，并有些分泌物时，切勿洗患处，以免引起感染、发烧。洗澡水温不要过热，避免接触香皂和其他刺激性物品。对湿疹已结痂的宝宝，可涂抹婴儿润滑油，使痂皮逐渐软化。注意，千万不要用手揭去痂皮，应让痂皮自然脱落。

(2) 生活要有规律，保证睡眠，创造良好的睡眠环境。枕巾、被单要经常换洗，睡觉前要擦地，开窗通风 20 分钟后再入睡。如果宝宝总去抓湿疹部位的话，妈妈要将宝宝的指甲剪短，防止宝宝抓伤面部，也可以戴小布手套。还要避免婴儿哭闹不休，以致湿疹加重。

(3) 婴儿的生活环境要保持清洁，减少与变应原的接触，如花粉、尘埃、螨、真菌，尽量不要铺地毯及养宠物。

(4) 患湿疹严重的宝宝应避免强烈的紫外线照射，防止汗液刺激，衣被不可过厚，穿过的衣服和尿布用清水洗净，再用阳光照射后才可再次使用。

（5）定期到医院复查。因为湿疹在临床有不同的变化，治疗方法是不一样的，如果湿疹加重，应立即去医院。

5. 咳嗽：婴儿咳嗽最常见的原因是冷空气刺激。空气的温差变化会刺激宝宝的呼吸道黏膜，使呼吸道黏膜出现充血水肿，从而引起咳嗽。如果你的宝宝没什么痰，咳得也不频繁，多半就是冷空气刺激引起的。这种情况一般可以不治自愈。不过，你也不能掉以轻心，因为刺激性干咳如果护理不当，可能会让病毒乘虚而入，宝宝就会得感冒、气管炎、肺炎等疾病。

如果婴儿咳嗽是呼吸道感染引起的，宝宝除了咳嗽外，可能还会有发热、气促、喘憋等症状。宝宝的睡眠也会受到影响，食欲不振，精神较差。呼吸道感染的宝宝需要及时就医。如果你注意到宝宝有明显喘憋的情况，一定要告诉医生，这是毛细支气管炎的征兆之一。

如果宝宝的声音嘶哑，咳嗽声类似犬吠，吸气时有高调回声，要立即送他去医院，因为这是急性喉炎的症状之一，而咽喉水肿严重时可能会引起窒息。

如果婴儿咳嗽发作的时间跟季节有关，或是接触某种物质后就会咳嗽，那他可能是过敏性咳嗽。过敏性咳嗽会在宝宝剧烈活动、哭闹、晨起时加剧。如果宝宝有家族过敏史，曾经得过湿疹等，那他得过敏性咳嗽的概率就会更高。

婴儿还不会吐痰，即使痰液已经咳出，也只会再吞下。你可以给宝宝拍背帮助他排痰。具体方法是，在宝宝剧烈咳嗽时，或是进食后 2 小时，让宝宝横向俯卧在你的大腿上，空心掌，用手腕的力，由下往上、从外到内给宝宝拍背。你的手劲要适度，能感觉到宝宝背部有震动就可以了。

几种实用的止咳法：

（1）水蒸气止咳法：在宝宝咳嗽剧烈时，让宝宝吸入水蒸气，潮湿的空气有助于缓解宝宝呼吸道黏膜的干燥，湿化痰液，平息咳嗽。不过，你可要千万小心，注意水温防止烫伤宝宝。

（2）温热止咳法：对于风寒引起的伤风感冒咳嗽，发病初期，可以用热水袋灌好 40 ℃左右的热水，外面用毛巾包好，然后敷于宝宝背部靠近肺部的位置。中医认为，这样可以加速驱寒，帮助止咳。

（3）补水止咳法：给宝宝补充足够的水分，一般按少量多次的原则。如果你的宝宝还很小，尽量保证他吃母乳或配方奶的量，同时补充温热的白开水。已经添加辅食的宝宝可以喝点稀释的果汁。要判断宝宝是否缺水，你可以数数他一天是否能尿湿 6 块尿布，或是看宝宝的小便是否清亮。

6. 发热：小于 3 个月的婴儿发热，以细菌感染最常见（如 B 型链球菌）；其他如呼吸道、泌尿道、肠胃道受感染或中耳炎也会引起发烧。最严重的感染疾病是败血症。所以新生儿发热时，一定要带给医生检查，以早期诊断、早期治疗。

大于 3 个月的婴幼儿发热，最常见的是感冒、中耳炎、泌尿道感染。中耳炎通常是因感冒的细菌或病毒由耳咽管向上感染到中耳，除了严重的中耳炎可以看到脓流到耳朵之外，大部分是无法从外表看到异常现象的。

此外，当小朋友有原因不明显的发热时，验尿检查也是很重要的。大小孩在泌尿道感染时可能出现频尿、小便痛，甚至于有小便失禁、腰痛的现象。小婴儿则可能只有厌食、吐奶、腹泻、黄疸等现象，看不出泌尿道方面的症状，所以非常容易误诊。小部分的泌尿道感染是因为泌尿器官先天发育畸形，如肾脏的形状不对、输尿管进入膀胱的角度不对，等等，需要以手术治疗。

宝宝发热时，应适当采取一些退热措施，常见的有物理降温法和药物降温法。温和（物理性）的退热方法可让宝宝舒服一些：

(1) 冷敷法：这个方法简便易行，用冷毛巾敷在前额，毛巾变热后再用冷水浸后重新敷用。用冷水袋或冰袋敷效果较用冷毛巾敷前额要好。

(2) 全身温水拭浴或泡澡：将宝宝衣物解开，用温水（37 ℃左右）毛巾搓揉全身或泡澡，如此可使宝宝皮肤的血管扩张，将体气散出；另外水气由体表蒸发时，也会吸收体热。每次泡澡 10～15 分钟，4～6 小时一次。

(3) 以凉毛巾擦拭：用稍凉的毛巾（约 25 ℃）在额头、脸上擦拭。

(4) 多喝水：有助发汗，此外水有调节温度的功能，可使体温下降及补充体内流失的水分。

(5) 使用冷水枕：肛温 38 ℃以上可使用冷水枕，乃利用较低的温度作局部散热。现在市面上的软冷水枕甚为方便，冷度也不会太冷，较大幼儿及儿童可用。但是不建议用于 6 个月以下的婴儿，因为婴儿不易转动身体，会造成局部过冷而冻伤或导致体温过低。

(6) 适当增减衣物：如果宝宝四肢冰凉又猛打寒颤（畏寒），则表示需要温热，所以要外加毛毯覆盖；如果四肢及手脚温热且全身出汗，则表示需要散热，可以少穿点衣物。

当宝宝腋温高于 38.5 ℃时，可服用退热药。世界卫生组织和儿科医生推荐使用的婴幼儿退热药物主要有两种成分：对乙酰氨基酚和布洛芬，家长可以根据宝宝的年龄和具体的症状来选择。

7. 腹泻：宝宝腹泻以夏秋季节发病率最高，其发病原因除肠胃受细菌感染外，主要是喂养不当，天气太热，或突然受凉引起。如果未按时添加辅食或喂养不定时，一旦食物变化较多，宝宝肠道不能适应，也会引起消化不良而腹泻。妈妈要找出原因，对症下药，才能事半功倍。

对于宝宝腹泻，饮食调理也是很重要的。在发现宝宝腹泻时，第一时间应给他多饮水，并严密观察宝宝的尿量和尿的颜色，防止脱水的发生，饮食以清淡易消化为宜，目前不主张禁食，同时到医院就诊寻找腹泻原因再对症治疗。

宝宝腹泻时的一般饮食原则是，减少膳食量以减轻肠道负担，限制脂肪以防止低级脂肪酸刺激肠壁，限制碳水化合物以防止肠内食物发酵促使肠道蠕动增加。腹泻时可给宝宝以清淡饮食，以利于其肠道修复。

母乳喂养的宝宝，腹泻时不必停止喂奶，只需适当减少喂奶量，缩短喂奶时间，并延长喂奶间隔。此时，母亲还应少食脂肪类食物，以避免乳汁中脂肪量增加；同时每次喂奶前，母亲可喝一大碗开水，稀释母乳，有利于减轻宝宝腹泻症状。

移动阅读

配方奶粉选购常识	配方奶粉的成分解析
奶粉的“血统”解析	国产和原装进口奶粉价格差距的原因
国产奶粉与进口奶粉的区别	如何给宝宝选奶嘴
各种材质的奶瓶优缺点大解析	如何给奶具消毒
新生儿无须服用开口茶	早产宝宝如何喂养
早产儿的袋鼠喂养法	早产儿并非长得越快越好
先天唇腭裂宝宝怎样喂奶	双胞胎妈妈怎样进行母乳喂养
怎样进行混合喂养	混合喂养需解决的 N 个问题
如何判断宝宝是否吃饱	哺乳期如何催奶
纯母乳喂养儿可不另外喂水	哺乳期妈妈回归职场如何喂奶
哺乳期妈妈怎样使用吸奶器	乳头皲裂如何喂养宝宝
新手妈妈户外当众哺乳怎样防露点	出生体重与身体健康的关系
早产儿的护理	新生儿的体检
怎样给新生儿正确使用尿布	尿布清洗的正确方法

移动阅读

新生儿的尿垫
为什么婴儿的屁股上会有青紫块
怎样去除新生儿头上的乳痂
宝宝睡眠时间及睡眠惊跳
解决宝宝踢被子的小妙招
如何给宝宝选择枕头
如何科学管理时间
怎样让孩子正确吃水果
让孩子 DHA 达标的措施
有利于宝宝长高的营养素
怎样给宝宝科学补钙
怎样带宝宝科学晒太阳
微量元素与免疫力的关系解析
早产儿接种疫苗有特殊要求
百白破疫苗的接种、护理
宝宝接种疫苗不可提前
国产和进口疫苗有哪些区别
怎样知道打防疫针的效果
不同年龄的宝宝吃药各有办法
怎样“诱骗”宝宝吃药
怎样给宝宝用对爽身粉
怎样判断宝宝是否呼吸异常
新生儿患泪囊炎怎么办
冬季注意预防新生儿硬肿症
怎样应对新生儿肠绞痛
新生儿的哪些“怪现象”需警惕
女宝宝外阴如何护理
父母教宝宝走路的三个步骤
哪些运动有益于宝宝大脑发育
怎样给新生儿选购被褥
怎样给宝宝清洁五官
怎样从宝宝的眼屎性状辨健康
怎样让宝宝睡出好头型
怎么护理宝宝的头部
如何带孩子省时又省力
怎样增强宝宝的免疫力
详解健脑益智 DHA
有利于宝宝智力发育的营养素
哪些营养有利于宝宝的视力发育
怎样给宝宝补充鱼肝油
给宝宝补充维生素的误区
乙肝疫苗及卡介苗的接种
脊灰疫苗的接种及护理
宝宝接种前后的注意事项
计划外疫苗到底该不该打
疫苗保护并非百分之百
哄宝宝吃药的四大经验
怎样喂 0～1 岁的宝宝吃药
给宝宝喂药的注意事项
新生宝宝怎样度过冬天
新生儿眼白出血怎么办
新生儿破伤风的症状及护理
新生儿马牙与鹅口疮
怎样预防新生儿脱水热
男宝宝的外生殖器如何护理
宝宝手上的倒刺如何去除
怎样给宝宝挑选学步鞋

第3节 0～1岁宝宝的被动安全

新生儿呛奶的家庭急救

新生儿神经系统发育不完善，很容易吐奶。而吐奶最怕的是奶水由食道逆流到咽喉部时，在吸气的瞬间误入气管，即呛奶。而婴儿的神经系统刚刚发育，一些反射还很薄弱，他们不能把呛入呼吸道的奶咳出。于是，常因奶液对气道机械性阻塞而发生窒息。呛奶窒息的婴儿可出现颜面青紫、全身抽动、呼吸不规则，吐出奶液或泡沫、鲜血、黑水等。

同时，婴儿的大脑细胞对氧气十分敏感，若停止供氧5分钟，即可造成婴儿猝死的悲剧，因此家长只能争分夺秒立即抢救。而掌握必要的急救知识就显得尤为重要。

对于轻微的溢奶、吐奶，宝宝自己会调适呼吸及吞咽动作，不会吸入气管，只要密切观察宝宝的呼吸状况及肤色即可；如果宝宝饱腹呕吐发生窒息，应将平躺宝宝脸侧向一边或侧卧，以免吐奶流入咽喉及气管；如果宝宝吃奶之初咽奶过急发生呛奶窒息（胃内空虚），应将其俯卧在抢救者腿上，上身前倾45°～60°，利于气管内的奶倒空引流出来。

如果妈妈有自动吸乳器，应立即开动，只用其软管插入宝宝口腔咽部，将溢出的奶汁、呕吐物吸出；没有抽吸装置，妈妈可用手指缠纱布伸入宝宝口腔，直至咽部，将溢出的奶汁吸除，避免婴儿吸气时再次将吐出的奶汁吸入气管。

如果宝宝憋气不呼吸或脸色变暗，表示吐出物可能已进入气管了，使其俯卧在大人膝上或床上，用力拍打背部四五次，使其能咳出。如果仍无效，应马上夹或捏刺激脚底板，使宝宝感到疼痛而哭叫或咳嗽，缓解呼吸。此时最重要的是让他吸氧入肺，而不是浪费时间想如何把异物取出。

家长也可以对宝宝进行辅助呼气，重点是呼气，带有喷射力量。方法是抢救者用双手拢在患儿上腹部，冲击性向上挤压，使其腹压增高，借助膈肌抬高和胸廓缩小的冲击力，使气道呛奶部分喷出；待手放松时，患儿可回吸部分氧气，反复进行使窒息缓解。

在以上过程中，宝宝应同时送往医院检查。如果呛奶后宝宝呼吸很顺畅，最好还是想办法让他再用力哭一下，以观察哭时的吸氧及吐气动作，看有无任何异常，如声音变调微弱、吸气困难、严重凹胸等，如有应立即送医院。如果宝宝哭声洪亮，中气十足，脸色红润，则表示无大碍。

对常吐奶的婴儿，父母应加强观察，并适当抬高床头，让婴儿侧卧。哺乳或喂奶时，都应让头部略高，喂完奶后，再把婴儿抱立起来，轻拍后背，直到打嗝后再放回床上。夜间应定期观察婴儿是否发生吐奶，呼吸与睡姿如何等。另外，妈妈在给婴儿喂奶时，应防止奶头堵住婴儿的口、鼻，导致窒息。

给宝宝洗澡如何保障安全

宝宝安全无小事，掌握以下安全须知，洗澡会变得更好玩。

1. 洗澡前要事先把需要用到的东西（毛巾、洗护用品、干净尿片、睡衣等）都准备好，放在浴室里伸手就能拿到的地方，这样可以避免你取东西时把孩子自己留在那里。记住：任何情况下都不要留下宝宝没人管。

2. 保证浴室暖和，室温在 25 ℃为佳，温度太低会使宝宝生病。

3. 浴盆里的水要适中。6 个月大的婴儿，浴盆里的水有 10 cm 深就可以了；6 个月以上的婴儿，水深达到宝宝的腰部就好。在浴盆或浴缸中洗澡时，一定要让宝宝坐着洗。

4. 往浴盆中放水时应先放凉水，后放热水。这样做会减少烫伤宝宝的危险性。如果是从热水器里面放洗澡水，也不要把宝宝放在浴盆中，因为放水时水温会发生变化，而且也可能水放得过多，会淹着宝宝。

5. 洗澡水要温暖舒服，保证在 36 ℃左右最佳。跟你相比，宝宝通常更愿意用稍微凉点的水。注意，宝宝在约 60 ℃的水中待上不到 1 分钟就可能造成烫伤。

6. 关掉连接到浴盆的所有电路（如吹风机、卷发钳等）。

7. 不管给宝宝使用哪种婴儿浴盆、洗澡椅或沐浴架，都不要让宝宝在没人看管的情况下自己待在澡盆里，即使只有一小会儿也不行。这是给宝宝洗澡时最重要的一点，因为不到 2.5 cm 的水就可能使宝宝溺水。在给宝宝洗澡时，如果有人敲门或是电话铃响了，而你又必须去开门或接听时，要用浴巾裹起宝宝，抱着他一起出去。

8. 给宝宝洗澡时，家长要穿上橡胶防滑鞋，以免抱着宝宝时滑倒。宝宝能站着洗澡时，一定要在浴室铺上防滑垫，避免宝宝摔倒。

9. 避免洗澡水进入宝宝的眼睛、嘴和耳朵。

10. 洗发液和肥皂沫会使皮肤干燥，要少给宝宝用。这些产品还可能刺激宝宝的尿道，会增加尿道感染的风险，因此用完浴液后要注意给宝宝的小屁屁多冲洗几遍。

11. 不要让宝宝去摸水龙头，即使现在还打不开，他也很快就能有劲打开水龙头了，而这可能造成严重的伤害。最好用水龙头保护罩把水龙头罩上。

12. 新生儿用不着每天洗澡，每周洗一两次就可以了。两三岁的宝宝会弄得更脏，而且他们通常会喜欢每天都洗个澡。你也用不着每天都给宝宝洗头：他们的头发几乎不怎么出油，所以每周洗一次头就够了。

婴幼儿怎样安全用药

宝宝小时候，药物是不能随便乱用的，有些药物成年人用着是安全的，但是宝宝用可能就会产生一些毒副作用，影响宝宝的身体健康。专家指出下面的这些药物就是宝宝要禁用或是慎用的药物。

1. 对肝脏有损害的药：磺胺类药、红霉素、四环素类、抗结核药、止吐药等。使用时剂量宜偏小，不可长期使用。

2. 对肾脏有损害的药：氨基苷类、磺胺类药、头孢菌素类、解热镇痛类、抗癫痫药等。用药时需精确计算剂量，疗程不宜长，用药期间观察小便，必要时做尿常规化验。

3. 对消化道有损害的药：解热镇痛药、补铁生血剂、激素类、口服抗生素等。用药期间观察大便，必要时做大便化验。

4. 对血液系统有损害的药：解热镇痛药、镇静药、抗结核药、抗癫痫药等。用药期间观察小儿脸色、精神状态，必要时做血常规化验。

5. 对神经系统有损害的药：氨基糖苷类、抗结核药、氨茶碱等。用药期间注意小儿听力、皮肤感觉、动作协调等方面有无异常，发现异常立即停药。

6. 对骨骼、牙齿有损害的药：四环素类、激素类、喹诺酮类等。小儿慎用或禁用。

7. 可致过敏反应的药：青霉素类、链霉素、磺胺类药、解热镇痛类等，可导致致命性休克、剥脱性皮炎、皮疹等。阿司匹林可诱发或加重哮喘，哮喘患儿应慎用。

如何带宝宝安全乘坐交通工具

随着宝宝一天天长大，你不可避免地需要带宝宝外出，有可能乘坐各种交通工具，也会遇到很多困难。

儿童是最容易受伤的乘客，主要因为他们的头部相对于身体的其他部位比较大也比较重。一个9个月大的宝宝，头部重量大概是他身体总重量的25%，而我们大人的头部只占身体总重的6%。

其次，宝宝身体各方面都比较脆弱，如颈部和骨盆都没有完全发育好。3岁以下宝宝的颈椎骨是由软骨连接而成的，也就意味着他们的骨骼是软的。儿童的骨盆没有成人骨盆中的髂骨结构，这种结构可以防止在交通事故中安全带上滑伤害内部器官，儿童要到青春期才具有发育完好的髂骨。所以，在交通事故中，一般的安全带容易伤到他们的内脏。另外，婴儿的头骨更细弱，所以头部受伤会有比较严重的后果。

1. 乘坐公共汽车应错开高峰期：在宝宝周岁以前，带着各种随身物品、折叠式婴儿车，还有一个不会说话、不会走路还爱发脾气的宝宝，你恐怕是很难顺利搭乘公共交通工具的。尽管如此，也还是有些办法可想。

首先注意尽量避免在公交车运行高峰期，如上下班期间、节假日期间乘坐公交车或地铁，这时一般车内都相当拥挤，空气也很不好，既有一定危险，也对宝宝的健康不利。如果不得不外出，出行时可以选择宝宝背抱工具，把宝宝背在后背包里或吊坐在大人胸前，这样能腾出双手，上下车都方便一些，也比较安全。另外，最好多带几件宝宝的玩具或小食品，在宝宝哭闹或因长时间坐车而感到不耐烦时，转移宝宝的注意力，为你解围。

一般情况下，乘坐公共汽车时，乘务员会帮助你找到座位。乘坐地铁时没有乘务员的帮助，如果遇到困难，你也可以请身边的人帮个忙，相信很多人都会乐意为一个带着幼小孩子的母亲提供帮助的。

2. 乘飞机要保护好耳膜：如果选择乘飞机，第一要务就是保护好宝宝的耳膜。小一点的宝宝，可以在起飞或降落时喂奶或喝水。稍大点的宝宝，可以逗他哈哈大笑。再大点的宝宝，可以教他不停张嘴。记住，宝宝在起飞降落时如果哭闹，千万不要制止，因为这正是说明宝宝的耳朵难受，哇哇大哭的动作正好能缓解这种难受。只要宝宝没有中耳炎等疾病，乘飞机是不会损伤耳膜的。

3. 搭火车，带宝宝多透气：现在的火车多是空调车，窗户密闭，空气不够流通，很容易导致交叉感染。因此，坐火车一定要多带宝宝透透气。可以过一个多钟头，就带宝宝去车厢的交接处，这里的空气比较流通。

另外，适当活动也很重要。长途旅行中，身体的活动相对减少，可以带宝宝多走动走动，以防下肢静脉血液循环不畅。白天停车时，可以带宝宝去站台走走。不过注意，一定不要让宝宝单独行动，一来防止拐带，二来防止火车颠簸，宝宝被碰伤或撞伤。

此外，还要特别警惕开水，预防烫伤。在遇到紧急停车时，要警惕水杯晃倒或掉下茶桌，防止宝宝被烫伤或砸伤。最后，要尽量给宝宝创造舒适的乘车环境，4 小时以上的车程就要选择卧铺出行。

4. 坐汽车必须用安全座椅：自驾车出行时，不要以为小婴儿抱在怀里就安全，一定要用婴儿专用的安全座椅。座椅要安装在驾驶员身后的位置，这是全车最安全的地方。千万不要放在副驾上，首先不懂事的孩子可能对驾驶员的操作造成干扰，其次，副驾驶座位是车里最危险的位置。年龄太小的孩子，安全座椅要面朝座位，倒着安装。

出行时家长一般都会给宝宝准备热的水或者饮料，如果在汽车行进途中进食，很容易呛到宝宝，烫伤嘴部面部，甚至窒息。喝水时，最好停车喝完再走。食物方面要吃松软的，比如面包、蛋糕等，最好不要有豆类、坚果类、带核的食物，这些东西容易呛到宝宝，造成气管异物。最好行驶 2 小时左右就找个地方停下来，让宝宝透透气，活动活动。

特别需要提醒大家的是：专家不主张带婴幼儿长途旅行，除非万不得已。第一，他不可能增加知识面，特别是 3 岁以下的孩子。第二，旅途中总是颠簸的，得病或意外伤害的机会更高。特别是在春节等人流量非常大的时候，最好不要带出去。尤其是宝宝身体不适时不要出行，就算感冒、腹泻、咳嗽等小毛病也最好不要长途旅行，以免加重病情。

宝宝从床上摔下的预防处理

升级做了爸爸妈妈，家中多了一个小宝宝，家中环境的安全性就必须加强注意了，若目前你的宝宝进入了“翻滚”阶段，那么妈妈们可以先为宝宝准备安全的游戏及睡眠环境了。这样可以避免宝宝在成长的过程中受到不必要的伤害。

1. 准备安全的环境：

(1) 在床边的地板上铺上软垫，这样万一宝宝不小心掉下床，也不至于直接撞在地板上。

(2) 婴儿床不宜放在有高度落差的地板边缘，否则，万一宝宝不小心摔下床，可能会继续滚落到较低的地板上，又多受一次伤害。

(3) 移除婴儿床周边的杂物，尤其是尖锐物品。如果婴儿床附近有家具的棱角（如柜子或桌角），应该在转角上加装软垫，或者用布将尖锐的角包裹起来。

(4) 现在的婴儿床一般都装有护栏，如果没有，家长可自己在婴儿床边加装护栏，以避免宝宝不小心跌落。

2. 婴儿床围栏的挑选方法：

(1) 下折型床护栏：比较方便，不用时能直接下折到床边，一般适用于平板床。这里要注意的是，能否完全下折决定于平板床的高度，所以购买时一定要留意床护栏的高度和自己用的床的高度是否相配。

嵌入式床用下折床护栏也可以，但因为床沿的存在，很多都不能完全下折，如果是铰件较高的床护栏，效果会好一点，但也不能完全垂直在床边，因为床护栏与床之间夹着床沿，以致下折后会有一定的坡度，坡度的大小就取决于床沿的厚度。这里有一点要注意，铰件越高，接驳位就越多，床护栏就会晃，会影响床护栏的稳定性。

(2) 固定式床护栏：床护栏不能下折到床边，不够方便，但所有床都适用，比较结实，不会晃。

但是，有了围栏也并非万事大吉。有的家长像对待婴儿那样将幼儿往床上一放，自己就去做事了，这是很不安全的。随着宝宝逐渐长大，他们已经不满足于在小床上玩耍了，毕竟小床的活动范围有限。他们想挣脱“束缚”，看看周围的世界。他们很快学会了登梯爬高，凭借这个本领，想跃过床栏，但他们不知道等待他们的会是坠床。所以不要让宝宝单独在床上玩，即使是睡觉，也应有人在一旁看护。尤其当床栏不够高或宝宝已能轻易翻过床栏时，更不能马虎大意。

当家长做事时，可将幼儿放在视线可以看到的安全地方，准备一些玩具让他玩，时常跟他说说话，使他感到有人在旁边，可以放心地玩耍。这样大人既可以做些事情，也锻炼了幼儿自己玩不用人陪的好习惯。

3. 宝宝从床上摔下的处理：

宝宝从床上摔下也许是一件难免的事，一旦发生，不要过于惊慌。不要心急火燎地将宝宝从地上抱起，动作不要过猛，以免导致其他不必要的伤害。

(1) 宝宝如果摔下后，能够马上大哭，一般脑部受伤的可能性较小。小宝宝最怕摔到后脑，如果面朝下摔，一般危险性较小，只进行外伤处理即可。

(2) 宝宝摔到头部时，以下几种情况应立即去医院：① 头部有出血性外伤。②宝宝摔后没有哭，出现意识不够清醒、半昏迷嗜睡的情况。③在摔后2天内，又出现了反复性呕吐、睡眠多、精神差或剧烈哭闹。④摔后2天内，出现了鼻部或耳内流血、流水，瞳孔不等大等情况。

一般如果摔到头部后引起重度脑震荡或颅内出血，会很快发作，最晚也在24小时内就会发作，所以有症状要尽快去医院。

(3) 对于现在的一般家庭来说，宝宝多从床上摔下，高度最多五六十厘米，宝宝一般不会受到太严重的损伤。尤其1岁内的小儿，前囟门尚未完全闭合，颅内有缓冲，引起脑出血等情况的概率会非常低。

(4) 宝宝摔到头部后，没有出血，有小肿包时，应立即用冷敷处理。如果肿包较大或较红，可先应急抹点香油，或用湿润的土豆片贴上，有止痛化淤的辅助作用。

(5) 宝宝摔后一段时间，尽量与宝宝说话、逗逗他，转移其兴奋点，不要抱着他睡觉。如果摔后哭完很快就睡着了，也要在1小时内将其叫醒。如果醒后大哭，就是没有什么问题了。

(6) 即使摔到头部，也不要总怀疑是脑震荡。脑震荡的特征是会有一定时段的意识和知觉丧失。如果宝宝一直意识正常，就不会有问题。宝宝如果有呕吐，可能是受惊吓所致的呕吐，也可能是暂时性脑部受到震荡，一般呕吐两三次后就好了，不同于脑震荡。即使是脑震荡，如果是轻度，也不会有任何后遗症。

(7) 宝宝摔到头部后，应观察2天。这2天内尽量让其多休息，少活动。如果2天内精神一直很好、食欲正常，就可以完全放心。

宝宝摔床后，妈妈的悔恨自是无以复加的，但后悔埋怨是无用的，重要的是马上对症处理宝宝的情况，并且，自此引以为戒。

宝宝摔伤、擦伤如何护理

撞伤手肘、摔破膝盖、割伤手指……宝宝难免受点小伤。当宝宝不小心碰伤后，应该迅速处理。因为较严重的伤口如果没有得到及时处理的话，几小时之内就会引起感染。因此，一旦宝宝发生摔伤擦伤的情况，家长要及时针对宝宝摔倒发生的皮肤擦伤，判断伤口深浅，然后酌情处理。

情况一：如果伤口较浅，只伤及皮肤表层，一般无需上医院，先用清水冲洗一下，或用棉球蘸上淡盐水擦拭一下，然后涂上聚维酮碘，不用包扎，避免沾水，过几天就会好。

情况二：如果仅仅是表皮擦伤或摔伤，出一点点血，家长可以这样处理。①用纱布或棉球止血。②血止住后，用水轻柔地清洗伤口。③用含抗生素的药膏涂在伤口上以防感染，然后将创可贴贴在伤口上。通常较小的创口，用一张创可贴就足以止血了，每天更换一次。

特别提示：如果几天后伤口出脓、红肿，孩子有发热等迹象，可能是伤口感染了，应找医生看一下。

情况三：如果伤口较深，流血较多，家长应该这样处理。①用无菌绷带紧紧地压住伤口。如果有玻璃或金属嵌入、扎入，不可简单地压住伤口，以免玻璃或金属扎得更深。遇到这种情况，最好带孩子去看急诊。②压住伤口3～4分钟后，可检查一下血是否止住。如果还没有，继续按紧伤口；如果还有血从绷带处渗出，在渗血处再加按一块绷带；如果压住伤口5分钟之后血还没止住，就应该一边按紧伤口，一边赶紧去医院了。

宝宝烫伤的护理方法

小儿皮肤娇嫩，一旦烫伤，受伤程度要比成人严重得多，伤势较轻也可能会留下瘢痕，程度重时甚至可危及生命。母婴宝孕育专家湘雅医院儿科教授岳少杰针对一些常见的烫伤，介绍了相关的处理方法。

1. 被热液烫伤：

(1) 冲：以流动的自来水冲洗或浸泡在冷水中，以达到皮肤快速降温的目的，不可把冰块直接放在伤口上，以免使皮肤组织受伤。

(2) 脱：充分泡湿伤口后小心除去衣物，可用剪刀帮忙剪开衣物，并保留有粘连的部分。有水疱时千万不要弄破水疱。

(3) 泡：继续浸泡于冷水中至少 30 分钟，可减轻疼痛。但烧伤面积大或年龄较小的宝宝，则不要浸泡太久，以免体温下降过度造成休克，而延误治疗时机。但当宝宝意识不清或叫不醒时，就该停止浸泡赶快送医院。

(4) 盖：用干净的床单、布单或纱布覆盖，不要任意涂上外用药或偏方，以免伤口感染。

(5) 送：即使宝宝只是受到轻微的烫伤，最好也要到设置有整形外科的医院求诊。

2. 被化学物品灼伤：

(1) 无论酸碱度如何，受伤后要立刻用流动的自来水冲洗受伤部位，至少 60 分钟。

(2) 绝对不要把宝宝的受伤部位泡在水里，因为化学物质扩散，容易造成更严重的受伤。

(3) 若眼睛被波及到，应撑开宝宝的眼睛并以大量的水冲洗 2 小时，之后再送医治疗。

3. 接触性烫伤：

(1) 受伤深度与温度及接触的时间均有关系。温度低但接触的时间久，也会造成深度伤口。

(2) 若皮肤为红色或有水疱时，则需经过冲水、泡水的过程，再送医治疗。

(3) 若皮肤为焦黑或变白如蜡状时，为深度烧伤的征兆，可不必经过冲水、泡水的过程，而直接送医治疗。

4. 被火焰烧伤：

(1) 停止：宝宝身上着火时，可用棉被或大布单包住，此时切勿让宝宝奔跑，以免助长火势。

(2) 倒下：双手掩住脸部就地卧倒。

(3) 滚动：卧倒后滚动或只以大块布巾包住灭火。

(4) 冷却：等火熄灭后，再依热液烫伤处理方法处理。

5. 被电灼伤：

(1) 要先切断电源或用绝缘体将电线移开。当宝宝失去知觉时，要先检查呼吸、心跳，若停止时，应立即施行人工心肺复苏术，同时尽快到医院治疗。

(2) 一般而言，电灼伤后受伤程度较深，且伤害多在体内，可不必经过冲水、泡水的过程，而直接送医治疗。但若衣服着火烧伤则仍然需以火焰烧伤的方式先处理。

烫伤对宝宝来说是十分痛苦的，处理烫伤的方法也不是唯一的解决方案，最重要的还是要以预防为主。所以妈妈们一定要小心谨慎，千万不要一失足成千古恨哦！

宝宝吃东西噎着了怎么办

几乎每个宝宝都有过吃东西时被噎到的情况。宝宝吃东西噎着了怎么办？母婴宝孕育专家、湘雅医院儿科教授岳少杰讲解了相关的处理方法，具体如下：

1. 处理宝宝噎着的方法：

(1) 检查他能否呼吸，有没有哭或者咳嗽的情况。如果他仍然能够呼吸，而且伴有咳嗽，家长就要叮嘱他安静下来，同时继续咳嗽，把食物咳走。

(2) 不要拍他的后背，这可能会让食物卡得更紧，一旦堵住气管，他就没法呼吸了。

(3) 陪伴在宝宝身边，看呼吸是否有好转的迹象。

(4) 如果几分钟之内不见好转，拨打急救电话。

(5) 如果宝宝完全无法呼吸：①把他头朝下放在大腿上，让他的脑袋处于胸部下方。②用掌根在他两块肩胛骨中间的地方用力拍几下，把食物震离气管。③再次检查有没有呼吸的迹象。

2. 宝宝噎着不同食物的处理方法：

(1) 小而硬的东西：小玩具或玩具零件、糖果、纽扣、果核或坚果类的食物都有可能使宝宝噎住，这时我们所采用的催吐方式如下。①曲起一条腿，用膝盖抵住孩子的心窝，面朝下，急救者用力拍打孩子的背部。②如果还是无法吐出，请将孩子从后面抱起，头朝下，急救者用拳头抵住孩子的心窝，然后用力进行挤压。③如果发现宝宝呼吸依然困难，脸色及身体开始转成紫色时，请尽快叫救护车，并在救护车到达之前，施以人工呼吸。

(2) 软而粘的东西：年糕、口香糖、软糖甚至面包这些软而粘的东西对孩子来说也很危险。宝宝噎着了，这时我们所采取的催吐方式是：①让宝宝侧躺。②要宝宝将嘴巴张开，如果您可以看到噎在喉咙里的东西的话，请用手指将东西抠出来。③看不到时，可用食指用力压在后舌根，帮助宝宝催吐。

(3) 被鱼刺卡住了：①如果是细小的鱼刺，可以吞一大口白饭。②让宝宝的嘴巴张开，如果可以看得到鱼刺的位置，就用小镊子将鱼刺夹出。③如果无法看到或无法取出时，就请前往耳鼻喉或外科就医。

3. 避免宝宝噎着的方法：

(1) 不要给宝宝吃含有硬的块状物的食物，比如坚果、爆米花、硬糖块、玉米片和未经烹煮的水果和蔬菜（如胡萝卜块、芹菜条、苹果片）。我们可以把这些生的水果和蔬菜擦成碎屑，或者蒸一蒸，也可以把豆子一类的食物碾碎。

(2) 剔除果核。

(3) 剔除鱼刺，把鱼、肉和香肠的皮也去除，把肉切成小块。

(4) 把宝宝看好，吃东西的时候多留意。

(5) 宝宝吃东西的时候，别让他跑、玩、大哭或大笑，确保他坐得比较舒服，好安静地吃东西。

(6) 绝对不要强迫宝宝吃东西，那样也会噎到他。

宝宝爬行期怎样保证室内安全

看到宝宝一天天长大，父母的喜悦心情是无法比拟。宝宝会爬了，他能看到更多的事物，此时他的“探索欲”非常强，说不定爸妈一眨眼，他又爬出了老远。爸爸妈妈的火眼金睛不能保证百分百安全，因此，家长需要在宝宝爬行前扫一扫家庭的安全“雷区”，让育儿过程更轻松安全。

母婴宝孕育专家湘雅医院儿科教授岳少杰给各位家长列出了很多的不安

全物品，具体如下：

1. 容易误食的细小物品：药品、发卡、别针、纽扣、硬币、钉子等。

2. 容易误伤的物品：刀剪、竹签、牙签、锥子、花瓶等。

3. 容易导致烫伤的物品：炉火、暖气、熨斗、热水瓶、烟头、热汤锅等。

4. 易致触电的物品：电器、插头、电线等。

5. 易致坠落的因素：高床、窗台、阳台等。

6. 其他：如塑料袋易被小儿套在头上，也可能引起窒息。

当然，如果爸爸妈妈采取更多的安全措施，我们的宝宝就会更安全。因此在日常生活中，我们也应该注意一些事项：

1. 家中的药品都要用密封的、宝宝无法打开的容器包装，并把它放在药箱里锁住，不让宝宝伸手摸到。

2. 药品及化学药物均应保存在有清楚标签的原瓶内，放在尽可能远离食物的地方，千万不要把有毒物品装在饮料瓶中。

3. 不要随便乱放喷雾罐，宝宝容易压住它的喷嘴而引起眼睛受伤。

4. 所有电线应完好无损，没有绽裂或其他损坏现象。切实做到所有家用电器的电线不让宝宝伸手摸着，并在未使用的插座上加防护盖或使用安全插座。

5. 暖气包和管道要用毛巾盖好，或用家具隔开。要教育宝宝，使他自小就知道暖气包是热的，不能用手摸。

6. 楼上所有的窗户都要安装护栏，在附近不要放任何能让宝宝爬上去的物件。

7. 缝衣针、扣针、火柴、打火机、切菜刀和剪刀等不要让宝宝伸手拿到，要把它们锁在抽屉里。房间里容易被拽倒、摔碎的物品要收起来，比如热水瓶、花盆、玻璃器皿等。

8. 宝宝的衣服应是防火的。

9. 任何家具都应坚固笨重，使宝宝无法推倒它。并将所有尖锐的桌角、柜角套上保护垫，以免宝宝不慎撞到。

10. 塑料薄膜、塑料袋、气球等物品要收好，以免造成宝宝窒息。

11. 宝宝在地上爬行时，要铺上软垫。

12. 宝宝用肘和膝爬行很容易磨破皮肤，因此最好给宝宝穿上护肘、护膝。别忘了要适时鼓励宝宝，或者给宝宝一个甜蜜的拥抱，这会让爬行训练平添更多的乐趣。

如何挑选和安全使用学步车

自婴儿车问世以来，受到了众多家长的喜爱。宝宝学习走路的时候有学步车，宝宝出行有手推车，这些都为家长们的生活提供了便利。那么应该怎样选购以及安全使用学步车呢？

1. 挑选婴儿学步车的方法：

(1) 看学步车上的各种小玩具是否安装牢固，如很容易被扯下，就很可能在宝宝玩耍时误食而造成伤害。

(2) 看学步车的整体刚性，胯带是否牢固，锁紧装置是否有效，至少要能承受宝宝的体重而无变形和损坏。

(3) 看学步车的稳定性，这对学步车来说是一个非常重要的安全指标，如果稳定性不好，婴儿在学步车内作快速移动时，一旦撞到某一物体（如台阶、门槛），就容易翻倒，造成严重的伤害事故。

(4) 儿童推车的刹车装置是否有效，推车的锁紧装置和安全带装置是否牢固可靠，其结构能防止儿童从车内跌出。

专家提示：婴儿学步车着实能给人们的生活带来便捷，当然这是在确保学步车产品质量过关的情况下，所以选购婴儿学步车一定要严把质量关。

2. 婴儿学步车的安全使用方法：为了预防因学步车而发生的意外伤害，使用前，请您仔细阅读厂家提供的安全警示以及产品的使用说明。在宝宝适合的年龄和体重范围内，谨慎地使用学步车。

(1) 在宝宝能够很自如地独立坐着时（一般在 6 个月时），才能够使用学步车。在此之前使用，宝宝有可能以后会出现姿势异常。

(2) 正确安装学步车，并检查各部件是否已安装到位，连接紧固。每次使用前，都应该检查折叠功能是否完好。

(3) 检查地面是否平坦，有无可能引起学步车倾翻的物品。如有，应该及时移走后再使用。

(4) 取走所有桌面、台面、灶台上的危险物品，包括水壶、熨斗、尖锐物、热饮等在学步车里的宝宝可能够到的东西。

(5) 不要在楼梯、台阶和门槛附近使用学步车。学步车不应该在地毯上使用。

(6) 不要在炉子、取暖器等热源附近使用学步车，防止宝宝发生灼伤或者烧伤。

(7) 除宝宝外，不要在学步车上放置任何负载，否则会影响车辆的稳定性。

(8) 宝宝坐在学步车里时，他的双脚应该可以着地。

(9) 千万不要单独留宝宝在学步车里。学步车装有轮子，宝宝移动起来会非常迅速，您需要始终非常警惕地看着他。

(10) 宝宝使用学步车时，把他限制在一个房间里，并关上房门。

(11) 如果学步车有安全带，请始终正确使用它。

(12) 当宝宝坐在里面时，请不要移动或者搬动学步车。

(13) 不要让您的宝宝长时间留在学步车里，每次使用的时间不要超过 20 分钟。

(14) 当您的宝宝达到了厂商规定的使用限重，或者能独立行走时，不管哪种情况先发生，一定要停止使用学步车。

移动阅读

打造安全的儿童房	夜间给宝宝喂奶如何保证安全
五种游戏方式逗宝宝很危险	怎样给宝宝修剪指甲
宝宝的睡姿哪种最好	宝宝戴首饰的安全隐患
怎样给宝宝的玩具消毒	怎样给宝宝选择毛绒玩具
毛绒玩具的洗涤方法	宝宝学会翻身后的安全问题
看护孩子备忘录	宝宝吃饭咬到舌头了怎么办
怎样防止宝宝意外中毒	宝宝摔下楼梯的预防处理
家居安全防护用品	不同玩具可能出现的险情
安全玩具应具备的条件	如何避免宝宝的衣物甲醛超标
如何应对宝宝被蚊虫叮咬	异物入眼的预防处理
异物入耳的预防处理	异物入鼻的预防处理

第4节 0~1岁宝宝的智力促进

0~1岁宝宝智力发育参照

老人们常常称赞那些不哭不闹、不给大人添麻烦的宝宝为“乖”，殊不知这正是因为他们对周围事物缺乏兴趣，注意力和反应能力较差的表现。由于爸妈的误解，致使这些宝宝在早期没有及时得到治疗。所以早期观察宝宝的智力发育情况非常重要。

1. 1个月：

(1) 大运动：拉着手腕可以坐起，头可竖直片刻（2秒）。

(2) 精细动作：触碰手掌，他会紧握拳头。

(3) 适应能力：眼球会跟红球过中线（稍有移动即可）、听到声音有反应。

(4) 语言：自己会发出细小声音。

(5) 社交行为：眼睛跟踪走动的人。

2. 3个月：

(1) 大运动：俯卧时可抬头45°、抱直时头稳。

(2) 精细动作：两手可握在一起、拨浪鼓在手中留握0.5秒。

(3) 适应能力：眼睛跟红球可转180°。

(4) 语言：笑出声。

(5) 社交行为：模样灵敏、见人会笑。

3. 5个月：

(1) 大运动：轻拉腕部即可坐起、独坐头身向前倾。

(2) 精细动作：抓住近处玩具。

(3) 适应能力：拿住一积木注视另一积木。

(4) 语言：对人及物发声。

(5) 社交行为：见食物兴奋。

4. 7个月：

(1) 大运动：独坐自如。

(2) 精细动作：抓弄小丸（直径约 0.5 cm），自己取一积木，再取另一块。

(3) 适应能力：积木换手、伸手够远处玩具。

(4) 语言：发 da-da、ma-ma，无所指。

(5) 社交行为：对镜有游戏反应、能分辨出生人。

5. 9 个月：

(1) 大运动：会爬、拉双手会走。

(2) 精细动作：拇指、食指捏住小丸。

(3) 适应能力：从杯中取出积木（正方形，边长 2cm）、积木对敲。

(4) 语言：会欢迎、再见（手势）。

(5) 社交行为：表示“不要”。

6. 10 个月：

(1) 大运动：会拉住栏杆站起身、扶住栏杆可以走。

(2) 精细动作：拇指、食指动作熟练。

(3) 适应能力：拿掉扣住积木的杯子，并玩积木。找盒内的东西。

(4) 语言：模仿发语声。

(5) 社交行为：懂得常见物及名称，会表示。

7. 11 个月：

(1) 大运动：扶物、蹲下取物。独站片刻。

(2) 精细动作：打开包积木的纸。

(3) 适应能力：积木放入杯中。模仿推玩具小车。

(4) 语言：有意识地发一个字音。

(5) 社交行为：懂得“不”的含义。模仿拍娃娃。

8. 12 个月：

(1) 大运动：独自站立稳。牵一只手可以走。

(2) 精细动作：试把小丸投入小瓶。

(3) 适应能力：盖瓶盖。

(4) 语言：叫妈妈、爸爸有所指。向他/她要东西知道给。

(5) 社交行为：穿衣知配合。

感官训练促进宝宝智力发育

0～1 岁是儿童大脑发育的黄金时期，儿童早期的感官发育对其智力发展具有至关重要的作用。宝宝生来就具备多种感觉，宝宝感官的正常发育，需要家长早期的正确刺激、引导和教育。

1. 味觉：宝宝在出生第 2 天就有味觉能力，1 个月以内能辨别香、甜，柠檬汁和奎宁等不同味道。当把甜的液体放到宝宝嘴里时，他们会表现出很轻松愉快的表情，并满意地吸吮起来，但对咸、酸或苦味液体则做出皱鼻子、噘嘴和不规则的呼吸等拒绝性的反应。4～5 个月的宝宝对味道的微小改变已很敏感。宝宝在 6 个月至 1 岁这一阶段味觉发展最灵敏。

建议：

(1) 及时给予味觉刺激：宝宝出生后第一个给予他味觉刺激的是母乳或代乳品，如果不及时给予其他的味觉刺激，将会引起宝宝偏食、拒食。所以，应当在宝宝 1 个半月时适当地给宝宝喂些橘子汁，3 个月左右可以用筷子蘸各种菜汤让宝宝尝尝味儿。

(2) 让宝宝品尝各种味道：可有目的地鼓励宝宝去品尝不同的味道，并在训练的过程中用一定的语言进行强化，比如问宝宝“酸不酸”等。准备一些可口的水果（如香蕉、橙子、苹果等），让宝宝都尝一尝，告诉宝宝香蕉是甜的，橙子、苹果是酸甜的，再问问他哪种味道他喜欢。

(3) 辅食期不可少：要使宝宝的味觉得到良好的发育，应该特别重视宝宝断奶期的味觉体验。宝宝的味觉、嗅觉在 6 个月到 1 岁这一阶段最灵敏，因此是添加辅食的最佳时机，宝宝通过品尝各种食物，可促进对很多食物味觉、嗅觉及口感的形成和发育，也是宝宝从流质→半流质→固体食物的适应过程。

2. 嗅觉：婴儿一出生嗅觉就已经很发达了，他们基本上靠嗅觉来区分谁是妈妈，谁不是妈妈，妈妈身上有孩子熟悉的母乳香味，孩子一下子就能辨认出来。在这个时间段，宝宝通过嗅觉熟悉其他的人和事物，这样新鲜的经历可以提高宝宝的记忆，有利于智力发展。如果宝宝不喜欢某种气味或者事物，他们会选择扭头避免接触；喜欢什么时则会接近它们，还会乐而忘返。

建议：

(1) 闻食物的气味：让宝宝闻闻各种食物的不同气味，比如可以让宝宝闻一闻香醋，以感受酸味；闻一闻腐乳制品，以感受臭味。

(2) 闻生活用品：可以将宝宝的生活用品，如香皂、爽身粉、润肤霜等给宝宝闻一闻。

(3) 闻“自然”的味道：带宝宝到户外，有意识地让宝宝体验不同的气味。比如，在花草树木繁茂的公园，让宝宝闻闻花草的香味；在雨天过后，带宝宝出去呼吸一下清新的泥土气味。

3. 视觉：3 个月大时，大多数宝宝的视觉可以“跟随”运动的物体，也能将视线固定在某物体上，色彩、运动的物体都能吸引宝宝，而这些都可以促进视觉的发展。4 个月时，开始建立立体视觉，视网膜已有很好的发育。宝宝能由近看远，再由远看近，物体的细微部位也能看清楚；对于距离的判断也开始发展。6 个月大的宝宝眼睛已有成年人的 2/3 大，看物体是双眼同时看，从而获得正常的“两眼视觉”，而距离及深度的判断力也继续发展。1 岁时宝宝的视力进一步全面发展，眼、手及身体的协调更自然，此时视力为 0.1～0.3。

建议：

(1) 多种色彩的刺激：让宝宝尽量多看各种不同色彩的物体。如在宝宝小床的周围挂一些五颜六色的气球；在家里贴挂一些颜色丰富的图和画；带宝宝到大型超市看色彩丰富的各种外包装和衣饰；到大自然里去欣赏多姿多彩的树木花草。尽可能地让宝宝接触色彩比较丰富的东西，这样就会促进宝宝对色彩的敏感。

(2) 眼球（眼肌）运动的训练：爸爸妈妈手里拿着东西，如拨浪鼓、气球、图书等，在宝宝眼睛周围慢慢移动，速度由慢到快，范围由小到大，并可以按照一定的方向来进行训练：例如从左到右，再返回来；从下到上，再往来反复；从左下到右上，往返移动；从右下到左上；总之，就是尽可能地围绕宝宝眼睛周围进行各个方向的移物训练。经过这样的训练，宝宝的眼球活动就会变得更加灵活和敏感。

(3) 多维物体的观察：刚开始可以用比较单一颜色的图片，以后逐渐增加颜色多的物体；先是两维的图片纸张等，以后可以选择三维的；形状也要千变万化；方形、圆形、全球形、立体、半球形、楔形、不规则形状，长的、短的，等等。另外，建议多带宝宝到体育活动比较多的场合做视觉训练，如各种球类运动，因为球类的运动轨迹千变万化，再加上运动员的积极跑动和追随，大大增加了宝宝视觉范围的训练和感受，刺激大脑中枢视觉反射区的发育和发展。

(4) 视力范围的扩大：等宝宝比较大一些的时候，可以让宝宝不要移动头部（用手扶着宝宝的头部不动），只要求眼球追随物体的移动而运动。这样不但能够进一步训练宝宝眼球活动的反应速度和灵敏度，而且能够达到扩大眼睛视力的观察范围的目的。

(5) 结合语言进行训练：上面的每个训练项目都应该紧密结合父母的语言来进行诱导、提示和说明，语言内容越丰富越好。例如：图片是什么颜色的？物体是什么形状的？圆圆的苹果从中间切一刀变成什么形状了？等等。这样不但促进了宝宝的视觉发育，也发展了宝宝认识事物、语言表达和观察事物的能力。

4. 听觉：4～6 个月的宝宝开始能辨别妈妈的声音，跟宝宝说话时，他可能会用眼睛注视你，或专注于听你的声音而停止其他动作，头转向声源，表现出对熟悉声音有感知的能力。7～11 个月的宝宝能主动向声源方向转头，也就是有了辨别声音方向的能力，听到妈妈哄逗的声音可发出笑声，有的宝宝甚至会听从妈妈的指令做出相应的动作。1 岁～1 岁半宝宝能按听到的语言作出反应，当问到“鼻子”“眼睛”“嘴巴”在哪儿时，会用小手指出来。

建议：

(1) 借助日常生活进行综合训练：从宝宝出生后的第一个月开始，妈妈就可以给宝宝玩一些能发出柔和声响的玩具，柔和、缓慢、优美的声音会给宝宝带来愉悦的感受；喝水前，妈妈可以对宝宝说“用小手试一试水杯，不烫了再喝”；玩积木时先对宝宝说“先取出一个或都取出来后再玩”；让宝宝看图时，妈妈可以一边讲故事，一边让宝宝指出图片上的实物，让宝宝做到耳听、眼看、手动。

(2) 创造多种声音的环境：在活动中为宝宝创造环境，如可以录制一盘经常听到的声音的磁带，像自来水的流水声、房间里的脚步声、常见动物的叫声等经常放给宝宝听，培养宝宝的倾听习惯。常带宝宝到动物园、公园等自然环境中去，聆听动物的叫声、流水声等，都可以促进听觉的发育。

(3) 听觉和视觉相结合：2～3个月以后的宝宝已能将听觉和视觉结合起来，当他听到声音时，头就会转向发音的方向，寻找声源，你或许觉得这种动作是很自然的，但它会直接导致出重要结果，这是智力活动的进步。父母或家里人应经常有意识地走到宝宝面前，逗引宝宝注视自己的脸，然后把脸移到一侧，并轻声叫宝宝的名字，逗引宝宝的视线随父母的脸移动。也可用摇铃或能捏响的橡皮玩具发出声音，逗引宝宝一面听声音，一面让视线随玩具移动。

(4) 听与说相结合：当宝宝开始咿呀学语时，要给他一个学习的环境，引导他发声。妈妈可以教宝宝喊“爸爸”或“爷爷”，教宝宝怎么称呼家里的亲人，不管宝宝能不能听懂妈妈说的话，都要教育宝宝懂得文明礼貌。

(5) 音乐开启听力理解力：音乐有不同的节奏及不同的表现，如快慢、音色高低等，即使宝宝从简单的儿歌音乐听起，对于宝宝的听觉辨识力也有正向的刺激，对于之后欣赏各色风格的音乐也能提高鉴赏力。父母陪宝宝倾听音乐，态度一定要认真，不要随便讲话，让他们养成安静听音乐的习惯。可以运用形象的玩具，帮助宝宝理解音乐的意义，增添听音乐的趣味。如听摇篮曲时，可怀抱布娃娃，做哄娃娃睡觉的动作。

5. 触觉：触觉是人体最基本的感觉之一，刚出生的宝宝也是有触觉的，只是还比较微弱而已，随着宝宝年纪的增加，宝宝的触觉越来越发达。宝宝用脸，用小嘴，用小手去触碰不同的物体就会有不同的触觉，温暖的，坚硬的，冰凉的，柔软的。妈妈们可以通过宝宝触碰不同的物体来提高宝宝的触觉能力，让他们感受到不同的物体带来的不同感受，从而做出不同的判断，有助于宝宝的智力发育。

建议：

(1) 抚触：父母可以找专业人士指导，按照一定的步骤给宝宝按摩，做抚触操。或者经常轻柔地捏捏挠挠宝宝的小脚小手小耳朵小脸，摸摸宝宝的身体，根据宝宝的大小以适当的力度将宝宝抱在胸前，这些都是非常好的促进宝宝触觉发育的方式。

(2) 物体刺激：使用各种不同柔软度的刷子，或不同质料的布，轻轻地摩擦宝宝的四肢、背部，强化及增加触觉刺激的效果；给宝宝买一些大大小小、软硬粗糙度不一、材质不一的玩具，让宝宝抓握或者啃咬；利用家里常用的一些用品，鼓励宝宝用小手摸一摸，用小脚丫踩一踩。

(3) 触摸大自然：带宝宝走进大自然，让他摸摸泥土、石块、树干、树叶、小草、小动物的皮毛等等各种纯天然的东西，给宝宝准备一些玩沙戏水揉泥巴的小玩具，增加宝宝玩的乐趣。

(4) 涂鸦：给宝宝一些安全的颜料，让宝宝用自己的小手、小脚丫蘸颜料涂涂画画也是非常受宝宝欢迎同时又效果显著的促进触觉发育的好游戏。

移动阅读

宝宝的智力水平取决于什么因素
开发宝宝大脑的十种方法
脑力开发三法宝
新生儿每天十分钟早教方案
新生儿的五种潜能开发
2个月宝宝的智力开发
2个月宝宝的认知能力训练
2个月宝宝的感官训练
3个月宝宝的智力开发
3个月宝宝的认知能力训练
宝宝的味觉发育和训练
3个月宝宝的教育启蒙
4个月宝宝的智力开发
4个月宝宝的认知能力训练
5个月宝宝的智力开发
5个月宝宝的认知能力训练
6个月宝宝的智力开发
6个月宝宝的观察力培养
6个月宝宝的色彩启蒙计划
7个月宝宝的智力开发
7个月宝宝的认知能力训练
培养孩子的音乐天赋
8个月宝宝的智力开发
8个月宝宝的教育启蒙
9个月宝宝的智力开发
10个月宝宝的智力开发
10个月宝宝的视觉能力训练
怎样培养10个月宝宝的观察力
11个月宝宝的智力开发
12个月宝宝的智力开发
0～1岁宝宝智力开发游戏
影响儿童智力的九个变量
开发三岁前孩子智力的四大要点
男女宝宝的智力有什么差异
怎样发现宝宝的天赋
认识宝宝的印象记忆
家庭对宝宝早教的重要性
父亲带大的孩子更聪明
怎样帮宝宝运转大脑
激发宝宝想象力的亲子游戏
亲子游戏中的六点建议
妈妈该学习的五种亲子小游戏
适合夏季玩的户外亲子游戏
适合秋季玩的树叶亲子游戏
春节和宝宝玩的亲子游戏
冬季室内亲子游戏推荐
教你怎样选择木质玩具

第5节　0～1岁宝宝的慧商培养

0～1岁宝宝的语言训练

1．2个月宝宝的语言能力训练：

（1）模仿面部动作：在宝宝情绪很好、很稳定的时候搂抱他，并在他面前经常张口、吐舌或做多种表情，使宝宝逐渐会模仿面部动作或微笑。

（2）引逗发音发笑：用亲切温柔的声音，面对着宝宝，使他能看得见口型，试着对他发单个韵母a（啊）、o（喔）、u（呜）、e（鹅）的音，逗着孩子笑一笑，玩一会儿，以刺激他发出声音。快乐情绪是发音的动力。在孩子精神愉快状态下，拿一些带响、能动、鲜红色的玩具，边摇晃边逗他玩，或与他说话，或用手胳肢胸脯，他将报以愉快的应答——微笑。

2．3个月宝宝的语言能力训练：

（1）寻找声源：拿一个拨浪鼓，在距离宝宝前方30 cm处摇动。当宝宝注意到鼓响时，对宝宝说："宝宝，看拨浪鼓在这儿！"让宝宝的眼睛盯着鼓，张开手想抓鼓。休息片刻，在宝宝的后方，让他看不到你的脸，拿这个拨浪鼓摇动，稍停一会儿再问："拨浪鼓在哪里呢？"再分别将拨浪鼓慢慢移到宝宝能看到的左、右方摇动，注意观察宝宝的眼、耳和手的动作，看宝宝对声源方向的反应。

（2）对声音的回应：经常和宝宝说话，逗引他发出声音，家长对宝宝发出的声音，给予不同的反应。如亲切和蔼的言语、命令式的声音及激动的喊叫等，并使宝宝能对不同的声音有不同的回应。做过呼名胎教试验的宝宝在有人叫他名字时能回头寻找，并发出拖长的单元音，或连续的两个音，如"啊咕""啊呜"等，渐渐地能模仿大人的口形发出声音。

3．4个月宝宝的语言能力训练：

（1）咿呀学语：要养成与宝宝交谈的习惯，要平时见到什么就对宝宝说什么，干什么就讲什么。每次吃奶后，可以一边将宝宝扶起拍拍后背，一边对他说："宝宝，吃饱了吗？""好吃吗？""香不香？"在换尿布时和他说："宝宝尿湿了，不舒服吧？"尽管宝宝还不明白这些话的意思，但他会和着你的声音，嘴里发出“啊”“喔”“鹅”等音来，他是在用“前言语期的特殊语言”和你交谈。没有前言语期的训练就不可能有日后优秀的语言素质。

(2) 学发声：拿一个带响的玩具，一边逗他玩，一边喊：“宝宝 na（拿）住。”同时拉着孩子的手让他握住玩具，激发宝宝能自发地连结两个不同的单音，或者在小儿床上悬挂一个较大的、能发声的塑料娃娃，宝宝仰卧在床上，要让他的手脚都能碰到玩具。要逗引他抓、蹬和发声，注意宝宝能否发出 ma、na 等的近似音，记录能发出的辅音及时间。

4. 5 个月宝宝的语言能力训练：

(1) 模仿发音：与宝宝面对面，用愉快的口气与表情发出“Wu-Wu”“ma-ma”“ba-ba”等重复音节，逗引宝宝注视你的口形，每发一个重复音节应停顿一下给宝宝模仿的机会。接着你手拿个球，问他“球在哪儿”时，把球递到宝宝手里，让他亲自摸一摸，玩一玩，告诉他：“这是球……球。”边说，边触摸、注视、指认，每天数次。

(2) 叫名回头：宝宝早就能听到声音回头去看，但是能否理解自己的名字，此时可以进一步观察。带宝宝去街心公园或有其他孩子的地方，父母可先说其他小朋友的名字，看看宝宝有无反应，然后再说宝宝的名字，看他是否回头。父母应在胎教时，即在妊娠第 6 个月时就为宝宝取名，每次呼唤都用同一个名字。经过妊娠期一个月呼名训练的婴儿会在出生 3 个月时知道自己的名字而回头。未经训练的婴儿可在 5～7 个月时知道自己的名字。切记要用固定的名字称呼宝宝，如果大人一会儿说“宝宝”一会儿说“文文”，一会儿又说“闹闹”，经常更改名字，会使孩子无所适从，就会延迟叫名回头的时间。当孩子听名回头向你笑笑时，要将他抱起来亲吻，并说“你真棒”，“真聪明”，以示表扬。

5. 6 个月宝宝的语言能力训练：

(1) 模仿发音：家长经常发出各种简单辅音，例如“爸爸”“妈妈”“打打”“拿拿”“娃娃”“拍拍”等，让小儿模仿发音。记录宝宝能发辅音的数目，要求在 6 个月时能发出 4～5 个辅音。

(2) 听声辨别人物：当爸爸回家时妈妈说“爸爸回来了”，宝宝马上朝门的方向转头，看爸爸。宝宝在父亲怀中听说“妈妈”时马上朝母亲看，并且要母亲抱。

(3) 听声拿玩具。能在听到“娃娃”时拿出娃娃，听到“大象”时拿出大象。形象玩具在此时能促进听力的发展。

(4) 听儿歌做动作：让宝宝面对着妈妈坐在妈妈的膝上，拉住小手边念边摇："拉大锯，扯大锯，外婆家，唱大戏。妈妈去，爸爸去，小宝宝，也要去!"到最后一个字时将手一松，让宝宝身体向后倾斜。每次都一样，以后凡是念到"也要去"时宝宝会自己将身体按节拍向后倾倒。

6. 7 个月宝宝的语言能力训练：

(1) 用动作表示语言：继续训练发音，如叫爸爸、妈妈、拿、打、娃娃、拍拍、高举等，多与他说话，多引他发音，扩大他的语言范围。继续训练宝宝理解语言的能力，引导宝宝用动作来回答，如欢迎、再见、谢谢、虫子飞，以及听儿歌做 1～2 种动作表演等。

(2) 懂得"不"：妈妈指着热水杯对宝宝严肃地说："烫，不要动!"同时拉着宝宝的手轻轻触摸杯子，然后把他的手离开物品，或轻轻拍打他的手，示意他停止动作。对宝宝不该拿的东西要明确地说："不"，使其懂得"不"的意义。此外，还要懂得大人的摇头摆手也表示"不"。

(3) 听口令把玩具倒手：在玩具倒手的基础上，先给孩子一个玩具，让他用左手拿，再给他一块饼干，告诉他"倒手，倒手"，做对了，亲亲他，并奖励他。让小儿练习在口语指导下把玩具倒手，学会两手并用。

7. 8 个月宝宝的语言能力训练：

(1) 继续练习发音：方法同 7 个月。注意听宝宝的发音，当他已能说出不同的单音时，要跟着重复他所发的音，用动作表示音的意义，他再发音时就表扬他。

(2) 表示"要"：当宝宝要一种东西时，要教他伸手来表示要，然后再拿给他所要的物品，并点头以表示"谢谢"。

(3) 语言动作联系：继续训练小儿理解语言的能力。在拿宝宝熟悉的物品时，边说边问："宝宝要不要饼干?""宝宝要不要小熊?"让他用手推开或皱眉表示不喜欢；用伸手、点头、谢谢表示喜欢，表示要。

(4) 服从命令：给宝宝讲"坐下""不能吃""给我""让我看看你的新鞋"等，宝宝会用动作来服从大人的要求。

8. 9 个月宝宝的语言能力训练：

(1) 理解语言：在与宝宝接触中，通过语言和示范告诉宝宝怎么做，如坐起来、拿、等一等。训练宝宝理解更多的语言。

(2) 模仿发音：继续练习模仿发音，能使用有意义的单词，如“爸爸”“妈妈”之类的称呼。也训练他说一些简单动词，如走、坐、站等。在引导他模仿发音后，要诱导他主动地发出单字的辅音。观察是否见父亲叫“爸爸”或见母亲叫“妈妈”。

(3) 语言动作联系：训练小儿能够执行简单的指令，如“小姐姐到咱家玩，我们笑笑欢迎”等，他做对了，大人要鼓掌、喝彩、夸奖，使他为自己的正确理解而高兴，尝到成功的喜悦。

(4) 念儿歌、讲故事、看图书：1 岁内的幼儿喜欢有韵律的声音和欢快的节奏，念儿歌，读故事时要有亲切而又丰富的面部表情、口形和动作，尽管他还不太懂儿歌、故事中表达的意思。给宝宝念的儿歌应短小、朗朗上口。每晚睡前给宝宝读一个简短的故事，最好一字不差，一个记住了，再换别的以便加深宝宝的印象和记忆。

图书对宝宝来说是一种能打开合上的、能学说话的玩具，因此宝宝非常喜欢大人陪着他看图书，听你给他讲书中的故事。图书画面要清楚，色彩要鲜艳，图像要大，文字大而对话简短生动，并多次重复出现，便于宝宝模仿。

每天坚持念儿歌、讲故事、看图书，并采取有问有答的方式讲述图书中的故事，耳濡目染，宝宝就会对图书越来越感兴趣，对宝宝学习语言很有帮助。喜欢读书，对他一生具有重要的意义。但是，这么大宝宝的注意力集中时间很短，一般几十秒到 1 分钟。只要宝宝有兴趣，很高兴，就与他一起念儿歌、讲故事、看图书，否则就没有意义了。

9. 10 个月宝宝的语言能力训练：

(1) 模仿发音：继续练习模仿发音，扩大范围，应包括人称、物品名称、人的五官及简单的动词等，使小儿在主动会叫“爸爸”“妈妈”之外，还能说其他几个词，模仿大人说话的最后一个音。

(2) 指图回答问题：在父母用图画故事书为宝宝讲故事时，当母亲问“谁在吃萝卜”时，宝宝会指着兔子回答。又问“小花猫要到哪儿去”，宝宝会指着河边作答。重述父母为他讲的故事。当父母在看书看报时，宝宝也会很像样地拿起故事书，咿咿呀呀地自己讲故事。

10. 11 个月宝宝的语言能力训练：

(1) 用一个音表示：要求宝宝经常是用一个音表示他的各种意思和要求。如“妈妈走”的“走”可以代表妈妈走啦、去上街、自己走等意思，要鼓励宝宝说出来，并做好翻译员；还要诱导宝宝联想、比较，比如：宝宝说“球”时，你可把各种颜色大小的球一个一个拿出来，告诉宝宝这是“红球”，那是“绿球”等，或这是“大球”，那是“小球”等。

(2) 背儿歌、念唐诗：根据宝宝的兴趣，给宝宝念押韵的儿歌、唐诗，不在乎宝宝记住多少，而在于激起他的兴趣，建立韵律感知觉。

11. 12个月宝宝的语言能力训练：

(1) 主动发音：小儿能有意识地叫“爸爸”“妈妈”以后，还要引导他有意识地发出一个字音，来表示一个特定的动作或意思，如“走”“坐”“拿”“要”等，从而能表达自己的愿望。与成人进行简单的语言对话，叫他能答应。说出来给予表扬，切不可宝宝一举手，你就把索要物递给他，这样他就会停顿在动作语言期而不开口说话，造成语言发展滞后。

(2) 妈妈念错了：睡觉前可以给宝宝念一个短小有趣的故事，宝宝常常很快就能记住，他往往是机械的模式记忆，无意识记忆，如果念错了，宝宝会马上睁眼，盯着您，表示“你念错了”，他会说话时，便会立即反驳说：“不对。”

教宝宝用杯子喝水

一般而言，宝宝出生后满6个月、可以坐起来、能够自己使用双手握紧奶瓶或奶瓶握把时，就可以给宝宝提供练习用杯子喝水的机会。训练宝宝使用杯子喝水，不仅可以加强宝宝肢体动作的协调性，还能有效培养宝宝的自信心。

首先要习惯用小勺喝流质食物。

练习开始月龄：5～6个月左右（整吞整咽期）。

为了不漏出地喝进去，练习紧闭上下唇。

小勺只是轻轻地碰到下唇的话，宝宝嘴巴容易张开，因此要水平地靠上去，这样上唇就会自然而然地向下来吸取小勺里的汤水了。然后，将小勺慢慢拉出来。宝宝能咕嘟一下将汤水喝进去的时候，就可以开始第二步了。

再用小茶碗等小号容器喝喝看吧。

练习开始月龄：7～8个月左右（用舌捣碎期）。

与容器配合，掌握上唇位置的变换。

习惯小勺以后，在小茶碗等容器里给宝宝加入一些喝的东西，让他学习根据杯子的深浅来变化上唇的位置。与小勺相同，最初是妈妈喂宝宝，之后慢慢地让宝宝自己学会如何吸取。

终于会用嘴唇沿着杯子的边缘喝水了。

练习开始月龄：9～11 个月（牙床咀嚼期）。

用上唇抵住汤水，自己调节饮水量。

下唇轻轻地靠在杯子的边缘，抬高杯子，通过上唇来抵住汤水，这样就能调节一次的饮水量了。习惯了的话，用自己的手牢牢握住杯子，就能实现连续喝水了。

其实，很少有小宝宝可以自己掌握用杯子喝水的动作而又不把水洒出来或倒出来。所以，当他要用普通杯子喝水时，你就应该在一旁协助他，抓紧机会教导他。在这之前要给宝宝准备一个不易摔碎的塑料杯或搪瓷杯。

如果他要自己拿着杯子，就告诉他应该用两只手同时握住杯子。或者当你把杯子交到宝宝手上时，你的另一只手就要做好准备，以抓住翻倒的杯子或能把它小心地放回桌上。如果他拼命地想要自己一个人来完成全部的喝水动作，你也可以给他一个只盛了小半杯水的小窄杯，这样至少没有多少东西会洒出来。除此之外，你可能还需要给他演示怎样才能把握好杯子倾斜的程度。

宝宝练习用杯子喝水时，成人要以赞许的语言给予鼓励，比如：“宝宝会自己端杯子喝水了，真能干！”

用游戏培养宝宝的自理能力

宝宝的自理能力需要从小开始培养，才能养成好的生活习惯。妈妈可以通过游戏让这个过程变得有趣，在快乐中学会自理。

1. 拍拍小屁股：排便前把宝宝抱起，托扶宝宝的双腿，用声音“唔”示意使宝宝向下使劲。如果宝宝睡着了或者身体向后挺起，表示没有便意，要马上将宝宝放下。

妈妈在让宝宝学会排便的游戏中，声音与姿势形成宝宝排便的条件反射，可以配合以下的儿歌：拍拍小屁股，宝宝解小便。嘘、嘘、嘘，小便解干净。拍拍小屁股，宝宝解大便，嗯、嗯、嗯，解掉大便真舒服。

如果某一天宝宝真的排尿或排便了，排完之后要亲亲他并说：“真乖，学会大便啦！”这种表扬能使宝宝感知“这样做会让妈妈高兴”。大多数经过训练的宝宝在满月前就能“识把”了。

2. 宝宝晚安：宝宝刚生下来，还不知道什么时候该睡觉，什么时候不该，他睡觉通常没规律，妈妈不要着急，规律的睡眠是需要慢慢形成的。妈妈在宝宝要睡觉的时候，把房间内的灯光调暗，然后在怀中轻轻摇晃宝宝，亲吻宝宝身体的各个部位，并轻轻抚摸。可以放一些轻松舒缓的音乐，妈妈和着音乐哼歌，唱摇篮曲，歌词可以任意编，反复唱。给宝宝指认床上的用品，让宝宝熟悉睡觉环境。这是宝宝睡觉前的仪式，久而久之，妈妈与宝宝做睡前游戏的时候，宝宝就形成了条件反射，知道该睡觉了。

移动阅读

0～3 岁必须养成的 27 个自理能力
让宝宝的捣蛋行为转换为创造力
如何训练 1 岁以内宝宝的语言
2 个月宝宝大动作能力训练
综合训练 3 个月宝宝的语言能力
3 个月宝宝的精细动作训练
4 个月宝宝的语言能力训练
4 个月宝宝的精细动作训练
5 个月宝宝大动作能力训练
如何训练宝宝的协调能力
6 个月宝宝的大动作能力训练
7 个月宝宝的语言智能培养
7 个月宝宝的精细动作训练
8 个月宝宝的语言能力训练
8 个月宝宝的精细动作训练
9 个月宝宝的语言能力训练
宝宝学站训练
9 个月宝宝的模仿能力训练
10 个月左右宝宝的手眼协调能力
11 个月宝宝的语言能力训练
11 个月宝宝的大动作训练
1 岁孩子口语能力的训练
平衡感训练游戏
贪玩的孩子多智慧
如何培养宝宝的好奇心
如何训练 2 个月宝宝的语言能力
2 个月宝宝的精细动作训练
3 个月宝宝的大动作能力训练
3 个月宝宝的趴趴训练
4 个月宝宝的大动作能力训练
5 个月宝宝的语言能力训练
5 个月宝宝的精细动作训练
6 个月宝宝的语言能力训练
6 个月宝宝的精细动作训练
7 个月宝宝的大动作能力训练
7 个月宝宝习惯和生活能力的培养
8 个月左右宝宝的爬行能力训练
学做婴儿操
9 个月宝宝的大动作能力训练
9 个月宝宝的精细动作训练
10 个月宝宝的语言开发
10 个月宝宝的精细动作训练
怎样教宝宝用勺子吃饭
11 个月宝宝的精细动作训练
12 个月宝宝的大动作能力训练
开发宝宝身体功能的游戏

第6节 0～1岁宝宝的情商培养

如何满足新生儿想“乐”的心理

新生儿尽管大多数时间都在睡觉，但他们的内心世界却并非只有他自己哦！爸爸妈妈与宝宝逗乐，会使宝宝在心里作出“快乐”的积极反应。这种积极的心理反应对孩子日后生理和心理方面的健康成长大有裨益。

据美国科学家进行的一项新研究，即便是诞生于世仅仅几个月的新生儿也会有程度不等的想“乐”的心理。作为父母，学会跟新生儿“乐”是重要的，其中的主要方式包括：

1. 和宝宝做眼神的交流：努力使宝宝接触到你的目光。特别当妈妈给宝宝喂奶时，宝宝的眼睛和妈妈的脸之间的距离应该保持在30 cm，这个距离是宝宝最喜欢、最能看清楚东西的距离。妈妈在给宝宝喂奶时，应该微笑并专注地看着他，这样会让宝宝感到非常快乐。

2. 将宝宝以不同的姿势躺在摇篮里：让宝宝有时仰卧，有时改为俯卧或侧卧。要知道，睡姿的频繁改变也可满足宝宝的追求新奇的心理，其效果其实与游戏大同小异。

3. 让宝宝尽早和水接触：一般来说，健康的宝宝出生后即可作半身温水浴。脐带脱落后，可行全身温水浴。在宝宝一个月大时，则可每隔2天就让宝宝洗浴一次。浸浴时，要求室温控制在20 ℃～21 ℃，水温在35 ℃，浸浴时间不超过5分钟。尽管此时的宝宝可能不会“戏水”，但和水接触时宝宝会产生快乐感。

如何应对宝宝的分离焦虑

你的宝宝黏着你不放吗？当你去洗澡或是上个厕所，他就开始放声大哭，哭得你手忙脚乱，赶紧加快手边的工作，回到他的身边。你知道宝宝为什么离不开你吗？小孩子远离监护人的时候都会很伤心，这是童年早期的正常现象，被称为分离焦虑。

宝宝们有不同程度的分离焦虑症，通常始于6个月大时，且多数宝宝会在4岁前摆脱这种害怕。这个时期，父母要尽量让宝宝感受到爸妈的爱，满足他对安全感的需求。爸爸妈妈可以这样做：

1. 给他安全感：这个年龄的宝宝一旦发现自己的亲人从视野中消失，他就会担心，并有恐惧的反应。妈妈要注意宝宝的一举一动，随时做出回应，让宝宝知道妈妈一直存在，没有消失。当你在浴室洗澡，或是上厕所时，你可以将宝宝放在门口，他会先看你是不是在那边，然后再去玩自己的游戏，这样来来回回地看你是否消失，直到他确认妈妈一直都在的事实之后，你就可以关上门，但要记得和宝宝保持沟通。

2. 经常和宝宝玩捉迷藏的游戏：一开始可以躲在沙发或椅子后面，问他“妈妈在哪里啊”，过几秒后，笑着钻出你的头，说“妈妈在这里”，慢慢地你可以逐渐延长躲藏的时间，从几秒到半分钟，再到2分钟，也可以躲到别的房间。

当你躲在宝宝看不见的某个角落时，你不能让沉默恐惧捉住宝宝的心，要用语言和宝宝保持联系，让他感到安慰。你要对你的宝宝说：“妈妈到哪里去了？快来找妈妈。”或者自编自唱一些儿歌，比如用《春天在哪里》的曲调编一首《妈妈在哪里》的歌。

3. 亲子时光：宝宝得到的关注越多，他渴望的东西就越少。和他在一起共度时光——唱歌、读书、开茶会、搭积木、玩拼贴画，这些都会增加他的安全感，并让他愿意独自消磨更多的时间。在白天，你要和他的身体多接触。拥抱、亲吻，让他坐在你的腿上或让他趴在你的肚子上等，但是不可以和他持续地黏在一块儿，你要掌握好其中的度，这样才能让你的宝宝不过于独立又学会自己玩。

4. 安排节目：在你离开宝宝之前（即使你是到屋子的另一头去），让他把兴趣投入到另一个游戏上，让游戏填满分离的时间。比如说，你要去做饭时，你可以对你的女儿说：“在我做饭的时候你为什么不喂你的熊宝宝呢？”

5. 保持联系：当你工作时，也要不时地和他说话，或走过去轻轻地摸他的头，拍拍他，或帮助他把一个五角星或三角形的积木投入到方形积木盒中。

6. 保持微笑：有的父母在离开宝宝身边时会不明智地把焦虑情绪传递给宝宝。请千万记得要对宝宝保持微笑，并用轻快的语调说话。

当你要离开宝宝去工作时，假如你的宝宝纠缠难解，不要对他的耍赖屈服，你要试着保持平静，不要让他的反应阻碍你的安排，你要装作满不在乎的样子说：“没事，妈妈马上回来。”尽管他一开始不能完全明白你的意思，他也会从你平静的语调中得到安慰。回家时也要用同样的语调：“妈妈回来了，你在家里做了什么好玩的事？”过一段时间，他会明白你离开后还会回来，就像你许诺的一样。

7. 容许“跟屁”：假如你的宝宝坚持要跟着你在屋子里转，甚至在你进卫生间时也不放过你，请不要阻止他。因为，他那敏感的小心灵已经充满了矛盾的感情：我是赖着妈妈呢，还是自己一个人坚强地待着？这时，任何拒绝都可能会伤害到他脆弱的情感。

8. 轻松放手：即使最黏人的宝宝也会有自己闷头玩的时候。也许当你们两个人在一起玩的时候，你的宝宝过不了多久也会全身心地投入到他自己的游戏中，这时请悄悄地离开。如果他的注意力转向别的东西，并努力地去得到那件东西时，在保证安全的前提下你就让他去好了。

9. 培养自信：没有什么能给予宝宝安全感，安全就像独立，是一种自我的、积极的情感元素，只能在宝宝内心慢慢地形成。平时你要经常地赞扬、鼓励宝宝，让他感到自己是优秀的。

10. 让宝宝学会与别人合作：宝宝平时玩的时候，主要是一个人或与妈妈一起玩。但时间长了，宝宝容易形成孤僻的性格。在平时，妈妈可以把两个人的游戏设计为多人游戏，让宝宝学会与别人合作。比如两个人的传接球游戏，可以设计为三人、四人传球，让爸爸和其他人也参与进来。也可以经常带宝宝到公园、游乐场、儿童乐园等人多的地方，把宝宝介绍给其他的宝宝和家长，让宝宝与别的孩子一起玩耍。

面对宝宝因为分离而害怕的哭泣，家长情不自禁地心生怜悯，甚至产生罪恶感，因而放弃离开的念头，转身回到宝宝身边，无形中让孩子认识到用哭闹哀怜的方式可以让父母屈服。因此，父母在处理分离焦虑时一定要避开以下误区：

1. 避免将幼儿关在黑暗的场所，或施以恫吓的手段。例如，宝宝不听话时，威胁他说，会被魔鬼抓走，这类的话语会让幼儿的潜意识产生幻想，加深他内心的恐惧。

2. 避免强迫分离的情形发生，父母尽量不要让宝宝跟陌生人独处。例如，父母亲临时有事外出，把宝宝托付给隔壁的邻居照顾时，宝宝突然被迫要和陌生人相处，自然会焦虑不安，缺乏安全感，以后宝宝会更害怕妈妈离开，黏着父母不放。

3. 有些父母无法忍受宝宝因为分离而哭闹的状况，以贿赂的方式转移宝宝的注意力，但是糖果的诱惑并无法取代安全感的来源，也会造成宝宝日后的依赖性更大。

4. 有些妈妈趁着宝宝睡着时溜走，等他一醒来发现妈妈不见了，又开始哭，这反而增加宝宝的焦虑感，也等于传递给他一个信息："千万不能闭上眼睛，妈妈会消失不见哦！"宝宝随时担心妈妈离开，变得更紧迫盯人了！

如何消除宝宝的恐惧心理

每个年龄段的宝宝，都会有不同程度的恐惧心理。专家指出，宝宝恐惧心理表现的行为一般在这三个方面：

1. 怕生：一般来说，6 个月大的宝宝已经认识自己的妈妈了，并和妈妈建立起了依恋的感情。到 7 个月左右，宝宝不仅能识别陌生人，还会害怕陌生人，尤其害怕男性。其实，这种"怕生"的自然表现也是宝宝自我保护本能的一部分。建议不要让宝宝总是待在家里，要经常带他外出，接触不同的环境不同的人，给宝宝创造接触更多人的机会。此外，应尊重宝宝的感受，不要强迫孩子一定要和陌生人亲近，如被抱、被亲等，让宝宝在他自己感觉安全的距离内和他人交往。

2. 害怕陌生的事物：有时宝宝害怕的东西在成人看来十分可笑，比如一只会摇头唱歌的娃娃，甚至是妈妈戴了墨镜的样子。研究发现，完全熟悉和完全陌生的物品都不会让实验的动物感到害怕，但中等陌生程度的物品则会激起动物的恐惧，因为熟悉意味着安全，而完全陌生的事物因为不了解反而不被对方引起关注。但中等程度的陌生，既可能被识别又与以往的经验不同，最容易引发宝宝的恐惧心理。因此让宝宝对一件事物从陌生逐渐变成熟悉，就不会让宝宝害怕了，例如娃娃摆在房间里让孩子逐渐熟悉，然后再让娃娃发出声音，宝宝就不会害怕了。父母还可以主动示范娃娃的玩法，让宝宝知道娃娃并不危险，宝宝就会从父母的态度中消除害怕的心理。

3. 对黑夜的恐惧：怕黑可能是由不同原因造成的：有的是因为要和父母

分房睡觉；还有的可能是宝宝经历了精神创伤，表现为怕黑。父母应根据不同的原因，采取不同的措施。建议如果宝宝是因为和父母分房睡而怕黑，可以尽量采取循序渐进的方法，例如逐渐缩短睡前陪伴宝宝的时间，直到宝宝适应。

另外，父母要经常告诉宝宝自己很爱他，给他安全感。如果宝宝是因为想象而产生恐惧，“素材”大多来自电视，要尽量让宝宝看内容和他日常生活更接近的节目，临睡前尽量选择阅读等安静的活动。父母还可以对宝宝解释，让宝宝理解想象和现实的区别；如果宝宝是因为生活变动而产生怕黑心理，父母应给予宝宝更多的亲情；如果是出于创伤性事件导致宝宝经常恐惧，那就需要寻求专业人士进行心理辅导了。

宝宝爱咬人怎么办

“我女儿老想咬她的小伙伴，我该怎么办呢？每当她觉得受挫时，她就会咬人。我怎么才能让她快些改掉这个坏习惯呢？”重庆一年轻的妈妈很懊恼地说道。

母婴宝孕育专家湘雅医院儿科教授岳少杰指出，宝宝咬人也是一个常见的现象。一般来说，咬人只是一些宝宝从长牙到 3 岁这段时间里产生的暂时性行为，父母认识到这一点会有所帮助。尽管宝宝咬人会让父母觉得很尴尬，而且被咬的宝宝的父母也会觉得很难受，但在大多数情况下，宝宝咬人并不是调皮捣蛋，而仅仅是由于缺乏某些技能而已。

宝宝咬人往往是由于在与人交流的过程中觉得受挫，又不知道该以哪种合理的方式来表达自己。有些蹒跚学步的宝宝会通过咬人来探索世界，比如“我想知道那东西是什么味道的，咬上去会有什么感觉”。因此应该对宝宝咬人这一现象有一个理性的认识。我们的家长，可以从以下几个方面来引导宝宝咬人的行为，具体如下：

1. 宝宝咬了人之后，父母不要以牙还牙或是用肥皂水来冲洗他的嘴巴。这些方式都不利于让他明白不能再伤害别人，反而有可能会强化他的这一不良行为。

2. 如果宝宝曾经咬过别人，要密切留意他的行为，当发现宝宝与别人出现纠纷时要冷静而迅速地介入，并且预防宝宝出现咬人的行为。

3. 细心观察宝宝与小伙伴们嬉戏，每当他想咬人时就上前用手捂住他的嘴巴，并对他说：“咬人是不对的，告诉别人你需要什么。”要是宝宝还不会说话，在用手捂住他的嘴巴并对他说咬人是不对的之后，询问宝宝的真实意图，比如：“你想荡秋千，还是玩积木？”当宝宝的想法被满足的时候，他咬人的行为也就不会出现了。

4. 若你还没来得及介入宝宝就已经咬了人，要迅速拉开宝宝，拥抱一下他，然后对他说：“咬人是不对的。”当宝宝咬人以后一定要先让宝宝冷静下来，并且告诉宝宝，他这样的做法是不对的，他的行为已经给别人造成了伤害，让宝宝明白自己的错误。

5. 安慰被咬的宝宝，并向他的父母道歉。把你真实的想法告诉对方的父母：“宝宝咬人我觉得很不好意思，我会尽力帮他改掉这个习惯，但是我觉得惩罚他是不能解决任何问题的。”父母拥抱咬人的宝宝后再去安慰被咬的宝宝本身就给宝宝做出了良好的榜样，让他知道如何友好地跟人打交道。

6. 如果别的父母觉得你应该惩罚自己的宝宝，你要立场坚定。你可以说：“我知道大家管教宝宝的方式有所不同，任何想改变对方的做法都是不尊重别人的。”说完后你可以先行离开，这样既能保持自己的尊严，又尊重了对方。你的宝宝比别人对你的看法重要得多。

7. 如果宝宝正在长牙并且要不停地咬东西，可以让他咬干净的毛绒玩具、布料或给他一根果汁冰棍以缓解他牙龈的肿痛。

宝宝会咬人这一不良的行为习惯是可以矫正的，家长们一定要有耐心，通过适当的方法来帮助宝宝改正这一不良习惯，促进宝宝健康成长。

移动阅读

宝宝的情绪管理应从小开始
2 个月宝宝的社交能力训练
4 个月宝宝的社交能力训练
5 个月宝宝的情感发育
6 个月宝宝的情绪和社交能力训练
7 个月宝宝社交能力的培养
让宝宝学会自己做游戏
8 个月宝宝的社交能力训练
快 1 岁宝宝的社交能力训练
宝宝性格趣味测试
宝宝内心惧怕的八件事
怎样消除宝宝的恋母情结
如何提高宝宝的适应能力
看宝宝喜爱的玩具可知其性格
给孩子换保姆的正确方法
如何帮助宝宝适应新保姆

第十章

科学育儿与早教（1~2岁）

PART 10

第1节 1～2岁宝宝的发育指标

1～2岁的宝宝，身体发育、能力发育、语言发育及情绪特点都出现了新的特点，具体表现如下。

1. 身体发育：在宝宝将要1周岁时，他的身高和体重应稳定增加，但不如最初几个月那么快。在4个月左右体重增加1.8 kg的婴儿，在第2年的体重增加总量可能只有1.4～2.3 kg。

15个月时，女孩的平均体重大约是10 kg，身高大约77.5 cm；男孩的平均体重大约是10.4 kg，身高78 cm。以后每3个月，孩子的体重就增加大约0.7 kg，身高增加大约2.0 cm。到2岁时，女孩的身高大约是88 cm，体重12.2 kg；男孩的身高能达到88 cm，体重大约为12.6 kg。

在第2年期间，宝宝的头部生长也会特别慢。尽管一年内头围有可能只增加2.5 cm，但到2岁时，他的头围将达到他成年时的90%。

初学走路的宝宝容貌的改变比身高体重变化大得多。12个月时，他虽然会走路或会说几句话，但看起来仍像一个婴儿。头部和腹部仍然是身体的最大部位。站立时，他的腹部仍然突出，比较而言，他的臀部仍然很小，他的腿和胳膊既软又短，好像没有肌肉，面部软而圆。

当他活动增加时，上述情况会发生变化，肌肉逐步发育，婴儿时期的脂肪逐渐减少。胳膊和腿逐渐长长，脚不再扭向一边，而是走路时朝前了。脸变得比以前更有棱角，下巴也显露了出来。2岁生日时，他的外貌很少遗留有婴儿的痕迹。

2. 能力发育：

(1) 生活技能：1～2岁的宝宝已能为自己做许多事。12～15个月的宝宝活动的灵活性及手眼协调能力都有所增强，已能握住杯子、勺或叉，会自己吃饭；15～18个月的宝宝能自己洗澡，如将洗澡泡泡涂在身上，还能自己整理玩具，能够拿着东西来回走，并乐意模仿妈妈做一些简单的家务。18～24个月的宝宝已学会自己洗手、刷牙、脱衣等。

(2) 认识能力：注意力能够短时间集中。能记住自己的座位、床位、衣物、茶杯、毛巾、标记等。认识周围常见的物品和动物，认识红颜色。

3. 语言发育：12 个月的宝宝不但会说爸爸、妈妈、奶奶、娃娃等，还会使用一些单音节动词，如：拿、给、掉、打、抱等。但发音还不太准确，常常说一些让人莫名其妙的语言，或用一些手势和姿态来表示。

13～15 个月时，宝宝的词汇增多了，会说“谢谢”“你好”“我们”“再见”等词了。宝宝对语言学习有一种特殊的热情，特别喜欢与成人说话或听别人说话，即使相同的话也喜欢听好几遍，不厌其烦。

1 岁半的宝宝开始认真地学习语言，翻动书页，选看图画，能够叫出一些简单物品的名称；能够指出方向；能够说 4～5 个词汇连在一起的句子，如“在桌上”；会有目的地说“再见”；能够按照要求指出眼睛、鼻子、头发等。

19～21 个月时，宝宝注意力集中的时间比以前长了，记忆力也加强了，他大约已掌握了 300 多个词汇。他能够迅速说出自己熟悉的物品名称，会说自己的名字，会说简单的句子，能够使用动词和代词，且说话时具有音调变化。他常会重复说一件事。他喜欢一页一页地翻书看。给他看图片，他能够正确地说出图片中所画物体的名称。大人若命令他去做什么，他完全能够听得懂并且去做。他开始学着唱一些简单的歌，还喜欢猜一些简单的谜语。

22～24 个月时，宝宝学会并记住家中各个人物的称呼，如爷爷、奶奶、姥爷、小姨等。开始学会用代词你、我。能说完整句子，如“妈妈上班了”“我要吃香蕉”等。

4. 情绪特点：此年龄段宝宝的情绪主要决定于需要满足的情况。宝宝喜欢不停地活动，而活动就是为了愉快。宝宝 1 岁以后，情绪进一步分化，快乐的情绪又分为高兴和喜爱。

移动阅读

1～1.5 岁宝宝的发育指标	1～1.5 岁宝宝的语言发展
1.5～2 岁宝宝的发育指标	美国学龄前儿童注意力指标
一岁半至二岁宝宝的记忆特点	1.5～2 岁宝宝的语言发展

第2节 1～2岁宝宝的保健

1～2岁宝宝的饮食原则

宝宝1岁之后，软饭、碎菜、面条、小饺子、小馄饨就都可以吃了。妈妈要让宝宝的食物丰富多样，勾起他们的食欲，逐渐让固体食物取代母乳或配方奶，并成为他们的主要营养来源。

1～2岁的宝宝体重为10～12 kg，全天需要摄入总能量大致为4182 kJ（1000 kcal）的热量。事实上，他不可能一天吃3次正餐，大多宝宝一天只吃一次比较理想的正餐［1046 kJ（250 kcal）］和比较少的午餐、晚餐［各418 kJ（100 kcal）］各1次，2次零食［各627 kJ（150 kcal）］，480 mL牛奶［255 kJ（300 kcal）］和180 mL果汁［376 kJ（90 kcal）］，这样，他就能获得差不多4182 kJ（1000 kcal）的热量了。

宝宝1岁半以前可以在三餐以外加两次点心，点心时间可在上午和下午；1岁半以后减为三餐一点，点心时间可在下午。但是加点心时要注意两点：一是点心要适量，不能过多；二是时间不能距正餐太近，以免影响正餐食欲。更不能随意给宝宝零食，否则时间长了会造成宝宝营养失衡。

宝宝每天营养的主要来源之一就是蔬菜，如番茄、胡萝卜、白菜、柿子椒等。可以把这些蔬菜加工成细碎、软烂的菜末，炒熟调味，给宝宝拌在饭里吃。水果也应该给宝宝喂食，但要注意的是水果不能代替蔬菜，1～2岁的宝宝每天应吃蔬菜、水果共150～250 g。

肉类、鱼类、豆类和蛋类中含有大量的优质蛋白，可以用这些食物煮汤，或用肉末、鱼丸、豆腐、鸡蛋羹等容易消化的食物喂宝宝。1～2岁的宝宝每天应吃肉类40～50 g，豆制品25～50 g，鸡蛋1个。

对1～2岁的宝宝来说，乳制品仍是他饮食中的重要部分。牛奶营养丰富，利于宝宝吸收，特别是其富含钙质，对于宝宝骨骼和牙齿的发育是不可缺少的。很多家长也因此认为，宝宝喝牛奶多多益善。然而，这却是一大误区。据美国“健康日”网站最新报道，《小儿科》杂志刊登加拿大一项最新研究发现，幼儿每天最多喝两杯牛奶（1杯牛奶8盎司，约为227 g）。

加拿大圣迈克尔医院科学家调查研究了1300多名2～5岁的孩子，结果发现，牛奶喝得越多，维生素D水平越高，但铁的水平却呈下降趋势。幼儿牛奶喝少了，维生素D会不足；牛奶喝太多，则容易导致缺铁。维生素D有助于钙质吸收，增强骨骼健康，也有助于防止免疫系统疾病、呼吸道疾病和心血管疾病。而补铁有助于儿童大脑健康发育，缺铁则会损害身体及大脑机能。

研究分析认为，幼儿每天喝两杯牛奶既可保证最大维生素D摄入量，也能防止体内铁质流失。过量的牛奶还会降低宝宝对其他食物的胃口，因此要注意适量，每天保证摄入250～500 mL即可。还要注意鼓励宝宝多喝水，以额外补液和解渴。

粗粮、细粮搭配食用，可以避免宝宝缺乏维生素B_1。主食可以选择软米饭、粥、小馒头、小馄饨、小饺子、小包子等，吃得不太多也没有关系，每天的摄入量在150 g左右即可。要尽量避免喂给宝宝煎炸食品，还必须注意盐和糖的用量，确保只少量添加。

宝宝怎样科学吃零食

不少宝宝因为吃太多零食而吃不下主食，因此很多家长就理所当然地认为宝宝是不能吃零食的。实际上，宝宝吃零食是正常的，甚至也是天经地义的，关键在于吃什么，怎么吃。

1. 掌握度，不能大量吃：给宝宝吃零食还要把握一个“度”，不能大量吃。大量吃零食，就会直接地占去对成长有帮助的主食的位置，使肠道难以吸收到足够的营养，以供身体生长发育。1～3岁宝宝胃的容量在200 mL左右，一般零食的量应在几十毫升以内，否则会影响下一餐的进食。

2. 吃零食应该在饭后：吃零食的时间也很有讲究，不宜在饭前吃。人由于低血糖，刺激了胰岛素的分泌而产生饥饿感，而零食大多含有较高的糖分，饭前半小时至一小时内吃零食，虽然可以缓解低血糖现象，不感觉到饿了，但是却容易令人没有欲望吃对成长有帮助的主食。而且在饭前吃零食，消化了一部分消化液，此时再吃主食，容易消化不良。

吃零食的时间应选在上午九十点钟和下午三四点钟。儿童代谢较成人快，此时离正餐时间已有2个多小时，他们可能会出现轻微的饥饿感。如果能够让他们适量地吃些零食，就会起到防止饥饿和增加营养的作用，也不会出现影响正餐进食的情况。

3. 选择营养价值高的食品：可选以五谷、蔬果及天然食物为主，适量加入一些豆、奶、蛋等制作的健康小食。

(1) 五谷类：全麦面包、熟玉米、燕麦片、高纤维饼干、梳打饼干、粥、粉、面等以补充能量增体力。

(2) 新鲜蔬菜和水果类：以增加摄入维生素、矿物质和膳食纤维。

(3) 豆、奶及其制品：无糖豆奶或豆腐花、无糖低脂或脱脂牛奶，可增加钙质与蛋白质。

(4) 其他：不加糖的干果，如葡萄干、杏干、煮花生、核桃、果仁等天然食物或煮鸡蛋。

(5) 饮料：最好喝清水。

以下“垃圾”食品，尽管宝宝很喜欢，但是也要少给他吃。

(1) 果冻：吃果冻不仅不能补充营养，甚至会妨碍某些营养素的吸收。

(2) 薯片：营养低，容易导致肥胖。

(3) 爆米花：其中含有比较多的铅。

(4) 棒棒糖：含有大量糖分、香精。

(5) 果脯：多半含有防腐剂。

(6) 快餐面：脂肪含量很高。

(7) 泡泡糖、口香糖：营养价值几乎为零。

(8) 膨化小食品：营养尚可，但含有大量色素、香精、防腐剂、人工甜味剂等食品添加剂，多吃不利于健康，并易导致孩子挑食。

4. 不能将零食作为奖励品：父母或长辈不要将零食作为奖励、惩罚、安慰或讨好宝宝的手段，让宝宝养成以吃零食作为“交换条件”的坏习性。因为长期以往，宝宝会形成一种错觉，以为奖励的东西都是好东西，无形之中在心理上产生一种认知感，这些食物是应该吃的，而且很好吃。

在此专家还要给1～3岁宝宝的家长提个醒，不要给宝宝吃难消化的零食，煎炸、刺激性大的零食也不应该给宝宝吃。在吃零食的时候，家长也要注意宝宝的安全，如体积小的花生、糖、果冻等，以免引起窒息意外。

如何让宝宝自己吃饭

妈妈追着宝宝喂食，这确实是许多妈妈心里隐隐的痛。宝宝一口饭含上几十分钟，或是瘦巴巴地不爱吃饭，怎么办？其实，让宝宝养成自己吃饭的习惯并不困难，只要能以爱心和耐心对待，再加上一些小技巧，相信你一定也会有个爱吃饭的宝宝！

1. 前置准备期：从宝宝五六个月开始学习抓握，就是培养宝宝自己吃饭的准备时期。许多父母以为这个时期的宝宝还太小，应该什么都不会；实际上，宝宝由这个时期到约满 9 个月之间，是手部抓握能力的发展期，所以这段时间正是让宝宝学习正确的餐具握法的最佳时机！且恰好宝宝刚接触副食品，对乳汁以外的食物有着相当的好奇，因而在一边喂食副食品时，一边让宝宝学习餐具的抓握，甚至是协助他自己舀取副食品食用，对奠定宝宝日后自己吃饭，会有相当的效果。

2. 实际诱导期：宝宝满周岁后，就是让宝宝自己吃饭的实际诱导期，而其中自满 1 岁到 1 岁 3 个月之间，又可视之为黄金诱导期；因为在这段时间里，宝宝的手——眼协调能力迅速发展，若给予适当的诱导，则会有事半功倍的成效。但可别想得太理想化，想要宝宝一下就像大人一样吃得很完美，那根木就是不可能的任务，所以您一定得先做好心里准备。宝宝在这段时期里，会吃得全身脏兮兮、糊沙沙的，这是在所难免的。

3. 万全的准备：

(1) 食物的准备：

1) 将食物布置好：为宝宝预先准备一份色、香、味俱全的食物，当然是促使宝宝喜欢吃饭的第一法宝。除了香气、口感及营养的考虑外，色的应用是相当重要的，建议在准备宝宝的食物时，不妨将食物布置好。例如，做各种色泽的饭（分别可用胡萝卜、绿色蔬菜、西红柿等搅成泥后拌饭，就可成为橙色饭、绿色饭及红色饭）；或是做成山丘上的树（以小碗盛饭后，将碗中的饭倒置于餐盘上，并插上一株小绿花菜，做成小山丘状），都是不错的方法。

2) 一次给少量：一次给予的食物量不要太多，也是食物准备的要点之一，因为容易吃完会增加宝宝吃饭的成就感，所以专家建议，以多次给予的方式，并再加上言语的鼓励（如：哇！爸爸才吃 2 碗，可是你吃了 3 碗耶！你好棒喔!），宝宝容易产生成就感，就会喜欢吃饭了。

（2）环境的准备：

1）餐具的准备：准备一份宝宝喜欢的餐具，也可以增加宝宝对吃饭的好感。假如能带宝宝亲自去选购他喜欢的餐具，将会有更好的效果；至于在儿童餐具的选择上，目前市面上的种类非常多，但基本上还是以平底宽口为佳。

2）餐垫、报纸的准备：前面已经提过，让宝宝学习吃饭的过程，是绝对不可能保持整洁美观的，所以事前准备吃饭用的围巾；并在餐桌上加餐垫，以及在宝宝座位周遭的地板上铺设旧报纸，可是非常重要的。

（3）时间的准备：给予预留时间。当你正认真在做一件事时，相信也不喜欢被打断吧！同理可证，假如宝宝正在兴致冲冲地玩游戏或是看卡通时，你却强制他得中断而立刻来吃饭，自然宝宝对于吃饭这回事儿的印象也就大打折扣了。故应该在开饭前十分钟提醒宝宝“过十分钟就开饭了”，或是告诉宝宝“卡通演完就要吃饭了”的方式，让宝宝有时间准备。

有了万全的准备之后，让孩子自己练习吃饭，就不会再一团乱了。

4. 注意事项：

（1）父母要告诉宝宝，吃饭就是吃饭，要规规矩矩地坐在饭桌前，定时定量，不要让宝宝养成一边吃饭一边看电视或玩玩具的习惯。

（2）正确认识宝宝吃饭的问题，既不要批评打骂，也不必过于心急。

（3）就餐气氛要轻松愉悦，吃饭时父母可以和宝宝谈论哪些食物好吃，哪些有营养，唤起宝宝对吃饭的兴趣。

（4）不要强迫宝宝吃饭。如果宝宝一时不想吃，过了吃饭时间可以先把饭菜撤下去，等宝宝饿了，有了迫切想吃的欲望时，再热热给他吃。这样几次过后，宝宝就建立了一种新认识：不好好吃饭就意味着挨饿，自然就会按时吃饭了。这个方法听着简单，做起来却不容易，因为父母首先要硬下心来，不能总担心宝宝饿，给他零食吃，那就适得其反了。

（5）饭桌上的教育只是一部分，父母平时也要有意识地多给宝宝灌输好好吃饭，长得更快，变得更聪明之类的观点。

（6）如果宝宝成功地自己吃了饭，饭后父母可以陪他玩一会儿作为奖赏，让他产生关于吃饭的快乐的记忆，以后对吃饭就不会排斥了。

教宝宝正确刷牙

刷牙是预防宝宝患龋齿病的最有效、最经济的方法。有人曾经做过实验，观察到漱口能使口腔内的细菌减少15%，刷牙能使细菌减少60%。这说明漱口和刷牙是保护口腔清洁卫生、预防龋齿（俗称虫牙）的重要措施。

1岁后，可以教宝宝学着漱口，开始可能漱不好，经常把漱口水咽下去，因此要用温开水漱口。2岁以后20个乳牙萌出后就要学习刷牙，刷牙不仅可以清除食物残渣，防止龋齿，同时能按摩牙龈，促进牙龈的血液循环，减少牙周疾病。宝宝到了2岁以后，就该开始学刷牙了。

学会使用牙刷之前，首先要先学会漱口。漱口能够漱掉口腔中部分食物残渣，是保持口腔清洁的简便易行的方法之一。将水含在口内、闭口，然后鼓动两腮，使口中的水与牙齿、牙龈及口腔黏膜表面充分接触，利用水的力道反复来回冲洗口腔内的各个部位，使牙齿表面、牙缝和牙龈等处的食物碎屑得以清除。可以先做给宝宝看，让宝宝边学边漱，逐步掌握。

民间习惯于用淡盐水和茶水漱口，这有助于口腔卫生。用含氟水漱口可以减少龋齿的发生，成人可以用0.12%氯己定（洗必泰）漱口，以预防龋齿和牙周炎。但是对于宝宝，还是用清水或淡盐水漱口为宜，以防止氟水的误咽和长期使用洗必泰造成牙齿染色及牙结石形成。

宝宝学会漱口后，就可以教宝宝刷牙了。教宝宝握住牙刷柄的后半段(这样才有助于将刷头深入到长在最里面的牙齿)，首先将牙刷头斜向牙龈，使刷毛贴附在牙龈上，稍稍用力，使刷毛顺着牙缝的方向旋转下去。刷上牙时要由上向下旋转着刷；刷下牙时要由下向上旋转着刷；刷上牙内侧时，由上向下拉动；刷下牙内侧时，由下向上拉动；刷臼齿的咬合面时，要将牙刷按压在咬合面上，前后来回地刷。臼齿的位置比较靠里，不太容易清洁；此外咀嚼食物后留下的残渣很多会残留在臼齿的凹陷处，容易被忽视，因此臼齿往往是最容易发生龋齿的，一定得更加注意。

刷牙的重点部位是牙的邻面、牙龈沟和牙冠的颈三分之一处。千万不要使用拉锯式横刷法，以免损伤牙齿和牙龈，而且刷牙的效果也不佳，长期下去还会造成牙齿近牙龈部位的楔形缺损并对冷热酸甜刺激过敏。

“小洞不补，大洞吃苦。”在帮助宝宝刷牙时，若发现龋齿应立即带宝宝看牙科，进行早期治疗，延误治疗会增加宝宝将来的痛苦。

刷牙的时间应为2～3分钟，这样才能达到较为彻底的效果。每天至少早晚2次，饭后亦可进行。特别需注意一点的是，宝宝晚上刷牙后，就不要再吃东西了。

保护宝宝的眼睛

眼睛是宝宝的学能之窗，90%的外界信息都是由眼睛吸收的。与成人相比，婴幼儿的晶状体相对清澈，无法有效过滤光线，眼睛更容易受损。因此，在婴幼儿视力发育的关键期，家长要特别注意保护宝宝的眼睛，可从以下几方面注意保护：

1. 和阳光保持距离：眼睛长时间地暴露在阳光下，会增加以后患白内障的几率。因此在阳光强烈的中午前后外出游玩、散步或骑车，哪怕是短短的几分钟，也一定要让宝宝戴上太阳镜或宽沿太阳帽，保护眼睛免受太阳直射。宝宝戴着太阳镜游戏时，一定要戴上专用头带，将眼镜固定在适当位置，以免眼镜滑脱出现危险。

2. 定期检查眼睛和视力：定期检查眼睛，能早期发现宝宝眼睛或视力的问题，所以妈妈应当每隔半年请专业的眼科医生为宝宝检查眼睛和视力。正常宝宝出生时和生后6个月将进行专业的眼科检查，此后，每次健康体检都应当检查眼睛和视力。宝宝3岁或3岁半时，要进行一次视力检查。眼睛和视力的下一次检查一般会在宝宝入学前（6岁左右）进行。

3. 保护眼睛不受伤：对于婴幼儿，眼睛外伤的主要危险是在家里、游乐场里发生的意外，所以一定要遵守以下安全原则。

(1) 只要有损伤眼睛的危险，就要让宝宝戴上保护性眼镜，最好的保护性眼镜是由3 mm厚的聚碳酸酯镜片和运动镜框组成的。

(2) 如果宝宝常在含氯的泳池中玩耍，妈妈应当为他准备一个密封性良好的泳镜。记住，别让宝宝潜水。

(3) 除非在严密的监护下，千万别让宝宝玩带尖头、棒子的玩具，别让宝宝拿着小棍或铅笔奔跑玩耍，在行驶的车里更不能玩这些玩具。

(4) 在家具的尖锐棱角上加装圆滑的衬垫，起到保护作用，尤其是正好和宝宝的眼睛在同一水平的桌子。

(5) 将所有有毒物品都放在宝宝够不着的地方，不少有毒物品宝宝一旦接触，会损害宝宝的眼睛。

4. 看电视有“法”可依：限制宝宝看电视的时间，每看半小时电视，让宝宝休息片刻，看看远处，看看花草，休息一下眼睛；看电视时，保证室内足够的光线，以减少屏幕耀眼的光亮对眼睛的刺激；保持和电视的距离，让宝宝坐在足够远（适宜的距离起码是电视屏幕宽度的 5 倍）的地方看电视。

5. 在光线明亮的地方游戏：光线不足会造成暂时的视力疲劳和头痛，所以应当让宝宝在光线充足的地方游戏和阅读。

6. 拒绝引起过敏的物质：眼睛过敏的宝宝外出时，需要戴上包绕的护目镜或泳镜，以避免接触花粉或其他引起过敏的物质。空调和空气净化器能有效减少室内空气中的过敏物质。

7. 保证宝宝营养摄取均衡，不偏食，应特别注意维生素 B 类（胚芽菜、麦片、酵母）的摄取。

宝宝皮肤晒伤的处理和预防

小孩的皮肤十分娇嫩，哪怕在太阳下只晒 10～15 分钟，也可能会被晒伤。所以，防晒不仅仅是夏日的专利，在太阳光照强烈的日子带宝宝出门，也一定要做好防晒措施。宝宝晒伤，不仅宝宝痛苦，家长也会心痛不已。那么该如何预防呢？

1. 尽量不要让宝宝被太阳直晒，尽量避免在上午 10 点以后至下午 4 点之前让宝宝外出活动。因为这时候的太阳光最强，可以打伞或让宝宝待在遮阳篷的阴凉下。

2. 白天在户外时，尽量让宝宝待在阴凉的地方，或者给他戴上遮阳帽。

3. 如果宝宝愿意，在户外时可以给他戴上防紫外线的太阳镜。

4. 对于暴露在外的部位，例如脸和手背，可以给宝宝擦上少量 SPF 值≥15 的宝宝专用的防水防晒霜。

5. 最好在外出前至少 20 分钟擦防晒霜，让皮肤有足够的时间吸收防晒成分。外出后，至少每两个小时补涂一次防晒霜，而且记住，即使是防水的防晒霜，宝宝玩水之后也要重新擦一次。

6. 为宝宝选择合适的外出服装，比如选择棉、麻、纱布等质地的服装，它们吸汗、透气性好。另外，以穿着长款为宜，长款服装可以最多的遮挡宝宝的皮肤，有效防止皮肤被晒伤。

如果宝宝不慎被晒伤，一定要及时补救。可针对被晒伤的症状，做出不同的处理：

1. 对暴露部位的红斑，可以外擦炉甘石洗剂或振荡洗剂，也可用芦荟胶涂抹（使用前应确定宝宝不对芦荟胶过敏），如果手头没有这些药物也可用冰块和冰水敷在红斑处。

2. 局部红斑明显水肿者，用冰牛奶湿敷能起到明显的缓解作用，一般每隔 2～3 小时湿敷 20 分钟，直到急性红肿表现消褪；亦可用 3% 硼酸水冷敷，以后可以外用儿童适用的激素类霜剂，有明显减轻局部红、肿、热、痛的作用。

3. 如果有水疱或破溃出水的皮损，可以用 1∶2000 的黄连素水清洗局部后外涂抗生素软膏。

4. 如红肿消退有脱屑时，应避免衣物摩擦，皮肤开始脱屑时，可外擦润肤霜或润肤乳，以减轻皮肤干燥及瘙痒。

5. 当晒伤严重，皮肤出现大疱或出现畏寒、发热、呕吐等全身症状时，应及时去医院就医。

捕捉宝宝发病前的信号

宝宝发病前通常有先兆“信号”，及时发现这些“信号”，对于宝宝的病情诊治有着重要的作用。家长在日常护理中可以从以下几个方面来进行观察：

1. 食欲：健康儿童能按时饮食，食量较恒定。若发现食欲改变，食量减少或拒食，往往是患病的前兆表现。特别是急性病，病状还未出现之前，常先有食欲的改变。如急性肝炎，早期多无任何症状，只是不想吃东西，或恶心、呕吐。小儿发热时，可使消化功能发生变化，引起食欲下降。

2. 睡眠：婴儿患病前通常夜间不好好睡觉，啼哭或烦躁不安。如婴儿出现发热、腹痛、口痛、肛周瘙痒等，由于不能用言语表达，只能哭吵不安。有时哭声尖锐，呈阵发性，哭闹时伴有面色发青，手足蹬动，头部后仰，腰部挺伸等。当然，某些生理状况如饥饿、过冷、过热、大小便等，也易使睡眠不安或哭闹，哭声响亮，时高时低，但当要求满足后，不适解除，哭闹即止，这些属生理性哭闹，应加以鉴别。而某些疾病表现恰好相反，如脑膜炎、中毒等，又可能出现嗜睡，即睡眠时间突然延长，整天昏昏欲睡。新生儿败血症、硬肿症等常表现出哭声低沉，甚至无哭声。

3. 情绪：宝宝患病常有情绪改变。若忽然变得不爱玩，好哭闹，往往是疾病的早期反应，如结核性脑膜炎，在出现神经系统症状之前，可先有情绪、精神改变，或性情暴躁或胆小怕事等，然后才出现发热、呕吐、嗜睡等症状。

4. 面色：健康儿童多面色红润。急性发热的病儿则面色发白或青紫，这常常预示宝宝患肺炎或心脏病或某些食物中毒等。贫血或失血的宝宝可见面色苍白并有口唇、牙床苍白。

5. 呼吸：正常的宝宝呼吸平稳，而有节律性，安静时呼吸频率婴幼儿不超过 40 次/min，儿童不超过 30 次/min。若出现呼吸时快时慢，呼吸深浅不一，应引起注意。肺炎的宝宝常常呼吸增快，伴有两鼻翼扇动，口鼻周围发青等表现；气管炎的宝宝可在喉部听到咕噜的痰声；哮喘的宝宝则有一种特别响亮的喘鸣声等。

6. 大便：儿童粪便会出现红、黄、绿、黑、白等多种颜色，这给父母辨病提供了可靠的信号。如果不是吃了大量的西瓜或西红柿等红色食品，红色便一般表明消化道出血，主要发生于直肠或肛门的某些疾病。但宝宝红色便最常见的还是肠套叠引起的。肠套叠是一种急症，应及时治疗；绿色便常出现于出生 3 天之内的正常婴儿，但 3 天之后仍出现绿色便则多为消化不良引起的；白色便为肝炎或胆道疾病所特有，且宝宝皮肤发黄；黑色便，呈柏油样，是少见的溃疡病、胃癌、肝硬化出血的信号。

带宝宝出游的准备

宝宝会走路后，家长就想带着带宝宝一起出去旅游，那带宝宝出门旅游需要做哪些准备呢？

1. 带足可口的口粮：别忘了带上适合宝宝的奶粉，因为它是外出游玩时携带最方便，冲泡方法较简单的卫生食品，再准备些好消化、易吸收的米粉给宝宝补充营养。不要饮用碳酸类汽水饮料，可以为宝宝准备一些富含维生素C的饮料，这样能够给旅行中的宝宝增加抵抗力，给宝宝喝奶或饮水，干净又轻便。

2. 带好厚薄舒适的内衣外衣：宝宝外出时尽量不要穿新衣服，要选择已经剪掉商标，下水洗过，没有扣子、拉链及其他饰物的“旧”衣服。内衣还要兼顾保暖、透气、柔软及吸湿性良好的特点。质地以纯棉为佳。颜色最好浅，这样比较容易发现污渍。便于及时清洗更换。配上宽松的背带裤，宝宝活动更自如。可以携带一件颜色鲜艳的斗篷，以备外出起风或变天时给宝宝保暖用。

宝宝的皮肤薄，皮下脂肪较少，抵抗力差。另一方面宝宝的体温调节功能发育也不完善，一旦穿得过多，就极易出汗，风吹后又会受凉，诱发感冒发烧。如果穿得单薄，会出现消化功能障碍。家长在旅游途中，要注意随时给宝宝增减衣服。

3. 别忘婴儿兜、安全椅和玩具：前置式婴儿兜是时尚妈妈的得力助手，行走时将宝宝放在胸前的兜内，安全又省心。和家人自驾车出游的宝宝应当有自己的安全座椅，这样可以避免遇到情况紧急刹车时，由于惯性而将宝宝抛出或磕碰受伤。当坐火车的宝宝觉得乏味时，妈妈可以陪他玩玩具或讲故事。有的飞机上可能没有设婴儿床，应当注意飞机起降时可以让宝宝喝水，以减轻耳膜的不适感。

出门在外，本来是为了开心，但是因为旅途的颠簸和交通工具的嘈杂，没耐性的宝宝往往会有开始充满好奇的新鲜感逐渐变得焦虑、烦躁，有时候图画中的小故事，几枝小小的画笔和一张洁白的纸就能让宝宝安静下来。别忘了妈妈的抚摸也是宝宝的最佳“镇定药”。

4. 备好宝宝的专用药品。常备内科药有治疗发热用的退热剂、退热贴，防治晕车、晕船的晕车药，对抗过敏症的抗过敏药。在外科药品中，碘酊、乙醇、消毒棉签和乙醇棉、创口贴等都是简单处理宝宝伤口的好帮手。可以携带一些包装独立便携式的消毒药品，还应该准备一些清凉油、皮炎膏之类的外用小药，别忘记带上体温计和写有宝宝血型、身高、体重、年龄的健康卡。

另外，要提醒妈妈们，注意宝宝的肌肤上有没有皮疹出现，因为许多情况下，患传染病、过敏症、蚊虫叮咬等病时皮肤上都会表现出形态迥异的皮疹。

移动阅读

适合不同体质宝宝吃的食物
怎样正确吃肉
可缓解孩子消化不良的美食
宝宝积食怎么办
怎样给宝宝挑选安全的水果
教你认识五大食品添加剂
婴幼儿还是少吃老酸奶
有助于提高记忆力的食物
精制食品不利宝宝的智力发展
家常小菜竟是宝宝的健康杀手
幼儿期饮食应多样化
苦味食品概述
小宝宝要少吃鱼松
怎样让宝宝多喝白开水
哪种乳制品才更合适宝宝
宝宝的假日饮食守则
怎样让宝宝建立良好的进食习惯
儿童应慎服的药物
孩子鼻塞的处理
如何矫正罗圈腿
小儿阑尾炎的预防和术后护理
口角炎的防治
哪些电器会默默地伤害宝宝
给宝宝检查牙齿
孩子长高不要错过七种食物
怎样抓住孩子长高的关键期
宝宝不宜过早开始的 11 项运动
宝宝脚抽筋怎么办
宝宝爱夜间醒来哭闹怎么办

每天至少吃 10 种以上的食物
正确喝汤
怎样食疗提高孩子的食欲
肥胖小儿的喂养
警惕食品中的反营养物质
宝宝应远离果冻
不能给宝宝喝的水
越吃越聪明的 6 种食物
粗粮“三宝”让宝宝更健康
吃饭七分饱宝宝身体好
宝宝 1 岁后仍要补充维生素 AD
让宝宝吃些苦食
如何改变宝宝偏食
如何搭配宝宝的营养食谱
怎样选择补铁产品
宝宝睡眠的饮食宜忌
怎样在家为孩子做体检
孩子口臭是疾病的征兆
宝宝罗圈腿的判断方法和预防
如何预防扁平足
小儿肺结核的预防护理
儿童高血压的防治
及时注射乙脑疫苗
宝宝爱捡脏东西吃怎么办
各年龄阶段孩子的增高运动
儿童长高决定于细节——运动
宝宝做运动需注意哪些方面
怎样掌握训斥宝宝的艺术
怎样纠正宝宝的强迫症

第3节 1～2岁宝宝的安全

宝宝误饮误食的处理方法

1岁多的宝宝好奇心重，看到什么都想摸一摸，有时还会放到嘴里尝一尝，这很容易出现误饮误食的现象。因此，家长一定要掌握一些急救知识，一旦宝宝误饮误食了某种东西，可立即做出正确处理。

一旦发现宝宝有误饮、误食的情况，首先要做的事情是确认宝宝刚刚吃了什么，量是多少，观察宝宝的呼吸、脉搏及脸色的状态，是否有呕吐、头晕的现象。

不要马上催吐，应先判断宝宝吃了什么，吃了多少，什么时候吃的，然后带上能找到装了宝宝误食物的容器就医。

当宝宝的身体接触到化学用品后，马上用清水冲洗15分钟左右。

不要让宝宝再吃任何东西，包括水与牛奶。举例来说，若喝下盐酸，喝水稀释会使宝宝呕吐，也可能会呛到。

采取了相应应急措施后，应及时送宝宝到医院作进一步诊治。

如果离医院较远，可根据宝宝误食的是什么东西，先进行如下处理，然后再送医：

（1）强碱：如苛性钾、苛性钠、氨等。不宜洗胃和催吐，应该立即服用大量的稀酸溶液，如食醋、柠檬汁等。经过1小时后，分次给宝宝喝少量温牛乳。还可以喝生蛋清、橄榄油、面糊等，以保护消化道粘膜。

（2）强酸：如硫酸、硝酸、盐酸等。忌用苏打，以防止产生大量气体而造成胃穿孔。可立即给宝宝喝牛乳、生蛋清、橄榄油或食用植物油。

（3）碳酸、脚气药水等腐蚀剂：迅速服用橄榄油、鱼肝油、生蛋清等。

（4）碘酊：可以给宝宝喝米汤或太白粉（即生的马铃薯淀粉）糊，因为米汤、太白粉糊有中和碘的特性。

（5）香烟：发现误食后，先让宝宝喝牛奶或冷开水，然后强迫他吐出来，要是吐不出来，赶快送医院洗胃。

(6) 洗涤剂：为了稀释误饮的洗涤剂，可让宝宝喝大量的水并使之呕吐。

(7) 肥皂：肥皂几乎无毒，想办法宝宝吐出来就可以了。

(8) 去污粉：如不是大量误食不要紧，想办法让宝宝吐出来就可以了。

(9) 漂白粉：可让宝宝喝牛奶或蛋清，但不必促使宝宝呕吐。要立即送宝宝到医院洗胃，严重时还需手术抢救。

(10) 墨水：误食少量，吐出即可；超过半瓶，立即让宝宝吐出来并上医院。

(11) 食盐、酱油：如果大量误饮，也会造成生命危险，所以让宝宝吐出来后，应该早点送宝宝去医院。

(12) 干燥剂：家长首先需要了解宝宝误食的干燥剂的成分。生石灰是白色的块状物，受潮后变成粉末态。硅胶是无色透明的小球，有些是彩色的，因为添加了其他化学物质。

1) 生石灰干燥剂：首先妈妈们不要慌张，立刻给宝宝喝水或者牛奶。有个简单的办法来控制饮用量，按每千克体重 10 mL 服用，不能超过 200 mL，因为过量有可能造成呕吐。然后再送入医院进行治疗。

值得强调的是，生石灰真是种很危险的东西，它遇水后会变成碳酸氢钙强碱，有腐蚀性，容易灼伤腐蚀口腔或食管，如溅入眼中会引起结膜和角膜的损伤。在这种情况下，要尽快用清水、生理盐水从鼻侧往耳侧冲洗，冲洗至少 15 分钟后，然后快速送入医院。

2) 硅胶干燥剂：硅胶干燥剂在胃肠道不能被吸收，可经粪便排出体外，对人体没有毒性。除非宝宝出现了头晕、呕吐等特殊反应，需就医。一般情况下，误服后不需要做特殊处理。

宝宝在小区玩耍需注意的安全问题

小区是宝宝常去玩耍的地方，可其中所潜藏的危机是我们无法想象的。小区里的各种环境爸爸妈妈们有没有先了解过？宝宝常用的游乐器材是不是有按时维修？这些都是家长们应该先注意的事。

1. 秋千：秋千几乎是每个小区都有的游乐设施，有的小区还有好几处。秋千意外最关键的是链条（或绳索），除了被秋千链条勒住脖子的不幸以外，也有被金属链条夹伤的事件发生，这与秋千链条的设计、与旁边物体的安全距离、宝宝本身的使用方式都有关系。

有些宝宝在玩秋千时会不按常理荡起落下，而是在原地绕，这样秋千链条就很容易缠在一起。一旦链条打结，以宝宝的能力就很难挣脱。

预防和应对：在宝宝玩秋千之前，爸爸妈妈们首先要检查一下秋千的链条是否牢靠，链条是否有缺陷，秋千椅上是否有钉子之类的硬物，等等。在宝宝荡秋千之时，千万不要走开，以免链条缠绕或者宝宝从秋千上摔下来。

2. 跷跷板：所有类似跷跷板、摇椅平衡的设备，对于年幼的宝宝来说都是比较危险的玩具，因为坐在跷跷板一端的宝宝，往往会出乎意料地从跷跷板上跑开，而致使另一端的宝宝来不及反应，从器械上翻落。

预防和应对：在宝宝坐跷跷板之前，一定要叮嘱宝宝抓住扶手，爸爸妈妈也最好站在旁边，随时可以抓住跷跷板，保证安全。对于宝宝来说，最理想的是那种类似跷跷板的，却只能一个人坐在上面进行摇动的活动器材，如摇马、摇椅等，宝宝能依靠自己的力量来使它摇摆起来。

3. 滑梯：滑梯是小区里最常见的设施，也是宝宝们最喜欢玩的大型玩具。现在的滑梯，很多都是具有多项功能的，可以练习宝宝的攀爬能力等多种运动能力。正因为功能多，其危险程度也高。小朋友之间的挤压、抢夺都会造成从高处掉下来的可能性。

预防和应对：爸爸妈妈首先要了解这个设施是否安全，在宝宝玩之前，先仔细地检查一遍或是亲自动手去摸摸、碰碰，看看设备是否稳固有无危险。其次也要清楚的了解宝宝自己本身是不是有能力使用这个设施。不到 3 岁的宝宝手部肌肉力量不足，勉强玩攀爬架就有可能造成危险。当宝宝在溜滑梯时，爸爸妈妈最好在旁边看，不要离开太远。

4. 单双杠：小区里的单双杠器械通常都是一些老人的健身设施，但也会有很多宝宝会很好奇，也想上去拉一拉。但是宝宝的力气很有限，常常拉不到一分钟就吃不消了。这就有些危险，万一旁边没人看护，就有掉下来的危险。

预防和应对：单双杠对练习宝宝的臂力有一定的帮助，所以要求爸爸妈妈一定不能走开，最好先检查一下周围有没有一些硬物或者铁钉之类的东西。在宝宝做这些运动时，手不能离开宝宝，并控制宝宝的运动量，以免被拉伤。

5. 沙坑：沙坑的危险常常被爸爸妈妈们忽视，其实沙坑也不是最安全的地方。一些沙坑里常常被调皮的小朋友埋了些硬物，比如铁丝、树枝等，会损伤到宝宝的脚底。一些飞扬的沙子还会飞到宝宝的眼睛里，对宝宝眼睛的伤害是很大的。

预防和应对：带宝宝去沙坑玩耍时，要注意沙坑里是否有一些异常的地方，是否埋有一些异物。随身带一些干净的纸巾，最好是湿纸巾，随时给宝宝擦擦双手，以免把沙子揉到眼睛里。如果宝宝的脚底被刺破，立即回家帮宝宝清洗干净，消毒并包扎好；如果是被生锈的钉子等扎破，必须去医院打破伤风针。因为沙里细菌很多。告诉宝宝不能乱抛沙子，看见其他小朋友在抛沙子，也要立即制止。

6. 其他需要注意的地方：

(1) 与其他小朋友互动的状况：因为小区里通常有很多的小朋友一起玩，爸爸妈妈要注意小朋友太多的时候，是否容易发生推挤或跌倒的状况，注意宝宝与其他小朋友的互动，以减少跌倒或擦伤等情况的发生。

(2) 环境的清洁：在外游玩之后，一定要注意消毒干净，因为小区是公共场所，小朋友在一起玩，除了接触传染，飞沫也会传染，因此，最好注意环境是否通风良好。注意避免宝宝将公共的物品放在嘴里，一定要留心宝宝手部的清洁工作，避免感染传染病。

(3) 让宝宝在自己的视线范围之内：不管什么时间和场合，都要让宝宝在自己的视线范围内。要避免宝宝发生意外伤害，最好的方法还是爸爸妈妈自己要有全面的照护，爸爸妈妈平常就须对周围的环境有足够的了解，并掌握各种意外伤害的处理方法。

(4) 多检查环境和宝宝的衣着：在宝宝游玩时，你必须多一个心眼：检查一下游乐场的秋千、攀爬架、滑梯的表面是否有较疏松的材料，比如沙子、石子、树木的根或者碎屑、危险的沥青或水泥。

10 m 高的平台都应有保护性的屏障，而不仅仅只有一个护栏、固体嵌板或者垂直的柱子。滑梯的扶手高度也要适当，以防宝宝摔到滑梯外。

另外，你还有必要检查一下宝宝的衣着。一些意外事故的发生往往是由于宽松的衣服以及系带的衣物（风衣的帽子、斗篷、围巾）附在机器上引起的，这一点你千万不要大意！

宝宝的衣服要合体舒适，方便活动。裤子不要太长，最好穿裤脚收紧的裤子。女宝宝最好不要穿长裙，裙摆不宜过大，面料要不容易起静电；一双柔软、轻便、防滑、合脚的鞋子尤为重要。

宝宝与小动物玩耍的注意事项及受伤处理

现在养宠物的家庭越来越多，包括有小朋友的家庭也是如此。然而，宝宝与宠物玩耍时，有时会不可避免地受伤，母婴宝孕育专家列举了几种宝宝被宠物抓伤时的应急和处理方式。

伤情1：受到惊吓，没有受伤。

处理方式：宝宝被宠物张牙舞爪地扑倒在地，尤其是体型比宝宝大的宠物，这时候宝宝受到了很大的惊吓，神情可能会有短暂的呆滞，之后会放声大哭。爸爸妈妈这时候一定要给宝宝适当的安慰，必要的时候可以试着打骂一下闯祸的宠物，一定要消除宠物惊吓给宝宝带来的阴影。

预防措施：爸爸妈妈平时可以多和宝宝在一起看《动物世界》，在看的时候给宝宝讲解一些动物的习性，让他慢慢了解各种动物的特征。平常的时候可以带着宝宝去接近一些温驯的动物，比如兔子，小猪，鼓励宝宝去摸摸它们，喂它们食物，看它们玩耍（但切记要注意安全）。

伤情2：被鸟啄伤手指。

处理方式：很多宠物鸟的嘴都很尖锐，所以伤口一般都较深，因此在进行消毒时一定要彻底，如果宝宝伤势严重，消毒后仍然应该去医院做进一步检查。

预防措施：不要让宝宝在近处逗鸟或者将手指伸进鸟笼中，不要接触攻击性较强的鸟类或者陌生人豢养的宠物鸟。

伤情3：隔着衣服被猫抓。

处理方式：应该先脱去衣服看宝宝有没有受伤，一般来说，这种情况不会对宝宝造成很大伤害，但是会给宝宝产生巨大惊吓以及带来不利的心理影响。如果发现宝宝身体有伤痕，应该马上按压伤口止血，然后就医。

预防措施：在春天，最好不要让宝宝与猫一起玩耍，因为春天很多动物（猫也不例外）正处于发情期，宠物们在这个时候攻击性较强。

伤情4：被猫直接挠伤脚。

处理方式：被猫挠伤后，应及时用刺激性较小的肥皂水为宝宝冲洗伤口，然后到医院进行伤口治疗并注射狂犬病疫苗。

预防措施：在宝宝与宠物玩耍时，最好给宝宝脚上加一层覆盖物，这样即使遇到宠物抓到宝宝的情况，也不会对宝宝造成很大伤害。

另外，如果宝宝不小心被小猫小狗咬伤，家长应该马上帮宝宝把伤口的脏血挤出，别让血存在伤口里，否则容易引起感染。如果伤口小，则可以先用肥皂水或者0.1%的苯扎溴铵反复冲洗伤口至少15分钟，然后用清水冲干净，把含病毒的唾液、血水冲掉，再用2%～3%碘酊或者75%乙醇涂擦伤口。如果伤口比较大或者自己不好处理，最好去医院处理，而且最好要注射狂犬疫苗哦！

在注射疫苗期间，要注意不要给宝宝喝浓茶、咖啡；不要吃有刺激性的食物，诸如辣椒、葱、大蒜等；同时要避免受凉、剧烈运动或过度疲劳，防止感冒。

预防最重要，为预防宝宝被宠物咬伤，家长需做好下列防范工作：

1. 教宝宝不要随意逗弄猫、狗等小动物。

2. 不要轻易带陌生的小动物回家饲养。

3. 注意识别小动物是否健康。患有狂犬病的小动物多习性反常，眼睛发直，口水不断，喜欢追咬人或其他动物。

4. 尽量不要让宝宝单独和宠物一起玩耍，家长一定要陪伴在旁，当宝宝做出危险的动作时，一定要制止。如果宝宝无意中弄疼了宠物，宠物会下意识地作出攻击行为，此时，家长要注意保护宝宝。

带宝宝逛超市需警惕安全盲点

超市里面东西很多，很多家长都会带着宝宝去“开开眼界”，可是对于宝宝来讲超市里潜藏着很多危险，门帘、手扶电梯、玻璃门、镜子、购物推车、柜台边角……这些地方都有可能给宝宝带来伤害，如何防范呢？我们一起来看看。

1. 门帘：

(1) 危险原因：大多数超市为了保证空调的效果及防止蚊虫、防风沙，都在门口处设置了塑料或皮质的门帘，门帘较硬，如果打在孩子脸上身上，会很痛，也可能刮伤孩子的脸。

(2) 防范方法：

1) 抱着孩子进入门内，父母先打开门帘，当身体进入后，再放下门帘。

2）如果宝宝喜欢自己走，父母要提前看看对面是否有人要出来，确认没人后，提前为宝宝打开门帘，再让宝宝进来。

2. 手扶电梯：

（1）危险原因：手扶电梯由于速度很慢，所以人们乘坐时往往很容易忽视它的危险性。实际上，手扶电梯运行的梯级与侧面不动的裙板、梯级出入口的梳齿之间存在间隙，扶手带与滑轨、扶手带出入口间也有间隙，若是使用或管理不当，都很容易造成伤害。当手扶梯因故障、超载等急停时，如果人们没有抓紧扶手，很容易向前冲（特别是下行时），非常危险。

（2）防范方法：

1）爸爸妈妈要肩负起宝宝监护人的责任，任何情况下都不能让宝宝单独坐电梯。平时要向宝宝灌输安全乘梯知识，例如：叮嘱宝宝不要在滚动扶梯上来回地跑，也不要同小伙伴们在扶梯上玩耍、攀爬或打闹。因为一旦跌倒了，会从电梯上滚下来，受到伤害。

2）家长以身作则。父母在乘坐手扶电梯时也一定要依照正确的乘坐方法：握紧扶手、脚放在梯级的警示线以内，不要在手梯梯级上搬运货物等。

3）如果父母抱着宝宝乘扶梯，要考虑宝宝的高度，避免宝宝头部撞到其他物品上。如果宝宝的玩具掉在行走着的电梯上，不要让宝宝捡，以免夹住宝宝的手指。

4）在上电梯和下电梯时，最容易出危险。3 岁左右的宝宝想自己上，可以在超市里的人不多的时候，让宝宝“上场”操练。上电梯时让宝宝先上，家长在后面保护。下电梯时，看好时机提醒宝宝迈腿。

3. 玻璃门或镜子：

（1）危险原因：现在的超市大多装有落地玻璃门或镜子，宝宝总在超市里奔来跑去，容易忽略透明的玻璃门，从而导致撞伤或者刮伤。另外，宝宝的手如果被厚重的玻璃门夹到，后果也不堪设想。

（2）防范方法：

1）每次进门和出门时，抓住宝宝的手，不要放开。

2）进出门时，尽量走在宝宝前面为宝宝开关门，如果宝宝总爱冲在你前面，你可以在后面大声提醒宝宝：“小心！前面有门（或镜子）。”

4. 购物推车：

（1）危险原因：从某种程度讲，把年幼的宝宝放在购物推车里可以避免许多危险因素，一来这样省力，也不用担心宝宝到处乱跑。但宝宝也可能会被其他购物推车撞倒或夹到；有些好动的宝宝还容易从推车中翻落。

（2）防范方法：

1）在两辆手推车交会时，要留心宝宝的手脚，注意不要被夹到。

2）不要让宝宝独自待在手推车中，自己去购物，即使你在购物时，也要一手控制着车子。

3）用丝巾将宝宝的腰部与手推车系在一起，以免宝宝翻出手推车。

4）家长在使用手推车推宝宝的时候，一定要让宝宝面对自己。

5. 柜台边角：

（1）危险原因：超市里柜台的有些边角很锐利坚硬，因为高度往往会和宝宝的身高相仿，宝宝容易碰撞到头部，如水产品柜台、冰冻食品的柜台。

（2）防范方法：

1）带 2 岁以下的宝宝去超市，父母应该尽量把宝宝抱在怀里。

2）对于 2 岁以上的宝宝，可以明确地告诉他，在商场中尽量走在中间，不要挤到拥挤的柜台前。父母在挑选商品时，记住用一只手挡在柜台的边角上，避免自己在挑选东西时，忽视宝宝的举动。

6. 光滑的地板：

（1）危险原因：超市里的地板大多采用石料或复合地板，表面都很光滑，有些宝宝甚至喜欢把地板当做滑冰场，滑来滑去，可是如果刚好清洁过。很容易导致宝宝跌伤。

（2）防范方法：出门前不要给宝宝穿鞋底较滑的鞋子，并告诉宝宝在商场里不要奔跑和跳跃，以免摔倒。

7. 拥挤的人流：

（1）危险原因：一些商场在搞特价的期间，常常人流如潮，这有可能会导致宝宝被挤伤或者与父母走失。

（2）防范方法：

1）人多时，家长一定把宝宝抱在怀里或者紧拉住他的手。

2）给宝宝穿件色彩鲜艳的衣服，以便于妈妈不失去跟踪目标。

8. 护栏：

（1）危险原因：商场里常有一些装在玻璃窗边的护栏，用来隔离楼梯、电梯或柜台，有可能成为导致宝宝高空坠落的“隐形杀手”。

(2) 防范方法：在经过这些护栏时，爸爸妈妈们要拉住宝宝的手。宝宝在商场中的攀爬行为一定要严厉制止。

移动阅读

带孩子外出防六大意外伤害	儿童乘车安全意识培养
儿童乘车危险坐姿	怎样引导宝宝安全攀爬
煤气中毒的急救	提防厨房安全隐患
宝宝怎样使用防晒霜才安全	儿童安全故事：都知道与不知道

第4节 1～2岁宝宝的智力促进

1～2岁宝宝的认知能力训练

随着月龄的增大，20个月大的宝宝的认知能力让人刮目相看，他能很快发现周围事物的不同。为了进一步提高宝宝这方面的能力，家长可以这样做：

1. 学习物品属性：对物品属性的认识，是通过生活实践获得的。宝宝最喜欢认水果、点心、糖的名称，也渐渐学会饭菜的名称，知道这些都能吃。宝宝认识自己的玩具名称，知道玩具不能吃。最后才学会生活用具和衣服的名称，将用的和穿的分开。

2. 插入与拔出：多和小同伴儿玩插拔游戏，如在盛有沙子的盒子里，让宝宝将4支红、黄彩笔一支一支依次序插入沙中，笔与笔之间有一定距离(间隔2～3 cm)，先练习横排插入，然后拔出。

3. 教认颜色：将不同颜色的塑料玩具摆在桌上，让宝宝从中找出哪一个是红色的。如果不会，家长可以示范，多次练习，让宝宝学会挑出红色的。如果连续几次都确实能挑出红色，就可以再教第二种。有些宝宝特别喜欢认黑色，因为对比度大，颜色明确。另一些宝宝则喜欢先学黄色。选择颜色可因人而异。

4. 感知学习：握住宝宝的手触摸热粥碗，然后问他："烫吗？"多次练习后能形成条件反射，再遇到热粥、热水时他知道烫而缩手，还能说出“烫”这个词。再让宝宝尝冰棍说“真凉”，用对比强化感觉。猜用布盖着的东西，如碗、勺子及玩具，让宝宝通过手的触觉去认出东西。

5. 认识“1”“2”和“很多”：宝宝开始学习用两个手指表示2，竖起拇指和食指表示要两块饼干及两块糖果，会摆两块积木表示2，可乘机让宝宝认数1和2，口念、手点数1～2。平时洗米时，妈妈告诉宝宝“1粒米、2粒米”，然后抓起一把米告诉宝宝这是“很多很多米”。多次训练后，宝宝就会知道数不清的东西就是“很多很多”。

6. 认识图形：几何图形既是抽象的，也是有形象的，宝宝容易也很喜欢认识这些图形，如正方形、长方形、三角形、圆形、半圆形、梯形、扇形等。教宝宝认识几何图形，只需拿一个标准的图形，直接告诉他这是什么图形，并讲一点这个图形的特征即可。比如，“这是三角形，有三个角、三条边，像一个尖尖的房子。”“这是圆形，圆圆的，可以把它当轮子滚一滚。”教宝宝认识几何图形，能培养他对事物整体记忆的能力。一般宝宝最先会认圆形，但很快就能确认方形和三角形。

7. 认识自然现象：如观察早上天很亮，有太阳出来。晚上天很黑，有星星和月亮。有时没有太阳，是阴天，或者下雨和下雪，有时刮大风。在下大雨时会出现闪电和雷声。通过家长讲述，使宝宝认识大自然的各种现象。

8. 认识性别：结合家庭成员，教宝宝认识性别，如“妈妈是女的，你也是女的”，逐渐让宝宝能回答“我是女孩”。也可以用故事书中图上的人物问“谁是哥哥？谁是姐姐？”以认识性别。

9. 分清长短、高矮、厚薄。用两支长度不同的铅笔让宝宝分辨哪支长，哪支短。再辨别筷子、绳子、辫子、裙子的长短。也可以拿棍子在土地上画线，比一比谁画得长。宝宝画得不直，同大人比就会使他画得渐渐变直和变长。让宝宝和大人比个儿知道高矮，翻书知道厚薄。

10. 分清大小：先选两个大小差异明显的西红柿或其他实物放在一起，告诉宝宝哪个大，哪个小，并要让他摸一摸，比一比，然后，让他把大的拿给妈妈，看他会不会。你还可以念个儿歌，以增强记忆，发展思维能力，如：排排坐，分苹果，大的给奶奶，小的留给我。

11. 分清多少：父母将桌上的鸭梨分成两堆，一堆为3个，另一堆是5个。父母可以先告诉宝宝哪堆鸭梨多，哪堆鸭梨少，让宝宝自己去数一数，比较一下。然后父母将梨的数目调整一下，再让宝宝指出哪堆鸭梨多，哪堆鸭梨少。如果宝宝一时分不出来，父母要耐心引导宝宝去数数。如果两边的数目相等，就要告诉宝宝“一样多”。

12. 分清前后和上下。让宝宝将两手放身体前面和后面，或把物品放在身前和身后，使宝宝明白前后。然后让宝宝将物品分别放在桌子上面或下面，练习分辨上和下。

1～2岁宝宝的观察力训练

1～2岁的宝宝，会有一个对细小事物敏感的时期，小至一根头发、大至天上的飞机，他们都会注意到并且想要了解，这正是培养宝宝观察力的关键时期。家长可以通过以下游戏，训练宝宝的观察力：

1. 看图说话动动脑：家长为宝宝准备两幅相同的图画，然后在其中一幅图画上多画或少画一件东西，让宝宝仔细观察两幅图，让宝宝找一找哪里不一样。注意：两幅画的异处逐步由明显到不明显，所找的图画要求是宝宝熟悉并了解的图案。

2. 停下脚步闻闻花香：带宝宝去公园的草坪或城市的步行街，如果在路上，他想停下来看商店的橱窗，或者是窗台上爬过的小瓢虫，你就等着他，他什么时候想走再继续走。还有更好的做法，你也跟他一起看。尝试从宝宝的视角来看世界，其乐无穷。你以前从没有注意过的事情，会突然变得非常有趣。

你的宝宝在步行街上散步，好像学不到什么东西，但其实他学了很多。他的观察力能发现各种各样的事物。比如，他可能会看到蜘蛛结网，服装店老板调整假人模特的姿态，或是一片落叶飘到地上。他从这些第一手经验学到的要多得多，强于别人在家里教给他的什么是蜘蛛、假人模特和树叶。

3. 在不同外观的容器找东西。准备一个纸盒子、一个奶粉罐子，把宝宝感兴趣的两件东西分别放在纸盒子和奶粉罐子里，放的时候要当着宝宝的面，然后让宝宝去找出。如果宝宝做得好，父母还可以再增加一个物品和相应的容器，三个玩具一起玩。

4. 根据细节观察，寻找玩具：准备两块一模一样的毛巾，给宝宝看两件玩具（两件玩具有比较明显的大小区别），先告诉宝宝玩具的名称，然后背着宝宝把玩具分别藏在毛巾下，让宝宝指指玩具在哪边。

5. 看看多（少）了什么玩具：在宝宝面前摆放上几件玩具，先让宝宝指认一下都有什么玩具，然后用布遮住悄悄放上一件（或悄悄拿走一件），看宝宝能否觉察出多（少）了什么，并指出来或说出来。

6. 看图片念儿歌：给宝宝看小鸭子的图片，让宝宝注意观察鸭子的嘴巴是扁扁的，并提问宝宝鸭子怎么叫唤、怎么吃东西。然后教宝宝念儿歌："鸭子的嘴巴扁扁的，鸭子高兴就嘎、嘎、嘎；鸭子的嘴巴硬硬的，要吃东西就嘎、嘎、嘎。"边教宝宝念，边做动作，也可以给宝宝套上手套直接配合儿歌跟随做动作。通过儿歌引导宝宝观察鸭子的外观特征，并让宝宝在游戏中培养语言和动作的关系，增强宝宝的语言表现能力和动作模仿能力。

7. 感知事物整体性：提前准备一些宝宝熟悉的玩具，然后制造一些缺损，比如小白兔（没有耳朵）、人（没有胳膊）、小汽车（少了轮子）、小飞机（少了翅膀）。先提问宝宝："这些是什么？"等宝宝回答以后再问宝宝："它们对不对？哪儿不对？少了什么？"如果宝宝不能很好地完成游戏，您可以把游戏难度降低，设计一些对称型缺损。比如小白兔只是少了一只耳朵，小汽车只少了一个轮子。这样易于宝宝观察出错误。

8. 练习分类：准备各种不同形状和大小的东西：食物、袜子、书、毛巾、积木等。根据你们分类的物品不同，可以选择大小、形状或颜色作为分类标准。比如，如果你们在给袜子分类，告诉你的宝宝，你们俩要把妈妈和爸爸的"大袜子"放在一堆，把宝宝的"小袜子"放在另一堆。然后，再把袜子混在一起，把所有黑色的袜子放在一堆，白色的袜子放在一堆，依此类推。

或者，如果你们在给食物分类，给你的宝宝演示，怎样把盒装食品放在一组，把罐装食品放在另一组。这样其实有助于你一会儿收拾东西。然后，再按照颜色把水果和蔬菜分类。你平时可能不会这么做，但是这对宝宝的发育可有好处。

你会惊讶于有多少东西可以拿来分类，分类的方法又会有多丰富。谁知道呢？经过这样的练习，也许有一天，你的宝宝会愿意帮你把待洗的衣服分分类呢。

1～2 岁宝宝的记忆力训练

记得快、忘得快是婴幼儿记忆的特点。但不可忽略的是，宝宝 1 岁以后，就能记得相隔10多天的事物。虽然随着月龄的增长，宝宝的记忆力会逐渐提高。但有目的、有计划的教育能有效提高宝宝的记忆力，为今后智能发展打下坚实基础。因此，爸爸妈妈不可忽视训练宝宝的记忆力。为了促进宝宝记忆力的发展，家长可以这样做：

1. 教宝宝记住家人的称呼：教宝宝记住爷爷、奶奶、爸爸、妈妈的称谓，可以将称谓写成12 cm见方的字卡，进行认名游戏，认对了，给以鼓励。

2. 在宝宝面前用“你”来提问，用“我”来回答问题。比如，“这是你的鞋吗?”他可以“我的鞋”或“这是××的鞋”来回答。“你”“我”是一种相对的概念，宝宝掌握起来有一定的难度，开始时有混淆现象，大人不要着急，一定要用简单的句子和具体的物品在日常生活中练习。这样宝宝就会在轻松的气氛中，无意识地记住。

3. 回忆颜色：让你的宝宝闭上眼睛，说出你穿戴的衣帽鞋袜是什么颜色的。如果你也闭上眼睛说出他的衣帽鞋袜的颜色，会引起宝宝对这种游戏的更大兴趣。

4. 找食物：准备10种不同的食物，如糖果、水果等，让宝宝注视着你把它们藏在房间里的各个地方。全部藏好后，再让宝宝按你提出的食物名称，去找食物，找对了就可以吃。

5. 摇杯子：让宝宝看着妈妈。妈妈抓起一个小球放进茶杯里，然后拿起杯子摇几下，再把这些道具放在一边。过1小时之后，把这些道具交给宝宝，看他是否会模仿妈妈的做法去摇晃杯子。如果宝宝成功地模仿出来，那就隔1天、1周，然后是1个月，再次把这些道具交给宝宝，以增强宝宝对这些动作的记忆，并体会摆弄物品的乐趣。

6. 打电话：和宝宝同向坐好（同时面向前）。妈妈伸出大拇指和小指凑到耳边模仿打电话，问宝宝：“喂，你是谁?”“你家住哪里?”“你爸爸叫什么名字?”“他在哪儿上班?”……

7. 重复手势：让宝宝认真看着你做的2个手势。要求他在你做时不要跟着做。等你做完后，让他按顺序重复做出来。如果宝宝不能顺利回忆2个手势，你可以把手势数量减少到1个，以后再慢慢增加。

8. 认亲人：拿一些爸爸的照片给宝宝看，看30秒之后把照片拿开。1分钟后，拿1张妈妈的照片和1张爸爸的照片一起给宝宝看。如果宝宝的记忆中仍然保存着爸爸的形象，那么他就会更愿意看妈妈的照片。

9. 藏玩具：当着宝宝的面，妈妈把他喜欢的某个玩具藏在右手，然后把双手都放在背后，再把双手伸到前面来，玩具仍藏在右手里。伸开两只手，让宝宝看见右手的玩具。反复几次后，妈妈再把双手伸到宝宝面前并紧握，让宝宝自己拿玩具，看宝宝会伸向哪只手。如果宝宝的注意力集中在妈妈的右手上，则说明宝宝已经记住了刚才的行为。可以隔几天再重复这个游戏，看宝宝能否在第一时间就去右手找玩具。

10. 睡在门外：家长在门外敲门，宝宝在屋内问："你找谁啊?"家长先说一个宝宝不知道的名字，看宝宝怎样回答。宝宝的回答可以是："你找错了。"也可以是："这人不在我们家。"家长再说爷爷奶奶的名字，看宝宝怎样回答。他可以说："他今天没有过来，星期天才过来。"家长和宝宝对换，宝宝站在门外，家长在屋内回答，看宝宝能否记得清家里所有人的名字。

11. 卡片游戏：拿出六张画有正方形的卡片，每种颜色各两张，组成三对卡片。将这六张卡片正面朝下（空白面朝上）放在宝宝的游戏桌或高脚椅上。让宝宝翻开一张卡片，让你们两个都看见正方形的颜色，然后将卡片放回原来的位置。

一定要明确说出颜色和形状。例如，如果宝宝翻开的是蓝色正方形，你一定要说："这是一个蓝色正方形。"然后，让宝宝从其余的卡片中找出另一个蓝色正方形。宝宝会挑出另一张卡片并翻开。如果是一个蓝色正方形，你就要兴奋地告诉他："干得好!"并让他保留这张卡片。如果颜色不一样，就要明确说出他翻开的卡片的颜色（"不，这是绿色的"），并让他继续挑选，直到找出蓝色卡片。一旦宝宝理解了如何玩这个游戏，每用过一张卡片就要将其正面朝下扣起来。这会促使宝宝记住卡片是哪一张及其位置。

12. 小小传话员：准备一个长为 10～15 cm 的纸筒。大人先分坐两端，宝宝在中间，先由一端大人在宝宝的耳边说一句话，再悄悄地说，让宝宝再告诉另一端的大人。如果宝宝传对了，要鼓励表扬。如果宝宝记不起来了，让宝宝再回到说话的大人跟前，让大人再重复一遍。在宝宝熟悉传话后，可用一个 10～15 cm 长的纸筒，放在宝宝耳边讲话，以提高宝宝传话的兴趣。

13. 买水果：家长可以准备一些玩具水果放在桌上，然后让宝宝提着篮子或口袋来买。爸爸扮演卖家，宝宝扮演顾客。妈妈要宝宝帮忙去买水果，出门时告诉宝宝要买水果的名称，并告诉宝宝买来是干什么用的，然后给钱和篮子，让宝宝出门去买水果。

宝宝来到商店，要求买水果，在买的过程中，爸爸要求宝宝说出水果的名称，同时要宝宝告诉大人买水果干什么，如果宝宝能够做到这些，就可以把水果放到宝宝的篮子里，如果宝宝没有说对，就买不到水果。最后，看看宝宝能不能把桌上的水果全部买走。当然，如果宝宝能够清楚地记得妈妈交待的，买走桌上所有的水果，游戏的角色也可以调换一下，让宝宝做卖者，家长当买者。在游戏期间，大人可以故意说错 1～2 种水果，看看宝宝能不能听得出来，能否及时做出纠正。

14. 与宝宝一起背诵儿歌：背诵体现了记忆力以及语言能力，宝宝在背诵儿歌的时候，能够看出宝宝智力发展的水平。1 岁 9～10 个月的宝宝，一般都能够比较完整地背诵一首儿歌，如果能够伴随动作的话，宝宝背诵的过程就会更加顺利。

大人可以和宝宝一起背诵儿歌，同时做一些动作配合儿歌的韵律，让宝宝随着节奏背诵儿歌，感受欢乐。如果可能的话，可以让他和其他的宝宝一起背诵儿歌。一般来说，如果宝宝听到其他的宝宝所背儿歌特别熟悉，他就会努力地去记诵，然后和对方一起背诵。可以说在一起背诵的情况下，宝宝的记忆能力会大大地加强。

第5节 1~2岁宝宝的慧商培养

宝宝使用代名词的训练

宝宝会使用代名词，是幼儿语言发展上升到另一个台阶的重要特征。家长可以通过以下方法训练宝宝使用代名词：

1. 识别“我”“你”“他”：宝宝喜欢认和自己相关的东西，比如衣服、鞋子等。妈妈可以拿着宝宝的鞋子问：“谁的?”“宝宝的”，或用自己的名字代指“某某的”，妈妈可告诉说是“我的”；如果会说话的宝宝会指着妈妈的鞋子问上述问题，宝宝可能会指着妈妈或说“妈妈的”，妈妈应该告诉宝宝说“你的”；妈妈还可以指着爸爸的鞋子，告诉宝宝是“爸爸的”，也是“他的”。这样，宝宝将学会用“我、你、他”来区分、称呼。

让宝宝先学会用“我”称呼自己，用“你”称呼对方，用“他”称呼第三者。

2. 分清你和我：游戏步骤如下。①爸爸妈妈多问宝宝“你叫什么名字”“你几岁”“你是男孩还是女孩”“你爸爸叫什么名字”诸如此类的问题。②训练宝宝回答“我叫某某某”“我2岁了”“我是男孩”“我爸爸叫某某”。直到他不再说“你叫某某”，说明宝宝已经能将代名词“你”转换为“我”来回答问题。

3. 教宝宝会用“我的”：宝宝往往用自己的名字或昵称来形容自己的东西，例如他经常会说“是小淘气的鞋”，然后去拿属于自己的东西。随着自主意识的加强，家长要鼓励他说“我的衣服”“我的床”“我的鞋子”，而代替“宝宝的衣服”“宝宝的床”“宝宝的鞋子”等。说对了要称赞他，亲吻他。

4. 代名词游戏：由父母示范站中间蒙住眼睛，由环绕周围的游戏参与者，指定其中一人发出声音。发声完后，大家互换位置，让蒙眼者凭声音猜测发声者为何？游戏中可用问答的方式，猜的人问：“是你说的?”被指定的人可答：“是我说的”，或“不是我，是他说的”。

5. 日常生活中有意识地训练宝宝说代名词：如家长与宝宝一起玩球时，

家长把球传给宝宝，并说："球传给你!"要求宝宝再把球传给爸爸或妈妈，说："把球传给我!"宝宝跟着说出"我"和"你"。或者家长也把自己的东西拿出来，说"这是我的"，把属于宝宝的东西放在宝宝面前，说："这是你的!"要求宝宝模仿着说出"我的"和"你的"。也可以家长和宝宝各拿几样食物和玩具，家长问："谁有饼干?"接着示范性地回答："我有!"然后问一件宝宝手里有，但家长没有的东西，如："谁有汽车?"要求宝宝回答："我有!"如果宝宝不能回答时，家长可以说："我有!"再反复地进行训练，直至宝宝能够比较顺利地说出"我"来。

注意：代名词中先学习"我"，然后再学习"你"或"他"。在日常生活中经常使用和训练，是使宝宝学会应用代名词的主要方法，家长应该多让宝宝学习使用。

怎样与宝宝进行亲子阅读

亲子阅读又称"亲子共读"，就是以书为媒，以阅读为纽带，让宝宝和家长共同分享多种形式的阅读过程，在学生课外阅读当中起到重要的作用。通过共读，父母与宝宝共同学习，一同成长；通过共读，为父母创造与宝宝沟通的机会，分享读书的感动和乐趣；通过共读，可以带给宝宝欢喜、智慧、希望、勇气、热情和信心。

1. 书籍的选择：书籍的挑选非常重要。选书时注意两个原则，一是根据宝宝所处的年龄段，二是要根据宝宝的兴趣。因为婴幼儿的生活经验有限，角色、背景和题材都应该是他们生活中常见的。挑选绘本应切合儿童生活的题材，采用朗朗上口、简练易懂的文字，这样宝宝才容易接受。因此，不同年龄段的宝宝要看不同的书。

1岁左右的宝宝虽然不会说话，也没有识字能力，但是可以适当地"看"一些童话书，父母可通过朗读的方式，与宝宝度过快乐的亲子时光。可以给宝宝买布或无毒塑料制成的"撕不烂的书"，这些书容易清洗和消毒。宝宝比较喜欢简单、清晰、色彩鲜艳的图书，特别是有大幅图案和简短文字的图书最能有效提高宝宝的语言发展水平。有简单的韵律、动植物图片和娃娃笑脸的图书，最受青睐。

如果宝宝在2岁左右，那么可以开始给宝宝买一些图片书籍。这些书籍的特征就是没有文字，类似于识别动物、水果的书籍，就很适合这个年龄的宝宝。2 岁的宝宝基本上已经有了一定的说话能力，父母可以通过这些书籍，训练宝宝的语言能力，例如让宝宝描述自己看到的东西是什么样子的，同时也可以通过这些书籍，增加宝宝对世界的认识。

3 岁以后，选书的重点要从以画为主向以字为主偏移。故事的内容要生动有趣，有寓意、有常识的讲解。要注意的是，相对培养阅读兴趣而言，识字是次要的事情。不要把图画故事书当作识字练习册，更不要让识字取代了阅读。对于喜欢问“为什么”的宝宝，家长多和宝宝一起看《十万个为什么》这类科普性、知识性的读物，鼓励宝宝从中找到答案，可以增强宝宝的读书兴趣。如果宝宝有些特别的兴趣爱好，家长也可以侧重选择相关的书，比如宝宝迷恋汽车时，不妨挑选一些关于汽车设计和构造的儿童画报。

父母们要养成与宝宝一起去书店购书的习惯，让宝宝一本本地选，一页一页地翻看，自己选择想要的书，而不是在网上购买一大堆“好书”直接让快递打包送到家里。

2. 亲子阅读的技巧：

(1) 尽早给宝宝阅读。

(2) 注意阅读过程，着力培养宝宝的阅读兴趣。

(3) 每天至少要有个固定的读书时间。一般建议在晚上睡觉之前，因为幼儿在睡觉的浅睡眠时期最容易进行总记忆。

(4) 从几个字、几行字开始逐步成长，慢慢增加，让他有熟悉感，从而喜欢它。

(5) 故事与音乐的组合法、故事游戏法、延伸想象法、角色扮演法等，让宝宝有间接或直接的体验机会。

3. 进行亲子阅读时，父母需要做的事情：

(1) 提前备课：给宝宝读书之前，父母先用心读一读，感受文图带给你的乐趣，这样才可能把阅读的乐趣带给宝宝。父母甚至可以预演一下，怎么读才更有意思。父母应该认识到，给宝宝读书不是一件能够马虎应付的事情，需要认真对待。

(2) 固定阅读时间：安排固定的时间和宝宝一起进入美妙的阅读时光，并尝试使之成为习惯。不必强求每次阅读的持续时间，专注而热情地读 10 分钟绘本也能在宝宝脑海里留下深刻印象。

（3）声情并茂地朗读：为宝宝朗读时，语速不要太快，最好改变自己的声调来扮演角色，表情要尽量夸张。在关键时刻或悬疑时，压低声音，慢下来，可以让宝宝全神贯注。

（4）可以边玩边读：对于小一点的宝宝或是坐不住的宝宝，父母完全可以让宝宝一边玩，一边为他们朗读。也可以让宝宝翻着玩，必要时指点一二。刚开始阅读时，没必要非按次序一页一页地读，甚至没必要看完整本书。书对于小一点的宝宝只是玩具，父母要做的是帮助宝宝发现书的乐趣。

怎样让宝宝学会选择

当不会走路的宝宝还在家长怀里吃奶的时候，一切似乎都那么简单，家长几乎可以替他作出所有的选择和决定。家长决定他什么季节该穿什么衣服，决定他什么时候该洗澡，甚至决定给他玩什么，带他去什么地方。而当宝宝学会走路、学会说话之后，事情就没那么简单了。个性逐渐萌生、自我意识日渐强大的小家伙们颇有自己的主意，什么都喜欢做主，尽管在我们成年人看来，他们的很多选择令人哭笑不得。

如果宝宝凡事都需要父母来解决，一旦父母有事无法照看宝宝时，宝宝的生活将不堪设想。宝宝的事总归需要宝宝自己去解决的，母婴宝孕育专家湘雅医院儿科教授岳少杰提供了一些建议，具体如下：

1. 相信宝宝有自己的判断力：现实生活中，很多父母不把自主权交给宝宝，就是因为不相信宝宝有自己的判断力。其实，宝宝也是独立的个体，他们有自己的观念和判断。也许他们生活经验还不足，可能会出现错误的判断，但这种错误是可以理解的，也是必要的，他们需要从中吸取教训。没有足够的自由发展空间，没有足够的实践，将来需要宝宝自己作判断的时候就很可能束手无策，毕竟谁也不会一开始就能自主判断。

2. 要多征求宝宝的意见：家中的一些事情，父母尽量给宝宝提供参与的机会，比如：房间的布置、家具的选择、布艺的装饰等，父母可以和宝宝一起筹划设计方案，尊重宝宝的想法，鼓励宝宝提出自己的建议，认真斟酌宝宝的建议并加以采纳。

在要求宝宝做事时，家长不妨将命令式语气改为商量式语气，比如："这件事能不能这样做？"等等，这种表达方式会让宝宝感觉到父母对自己的尊重，从而引导宝宝独立思考，按自己的意志主动处理好事情。

3. 让宝宝在限定范围内选择：当宝宝自己选择做决定时，考虑到宝宝知识、经验的缺乏，父母可以给宝宝一定范围的选择权利，也就是让宝宝在限定的范围中进行选择。比如，和宝宝选择房间的窗帘，考虑到颜色的搭配，可以给宝宝提供几种适宜的颜色，让宝宝选择。

4. 教宝宝做事有条有理：不管是做什么，妈妈都希望宝宝能做得有条有理。例如，房间摆设井井有条，玩过的玩具要放到相应的地方，用过的东西要放回原处。晚上睡觉之前，要教宝宝把看过的书放到相应的位置、准备好第二天要穿的衣服等。这些归位的活动，都可以帮助宝宝养成做事有条理有计划的好习惯。

5. 和宝宝一起制定计划：妈妈可以向宝宝示范或者和宝宝讨论计划，比如，在周末的清晨，妈妈可以这样对你的宝宝说："今天妈妈先带你去公园玩，然后回来吃午饭，午饭后你先睡一会，起床后我们去少年宫学画画，学完画妈妈带你去王阿姨家玩，好不好?"如果宝宝不同意，妈妈可以和宝宝一起商议能够执行的计划和安排，这种示范不仅可以帮助宝宝理解计划的重要性，而且，他能够学着去安排自己的事情。

相信宝宝能够从"错误"中总结出经验来，即便他可能还会犯同样的"错误"。如果你能容忍自己有时候犯糊涂，做出不那么明智的选择，那么对于小宝宝各种稀奇古怪的想法，你也会宽以待之了。

移动阅读

1 岁 1 个月孩子的语言能力训练
1 岁 2 个月孩子的大动作能力训练
1 岁 2 个月宝宝的手眼协调能力训练
1 岁 3 个月宝宝的模仿能力训练
1 岁 4 个月宝宝的语言能力训练
1 岁 5 个月宝宝的大动作能力训练
1 岁 5 个月宝宝的平衡能力训练
1 岁 7 个月宝宝的语言表达能力训练
1 岁 8 个月宝宝的大动作能力训练
哪些玩具可助宝宝学语言
1 岁 10 个月宝宝的语言能力训练
1 岁 10 个月宝宝的动手能力训练
1 岁 1 个月宝宝的平衡能力训练
1 岁 2 个月孩子的精细动作训练
1 岁 3 个月宝宝的大动作能力训练
1 岁 3 个月宝宝的语言表达能力训练
1 岁 4 个月宝宝的精细动作训练
1 岁 5 个月宝宝的手眼协调能力训练
1 岁 6 个月宝宝的语言表达能力训练
1 岁 7 个月宝宝的精细动作训练
1 岁 9 个月宝宝的语言能力训练
1 岁 9 个月宝宝的模仿能力训练
1 岁 10 个月孩子的大动作能力训练
1 岁 11 个月宝宝的语言能力训练

移动阅读

1 岁 11 个月宝宝的平衡能力训练
2 岁左右宝宝的手眼协调能力训练
玩什么玩具能锻炼孩子的手眼协调能力
13～18 个月宝宝的语言训练
19～22 个月宝宝的语言训练
十招培养孩子的语言能力
孩子学语言关键期的训练方法
口腔运动促进宝宝语言能力发展
2 岁宝宝的模仿能力训练

第6节　1～2岁宝宝的情商培养

怎样帮助宝宝恰当地表达愤怒

宝宝的愤怒是一种正常的自然的情绪，我们不应否认或压制它。当然，我们也不希望宝宝随意地发泄愤怒，以至于培养出一个“暴君”来。下面介绍几种方法，帮助家长理解并接受宝宝的愤怒，并协助宝宝用积极的方法引导自己的情绪。

1. 了解情况，表示理解：当发现宝宝生气的时候，家长首先要问清楚原因。有时宝宝表达不清，需要成人的提示来回想自己生气的理由，如：“你是不是不舒服？”或“是不是和小朋友吵架了？”

问明情况后，家长对宝宝给出的合理理由应表示理解和尊重，如：“我知道你受到了伤害，我们一起来想办法解决。”但应该拒绝那些任何人都无法相信的借口。在采取约束性措施之前，先让宝宝离开令他生气的环境，并与宝宝进行平和冷静的交谈，这样能防止宝宝愤怒情绪的继续累积和扩散，还能帮他保全“面子”。

2. 露出笑脸，给予拥抱：温和的笑脸往往能使宝宝的盛怒降温，减少敌对情绪。家长在了解宝宝发怒的原因后，最好缓和一下气氛，给宝宝一个轻松温和的笑脸，这样有利于随后进行冷静的讨论，使情况好转。

有时候，家长只需要向宝宝表达自己的关爱之情就足以使宝宝转怒为喜。走近正在生气的宝宝，给他一个亲吻或拥抱，都可以起到镇静作用。年龄小一点的宝宝喜欢让大人和他一起玩，所以，如果宝宝正在发脾气，要把玩具摔坏来发泄自己的愤怒，家长就可以告诉宝宝自己很喜欢这个玩具，从而阻止他的行为。当宝宝正为一大堆家庭作业而烦恼时，家长及时走过去帮助他，用口头或身体语言对他进行鼓励，也可以避免他大发脾气。

3. 合理表达，树立榜样：就算是有合理原因的愤怒，也要建议宝宝用合理的方式表达出来。允许他用语言大声讲出来，但不能用动作来泄愤，要绝对禁止宝宝在发怒时打人或摔东西；应鼓励宝宝直截了当地表达自己的愿望，而不是用委屈和抱怨的消极态度。如宝宝告状说："小明抢走了我的玩具。"你可以说："去告诉他，玩具是你的，你想要回来，如果他不听，你会找父母帮忙。"

父母还应为宝宝树立榜样，让宝宝从你身上学会如何恰当表达自己的愤怒。当你生气时，不需要在宝宝面前掩饰，你可以大声地把你的不满说出来："我不希望有人乱动我的东西。"千万不能控制不住地大发雷霆。

4. 释放愤怒，转移注意：宝宝的情绪往往瞬息万变，将注意力适时地转移到其他事情上，可以有效地进行自我调节。当宝宝生气时，应建议他去做一些他喜欢做的事情来释放情绪，转移注意力。比如，出去散散步，在喧闹的音乐声中随便跳跳舞，或者跳绳，从而改变血液流动方向；洗个澡，把愤怒"洗掉"；用双手挤压泥土、撕废纸，或拥抱一下自己；到户外或者是自己的房间大叫；拍打枕头或者扔球玩，等等。

如何应对宝宝的破坏行为

在日常生活中，我们经常发现，宝宝经常有意无意地去破坏手中的玩具，特别是那些大人按照他们的方式专门为宝宝的成长年龄而准备的玩具，总是被宝宝们破坏得更严重。布娃娃被咬烂了鼻子，小帆船的帆与船身分了家，塑料小鹿的角只剩下一只……真是不胜枚举。

面对家里的"破坏王"，妈妈们往往会气急败坏地训斥，但却收效甚微。其实，对于宝宝的破坏行为，父母要正确看待，然后加以引导，这样就可轻松应对。

幼儿的破坏行为，可分为"无意破坏"和"有意破坏"两类。

无意破坏的行为主要出现在年龄小的宝宝身上，他们损坏东西都并非蓄意破坏，而是他意识不到行为与后果之间的必然联系。宝宝"破坏"的背后很可能藏着一颗渴望探索的心，把自己感兴趣的东西拆开，是宝宝学习探索的一种表现，宝宝不是故意去破坏一个东西，而是因为他对这个东西感兴趣，想看看究竟是怎么回事。宝宝长到快 2 岁的时候，好奇心开始逐渐增强，对所有的物品都很感兴趣，喜欢东摸摸、西看看。但是由于他们的动手能力和手、眼协调能力都还比较差，对各种物品的性能也不是很了解，所以难免会破坏一些东西（有时甚至可能是父母十分喜欢的东西），这应该得到父母的谅解。

对于幼儿的无意破坏，主要通过一些生理和心理训练来解决。如用不易摔坏的木制玩具教幼儿分别做单手、双手抓握动作，训练上肢肌肉的力量；用玩具琴让幼儿弹拨，用铅笔、蜡笔等让幼儿划、画、涂、写，训练手指动作的灵活性和准确性；用塑料杯、碗盛水，让幼儿捧着慢慢行走，要求水不洒出来，以训练注意力和动作的协调能力。实验证明，经过一段时间的训练，幼儿的无意破坏行为会大大减少。

另一种情况是：当宝宝手中的工作远远超过了他的实际能力，多次尝试失败后的挫折感往往会激怒年幼的宝宝，为了发泄自身的沮丧感，宝宝就会做出一些破坏性的行为。这就是“有意破坏”。如果属于这种情况，父母千万不要训斥宝宝，因为这样会使宝宝感到很委屈和被误解，感觉自己很孤立，从而产生愤怒的情绪，甚至有意采取更大的破坏行动来表现出他的愤慨，或者故意继续破坏来挑衅父母，看父母生气的样子，从中获得满足抵消失败的感觉。

对于宝宝的破坏行为，父母要注意采用以下几种策略来帮助他改正：

1. 对于他所破坏的东西，凡是能恢复原状的，要求宝宝和自己一起将它加以恢复和修补。

2. 告诉宝宝不管是因为什么原因，破坏东西是一种不好的行为，应尽量避免和改正。

3. 搞清宝宝破坏的原因，不要过分批评，应采取措施安抚他的异常情绪。

4. 多陪宝宝做游戏，提高他的动手技能，帮助他取得小小的成功，培养他的成就感。

5. 对于宝宝的各种情绪，成人要多用心加以体会，并适时地替宝宝表达出来。当宝宝明白爸爸妈妈理解他的意思后，他的愤怒就会大大地降低，从而放弃过激的破坏行为。同时，这对亲子关系也大有好处。

6. 在日常生活中，爸爸妈妈首先自己要平静，要冷静地处理各种问题，给宝宝做出好的表率。

7. 要积极鼓励宝宝的好奇心，并尽可能地提供给宝宝一些可以满足好奇心的玩具，如拼拆玩具。

8. 家长要仔细观察是否有其他人恶意或无意地怂恿、纵容宝宝的破坏行为，如果有，一定要立刻加以制止。

提高宝宝自知自省智力的方法

自知自省智力就是一个人认识、洞察、反省自身的能力，表现为能正确地意识和评价自身的情绪、动机、欲望、个性、意志，并在正确的自我意识和评价基础上形成自尊、自律和自制的能力。这种能力在哲学家、小说家、律师身上表现突出。培养宝宝的自知自省智力，可通过以下方法：

1. 发现宝宝的自知自省智力：对于幼儿来说，自知自省智力主要包括三个方面的能力：自我认识的能力、自我评价的能力，以及自我调节的能力。自我认识的对象包括自己的身体、自己的动作行为以及自己的内心世界；自我评价包括掌握他人对自己的评价、在与他人的比较中对自己进行评价，以及自我反思；自我调节则包括活动的起始和终止、活动的转移和变换，心理过程的加速和减缓、加强或削弱，以及行为举止的自我监督和校正等方面。

2. 引导宝宝认识自我：宝宝在 1 岁左右，妈妈就可以开始引导宝宝逐渐认识身体的各个部分了。妈妈可以在宝宝精力较旺盛的时候，一边指着宝宝身体的各个部位，一边清楚而缓慢地说出相应名称，如果能以有韵律的诗歌的形式说出来就更好了。也可以以游戏的形式教宝宝，比如，妈妈先指着自己的嘴："妈妈的嘴巴在这里。"而后手指在宝宝面前画大圈："宝宝的嘴巴在哪里？在哪里？……"可以重复问几遍以增加宝宝的注意力和兴趣，最后快速地指向宝宝的嘴："在这里！"

宝宝在 1 岁之前，并不知道外在事物和他的关系，也不能将自己和外在的事物加以区分。妈妈可以通过强化偶然关系来加强宝宝的理解。例如，宝宝无意中碰到玩具车，小车就向前走了，宝宝由此隐约感觉到了自己的动作的力量和结果，但还不能确信。妈妈就可以趁机肯定并强化宝宝的这种认识，拿着宝宝的小手再去有意识地碰小车，然后和宝宝一起观察小车向前移动，并配合言语和眼神的交流，告诉宝宝："你的手一碰，小汽车就走了。"多反复几次，宝宝就会自然地将自己的动作和小车的移动联系起来了。

从认识自己与他人的关系中掌握"我"字，是幼儿自我意识形成的重要标志，妈妈要做的是，引导宝宝在确认自我的基础上，让宝宝认识更多的和他人的关系。可以从家庭成员开始，除经常接触的人外，有合适的机会，也可以向他介绍其他亲属，并耐心地向他讲解这些亲属和宝宝是怎样的关系。同时，在公共场合，也应该引导宝宝正确看待自己的身份和位置，要让宝宝知道，他并不是在一切场合都是中心人物，以此来对他进行自我角色定位和转换的初步训练。

3 岁左右，幼儿开始出现对自己内心活动的意识，如开始学会区分"愿意"和"应该"之间的区别。但总体来说，这时，要求幼儿对他自己的内心世界有个较为清晰的认识还比较难，某种意义上讲，这对成人来说也并非易事。不过，妈妈可以通过自己耐心细致地观察，适当地引导宝宝逐步了解他自身的优缺点、强弱项。但决不要给宝宝这样的感觉：我这个不行、那个也不行，我有好多好多的缺点。

3. 教宝宝学会正确地评价自己：

(1) 适度表扬：应该为宝宝营造一个充满赞扬、肯定和鼓励的生长环境，这样的环境有利于宝宝形成正确而健康的自我评价。爸爸和妈妈之间要互相肯定和赞扬，宝宝表现好也要得到同样的肯定。当然，赞扬也要适度，不要过度，本来就应该做到的事情，给予宝宝一个眼神的肯定就足够了。

(2) 对照评价：对照评价也就是幼儿通过和他人，通常是和小朋友的横向比较，从而得出相应的对自己的评价。妈妈可以引导宝宝在某些问题上和其他小朋友进行比较，让宝宝自己得出结论，自己的言行是否正确，小朋友的表现是否得体等。千万不能做的是，针对宝宝的某个偶然的错误："你看，谁谁家的小朋友怎么怎么样，比你强多了！"

(3) 自我肯定：父母可以以身作则，日常生活中为宝宝进行"自我肯定"的示范。比如，妈妈新学了一道菜，妈妈不妨也自我肯定一下："嗯，这道菜我的确好好琢磨了一下，做得不错，我也很满意，很开心！"当宝宝出色地完成一件事后，妈妈不妨来个"即兴采访"："宝宝，你高兴不高兴呀？开心吗？你是不是很棒啊？"以此引导宝宝体察并表达自己的感受，强化对自己的肯定，增强自信心。

4. 实用策略：

(1) “画”日记：日记是自我认识、自我反思的好方法，宝宝还不会写字，妈妈不妨引导他“画”日记，把每天发生的宝宝记忆最深刻的事情画下来。持之以恒，定有收获。

(2) 做计划：一天、一周，或是一次郊游之前，妈妈可以和宝宝一起对当天、当周，或是郊游过程中要做些什么进行一个大致的计划。这样，有利于培养宝宝计划并调整自我行为与活动的能力。

(3) 定目标：对于较长的时间段，父母还可以引导宝宝给他自己订立一些力所能及的目标，并思考为了完成这一目标，宝宝都要做哪些努力，需要得到来自谁的什么样的帮助，等等。这些对发展宝宝的自知自省智力也都非常有益。

移动阅读

1 岁 1 个月孩子的社交能力训练
1 岁 8 个月宝宝的社交能力训练
怎样培养孩子的自我意识
宝宝爱抢别人的东西怎么办
宝宝为何依恋安慰物
怎样处理宝宝的抗拒行为
怎样对男孩进行分别教养
1 岁 4 个月宝宝的社交能力训练
1.5～2 岁宝宝的社交能力训练
宝宝喜欢抓人怎么办
怎样保护小宝宝的物权
宝宝爱尖叫怎么办
怎样培养孩子的自知力
如何培养单亲宝宝的健康心态

第 7 节 1～2 岁幼儿的意商培养

如何锻炼宝宝的胆量

“我的小孩胆子太小了”，这是目前不少父母都为之头疼的问题，许多人都在积极寻找对策。心理专家认为，造成宝宝胆小的原因有很多，包括先天因素、环境因素、父母教育不当、宝宝的不良体验等，所以父母要弄清楚原因，再对症下药。

1. 扩大交际和接触面：一般来说，怯于表现的宝宝面对众多目光只是觉得不安，并非讨厌赞美和掌声。因此，家长应有意识地扩大宝宝的接触面，让宝宝经常面对陌生的人与环境，逐渐减轻不安心理。闲暇时，带宝宝与同龄宝宝一起玩耍，建立友谊；购物时可以让宝宝帮忙付钱；节假日，一家去旅游，让宝宝置身于川流不息的游客潮中……随着见识的增长，宝宝面对别人的目光时，便会多几分坦然。

2. 对特长加以鼓励：宝宝怯于表现的原因还可能是缺乏自信，担心无法获得赞赏。因此，找出宝宝的特长并由此树立信心就显得格外重要了。通过唱歌、跳舞、数数、背诵古诗、讲故事、画画、模仿等形式挖掘和培养宝宝在这方面的能力，先创造机会让他在家人面前展示，加以热情鼓励，树立信心。当宝宝为得到赞赏兴奋不已时，家长可以趁机说："宝宝唱得这么好，小朋友们肯定喜欢听!"

3. 创造机会尝试表演：有了家长的肯定，如果再加上外人广泛的认可，宝宝的自信心就会得到强化。带宝宝走出小家，鼓励他迎着外人的目光勇敢地展示自己，这个过程可能较长，宝宝的表现也会有反复，家长应有充分的心理准备。不妨先从宝宝较为熟悉的环境入手，亲友聚会是个不错的选择，面对熟识的人宝宝会比较放松。比如家长可以看准时机，轻声对宝宝说："今天是外婆的生日，如果为外婆唱首歌，她一定特别高兴。"甚至可以陪他一块儿表演，让他觉得在别人面前表演并没有什么可怕的，妈妈也这样做了。

4. 如果宝宝还是拒绝，家长不要再施加压力，给宝宝个台阶下："是不是今天没有准备好呀？那下次准备好时再唱吧。"同时，为了减轻宝宝的负面情绪，还可以给他一个微笑或拥抱，或找出别的理由对宝宝进行肯定。

5. 每次他表演完了，家长都要带头热情鼓掌，让他感到他的行为被肯定和欢迎，增强了自信心，减少了胆怯和害羞，过不了多久，他就会在人前愿意表演了，他表演后，千万不能冷落他。

宝宝害怕小动物怎么办

云云一岁半了，平时活泼好动，但唯独看到小动物很是害怕。猫猫狗狗暂且不说，即便一只茸毛小鸡也不敢用手去触摸。一到公园里，面对肉肉的白鸽、散养的小羊等更是躲得远远的。她的妈妈很是懊恼，都不知道她为什么会害怕小动物。

母婴宝孕育专家湘雅医院儿科教授岳少杰指出，宝宝害怕小动物常常是受大人的影响所致。有时宝宝不肯睡觉，大人便学狼吼叫，并带着恐惧的表情让宝宝闭眼，声音和表情留下的印象引起宝宝害怕其他动物。

出现了害怕情绪应当挽回影响。妈妈可以按照以下的几个方法做，使宝宝不再惧怕小动物。

1. 摒弃不良暗示：在过于静态的生活环境里，小孩如果突然碰到会动的东西都会害怕，这是很正常的现象，但如果你的宝宝特别严重的话，你最好想想自己是否有过不良暗示。比如宝宝在有点好奇时，突然被你喝阻或斥责以“好脏、危险”之类的话。当他调皮捣蛋时，你曾经吓唬他，“你要是再不乖，大狗狗就会来咬你”等。久而久之，宝宝自然会有恐惧心理。如果是这样的话，那你首先要把自己这种潜移默化的引导给改掉才是，并换以积极、鼓励的话语。

2. 巧用渐隐法：每次在宝宝玩游戏玩得高兴的时候，故意把小动物放在离她近点的地方，或者只是给她看看。开始时，她还是怕得很，但时间越长，次数越多，她的害怕就开始减弱以至消退。渐渐地，她开始能接受小动物离她很近，再过段时间，她就愿意摸摸小动物了。这种方法对消除宝宝的紧张、恐惧和焦虑等都很有用。这个方法贵在坚持，要是家长放弃的话，就等于宝宝也放弃了。

3. 爸爸妈妈做榜样：1 岁半至 3 岁的宝宝，是很容易怕黑和害怕小动物的，这是正常的生理特性。当然，有些父母害怕壁虎、蜘蛛等小动物，尤其是妈妈，有时候对小狗小猫也会害怕地尖叫起来。这种反应宝宝看得多了，自然就会将这些动物与危险联系在一起，父母的这些恐惧就会传染到宝宝身上。与此相反，父母的勇敢也会起到很好的榜样作用，有助于宝宝消除或减弱对这些小动物的害怕。

4. 生活中到处有小动物：你的宝宝如此惧怕小动物，是否是宝宝接触动物的机会太少了呢？你应该多给宝宝看看关于小动物的书和画片，给他讲一些小猫小狗和小宝宝做朋友的故事，带他到宠物商店和市场，先隔着笼子观察这些小动物。或者教他触碰一些“安全性”很高的小动物，比如小乌龟、小金鱼。周末去动物园、昆虫馆游玩等。再带他到有宠物的朋友家做客，让他看看其他小朋友是怎么跟小狗小猫一起玩的。当然，千万不要急于求成，一段时间以后，不妨给宝宝一个和小动物单独接触的机会。

培养宝宝忍耐力的方法

在一些父母的意识里，给宝宝一个快乐的童年，就是有求必应，而且越快越好。这无疑带给宝宝一种错觉：我要干什么就得马上干什么。但紧急刹车，必然引来一场场哭闹并以父母的妥协告终。

母婴宝孕育专家湘雅医院儿科教授岳少杰指出，容忍力包括被动的忍耐和主动宽容两个方面。受到打击、遭受挫折，甚至遭到别人的打骂等，有时需要被动忍耐。有时做事情失败了，需要宽容自己继续前进。有时被误会、遭遇不公待遇，需要宽容对方，这些都是成功者的常见素质。

耐性不足的宝宝，情商和逆境商相对较低：他们比较散漫、自控力弱、做事有始无终；适应性差、喜欢依赖，不容易融入新环境；在挫折面前，往往表现出急躁、知难而退甚至暴力的苗头。另外，缺乏耐性的宝宝很少有幸福的感觉，他们也不懂得什么叫“珍惜”。

为什么对幼小的宝宝来说，等待这么困难？为什么当我们在打电话、在超市购物排队或为客人准备饭菜时，他们总是失去耐性呢？宝宝的忍耐力，其实与其年龄成反比，忍耐不是宝宝与生俱来的东西，必须一刻一刻地、一天一天地、一年一年地教给他，他需要花费很长的时间来学习。1 岁至 18 个月的宝宝开始只有很小的忍耐力，忍耐意味着只能等待两三分钟。如果不及时地满足他的需要，他的哭声就会逐渐升级，同时他已经学到的所有关于忍耐的要求会被忘记得一干二净。18 个月至 3 岁的宝宝已经会用语言向你倾诉他的要求，但他还不大懂得通过许多能力来调整自己，而是直接表达自己的急切愿望，迫切希望得到他需要的东西，从而常常显得毫不讲理。

既然每个年龄阶段的宝宝的忍耐力都不一样，那么我们的家长应该如何培养宝宝的忍耐力呢？母婴宝孕育专家湘雅医院儿科教授岳少杰介绍了几种方法，具体如下：

1. 给宝宝灌输“等”的概念：1 岁左右的宝宝还不太明白“等一下”的含义，他可能指着门含混地说着：“去外面。”这时你可以说：“等妈妈把你的奶瓶洗干净、装上水，我们就下楼。”或者“等你把这小碗蛋羹吃完，咱们就去找小朋友。”对宝宝，妈妈有必要把抽象的“等”化成具体的事情，让他看到：实现自己的合理要求需要一点时间。这实际上是宝宝和父母进行心理较量的必经阶段，如果你能扛得住，宝宝也能扛得住，并接受等待。

2. 延迟满足从易到难：操练宝宝的耐性要考虑其年龄和承受能力，一点点延长他们忍耐的时间。对 1 岁的宝宝，最初能等上三五分钟已经是不容易了，假如宝宝以大哭来抗议，就让他哭上 1 分钟；2 岁宝宝的忍耐力训练难度可稍大一些，妈妈可以给宝宝一个更好的选择，但他们的愿望要推迟到明天才能实现；而当一个经历过耐性训练的 3 岁宝宝提出去动物园的要求时，妈妈不妨准备一个日历，告诉他：“每天撕下一页，等宝宝撕下三张，到绿色数字的那一天，就可以去了。”

3. 说出你的理由：如果让 1 岁半以上的宝宝等待或把正在进行的游戏继续下去，妈妈应该用简短的语言告诉他们为什么，比如：“你现在咳嗽，吃了冰激凌会咳得更厉害，过几天好了才能吃”，或者“把积木再往上搭一些，你的‘楼房’肯定会更漂亮。”

4. 教宝宝学会“善解人意”：要让宝宝慢慢懂得，还有比自己的要求更重要、更紧急的事情，从而学会善解人意，学会控制自己的冲动。比如，宝宝要求和妈妈一起玩游戏，此时妈妈可以和他商量：“我有件重要的事要做，等做完了再陪你玩。好吗?”如果方便，你可以让宝宝在一旁看着你做事。

5. 把对宝宝的奖励积累起来：宝宝需要鼓励，需要奖励，这会增强他做事的兴趣和信心。但奖励也是有技巧的。比如，可以给宝宝的每一点进步用贴贴纸或红星的方法，积累奖励，积累到一定数量，就给他最想要的一个大的满足。这样习惯了在期待中获得满足的宝宝，才能学会主动控制自己的情绪和行为，将来也才能抵挡得住眼前小利的诱惑，实现更长远而更有价值的目标。

6. 父母要做宝宝的榜样：宝宝善于通过观察和模仿来学习，作为宝宝的第一任老师，父母的一言一行都会影响到宝宝。所以，父母要以身作则，做出表率。如果父母严于律己、善于克制，他对宝宝的要求会更具有权威性和说服力。

外出时宝宝不愿意走路怎么办

奥奥没有学会走路的时候，出去总有人要抱着他，奥奥妈再苦再累也愿意，因为宝宝还小。在奥奥学步期，一出门小腿蹬着奥奥妈想下来走路，虽然走得歪歪斜斜，走不好还摔一跤，但也非常喜欢走路，一会儿也不让奥奥妈抱着。

但是好景不长，自奥奥学会了走路，竟然又不走了，外出时总要大人抱着，宝宝一天天长大，体重也越来越重，本应该轻松的奥奥妈更辛苦了。

令奥奥妈奇怪的是，奥奥在玩的时候从来不让妈妈抱，活蹦乱跳的，玩得很开心。可是，每次出门刚走两步就让妈妈抱着，如果奥奥妈试着把他放下来，可他却紧紧地抱着妈妈的腿，一步也不走，奥奥妈真是一点儿办法也没有。奥奥妈为了让宝宝外出时自己走路，寻求了育儿专家的帮助。母婴宝孕育专家湘雅医院儿科教授岳少杰总结了一些常用的方法，家长可以参考一下。

1. 指定参照物的方法：跟宝宝讲原则，可以跟宝宝指定前面某一个有标志性的地点，等到达后妈妈再抱。宝宝就会非常开心地自觉走到指定地点，这样妈妈也可以得到休息，妈妈可以再抱宝宝一段，然后再引导宝宝走更多的路，慢慢地就锻炼宝宝自己走路了。前提是妈妈离宝宝不要太远，以确保宝宝的安全，还有就是确定宝宝真的不累。

2. 外出时带宝宝喜欢的玩具出行：宝宝喜欢玩具是天性。如果妈妈出门时，给宝宝带宝宝最喜欢的一个玩具，因为妈妈没有急事，不要太急于走路，可以跟宝宝边走边玩，宝宝开心地拿着自己喜欢的玩具，不知不觉中已经走了很多路，宝宝玩得开心，妈妈也轻松。

3. 跟宝宝比赛，使用激将法：如果是大一点的宝宝，可以跟宝宝使用激将法。可以对宝宝说：我们比赛好不好，看我们谁跑得快？这样，宝宝相信自己是最棒的，就会很认真地跟妈妈比赛，妈妈也可以故意跑得慢一些，让宝宝感觉自己好棒好棒，很有成就感，就会一直跑下去。不知不觉中，宝宝又走了好多路。

4. 给宝宝找一个好的榜样，鼓励宝宝：如果宝宝出门想让妈妈抱时，妈妈可以对宝宝说："你看××（宝宝认识的好朋友）多棒呀，出门也不让妈妈抱，真懂事。你也是个懂事的宝宝，也不让妈妈抱，对不对"。宝宝都喜欢夸奖，看妈妈这么一夸，顿时来了力气和勇气，自己便走在妈妈前面了。

5. 帮助宝宝克服胆怯心理：外出时和宝宝一起观察路况，告诉宝宝保障步行安全的方法：眼看路，靠右走。只有让宝宝明白自己行走也会有安全保障，宝宝才会放心、大胆地去做。

6. 设计有趣的游戏或者情景，引导宝宝练习自己走：比如，家长和宝宝念儿歌“小鸟小鸟自己飞，小鱼小鱼自己游，小狗小狗自己跑，宝宝你会不会自己走呀”。家长鼓励宝宝也像小动物学习，当宝宝做到了自己走，家长要及时给予表扬鼓励，让宝宝体会成功的喜悦。

当外出宝宝要妈妈抱时，关键是妈妈一定要有一个好的态度，不要打骂宝宝，跟宝宝讲道理，多鼓励宝宝。再加上妈妈的正确引导，相信宝宝一定会慢慢喜欢上自己走路的。

移动阅读

如何对宝宝进行延迟满足教育
父母放手，孩子才能自立
如何培养孩子的自制力
培养孩子自控力的游戏
培养孩子自制力的建议
激励孩子的技巧
如何正确表扬孩子
如何培养孩子的耐性
如何让孩子学会自立
通过等待与诱惑培养自制力
培养孩子自制能力的方法
孩子情绪自控能力差怎么办
如何更好地激励孩子

第十一章

科学育儿与早教（2~3 岁）

PART 11

第1节 2～3岁宝宝的发育指标

2～3岁幼儿体格发育的速度与婴儿时期相比略为减慢，而身高略比体重增长得快，是这一时期幼儿生长发育的特点。

1. 幼儿的生理发育状况：正常男孩3周岁时的发育标准为：身长平均为91.7～95.38 cm，体重平均为13.13～14.53 kg，头围为48.8～50.1 cm，胸围为50.2～53.54 cm。

正常女孩3周岁时的发育标准为：身长平均为91.3～92.77 cm，体重平均为12.55～14.13 kg，头围为48.7～49.8 cm，胸围为49.5～52.2 cm。这一时期的幼儿有20颗乳牙。

到3岁时，儿童脑部发育约为成人的80%，达960 g，为成人脑部2/3的重量，以后发育速度就变慢了。而身体已经非常结实了，对疾病的抵抗能力也有了很大程度的提高。在生活常规方面，3岁大的宝宝已经能单独一个人睡觉了，并且习惯了睡觉、上厕所、刷牙等作息时间。虽然许多事情仍然还是做得不太好，但已经基本能够自理了。

2. 运动特点：能熟练地爬，脚步交替上下楼梯，会骑小三轮，能动作协调地快速跑步，但有时还会跌倒。可做向上纵跳、立定跳远的动作，会踢球，能顺利弯腰而不倒下。会使用剪刀，能端装水较满的水杯，能自己脱裤子和衣服、穿裤子、穿没有纽扣的衣服。能画直线和简单的人物、风景画。

3. 语言能力：3岁宝宝已逐渐学会正确发音，已掌握一定口语，约有1000～1600个词汇，不仅掌握了许多与日常生活、起居饮食直接有关的词，也掌握了不少与日常生活没有直接联系的词，如关于人造卫星、古代历史等，但对词义的理解肤浅片面。

掌握了一些基本语法结构和一些句型，能用较恰当的词句向别人表达自己的思想和要求，但带有很大的情景性；喜欢听故事、学儿歌，能安静地听别人讲述，初步体验到与他人进行语言交流的乐趣，并能初步感受语言的丰富和优美。会使用礼貌用语，和大人进行完整的对话，表达自己的想法等。说话内容开始丰富，能完整地描述事件，能使用礼貌用语，并对语言有了一定的理解，会自己故意重复说一些自己认为有意思的词逗笑。

4. 情感特点：这时的宝宝开始了人生的第一个逆反期，特别任性、难管、让人生气，哭闹起来很凶，但只要一满足他的要求，马上就露出笑脸。

其实，3 岁宝宝的情感还和婴儿差不多，高兴了就笑，急了就哭；对喜欢的人寸步不离，对不喜欢的人不去亲近。他们的情感没有丝毫掩饰和虚假，既纯又真。

这阶段宝宝的情感还不稳定，非常容易受周围人的情感、情绪的感染和影响。例如，别的宝宝大声叫嚷时，他也跟着大声叫嚷；别的宝宝表现惧怕的情绪，他也表现惧怕的情绪。

他们还不善于控制和调节自己的情感，时常表现出眼泪未干又笑得很开心。比如，当他们得到玩具时，会高兴得笑出声，而当玩具被别人拿走时，又会急得大哭起来。

总之，这时期宝宝的情感是不稳定的，意识性或有意性很低。在正确的教育下，随着儿童经验的发展，到了 4 岁左右宝宝就会逐渐地控制住自己的感情了。

移动阅读

2～2.5 岁宝宝的发育指标
2 岁宝宝的心理特点
2 岁宝宝的思维意识
2～3 岁宝宝的语言发展
2～2.5 岁宝宝的精细动作发展
2.5～3 岁宝宝的发育指标
2.5～3 岁宝宝的精细动作发展
宝宝创造力的发展

第2节　2～3 岁宝宝的保健

2 岁宝宝饮食大全

宝宝发育到 2 周岁，已经可以接受和吸收日常的食物了，这个时候，更要对宝宝的营养加以均衡，确保宝宝的健康成长。

1. 2 周岁宝宝吃什么好：在我们的膳食中，提供热能的主要还是谷类。2 岁小儿对谷类的消化吸收已没有什么问题，因此，诸如米饭、馒头等主食品对儿童还是适宜的，而带馅的包子、饺子等食品是较受小儿欢迎的。在主食品中，油炸类食品还应避免。在副食品中，鲜鱼及各种肉蛋类、海味品等能够提供较优质的蛋白质、脂溶性维生素及微量元素，尤其是鸡蛋，营养价值高，又易于消化，且较价廉，是儿童首选的副食品。豆制食品是我国的传统食品，它营养丰富，是廉价的优质蛋白质的来源。

在六大类营养物质中，富含维生素和无机盐的还有蔬菜类，尤其是橙、绿色蔬菜，诸如胡萝卜、小白菜、韭菜等营养价值更高。

由于2岁小儿24颗乳牙已长齐，具有一定的咀嚼能力，只要将蔬菜切成细丝、小片或小丁，就能既满足小儿对营养素的需求，又适应小儿此时期的咀嚼能力。

2. 2周岁宝宝如何喂养：1～2岁的宝宝将陆续长出十几颗牙齿，主要食物也逐渐从以奶类为主转向以混合食物为主，而此时宝宝的消化系统尚未成熟，因此还不能给宝宝吃大人的食物，要根据宝宝的生理特点和营养需求，为他制作可口的食物，保证获得均衡营养。应该注意的是：

(1) 宜少吃多餐：宝宝的胃容量有限，1岁半以前可以给宝宝三餐以外加2次点心，点心时间可在下午和夜间；1岁半以后减为三餐一点，点心时间可在下午。但是加点心时要注意一是点心要适量，不能过多，二是时间不能距正餐太近，以免影响正餐食欲，更不能随意给宝宝零食，否则时间长了会造成营养失衡。

(2) 多吃蔬菜、水果：宝宝每天营养的主要来源之一就是蔬菜，特别是橙绿色蔬菜，如西红柿、胡萝卜、油菜、柿子椒等。可以把这些蔬菜加工成细碎软烂的菜末炒熟调味，给宝宝拌在饭里喂食。要注意，水果也应该给宝宝吃，但是水果不能代替蔬菜，1～2岁的宝宝每天应吃蔬菜、水果共150～250 g。

(3) 适量摄入动植物蛋白：在肉类、鱼类、豆类和蛋类中含有大量优质蛋白，可以用这些食物炖汤，或用肉末、鱼丸、豆腐、鸡蛋羹等容易消化的食物喂宝宝。1～2岁的宝宝每天应吃肉类40～50 g，豆制品25～50 g，鸡蛋1个。

(4) 牛奶中营养丰富，特别是富含钙质，利于宝宝吸收，因此这一时期牛奶仍是宝宝不可缺少的食物，每天应保证摄入250～500 mL。

(5) 粗粮细粮都要吃：可以避免维生素 B_1 缺乏症。主食可以吃软米饭、粥、小馒头、小馄饨、小饺子、小包子等，吃得不太多也没有关系，每天的摄入量在 150 g 左右即可。

如何培养宝宝的饮食习惯

在宝宝的成长过程中，早期的饮食习惯的养成很可能会改变宝宝的一生。因此，家长一定要意识到幼儿期对宝宝饮食习惯的培养很重要。为了培养宝宝养成良好的饮食习惯，家长可以这样做：

1. 提供丰富多样的辅食：注意口味要清淡，让宝宝多多尝试各种食品。

2. 营造愉快的用餐气氛：不要逼迫宝宝吃东西，碰到宝宝不喜欢的食物，可以试着改变烹调方式，或是用其他营养相当的食物代替。

3. 正餐之外少吃零食：即便要吃零食，也要以更健康的零食为主。

4. 不在宝宝面前批评食物：别以为宝宝听不懂，他可以从你的语气或表情中获取有效信息，如果某种食物经常遭到批评，宝宝同样也会讨厌它。

5. 不能用食物来分散宝宝的注意力："妈妈有事，这里有包小饼干，你坐在沙发上慢慢吃，不要吵闹。"这样很可能会使宝宝养成在情绪紧张或厌倦时就想吃东西的习惯。

6. 切忌将食物作为一种奖惩："如果你把玩具收好，妈妈就带你去吃肯德鸡。""不把玩具收好，以后就不去吃肯德鸡了。"久而久之，宝宝会把食物当作一种依赖。

7. 不要将食物用作一种慰藉：比如，如用饼干、糖果等安慰跌跤的宝宝，这可能造成宝宝将食物当成安慰物，万一遭遇不顺心的事情就用吃东西来安慰自己。

8. 尊重宝宝对食物的偏好：在宝宝开始接触固体食物时，注意观察宝宝喜欢什么样的食物。因为小婴儿也有偏好。宝宝第一次品尝某种食品的时候，不要将其与别的食物混在一起，这样能方便家长了解宝宝的饮食偏好，同时知道宝宝对哪些食物过敏。

9. 接纳一个挑剔的进食者：当宝宝对面前的食物不感兴趣时，妈妈千万不要强迫她进食，可适当变换一下食物。如用酸奶来替代她经常喝的牛奶；或者用一小块苹果代替她天天喝的果汁。

10. 妈妈应当积极地正面地看待宝宝的食欲，多说正面的"好话"。比如，“宝宝多么能吃啊。”“这个真好吃呀。”而不是用疑惑和责备的口气说，“宝宝好像胃口不大好”和“为什么宝宝什么都不爱吃”等等，帮助宝宝建立对食物的好感。

11. 让宝宝自己进食，能帮助提高宝宝的兴致与胃口。妈妈应准备一些宝宝可以用手进食的食物，如水果、蔬菜、面包、馒头等。

12. 按时进餐：宝宝一天的进餐次数、进餐时间要有规律，到该吃饭的时间，就应喂他吃饭，吃得好时就应赞扬他，如果不想吃，也不要强迫他吃，长时间坚持下去，就能养成定时进餐的习惯。

宝宝看电视时的注意事项

对于家中的“小电视迷”，很多家长摇头表示叹息。不让他看，哭闹；让他看，又担心损害宝宝的视听。对于这样的“小电视迷”，家长可以采取以下措施，逐渐帮宝宝摆脱电视瘾：

1. 鼓励宝宝进行其他活动，逐渐转移宝宝对电视的注意力。

2. 平时不要宅在家，多带宝宝去社区走走，看看动物植物，看看汽车高楼，见见其他宝宝。

3. 参加亲子活动，比如多跟宝宝说话，一起玩积木、看图片、听音乐等，还能增强宝宝语言、手眼协调等多方面的能力。

4. 让宝宝停止看电视可运用一些技巧，比如看电视前先跟宝宝约好：“等天线宝宝说再见了，我们也跟他们再见，好不好?”征得宝宝同意以后开始看，该结束时就结束。时间逐渐缩短，2 岁左右的宝宝最好一周看一次，每次 10 分钟，培养宝宝形成习惯。

为保护宝宝的视力和听力，家长在让宝宝看电视时，还需注意下列事项：

1. 场地布置上，电视机的位置不能太近太偏太高，房间不能太暗，要让宝宝看得舒服。

2. 内容选择上，以片段短、速度慢、色彩明朗为宜，适合宝宝的感知能力。

3. 忌时间过长：学龄前儿童每天看电视的时间最好控制在 40 分钟以内。

4. 忌距离过近：一般来说，看电视时，把宝宝的座位安放在距离电视机 2.5～4 m 处为宜。

5. 忌音量过高：长时间在较高音量的刺激下，不仅容易使听觉的感受性降低，而且容易导致视觉等感受性的下降。

6. 忌光线过暗：晚上和宝宝一起看电视时，不要把照明灯都关闭，在电视机后方安上一盏小红灯，可起到保护视力的作用。

7. 忌坐姿不正：看电视时坐姿不正容易使宝宝未定型的脊柱发生变形与弯曲等，养成不良的坐姿习惯。

8. 忌饭后即看：饭后，让宝宝轻微活动一会儿后，再看电视为宜。

9. 忌边吃边看：边看电视边吃东西，容易加重宝宝的消化负担，影响消化功能。长期如此，还易养成吃零食的不良习惯。

10. 忌看武打凶杀内容的电视：常常看武打凶杀片，不仅容易使宝宝长时间处于紧张、恐惧状态，影响身心健康发育，而且容易使宝宝产生好奇心，进行模仿。

11. 忌让宝宝躺着看电视：躺着看电视易引起视觉模糊和视力下降，造成眼睛散光等疾病，还会引起失眠、神经衰弱和腰背酸痛等不良后果。

教宝宝自己穿鞋袜

宝宝2岁以后，身体结构基本成型，这时候就可以开始教他穿鞋袜了。因为宝宝小的时候，身体产生热量较少，散热能力较大，在温度低时，宝宝双脚的神经末梢循环就不好，总有摸起来凉凉的感觉，给宝宝穿上抹子，对宝宝可以起到保暖的作用。

1. 穿袜子的步骤：袜子更贴近宝宝的小脚，更能体现保护作用，尤其是宝宝小的时候。

第一步，家长先将袜子卷至一半，仅剩下袜子前缘脚指头的部分，降低穿袜子的难度。

第二步，把袜子递给宝宝，然后让宝宝自己将袜子套在脚上。宝宝弯腰套袜子的过程可以让腰部和腿部肌肉得到锻炼，还可以训练手眼脚的协调性。

第三步，再由宝宝自己将袜子拉上，宝宝一般都会用力扯上去，小小的炫耀一下。拉扯袜子需要用到拇指和食指，锻炼了手指灵活性。

三步完成后，不管袜子位置是否很正确，必须用拥抱、鼓掌的方式来称赞宝宝，让他下次更有信心穿好袜子。

2. 穿鞋的步骤：宝宝穿鞋是为了保护脚，尤其是学会走路以后，更要给宝宝穿上合适的鞋子，这样不但能让宝宝的脚保暖，还能保护宝宝的脚部发育。宝宝的鞋子种类多样，刚开始教宝宝时定要选那种粘贴式的，宝宝容易穿的鞋子。

第一步，妈妈可以先拿布娃娃给宝宝做穿鞋的示范，让宝宝看着每一步的动作，并在每步的同时学着为宝宝唱和穿鞋有关的童谣或者儿歌，最关键的是让宝宝先学会辨认左边的鞋子和右边的鞋子，这是宝宝自己穿鞋的基础。

第二步，让宝宝自己穿鞋时，将鞋子合拢放在宝宝前边，鞋的扣是打开的，妈妈站在他身旁，先让宝宝往前迈步将双脚放入摆好的鞋里，再让宝宝将粘贴带按好。这样会让宝宝觉得穿鞋很容易，容易建立起自信心。

如何教宝宝自己穿衣服

宝宝长到两三岁就有了强烈的我自己干的要求，他有这种独立愿望，家长就因势利导从培养宝宝日常生活的初步自理能力开始，宝宝独立性就在这个过程当中培养，培养宝宝独立性的这种基本能力、基本习惯是非常重要的。

1. 培养孩子穿衣的兴趣：兴趣是最好的“老师”，比如最初让宝宝穿衣时，就特意把买回来的新衣服给宝宝穿，并告诉他刚买回来的新衣服穿在身上非常漂亮。或者让他学穿一些着色鲜艳的衣服，穿插上有小动物图案的衣服等等，都能培养宝宝对穿衣服的兴趣。父母尽量不要强迫宝宝。

当宝宝不愿自己穿衣服的时候，家长不要强行压制，或是打骂，逼其“就范”，而是应该正确地给予引导。一方面是给他讲些生动有趣的故事，告诉他能够独立生活的宝宝是好宝宝，另一方面是拿他和同龄的宝宝作比较，或是和爸爸妈妈举行穿衣服比赛等，激发宝宝的求胜欲望，让他乐意自己穿衣服。

2. 按年龄训练宝宝自己穿：当宝宝可以学习自己穿衣服的时候，让他用布娃娃做练习：给布娃娃脱去衣服、穿上，然后扣扣子、拉拉链，最后练习系鞋带。当然，宝宝不可能一次全学会，家长需要有足够的耐心。

3. 选择适合宝宝的衣服：你要为宝宝选择穿脱都很方便的服装。对宝宝来讲，有松紧带的裙子和裤子、套头衬衫又好穿又好脱，而系扣子的大衣或带拉链的滑雪服就比较难对付。当他对简单的服装应付自如后，再逐渐让他穿式样较复杂的服装。

4. 不厌其烦教宝宝正确穿衣：不要让宝宝产生过重的心理依赖性，家长要让宝宝自己穿衣服，同时要不厌其烦地教宝宝正确的穿衣方法，如毛衣怎么穿？裤带怎么系？纽扣怎么扣等，在完全放手让宝宝穿衣以后，要注意检查宝宝的衣服穿得是否整齐、正确，多给予些表扬、鼓励或是物质奖赏，这样坚持下去，就会培养出宝宝自己穿衣的好习惯。

(1) 先教宝宝认识衣服的前后和反正。教宝宝区别衣服的前与后、反与正的最好方法，是利用衣服上的某种标志，让宝宝记住这些标志。例如，裤子的前面有口袋，后面没有口袋。衣服的前面有花纹，后面没有花纹。

(2) 开始时，家长把衣服、裤子平放在床上，教宝宝把手或腿伸进去，以后再教宝宝把衣服或裤子提起来往身上穿。可以通过儿歌、比赛的方式，使穿脱衣服变成一种有趣的游戏。

脱套衫：抓领子，盖房子，小老鼠，出洞口。

穿套衫：要留心，先套大洞洞，再套中洞洞，最后小手钻出小洞洞。

注意：每个宝宝都可能有自己穿脱衣服的方法，只要宝宝穿得快，穿得好，不必拘泥于一种模式。

(3) 教宝宝扣钮扣要从最下面的钮子扣起，教他一只手拿钮扣、一只手拿扣眼，然后把扣子捅进扣眼里。

(4) 边穿衣服，边作些提示。边给宝宝穿衣服，边让他跟着你一起哼哼：“我们快快穿上裤子，穿上裤子；然后快快穿上袜子，穿上袜子……”宝宝慢慢就会明白穿衣服的顺序。

(5) 耐心地教，逐渐地提要求。2～3 岁的宝宝，自己穿脱衣服有一定困难，不能一下子教许多，只能在宝宝学会一样后再教另一样。例如，宝宝学会了把腿伸进裤腿后，再教他站起来把裤子提好。

(6) 和宝宝一起穿衣服。通常宝宝都喜欢模仿大人的样子。如果家长和宝宝一起穿衣服，不仅可以使宝宝学到正确的穿戴方法，而且也可以使学到对付繁忙生活的经验。

怎样预防儿童性早熟

性早熟是指女孩 8 岁以前，男孩 9 岁以前，出现与年龄不相应的第二性征，即乳房发育、周期性阴道流血、阴毛腋毛出现，身高体重迅速增长、外生殖器发育。在男女儿童中，性早熟的发生率大约为 0.6%，其中女性多于男性，比例大约为 5∶1。

宝宝过早发育让很多家长头疼不已，但性早熟是可以预防的。只要家长在日常护理中注意以下细节，可让宝宝远离性早熟。

1. 适当控制饮食：避免营养过剩，尤其避免油脂多的食物，少吃甜食、牛肉、羊肉等，不要让宝宝养成吃洋快餐的习惯。但要保证蛋白质的摄入量，并应多吃些蔬菜水果。

2. 让宝宝避免进食可能含有性激素的营养品和保健品，不要盲目给宝宝食用蜂王浆、花粉制剂、鸡胚等“补药”。

3. 不要给宝宝使用含有性激素的护肤品，也不要给宝宝搽用成人化妆品或护肤品；妥善存放避孕药物、丰乳美容品等，以免宝宝误服或接触。

4. 增加体育活动，尤其要加强锻炼下肢，每天应保证 30 分钟以上的运动时间，运动项目可选跑步、爬楼和跳绳。

5. 保证充足睡眠：每晚应有八九个小时的高质量睡眠，以保证垂体在夜间能分泌足量的生长激素，因为生长激素对身高快速生长有重要的促进作用。

6. 创造良好的环境：比如不要让宝宝过多接触与年龄不相称的视觉刺激，使他们的天性得到发挥，逐渐实现“本色”的回归。

另外，以下食物是导致宝宝性早熟的高危食物，家长一定要让宝宝远离这些食品：

1. 可入药的大补类食品：如冬虫夏草、人参、桂圆干、荔枝干、黄芪、沙参等。

2. 禽肉，特别是禽颈，现今市场上出售的家禽，绝大部分是用拌有快速生长剂的饲料喂养的，禽肉中的“促熟剂”残余主要集中在家禽头颈部分的腺体中，因此，吃鸡、鸭、鹅的颈部，就成为“促早熟”的高危行为。

3. 反季节蔬菜和水果：冬季的草莓、葡萄、西瓜、西红柿等，春末提前上市的梨、苹果、橙和桃，几乎都是在“促熟剂”的帮助下才反季或提早成熟，一定要避免给幼儿食用。

4. 油炸类食品，特别是炸鸡、炸薯条和炸薯片，过高的热量会在儿童体内转变为多余的脂肪，引发内分泌紊乱，导致性早熟。每周光顾洋快餐两次以上，并经常食用油炸类膨化食品的儿童，“性早熟”的可能性是普通儿童的

2.5 倍。

5. 某些儿童口服液：针对儿童市场的很多标榜“长高长壮”的补剂和口服液，相当部分含有激素成分。这些激素使宝宝在五六岁时长得比同龄儿童高大壮实，其骨龄已达 8 岁或 10 岁。而等宝宝进入正常发育阶段时，反而不见长了。

宝宝老喜欢揪小鸡鸡怎么办

2～4 岁的宝宝，处于一个性心理发展的特殊阶段，这个阶段心理学上称为性蕾期。在性蕾期，宝宝的性心理可以有以下 4 个特点：

1. 性好奇：当宝宝开始意识到有男女性别的不同之后，可能会产生好奇心，很想看异性的生殖器到底是怎样的。

2. 性骄傲：当男孩发现自己有一个“小鸡鸡”而女孩没有时，有些男孩会有意在大人面前“炫耀”，如在亲友面前把小便射得高高的，以骄傲地显示自己有个“小鸡鸡”。

3. 幼儿手淫：宝宝开始对自己的生殖器产生很大的兴趣，并从玩弄生殖器中获得快感，造成手淫习惯。

4. 性别认同：随着对性的好奇，宝宝这时候对自己的性别角色开始有了意识。父母应明确告诉男孩，长大后会像爸爸一样是男人；告诉女孩，长大后会像妈妈一样是女人。

纠正宝宝不良习惯的方法：

1. 丰富宝宝的活动：宝宝的性好奇是无意识的、不稳定的，甚至盲目的，父母应丰富宝宝的活动，使之多样化，趣味化，注意培养宝宝的多样爱好，是宝宝把心思和精力都用在他所感兴趣的活动上，如绘画，玩智力游戏等。

2. 轻描淡写地回答问题：当宝宝提出性问题时，应轻描淡写地回答，不要欺骗，不要不好意思，不要有神秘感。因为，宝宝的性提问往往是漫不经心的，并没有经过深思熟虑，更没有什么恶意想法，父母应当了解这点，自然坦诚地回答问题。父母的窘迫与羞怯，只能加重宝宝的好奇心，使之对于所提的问题牢记在心。

3. 减少环境中诱发性活动的刺激：父母要留意自己的行为。宝宝的内衣内裤应宽松些，不要让宝宝从事有可能刺激性感区的活动，如爬树、抱枕头等。

4. 回答要通俗易懂：应用科学名词解释男女的生殖器，并告诉宝宝如何保护它，不能随便玩弄。每次回答宝宝的这些问题时，不要超过宝宝的好奇范围和理解能力，就具体问题回答，不要过深过细，应当通俗易懂，充满自信。

5. 避免同床睡眠：夜间与宝宝同睡有可能会不小心刺激到宝宝的敏感部位，产生性快感，形成宝宝喜欢摸弄性器官的习惯。

6. 进行适当性教育：对于年龄较大的宝宝，父母可以适当地传授一些孕产生育的常识，在平时谈话中多加引导，可运用故事、比喻等方式来说明生育、恋爱等方面的现象。

移动阅读

9 种方法控制孩子挑食	四招让孩子爱上蔬菜
哪些食物可改善孩子的睡眠	5 类食物损害孩子的大脑
营养早餐应该怎么吃	宝宝营养午餐的做法
宝宝吃晚餐的误区	怎样辨别搀假蜂蜜
怎样让宝宝健康喝酸奶	如何用食物来调节宝宝的不良情绪
危害宝宝健康的垃圾食品	怎样让宝宝远离垃圾食品
服用蛔虫药的注意事项	宝宝抽搐的预防及处理
维生素 D 中毒的预防及处理	蛲虫病的预防及处理
儿童餐具的挑选与清洁消毒	正确对待宝宝尿床
如何化解孩子“精力过剩”	带宝宝摘草莓的注意事项
宝宝耳部感染的迹象及预防方法	小儿扁桃体发炎的护理及预防
打呼噜影响宝宝的发育吗	儿童假性近视的矫正和预防
孩子包皮过长的护理和矫正方法	小儿尿路感染的护理及预防
儿童假性近视的矫正和预防	小儿急性胃肠炎的家庭护理
小儿百日咳的护理及预防	怎样判断小儿是否性早熟
导致幼儿性早熟的六大主因	易致幼儿性早熟的食物
幼儿性早熟的表现形式	儿童性早熟的问题解答
性早熟对儿童的四大危害	性早熟≠青春期提前
什么是儿童自闭症	自闭症的临床表现
导致自闭症的原因有哪些	解密儿童自闭症

移动阅读

治疗自闭症的最佳时间	怎样对待自闭症儿童
典型儿童自闭症的表现	自闭症孩子的心理问题
儿童自闭症的诊断标准	诊断儿童自闭症的注意事项
儿童自闭症的治疗方法	如何护理自闭症儿童
如何护理小儿麻痹症儿童	如何护理弱智小儿
矫治儿童自损行为	

第3节 2～3岁宝宝的安全

小孩踝关节扭伤的处理

小儿顽皮，平衡及防卫能力差，常容易发生扭伤，且扭伤常发生于活动较多的关节，最常见的就是踝关节扭伤。若宝宝不慎扭伤踝关节，家长可采取以下措施进行处理：

1. 发现扭伤后，立即让孩子停止运动，将扭伤部位的衣物或鞋带松解，如果肿胀厉害无法解开时，可用剪刀剪开把鞋袜脱掉。

2. 查看扭伤部位，如果扭伤不严重，无须特殊处理，只要在扭伤处用冷敷即可。

3. 冷敷：可以将踝部放入冷水中，或将手巾放在冰块上，再将踝部放在手巾上，每次 20 分钟，6 小时 1 次，可起到收缩血管，消肿止痛的作用。

4. 固定：先用干净敷料盖住伤口，用手、绷带等压迫患处，可减缓伤势恶化。包扎时，从伤处几寸之下开始往上包，大约以一半左右做螺旋状重叠，以平均且稍加压力的方式逐渐包上，但经伤处时要松些，保证伤肢血液循环畅通。观察露出脚趾的颜色，若有疼痛、皮肤变色、麻痹、刺痛等症状，表示包得太紧，应解开重包。

5. 将伤部抬高，避免患处活动，可减轻疼痛：

6. 宝宝脚踝扭伤后，很容易再次发生扭伤，可在鞋底外侧后半段钉一片胶皮或塑料，将鞋垫高半厘米以保护韧带。不要让宝宝在不平的路上跑跳，更不可让宝宝穿高跟鞋。

7. 经过 24 小时，肿胀和疼痛过后，没有发现骨折征象，可用热敷，促进局部血液循环，以利于血肿及时吸收。方法是将热手巾置于踝部，或加置热水袋，每次 30 分钟，每天 1～2 次。还可采用自我按摩。在踝关节周围痛点上用手掌或手指揉摩 10 分钟左右。然后左右摇动踝关节 10～15 遍。范围由小到大，每天 1～2 次。按摩治疗应在伤后 24 小时以后应用，以免增加皮下出血。

8. 如果伤部疼痛剧烈，说明有骨折的可能，应及时送医院处理。

特别需要注意的一点是，在宝宝扭伤后，不能立即按摩。这是因为急性扭伤后，会引起毛细血管破裂，如果立即按摩，加重毛细血管出血，引起血肿。另外，急性扭伤后周围软组织如肌肉、韧带发生挫伤，立即按摩后加重挫伤。如果急性扭伤后有时会伴有骨折，再进行按摩，会加重骨折的移位。因此急性扭伤后切不可按摩。

孩子食物中毒的预防和处理

一旦宝宝出现上吐、下泻、腹痛等食物中毒症状，首先应立即停止食用可疑食物，同时，立即拨打中心 120 呼救。在急救车来到之前，可以采取以下急救措施：

1. 催吐：对中毒不久而无明显呕吐者，可先用手指、筷子等刺激其舌根部的方法催吐，或让中毒者大量饮用温开水并反复催吐，以减少毒素的吸收。如经大量温水催吐后，呕吐物已为较澄清液体时，可适量饮用牛奶以保护胃黏膜。如在呕吐物中发现血性液体，则提示可能出现了消化道或咽部出血，应暂时停止催吐。

2. 导泻：如果患者吃下去的中毒食物时间较长（如超过 2 小时），而且精神较好，可采用服用泻药的方式，促使有毒食物排出体外。用大黄、番泻叶煎服或用开水冲服，都能达到导泻的目的。

3. 解毒：如果是因吃了变质的鱼、虾、蟹等引起的食物中毒，可取食醋 100 mL，加水 200 mL，稀释后一次服下。此外，还可采用紫苏 30 g、生甘草 10 g 一次煎服。若是误食了变质的防腐剂或饮料，最好的急救方法是用鲜牛奶或其他含蛋白质的饮料灌服。

4. 保留食物样本：由于确定中毒物质对治疗来说至关重要，因此，在发生食物中毒后，要保存导致中毒的食物样本，以提供给医院进行检测。如果身边没有食物样本，也可保留患者的呕吐物和排泄物，以方便医生确诊和救治。

5. 当患者出现呕吐、腹泻、舌苔和肢体麻木、运动障碍等食物中毒的典型症状时：

(1) 要注意为防止呕吐物堵塞气道而引起窒息，应让患者侧卧，便于吐出；在呕吐中，不要让患者喝水或吃食物，但在呕吐停止后马上给补充水分；留取呕吐物和大便样本，给医生检查。

(2) 如腹痛剧烈，可取仰睡姿势并将双膝弯曲，有助于缓解腹肌紧张；腹部盖毯子保暖，这有助于血液循环。

(3) 当出现脸色发青、冒冷汗、脉搏虚弱时，要马上送医院，谨防休克症状。

6. 当患者出现抽搐、痉挛时：马上将患者移至周围没危险物品的地方，并取来筷子，用手帕缠好塞入患者口中，以防止咬破舌头。

食物中毒严重的话，会危及生命。因此，在日常生活中要做好防范措施：

1. 养成良好的卫生习惯，养成饭前、便后洗手的卫生习惯。

2. 餐具要卫生，饭后将餐具洗干净存放在一个干净的塑料袋内或纱布袋内。

3. 饮食要卫生，生吃的蔬菜瓜果之类的食物一定要洗净皮。不要吃隔夜变味的饭菜。不要食用腐烂变质的食物和病死的禽、畜肉。剩饭菜食用前一定要热透。

4. 生、熟食品要分开，切过生食的刀和案板一定不能再切熟食，摸过生肉的手一定要洗净再去拿熟肉，避免生熟食品交叉污染。

5. 对不熟悉的野生动物不要随意采捕食用，海蜇、牛蛙等产品宜用饱和食盐水浸泡保存，食用前应冲洗干净。扁豆一定要焖熟后食用。

6. 敌敌畏杀虫剂和灭鼠药等不能与食物放在一起。

宝宝割、刺伤的处理和预防

全球儿童安全组织调研报告显示，儿童在家中被割伤和刺伤占所有意外伤害发生的第4位，有50%的割、刺伤发生在家中。尖锐的玻璃、刀具、手工工具、家电等是造成儿童割、刺伤入院的主要原因。因此，家长要加强对宝宝的看护。若宝宝不小心被割伤或划伤，家长可根据受伤程度的轻重对症处理：

1. 当伤口比较浅时：先用清水或者过氧化氢溶液消毒，然后用纱布多叠几层，敷在伤口上帮助宝宝止血。消毒之后贴上创可贴就可以了。

2. 如果出血，请先止血。首先要拔刺。如果刺是露在外面的话，可以借助用具拔出来。如果刺是陷入在肉中的，要用消毒过的针挑出来。做以上的处理时，一定要给宝宝一边拨弄伤口一边消毒，如果使用针挑出刺，要先压住伤口的周围，将血及脏东西挤出后再接着消毒。伤口处理后，用创可贴贴上伤口就可以了。

3. 当伤口比较深时：用重叠几层的消毒纱布敷住整个伤口，并用力压住伤口（但是千万不能过于用力），同时将宝宝的伤口抬到比心脏更高的位置，这样可以把血止住。血止住后，再给宝宝清理伤口，进行包扎。如果家长无法自己处理，应迅速带宝宝就医。

4. 如果伤口大量流血不止，且呈喷射状出血，则有可能是伤及动脉，它可能导致休克，并危及生命。在这种情况下，应该马上扎压迫绷带，将受伤的血管压迫在骨头上，绷带必须扎在心脏和出血的伤口之间。然后，以最快的速度拨急救电话。如果知道附近有医院，最好是马上送宝宝到医院急救，使宝宝脱离危险。

年幼的宝宝，安全意识淡薄，家中很多物品都可能让其割伤或刺伤。这就要求家长加强安全意识，做好防范措施，让宝宝远离这些意外。

1. 只要是有可能伤害到宝宝的危险物品，都要收藏在宝宝碰不到的地方。

2. 养成物品用完归位的好习惯，避免宝宝发生割、刺伤等意外。

3. 破损的玩具也很容易伤到宝宝，要注意清理丢掉。

4. 家中破损的设备物品必须立即处理。

移动阅读

怎样培养宝宝的自我保护意识
如何减轻动画片暴力对孩子的影响
儿童安全用电常识
儿童安全故事：危险的小洞
儿童骑车安全手册
四部曲让孩子认识家的方向
儿童居家安全意识培养
儿童乘坐扶梯“十不要”

移动阅读

儿童安全故事：电娃娃都是急性子	怎样灌输孩子的安全意识
国外儿童的看护规定	怎样树立幼儿的安全意识
儿童安全意识培养需家长言传身教	儿童安全故事：上当受骗的小白兔
生活中幼儿性别教育的契机	教会儿童保护身体隐私
儿童安全故事：独角兽和啦啦	幼儿遇到性侵害，家长该怎么处理
儿童安全故事：聪明的小花猫	

第4节　2～3岁宝宝的智力促进

2～3岁宝宝的记忆力训练

2岁左右的宝宝即便对所要记忆的内容根本不理解，但在成人的反复教导下，仍然能够将很多东西保留在他的记忆深处。为了进一步促进宝宝记忆力的发展，家长可以这样做：

1. 生活记忆：与宝宝共同回忆做过的事。比如，从动物园游玩后回到家，请宝宝回想一下看到了什么？做了些什么？如果宝宝记不清楚，可以启发他："我们今天在动物园里看见大象和猴子了吗？"这样可激发他去回忆大象和猴子是怎么吃东西的。如果这次记不清了，卜次就有可激发他去回忆大象和猴子是怎么吃东西的。如果这次记不清了，下次就有可能记住了。注意问题要提得恰当，要能帮助记忆。如果问题问得太大的话，比如，"今天在亲子园做了些什么？"宝宝可能回答"没做什么"。反过来，如果问得具体、有针对性，可使宝宝重温一遍所记忆的事情，比如，"今天在亲子园唱了什么歌？""画的什么画？""谁和你一起去动物园？""今天中午你吃的是鱼还是肉？"

2. 动作记忆：让宝宝模仿手的连续动作，如折纸、串珠等。也可以让宝宝模仿身体的连续动作，如学体操、跳舞等。

3. 实物记忆练习：让宝宝根据记忆寻找所需要的玩具，如先让宝宝看一个小球，然后把它收起来再让宝宝在其他的玩具中找这种小球。

4. 强化记忆练习：父母可以选择一些形象直观，与宝宝本人关系较为密切的东西和他感兴趣的事物来训练他的记忆。可教宝宝自己的名字、身体的主要部位，间隔一段时间，情景再重复。

5. 词汇记忆：成人在讲述宝宝较熟悉的故事，或教宝宝念他熟悉的儿歌，或唱他熟悉的歌时，有意识地停顿下来让宝宝补充，由简到难，开始让宝宝续上单字，以后可逐渐让宝宝续上一个词、一句话，这既可促进记忆力的提高，还可发展宝宝的语言能力。

6. 实物记忆：让宝宝回忆起不在眼前的实物，可给宝宝一件玩具，让他注视您将玩具放到盒中，盖上盖子，让他说出盒中玩具的名称。

7. 说说物品用途：家长为宝宝准备几样物品，物品的多少可以由 2 件、3 件逐步增加，如先拿一个苹果和毛衣，让宝宝分别说出是什么物体，是吃的，还是穿的，然后蒙着宝宝的眼睛，家长交给宝宝一件物品，让宝宝摸一摸，说出这是什么物品，属于哪一类，有什么用途。当宝宝熟练后，再加一件物品，如苹果、毛衣、勺子，同样的方法，让宝宝摸一摸，说出名称、用途并归类（吃、穿、用）。

8. 图象记忆：让宝宝看一张画有数种动物的图片，限定在一定时间内看完，开始时时间可长些，逐渐减少看的时间，然后将图片拿开，让宝宝说出图片上有哪些动物，如果宝宝记住的不多，还可以教他使用一些记忆的方法，如有翅膀、能飞的有哪些？

9. 数字记忆：虽然此时宝宝对数的概念还不清楚，但机械记忆能力强，通过数字记忆练习，可强化宝宝机械记忆能力，如可教宝宝记门牌号、电话号码、历史年代等各种数字材料。

2～3 岁宝宝的想象力训练

爱因斯坦曾说过："想象力远比知识更重要。"想象力是思维的翅膀。宝宝想象的最初表现在 2 岁左右，家长可以通过以下游戏促进宝宝想象力的发展：

1. 吹一吹，猜一猜：将桌子收拾干净后，倒少量清水在上面，让宝宝观察像什么。然后一边吹桌子上的水，一边问宝宝像什么。也可以用手指弹水，变出各种各样的图形来。注意倒水时不要过多，避免洒在地上。吹和弹都可以让宝宝自己做。

2. 添一添，画一画：家长和宝宝一起在白纸上绘画。要求每人每次只能添一笔，最后构成一幅有意义的画。在绘画过程中，家长尽量不要问宝宝准备画什么，让他自己来想象。在最后成果展示时，家长不要对作品评头论足，要用积极的态度来肯定宝宝。

3. 想一想，说一说：家长讲故事，讲到一个环节停一下，和宝宝一起想象主人公下一步会怎么做？然后两个人讨论是否合理，接着看原故事是怎么样进行的，继续讲下去。这样边停边讲，直至讲完。可以把宝宝编的故事组合起来，一起写成一个新故事。

选择故事最好是宝宝喜欢的类型，以调动他续编故事的积极性；和宝宝一起续编时，先让宝宝说，以免宝宝模仿家长的思路；在讲故事时不要强调书上编的是最好的，肯定宝宝，增强他的自信心。

4. 拼贴画：让宝宝把一些零散的东西，如细绳、毛线、小塑料片、彩纸片、烟盒纸、包装纸、羽毛、树叶、贝壳等粘在纸上，不能用浆糊粘的也可用胶带粘。任宝宝按自己的想象去创造，怎么摆都行，最后构成一幅图画。

5. 制作玩具：家长可以去玩具店买一些需要宝宝自己制作的玩具材料，教他们自己去组装制作。这样会比现成的玩具起到的效果大得多。因为在制作过程中，可以很好地激发宝宝的想象力和培养宝宝动手的能力。

6. 打电话：带宝宝坐车外出时，装着互相打电话，发出电话铃声，当他应答时，问他窗外看到了什么、目的地是哪里。比如，“你在哪里呢？游乐场好玩吗？”

7. 捏橡皮泥：家长可以给宝宝提供足够的橡皮泥，各种颜色的都有。开始教宝宝揉、压、卷、捏等动作，接着塑造各种人和物的形象。从简单的生活中常见的简单造型，例如饼干、筷子、勺子等，到后面的糖葫芦、小兔子等复杂的造型。

8. 苹果里的星星：吃苹果时，切开果芯，看一下里面的种子是如何排列的。问宝宝这像什么形状？一朵花？一颗星星？现在，将所有的种子从果芯中拿出，数一下共几个。画一个苹果，让宝宝将种子粘到苹果中心。

2～3 岁宝宝的注意力训练

注意力是宝宝认识世界的第一道大门，是感知觉、记忆、学习和思维等不可缺乏的先决条件。一般来说，宝宝注意力好，学习效果就好，能力提高也快。宝宝贪玩，注意力往往不容易集中。家长可通过以下游戏训练宝宝的注意力：

1. 盲人画画：家长为宝宝准备一幅五官不全的图，让宝宝先观察一下，缺少什么，然后要求宝宝蒙着眼睛，凭着记忆，用铅笔在图上画上缺少的部位，然后让宝宝看看自己把缺少的部位画在了哪里？所画的部分及部位是否正确，应该画在哪里？

注意：家长为了让宝宝感受到成功的喜悦，可以在宝宝蒙着眼睛画的时候加以引导，如：往右一点，高了，低一点等。蒙着眼睛画画，可以增加宝宝的趣味性，宝宝看到自己成功地画到了该画的部位，会感到有成就感，若没有画到该画的部位，宝宝看着自己可爱的图画，也会感到有兴趣。同时家长可以参与进来，由宝宝说出缺什么，家长蒙着眼睛凭感觉添画，并让宝宝在旁边“向左、向左、高一点或低一点”的引导家长。

2. 相反动作：让宝宝所做的动作与家长所说的口令相反。比如，（口令）立正——（动作）稍息，（口令）向前一步走——（动作）向后一步走，（口令）蹲下——（动作）跳起，（口令）跺脚——（动作）拍手。凡动作与口令相同、下达命令 5 秒内未做出动作的，记失败一次。该游戏可以多人参与，由一人发放口令，其他人实施动作。这个游戏可提高宝宝的听觉专注力、听觉记忆力。

3. 抢椅子：准备的椅子数比参加游戏的人数少一个。家长随意地敲打某种物品让其发声，参加游戏的人围着椅子飞快地走，一旦敲击声停止，参加游戏的人要迅速地坐到椅子上去。没抢到椅子的人即被淘汰下去，为下一轮游戏敲打发声物品。

注意：围着椅子转动的速度稍快些，同时要注意宝宝的安全。

4. 青蛙跳井：在家里，家长和宝宝面对面做游戏。家长说：青蛙，宝宝说：跳井；家长又说：几声，宝宝说：3 声；家长边向前跳边说：咚；宝宝也边向前跳边说：咚；接着家长再说：咚（一人一个“咚”字，直到把几声都跳过去），游戏继续进行。

注意：该游戏可以多人进行，青蛙、跳井、几声、3 声、咚、咚、咚这几个词可以每人说一个，增加宝宝玩游戏的兴趣。

5. 珠子项链：准备线、洞眼大的珠子或者塑料吸管、儿童颜料、两三个空的塑料罐、汤匙、报纸、剪刀。

玩法：先在桌子上铺些报纸，然后在上面放几张厨房用纸或厚的纸巾。把你选择的不同颜色的颜料挤到塑料杯里，不同颜色挤入不同的杯子。在每个杯子里都放进一些白色珠子进行搅拌，然后用勺子盛出来，放在厨房用纸或厚纸巾上等待晾干。如果你是用吸管，那就把两三个管子都切成短短的小段。等珠子干了后，剪一段可以穿大人的项链那么长的线，但要留出足够的富余，好用来在后面打结。

宝宝穿珠子的时候，你要抓住线的一端，这样珠子就不会掉下来。窍门是：把胶带粘住线的一端，不但能防止线头散开，而且穿起来会更容易。最后，把这条线的两端系在一起，一条漂亮的彩色项链就做好了。

6. 听声音猜乐器：先给宝宝展示 3 种小乐器，如小鼓、小喇叭、口琴，并分别演奏，让宝宝熟悉各自的发音特点。然后蒙住宝宝的眼睛，弹奏一种乐器，让宝宝猜猜是哪种乐器。对于还不太会说话的宝宝，就让他指认；大些的宝宝就可以直接说出乐器名。乐器的种类可以随着宝宝年龄增长而增加。此游戏需要宝宝专心投入才能准确猜出，所以很锻炼宝宝的注意力。

2～3 岁宝宝的反应能力培养

有些宝宝反应总是比其他小朋友反应慢一拍，无论做什么事都是慢吞吞的，这让家长焦虑不已。如果宝宝反应较慢，家长可以通过以下游戏，训练宝宝的反应能力：

1. “走走停停”：家长当“交通警察”，举旗表示停，放下旗子表示走，同时说“停”“走”。要求宝宝看着旗的位置，和听口令做出相应的动作。可以让宝宝和家长交换角色，让宝宝当“警察”，家长听指挥。这个游戏可以训练宝宝的反应能力和协调运动能力。

2. 拍气球：玩具带给宝宝的乐趣不能用金钱来衡量，有时候最廉价的玩具能给宝宝带来最大的乐趣。追逐肥皂泡和气球让宝宝开心的程度大概会让很多家长吃惊。宝宝在奔跑着追逐、抓、挠肥皂泡时，把气球往上顶不让它掉下来的过程中，体验到无穷的乐趣。这个游戏在锻炼宝宝协调力的同时，还锻炼了反应力，在气球快要掉下来的时候，赶快拍一下，这要求宝宝有快速反应能力，并且能完成复合动作。

3. 听指令摸五官：父母和宝宝一同站在大镜子前，父母说口令，宝宝做出相应的动作，如父母说“右眼睛”，宝宝就用手摸自己的右眼睛；父母说“左耳朵”，宝宝就用手摸自己的左耳朵……在父母的指令中，还可以涉及肩膀、膝盖、眉毛、耳垂等身体部位，使宝宝进一步认识身体各部位和分清左右，在训练的过程中，要求宝宝在最快的时间内做出反应，这个游戏能较好地锻炼宝宝的反应能力。

4. 钓鱼：准备鱼头饰。爸爸妈妈双手相握做“鱼网”，宝宝扮演“鱼”。一起说儿歌“一网一网没有鱼，二网二网没有鱼”，这时宝宝在网内外任意走动。儿歌说到‘三网三网才有鱼”时，爸爸妈妈用“网”去网“鱼”，宝宝要躲开“网”。如果宝宝被网住，爸爸妈妈要问：“你是大鱼还是小鱼?”宝宝若回答“大鱼”爸爸妈妈就说“卖了吧”，若说“小鱼”就说“放了吧”。

温馨提示：爸爸妈妈“捕鱼”时，不要一下子就捕到，让宝宝躲闪一阵儿。也可以互换角色，让妈妈做“鱼”，宝宝和爸爸做“网”。

5. “大西瓜，小西瓜”：当家长喊“大西瓜”的时候，让宝宝比划“大西瓜”；当家长喊“小西瓜”的时候，让宝宝比划“小西瓜”。家长可以逐渐加快喊口令的速度，但口令千万不要有规律性，可以反复喊“大西瓜”，然后突然喊“小西瓜”等，以增加游戏的难度和趣味性。还可以变换游戏规则，要求宝宝做反向动作，即当家长喊“大西瓜”的时候，让宝宝比划“小西瓜”。还可以做类似的游戏，例如“左手右手”“起立蹲下”“前进后退”等等。

如何激发宝宝的数学潜能

数学是人们日常生活中的一个重要组成部分，是人们认识世界、解决问题的重要工具。在2～3岁宝宝的数学学习中，家长可以通过游戏方式，激发宝宝的数学潜能：

1. 求同游戏：游戏的内容和要求有以下几方面：

(1) 引导宝宝学习从许多玩具中找出一个和妈妈手中同样的玩具（如皮球、积木、布娃娃、塑料插片等）。

(2) 引导宝宝找一找、说一说房间中红色的物品有哪些（如红围巾、红毛衣、红皮球、红灯笼等）。

(3) 引导宝宝看看桌上的玩具（或其他物品），将与其他玩具不一样的玩具找出来（如桌上放的一堆塑料玩具中有一块积木，桌上的一盘橘子中有一个苹果）。

2. 分类游戏：游戏的内容和要求有以下方面。

(1) 引导宝宝学习按物体的名称分类，即学习把相同名称的物体放在一起（如把皮球、积木分别放进两个小筐中，将苹果、梨、橘子分别放进三个盘子里）。

(2) 引导宝宝学习按物体颜色、大小、形状分类（如将纽扣按颜色或大小分别放进不同的纸盒中）。

(3) 引导宝宝学习按物品的用途分类（如将糖果、饼干、香蕉放在一起，布娃娃、皮球、积木放在一起）。

3. 排序游戏：游戏内容和要求有以下几方面。

(1) 引导宝宝学习将两种物品（如木珠与纽扣，纽扣与瓶盖）间隔排列成一条彩带。

(2) 引导宝宝学习将两种颜色的物品（如红色、绿色纽扣，红色、白色瓶盖）间隔排列成一条彩带。

(3) 引导宝宝学习用两种颜色的木珠（红色、黄色木珠）间隔穿成一串彩链。

上述3组游戏活动的材料可以利用宝宝已有的玩具进行，如皮球、积木、塑料玩具、玩具汽车、布制玩具等；也可以是爸妈平时搜集的材料，如塑料小瓶和瓶盖，各种纸盒，纽扣，大粒种子，各种实物（如水果、糖果、蔬菜等）；还有各种实物卡片。

4. 数数游戏：如在让宝宝帮家长剥豆子的过程中，数一数谁剥的多。也可让孩子数一数纽扣之类的小东西的数量，然后让他闭上眼睛，把这些东西用布蒙上，再让他睁眼数一数少了或多了几个等。

5. 角色扮演游戏：找出一些家当，明码标价，让宝宝当店主开店，爸爸妈妈去他店里买东西，拿钱让他找零等。

6. 掷骰子游戏：和宝宝各拿 1 个骰子，各自都掷下后，让他加减上面的两个数，如果加减不正确，就换家长来加减。简单的加减学会后，掷 3 个骰子，学习连加连减。当然，也可以用实物进行这样的比赛，让宝宝在轻松游戏中学运算。

移动阅读

2～3 岁宝宝的智力测试
2 岁 1 个月宝宝的右脑潜能开发
2 岁 1 个月宝宝辨大小、识多少的训练
2 岁 1 个月宝宝的想象力培养
创意石头画开发孩子想象力
锻炼孩子想象力的亲子游戏
鼓励孩子发挥想象力
拯救宝宝想象力
鼓励宝宝异想天开
怎样教宝宝认识大自然
2 岁 1 个月宝宝的观察力培养
2 岁 5 个月宝宝的观察力培养
培养孩子浓厚的观察兴趣
在科学活动中培养观察力
在游戏中训练孩子的观察力
观察动物训练孩子的观察力
观察小露珠训练孩子的观察力
带孩子外出踏青训练孩子的观察力
带孩子逛超市训练孩子的观察力
如何训练孩子的观察力与记忆力
小压力可增强孩子的记忆力
编故事提高孩子的记忆力
孩子过早接触电脑影响智商
怎样选购儿童读物
早期阅读疑问解答
怎样给宝宝挑选好的图书
怎样给宝宝选购合适的图书
教宝宝数数
让宝宝尽情玩水
男女宝宝智力各有侧重
孩子右脑开发的五种方法
合理挑选音乐开发右脑
厨房游戏让孩子更聪明
一心多用影响孩子智力发育
学龄前儿童智力开发的常见误区
当心成才标准埋没聪明孩子
各个国家的早教模式
带孩子逛街有学问
扑克牌玩出高智商宝宝
手工小制作开发宝宝智力
玩球的宝宝开心又聪明
家庭日常小游戏开发宝宝智力
七种石头玩法开发宝宝智力
激发宝宝智力的小细节

第5节 2～3岁宝宝的慧商培养

用游戏教宝宝学说话

要帮宝宝发展语言能力，只有平时的生活与交谈是不够的。以下将为你介绍几种亲子活动，你可以通过游戏，在与宝宝说说唱唱中启发孩子的语言天赋。

1. 游戏名称：看图说话。

(1) 游戏方法：照顾者抱着宝宝，带着宝宝一起看图说故事，一次翻一页，用简单易懂的语言告诉宝宝："这是小熊""小熊在追蝴蝶"，刚开始的时候不要在一页上停留太多时间，也不要在意书上更多的其他细节，这样宝宝才有耐心看下去，等宝宝有初步印象后再配合图做些动作说明。

(2) 注意：说故事时，记得配合手指的动作，照顾者可提问，让宝宝用手指出来，这样宝宝与照顾者有更多的互动。

2. 游戏名称：我是老板。

(1) 游戏方法：准备一些办家家酒的小道具，让宝宝扮演商店老板，照顾者可跟小老板说："我要买面包""面包一个多少钱"之类的话，让宝宝准备给你，几次之后与宝宝互换角色。

(2) 注意：宝宝喜欢模仿大人说的话或是做的事，他们也会跟着说、做。你也可以给宝宝各式各样的玩具或小碗、汤匙等日常用具，让宝宝自己玩，可让他得到许多锻炼语言的机会。

3. 游戏名称：让玩具活起来。

(1) 游戏方法：给宝宝玩具，让他将平时听到的、学到的话对玩具说，照顾者也可以带宝宝一起模仿喂洋娃娃吃饭、穿衣服，或是自己推着玩具车，带宝宝在家中走走。

(2) 注意：此游戏可让宝宝学会大量词汇及日常生活中的琐事。当宝宝推着玩具车时，还可以培养宝宝的方向感。

4. 游戏名称：角色扮演。

（1）游戏方法：可让宝宝穿上棒球装，带着他一起到户外丢球、挥棒，让宝宝享受当棒球手的乐趣。当宝宝做到你要求的指令时，记得称赞他。除了棒球手，也可尝试让宝宝扮演其他角色。

（2）注意：此游戏可让宝宝外出学习更多新鲜的事物。在与照顾者的对答中，更可学习与人说话的方式，以及如何表达。

5. 游戏名称：传悄悄话。

（1）游戏方法：具体方法灵活多样，比如我们先小声地告诉宝宝一句话：冰箱里有西瓜和苹果，没有饮料。然后让宝宝用悄悄话的形式告诉另外的家人，事后再检查正确率，根据结果来改变悄悄话的内容和长短，从易到难逐渐提高游戏的难度。

（2）注意：此活动可锻炼宝宝的听力，让宝宝养成专心聆听别人说话的习惯，并可锻炼宝宝准确发音。

宝宝说脏话怎么办

很多家长发现，家里 2 岁的宝宝突然就开始说脏话了，怎么会这样呢？这与宝宝身体和心理发育有很大关系，具体原因如下：

1. 当宝宝的心理和智力发展到一定阶段时，会因对语言的好奇心而对一些脏话产生特殊的兴趣。这个年龄段的宝宝说脏话并不一定真能了解其意，也许只是觉得好玩而已。尤其是和同龄宝宝在一起时，几个小宝宝什么难听，说什么，说完之后哈哈大笑，十分开心。

2. 有些宝宝骂人是受父母或者外界环境影响。

3. 还有些宝宝骂人是因为和别人发生了矛盾，受了欺负，因而以牙还牙，借骂人来发泄自己的不满。

父母应查明自家的宝宝说脏话是出于哪种原因，然后对症下药，切不可一味地呵斥甚至打骂，这样不但不能帮宝宝改掉坏习惯，还会伤害宝宝的自尊心。面对爱说脏话的宝宝，父母不妨采取以下方法来应对：

1. 对于宝宝出于好奇，而且不会具体伤及他人的脏话，父母以沉默应对、不予理睬最为明智，因为宝宝对某一句话的兴趣通常不会保持很久，宝宝发现说几次后都没有人关注他，就会自觉没趣，新鲜感过去之后他慢慢地也就不再说了。

2. 宝宝不文明的语言一般都来源于周围的环境，要想让宝宝成为一个文明礼貌的人，首先要净化宝宝周围的语言环境。父母要尽量让宝宝远离或少接触那种不良的环境，可以有意识地限制宝宝与经常说脏话的小朋友来往，为宝宝创造一个文明的语言环境。

3. 用“奖惩分明”的办法：比如，宝宝说一次脏话，给他在墙上画上一个小黑星。如果宝宝连续 2 天没有说脏话，小黑星可以去除，换上一颗小红星。宝宝会时刻关注自己的小红星的数量，并会杜绝小黑星的产生。

4. 不要在宝宝说脏话时开心大笑，也不要斥责。开心大笑和斥责会从正反两方面鼓励、刺激宝宝重复脏话，正确的反应是不动声色，不加理睬，让他觉得这个词毫无意义，重复几次这样的冷淡场景，他就会自动停止说这个词。

5. 不要重复宝宝说的脏字：重复宝宝说的脏字，会加深他对这个词的印象和记忆，强化他的模仿行为，如果避而不提，他很容易疏远和忘掉这个词。

6. 净化家庭语言环境：家人戒绝脏字脏话，宝宝就断了最大的脏话模仿途径。成人用文明礼貌的语言跟宝宝说话，宝宝也会学会同样的表达方式。

7. 给宝宝树立一个榜样：父母不仅要杜绝脏话，而且要对宝宝使用“谢谢”“请”等礼貌用语，假如不慎当着宝宝说出不雅的词，事后要勇于认错，告诉宝宝爸爸妈妈这样说是不对的，下次一定不会这样了。

如何培养宝宝对汉字的敏感性

宝宝 2 岁了，可以开始认字了，家长可以通过以下识字游戏，培养宝宝对文字的敏感性。

1. 套圈：家长将若干张字卡贴在易拉罐顶部，准备铁丝或竹条制成的小圈数个，然后和宝宝一起玩“套圈”游戏。

游戏前，大人和宝宝先认读一下卡片上的字词，然后把贴有字卡的易拉罐均匀地放在地上，在距离字卡适当的地方牵一根线。玩者站在线外，套前可先指定要套的字，然后一边念字，一边将圈圈扔出去套字卡。可以先由宝宝先套圈，如果他正好套住指定的字卡，就收起来这张字卡；如果是套住其他字卡，就不能收走，继续套；如果套不住任何字卡，就由大人来套圈了。轮流玩下去，一批字卡套完后，谁套得多，谁就是赢家。

2. 打敌机：将若干张字卡分别贴在飞机图形的纸上，另准备环形针、细绳子、玩具手枪一把，和宝宝一起玩“打敌机”的游戏。

用环形针把字卡别住，将其吊挂在绳子上，字卡悬挂高度应略高于宝宝头部。让宝宝站在适当的地方，用玩具枪打“敌机”。在打“敌机”前，要让宝宝先说说打什么字的“敌机”，如果宝宝不会念将要打的“敌机”上的字词，大人要教他。念对了并打准的要取下来，算是一份“战利品”。如果打不中，就由大人来打，轮流打下去。一批“敌机”打完后，看谁的“战利品”多，谁多谁就是“战斗英雄”。

3. 哪是动物家：准备一张大的彩色挂图，上面画小河、树、小屋、栅栏；另准备有关动物名称的字卡若干张。

大人把动物名称字卡贴在彩色挂图上，故意贴错地方，如把鸡放在河里，鸭放在树上，鱼放在栅栏里，羊放在屋顶上。然后，请宝宝把字卡拿下来，放到动物应该住的地方。这个游戏比较适合复习已学过的字词的宝宝。

4. 抽签：准备若干张小纸条，及十几只筷子，将纸条上面分别写有“岁岁平安”“吉祥如意”“恭喜发财”“福如东海”“快快乐乐”等吉祥词语，将其贴到筷子上。

全家人围坐一起，让宝宝把这些贴有成语的筷子放进一个竹筒里。然后让宝宝拿着签筒，当“算卦先生”，为家人“算卦”。宝宝可以从任命任何一人开始作游戏，比如是为爷爷“算卦”，首先教宝宝将签筒摇晃几下，对爷爷说：“爷爷请您抽个签吧！”这时爷爷看了看签筒，认真地抽出一个签（比如是“寿比南山”的签）交给宝宝，如果宝宝认识签上的词语，他接过签一看高兴地说：“爷爷，您抽了一个‘寿比南山’。”如果宝宝不认识签上的词语，爷爷就教他认一认，读一读，并连声说：“谢谢宝宝，爷爷抽了一个上上签——‘寿比南山’。”还可以让宝宝拿着签筒摇一摇，直到摇到有签掉出来，让宝宝看看签上写的是什么，读出来，如不认识，家长教宝宝读出来。

怎样培养宝宝的方向感

从小培养宝宝的方向感十分重要，方向感的锻炼对于提高宝宝的想象能力和创造能力有很大的帮助。家长在日常生活中，可通过以下训练，有意识地培养宝宝的方向感：

1. 和宝宝一起回家的时候，问问他，我们该在哪里拐弯？对宝宝熟悉的地方来说，这是一个有趣的带路游戏。

2. 把东西南北的概念讲给宝宝听，在和他一起走路时，你告诉他现在正向南走，如果向右转弯，是什么方向？

3. 户外公园、游戏场或街道，也是训练方向感的好场所。比如，走进公园叉路时，让宝宝决定往前、向左或向右走；溜滑梯时，告诉宝宝走到后面、爬上去、溜下来等；逛街时，也可以玩一个游戏：约好一个地点，妈妈带宝宝一起走他决定的路线，另一个大人则绕另一条路线，走走看，最后会不会遇到。

此外，家长还可以通过和宝宝玩方向感的游戏，培养宝宝的方向感：

1. 寻找礼物：爸妈可以把礼物藏起来，并做一些标记，如系上绳子或皱纸等，使“礼物”容易找到。寻找之前，爸妈先要跟宝宝讲清楚，如“小汽车藏在树叶下”“布娃娃藏在滑板车下（或小树丛里）”。可以带着宝宝一起寻宝，并伴以方位的描述，如“宝宝向前找一找”“我们到左边（右边）找一找”等，有助于宝宝对方位的理解。

2. 卡通拼图：家长可以跟宝宝一起拼比较容易的卡通拼图。宝宝在拼之前，家长可以拿卡通图片告诉宝宝，哪个卡通人物站左边，哪个站右边。等宝宝心中有了大概之后，收起卡通图片，让宝宝自己玩。这种玩法同时可以训练宝宝的记忆力。

3. 对着镜子穿衣服：家长让宝宝站在镜子前面，问宝宝，哪只是左手，伸出来穿衣服喔。这样来回几次，宝宝基本能分左右了。

4. 整理物品：应该让宝宝自己玩玩具并将它放回原来的位置。这个任务的完成需要爸爸妈妈用正确的语言提示，如“记住动物园里小动物的‘家’在门边衣橱最下边的一层”。只有当宝宝听到规范的、细致的描述时，他们才能学会这些词汇。

5. 藏猫猫：有意识地创设一下可以让宝宝藏身的“设备”，比如宝宝可以钻进去的大盒子等。

当你四处走着找他们时，要对你走过的地方有一个“实况报道”，当然也包括你找到他们的地方。

6. 修建“公路”：找一块空地，和宝宝一起在几个点之间修建公路，比如为一个小木偶的房子，车房和超级市场之间修公路。它们可以用木块或塑料来作为铺路的材料。

要宝宝描述小木偶从一处到另一处时所需走的路线。

增加一些停止地点，比如说红绿灯或斑马线，以增加宝宝的词汇量并使任务更复杂些。使用一些短句，比如“走斑马线穿过马路”和“在红绿灯处向左拐”等。要使任务多样化，可以要求宝宝描述在使用不同的交通工具时的不同路线。

让宝宝终生受益的7种思维方法

身为父母首要的任务就是帮助宝宝最大程度地发展他们独特的天赋和才能。有没有一种思维方法可以让宝宝终生受益？下面这些方法的奇特之处就在于，它们不仅能极大地开启宝宝的创造力，而且是帮助宝宝建立起灵活有效的个性化学习体系的实用方案。

1. 欢迎来到“为什么”时代：宝宝的小脑袋里总是藏满了问题，当他们皱着眉头，一脸急切地来问“为什么”时，我们自然的反应就是尽力给他们答案。提供答案固然可以增加宝宝的知识量，但是如果宝宝总在被动地接受这些彼此孤立的知识，思维能力很难得到提高。

如果换一种对答方式：“为什么？”“你认为呢？”“你怎么想到的？”“那样又会怎么样呢？”能帮助宝宝探索得更多。另外，宝宝在思考这些问题时需要回想以前的经验进行推理，这能帮助他们提高独立思考的能力和学习能力。

尝试一下：找到宝宝感兴趣的话题，忍住告诉宝宝答案的冲动，在宝宝的“为什么”之后，随即把问题反问回来：“这真是个好主意，你觉得呢？”你会发现，这种启发式的反问使宝宝的小脑瓜开始运转起来，他完全被他自己提出的问题所吸引，饶有兴趣地跟你讨论，甚至在讨论结束后兴致仍然高涨。

这种鼓励思考的对答一般在宝宝2～3岁时即可进行。你要做的是，根据宝宝的理解水平来调整提问的深度，在愉快的对话中，指导宝宝从已有的经验中得到新的主意。

2. 张开想象的双翼：这个训练通常也会被称作“异想天开”。童年是充满幻想的时期。在我们看来，宝宝的想象也许有些可笑和不切实际，但一旦他们可以“异想天开”，不按部就班地人云亦云，可贵的创造性思维模式就开始形成。

3. 新眼光看平常事：如果说4是8的一半，通常人们会回答说：“是。”如果接着再问：“0是8的一半，对吗？”经过一段思考的时间后，大多数人才同意这一说法（8是由两个0上下相叠而成的）。这时如果再问：“3是8的一半，是吗？”人们很快就会看到将8竖着分为两半，则是两个3。

摆脱固有的思维模式是创造性思维的起点。当我们学会转换思维的角度，就会更好地看到问题情境之间的关系，才能更有效地发现创造性的问题解决之道。

让宝宝用新的眼光来重新认识身边一些习以为常的事物，是培养创造性思维的基础。宝宝一旦习惯于这种思维过程，当再次遇到不熟悉的问题时，他就会想到用不同的思维方式来为自己遇到的新挑战、新情景或新问题找到解决方案。

4. 质疑：真的还是假的？

创造性思维的另一个特征是对已知不断发出疑问：真的还是假的？从而寻求新的可能性。如果宝宝习惯于批判性地深入思考问题，那么他们的思路就会更开阔、灵活。

当宝宝对问题给出了他们自己的看法后，再让他们说出并支持与之对立的观点，可以使他们意识到不同的思维模式。在下面的活动中，宝宝将学会如何做。

5. 别让“不”绊倒宝宝：自信是宝宝不断进步的前提。有了自信，宝宝就会变得勇敢，甘愿冒险。而当你对宝宝说“不”时，可能阻止了宝宝很了不起的主意。这会让宝宝沮丧，让他觉得自己很笨，越来越自卑。

无论在任何时候，都要鼓励、赞扬宝宝，避免让“不”束缚、限制住宝宝的创造力。

同时也要引导宝宝对各种可能性的事说“是”，说“为什么不”，而不是“我不能”。然后集中精力对自己的想法进行验证。伟大的创造往往就是这样诞生的。

6. 一二三向后转：善于创造性思维的人经常尝试用与常人相反的方式进行思考，这就是逆向思维。逆向思维能够打破条条框框，在别人认为不可能地方和别人没有注意到的地方有所发现、有所建树。

有人落水，常规的思维模式是救人离水，而司马光灵机一动，用石头把缸砸破，让水从破缸中流出，从而救起了小伙伴，就是运用了逆向思维。

逆向思维可以解脱大脑中固有模式的束缚，在你需要创造出一些你无法描绘或者无法见到的事物时，帮助你拓宽思路，充分发挥自己的创造力和想象力。

7. 开启宝宝的感知世界：宝宝只有在他们自己支配和主宰的环境中创造的火苗才能被激发出来，所以，我们要尽量提供给他们看、摸、尝试、学习，及自我表现和动手操作等多种机会。这会大大开启他以前没有尝试过的想法与念头，也是提升宝宝创造力的一个关键。

为了给宝宝提供这样的机会，我们的责任是：给宝宝提供一个不受时间、空间和材料限制的，有挑战性、有吸引力的环境，所有活动的选择都要与宝宝特定的年龄和发展阶段相适应。对宝宝来说，最好的活动是操作性和开放性的，重要的是过程而不是结果。

怎样培养宝宝的判断能力

判断力是一个人诸多能力的综合体，它展现了一个人长期所形成的习惯性的常识判断，是一种培养儿童自立性的能力。家长可以通过以下方法，培养 2～3 岁宝宝的判断力。

1. 允许宝宝犯错：由于幼儿拥有的知识不够丰富，加上逻辑思考能力不成熟，因此常常无法做出正确的判断。但随着身心的成长及知识的增加，宝宝也能拥有能力做出正确的决定。在这个过程中经验的累积是很重要的，也就是宝宝必须有机会练习如何做决定。但在练习的过程中一定会发生做出错误判断的情况，如在寒冷的冬天却选择穿短袖的衣服、光着脚丫走路等，在家长适当的辅导之下，这些错误的经验将会是帮助宝宝有一天能做出正确决定的重要基础。

2. 讨教式交流，培养他的判断力。坚持这样，你的宝宝很快会举一反三，掌握他的世界里的原则，很自然地能做出正确判断。有判断力的宝宝，你的教育要轻松很多，而这种决策能力，有可能成为他一生中最重要的能力。

3. 父母的身教重于言教：培养宝宝正确的判断力应当趁早。别忘了，要想让宝宝关心他人、慷慨助人、充满理想，就要求宝宝在家里成为好帮手，比如：从 2 岁开始帮忙摆餐桌、帮爸妈做些小零活等。

4. 探询式交流，纠正他的判断力。父母的话语方式应该是：宝宝，这样做是不是不对？是不是会出现什么后果？你说呢？让他得出自己的判断。因为毕竟你是成人，随时纠正宝宝的错误判断与随时支持他的正确判断一样重要。

以下是一些训练宝宝判断力的游戏，家长可以经常和宝宝一起玩。

游戏 1：辨多少。

准备一副棋和一个棋盘。爸爸和宝宝围着棋盘坐下，爸爸让宝宝决定要哪种颜色的棋，宝宝决定好后，爸爸和宝宝各拿好自己的棋子。爸爸说“开始”，宝宝和爸爸将自己的棋子排列到棋盘上，待爸爸喊“停”时，让宝宝比较，谁排的多，谁排的少，游戏可反复进行。

游戏指导：家长应根据宝宝排的多少来决定自己排的多少，这样才能使宝宝有一个明显区别。比如，宝宝排 5 个，爸爸可排 10 个左右。爸爸也可比宝宝排的少，激发宝宝的游戏兴趣。

游戏 2：颠倒黑白。

家长可以假装信誓旦旦地对宝宝说：“茶几上有好几个珠子，看看我们谁先拿到最大的珠子！我一定要先拿到！”然后妈妈故意去拿一个最小的，让宝宝去拿到那个最大的，两人在一起比较之后，宝宝就会很有成就感。能够快速地在短时间内从一堆大大小小的珠子里判断出哪个是最大的，这是提高宝宝判断能力的好办法。

游戏 3：乱穿衣服。

起床给宝宝穿衣服时，跟宝宝玩一个违反常规的穿衣游戏，先给他穿长裤，再穿小短裤，先穿鞋子，再穿袜子，或者拿帽子当袜子穿，拿袜子当帽子戴。看到妈妈这样违反常规地操作，宝宝立刻就会发现这些事件中被颠倒了的逻辑关系，并急于指出妈妈的错误，享受到这种特殊的幽默带来的快乐，而妈妈正好乐得让宝宝有机会来更正错误，在更正错误的过程中，他的生活自理能力和判断力自然而然就得到了提高。

移动阅读

让孩子通过感性比较掌握思考问题的方法	培养宝宝逻辑思维能力6个要点
如何培养孩子科学的思维方式	如何应对宝宝爱问“为什么”
如何培养宝宝的理解力	怎样培养幼儿学习体验的能力
创造性思维实用手册	怎样和三岁的小孩谈话
怎样慢跑锻炼宝宝的平衡能力	2岁4个月宝宝的平衡能力培养
2岁4个月宝宝的动手能力培养	预防及纠正孩子感统失调的措施
2岁3个月左右宝宝的感统训练	怎样教宝宝认路
2岁3个月左右宝宝的空间方位感训练	怎样培养宝宝的空间感
哪些玩具可以锻炼孩子的空间感	如何培养孩子的秩序感
怎样教宝宝认识四季	

第6节　2～3岁宝宝的情商培养

如何应对宝宝的第一逆反期

宝宝到了3岁左右，心理出现独立的萌芽，自我意识开始发展，好奇心强，有了自主的愿望，喜欢自己的事情自己做，不希望别人来干涉自己的行动，一旦遭到爸爸妈妈的反对和制止，就容易产生说反话、顶嘴的现象。这是宝宝个性形成的关键期，爸妈教养态度正确与否，直接影响到宝宝良好的个性品质的形成。

宝宝逆反期来临的迹象：①凡事要求自己干。②喜欢发号施令，喜欢拿主意。③对大人的劝告置若罔闻。④坚持自己的主张，不惜以哭闹来反抗。⑤喜欢唱反调，对大人的提议，第一反应是说：“不!”

父母一定要记住：反抗行为是宝宝成长过程中的必经阶段。只有通过父母的帮助，宝宝才能顺利度过反抗期。

对待处在逆反期的宝宝不能硬碰硬，这样只会让他的逆反心理更加强烈。

爸爸妈妈过分激烈的反应会给他一个错误的感觉，即当他说“不”的时候，他能得到爸妈更多的关注，因此，他会更多地使用这种方式来吸引爸妈的注意。在这个时期，爸爸妈妈要做到理解宝宝，尊重宝宝，相信宝宝，满足宝宝的好奇心和合理要求，不能娇惯、放纵宝宝。在劝说无效的情况下，明确表示自己的态度：不合理的要求，再闹也不能满足，用冷处理来终止宝宝不合理的要求。

1. 把尊重信任放在首位：爸爸妈妈可以让宝宝当自己的助手和参谋，有意识地与宝宝商量家里的事情，做得好要给予表扬，做得不好也不要批评，而是讲道理。对宝宝自己的事情，只要他们能够做而且愿意做，就要放手让他自己去锻炼，不要横加干涉或包办代替，这样才能使宝宝从爸妈的信任中，提高责任感和自信心，增长才干。

2. 不要盲目地进行批评：当宝宝无意识地做错事时，不要一味地进行指责，有时他们的想法是好的，但能力有限出了差错，并没有什么大碍。比如宝宝要帮你洗碗，却把碗给打碎了，爸妈首先不能进行指责，要把宝宝的思想动机弄清楚，然后再告诉他这样的事情他现在还不能做，要等长大一些才能做得到，这样，宝宝就会接受你的观点，暂时就不会争着收碗筷了。

3. 情绪紧张的宝宝更易反抗：在宝宝疲惫和饥饿的时候，就该让他们休息或者吃一些平常喜欢的零食，有助于缓解紧张的情绪，而不是教他学习新东西或做事情。教育专家认为，很多时候，宝宝有意做出一些大人不允许的事情，是为了宣泄不良情绪或不安感。周围环境的变换也会让宝宝紧张，反抗心理加重。比如，当宝宝生病时，通常他们的情绪很低落，容易和父母对着干，这时父母应理解宝宝，在他生病的时候不妨多宽容他们一些。

4. 放手让宝宝进行锻炼：3 岁左右的宝宝一般都喜欢自己来做事，爸爸妈妈可以借助一些机会来对宝宝进行引导。比如家里来了小弟弟小妹妹，鼓励宝宝当小弟弟小妹妹的好榜样，他会尝试担当这个角色。

5. 保护宝宝的安全：宝宝的危险意识不强，因此，他们会做出一些可能会产生危险后果的行为，发现后，父母应立即制止，然后你要好好地和宝宝沟通，让他了解自己行为的后果。比如说，宝宝在大街上跑得非常高兴，但可能被车子撞到。你要告诉他：“妈妈不能让你在大街上跑，因为这里车子很多，如果被车子撞到，会受伤，非常疼。”

6. 借助机会来进行教育：当别的宝宝犯错误时，爸爸妈妈可以旁敲侧击地对自己的宝宝进行教育，告诉他那个宝宝那样做是不对的，如果下次你遇到同样的问题时，要怎样做才是对的。这样，宝宝会很容易接受你的提议，大大减少了他们犯同样错误的机会。

7. 多了解宝宝的兴趣点：爸爸妈妈可以在日常生活中细心地观察宝宝，发现宝宝的兴趣点，当他们逆反时，借助其感兴趣的东西来转移注意力。不要使用简单粗暴的方式，那样起不到任何效果。

8. 让宝宝学会与人合作：举例告诉宝宝，询问与命令产生的效果截然不同，比如："把书拿给我，好吗？"和"把书拿给我！"还有，告诉宝宝做什么而不是不要做什么。例如你想要宝宝小心一点，你可以说"轻轻地拿起那个杯子"，不要说"不要把杯子打坏！"

9. 父母的要求应合理：对小宝宝来说，让他跟小朋友交换玩具比让他无偿地把自己的玩具给小朋友更容易。让宝宝用语言表达要求，但不能纵容他的不良习惯。如果你遇到宝宝在超市里大吵大闹地要蛋糕，不要因为周围人的目光让他得逞。你可以把他带出来，用平静的语言告诉他："因为你的表现很差，所以妈妈不能给你买蛋糕。如果你想吃蛋糕应该对妈妈说。"慢慢地宝宝就学会用语言表达自己的想法。

10. 做好宝宝的榜样：父母的行为会直接影响宝宝的思想和行为，因此，父母要控制自己的行为，不要让抵触情绪控制自己，特别是在宝宝面前。

下面 3 种方法有助于缓解叛逆期的亲子冲突：

1. 多项选择法：在亲子间发生对抗冲突的时候，你不必急于将自己的意见坚决执行。我们可以试试这样的方式："宝宝，必须睡觉了，因为明天我们还要做很多事情。如果你现在还不想睡觉，可以选择再听一个故事或者玩十分钟，你选择哪一个？"这种多项选择法在与宝宝打交道的过程中十分有效，很多宝宝即使两个方案都不是他原来想要的，但是他喜欢自己拿主意、做决定的感觉，所以能接受，并且因为方案是自己选择的，所以执行起来十分利落。你不妨一试。

2. 约法三章法：宝宝生来就是有秩序感的，可以利用这种心理和他共同商定日常的作息时间及对某些事情的处理方式——要共同商定，否则一个外在的规则会被宝宝视作异己加以排斥。一旦他参与了制定，他便会觉得这些规则很神圣，会努力遵守。你也要认真对待你和宝宝的约定，在发生冲突的时候，你可以提醒他遵守约定。

3. 角色扮演法：轻松的亲子游戏能让宝宝明白应该做什么。你可以装成一个做事拖沓又极不听话的宝宝，让宝宝扮演妈妈的角色，看看他是如何来对待你的。有的宝宝会用你常用的方式对你，也有的宝宝会用他心目中期望的你对待他的方式对待你，你需要细心观察。通过角色扮演，亲子之间的对抗自会消弭不少哦！

如何培养宝宝的同理心

具有同理心的小孩，能敏锐察觉到他人的情绪，自省能力也比较好，不仅受欢迎、善解人意，对团体纪律的服从性相对较高，愿意配合及给予。此外，拥有同理心，对宝宝未来道德观与价值观的发展，都有所助益。家长通过以下方法，培养宝宝的同理心：

1. 重视身教：父母是宝宝的第一个老师，当宝宝与他人发生冲突时，家长要引导宝宝正确的解决方式。当宝宝与他人产生争执时，宝宝忍不住推了他人一把，这时家长就要告诉宝宝："你这样做，会让小朋友感到害怕喔！这样他以后都不敢和你做朋友了，如果你被推，会不会觉得痛？那我们去和小朋友说对不起好不好？"运用此方式，让宝宝了解这样的行为为什么是不对的。

家长不要以为还没有语言能力的宝宝，就无法理解大人的话语，宝宝虽然听不懂，但他的感受是具体的。爸爸妈妈可从生活中找机会教育，引导宝宝感受他人的情绪。家长不妨让宝宝养小动物，或是请他照顾玩具，在照顾的过程中，宝宝就有机会体会另一个个体的感受。

2. 说故事给宝宝听：利用故事中不同角色的情境，让宝宝了解每个人可能会碰到的困难是什么，并提供宝宝解决问题的方法，或是问问宝宝还有什么更好的解决方式。不只透过故事，爸爸妈妈也可以从电视里面的角色来引导宝宝。引导过程最好是以问答方式进行，多让宝宝发表看法，大人不要加入太多自己的意见，当宝宝讲了不被社会接受或是错误的话，父母可以藉由沟通的方式导正。培养宝宝同理心的过程，应采取开放的引导方式，而非灌输自己的想法给宝宝。

3. 从游戏中学习：许多游戏都能培养宝宝的同理心，家长可以和他玩扮家家酒的游戏，或是角色互换的游戏。妈妈不妨请宝宝扮演自己的角色，然后自己扮演小孩，这时妈妈可模仿宝宝平常乱丢玩具、吵着买新衣服、故意耍赖的行为，让他体会到妈妈平日的辛苦，进而懂得爱妈妈，不制造大人的麻烦。

4. 良好的家庭气氛：充满爱的家庭环境，并给予宝宝适当的空间与学习的机会，能让宝宝感到温暖。现代父母对宝宝要求很高，常把宝宝的学习行程规划满档，甚至要求他交出亮丽的成绩单，在这样的压力之下，宝宝都自顾不暇了，更别说要他去理解别人的想法与感受。建议家长，给宝宝多一点喘息的空间，别让他养成自扫门前雪的自私态度。

5. 让宝宝与同伴互动：进入团体环境与同伴相处，是宝宝学习如何与他人和平共处最快的方式。一群宝宝玩在一起，不需要去特别教他，藉由实际的互动过程，幼儿就能发展出一套与别人相处的模式，当他的行为受到讨厌或排挤时，便会主动修正自己的态度，利于宝宝继续在团体中生存。因此，家长应该让宝宝多与其他小朋友互动，让他有机会了解到不同人的想法，进而发展出同理心。

怎样培养宝宝的合作意识

合作，是幼儿未来发展、立足社会的重要素质。在独生子女越来越多的今天，这一素质的培养显得尤为重要。家长可以通过以下方法，培养宝宝的合作意识：

1. 为宝宝营造温馨的家庭氛围：对于宝宝而言，父母之间的行为以及互动都会对宝宝产生巨大的影响。因此，要培养宝宝的合作精神，父母首先要以身作则。如果父母之间相互体恤，在做家务活时互相合作，就可以在宝宝幼小的心灵中种下合作的种子。其次，也可以让宝宝帮父母做一些力所能及的事，以培养宝宝的合作意识。

2. 让宝宝学会分享：许多宝宝对于自己的玩具都有一种独占的意识，不愿意让别的小朋友玩自己的玩具。如果强抢，宝宝可能会大声哭闹。因此，面对宝宝的这种行为，要培养宝宝的合作精神，还要教育宝宝学会分享。父母在这方面要耐心引导，试着让别的小朋友加入到玩乐中，让宝宝感受到一起玩的乐趣。其次，当宝宝特别想要别的小朋友的某一样玩具时，父母也可以提议让宝宝拿自己的玩具去换。在这共同玩乐以及互换玩具之间，培养宝宝的合作意识。

3. 教会宝宝合作的技巧与能力：有了合作的意识，也需要懂得合作的技巧。因此，父母要为宝宝创造合作的机会，由于这些宝宝大多数都是独生子女，在家里没有经历与同伴合作的机会及体验，影响他们合作能力的提高，所以为宝宝创造合作机会尤为重要。

（1）在游戏中给宝宝提供合作机会，先从两个人开始，由浅入深。例如，二人玩翻绳，拍手谣，猜拳舞，合作一幅画等。随着能力的提高，可增加难度。例如，结构游戏“盖楼房”，角色游戏“开医院”。

（2）要将合作的培养整合在孩子的一日生活之中。例如，共同收拾书桌，整理图书和活动区域的物品。宝宝在这些与人合作的活动中，不断与人商量讨论，合作能力大大加强。体验到与人合作中遇到的种种问题的解决带来的快乐。合作能力在反复的实践中得到提高。

此外，家长还可以经常和宝宝一起玩有助于培养宝宝合作意识的游戏。

1. 传圈：准备一个呼啦圈。

玩法：家长和宝宝手拉手围成一个大圈，其中一个家长的身上套一个呼拉圈。游戏开始时，家长通过手的摆动、身体的扭动等方法（注意：不能松开手）把圈传到宝宝身上。宝宝接到圈后，也通过手的摆动、身体的扭动等方法把圈传给下一个人。

2. 按数字排队：准备卡片两套（和参与游戏的人数相同），一套是阿拉伯数字卡，一套是汉字数字卡，一个小筐。

玩法：参与游戏的人手拉手围成一个圈，装有阿拉伯数字卡的小筐放在中间。旁边再按照顺序把汉字卡摆成一排。围成圈的人拉着手顺时针走圈，边走边说儿歌。说完最后一句时，每人赶快到小筐里拿一个数字，然后按数字找到相对应的汉字位置站好。动作最慢的退出下一轮比赛。

从穿衣提高宝宝的审美情趣

宝宝的审美天性是要不断发展完善的，家长要在尊重宝宝天性的基础上积极引导宝宝拓宽审美视角，逐渐让宝宝成为审美高手。这里我们就从宝宝穿衣说起。

1. 引导宝宝享用卫生与整洁的服装：宝宝是天生的浪漫主义者，他们喜欢选择“爱我所爱”而不是“为我所用”。比如，有一个 2 岁多的小男孩儿只喜欢穿某一套衣服，虽然衣服已经脏兮兮了，但是老师和妈妈怎么跟他讲道理，叫他先穿别的衣服，等这套衣服洗干净晾干了再穿，他都不愿意，到后来干脆睡觉也穿着这套衣服，生怕妈妈给他洗了。妈妈没办法，只好给他又买了一套同样的服装，两套换着穿，这才让宝宝享用到卫生整洁的服装所带来的舒适感与美感。

如果妈妈懂得用宝宝的审美偏爱来引导，或许宝宝就不会那么焦虑和极端了。这个小男孩儿对服装的款式比较偏爱，但是宝宝对小装饰物的偏爱还没有被妈妈发现和利用。例如，假定这个宝宝儿子喜欢“天线宝宝”，妈妈就可以悄悄地在其他服装上贴上许多“天线宝宝”的图片，然后编一个有关天线宝宝的诱人的故事，那么，这套衣服就会对喜爱“天线宝宝”的儿子产生一种亲和力，这样，妈妈就可以轻松地化解宝宝的偏执和迷恋，使宝宝的审美情趣变得更加丰富多样。

2. 让宝宝美丽而不“冻人”：豆豆妈发现女儿特别偏爱绿色，同样的玩具她一定选择绿色的，给她一套彩色水笔她只用绿色的笔在纸上涂鸦，带她到市场上挑选服装，她也一定要买绿色的。现在，天气转凉了，附近商场里的换季服装偏偏缺乏绿色的，妈妈可着急了，跑了好几家商场才买到一件漂亮的绿色外套。妈妈想：总是这样也不行呀，于是，能否买到合适的绿色衣服成了妈妈的一个心病。

怎样让豆豆也喜欢穿其他颜色的衣服呢？经过咨询，妈妈有了办法。豆豆特别喜欢家里养的小白兔，她常常抚摩那雪白的绒毛。于是，妈妈给她买了一件毛绒绒的白色外套，还有一顶小白兔帽子。豆豆可喜欢这件衣服了，高高兴兴地穿出去了，后来她也不再强烈地拒绝其他颜色的衣服了。

3. 买衣服的时候投宝宝之所好：如果妈妈以为自己喜欢的就是宝宝喜欢的，自己认为实用的就是对宝宝实用的，那你就得做好心理准备了：宝宝有时候会让你失望，甚至会无言地抵抗妈妈。因此，如果妈妈对宝宝的审美偏爱把握得不够敏感和准确，就可能遇到这样的困惑：女儿为什么不接受我的关怀和爱心？她为什么那么倔强？其实，宝宝不是故意惹妈妈伤心，相反，他还困惑呢：为什么妈妈不让我选择我所爱的？妈妈为什么那么倔强呢？

4. 不要只接受时尚的高消费文化：家庭生活与时尚潮流紧密相连，爱子心切的妈妈对时尚和品牌童装自然也比较青睐，而且经得起考验的品牌确实让妈妈对服装的质量和流行趋势没有了后顾之忧。但是，宝宝作为受教育者，他们不宜对名贵、名牌和高档消费有太强的印象和记忆，因为这会让他滋长不适宜的攀比心理。

从审美的角度来说，家长最好多引导宝宝关注和欣赏童装多方面的特点，比如装饰物、款式、色泽、面料和功用特征等，当然也可以让宝宝适度认识价格和品牌，增强他的数量关系和社会常识，但是要防止他出现显富摆阔和攀比的意识与倾向。

如何警惕宝宝的“孔雀心理”

周末，孙女士带女儿到公园玩，正好遇到同事也带宝宝出来玩。于是两家合一家，其乐融融。只是不一会儿，两个宝宝就闹起了矛盾，原来两个宝宝都在大人面前表演自己的拿手节目，孙女士顺口夸同事的宝宝“演得比我女儿还棒呢”，女儿听到这话马上就不高兴了，要求回家不玩了，到最后竟哭闹起来，弄得孙女士十分尴尬。

母婴宝孕育专家湘雅医院儿科教授岳少杰指出，小朋友的这些表现不是个例。根据一项抽样调查显示，现在的独生子女，约有30%的宝宝有爱慕虚荣的“孔雀心态”。孔雀开屏固然美丽，却美得沾沾自喜，目中无人。宝宝一旦出现“孔雀心态”，就喜欢比较、争胜，但又会因为过于孤芳自赏、自高自大而赢得起输不起，受不得一点点委屈。

其实，这是宝宝成长过程中最常出现的现象。宝宝自我认识能力差，很难客观评价自己，而从幼儿时期开始，宝宝们就是在家长的夸奖甚至夸耀中长大，所以许多宝宝往往会把注意力过多集中在自己身上，并十分坚定地认为自己就是最聪明和最完美的那个，以为自己什么都比别人强，这是十分正常的。但这种现象如果不能加以正确引导，会对宝宝造成不良的影响，甚至会形成自私乃至自恋的性格特征，给宝宝以后的生活留下阴影。

如果家长发现宝宝有过强的虚荣心，千万不要着急，在这种情况下，空口说教或强行禁止都是无法从根本上解决问题的。不少宝宝的骄傲自大是被父母“夸”出来的。尽管适度的称赞在儿童的成长中是必不可少的，但是过多的、不切实际的称赞却会让宝宝形成爱虚荣、自满的毛病。所以，称赞自己的宝宝，特别是那些已经“翘起了尾巴”的宝宝时，要注意：

1. 对宝宝的称赞要具体地就事论事、恰如其分，称赞优点的同时不要忘了提醒宝宝改正缺点。不过，对于那些称赞的机会不多的宝宝，就不必恪守这一原则了。

2. 不要在众人面前炫耀宝宝的优点。

3. 对宝宝的称赞要有针对性，没必要仅仅因为宝宝长得漂亮而当着他的面大加欣赏。

4. 不要用贬低别人的方式称赞宝宝，像“我们家明明特别聪明，哪像隔壁毛毛笨得不开窍”这类话绝对不应该说的。

5. 对于骄傲自大的宝宝，除了要用正确的称赞方式以外，还应该使他们得到锻炼的机会。具体地说，就是要交给宝宝一些难度稍大的工作，使他感到自己的能力不足，还需向别人学习，寻求别人的帮助。这样做一方面可以促进宝宝进步，另一方面又能防止宝宝由于过分顺利而滋长骄傲情绪。

6. 对于那些“不知天高地厚”的宝宝，家长应适当打击一下。如下棋的时候别老让着他，赢他一盘，或者对他提出更高的要求，使他感到自己能力不足，还需要别人的指导和帮助。

当然，“孔雀心态”也不是一无是处，只要适当引导，这完全会成为宝宝前进的动力，那时，孔雀的羽毛将不再是绊住宝宝前进的脚步，而是向前飞行时的翅膀。

移动阅读

怎样做能使宝宝听话

怎样培养孩子的人际关系管理能力

如何给宝宝立规矩

频繁搬家对孩子的成长到底好不好

如何帮孩子树立理想

理想教育要切实可行

怎样帮助孩子树立目标

如何发展孩子的道德认识

怎样培养孩子的集体观念

怎样培养孩子的人生观

如何培养孩子良好的性格

通过游戏培养幼儿的性格

如何对待性格内向的孩子

帮孩子摆脱软弱性格

从穿鞋测试男孩的别扭指数

怎样应付孩子在公共场合哭闹

教 2 岁小儿学会如何关心人

如何呵护宝宝的童心

远大理想的树立

理想面前人人平等

家庭道德教育应教些什么

怎样培养孩子的道德意识

怎样培养孩子的世界观

如何培养孩子的价值观

不同性格的孩子如何教育

怎样培养幼儿快乐的性格

调教好孩子的性格偏差

第7节 2～3岁幼儿的意商培养

如何对宝宝进行挫折教育

良好的承受挫折的能力，是成功人士不可缺少的素质。培养承受苦难和不屈服于挫折的能力，对今天的宝宝尤为重要。挫折是一把“双刃剑”，培养宝宝的耐挫力，我们给父母们的建议是：

1. 帮助宝宝正确认识“挫折”：父母可以给宝宝讲名人成功前的挫折经历，或自己小时候挫折故事，让宝宝懂得生活中随时可能遇到挫折，只有克服困难，才能取得成功。

2. 适当设置一些困难，让宝宝体验挫折。要适当地让宝宝们在莽撞中吃“苦头”，切身体验一下，但更重要的是适时地帮助他总结失败的原因，鼓励他再去尝试。在日常生活中，父母有意识设置一些困难，如让宝宝自己穿衣、系带、铺床、收玩具等，鼓励宝宝自己的事自己做，不会的事学着做。

3. 教会宝宝对待挫折的方法，和宝宝一起分析挫折原因。父母应该教给宝宝一些对待挫折的方法，如自我鼓励：“这次虽然没得到第一名，但比在中班有进步了。”补偿法：“我跳舞不行，可画画不错，要努力画，争取参加书画比赛。”对娇生惯养的宝宝，父母不妨让他受点冷落。父母要赞扬别的宝宝的优点，慢慢让宝宝习惯“有人比他更行”的事实。对宝宝的缺点，不管他如何吵闹不听，也要坚决制止，帮助他克服。

4. 应为宝宝提供获得成功的机会：作为父母，要根据宝宝的个性特点、能力水平，提出适当的要求，让宝宝做力所能及的事，使宝宝通过成功的自我激励，体验成功的喜悦，获得信心。另外，不管什么原因，当宝宝不能面对挫折时，父母应以乐观的情绪感染宝宝，如“这点小事，怕什么，让我们一起克服。”

5. 让宝宝了解挫折和成功的关系：遇到挫折并不意味着失败，没有挫折也不一定就是成功，教会宝宝权衡利弊得失。

6. 面对挫折，父母要做好表率。父母的影响常常会让宝宝终生难忘。宝宝是一面镜子，他因为你个性的优点闪光夺目，也因为你身上的瑕疵而黯然失色。九十多岁高龄的日本“育儿之神”的内腾寿七郎博士说：“宝宝是反映父母心灵的镜子，心神安定的母亲，其宝宝也会从容不迫。”这就是说父母的言传身教很重要。当宝宝遇到挫折，父母不要首先打退堂鼓，为宝宝撑起保护伞，而是以身作则，自己勇敢，让宝宝也勇敢，这样宝宝就会受到鼓舞，在挫折面前充满勇气。

如何培养宝宝的毅力

宝宝意志力薄弱是普遍存在的问题，表现为做事不能有始有终，缺乏毅力。古人云：“只要功夫深，铁杵磨成针。”这说明只有坚持到底，持之以恒，才能有所作为。从小培养宝宝有毅力，有助于其在今后的人生中遇到困难不退缩，勇于面对挫折。家长可以通过以下方法培养宝宝的毅力：

1. 精神激将法：一位家长叫宝宝把丢得满地都是的玩具收拾好，本来宝宝是完全有能力完成这个任务的，可是他收拾了几样就不想干了。于是，家长便故意对宝宝说：“我不相信你能把玩具收拾好。”宝宝听了家长的话，一下子跳起来说：“我就是能收拾好!”好像硬是不认输似的，一边说，一边就高高兴兴地收拾玩具去了，而且把玩具收拾得非常整齐。做好这一切后，家长要及时表扬宝宝，宝宝也会十分高兴。

2. 诱导鼓励法：案例：2 岁多的娟娟和妈妈在玩分类游戏，妈妈要娟娟把物品按颜色分好，娟娟只稍微想了想，便认为做不出来准备打退堂鼓了。这时，娟娟妈一边要求她再仔细的观察，一边启发诱导鼓励她深入钻研。最后，她终于把物品按颜色分好了。她为自己的胜利所鼓舞，脸上也情不自禁地露出了喜悦的笑容。

3. 榜样示范法：为了培养宝宝的毅力，不管做任何事情，家长总是要以良好的榜样去影响宝宝。案例：一位家长有一次为了完成一项上级交给的写作任务，连写了好几遍，交给领导审阅，领导都说不够理想。后来，他又反复修改多次，终于写作成功了，而且见了报。他根据切身的体会现身说法，把这事讲给自己的宝宝听，宝宝见自己的爸爸对写作那样认真，很受感动，便对他说：“我以后也要像爸爸那样，不怕困难，不把事情做好决不罢休!”

4. 故事熏陶法：宝宝很喜欢听故事，为了培养宝宝做任何事情都有毅力的优良品格，家长可经常有意识地给他讲一些古今中外的名人故事。宝宝从这些故事中受到了熏陶，得到了感染，从而培养了宝宝顽强的毅力。

5. 竞争比赛法。一位家长要宝宝去完成一项任务时，总是经常和他开展竞争比赛，以此去鼓励他坚持把任务完成得更好。如有一次，他带着宝宝去爬山。因宝宝年纪尚幼，才爬了一会儿，就不愿意动了。嚷嚷着要背，要不就要下山。为了让宝宝振作精神，家长提出和宝宝比赛，看谁先爬上山。为了鼓励宝宝爬山的积极性，比赛中，家长故意放慢速度，让宝宝超过了他，家长抓住时机表扬了他，他很高兴，爬得更卖力了。后来，他因速度太快，不小心摔倒了，叫他休息也不肯，拍了拍裤腿上的灰尘，又开始往上爬，直到爬到了山顶才休息。

如何培养宝宝的独立性

培养宝宝的独立性，有助于培养宝宝形成良好的个性品质，并能为宝宝长大以后更好地适应社会。因为独立性强的宝宝，常常都是做事有明确的目的，能主动地做事，而且是有目的性去行动的。2 岁以上的宝宝已经表现出独立性了，家长可以通过以下方法培养宝宝的独立性：

1. 不要包办宝宝的一切，放手让宝宝做力所能及的事。从 2 岁起，宝宝可以在家长的帮助下，逐渐学会自己吃饭、穿衣、睡觉、收拾玩具等，有意识地培养和锻炼宝宝的自理能力。同时，还要让他们学会生活中必需的求助。比如，家里突然停电，电话不通了，水管停水了，外出迷路了……家长可借此帮助宝宝学会求助，知道应当求助于哪些部门，用什么方法求助。对于宝宝独立做的事，只要是付出了努力，结果无论怎样都要给予认可和赞许，使宝宝产生信心。让宝宝感觉到“我行”。

2. 给宝宝时间，让他自己去安排。不少家长以为，宝宝还小，不懂得安排自己的活动。但如果成人完全包办了宝宝的时间安排，宝宝只是去执行，那么宝宝的独立性就永远培养不出来了。

3. 给宝宝问题，让他自己找答案。比如，有的家长在给宝宝讲故事时，往往只是一页页地讲，一本本地讲，宝宝也只是静静地听。其实，给宝宝讲故事，家长也可以只讲故事的开头，故事的发展、结尾由宝宝进行续编，家长也应该提出相应的问题给宝宝思考的机会，充分利用宝宝的好奇心让宝宝参与，从而培养宝宝思考问题能力。

4. 给宝宝困难，让他自己去解决。比如，在做手工时，宝宝不知道要如何将作品两个接口粘在一起。作为父母，你是否会立即自己动手帮宝宝直接将接口粘起来？如果此时你能启发宝宝，譬如“你自己动脑筋想一想，要如何将两个东西粘在一起呢？是用胶水？还是用双面胶或者是透明胶呢？”或者是“你再想想，还有哪些办法能更好更快地能把两样东西粘起来，又快又牢固呢？”当宝宝在爸爸妈妈的启发下自己动脑筋想办法解决了这个困难，掌握了粘贴的方法，今后遇到类似的问题，幼儿的独立性会大大增强，而且以后会更加主动地去寻求解决问题的方法。

5. 给宝宝权利，让他自己去选择。不少家长怕宝宝选择错误，从来不给宝宝选择的权利。但这样的宝宝长大后就不可能适应竞争激烈的社会生活。因此，建议家长应该多说这样的一些话：“这由你决定”“这是你的责任”“不管你怎么想，这由你选择”。而一旦宝宝作出决定，你就必须使他意识到：他要对他所做选择的后果负责。

6. 珍惜幼儿自我独立性意向：父母要根据宝宝独立性的表现，抓住 2～3 岁这个关键时期，因势利导地培养其生活自理能力。“自己的事自己做”，包括用杯喝水、用勺吃饭、小便、穿鞋袜、收拾玩具等。

幼儿独立性的培养是一个循序渐进的过程，家长切不可操之过急。

如何培养宝宝的冒险精神

冒险精神的精髓是探索未知世界，发现新事物。冒险精神和勇气是孪生兄弟，两者互相促进。适度地培育宝宝的冒险精神，可以培养宝宝的勇气，塑造他的创新思维，增强宝宝独立解决问题的能力。家长可以从以下方面着手，培养宝宝的冒险精神：

1. 鼓励宝宝勇敢伸出小手，研究身边一切事物。比如，他看到路边沙子石头或其他什么东西，都会引起强烈的兴趣，想走到那里去看一看，摸一摸。父母就要在他身边及时引导和鼓励，帮助他认识和分辨物体的外形。父母还可以鼓励宝宝把小石头扔到水池里，让宝宝观察。宝宝正处于对任何事物都感兴趣的阶段，这种对环境充满好奇，积极探索的态度是极为可贵的，这不但能帮助他发展注意力和认识能力，还可以培养宝宝的勇敢的冒险精神。随意阻止他的行动，会使他形成胆小怕事，处处退却的性格，并且失去对环境积极探索的可贵精神和兴趣。

2. 到大自然中去：宝宝们有强烈的求知欲使他想了解许多现象，但因知识贫乏往往很害怕。夏天的闪电和响雷会引起宝宝的恐惧。应给宝宝解释这种自然现象是怎么回事，让他注意天空是怎样突然暗下来，风怎样驱使乌云，怎样卷起灰尘和树叶，增强他顺应环境变化的能力和勇气。冬天下雪，可和他一起堆雪人，打雪仗，培养他不畏严寒、勇敢机智的品格。到动物园可以让他看看相貌丑陋的动物，如蛇、狼等，让宝宝对它们的生活习性有所了解，消除对动物的恐惧心理。有条件的地方还可以和宝宝们一起游泳、划船、爬山、钻洞，使宝宝体察和感受自然界千万种奥秘，培养无所畏惧、勇于牺牲的冒险精神。

3. 正确引导：可以给宝宝讲些英雄人物的故事或观看电影电视，在他幼小的心灵中树立高大形象，让勇敢和冒险精神渗透到他的灵魂深处。另外，父母亲要有一定的胆量放手让宝宝去做事。比如爬树不仅要用手和脚，而且还能运动全身肌肉，是一种极有益的值得鼓励的事，即使摔下来受一点轻伤，也是一次再好不过的宝贵经验。但要教育宝宝注意安全。

4. 让宝宝完成从未完成过的任务，增强自信心。家长要放开手脚，让宝宝多多尝试自己的第一次。比如说第一次穿衣服，第一次刷牙洗脸、第一次端碗、第一次遛狗、第一次抓蚂蚁、第一次敲碎核桃，等等。随着年龄的增长，在确保安全的情况下，鼓励宝宝独自出门到临近小店购物、往门前垃圾桶扔垃圾等等。勇于动手的宝宝会慢慢铸造出独立坚强的个性，对尝试新事物会充满跃跃欲试的冒险精神。

培养冒险精神，并不倡导宝宝过于勇敢，以至于胆大妄为。放开手让宝宝做，以及带宝宝出去开拓视野的前提是宝宝必须遵守安全纪律和公共秩序。

移动阅读

怎样才能让宝宝获得勇气
养成良好习惯的原则
孩子三天打鱼两天晒网怎么办
如何磨练孩子的意志力
吃苦教育要适度
挫折教育应注意的问题
父母如何对孩子进行挫折教育
怎样培养孩子的容忍力
孩子学才艺为何坚持不下去
体育锻炼对意志力培养的好处
在不同场合中培养幼儿的意志力
世界各国对孩子的吃苦教育
挫折教育中父母易犯的错误

第十二章

幼儿园与家庭教育

PART12

第1节　入园准备

家长择园须知

一个适合孩子成长的幼儿园，能为孩子抢占一个较为有利的起跑线，准备一条较为通畅、便捷的跑道，让我们的孩子赢在起跑线上。作为父母应该怎样为孩子择园呢？“适合”二字是根本！能让孩子感到快乐、开心的幼儿园就是最适合的。

幼儿园教育是整个教育架构的根基，在孩子的整个学习阶段中起着极为重要的作用。在为孩子选择幼儿园时，应考虑以下几点：

1. 招生问题：幼儿园每年都在春季公开招生，招生的范围一般是在幼儿园所在地区的周围。声誉好的幼儿园因受名额限制，并不是让每个参加报名、面试的孩子都能入园的，一般它会优先照顾本系统、本地区的孩子。

2. 报名时间：一般在6月份左右，也有些幼儿园会提前到4、5月份，甚至更早。具体报名时间，每个幼儿园会用在园门前贴海报、通过公众传媒发布广告、投递邮件等形式进行通知，这一时期应多加留意。到了报名之日，即可携带孩子和有关资料去幼儿园报名。

3. 年龄限制：一般幼儿园对小班孩子的入园要求是年满3周岁。因为这个年龄的孩子已具备基本的语言能力和初具独立生活的能力。有些幼儿园设置了小小班，小小班的入园年龄为2岁至2岁半。

4. 面试项目：审核材料后，幼儿园会派专门的老师对孩子进行面试。面试的内容都非常简单：询问孩子的姓名、年龄、家庭住址、平时喜欢做些什么事等。一般面试时间为5～10分钟，主要目的是测查孩子在智力及认知能力方面的发展水平。父母轻轻松松的态度会使孩子有问有答。让孩子见到陌生人时使用礼貌用语很重要，这样的孩子肯定会给老师留下良好印象。

5. 录取通知：通过面试后，大约在一个月之内幼儿园会利用传媒或联系父母的办法来公布入园名单。如果父母对入园名单不清楚的话，应及时打电话到幼儿园询问。对于已录取的孩子，幼儿园会另行通知父母带孩子去体检的时间。体检的主要内容是做肝功能化验等，看孩子有无传染性疾病。

择园需避开的误区

1. 盲目追求幼儿园等级：有些幼儿园因受场地限制无法达到示范园，但办学严谨、教师工作踏实、服务意识强，在园孩子的家长满意率高。这样的幼儿园是最值得选择的。

2. 选择全托幼儿园：学龄前儿童处于感情发展的关键期，非常渴求家人的关爱，如果此时送进幼儿园全托，孩子缺乏与亲人亲昵的接触，无法体验常人的感情。长此以往，他们会失去安全感、信任感。除非万不得已，家长不要“忍痛割爱”。

3. 选择比孩子实际年龄高一级的班级：正常的孩子智力年龄随生理年龄同步增长，一个聪明的3岁孩子进入4岁年龄段的班级，他的能力显得平平，还有可能事事不如别人。当孩子大班毕业该进小学时，由于年龄的问题无法入学，孩子将面临“留级”的打击。

4. 入园便进行“定性培养”：孩子进入幼儿园前，兴趣爱好、个性特长等各方面都没有定性。因此，家长不要过早地对孩子进行所谓的“定性培养”。没有必要让孩子学这学那。

幼儿园在招生时是不允许考试的，面试无非为了看看儿童的健康状况（有无传染病）、是否认识数字（1、2、3……）、颜色辨别（红、绿……）等。至于某些心急的家长有目的性地强迫孩子接受最好的教育，这种做法是不可取的。

择园需考虑的八要素

为了孩子的快乐与开心，我们的父母一定要炼就“火眼金睛”之本领，为孩子择出“适合”的幼儿园。

1. 路程：选择幼儿园当然离家越近越好，提倡“就近入园”。一是节省接送时间，尤其在雨季或寒冷的冬季，离家近的幼儿园会让你和孩子方便不少，减少意外发生；二是因为离家近，能经常看到幼儿园，孩子不容易产生陌生感。如果路途远的话有校车接送就最好了，但车程也不宜超过1小时。

2. 教师的素质：幼儿园教师除了要有一定的资历外，最重要的是个性温柔，有耐心，喜欢孩子，尽责和有爱心，同时，要善于和孩子及父母沟通，能把幼儿园照顾和教育幼儿的理念与父母很好地交流，这样能够提升家庭的教育功能，能更好地帮助孩子的学习与成长。

3. 环境及活动空间：宽敞明亮的环境让孩子心情开朗。适合孩子年龄特点的设施，会减少孩子出现危险事故的可能性。室外是否有滑梯、秋千、转椅、攀登架等，教室的四周是否装饰了老师自己制作或绘画的作品，这可看出老师的业务水平和对孩子的耐心。

4. 营养卫生：幼儿园的全体工作人员必须没有传染病，并且每年或半年做一次体检以查看身体是否健康。每天对孩子的用品，如毛巾、茶杯等消毒1～2次。厨房卫生清洁，孩子的餐具每用过一次都要消毒。每个孩子有自己专用的、放在固定位置的茶杯、毛巾。

5. 安全性：幼儿园里是否经常出现有关孩子安全的重大事故，有无丢失孩子的记录，这标志着一所幼儿园的管理者与老师对孩子安全意识的强弱。有的幼儿园不能合理地建章立制，没有严格的门卫制度、饮食卫生制度、交接班制度、安全制度等，致使管理出现漏洞、造成严重后果。

6. 师生比例：合理的托班的师生比例应在1∶7左右，否则老师难以兼顾到每个孩子的个性需要。根据国家规定，全日制幼儿园每班应配设2名教师、1名保育员。

7. 收费情况：父母可根据自己的经济情况选择合适的幼儿园。一般来说公办幼儿园收费较低，民办幼儿园则较高。同类幼儿园中，级别高的收费高，级别低的收费相应也较低。具体的收费情况可直接向幼儿园咨询。

8. 学校口碑：选择幼儿园时，需要同已在这所幼儿园就读的孩子的父母进行交谈，听取他们对该园的口碑，这样会对心目中的幼儿园有进一步了解。你可以利用幼儿园晚接时间，与幼儿园游乐场里正带孩子玩耍的父母攀谈，尽可能获取你所想要的信息。

另外，也可向幼儿园老师了解，同行中人是为你判断、出主意的最佳人选。如果你有这样的朋友千万别错过呀！

孩子入园需具备哪些能力

许多家长因家庭环境需求，或是希望孩子能提早进入团体生活，因此会早早地送孩子去上学，却没有考虑到孩子的实际能力。如果孩子的相关能力太弱，不仅会给老师增添麻烦，也会给孩子造成很大的压力。建议家长在孩子入园前的一段时间先着重训练孩子的一些基本能力，缩短孩子的适应期，使其更快进入状况。这些能力包括：

1. 生活自理能力：孩子能清楚表达自己的生理需求，如基本的我要尿尿、肚子饿等，最好是能够自己上厕所、洗手、穿脱鞋等。

2. 认知发展与语言表达能力：孩子愿意说出个人想法，如我要玩玩具、我要喝水等，也能表达身体疼痛的部位，例如：我肚子痛、我牙齿痛等，若孩子总是沉默，不愿意说话，也可以观察是否有语言发展方面的问题，若所选择的学前机构能启发孩子的语言发展，也可以作为选读学校的考虑。

3. 至少具备半天活动的体力：孩子最好能早起不赖床，且体力可维持一个上午，大部分学校都会建议孩子能上全天班，不过并非每个小孩都能全天待在学校，家长可以斟酌情况，先让小孩上半天班，慢慢等孩子适应后，再延长为全天班。

入园物品的准备

与孩子一同准备上幼儿园时所需的衣服和用品，可以增强他去幼儿园的意愿。孩子入幼儿园，一般要做好以下物质准备。

1. 书包：带孩子一起去商店挑一个可爱的小书包，在书包表面绣上或写上孩子的名字，利于老师辨认。其实对于刚入园的孩子来说，书包里装些什么是无所谓的，只要每天能背着心爱的书包上幼儿园，他就有一种成就感。

2. 衣服：给孩子准备一些适合在幼儿园穿的衣服，把那些不易穿脱的裙子和背带裤收起来，也不要给男孩穿前门襟装拉链的裤子，以免夹伤生殖器；衣服或裤子上最好有放手帕的口袋，因为手帕用别针别在衣服上不安全，也容易扯坏衣服。当然也可以使用一种特制的安全别针。

另外准备一两套内衣裤，因为孩子年龄小，换了环境容易紧张而尿裤子。

3. 鞋子：为孩子挑选一双舒适合脚的鞋子，因为幼儿园户外活动较多。可在鞋子上贴上卡通图片，帮助他分清左右。如左鞋贴上猴子的左半脸，右鞋贴上猴子的右半脸，穿对了合在一起就是一个完整的猴子脸。这样特征明显的鞋子还能避免孩子之间穿错鞋。

4. 手帕：由孩子亲手挑选小手帕，买四五块轮换用。

5. 玩具：一般幼儿园都允许初入园的孩子带一两件自己特别喜欢的玩具。手里拿着自己熟悉的东西，孩子会有一定的安全感。让孩子挑选自己喜欢的、体积适中（小于幼儿脑袋，大于幼儿拳头）、无尖锐突起、表面光滑或柔软的玩具 2～3 个，轮流带去玩。

注意：一开始不宜带图书和可拆卸的玩具去幼儿园，因为孩子整理、管理起来不方便。也可根据孩子的具体情况准备其他物品，如有的孩子仍用奶瓶喝水，有的孩子有定时喝奶的习惯，妈妈可以准备奶瓶和适量的奶粉，使孩子的生活习惯不被完全打破。

所有带去幼儿园的私人物品都应标明班级、姓名，万一遗失可及时找回。

孩子入园前的心理准备

学前儿童在幼儿园中表现出诸如哭闹、不参与游戏等社会退缩行为的根源在于内心的害怕情绪，这在儿童成长中是很自然的一部分。在婴儿期，孩子会对噪音害怕，对失去支持害怕，对陌生人害怕，但是这些焦虑会慢慢随着成长而减弱；到了学前阶段，孩子会经历对动物、黑暗、暴风雨、受到想象中事物的伤害的害怕。所以，在孩子入园前，父母就要和孩子一起帮他们做好入园的心理准备。

1. 通过语言描述解决孩子内心焦虑：孩子 3 岁了，已经可以理解很多成人的语言。因此，成人可以先用描述的方式平静随意地跟孩子谈论幼儿园，告诉孩子：你就要上幼儿园了，幼儿园有一个什么样的老师，老师的样子是什么样的；还有一些其他的老师，他们长得什么样，穿什么样的衣服，妈妈去看的时候，他们正在和小朋友做什么事；老师是怎么说的，小朋友是怎么做的；他们是怎样吃饭的，怎样睡觉的；有一个小朋友想上卫生间了，他是怎样做的。

家长讲这些事的时候，就像讲一个童话故事，最好讲得非常有幽默感，逗孩子发笑，这样孩子就会要求家长一遍遍地讲。讲过几遍后，家长就可以拿出幼儿园的图片或宣传册页，指着上面的图画给孩子讲幼儿园的故事，指出园长的名字、每一个老师的名字，告诉孩子园长是做什么事的，幼儿园里有什么活动，而且还可以找一些关于孩子上幼儿园的故事书讲给孩子听。

2. 带孩子做初步的体验：这个时候，家长和孩子已经分享了许多关于幼儿园的故事，也刺激了孩子对幼儿园的注意，接下来就可以和孩子一起用过家家的形式来体验入园了。

先是妈妈扮演老师，让孩子扮演小朋友，从早上入园开始一直演到放学回家，将幼儿园可能遇到的事都编到过家家的程序中。玩过几遍后，再让孩子扮演老师，妈妈扮演小朋友。之后就可以带孩子去实地参观了。尽量选择不同的时间段带孩子参观幼儿园的生活，使孩子将和妈妈玩游戏的经验与真实的幼儿园生活联系起来，进一步深化孩子对幼儿园的认识，排除陌生感。

切记不要只用滑梯、蹦床等活动器械吸引孩子，使孩子误以为幼儿园是一个像游乐园一样的场所，玩过了就可以回家，避免孩子入园后发现幼儿园并不是当初体验的那样而造成失望情绪。

孩子入园以前家长利用一个月左右的时间做好以上准备，孩子入园后就不会感觉到过于恐惧和焦虑。

3. 自信：小孩要学会欣赏自己，并相信自己会成功。有自信的孩子，是会更乐意接受挑战的，而且他们会勇于表达自己，不怕外界的压力。

4. 独立：小孩一定要学习为自己做事，过分依赖的孩子难以建立良好的自我形象，事事会以别人为依附。

5. 自发性：自发性是孩子学习新事物的原动力，有自发性的孩子，会喜欢学习，对新事物表现出好奇。自发性是成功的一大要素。

6. 好奇：小孩子其实是天生好奇的，打从婴儿期开始，便不断地探索这个世界，如孩子能继续保持好奇心，便能在学习上事半功倍。

7. 耐性：小孩必须学习完成手上的工作，才开展另一件工作，有耐性的孩子会专心持久地集中精神，把一件事情做好；反之，一个没有耐性的小孩，做什么事都只是“三分钟热情”，那就难以把事情做好。

8. 合作：小孩必须学习与别人相处、分享和轮流使用物品。特别是现在家庭多是独生子女，孩子不愿意与人分享，但在幼儿园里，却是群体的世界，孩子学会与人合作，学习、生活会更加顺利、愉快。

9. 自制：小孩必须明白有些行为是不对的，如打架或者骂人。他们必须知道，即使是生气，也有正确和不正确的方法来发泄，这一点，便是自制能力，能够控制自己行为的孩子，定会是个老师欣赏的乖孩子。

10. 欣赏别人：小孩必须学会欣赏别人和体会别人的感受，现今大多小孩子对别人的好意视为理所当然，不懂得感谢和欣赏别人的好意，结果同时使自己和别人均不愉快。懂得欣赏别人的孩子，一定是个快乐的孩子。

移动阅读

“三个一”选好幼儿园	到底要不要换幼儿园
怎样给孩子换幼儿园	要不要送孩子上全托幼儿园
全托到底好不好	全托与日托的区别
孩子几岁入园最适合	如何做好孩子入园的准备
孩子不愿去幼儿园的心理分析	如何让刚入园的幼儿少感冒
入园前 1 个月的准备	入园前 3 周的准备
入园前 2 周的准备	入园前 1 周的准备
入园前 1 天的准备	入园当天的准备
入园第一天的注意事项	孩子入园前的“必修课”

第2节 家园共育

家长和幼儿园的沟通

忙活了好几个月的父母们，终于把孩子送进了称心如意的幼儿园。许多父母松了一口气，总算万事大吉了！以后孩子咋样就看幼儿园老师的了。殊不知这时的孩子站在了一个新的起点上，更需要父母的关注、扶持。年幼儿童习惯形成需要反复地实践和训练，如果家庭不与幼儿园相互配合，对孩子成长不利，孩子可能因此感到无所适从，甚至形成双重人格。所以，在孩子入园后您还得讲究些教育技巧。

1. 及时鼓励孩子在幼儿园的进步：当孩子在幼儿园取得了一点进步，如学会一首歌，一支舞，学会写自己名字……父母应及时鼓励。鼓励形式可以是送他一个小礼品，在家人面前大声表扬等。通过这种方式，孩子会深刻体会到幼儿园生活给自己带来的成就感，加深对幼儿园的情感。对不容易适应的孩子，父母应该尽量避免问他“今天在幼儿园老师对你好吗？”“今天和小朋友一起唱歌了吗？”等等，避免让孩子的记忆一直停留在不良的情绪体验中。如果孩子说不喜欢幼儿园，或者不喜欢老师，父母应该转移孩子的注意力，避免与他谈幼儿园的事。

2. 教给孩子一定的交往技巧：在幼儿园中，有一个孩子看到一个小朋友在玩一辆漂亮的小汽车，就希望一起玩。一开始这个孩子只盯着小朋友，不说话。当他看到小朋友不理他时，就扑上去，一把推开那个小朋友，抢了小汽车……这显然是孩子缺乏交往技巧的表现。因此，在平时的生活中，父母应该教给孩子如何热情地邀请小朋友一起玩，如何与小朋友一起分享等交往技巧。在家中，父母要有意识地教孩子学会使用一些礼貌用语，如“请”“谢谢”“对不起”，大方地向别人问好等。孩子说话时，教他清晰地表达自己的意愿。例如，当孩子想去厕所时，应该说“我想去厕所”的完整句子，而不要让他用意义含糊的习惯语代替。

3. 在孩子面前正确评价老师：在培养孩子方面，父母和教师是一条战线上的“战友”，父母首先应该信任教师，才能协同教师工作。千万不要当着孩子的面，议论、指责教师。刚入园的孩子，需要对老师产生一种心理上的安全感。老师在他们心目中的地位很重要，父母应该帮助他们维护教师形象。所以，当孩子对父母说：“今天，我们画菠萝啦，我画得可好呢，但老师没有让我‘上墙’。”父母不应该说：“你们那个老师偏心。”明智的父母应该说：“那是因为老师认为你能够画出比这一次更好的菠萝，他等着你下一次的菠萝呢！”然后，私下里再与教师交流孩子的表现和情绪。记住，理智的父母在孩子面前总是维护老师的形象，而不是相反。

4. 积极参与幼儿园教育活动：入园之初，父母要主动帮助老师全面了解自己的孩子，向老师介绍孩子的个性特点、生活习惯等。让老师真实地掌握孩子的特点，以便用有效的方式和途径接近孩子，使孩子对教师形成信赖、依恋的心理。幼儿入园后，父母同样应该把孩子在家里的情绪、表现告诉老师，但不要当着孩子的面！这样既可以从老师那里获得指导孩子的方法，也有利于老师采取积极的措施来消除孩子的顾虑、不安，促进孩子的成长。

父母可以利用接送孩子的时间，直接与教师交流孩子的情况，也可以通过联系手册，进行家园联系。此外，幼儿园各种活动，如六一儿童节、元旦，以及父母开放日，父母要积极参加，理解幼儿园的教育、管理方法，亲眼目睹孩子在集体生活中的各种表现，全面了解孩子，才能配合幼儿园教育活动开展，使教育发挥最大效率。

希望在孩子独立的起点上，父母们能做得更好！

良好的家庭沟通模式

1. 接纳是地基：父母要全身心地接纳孩子。当孩子犯错误时，一些家长特别喜欢说："你不听话我就不喜欢你了"，这会使孩子觉得"父母接纳我是有条件的"。而且，家长的这句话也可能使孩子从小在你面前养成说假话、办假事的习惯。

2. 赞赏是地面：家长应该用放大镜来看孩子的优点，发现孩子的优点就要赞赏，赞赏能使孩子增加自信。孩子犯错误不要紧，关键是要他们知道错在哪儿，然后改正错误。什么叫成长？成长就是犯错误，认识错误，改正错误。家长剥夺了孩子犯错误的权利，就剥夺了孩子成长的权利。

3. 时间是左墙：抽出更多的时间去陪孩子，对孩子说"在我的生命中你很重要"。有些父亲因为工作忙，孩子的教育几乎全部由母亲担当。千万别忘记，父亲的爱不可缺少。

4. 关爱是右墙：爱是接纳的人说了算的。你也许认为给孩子的爱是无微不至的，孩子则认为这种爱是约束，是管教。现在大多数家长的关爱是关在家门里的爱，而孩子真正需要的是打开家门，推出去的爱。

5. 责任是房梁：在孩子小的时候就要告诉他什么是责任，他有什么责任。你可以问孩子："你的玩具玩后收拾好了吗？""小手绢、袜子自己洗了吗？""你是家中的一员，家务活承担了吗？"让孩子知道自己身上责任的重大，当我们赋予孩子责任时，他就知道他要干什么。在任何时间都强调责任时，我们就没有什么做不好的。

6. 权威是屋顶：权威，也就是说家长要给孩子划定规则，给孩子立界限，教会孩子在诱惑面前说"不"。做正确的事远远比把事情做正确更重要。

家园合作共育的策略

家园合作是幼儿园与家庭相互合作、交流，以促进幼儿身心全面健康发展为目的教育形式。可见，家园合作是一种双边互动活动，幼儿园与家庭对幼儿教育都应该处于积极主动的地位，只有这样才可以提高幼儿教育的质量。

1. 幼儿园多开展亲子活动：亲子活动是促使家长直接参与幼儿园活动最为有效的活动形式。亲子活动有助于增强教师与家长，家长与幼儿进行情感交流沟通，并进一步加对深彼此间的相互理解。是幼儿园与家长进行交流的重要渠道之一。通过参与亲子活动，家长可以了解到幼儿的发展情况，并对幼儿园的教育情况有所了解，这样可以让幼儿在家中所授教育与幼儿园的教育保持一致，有助于保证幼儿知识的系统、连贯。

亲子活动可以加强家长与幼儿的情感交流，在开展亲子活动时，幼儿园可与家长交换意见确定双方都认为有意义的活动内容，这激发了家长的主动积极性，家长从被动参与的位置转换到主动参与的位置，能有针对性地提出一些幼儿存在的问题，并扩宽幼儿园教育的视野，给幼儿园教育带来更多、更广的信息。

2. 幼儿园和家长应经常进行沟通，建立相互信任的关系：家园合作成功与否，往往取决与家长的参与态度。家长的理解、支持、主动参与和相互信任，是保证家园共育能顺利开展的前提条件。幼儿教育是一个大概念包含许多方面的教育，所以对幼儿的教育也是渗透在生活的各个方面之中。除了幼儿园肩负教育幼儿的职责外，家庭同样也应承担起教育幼儿的职责，并且两者在对幼儿教育时应尽量做到相互沟通、理解和支持，这样对幼儿各方面能力的发展能有全面而准确的认识，使教育更具有针对性和及时性，更加有利于幼儿的发展。

总之，家长与幼儿园本着对幼儿负责，对社会负责的态度，养成良好的教育氛围为幼儿健康成长开辟一条健康之路。在不断探索的过程中，提高办园质量，这一过程也使幼儿成为教育的受益者，使教育真正做到是从幼儿自身发展需要出发，是为幼儿各方面能力发展而服务的。

移动阅读

幼儿园和家庭间如何进行有效沟通
幼儿园与家长沟通的几种方式
怎样帮孩子顺利度过刚入园的几天
家长接孩子放学需注意的忌讳
怎样引导孩子爱上幼儿园
孩子在幼儿园该学会什么
幼儿园的教育内容
家园同步进行环境教育
家园沟通的艺术
家长如何与幼儿园老师沟通
怎样能让孩子乖乖的去幼儿园
家长怎样帮助孩子适应幼儿园
怎样做老师才会更喜欢孩子
幼儿性别教育需要家园共育
家庭教育和幼儿园教育如何互补
教育幼儿的最好方法——幼儿园与家庭合育

第十三章

科学育儿与幼教（3～6岁）

PART13

第2节　3～6岁幼儿的发育指标

3～4岁幼儿的发育指标

3岁以后，幼儿的体重以每年2 kg左右的趋势递增；身高每年增长7 cm左右。头围的增长明显变慢，胸围超过头围。大肌肉的运动能力增强，走、跑、跳等都比较熟练，到4岁时，幼儿能单足跳，走独木桥，双足并立跳远，可以把手伸过头扔球。

在本阶段，幼儿的脂肪会进一步下降，肌肉组织将进一步增加，使幼儿具有更加强健和成熟的外观，他的上下肢更加苗条，上身狭窄成锥形。每天都精力非常充沛，活动量很大，这个年龄段的幼儿需要通过感觉、知觉以及各种操作活动来探索周围世界，建立对周围环境的认识和概念。

3～4岁幼儿的生长发育可以以此为参考。

1. 发育指标：满4岁的幼儿身体发育应达到以下标准。

(1) 男孩：身高，98.7～107.2cm；体重，14.8～18.7kg；坐高，62.7cm；头围，49.93cm；胸围，51.2cm。

(2) 女孩：身高，97.6～105.7cm；体重，14.3～18.3kg；坐高，62.4cm；头围，48.33cm；胸围，50.1cm。

2. 智能发育：

(1) 肢体运动：能较精确地把球投到儿童式篮球架的框里；能自如地双脚跳过障碍；能自己扣纽扣；会折纸做简单的手工。

(2) 语言能力：会讲故事，并生动地说出有趣的情节；模仿大人说话的用词和语气并运用到自己的交往中，所以家长要特别注意自己平时的措辞语气。当幼儿心情好的时候，让幼儿把今天幼儿园里发生的有趣事情告诉爸爸妈妈，他会绘声绘色地描述，少数幼儿还能加上自己的评价。

(3) 观察力：对周围世界充满好奇心，喜欢观察身边的事物，能意识到每天天气的变化。父母可以问幼儿今天的天气和昨天的天气有何不同。

(4) 认知能力：认识并能连续数出数字。能发现事物间的相同点，长短的概念开始形成，知道两条线中哪一条长。给幼儿几条长度不同的缎带，让幼儿按从短到长的顺序排列。

(5) 数理逻辑能力：能迅速找出两个合适的三角形拼成正方形、长方形和菱形；会做 10 以内的减数，约有 1/3 幼儿会做 20 以内的减数。

(6) 想象能力：4 岁的幼儿有惊人的想象力，有时根据他所编成的故事，使成人觉得他在说谎话，其实他对于事实和虚构的界线分得还不是很清楚。到 4 岁半以后这种真实与虚构分不清的现象慢慢消失，好奇、好动、好模仿、好被人称赞是这个年龄最显著之心理现象。

3. 情商发育：幼儿情绪开始变化多端，家长要有一个良好的沟通办法，当幼儿犯错时，对幼儿的不良行为切莫过于严厉喝止，他的不良行为都是从外界学习而来的，自己并不能分辨其好坏，所以父母要掌握批评的艺术；父母答应幼儿的事情就要守信用。

(1) 情绪发展：比较情绪化，会走极端，有时会用攻击性的语言嘲弄他人，给他人取外号等。开始渴望独立和懂得关心别人，出现抗议等许多复杂的情感。幼儿会把不熟悉的图像当做“怪物”，通常不能分辨现实与幻觉。有时会表现出进攻性、自私、不耐烦、骄傲、霸道、武断等负面情绪，还会找借口，会对自己和别人作表面评价。

(2) 依恋：依恋的范围开始扩大，特别是当幼儿上了幼儿园以后，面对一个陌生的环境，刚开始不能一下子适应，幼儿因为与父母长时间的分离而焦虑，慢慢地学会在托儿所需要和小朋友分享玩具，分享教师的爱和关心，渐渐地与教师建立了依恋。

(3) 人际交往：能帮家长做一些简单的家务活；会邀请朋友来家里玩，会安慰哭泣的小伙伴，喜欢与比自己大的小朋友一起玩，主要玩角色扮演等有想象力的游戏且游戏时间变长。

幼儿的生长发育有差异，我们提供的只是平均值。您幼儿的发育或早或晚于这个标准，只要是正常范围内都是正常的，但如果相差甚远，建议您向专家咨询。

4～5 岁幼儿的发育指标

4～5 岁幼儿的身高、体重的增长速度仍处于稳速增长阶段，其增长速度与 3～4 岁时相近，仍然是身高的增长速度稍快，而体重的增长则相对较慢，因此，小儿看上去是光长个子不长胖。正处于学龄前期的幼儿，与外界接触多，模仿性较强，活动量较大，体力消耗逐渐增多，脑发育快，智力发展迅速。为此，必须提供充足的营养。

4～5 岁幼儿的生长发育可以以此为参考。

1. 发育指标：满 5 岁的幼儿身体发育应达到以下标准。

(1) 男孩：身高，105.3～114.5 cm；体重，16.6～21.1 kg；坐高，67.02 cm；头围，50.98 cm；胸围，54.45 cm。

(2) 女孩：身高，104.0～112.8 cm；体重，15.7～20.4 kg；坐高，66.6 cm；头围，50.02 cm；胸围，53.24 cm。

2. 智能发育：

(1) 运动：可以开始学写字，但还写不好；已经会边跑边拍球，能精确按照纸上画好的线路裁剪图形。

(2) 观察力：幼儿开始喜欢观察活的、运动着的物体，颜色鲜艳的东西。带幼儿去看画展，问幼儿都看到了什么。

(3) 语言能力：在欣赏文学作品的基础上，会初步归纳主题，比如一个故事讲述的是什么意思；具备比较成熟的语法知识，当别人语法错误时，还可以进行指正，例如当有人说“知不道”时他会说：“应该说‘不知道’，你错啦！”

认知能力：对钱有初步的认识，知道钱的重要性，但不是钱本身，而是钱能买他想买的东西。能说出一星期有几天，能判断两件物品中哪一件重。能根据用途给物体下定义：如球是扔的，车是骑的。

3. 情商发育：从现在开始，爸爸妈妈要适应：幼儿已经开始有了自己的交友圈子，不再是粘着爸爸妈妈的“小黏糕”，放手让幼儿充分体会有玩伴的快乐，发展情感；小学阶段最好能给幼儿找一所离家较近的学校，上下学更方便、安全，幼儿不会过于辛苦以至于对上学产生抵触情绪。

(1) 情绪发展：幼儿的感情进一步丰富，对其他人的感情非常敏感，无论是成人或幼儿，他都喜欢取悦于他们。当他看见有人受伤或悲伤时，他会表示同情与关心。

(2) 依恋：幼儿的依恋情结和独立心理同时存在，且幼儿的行为更加独立，会邀请小朋友到家里做客甚至会独自拜访隔壁的邻居。

(3) 人际交往：对家庭人员的关系感兴趣，如舅舅是妈妈的兄弟。喜欢与别人交往和上幼儿园的机会。在家中可帮助做事。开始懂礼貌，大方、友好；与想象中的伙伴和其他2～5名小朋友一起玩，尤其爱玩“乔装打扮”的游戏。

(4) 自我认识：能清楚地进行自我介绍，说出自己的名字、年龄、自己拥有的东西以及日常行为；已经会为自己的一些不好行为产生羞愧感。

幼儿的生长发育有差异，我们提供的只是平均值。您幼儿的发育或早或晚于这个标准，只要是正常范围内都是正常的，但如果相差甚远，建议您向专家咨询。

5～6岁幼儿的发育指标

幼儿与外界的接触机会日益增多，因此，幼儿处于很活跃的阶段，是一个循序渐进的过程。但生长较之前缓慢，速度平稳。体重每年增加不足2 kg，身高的增长也比较稳定，每年大约5～7.5 cm。从外表上来看，幼儿显得细长了些。此时期需要足够的蛋白质、矿物质、碳水化合物的供给。

5～6岁幼儿的生长发育可以以此为参考：

1. 发育指标：满6岁的幼儿身体发育应达到以下标准。

(1) 男孩：身高，111.2～121.0 cm；体重，18.4～23.6 kg；坐高，69.66 cm；头围，51.07 cm；胸围，56.78 cm。

(2) 女孩：身高，109.7～119.6 cm；体重，17.3～22.9 kg；坐高，68.76 cm；头围，50.98 cm；胸围，55.89 cm。

2. 智能发育：爸爸妈妈可以尽量地让幼儿自由活动，幼儿已经不需要大人抱了，要想幼儿有创造力，父母首先就要自我解放，要做到“心情开放，容易沟通”。

(1) 肢体运动：能从3层台阶上跳下来，落地平稳；立定跳远在80 cm以上；单脚连续跳30下以上；会花样拍球；会运球跑。具有较熟练的绘画和手工制作技能。

(2) 平衡能力：能很好地控制身体，手脚灵活，运动也较以前更为剧烈，但已不太容易摔跤。能在一条直线上走、单足跳、跳绳、跳舞等，这时的幼儿喜欢蹦蹦跳跳，可能学会一些舞步，特别是小女孩会很喜欢跳舞。

(3) 语言能力：能掌握主要语法规则；会询问抽象词语的意义并尝试运用，能使用语言描述过去和未来的事件；喜欢听故事、笑话，也喜欢读故事。

(4) 认知能力：幼儿开始知道一年中 12 个月的名称和一周中每一天的名称；开始能看钟表，时间概念已比较明确，可以开始培养幼儿按时作息，从小养成珍惜时间的好习惯。

(5) 逻辑思维能力：能理解数字的含义，并会在对比的基础上找出物品或事物内部的数学规律。能调动各种感官，动手动脑，探究问题。

(6) 创造能力：开始会用自己喜欢的方式进行艺术表现活动，这时候的幼儿就像一个小发明家，试图把脑袋中的想象转化成可适用于外界的实际行动。

3. 情商发育：幼儿已经开始有自己判断事件、人物对错的想法，所以大人要注意引导幼儿明辨是非，同时父母要给幼儿树立人际交往、处理事件的正确榜样。要尊重幼儿的兴趣爱好，给幼儿创设发展的空间；父母要教会幼儿在集体生活中的规范。

(1) 情绪发展：这时的幼儿通常是非常快乐的。他乐于助人、善于动脑筋并喜欢谈论自己的想法；能准确判断自己能做什么，不能做什么；对表扬能做出得体的回应。随着幼儿年龄的增长，他的内心世界也越来越复杂，喜怒哀乐等比较细腻的情感也发达起来，更加敏感，自尊心也更强。

(2) 依恋：幼儿更有主见了，在日常家庭生活中，幼儿可能会更多地发表自己的意见，甚至还会对大人的行为和周围的一些现象发表些“见解”了。

(3) 人际交往：对参与周围的活动较感兴趣，不需父母在旁就能与人交往，他更喜欢同一个或更多的小朋友一起玩耍，而不愿单独玩了。他们能互相指定角色，设计游戏情节，并在想象世界中一起解决问题。喜欢竞争渴望胜利。当然，小朋友之间也可能发生矛盾，这时幼儿已经知道选择解决矛盾的方法，一般不会再轻易采用“武力”方式。幼儿会通过改变自己的行为来使朋友满意，也会努力使老师高兴；能够在集体活动中遵守一定的规范，自制力和忍耐力有所提高。

(4) 自我认识：这个年龄的幼儿逐步明显地表现出个人的特长、兴趣爱好和性格倾向。对自己的行为能够作出初步评价，并能在家长及幼儿教师的指导下逐步掌握社会行为规范并受到其约束。

幼儿的生长发育有差异，我们提供的只是平均值。您幼儿的发育或早或晚于这个标准，只要是正常范围内都是正常的，但如果相差甚远，建议您向专家咨询。

移动阅读

3 岁一季度发育指标
3 岁二季度发育指标
3 岁三季度发育指标
3 岁四季度发育指标
4 岁一季度发育指标
4 岁二季度发育指标
4 岁三季度发育指标
4 岁四季度发育指标
5 岁一季度发育指标
5 岁二季度发育指标
5 岁三季度发育指标
5 岁四季度发育指标
6 岁幼儿发育指标
3～6 岁幼儿智力发育的特点
4～5 岁幼儿语言智能发展
3～6 岁的幼儿骨骼发育状况
3～6 岁儿童的动作发育特点
3～4 岁幼儿的心理特征
4～5 岁幼儿的心理特征
5～6 岁幼儿的心理特征
幼儿性心理的发展
宝宝时间观念的形成

第2节 3～6 岁幼儿的保健

3～6 岁幼儿饮食巧安排

1. 3～4 岁幼儿饮食安排：3 岁以后，很多幼儿就要上幼儿园了，在家里吃饭的时间相对减少，父母用在幼儿饮食上的精力也要少一些了，但是这不意味着父母就可以放手不管了。常见有的幼儿在双休日或节假日过后，回到幼儿园时，老师发现幼儿出现食欲下降、肠胃不适等现象。这是因为在节假日中，一些父母忽视了幼儿的饮食节制和规律，造成幼儿肠胃功能出现问题。父母应该配合幼儿园教育，在节假日中也要坚持培养幼儿良好的饮食习惯。

3 岁幼儿的乳牙已经出齐，咀嚼能力大大提高，食物种类及烹调方法逐步接近于成人。但是，幼儿的消化能力仍不太完善，而且由于生长较快，热量和营养素需要量较高，因此，食物制作上一定要注意软、烂、碎，以适应幼儿的消化能力。在为幼儿安排每天饮食时要注意食物品种的多样化，粗细粮搭配、主副食搭配、荤素搭配、干稀搭配、甜咸搭配。

在选择食物时要注意其营养价值，一般说来，绿叶蔬菜和豆制品比根茎类蔬菜营养价值高，肝肾等内脏比肉类营养价值高，杂粮比精粮营养价值高。

食物要做成幼儿易于接受的形式。例如，有的幼儿不爱吃适合大人口味的溜肝尖，可以给幼儿做成酱猪肝，切片后让幼儿拿在手里吃；有的幼儿不爱吃蔬菜，可以把菜和肉混合做成馅，包在面食中给幼儿吃。

另外，给幼儿准备食物不能根据大人口味的喜好来做，而要以天然、清淡为原则。添加过多的盐和糖会增加孩子肾脏的负担，损害其功能，并养成日后嗜盐或嗜糖的不良习惯；添加调味品、味素及人工色素等尤为不宜，这样会影响孩子的健康。

在家生活的幼儿一定要注意饮食的定时定量，不能一天到晚嘴不停地随意吃零食，而到正餐时却往往不肯正经吃饭，长期下去对幼儿的营养状况和生长发育都会造成不良影响。

2. 4～5 岁幼儿饮食安排：4～5 岁幼儿活动范围加大，能量消耗随之增加，米和面等主食量应增加。咀嚼食物的能力进一步增强，胃容量也不断扩大，消化吸收能力开始向成人过渡，可逐渐由软食过渡到普通饭，可以开始与家人同餐，每天饮食安排以三餐一点为好。各种食物都可以选用，但仍注意不可多吃刺激性食物。对钙的需求量仍高，可以在早餐及睡前饮奶而增加钙的摄入。

幼儿在此时开始表现出有“食欲”，因此家长应为幼儿准备色、香、味、形综合一体的饭菜。此时期，他们仍不喜欢吃滑溜溜、黏糊糊的菜，有些幼儿不喜欢吃切得太长的菜叶、菜茎，这时可以改变烹调方法，并采用启发诱导和鼓励的办法，尽可能让幼儿多吃各种各样的食物，定时、定量、定点进餐，避免暴饮暴食、饥饱不均等坏习惯。

4～5 岁幼儿每天的膳食量可以这样安排：主食如米饭、面食等 175～250 g，荤菜应食蛋 1 个，鱼、肉、肝类 100～150 g，牛奶或豆浆 200～250 g，水果 1～2 个，蔬菜、鲜豆 100～200 g，外加豆腐或豆制品 50～100 g。除主餐外，可于下午加点心 1 次，以补充能量不足。

3. 5～6 岁幼儿饮食安排：幼儿在 5 岁时应开始减少脂肪摄取量，预防日后肥胖症、糖尿病以及心血管疾病的发生。5～6 岁幼儿应进一步增加米、面等能量食物的摄入量，各种食物都可选用，但仍不宜多食刺激性食物。此阶段幼儿饮食与成人饮食比较，仅主食中粮食的摄取量较少。当然，还是要注意膳食平衡，花色品种多样化，荤素菜搭配及粗细粮交替。烹调需讲究色香味，以引起幼儿的兴趣，促进食欲。食品的温度应适宜，软硬适中易为幼儿接受。

6 岁左右幼儿开始换牙，所以仍要注意钙与其他矿物质的补充，可继续在早餐及睡前让幼儿喝牛奶。在不影响营养摄入的前提下，可以让幼儿有挑选食物的自由。此外，仍应继续培养幼儿形成良好的饮食习惯，讲究饮食卫生，与成人同餐时不需家长照顾等好习惯。此阶段如饮食安排不当易患如缺铁性贫血、锌缺乏症、维生素 A 缺乏、营养不良及肥胖症等营养性疾病。

3～6 岁幼儿的运动常识

3～6 岁正是你的幼儿精力充沛、爱玩爱动的阶段。这对于身体发育来说是件好事，因为大小肌肉群的不断反复运动能塑造并完善身体各部位的功能。大动作技能是最先发育的，所以，三四岁的幼儿往往更喜欢跑、跳、伸手去够东西、扭来摆去，而不是安静地坐着用手部肌肉去画画，或摆弄小玩具。

父母都希望幼儿有一个强健的体魄，因此会有意无意地让幼儿进行一些体育运动。让幼儿进行体育运动一定要尊重幼儿身体生长发育的规律和年龄特征，同时，也有一些事项需要注意。

首先，选择适宜的运动项目。3～6 岁幼儿运动以身体练习（主动练习和被动练习）为基本手段，可供选择的运动项目很多，不同的运动项目可以产生不同的锻炼效果。如：提高速度能力可选择跑、骑儿童车等项目；增强耐力能力，可选择长时间跑的游戏、游泳、郊游、跳绳等练习；增加力量能力可选择跳、投等练习；提高灵敏协调能力，可选择跳舞、打秋千、拍球等游戏；提高柔韧能力可选择体操、按压等练习。

在选择锻炼项目时，要根据幼儿的素质需求进行选择，身体哪方面素质欠缺就多锻炼哪方面。另外，要使身体得到全面锻炼，应采用多种多样的项目进行锻炼。开始时，可以先从一两个项目入手（要持之以恒），待有了相当基础时，再由少到多、由简入繁、由易到难地逐步增加锻炼项目。

下面是一些能促进幼儿身体发育的好办法：

1. 一家人去散步：散步的过程中，可以走路、快跑、慢跑和大踏步前进交替进行。一边走一边玩找东西的观察游戏，或收集羽毛和树叶来玩。还可以在家里抱着乐器或举着旗子，带幼儿像阅兵一样正步走。

2. 鼓励幼儿玩沙子：带上幼儿的沙滩玩具，锻炼他的操作能力。

3. 玩水：小水池、花园里的洒水装置或浇花用的软水管都能促使幼儿去戏水、奔跑和触摸水。只是幼儿玩水的时候，你一定要在旁边看管。

4. 在客厅或院子里设置一条障碍赛道：用靠垫、纸盒子、玩具或其他东西做障碍，让幼儿绕着跑或从上面爬过去。

5. 模仿游戏：小幼儿都喜欢动物。问问幼儿："你能学小鸡走路吗？能像大马那样跳吗？小狗怎么跑？"或者鼓励幼儿学飞机的样子在院子里"飞行"，或在房间里"划船"。

6. 幼儿和其他小朋友玩的时候，让他们玩各种不同规则的捉人游戏。例如"木头人"游戏等。

7. 球类游戏：包含踢、扔和接等动作的游戏是非常好的锻炼，不过，在幼儿这么大时，尽量不要把规则定得太复杂。

8. 跟着音乐跳舞：让幼儿听不同类型的音乐，演奏乐器也能促进幼儿的身体发育。或者边听音乐，边做动作，很多熟悉的歌曲或儿歌是通过手指游戏来强化精细动作技能的，比如《织织织织，小蜘蛛》。

9. 在地上拉一条绳子，让幼儿假装走钢丝或海盗船上的木板，锻炼平衡能力。

10. 洗蔬菜、水果，一切用得着水和泡沫的东西都非常好玩。把泡泡吹向空中，让幼儿去抓。

11. 教幼儿玩你小时候玩过的游戏：这些对你的幼儿来说都会新鲜有趣，比如"骑竹马""丢手绢""丢沙包"等。

12. 演木偶戏：利用手指偶、袜子或玩具，和幼儿一起蹲在桌子后面演。

13. 利用除家里的画板之外的一切方式，锻炼幼儿的精细动作技能。帮幼儿用粗粉笔在空地上画个房子，用小棍在地上或面粉里写数字等等。

此外，幼儿做运动应具有科学的指导性，运动量安排要合理。制定和选用基本运动必须科学掌握运动量，如果运动量太小，对身体锻炼的效果就不大；而运动量过大，又没有节奏，则身体健康也会受到不良影响。

1. 活动前的注意事项：

(1) 家长首先要检查活动的场地、设施与幼儿的着装。

应先排除活动场地上的异物和积水等不安全因素。查看一下活动设施是否定期检修，避免发生意外。运动服装要轻便、舒适，避免过多、过厚的衣服限制幼儿活动。幼儿也不宜穿过硬、过厚的皮鞋，以免扭伤、摔伤。

(2) 掌握好适宜的活动时间：比如，上午10时和下午3时为幼儿户外活动的最佳时间。研究表明，上午10时和下午3时是全天中空气较清洁的时间。上午9时后，地面受阳光照射，温度升高，空气对流迅速，积聚在人呼吸带的空气污染物稀释、扩散。午后3时，气温较高，风速快也有利于空气净化。所以这两个时间段为幼儿最佳活动时间。

(3) 选择适合的天气：雾天不宜让幼儿外出活动，因为雾天空气湿度大，雾中不仅带有煤烟、粉尘、病菌等有害物质，而且雾可以阻止废气向空中扩散。雾天湿度大，相对缺氧，幼儿会感到胸闷、心慌、气促、无力。雾天视物不清，也易造成幼儿碰伤、跌伤。而烈日当空时，幼儿在户外活动容易中暑；饭前、饭后半小时内活动则易吸入冷空气，产生胃痉挛，对幼儿身心造成不利影响。

2. 活动中的注意事项：

(1) 家长要观察、了解幼儿的活动状况：一般可采用观察法和脉搏法测定。活动量适宜时，幼儿面色红润，汗量不多，呼吸中速稍快，动作不失常态，情绪愉快，注意力集中。幼儿在游戏中的平均心率能保持在130～140次/min之间。反之，幼儿活动后则脸色苍白，汗量很多，幼儿出现一副很疲劳的样子，表明活动量过大，应适当减少。

(2) 应注意幼儿活动中运动量的比例安排：根据幼儿人体生理机能活动"上升→稳定→下降"的一般规律，家长要掌握活动量由小到大逐渐上升，活动结束前又逐步减少这一原则，以便在活动结束后的较短时间内，很快恢复正常。

(3) 加强幼儿活动时的护理：家长要做到既保护好幼儿，又使幼儿得到充分的锻炼。如在活动时可根据活动项目给予指导，告诉幼儿注意事项，同时也要及时给幼儿穿衣、擦汗。对于出汗量大的幼儿和体弱儿，活动时可给他们背后垫一块干毛巾，以便于汗水的吸收，避免活动后着凉。

3. 活动后的注意事项：

(1) 活动后不可让幼儿马上饮水或吃冷饮：因为幼儿在活动后，全身各部分脏器血液流量大大增加，饮用大量水分会给心脏增加很大的负担，长此下去会影响心脏的功能。千万不可在活动后食用冷饮，如喝冰冻汽水等。因为幼儿活动后新陈代谢旺盛，各种脏器的毛细血管均处于扩张状态，血液循环较快，如果此时马上食用大量的冷饮，会刺激各处的毛细血管，尤其是胃肠道的毛细血管立刻收缩，影响胃肠道的血液供应和消化液的分泌，时间一长必定会引起胃肠道的功能紊乱，出现腹泻、腹痛、食欲不振、消化不良等症状。

(2) 活动后不可马上让幼儿洗冷、热水澡：若幼儿在浑身是汗时马上去洗冷水澡，冷水刺激皮肤神经感受器，使皮肤毛孔突然关闭，全身毛细血管包括肾脏毛细血管骤然收缩。在临床上会产生畏寒、发热、渴、尿少等症状；若毛细血管强烈收缩，更会引起血压升高，出现头晕、头痛、头胀、眼花、恶心呕吐等不良反应。若幼儿活动后即去洗热水澡，会刺激皮肤、肌肉毛细血管扩张，体内的血液过多地分布到皮肤、肌肉中去，势必造成心脏、肝脏、脑等人体的重要器官血液流量减少，从而出现头昏、胸闷。

给“小胖墩”们的运动建议

排除遗传和营养因素，缺乏运动是儿童肥胖的主要原因，“小胖墩”可以通过多参加一些户外运动，来达到健身减肥的目的。家长们在为幼儿选择运动项目的时候，要选择那些强度适中、对下肢的压迫小、低冲击的运动，因为“小胖墩”们的身体比较重，剧烈的运动会对下肢造成压迫，容易伤害脚踝和膝盖。因此为“小胖墩”们推荐一些适于他们的减肥运动。让他们在运动中轻松瘦身。

1. 游泳：游泳能促进幼儿血液循环和骨骼发育，塑造幼儿的身材比例线条，对皮肤也很有好处，而且游泳时水对身体的按摩会让幼儿放松，游泳 1 个小时可以消耗 1991 J (476 cal)，相当于两个汉堡的热量，是最佳的减肥方式。通过游泳减肥还要注意以下几点：每次游泳时间应在 40 分钟以上，才开始消耗脂肪；游泳不会长脂肪，不过游泳后饮食不节制，同样达不到减肥的效果；游泳姿势正确减肥效果才会好。

2. 水中排球：如果条件允许，可以组织几个幼儿一起，来一场水中排球比赛，或者和家人在水中互相传球，不拘泥于形式。

3. 水中竞走：水中竞走是一项非常燃烧脂肪的运动，因为人体在水中受到的阻力是在空气中时的 12～15 倍。孩子在最开始接触这项运动时，要注意控制运动的强度。

4. 骑自行车：为应对幼儿普遍的肥胖问题，英国 16 名专家联名呼吁，将骑行列入 2014 年新课程。能在路上安全无风险地骑车是一项重要的生存技能，有助于形成少年儿童积极健康的生活方式，而且骑车还能提供每天必要的锻炼，避免脂肪堆积。

(1) 亲子骑车郊游：周末，一家人骑上单车，来一次近郊游，如果路途太远，也不妨选择去附近的公园。为了增加趣味性，不妨来一场比赛，看谁最先达到目的地，谁的骑车技术最娴熟，谁最有风度。

(2) 参加集体骑车活动：家长可以多留意一些各种公益组织举行的各式各样的骑单车活动，有的是宣传环保，有的是鼓励走近户外。选择性地让幼儿参加一些活动，既能达到锻炼身体的目的，又能教育幼儿，结交新朋友。

只要做个有心的家长，多观察幼儿的运动爱好，多陪伴幼儿，多想办法让运动不再那么枯燥和难以坚持，日久天长，你家的小胖胖自然会慢慢瘦下来。

幼儿呼吸保健操

呼吸是指机体与外界环境之间气体交换的过程，是我们人体赖以生存的基础，它每时每刻都在我们的生命活动中，人的一呼一吸承载着生命的能量，呼吸对每个人来说简直太重要了。

健康幼儿呼吸是以腹式呼吸为主、胸式呼吸为辅的腹胸式呼吸。而幼儿的肺脏容积相对较小，按体表面积计算，肺容积比成人小 6 倍，而幼儿的代谢水平及氧气的需要接近于成人，因此，机体代谢的需要只有从呼吸的频率增快得到满足。而一旦患了使呼吸运动受限的疾病（如哮喘等呼吸系统疾病），则可以使肺活量明显减少，影响到呼吸功能，产生呼吸困难，另一方面由于现代社会及家庭环境的影响，目前幼儿的户外活动明显减少，运动量普遍不足，健康幼儿亦存在肺功能下降的状况。

呼吸操主要是锻炼腹式呼吸，腹式呼吸是胎儿在母体内的呼吸方法，古代气功又把它叫做“胎息法”。通过锻炼，掌握正确的腹式呼吸方法，可加强呼气，提高肺功能中各项指标，并锻炼膈肌、腹肌、肋间肌和胸部肌肉的收缩力；扩大肺活量，改善心肺功能；减少肺部感染，尤其是降低患肺炎的可能；改善腹部脏器的功能。

幼儿呼吸体操不仅能帮助患有呼吸系统疾病的幼儿提高肺功能，使这些幼儿在疾病发作时，通过腹式呼吸将肺内的残气从肺内挤出，改善呼吸性呼吸困难，增加肺通气量，改善缺氧；亦可用于健康幼儿的保健。通过呼吸体操，改善肺功能，增强体质，预防疾病的发生。

幼儿呼吸体操适宜于学龄前幼儿。呼吸操练习时，首先选取舒适的坐姿，放松全身，观察自然呼吸一段时间；右手放在腹部肚脐，左手放在胸部；其次，做呼吸体操时，要注意用鼻吸气，经口呼气，尽量不要屏气；吸气时腹部隆起，呼气时腹部内收呈凹形，注意吸气与呼气的比例为 1∶3，吸气短（一拍），呼气长（三拍），循环往复，保持每次呼吸的节奏一致，以利于把肺中的残气排净。

在学习和练习过程中不要急于求成，要循序渐进，根据各人的身体状况，可以做完全套，也可以分节练习，每天可进行 1～2 次。也可以根据需要配上合适的音乐一起做操。

幼儿心理异常的信号

我们接触到的一些患有心理障碍、心理问题的幼儿，他们在早期多多少少会有这样那样的表现。这些异常的信号，值得我们家长去关注。幼儿心理异常的信号主要包括以下几个方面：

首先是性格上的变化。有些幼儿出现问题，我们家长会发现这个幼儿平时挺开朗，挺活泼的，爱玩爱闹的，突然怎么变得有点发闷了，不爱动了，内向了，胆怯了；以前这个幼儿无忧无虑了，什么事都不操心，现在变得心事重重的，变得敏感的，多疑了；以前这个幼儿挺温和的，现在动不动就发脾气，以前对人挺宽容，挺友爱的，现在变得爱计较了，甚至嫉妒别人，甚至有些幼儿出现有些报复的心理。这是属于性格上的变化。

第二点变化是行为上的变化。幼儿有些外显行为上的变化，比如说这个幼儿开始变得少言寡语了，饮食上也开始出现问题，比如厌食或者食欲不振，或者有的幼儿暴饮暴食。最明显的有些问题是不愿意上学，不愿意和家人或者同伴交流，甚至有的幼儿连出门都不愿意出了，也有的幼儿表现得比过去显得过分地好动了，有的坐卧不安，以前学习挺好，挺认真的幼儿，现在变得注意力不集中了，学习成绩有明显的下降过程。有些幼儿出现易激怒的情况，特别容易与他人起冲突，好攻击。

再有是情绪上出现的变化。幼儿表现的总是不高兴，特别爱哭或者特别烦燥，非常地易怒，甚至有的幼儿是暴怒，对很多事情不感兴趣，可能以前提起来能高兴的事，现在总是无精打采的，幼儿表现的是频繁地哭闹或者明显地恐惧，总爱黏着大人，以前能独立睡的，现在又要求家长陪着睡。幼儿的这些变化有的时候并不是我们想象的是很大的事件影响的，有的时候很不起眼，家长回忆了很长时间，才找到可能是这个原因。

第四个方面是躯体上的变化。比如幼儿出现明显的体重下降或者出现睡眠的问题，经常夜惊，做恶梦，大一点的幼儿会出现做恶梦，会出现身体上的反应，比如经常这疼那疼，心慌胸闷，等等。

影响幼儿心理健康的因素

幼儿时期是人生发展的重要时期，个性和很多心理品质都是在这个时期形成的，心理学把这一时期定义为人生发展的关键期。

然而，不少来自幼儿园的调查显示，很多幼儿已表现出自私、自负、任性、脾气暴躁、感情脆弱、独立性及社会交往能力差等不良个性特征，这些可能成为他们产生心理问题的隐患。家庭是幼儿心理发展的最重要、最基础的环境，它对幼儿的心理健康的影响既表现在生物性的遗传影响上，更表现在家长的情感态度、个性、价值取向及心理品德对幼儿的影响上。

影响幼儿心理健康的主要家庭因素有：

1. 家庭教育中教养方式不恰当：在有的家长看来，家长的任务是让幼儿吃好，穿好，不生病。家长对幼儿的衣食及身体保健舍得投资，却忽视了幼儿的心理健康。现代家庭中，存在重健康知识灌输，轻行为习惯培养；重饮食营养摄入，轻情感需要的满足；重成人包办代替，轻幼儿独立性培养。独生子女现象，造成对幼儿溺爱非常普及。如有一个小女孩的裙子被别人摆了一下，她冲上去抓别人的脸，老师刚要准备和她谈谈，她就大声哭着说："我爸爸知道你批评我，会心疼的。"而家长知道这事后，却一笑了之。又如幼儿在家中谈论幼儿园的开心事或问一些问题，家长嫌烦，不理睬。幼儿感受不到情绪上的快乐和满足，长久下去自然会冷淡。

2. 家庭教育中父母榜样的作用：家长总是希望幼儿改掉坏毛病，一旦发现幼儿的问题，都免不了一通数落甚至责打。然而，家长却没有意识到自己的言行已经在幼儿身上起到潜移默化的作用了。例如，家长的性格很随意，对发生的事情不介意，得过且过，他想要求幼儿事事严谨就很难。另外，离异家庭对幼儿的心理影响也是非常大的，幼儿看见了准备离婚的父母之间的战争，感到很害怕，会变得非常胆小。也有幼儿为避免受欺负而主动出击，打骂同学。所以，幼儿身上发现的心理问题，家长首先要分析一下自己是否也有行为不当之处。

3. 家长的教育观点不一样：有不少家长在心理咨询中反映幼儿有说谎的毛病。说谎的原因很多，比如学龄前幼儿分不清现实和想象，家长把幼儿说出来的想象误以为是说谎，这实际是幼儿趋利避害的本能，但也有家长需要检讨的地方。例如，如果幼儿在幼儿园出现问题，幼儿园教师找家长，父亲回家批评一下，让下次改正就可以；找母亲的话，幼儿回家就免不了要受皮肉之苦，幼儿又总结出来可以从父亲那里得到好处。久而久之，幼儿在父亲和母亲面前说不一样的话，在老师面前和在家长面前也说不一样的话。说谎的坏习惯就养成了。

4. 以成人的视角看问题：有些事情对于幼儿来讲是好事或无所谓的事，而有些家长看待这些事的角度却有问题。如看到老师让幼儿在幼儿园捡树叶而自己聊天，家长认为这样的活动老师自己不参与，幼儿也不用干。家长从成人的角度认为这是对幼儿不公平，而幼儿自己认为这是集体活动，很有趣。这样家长的观点和幼儿的感受完全相反，反而让幼儿无所适从，或者长大以后就学会人际交往中斤斤计较，偷懒耍滑。

5. 祖辈与保姆代养的问题：一般情况下，父母忙于工作无法全身心照顾幼儿，必然会请老人或保姆帮忙照看幼儿。一方面祖辈和保姆的知识水平通常较父母要低，他们的主要任务是看管幼儿而不是教育幼儿，所以他们给幼儿心理成长上的帮助远不如父母；另一方面祖辈和保姆为避免幼儿受伤，总是限制幼儿的活动，或吓唬幼儿有危险，这也使幼儿的生理、心理发展受到影响，比如运动能力差、不敢尝试新事物、胆小懦弱、夸大危险、依赖等。

对策与建议：

1. 要不断给幼儿以积极的评价，并且要及时地表扬。为每一个微小的进步表扬，这样坚持做下去才能使幼儿渐渐恢复自信心，逐渐做得更好。

2. 积极调整家长自己的心态。尽可能看到事物好的一面，与同事交往、对社会的态度都尽可能从善意的角度来理解和评价，这样才能在内心产生宽容的心态，对自己幼儿的评价才能是积极向上的。

3. 要给幼儿的进步留有余地。给幼儿提出的要求应该是幼儿经过努力能够做到的，否则会挫伤幼儿的积极性和自尊心。

4. 要注意改变家长自己的形象。如果你不满意幼儿的某些特点，检查一下自己是否也有类似的表现，如有，要鼓励幼儿和自己一起改正。

5. 为幼儿创设良好的家庭环境，营造和谐的家庭氛围。让幼儿参与家务，充分发挥合作的功能；让幼儿在家中享有民主平等的地位，加强与幼儿的交流。

6. 加强与幼儿园教师的联系，与幼儿同伴家长的交往，及时了解幼儿的状况。

7. 家长必须掌握幼儿身心健康的基本知识。如碰到自己解决不了的有关幼儿心理困扰、心理障碍时要及时找专家咨询。

如何回答幼儿的“性”问题

强强今年 5 岁半了，有时候总喜欢向妈妈提这样的问题：没有结婚为什么没有小孩？而结婚了就有小孩了？我是怎样出生的？为什么我是男孩？为什么男幼儿站着尿尿，女子就要蹲着尿尿呢？每次幼儿问这些问题的时候，强强妈都觉得不知所措，也不知道该怎样去回答这些敏感性的问题。

身处现代开放社会，幼儿们可以从多渠道接触到性方面的知识，电视、报纸、书籍、网络等，但由于幼儿缺乏分辨和判断能力，因此给予幼儿正确引导十分重要。尤其性教育是儿童教育问题的重要内容，因此家长应该像对待其他知识一样对待性知识，科学、客观、适时、艺术地向幼儿实施性教育。

1. 家长要改变观念，消除性的神秘感，坦诚、自然地向幼儿介绍性知识，而不是采取隐瞒和哄骗的方法。可以借着洗澡的时候教他认识身体，让他觉得谈论“性”是很自然的。在与幼儿谈论“性”的时候，不要有太多的神秘色彩，否则大人本身都无法坦然面对“性”，再加上知识不足、难以找到有效方式等原因，要和幼儿谈论“性”就感觉更加困难。

2. 教给幼儿必要的生理卫生知识和自我保护的方法：要告诉幼儿：你长大了，应该注意生理卫生。要教给幼儿，尤其是女幼儿一些自我保护的措施，如怎样防止性侵犯。其实性知识具有人类一切知识的特点，是人们探索世界、追求真知的智慧结晶。

3. 与幼儿一起学习和讨论有关性知识：由于多种原因，有些家长对相关的性知识也知之甚少，这就谈不上正确回答幼儿的问题。在这种情况下，家长可以和幼儿一起学习有关性知识。例如，可以一同参观计划生育图片展览，也可以通过一些影视资料直观了解有关性知识，在学习和观看时，可以与幼儿一起讨论，对幼儿讲解两性生理结构和功能的差异，消除幼儿对异性的神秘感。家长可以和幼儿分析，帮助幼儿认识哪些是正确的，哪些是错误的。事实上，儿童的认知能力往往是在解决冲突的过程中得以提高、发展的。

在回答幼儿提出性问题时，家长务必注意几点：①做出幼儿能够接受的答案。②不要给予幼儿在成长时期无法接受的性意识。③不要让幼儿在以后有受骗的感觉。

4. 日常生活中的性教育：在我们生活中有许多关于幼儿性别教育的契机，你的用心将给幼儿带来无限快乐和健康。

契机一：游戏中，女孩问，为什么我只能当服务员。

幼儿们经常会玩一些角色游戏，一个男孩说：“没有服务员啦!”带着命令的口气对一个小女孩说：“你去当服务员！男孩子戴那个花头巾不好看!”女孩显得很委屈。这个时候，家长应该引导幼儿，男孩女孩应该尝试不同的角色，尽量减轻社会对儿童角色的定位影响，让幼儿接受男女平等的观念，使幼儿个性得到充分发展。

契机二：当男孩子问，为什么我不能穿花裙子时。

男孩应该着男装，女孩应该着女装。父母不要因为自己的喜好，让幼儿男扮女装或女扮男装，以免幼儿长大后在性别认同方面出现问题，或是形成同性恋倾向。

契机三：当男孩子也要玩毛绒玩具时。

在日常生活中，父母要摆脱性别刻板观念束缚、克服刻板的性别角色意识，淡化成人世界固有的性别框架，使每一个幼儿都有更广泛的发展空间和选择。父母要鼓励女孩子坚强勇敢又有耐心细致，教育男孩要果断机智又温柔体贴。

契机四：当家长挑选幼儿读物时。

在挑选幼儿读物时，选择适宜其性别差异的基础上，还应该注意读物的内容应该体现出：以男性为主人公内容和以女性为主人公的内容基本一样多，并且应该提高女性角色的地位和工作的重要性。只有这样，才能避免幼儿读物所导致的性别角色刻板印象的形成，尽量使幼儿读物反映出来的性别特别是女性的职业多样化，非某一性别职业固定化。

契机五：当女孩说，男孩子太凶而且霸道，不愿意跟他们玩。

这时家长可以引导幼儿了解活动中男孩和女孩各自的优势和劣势。比如，给布娃娃脱衣服时，男孩子会显得笨手笨脚的，其实这种状况也会出现在女孩子身上。所以我们应当让幼儿理解，不论性别如何，每个人都能发挥自己的潜能，施展才华。从而引导幼儿理解两性的差异，并懂得两性要互相尊重，互相帮助。这样，幼儿就不会心生排斥。

总之，生活即教育，需要家长的细心与用心，陪幼儿一起健康成长。

移动阅读

尿床的预防与纠正
虎牙矫正比拔除更好
怎样减轻宝宝打针时的疼痛
欧美各国的性教育
造成幼儿性别意识模糊的原因
男孩性别意识早培养
正确对待幼儿间的“性游戏”
怎样教4～5岁孩子打羽毛球
怎样教孩子游泳
5岁是孩子发胖的一道坎
衡量儿童肥胖的两项标准
专家支招孩子减肥
幼儿肥胖易引起哪些疾病
怎样预防幼儿肥胖
儿童心理健康不可轻视
幼儿心理健康测试
纠正儿童用口呼吸
肌注后出现硬结的预防处理
到果园采摘的注意事项
东亚、东南亚国家的性教育
怎样帮幼儿建立正确的性别意识
性别教育要把握好度
适合4～5岁孩子的运动
怎样教育孩子跳绳
孩子游泳后要预防哪些病
肥胖孩子应注意什么
睡眠不足可能催生“小胖墩”
儿童肥胖小心高血压
儿童肥胖有哪些危害
儿童肥胖怎样行使运动疗法
幼儿心理健康的五个标志
促进3～6岁幼儿心理健康的方法

移动阅读

- 6岁以下幼儿心理常见的问题
- 怎样纠正孩子吮吸手指的行为
- 怎样纠正孩子撒谎的行为
- 培养孩子健康心理的注意事项
- 儿童心理健康的大忌
- 单亲家庭子女心理问题产生的原因分析
- 怎样纠正孩子咬指甲的行为
- 怎样纠正孩子的退缩行为
- 3～4岁孩子的心理活动有哪些
- 如何培养孩子的健康心理
- 单亲家庭子女心理问题的表现
- 解决单亲家庭子女心理问题的对策

第3节　3～6岁幼儿的安全

父母必须知道5件安全教育事

保障幼儿的安全是每个父母都很关心的，3～6岁的幼儿活动能力得到了进一步的加强，活动需求也增大，再也不能像以前一样抱在手里，也不可能像以前一样好控制，往往转个身的时间，他们已跑出去很远。而幼儿到5～6岁时，他们自由活动的时间更多了，所以，这个时间段幼儿的安全需要父母更细心。

1. 尽量避免幼儿独处：根据最近几年的统计，当幼儿独处的时候，发生危险的可能性是最高的。特别是在住家附近发生危险的机会是最高的，这可能是因为幼儿或家长认为接近住家，或觉得社区内有很多认识的人，所以放松了自己的防备心。因此，就算我们在住家附近玩耍，也要记得，要跟熟悉的朋友一起玩，以防止可能发生的危险。

在放学回家的路上，或往补习班的路上，也要跟朋友一起结伴行动。还有，我们在上下课的路上，可以时常回想自制的安全地图，应该可以更有效地应付突发状况的。

另外，幼儿也必须熟知放学回家的途中，会经过哪些商店，并认识这些商店，例如文具店、杂货店、超市、药房或面包店的老板，以防自己发生危险的可能。

2. 要清楚明白幼儿的去向：当幼儿外出时，家长必须清楚地了解幼儿的行踪。比如，跟谁在一起或会什么时候回家，都要清楚地了解。或许也可以在房间里挂一个留言板，让幼儿出门时，养成记录自己去向的习惯。

如果养成了这种习惯，不但能使幼儿自然而然地培养时间观念，同时也可以预防可能会发生的危险。请各位家长切记，培养幼儿准时回家的习惯，是非常重要的观念。

此外，请各位家长与幼儿约定，绝对不要跟陌生人去任何地方。这是因为，当幼儿遇到可怜兮兮的人说“你可以帮帮我吗？”或者说“我们一起玩游戏好不好？”时，幼儿很有可能就会跟着陌生人走。

为了预防幼儿受到不必要的伤害，以及培养幼儿能够保护自己的能力，在平常就要跟幼儿讨论各种状况的危险性，这也是保护幼儿的好方法之一。

3. 每天跟幼儿讨论生活细节上的安全：大部分的幼儿即使受到伤害，也常常会因为害怕父母生气或责骂，而隐瞒自己受伤的事实。

为了预防这种情形发生在我们的幼儿身上，我们必须每天拨出一点时间，跟他们讨论生活细节上的安全注意事项。假如我们预先对幼儿进行这种教导，便可以有效地预防危险发生。

假如幼儿因为某些不明原因，常难以入眠或不愿出门走动，以及幼儿对特定的道路与巷子恐惧，或对某人的反应非常激烈时，我们都应该对他们特别照顾和关心，并深入探究原因。请各位家长切记，只要我们用和颜悦色的态度，温柔对待幼儿，幼儿一定会对我们打开心房，倾诉他们的心事。

4. 幼儿一个人在家时请家长这样做：假如在不得已的状况下，要让幼儿独自在家时，请家长委托有同年龄小孩的邻居照顾。假如邻居无法照顾幼儿的话，也请拜托他们随时帮忙确认幼儿的安全。

让幼儿把家里钥匙挂在脖子上，很容易让坏人有机可乘，这是不太明智的做法。因为就算幼儿不会遗失钥匙，但这种举动会让别人知道家里没有大人在。

而且，养成随时关紧大门的习惯，也是非常重要的。即便我们只是到楼下倒垃圾，也要养成上锁的好习惯。

然后，请各位家长要叮嘱幼儿，自己一个人在家的时候，不论是什么人都不可以随便开门。因为对想要犯罪的人来说，他们很早就会开始注意幼儿的行踪与行为了，并深入研究，而做出很多预谋计划。因此，他们会趁家长不在时，闯进家里对幼儿进行不轨行为。

为了防止这种不幸发生，我们平常就应该随时做好万全的准备。

5. 安全教育要从平常做起：平常跟幼儿一起散步时，最好常常假设一些突发状况问幼儿，例如，“在这里发生怎样的事情，该怎么办呢?”等等，因为假如我们在平常就让幼儿对这种事情有所认识，那么就算真正发生危险时，幼儿也能不慌不忙地应对种种状况。

或者我们可以告诉幼儿，假如发生什么样的危险时，要往哪个方向逃生，或者告诉他们，在什么样的情况下要大声呼叫的知识，并且要让幼儿常常做练习。

我们无法预料何时何地会出现危险，而且，我们也没有一定的应对方法，可以让我们正确无误地脱离险境，因为随着不同的环境会有不同的应对方法。因此，我们必须随时跟幼儿讨论很多突发情况，并反复教导他们各种能脱离危险的方法，让幼儿熟悉这些方法后，孩子便可以自己选择最适合的方法，才是各位家长为孩子的安全所做的最佳维护。

幼儿独自在家的安全意识

小朋友独自在家的时候，一定要检查家里的门有没有锁好，而且，假如有人按电铃时，不能立马就把门打开。

如果有人按电铃说“有快递”或说“查水表”时，首先要从对讲机确认，或是从门上的猫眼（可以从门内看到门外情形的透视镜）观察外面的动静。确认后，再把门的链子链上，稍微打开一点门缝，从门缝里请对方把东西拿给我们看。

再有，在签名簿上签名字后，请他把东西放在门口后离开，按这上面的方法做，虽然麻烦点，但会比较安全。

如果还是觉得没有安全感，那么，在别人按门铃时不给予回应也没有关系。如果快递，即便当时没有人签收，他们会安排时间再来通知的。

自己一个人在家的时候，给不认识的人开门，是一件很危险的事情，所以不论是在什么状况下，都不能随便替陌生人开门喔。

如果有人打电话来说“小朋友，我想寄信到你家，请告诉我你家的具体地址”，或是说“我有东西要给你爸爸，请告诉我你家地址”等之类的话，千万要记得，一定不能告诉他们，因为直接告诉陌生人家里的地址，是非常危险的事情。

还有，请小朋友切记，不能把爸爸妈妈的身份资料，或家人的户籍资料随便告诉外人。因为有时候，这些人会利用取得的户籍资料，拿去从事一些不正当甚至非法的行为。

所以，不论是有人打电话来说“我跟你妈妈是很好的朋友”，或者“我是你爸爸的同事”等，都要记住不能跟他们说任何事情。这是因为坏人常利用各种方法，诱拐小朋友把家里的事情都说出来，并利用这点来从事不法行为。

发生这种状况时，我们就要跟对方说“他现在不方便接电话，我会转告他，请你留下电话”，并对他们问的任何问题不做回答。

最好不要对他们说“我家现在没有人，请你等一下再打来”，这句话无异于告诉他们“我现在自己一个人在家”，这样很有可能会造成不必要的危险。

因为打电话来的人，假如心存不好的念头，很有可能在听到这种回答后，会想要到家里来做坏事。所以最好回答他们“爸爸现在在睡觉”，或者说“妈妈现在很忙，没时间接电话”。

请小朋友不论在任何情况下，都不要慌张，回答这种电话最好的方法就是让对方知道家里还有大人在。如果实在没有办法回答，那么不出声音，把电话挂断也没什么关系。

被反锁家中或车内怎么办

周末到了，5 岁的平平不用上幼儿园，丁是又睡懒觉了。早上，妈妈怎么叫他，他都不肯起来。没办法，妈妈只好锁上门，去菜市场买菜了。这一次，妈妈买的菜多一些，所以在菜市场待的时间也就久了一点儿。妈妈还没有回来，可平平却醒了。

他在床上喊了几声“妈妈”，可没有回应。他赶紧爬起来，穿好衣服，在房间里找了好几圈，也没有发现妈妈。他一开门，发现门已经反锁上了。平平心想：“啊！妈妈把我锁在家里了！怎么办呢？”

（1）不要着急：如果你被反锁在家里了，一定不要着急哦，要冷静。可能是爸爸妈妈暂时外出，一会儿就会回来了。

（2）想办法联系父母：当然，也可以及时联系爸爸妈妈。比如你可以给爸爸妈妈打电话，或者求助于邻居，让他们帮你找到爸爸妈妈。

（3）不要爬阳台：有的小朋友比较着急，就会爬到阳台上，试图翻过阳台到别人家里去。这是很危险的，一旦坠楼将会有生命危险。

(4) 别把钥匙给陌生人：如果有陌生人来向你要钥匙，说可以帮你开门，就算你有钥匙也不要给他，以免被坏人利用伤害到自己，给家庭带来不必要的损失。大一点的幼儿要记住开门的方法，并把钥匙放在固定的地方。

除了被反锁家中，小朋友还时有被粗心的父母反锁车中的情况，当被反锁车中时，小朋友应该如何自救呢？

如果你的电话放在身边的话，可以打电话向爸爸妈妈、110 或者 119 求救，如果你是在停车场或者附近有保安的话，也可以敲车窗向他们寻求帮忙，因为他们一般都会有一些开锁或者敲开窗门的工具。假如暂时找不到人帮忙的话，在车内寻找硬物敲破窗门是最快的方法。如果要自己破窗，应掌握技巧，敲打窗户边缘处。

如果天气比较热的话，还要注意用报纸或者衣服等覆盖着挡风玻璃和门窗等，防止车内温度过高。

家长平时应教给幼儿一些简便的求救办法，如用鸣笛、灯光、开启故障警示灯以及拍打车窗等方式引起周围人的注意。如果上述方法没有作用，也可以事先准备一张 A4 大小的白纸，用较粗的字体在上面注明“我需要帮助”的字样，并写明家长的电话。将这个纸片随车携带，并告诉幼儿万一遇到困难可以将其取出，出示给其他大人，以便他人能够尽快与家长取得联系。

幼儿交通安全意识培养

据统计，全世界每年有超过 18 万的 15 岁以下幼儿死于道路交通事故，数十万的幼儿致残。在步行交通事故中，危险人群为 5～9 岁幼儿；在车辆事故中，危险人群是 10～14 岁幼儿和 15～24 岁青少年。

父母应该如何培养幼儿的交通安全意识，如何帮助幼儿预防交通危险呢？

1. 培养幼儿的交通安全意识：幼儿需要父母的积极引导和监督来帮助他学会道路交通安全。父母可以利用各种机会让幼儿认识和了解各种交通信号标志及交通安全常识，让幼儿从小树立起良好的交通安全意识，比如在汽车中、道路上、人行道和停车场里都要用正确的行为来引导幼儿，在过马路之前要一停二看三通过，在任何可能的情况下都要走人行道。并且在每次这样做的时候都告诉幼儿，这样幼儿就会明白为什么交通法规会这么重要。

2. 防止车道事故：幼儿在车道上是非常危险的，因为他不明白车是很危险的，并且能够非常迅速地移动。他在危险中只会高度关注自己的事情，有时候他可能会在汽车后面追一个球，通常不会自己停下来。所以父母要经常告诫自己的幼儿不要在街道上、马路上踢球、溜旱冰、追逐打闹以及学骑自行车等。不要在停车场内玩耍，游戏时尽量远离停靠的车辆，以免其突然启动而造成伤害。

3. 指导幼儿安全通过马路：指导幼儿在过马路时选择人行横道、过街天桥或是地下通道，不要横穿马路，也不要跨越街上的护栏和隔离墩。应看清指示信号，按照信号灯指示通过马路。

4. 教育幼儿养成良好的乘车习惯：无论是坐公共汽车还是其他车辆，都应该坐稳，不可在车厢内跑来跑去，上下车时要注意待车停稳后上下。乘坐小型车辆的幼儿，一定要系好安全带或使用儿童安全座椅。对于幼儿交通安全意识的培养，父母应在幼儿还在手推车里的时候就开始。

5. 道路安全游戏帮助幼儿认识交通规则：作为父母，应该更好地教会幼儿们一些日常的交通规则来保证幼儿的安全。道路安全游戏可以让幼儿们在一个可控的环境中练习交通规则。

(1) 红绿灯：红绿灯是控制交通的两个主要颜色。把这两种颜色融合到日常活动中来加强幼儿们对这两种颜色的认识。分别剪出一个红色和一个绿色的圆，当想让幼儿停止正在进行的活动时，举起红牌，当幼儿们可以自由移动时，举起绿牌。

(2) 过马路：在真实的马路上练习过马路之前，可以让幼儿们在没有机车的道路上练习。假设一条马路，户内户外都可以，然后教幼儿在过马路之前首先观察，遵守一般的交通规则。在室内练习的话，可以用纸板箱或是用胶带作为马路，室外练习的话，可以用标记粉笔画一条马路。也可以做一些交通标志，设立交叉路口来让幼儿在这个假设的城市里做更多的练习。

(3) 场景练习：为了保证幼儿过马路或是在马路附近时的安全，幼儿们需要学习正确的交通规则。下面这个游戏可以帮助幼儿们判断在马路附近时可能会犯的错误。画出幼儿处于危险的不同场景的图片，比如没有在人行横道过马路，在停放的汽车之间跑，骑车时不遵守交通规则，然后让幼儿们判断图片中的问题。这可以同时帮助幼儿复习相应的道路安全规则。

(4) 道路安全指示牌：家长可以和幼儿们一起设计强调道路安全的指示牌，鼓励年龄大一点的幼儿画出图片并且写出标语。这可以有效地帮助幼儿们复习学过的安全准则。比如，图片可以是一个小孩在人行横道口等“走”的指示灯；图片也可以是一个小孩在两个停放的汽车之间跑，上面画有禁止的一条线来告诉幼儿不可以这样做。把道路安全指示牌挂在幼儿们可以看得到的地方来时刻提醒幼儿。

幼儿消防安全意识培养

公安部分析全国火灾成因时指出，我国每年大约发生 4 万多起火灾，其中 10%的火灾是由小孩用火不当甚至是玩火造成的。幼儿玩火时一般都背着父母，一旦引起火灾，幼儿往往不能及时报警，致使火势蔓延。可见，培养幼儿消防安全意识是多么重要。

下面的一些练习，均有利于幼儿消防安全意识的培养。

1. 教幼儿认知不能玩、易引起火灾的东西：比如，告诉幼儿不能玩火柴的原因，然后让幼儿自己复述。正确时鼓励，错误及时纠正，让幼儿明确知道不能玩的危险物件是哪些。

2. 观看防火电视节目，引导幼儿自己说出火灾的危害：要提醒幼儿如果发生了火灾，他心爱的玩具全部都会被烧掉，让他切身体会和想象火灾的巨大危害性，使幼儿在大脑中形成表象。

3. 收集防火标志图案，告诉幼儿预防火灾的方法：第一，不能随便玩火；第二，不能靠近容易着火的物品；第三，不能随便燃放烟花爆竹；第四，不能玩未熄灭的烟头；第五，认识“严禁烟火”的标志。

4. 教幼儿正确认识火的用途，消除幼儿惧怕火的心理压力：可以在使用炉子炒菜时让幼儿在身边观察，告诉幼儿安全的火能够让我们吃到香喷喷的饭菜。

5. 让幼儿初步掌握几种自救逃生的方法与技能：让幼儿牢牢记住，发现着火时先通知大人或者打 119 报警；第一时间用浇湿的毛巾或者衣服捂住鼻子，从火势较小的通道逃走；没法逃走就要靠在窗户边挥动衣物大声求救。

6. 与幼儿一起讨论制定家庭火灾逃生计划：给幼儿几个可供选择逃离现场的路径，同时一定要说明不能躲在救援人员不能找到的地方，也可以讨论如果衣服着火后该怎么做。

7. 消防隐患搜寻：跟幼儿一起搜寻并记录家里可能发生火灾的地方，检查对象包括厨房，客厅和卧室。然后和幼儿讨论他发现的危险事项，例如幼儿发现了火柴或者打火机时，要记得交给父母。

8．“安全防火自救”游戏：连续几天跟幼儿一起实践安全防火自救游戏，以后可以每月重复 1～3 次。

9．反复提醒，加强幼儿的记忆：每次看到火灾新闻报道时，重复提问幼儿相关问题，加强幼儿的记忆。

移动阅读

警惕窗帘带给孩子的安全隐患
帮助孩子认识可疑成年人的行为
如何教孩子安全上下楼梯
牙齿意外受伤的预防及处理
怎样避免 3～6 岁幼儿溺水
如何对幼儿实施安全教育
教孩子学会如何应付意外
教幼儿认识烧烫的危险性
教幼儿认识化学物品的危险性
怎样评估宝宝是否有安全认知能力
幼儿如何应对突发事件
地震中幼儿如何逃生
发生洪水幼儿如何自救
让幼儿明白哪些地方是最危险的
幼儿必知的食品安全常识
通过体验式教育培养幼儿安全意识
被困在电梯里怎么办
幼儿被拐怎样自救
眼部外伤的预防和处理
宝宝溺水的急救及预防
户外活动安全注意要点
对幼儿进行安全教育的法则
儿童安全故事：小熊和小鹿
教幼儿认识高处跌落的危险性
孩子触电的急救和预防
国外儿童交通安全意识培养
儿童怎样逃离起火房间
地震后如何安抚幼儿的心灵
幼儿被拐怎样自救
儿童食品安全意识培养
让孩子接受“生命教育”

第 4 节　3～6 岁幼儿的智力促进

培养注意力的方法

进入 4 岁，幼儿的注意力有了提高，注意力集中的时间也会延长，但家长们发现，这时候的幼儿似乎更容易分心了。其实这也是正常现象。那么如何培养幼儿的注意力呢？专家给大家提供了几个可边玩边培养幼儿注意力的方法。

1. 玩“开火车”游戏：这种游戏要三人以上，一家三口就可以完成，当然如果有爷爷奶奶或其他人参加，那就更好了。为了叙述的方便，现以三人为例，方法是：三人围坐一圈，每人报上一个站名，通过几句对话语言来开动“火车”。如，父当作北京站，母当作上海站，孩子当作广州站。父拍手喊：“北京的火车就要开。”大家一齐拍手喊：“往哪开？”父拍手喊：“广州开。”于是，当广州站的儿子要马上接口：“广州的火车就要开。”大家又齐拍手喊：“往哪开？”儿子拍手喊：“上海开。”这样火车开到谁那儿，谁就得马上接得上口。“火车”开得越快越好，中间不要有间歇。

这种游戏由于要做到口、耳、心并用，因此能让注意力高度集中，同时也锻炼了思维快速反应能力，而且这种游戏气氛活跃，能调动人的积极性，幼儿玩起来，乐此不疲。

2. 玩乒乓球干扰注意游戏：本来一个人要保持注意力高度集中就不容易，如果旁边再有人进行干扰，你会觉得更难以集中注意力。比如你在做作业时，旁边正上演吸引人的电视节目，你就会分散注意力，然而正因为有干扰，有难度，才能在人为设置的更困难更复杂的情境中，训练注意力的高度集中。有一次，我和五岁的幼儿在玩乒乓球，我让他把球放在球拍上，绕桌子行走一圈，要求乒乓球不能掉下来。我在旁边进行捣乱，但不能碰到他的身体。一会儿拍手跺脚，一会大喊大叫，还一边说“掉了！掉了！”他忍不住就笑了，但为了不输给我，又不得不保持镇定和注意力集中，继续完成游戏，一圈走下来，我俩笑得前仰后合，流泪不止。此外还有类似的这种游戏，对提高注意力非常有效。

当然，培养幼儿专注力的方法有很多，其具体实施方法也不尽相同。家长可根据幼儿专注力发展的特点，采取适当的方法，有计划、有目的地训练和培养幼儿的专注力。只要你采取科学的方法和态度，努力去做，一定会取得成功的。

3. 玩扑克游戏：可锻炼注意力高度集中和快速反应能力：取三张不同的牌（去掉花牌），随意排列于桌上，如从左到右依次是梅花 2、黑桃 3、方块 5，选取一张要记住的牌，如梅花 2，让她盯住这张牌，然后把三张牌倒扣在桌上，由家长随意更换三张牌的位置，然后，让她报出梅花 2 在哪儿。如她说对了，就胜，两人轮换做游戏。随着能力的提高，家长可以增加难度，如增加牌的数量，变换牌的位置的次数和提高变换牌位置的速度。

4. 买一些智力训练的书，每天坚持做练习：一些锻炼观察力、注意力、记忆力的图文，如走迷宫，在一大堆图中找某样东西，找异同（同中找异，异中找同），比大小、长短，在规定的时间内把一页图中的物品记住，然后合上书让她报出来，等等。时间不可过长，但往后可延长练习时间，一定要每天坚持练。做对给红五星奖励或打分。

3～6 岁幼儿的记忆力培养

记忆力是可以后天培养的，针对 3～6 岁幼儿的记忆力特点，我们可以采取以下手段对幼儿进行相应的记忆力训练。

1. 记忆习惯训练：记忆行为习惯和时间效率习惯。

(1) 记忆行为习惯：可以给幼儿每天安排一个固定的时间背诵某一类知识，如每天早晨背两句唐诗，这样形成习惯后，幼儿就会自觉、主动地记忆学习。睡觉之前记忆材料，可以减少其他事物的干扰，利于大脑对信息的加工。因此，可以让幼儿在睡觉之前记忆一些内容，或听一则故事，第二天醒来后父母再引导幼儿进行回忆，这样能够形成最佳时间的学习记忆行为习惯。

(2) 时间效率习惯。每次让幼儿学习记忆的时候，父母可以规定学习的次数和时间，养成幼儿的速度效率习惯。还可以进行形式多样的记忆竞赛，调动幼儿的积极性。

幼儿良好记忆习惯的形成，主要是培养他们的毅力和耐性，关键在坚持。

2. 培养兴趣促进记忆：幼儿对感兴趣的东西能表现出很强的记忆力。兴趣是记忆的动力和强化剂，兴趣会使脑神经处于积极工作的状态，促进大脑皮层兴奋中心的形成。因此，父母要努力培养幼儿对事物的广泛兴趣。如幼儿对新奇的东西都会表现出强烈的兴趣，所以，父母对要求幼儿记住的东西，要设法把它变得有趣，引起幼儿的注意。

3. 不断鼓励，增强记忆信心：幼儿行动的动力主要是为了获得大人的赞赏。对幼儿记忆的点滴进步，父母要变换着方式给予赞赏，以强化他们的记忆行为，增强记忆信心。

4. 在游戏中训练记忆：游戏是幼儿的主导活动，充分利用游戏可以增强幼儿的记忆能力。例如：

(1) 把6样东西按先后次序排列在桌子上，先让幼儿看几十秒钟，然后遮起，让幼儿凭记忆依次说出这6样东西的名称。

(2) 当着幼儿的面把8种不同的小物品分别藏好后，再让幼儿将它们一一找出来。

(3) 把15张不同内容的图片放在桌子上，让幼儿看一会儿，然后盖上。要求幼儿把所看到的图片内容尽可能准确地叙述一遍。

5. 通过音乐获得超级记忆力：美国艾奥瓦大学的测试发现，只用缓慢的巴洛克音乐，无须任何方法，就能使幼儿记忆力增长26%。也就是说，音乐能使幼儿快速吸收知识，记忆力增强，思考反应能力变得更快。

在幼儿背诗歌或讲故事时，父母可以有意识地选择优美、轻松、节奏舒缓的音乐来配合。另外，对幼儿进行技能训练时，可选择一些欢快的音乐，调动他们的积极性。

6. 注意力、记忆力协同训练：

(1) 找不同训练法：让幼儿寻找两种材料之间的不同之处，从而训练注意力和记忆力。

(2) 找相同的训练法：找出两种以上材料之间的相同之处，训练幼儿的注意力和记忆力。

(3) 合成训练法：在象棋盘上，摆上7、8个棋子，让幼儿看1分钟，然后拿掉，再让幼儿照原样摆上。

7. 记忆增强训练。

(1) 信息增失训练法：把橡皮、书、水杯、眼镜、钥匙、积木、汽车、小刀、磁带、尺子、硬币、圆珠笔、钥匙、饼干等物品摆在桌子上，让幼儿看1分钟，然后让幼儿闭上眼睛，拿掉其中的一部分，或加上其他一些物品。再让幼儿说出增加，或拿掉了哪些物品。

(2) 记忆广度训练法：父母依次念下列三组材料，每组都有汉字和数字；父母每隔一秒钟念一遍，念完后先让幼儿按顺序复述数字，然后再让他们按顺序复述汉字。比如，父母念："8—天—6—纸—2—车"；儿童："8—6—2"；"天—纸—车"。

第一组："8—天—6—纸—2—车"。

第二组："3－好－4－水－2－画－7－灯"。

第三组："9－跑－6－球－4－床－5－电"。

父母也可以对幼儿先单独训练数字和汉字。

8. 分类记忆训练：父母引导幼儿将必须记忆的内容按一定要求进行分类记忆。这种方法既训练了幼儿的思维能力，也使得记忆变得简单。

分类过程其实是一个理解的过程，幼儿一边在分类，一边在理解，一边就已经在记忆了。比如，记忆下列 10 种物品：猫、帽子、狗、挂钟、桌子、衣柜、眼镜、鹦鹉、鞋子和戒指。让幼儿把上述的十种物品先进行分类，比如：猫、狗、鹦鹉是动物；帽子、眼镜、鞋子、戒指是穿戴在身上的东西；挂钟、桌子、衣柜则是家里的摆设。把这些物品一一分类后，再让幼儿记忆就容易多了。

9. 奇特联想记忆训练：奇特联想记忆法即让幼儿在记忆时，发挥想象，根据材料的特点，建构故事情节，组织记忆。它能活跃幼儿的思维，丰富想象力；越奇异、有趣的事物，幼儿印象越深刻，记忆越牢。

如要让幼儿快速记住"火车、河流、风筝、大炮、鸭梨、黄狗"6 个词，可形成如下奇特联想：一条黄狗登上了飞行的火车，火车穿过河流，河流上飘着几个大风筝，风筝下吊着大炮，大炮的炮筒里打出鸭梨，鸭梨正好打进黄狗的嘴里。

10. 结构知识记忆训练：幼儿大脑中存储的知识不是杂乱无章的，而是按一定结构组织的，这些知识结构实际上是他们认识事物的认知工具。

在幼儿学习记忆材料时，父母可以帮助幼儿把记忆的材料整理得有规律性。如按时间顺序、空间排列、故事情节、逻辑关系、分类、列表等形式增强材料的系统性、结构性，便于幼儿记忆。

11. 幼儿记忆策略训练：4～6 岁的幼儿基本上不会自发地使用策略来帮助记忆，但是能够很容易地经过诱导运用策略，提高记忆成绩。

常用的记忆策略有复述策略、组织策略和精加工策略。

复述策略在个体记忆发展中起着至关重要的作用，父母要经常鼓励幼儿对学习过的内容进行复述，尤其对听过的故事进行意义复述，对古诗文的复述则强调准确。

组织策略是指找出记忆材料中各内容间的意义联系，并根据这些联系进行记忆的过程。父母要指导幼儿对学习材料进行归类整理。

精加工策略与组织策略相似，都是找到记忆材料中的语义联系，来帮助记忆。

训练幼儿观察力的游戏

训练观察力的游戏丰富多样，下面介绍的是比较常见也比较好开展的游戏。父母只要在日常生活中多留心，还可以发现更多更好的提高幼儿观察力的方法。

1. 观察动物：游戏前先让幼儿看一些有关动物的电视节目或者到动物园去参观，以便有初步印象。

可准备几张动物图片在游戏中使用（如大象、兔子、长颈鹿、老虎、豹子、鸟、鱼等）。可以先拿一张大象的画片，让幼儿仔细观察一分钟之后再问：大象大不大？大象的鼻子是怎么样的？

随后就可以告诉幼儿：大象是陆地上最大的动物，大象的鼻子很长也很有用，可以将食物卷起来放入口中，可以卷木材，可以吹口琴……

然后让幼儿看第二张图片，再让幼儿仔细观察一分钟后提问。

依序出示其他的动物图片，通过一系列的观察、提问，幼儿会对所看到的动物有个全面、深刻的印象。这一过程既锻炼了幼儿的观察力、提高了注意力，又丰富了幼儿的知识。

每次游戏时让幼儿看到的动物可多可少，根据幼儿的实际情况来决定。最好配合电视中的《动物世界》来进行，或者经常带幼儿去动物园，以强化记忆。

2. 观察小露珠：可选择一个假日的清晨，带幼儿到郊外去观察露珠，观察的最佳时间和最佳地点都要事先选择好。

带幼儿到一片草坪旁，爸爸、妈妈和幼儿都蹲下来仔细观察，看看小草上有些什么？幼儿很容易就会观察到有小水珠。要对幼儿的回答予以肯定，是水珠，但我们通常把这种圆圆的、亮晶晶的水珠叫做露珠。这时可告诉幼儿，今天我们的观察对象就是露珠，这就给幼儿强调了观察的目的性。随后，让幼儿继续观察露珠有什么特点？

幼儿站在不同的角度观察，发现露珠是一闪一闪的，就像眼睛眨呀眨。这时，爸爸妈妈就可及时做总结：露珠实际上就是水珠，它圆圆的、亮亮的、一闪一闪的。

游戏到此休息一段时间，可以和幼儿在草坪边做一做别的运动。一段时间后，重新蹲下来观察露珠，这时，幼儿的注意力就应由运动转移到观察露珠上来，实现注意的转移。

再看时，幼儿会大喊：“咦，露珠不见了，露珠哪里去了？”家长可对幼儿的提问稍加解释：露珠不见了是被太阳蒸发变成水蒸气飞到空中去了，太阳带着露珠去旅行了。

回家后，爸爸妈妈可对此次游戏做总结：大自然是很奇妙的，也有很多奥秘，只要你肯视察、爱思考，就一定能够找出很多很多的秘密来。由于幼儿的知识有限，所以在对幼儿解释一些科普性问题时，应考虑他的接受能力，把科普术语尽量口语化，或者作比喻给幼儿解释，便于他理解接受。

3. 春天真美丽：选择一个风和日丽的春日，带幼儿去郊外。外出前，告诉幼儿：“今天，爸爸、妈妈带你出去寻找春天。你仔细地看一看，春天有什么？”

到户外时可以问幼儿：春天的树是什么样子的？（树发芽了，长出嫩绿的树叶儿）春天的小草是什么样子的？（嫩绿的，细细的）春天的田野是什么样子的？（一片一片全是绿的）春天是什么颜色的？（绿色的。绿色的树，绿色的草，绿色的田野。）

回到家中，对幼儿总结一下春天是什么样的，并且对幼儿说：“现在，我们一起来画一幅画，画一幅春天。”爸爸妈妈和幼儿一起画一幅春天的画。

外出寻找春天的时候，爸爸妈妈一定要明确幼儿观察的对象，不能太泛，所观察的目标应该很明显就能反映出春天的特征。

画画的时候，只要幼儿以绿色为基调，画出绿色的树、绿色的草、绿色的田野就算达到了要求。

4. 我家在哪里：地图是训练幼儿观察力的绝好工具，空闲的时候，可以将地图平展开来，探索之旅就可以开始了。地图的挑选可以按照本市地图、中国地图、亚洲地图、世界地图依次升级；观察的目标也可以从幼儿最熟悉的自己家所处的位置开始，慢慢扩展到幼儿园、小朋友家、奶奶家、动物园等。这种训练对锻炼幼儿观察力的持久度很有帮助。

5. 水变多还是变少：找两个杯子，一个瘦高，一个矮胖，先在其中任意一杯中倒入半杯水，让幼儿看清楚，然后再将水倒入另一个杯子。由于两个杯子底面积有差异，所以水的高度会有明显不同。引导幼儿仔细观察操作的过程，特别注意观察两个杯子的水面高度有何不同，并请他思考：第二个杯子里的水比第一个里的少了吗？这便是著名的儿童守恒概念实验。也许幼儿会对此感到很迷惑，实际上，科学实验表明，大约 7 岁的幼儿才能充分理解液体守恒概念，但这不失为一种在幼儿观察事物过程中促进其思考事物内在联系和本质特征的好方法。

6. 醉酒的蚂蚁：夏天是各式各样的昆虫倾巢而出的季节，不妨带着幼儿观察昆虫。小蚂蚁就是一个不错的选择，既好找又没有危险性。可以让幼儿试着给一只小蚂蚁滴上几滴白酒，然后一同观察蚂蚁晕晕乎乎而后又苏醒的过程，相信幼儿一定会兴趣十足。如果带上一面放大镜，就更有意思啦！

7. 森林聚会：找来各种动物卡片，模拟一个森林聚会的场景，请幼儿给动物进行分类。一开始，幼儿可能会毫无章法地随意分类，爸爸妈妈可以在一旁耐心地看，然后向幼儿发问："你是按照什么标准给动物们分类的呢？"幼儿可能答不上来，这时不要急，给他一定的思考时间，然后说："你看，我也给它们分类，看看和你的有什么不一样。"然后，爸爸妈妈可以按照飞禽、走兽、两栖等的标准给动物卡片分类，而后尽量让幼儿观察并说出它们之间的异同。说不上来也没关系，可以用一连串的问题引导幼儿来观察和总结不同种类动物之间的差别，比如："你看，它们都有几条腿呀？""它们有翅膀吗？"……总之，要尽量给幼儿观察和思考的时间，要引导他更好地观察，而不是爸爸妈妈代替他来观察，一股脑儿地告诉幼儿一切。

8. 找相同、找不同：准备一沓图片，有长耳朵动物，如兔子等，有短耳朵动物，如熊猫等，长耳朵和短耳朵动物各两三种。让幼儿找出长耳朵动物，再找出短耳朵动物。这个游戏也可以改成找长尾巴动物和短尾巴动物、找有烟囱的房子和没有烟囱的房子……给幼儿做的分类游戏必须特征分明、要求单一，使他的注意力容易集中到需要观察的地方。

还可以准备一堆 3 种颜色的同形状积木，你拿出一块，让幼儿找出同样颜色的积木；或者一堆三种形状的同颜色积木，你拿出一块，让幼儿找出形状相同的积木。当幼儿能够掌握颜色和形状概念时，可以提高难度，让他找出与你手中的积木颜色和形状均相同者。从观察对象单一特性到双重特性，需要一个过程，不要急于求成。让幼儿对单一特性充分注意和掌握后，再提进一步的要求，以免幼儿厌倦。

幼儿通过观察，发现大自然的美好；通过观察，了解科学的奥秘；通过观察，知道环境对人类的重要。让我们的幼儿用自己的眼睛去关爱这个世界吧！

提高思维力的具体方法

思维并不像我们想象的那样神秘。日常生活是最好的课堂，生活本身就能为我们提供很多提高思维力的好方法：

1. 游戏法：游戏是幼儿们最感兴趣的事，如果能在游戏中注入智力的因素，就可以促进幼儿思维力的发展。例如：

(1) 猜谜：猜谜不但能激发幼儿们兴趣，而且也能激发其推理及想象力，可以用幼儿喜欢的东西给一些线索，让幼儿提出题目、推想答案。

(2) 用扑克牌做数字游戏也会激发幼儿的思维。

(3) 语文游戏：一句接一句，串成一篇故事，可以用录音机录下来，全家共同分享。

(4) 捉迷藏、拍手歌的游戏都会促进幼儿思维的发展。

(5) 用棋艺训练幼儿的思维力，特别是逻辑思维是个很好的办法。

游戏中要思索，其中有推理、比较、概括，都能促进思维；游戏中要动手，动手就要想怎样动手，这也促进了思维；游戏中还要动嘴，说话表达也是对大脑的训练，可使思维流畅。所以，游戏法是发展思维力的重要途径和方法。

2. 激疑法：爱因斯坦说过："发现问题比解决问题更重要。"因此，鼓励幼儿多发问，是发展智力的良方：

有一位与众不同的数学老师，每节课将所授作业叙述一遍，随即问道："有没有问题？如果没有，这堂课就结束了。"

其实，这位教师故意诱使学生深思。一旦学生提出问题，他就会露出比学生能解决问题时还高兴的表情，赞扬说："问得好，你是很聪明的。"

渐渐地学生对寻找问题产生了浓厚的兴趣，大家特别爱上这个老师的课，而且思维水平有了长足的进步。

当家长发现幼儿懒惰的时候，可以采用鼓励加激将的方法。比如幼儿提出个问题，家长说：“这个问题你还不会，你想想，准能想出来。”“这个问题你从某某方面去想想，比我想的肯定好。”

家长要经常鼓励幼儿们想问题，多给幼儿们设疑、激疑，幼儿们的脑子就会越用越活，越用越聪明，思维的惰性就没有了。

3. 纠错法：所谓纠错法，就是不怕犯错误，而要学会纠正错误，在纠正错误的过程中促进智能发展的一种方法。

经过自己纠错而获得的知识，比向旁人学来的知识印象更深刻。如果从没有失败，从不思考错误的原因，就会成为智力迟钝和狭窄的人。

家长应该更多地引导幼儿自己思索，自己寻找错误，自己纠正错误，只有这样，幼儿的智力提高才更快。家长可以偶尔故意在幼儿面前犯犯错误，让幼儿纠正家长的错误，进而促进幼儿思维。

无论纠正自己的错误，还是纠正别人的错误，都需要思维，都会促进思维。犯错是成功之母，纠错是成功之父。

4. 动手法：时下家长给幼儿们买玩具往往陷入一个误区：越高级越买，越自动化越买，结果是多花了钱，对幼儿思维的训练却并无多大的帮助。因为越自动化幼儿就越没有机会动手，手懒、脑懒，最终思维退化。

买玩具的同时可以给幼儿买点小工具，即使是买玩具也要挑能让幼儿参与的、能亲自动手的，以促进幼儿思维力的发展。

幼儿动手制作对思维的刺激是很大的，俗话说，心灵手巧，思维与手的发展相辅相成。

人的思维最初就是在劳动中发展起来的，教育家说：“儿童的智慧就在他们的手指尖上。”家长要鼓励并引导幼儿参与制作，在动手的过程中动脑。

当然，幼儿在制作的过程中可能有时遇到一些困难，家长要给予具体帮助，但不能越俎代庖，最重要的是启发幼儿思维，鼓励幼儿自己解决。

5. 为难法：疑难问题最能锻炼人的思维。不但幼儿学习时遇到了难题家长不要轻易替幼儿解答，就是生活中的难题也要尽可能让幼儿自己去处理。并且，家长要有意识地给幼儿出些难题让幼儿去思考。例如玻璃怎样才能擦得又快又干净？厨房的油烟怎样处理？水壶的水垢怎样清除？以及自然科学中的一些问题，都可以让幼儿去解答。生活中处处有教材，只要家长多留意，很多事情都可以是发展幼儿思维力的手段。

古代的人早就知道用为难法训练幼儿的思维了。传说一位长者出题为难幼儿，用一个铜板买最多的东西，老大买了木柴，老二买了棉花，结果老三动脑筋买了蜡烛，点着后亮光充满了屋子。

现代家长更应该人为地为幼儿设置困难，并启发他们开动脑筋解决问题，在生活上也不要无限地满足。所谓生存教育、挫折教育不但是意志的锻炼，也是一种思维的训练。

6. 为师法：当学生容易当老师难，难就难在不但自己要懂，还得让别人懂，这就需要动脑筋，所以常说教学相长。平时幼儿们都当学生，是被动思维，如果幼儿当老师就要主动思维。要想让别人明白，自己就更要明白，这就激发了幼儿思维的积极性。

家长要鼓励幼儿当老师。可以从小培养他们当老师的欲望，给他们提供几个小凳子、一块小黑板、几支粉笔等。让他们轮流充当老师，给其他幼儿“上课”。要鼓励幼儿将他的知识传授给他的小朋友们，鼓励幼儿在教别人的同时提高自己。

家长也可以明知故问，可以装不懂，让幼儿充当老师，在为人师的过程中促进幼儿思维力的提高。

7. 反问——理论法：反问法就是幼儿向家长提出疑问时，家长不回答，而反问幼儿，促使幼儿自己去思维的方法。当然反问时要适当给幼儿指一点思路。

有些家长为了要应付幼儿层出不穷的问题，疲于翻查资料。此时，偶尔用反问的方式来问幼儿，也是不错的，反问的方式，在于不要立即给幼儿明确的答案。

如幼儿问：人为什么要生幼儿？家长可以反问：人要不生幼儿世界会变成什么样子？幼儿可能就会思索了，他可能会说：都不生幼儿，人就没有了，世界也就完了。

为了不使幼儿过分依赖家长来获得所有的答案，做家长的可以保留一些答案，不全部给出，或者反问幼儿，或者答一半问一半，或者启发幼儿。即使回答幼儿问题时，也要留有余地，留有幼儿思考的余地。

8. 幽默法：“幽默是一种机智。”心理学家在调查中发现，创造力强的幼儿有一个明显的特点，他们比一般幼儿更幽默。因此我们希望家长给幼儿创造一个宽松、和谐的环境，让笑声充满家庭。而不要总是板着脸训幼儿，过分紧张会束缚幼儿的思维。

家长要在家庭中创造幽默的气氛，要鼓励幼儿多接触幽默的人，也应允许幼儿发挥一下幽默。不要幼儿刚一幽默，家长就训斥为耍贫嘴。

9. 活动法：活动往往是幼儿们最感兴趣的，感兴趣就能够最大限度地调动幼儿思维的积极性。活动能使幼儿的思维处于活跃状态，对思维发展是很有利的。

适合幼儿的活动很多，如音乐、舞蹈、体育、科技、小制作、书法、美术、戏剧、生物、动物饲养，等等。幼儿参加这些活动既能学到课本以外的知识，又能发展思维能力。

10. 感知法：感知是思维的基础。家长要引导幼儿到社会上去开阔眼界，用眼、耳、鼻、舌、身体去体验事物，去观察、思考，提高幼儿分析、综合、比较、抽象、概括的能力，提高判断、推理的能力。

幼儿们已经具有一定的阅读能力以后，就应该鼓励他们广泛阅读，以丰富他们的知识，提高他们的思维能力。

11. 语言法：马克思说："语言是思想的直接现实。"言语的发展水平制约着思维的水平。幼儿头脑中思想的逻辑性我们是无法看见的，但幼儿外部的语言却是能听得到的，书面语言是看得见的，所以训练内部言语要从外部语言训练入手。语言逻辑的训练是思维发展的一种方式。家长要重视对幼儿口头语言和书面语言的训练，但不能搞成干巴巴的纯语法训练，要结合幼儿的生活，采取生动活泼的方法。

如鼓励幼儿自己讲故事，谈见闻。多和幼儿交谈，及时纠正幼儿说话不完整的现象。利用看图说话发展幼儿的内部言语。

13件小事激发幼儿想象力

想象力是人类创新的源泉，是人在头脑中创造一个念头或思想画面的能力。丰富的想象力对幼儿的成长和社会的发展至关重要。在日常生活中，父母可以通过一些小事激发幼儿的想象力。

1. 跳彩格：将颜色各异的小块彩色纸或彩色地垫，按照一定的间距铺在地上，然后让幼儿按照你的指令，在不同颜色的纸上或地垫上跳来跳去。比如，你说红色，幼儿就跳到红色的纸上；你说绿色，幼儿就跳到绿色的纸上。

效果：这不仅有利于提高幼儿对色彩的感知能力，还可以提高幼儿的注意力，锻炼平衡能力。

2. 叠纸：给幼儿准备若干色彩各异的彩色纸，让他随意叠出自己喜欢的东西来。开始时，你要教幼儿叠纸的基本方法，比如边和边对折，角和角对齐等。逐渐地，再让幼儿自己叠。还可以让幼儿说一说，叠的东西是什么，或者像什么。

效果：在叠的过程中，纸的形状会不断地发生变化，这有利于提高幼儿的想象力和推理能力。

3. 积累日常生活经验：洗手、吃饭、穿衣服……日常生活中，幼儿自己动手操作的活动，既是在积累生活经验，也是在锻炼头脑。还有，你在倒垃圾、使用吸尘器的时候，都可以让幼儿参与进来，幼儿从中可以学习和掌握一些技能。

效果：在积累日常生活经验的过程中，幼儿可以领悟自身的价值和作用。幼儿还能将这些经验和技能迁移到游戏中去，进行想象和再创造。

4. 带他去购物：大人去超市购物的时候，可以带上幼儿。在购物过程中，可以和幼儿讲一些相关的话题。比如，你要买胡萝卜，可以这样对幼儿说："胡萝卜是长长的吧，它会摆在哪里呢?"如果幼儿找到了，就好好地鼓励他一下。

效果：在购物过程中，幼儿可以学会观察和推理，还可以锻炼表达能力。

5. 蒙着眼睛猜声音：先用一条纱巾将幼儿的眼睛蒙上，然后在旁边发出一定的声响让幼儿猜。比如，拍手的声音，跺脚的声音，摇铃铛的声音等，看幼儿能猜对多少。

效果：在猜声音的过程中，幼儿的推理能力和想象力得到了发展，而且对提高注意力也有帮助。

6. 自制望远镜：准备一张纸，教幼儿将纸卷成圆筒状，当望远镜。然后，教幼儿拿着自制的"望远镜"环视周围的物体。

效果：由于有部分视野被遮住，所以幼儿会对遮挡部位进行想象，这种游戏还可以提高幼儿的推理能力。

7. 按节拍做律动：给幼儿播放童谣的录音，让他随着节拍做律动。幼儿可以根据自己的感受做律动，也可以跟随录音哼唱。

效果：这不仅可以培养幼儿的节奏感，还有助于提高幼儿的想象能力。

8. 敲水杯：准备几个玻璃水杯，往杯子里添加不同量的水。然后，让幼儿拿筷子去敲击不同的杯子，听听发出的声音有什么不一样。

效果：这种游戏可以让幼儿了解声音的强弱关系，提高听觉的敏锐性。

9. 完成一些小任务：父母可以经常交给幼儿一些小任务，让他去完成。比如，让幼儿搬一些小件的物品，或者帮爸爸妈妈递个手包，等等。

效果：搬运物体看似简单，其实可以和空间感的建立联系起来。在完成小任务的过程中，还可以培养幼儿的责任意识。

10. 给爸爸妈妈讲“故事”：可以让幼儿讲一讲，今天看到了什么，和谁玩了，和爸爸妈妈去了哪里，等等。哪怕只是一件很简单的事情，也可以鼓励幼儿从不同的方面来表达。

效果：为了将事情表达清楚，幼儿需要在头脑里构想所要讲述的内容，想象事情发生的场面和情景。这不仅可以提高语言表达能力，同时也锻炼了幼儿的思维能力。

11. 剪纸：给幼儿准备一些纸和一把安全剪刀，让他随意地剪。开始时，你要先教幼儿拿剪子的正确方法。当幼儿剪出不同形状的时候，可以让他说一说，剪的像什么。

效果：剪纸不仅可以增强幼儿手部的力量，促进手眼协调能力的发展，而且，幼儿可以随着纸的形状的不断改变，想象出不同的事物来，所以对想象力的发展也能起到很好的促进作用。

12. 认日期和时间：在日常生活中，可以教幼儿建立日期和时间的概念。比如，和幼儿说：“今天是 6 月 1 日，儿童节，是幼儿的节日。昨天，妈妈带幼儿去动物园了；明天，咱们还要去看爷爷、奶奶……”

效果：在掌握抽象的日期和时间概念的过程中，幼儿需要回忆过去的事情，想象将要发生的事情，这可以增强幼儿的记忆力，发展想象力。

13. 看画册：准备一些幼儿喜欢的画册，家长和幼儿一起看。在看的过程中，可以让幼儿讲一些相关的话题，或者讲那些能够联想到的事情。比如，看到画册中的老虎，可以让幼儿说一说，老虎怎么叫，哪天去动物园，幼儿看到老虎了吗……

效果：爸爸妈妈经常和幼儿一起看画册，不仅可以提高幼儿的表达能力和想象力，增加词汇量，而且可以很好地促进亲子感情。

移动阅读

如何培养 3～4 岁孩子的记忆力
如何培养 5～6 岁幼儿的记忆力
提高幼儿记忆力的游戏
如何培养 3～4 岁孩子的注意力
培养 4～5 岁孩子注意力的方法
孩子注意力不集中怎么办
舒尔特方格法训练孩子注意力
培养孩子观察力的步骤
如何培养 3～4 岁孩子的观察力
如何培养 5～6 岁孩子的观察力
培养观察力的注意事项
如何培养 4～5 岁孩子的想象力
涂鸦培养孩子的想象力
培养孩子想象力的十大准则
扼杀孩子想象力的行为
影响思维能力培养的因素
如何促进 3～4 岁幼儿的思维力
如何促进 5～6 岁幼儿的思维力
4～5 岁宝宝的逆向思维游戏
如何培养孩子的发散思维能力
怎样培养孩子的辩证思维能力
区别对待不同智力类型的孩子
4 种常用儿童智力测试法
数学故事：买糖人
4～5 岁儿童数学能力测试
儿童注意力测试表
3～4 岁宝宝的感统训练游戏
5～6 岁宝宝的感统训练游戏

如何培养 4～5 岁幼儿的记忆力
锻炼孩子记忆力的八个方法
随时随地锻炼孩子的记忆力
如何培养孩子持久的注意力
培养 5～6 岁孩子注意力的方法
训练孩子注意力的游戏
辨音法训练孩子注意力
提高观察力的主要原则
如何培养 4～5 岁孩子的观察力
家庭中怎样培养孩子的观察力
如何促进 3～4 岁孩子的想象力
如何培养 5～6 岁幼儿的想象力
五个方法激发孩子的想象力
培养孩子想象力的亲子活动
如何丰富孩子的想象力
提高思维力的一般原则
如何促进 4～5 岁幼儿的思维力
3～4 岁宝宝的逆向思维游戏
5～6 岁宝宝的逆向思维游戏
3 个小游戏锻炼宝宝的发散思维
测试孩子属于哪种智力类型
如何引导不同智力类型的孩子
益智故事：数字宝贝争当老大
3～4 岁儿童数学能力测试
5～6 岁幼儿想象力测验量表
儿童记忆力小测试
4～5 岁宝宝的感统训练游戏

第5节　3～6岁幼儿的慧商培养

怎样培养幼儿的阅读习惯

阅读是幼儿感知世界的手段和窗口，3～6岁是幼儿养成早期阅读习惯的关键期，家长可通过以下方法培养幼儿的阅读习惯：

1. 创设良好的阅读环境：一个光线充足、空间适宜、相对安静的阅读环境是幼儿非常需要的，可以把环境分成两个方面。首先是物质环境方面，要给幼儿提供一个放书的地方，使幼儿可以随时翻阅，这不仅有利于幼儿阅读习惯的养成，也利于培养幼儿爱护书籍的好习惯。其次是精神环境方面，幼儿的言行方面大多来源于模仿，幼儿长期生活在一个阅读气氛的家庭里，久而久之，幼儿会潜移默化地受家长的言行影响。利用节假日，家长可有意识地带幼儿到图书馆里去，在那里幼儿可以充分地感受到浓厚的读书气氛。

2. 天天给幼儿讲故事：幼儿2～3岁时，家长要坚持给幼儿讲故事。再大一点，要给幼儿经常读书。不管是否听得懂，都不要丧失信心。正是从大人们读书给他们听开始，幼儿发展了他们在概念上对阅读的理解，这将决定他们学习阅读的能力。

3. 识字要与阅读同步：识字要与阅读同步，绝不要孤立地教幼儿认字几百个、上千个，这对于开发幼儿智力毫无益处，反而会弄巧成拙。学习阅读就是通过一系列方式方法去弄清书面语的意义。对刚刚捧起书本阅读的幼儿来说，这意味着他开始思考言语和文字的关系。

4. 选择好读物：读物应以图为主，图文并茂，以帮助幼儿阅读活动逐步地从图画形象到文字符号的过渡。图书应以画面鲜艳而吸引幼儿的注意，内容简单具体，生动有趣，以引起幼儿的兴趣，文字优美简练通俗，以利于幼儿的理解，丰富多样的图书，使幼儿从中获得多方面的教益。

5. 激发幼儿的兴趣和积极性：当幼儿看完一篇东西时，要鼓励幼儿叙述出来。家长在一旁要注意适时鼓励、表扬和引导，让幼儿们感到兴奋和自豪，由此产生阅读更多书的愿望。在阅读过程中，当他讲错了或讲得不够好时，不必像对待学生似的认真纠正。

6. 亲子阅读让幼儿爱上读书：幼儿都是爱玩的，爸爸妈妈们还要多考虑如何让阅读更生动、有趣，通过一些寓教于乐、有趣的语言游戏让幼儿爱上阅读。家长可以通过以下亲子阅读的方式，让幼儿爱上阅读：

(1) 创建阅读仪式：留出一段特别的时间作为每天读书时间，把和幼儿一起选择“每天一书”变成惯例，然后坐在一个专门的位置读书。

(2) 依偎：找一个安静、舒适的地方读书，让幼儿紧紧依偎着你，也可以让幼儿拿着一个喜爱的玩具，或者是搅着他喜爱的被子。

(3) 富有表情地读：注意韵律和节奏，每个角色采用不同的声音，但不要采用“娃娃腔”。

(4) 谈论图画：一边指着颜色、形状、小动物或故事中其他有趣的东西，一边谈论。

(5) 分享不同类型的书：色彩明快、文字简单的图画书能很好地吸引幼儿的注意力，韵律美妙的歌谣能让幼儿感到满足开心，辨识物品、动物、颜色、数字、文字的书能让幼儿获得基本的概念。还有诸如翻翻书、立体书那样的玩具书，可以让幼儿与故事互动起来。

(6) 重复读书：婴幼儿喜欢一遍又一遍重复地听。多次读一本书，可以帮助幼儿对一些常用词汇熟悉起来。

(7) 为你自己录：读一本幼儿特别喜欢的书，用磁带或录音笔录下来，然后播放给幼儿听。蹒跚学步的幼儿也能用这种方法“自己读书”。

怎样教幼儿进行时间管理

科学安排时间，是一个成功人士必备的基本素质。可在许多人的眼中，觉得提高效率没有错，但不能不顾条件和环境制约，主张一切“慢慢来”。明明三下五除二就可以解决的问题，到了某些人手中却非得拖个少则几天，多则半年，使许多事情事倍功半，人人喊累。究其原因，在于许多人心中缺乏时间概念，没有一个明确而高效的工作方式、方法。

三四岁的幼儿已经明白了时间的概念，此时正是培养幼儿时间管理能力的好时机。以下几个方面的建议对父母也许有用：

1. 培养幼儿的时间观念：三四岁的幼儿，很多还不认识时钟，父母可以让幼儿从认识时间开始。在儿子三岁半的时候，我就开始培养他的时间观念，我指着时钟告诉他，晚上当短针指向“9”，长针指向“12”时，他就必须上床睡觉了。几天后，儿子就明白了，只要短针指向“9”，长针指向“12”，就表示是晚上9点了，他开始准备上床睡觉。

2. 规定并固定好幼儿的作息时间：幼儿心理过程的随意性很强，自我控制能力较差。常常是一边吃饭，一边玩耍；一件事情还没有做完，心里又想着另一件事情；做事总是杂乱无章，缺乏条理。父母如果不加注意，就会让幼儿养成“拖拉”的坏习惯，久而久之，这种坏习惯会根深蒂固。这个时候，父母一定要坚持让幼儿养成有规律的作息习惯。

教幼儿不浪费时间，最好的办法是帮助幼儿合理安排时间。比如将每天必须做的事先制定一个合理的作息时间表，当然这个时间表要与幼儿商量而定，取得幼儿的认同，符合幼儿的兴趣和特点，不能一下子对幼儿要求过高；还要考虑到幼儿生活的各个方面，不仅有学习、劳动、休息，还要有幼儿的娱乐和自由活动的时间，这样幼儿才可能有积极性去做；制定这个时间表是为了有个约束，更合理地利用时间。所以不应当是一成不变的，要根据实行的情况以及客观条件的变化不断调整完善，体现一个循序渐进的过程，父母则要对幼儿的执行情况以肯定成绩为主，予以及时的评价，提出建设性意见。父母督促幼儿一段时间，之后使幼儿逐步养成习惯，成为自然。

3. 利用好闹铃：幼儿做事拖拉，很大原因是幼儿们总是在做事时忘掉时间，而闹铃可提醒他们时间的存在，而且闹铃声具有一种家长没有的权威，有时候“铃……”比家长的“该干什么了……”更有效果。

有一位妈妈就将闹铃用到了极致。她将女儿起床、吃饭、游戏、看书、洗漱、睡觉的时间都在手机里设置好。每到一个时间点，手机就会响起优美的音乐，女儿就知道该干什么了。

4. 充分利用最佳时间：幼儿时期，幼儿的大脑发育尚不完善，比起成人来，容易疲劳。他们记忆力好，但不宜进行过长时间的学习。一天最佳的学习时间，是在上午9点至下午1点，下午3点半至5点半，但在中午应让幼儿有两个多小时的休息时间。晚上做作业，复习功课，但不宜时间过长。时间过长，会影响幼儿入睡。

5. 教幼儿巧妙地利用时间：比如，洗衣服、做卫生时同时听外语或听音乐；一边看电视，一边做些室内健身运动；与父母一起做家务事时，聊聊天、谈谈心、共同探讨一些感兴趣的问题，等等。只要开动脑筋，日常生活中会不断学习或总结出许多科学、合理利用时间的办法。

6. 给幼儿一点紧迫感：缺乏适度的紧张感是许多幼儿做事磨蹭的重要原因，所以，家长可以在幼儿的生活中“制造”点紧张的气氛，让幼儿的神经绷紧一些，使幼儿的生活节奏加快一些。我儿子以前吃饭很慢，一顿饭总要花一个多小时。为了让他吃饭不再磨蹭，我不断地给他施压。我先和儿子商量好他吃一顿饭要花的时间，然后要求他在规定的时间里必须吃完。如果没有吃完，不光饭没得吃了，而且拖延几分钟，他看电视的时间就要减少几分钟。刚开始，儿子总是做不到，第一天，他看电视的时间全部被扣除。但几天后，他居然只花了20分钟就吃完了饭。问他原因，他说：“我可不想没有电视看。”

7. 父母对幼儿提出时间上的要求时还要有意识地学习和掌握一些技巧：比如，在幼儿没有完成作业但非常想出去玩的时候，他对于书本早已心不在焉了。这时如果还对幼儿说“再写10分钟”或者“做功课做到4点为止”，这只会增加幼儿对时间的焦躁不安之感，他会不时地看表而根本没把功课放在心上，就是在写作业也会是心慌意乱，错误百出。所以在这个时候，不妨采用把学习时间改变为学习量的方法，比如“再做一页练习”“再背一段课文”，这就给幼儿一定的读书量，使他把精力转向这个一定的量，于是对时间的注意也就逐渐淡漠了。

8. 让幼儿为磨蹭付出代价：幼儿只有在体会到磨蹭会给自己带来损失之后，才会自觉地快起来。因此，让幼儿为自己的磨蹭付出代价，让幼儿自己去品尝磨蹭的自然后果，不失为一个改掉幼儿磨蹭毛病的好方法。

我儿子早上起床总是很磨蹭，弄得我迟到了几次。后来，我和儿子商量好，早上八点必须到达幼儿园，迟去幼儿几分钟，我将加倍地推迟时间去接他。有一次，因儿子起床磨蹭，到达幼儿园时已八点半，老师批评了儿子，我也直到晚上七点才去幼儿园接他，到达幼儿园，看到儿子和守门的大爷坐在传达室，眼巴巴地盯着校门口。从那以后，儿子起床磨蹭的坏习惯就改了。

怎样教幼儿进行空间管理

一寸光阴一寸金，大家都知道时间的金贵，所以，父母们也很看重对幼儿时间观念的培养，但是你知道吗？和时间管理一样，空间管理也很重要。一个空间管理能力不强的幼儿，生活会没有条理，反过来会浪费很多时间。

那么，如何教幼儿进行空间管理呢？

1. 从哪里拿的东西就放回哪里去：有些人家里非常整洁，有些人家里却乱七八糟。其实，很多时候，并不是整洁的家庭成员花了更多的时间去收拾，而是他们有一个很好的习惯——从哪里拿的东西就放回哪里去。很多幼儿都喜欢随手拿东西随手放，下次再想用的时候就得到处找。如果将用过的东西放回原位，下次再需要用的时候，就可以直接去拿，不会浪费时间寻找。

2. 固定物品的摆放位置：比如幼儿从幼儿园回家，鞋脱在门廊的鞋架上、大衣挂在衣帽间、书包放在书桌上、水杯放在餐桌上等。把物品摆放的位置固定下来，能在头脑中形成深刻的印象。

3. 学会分门别类：从幼儿园回家后，秋秋想玩玩具了，他想玩变形金刚，便搬出装玩具的大箱子，将一箱子玩具全部倒在地上，翻找了一阵，终于拿到了变形金刚。他又手脚麻利地将地上的玩具全部放入玩具箱里。过了一会儿，他又想玩小火车了，便再次将玩具箱里的玩具倒在地上翻找。而九九就不一样了，九九的玩具都是分门别类放的，她家有一个九格玩具箱，洋娃娃放一格，积木放一格，小汽车放一格。想玩时伸手就能拿到，根本不用翻箱倒柜。

4. 放置物品的地点应该合理明确：常用的东西要放在容易拿取的地点。不要选择一些难以记忆或难以取用的地方。在妈妈的指导下，4 岁的小清在这方面就做得很好，常看的图画书她都放在书架上，站起来就能拿到，不常看的书就放进书柜里。喜欢玩的玩具放在书桌的抽屉里，不常玩的就放进玩具箱。

5. 要求幼儿内外如一：有些幼儿在自己家里能做到保持整洁，用过东西立即归位，可是一出门却变成了另一副模样：在幼儿园玩玩具随手一放，购物时，拿了不想要的东西随便一扔……父母要告诉幼儿，在公共场合更要注意自己的行为。

6. 让幼儿自己动手：自己的事情自己做，家长不要代劳。让幼儿自己动手做也是让他们学着对自己负责。比如，放学回家之后的第一件事情，就是把书包、外套、帽子、手套等物品统统放在固定的位置，这样，既能保持房间的整洁，还方便在第二天需要时取用。如果哪天他们忘记了，第二天找不到需要的东西，也会立即意识到这是自己的过失，应该吸取教训，而不是责怪父母没有给自己收拾。

树立幼儿正确的金钱观

什么是正确的金钱观？是贪图富贵，挥金如土？还是只挣不花，做守财奴？虽然有钱没钱都可能导致罪恶，但金钱本身并不可怕，关键是家长首先应该弄清自己的价值观，否则无法成功地教导幼儿。幼儿是通过观察父母的言行来学习的，如果父母在吃饭的时候总是谈论什么东西值多少钱，那么，当你告诉幼儿钱并不是一切时，幼儿肯定是大惑不解。

事实上，幼儿一般在三四岁时，已萌发了花钱的意识，此时，父母就要开始教育幼儿理财方面知识了。给幼儿讲他劳动所得的钱存到一定数目时，才可以花，以使幼儿形成良好的处理钱财的观念，同时还能培养幼儿从小就形成金钱来之不易的意识。随着幼儿一点点长大，他就会自然养成珍惜金钱的习惯。

从心理特点和可接受程度来分析，中国青少年理财意识的形成和发展一般经历四个阶段：0～6 岁的萌芽期、6～12 岁的确立期、12～18 岁的发展期和 18 岁以后的升华期。如果你还没教幼儿理财，那么现在就赶快行动。

1. 让幼儿掌钱：在日常生活中，很多家长担心幼儿乱花钱，所以剥夺了他们掌控钱财的机会，这样一来幼儿反而容易养成要花钱就伸手，有钱就花光的习惯。其实父母不妨多给子女一些接触钱的机会。比如以月为单位，给幼儿们一定额度的零花钱，让他们自己来掌控这笔钱的花销。家长可以为他们出谋划策，对岁数稍大一点的幼儿，可以给他们设计一个账本，由他们自己来登记支出和结余。让幼儿掌钱的好处是，让他们从小就培养量入为出的理财意识，好习惯一旦养成，则会终身受益。

2. 模拟成人生活开支训练：许多幼儿住在家里，没有太多的生活开支让他们承担。处在这种状态中的幼儿，当他们长大后不得不开始自己付房租、水电费、买食物和衣服以及支付交通费用时，他们会感到束手无策。为了帮助幼儿为未来生活做好准备，可以让年龄大一些的幼儿为自己的电话费和公交车费以及一部分家庭开支付账。一旦幼儿成熟了，家长还可以翻开账本，告诉他家中的钱是怎么花的，以帮助幼儿了解该如何掌管家庭的“财政”。

3. 示范明智消费：家长带着幼儿购物，要货比三家。在寻找物美价廉商品的过程中，同种商品的差价可以使幼儿更直接地感触到消费过程中的浪费与节俭，从而使他们自己支配零花钱时会更理智。

4. 教会幼儿挣钱：让幼儿在从劳动获取收入的过程中，亲身体验到工作的艰辛和财富的来之不易。一位母亲读小学的儿子平时总喜欢和班里的同学攀比消费，为了让儿子知道金钱的来之不易，母亲和儿子签订了一份劳动协议，按照协议，每到周六上午，儿子再也不睡懒觉了，早早起来打扫房间。让母亲欣慰的是，儿子从劳动挣钱中体会到了工作的不易，再要买玩具时，儿子自己会说："妈妈，买这个玩具，抵得上我两个月的工作呢，其实它和上次外婆送我的那个区别也不大，我不要了。"

5. 带着幼儿理财投资：除了教会幼儿合理地花钱、有效地挣钱，家长们也可以试着告诉幼儿一些基础的金融知识，带着他们做一些简单的投资。现在有许多家长为幼儿开立银行账户、投资基金，甚至是购买股票，但是却忽略了让幼儿参与。家长们不妨带上自己的幼儿亲自办理一些基础的银行业务，还可以给幼儿介绍一些简单的投资知识。譬如带着他们在电脑前查看基金的净值，告诉他们净值涨跌对自己的财富会有什么影响。还可以引导他们关心财经新闻和产业及上市公司信息，在潜移默化中培养幼儿对财经和投资的兴趣。

总而言之，财商考查的是一个人对金钱的理解和敏锐性，以及创造财富的知识和能力，越来越多的人认为财商是实现成功人生的关键因素之一。让幼儿从小树立理财和投资的观念，对他们将来一生都是大有裨益的。

此外，幼儿对于金钱的正确理解和认识也是很重要的，家长可以从下面几个方面对幼儿进行教育。

1. 不能用钱衡量一切：在认识钱币的过程中，幼儿已经明白了钱与物之间的关系了。总的来说，钱的作用在于通过购物、缴费等活动满足物质和精神的需要，如购买吃穿物品，使人得以生存；缴纳学费，让幼儿能受到一定的教育，而得以发展；花钱娱乐，能让我们在体育、休闲中使身心得以健康发展；通过捐款助人则能够得到精神上的满足。

但是有没有用钱买不到换不来的东西呢？幼儿在接触金钱之初，有时候会非常天真地给每一件东西"标价"。在幼儿的意识里，一件件可见的实物构成了整个世界，幼儿的世界自然也会以金钱来标价，来度量。幼儿并不认为这有什么错，但是我们也不妨告诉幼儿：有些东西是用钱买不到的，有些东西是无法用金钱衡量的。比如你是爸爸妈妈的幼儿，是多少钱也不换的。

我们自然不能奢望幼儿完全理解金钱的作用，但在幼儿认识金钱的时候，要注意让幼儿树立这样一种观点：钱是有用的，但钱也不是万能的。我们可以告诉幼儿，有的时候，我们会为了一些更珍贵的东西去放弃金钱。比如，爸爸周末如果去工作，可能会挣得更多的钱，可是爸爸爱我们，想和我们一起度假，我们的假期因为爸爸的参与而更快乐，这时候我们家在一起的幸福时光就比金钱更重要。外婆留给妈妈的小盒子，别人可能觉得很不值钱，但对妈妈来说，也是多少钱都不换的，因为每次看到它，妈妈就会想起小时候和外婆一起度过的快乐日子。

另外，每次带幼儿出去购物，不要忘记让幼儿对售货员或者店老板说声“谢谢”；当我们付出金钱而享受到别人的服务，比如在餐馆吃饭时，更不要吝啬地对服务员说声“谢谢”。让幼儿知道，得到别人的尊重，往往比得到别人的钱更重要，而且尊重是花多少钱都买不到的。

2. 让幼儿认识“贫富差距”：很多成年人特别是年龄稍长的人，都会对幼年时贫穷的生活有着刻骨铭心的记忆和感受。在那个时候，人们之间的贫富差距不像现在这样明显，生活水准基本一样，所以大家意识不到这是一种贫穷，也并不觉得生活有多么苦。

但是现在的情况不一样了，贫富差距已是一个不争的事实，而且如今的幼儿“见多识广”，他们能够亲眼见到不同人家生活条件和生活水平的差距，尤其对于“穷幼儿”来说，这种感觉更明显，体会也深刻。

这种感受，主要表现在小朋友手中最新式的玩具，还有自己的衣裙没有其他幼儿的光鲜，而对妈妈“颇有微词”。即使不表露出来，幼儿心里总会有这样的疑问：爸爸妈妈也在上班，也在劳动，为什么我们家没有别人家有钱？

家长应该创造机会让幼儿看看人们不同的工作种类和工作场景，并且告诉幼儿，没有钱或者钱少的人往往不是因为他不去劳动，而是因为不同的工作得到钱的数量不同。即使同一类工作，在不同的地方也可能会得到不同的报酬。因为每个人的环境、知识和能力等条件不一样，工作机会和工作性质对每个人也不是完全一样的，所以才会出现“挣钱多”和“挣钱少”、“有钱”和“没钱”的区别。

同时也有必要向幼儿明确，一个人挣钱多，有的时候是因为这份工作的难度更大或者需要专门的知识，因而人们需要为得到和从事这份工作做更多的准备和付出更多的努力，那么他的收入自然要比那些容易的工作收入更多；有的时候则是因为这份工作具有重要的意义，或者对社会的贡献更大，相应的，这类工作的回报也就更多。

最后告诉幼儿，只有努力工作的人在机会合适的时候才会有适当的工作，从而得到相应的报酬。

3. 不要让幼儿过分吝啬：现在，很多家长对幼儿从小接受理财教育有顾虑，怕幼儿从小和金钱建立一种比较密切的关系，会不会“财迷心窍”？在做一些事情的时候，会不会总以金钱作为衡量的标准呢？事实上，如果没有理财教育，这种现象倒容易出现。

对钱应有正确的态度，有钱是为了实现自己的目标，或是为了应付紧急情况。但有钱绝对不是为了积累钱，即不是为有钱而有钱，而是为了花钱而有钱。有的幼儿不断地往银行里存钱，从来舍不得花掉哪怕是数目很少的一部分，这是一种不正确的做法。过分吝啬钱财所带来的负面作用，并不比奢侈所带来的负面作用小。

另外，人都是有感情的动物，小气吝啬只会割断亲情、友情，使自己变成孤家寡人。须知关心与帮助历来都是相互的，“你敬我一尺，我敬你一丈”，只有相互帮助，你才会快乐。

吝啬的人难以有一个良好的社交关系。这种自私的行为，会破坏人与人之间所应培养的仁爱、同情心，破坏美好的社会关系、伦理关系、道德关系，对社会进步造成危害。并且，吝啬的人极易遭遇失败的人生。他们在事业上、家庭上、人生发展上、情感上都可能因这个性格而遭受磨难。

人的天性中有自私的一面，这可以说是产生吝啬的根源。幼儿在小时候就不愿把自己吃的、玩的东西与其他小朋友一块分享，等到长大成人私心加重，他也就变得更自私自利、更吝啬了。人性中的吝啬是一种不受人欢迎、甚至是惹人厌烦的心理特征。吝啬的人缺乏社会责任感，他自私、冷漠，对社会、他人，乃至亲属不负责任，他只站在自我狭隘的立场上来看待自己的责任与义务。他常用的话语即“我干好自己的就行了，别人的我管不着”。

4. 认识金钱的真正意义：在大多数人的脑海里，觉得金钱除了可以买东西之外，再也没有其他用途。其实，并非如此，金钱不仅仅与物质生活密切相关，同时也构成了精神、文化的一部分。

作为金钱教育的主导者，家长们首先应该对金钱在人生中的地位有一个理性的认识。金钱世界是由人类学、心理学、历史、政治和财经智商等共同组合而成。金钱不单是经济和商业构想或利益的产物，更是能满足个人与大众情感，思想与行为的动力。金钱能够满足人物质上的需要，同时也能使人变得贪婪。一个人也许在其他方面能够保持理智，可是在面对金钱时却往往把持不住，迷失方向。在金钱面前，人们会变得目光短浅，看不到长远的利益。

人们是在寻找快速挣钱过上好日子的答案，但这其中最重要的是他应该具备获得挣钱的能力和力量，这种力量不在于金钱本身，它在金钱之外，这种力量存在于每个人的观念之中。改变一些观念，你就会获得控制金钱的力量，而不是任由金钱来控制你。

金钱不能使人快乐，认为有钱后人一定会快乐是错误的。如果一个人在致富过程中没有感到快乐的话，大多数情况下在他富有之后也不会快乐。因此，不妨告诉幼儿：金钱的力量往往在奋斗中获得。

5. 了解幼儿的金钱意识：其实，了解并掌握幼儿思想的成长和观念的变化，家长们完全不必“如临大敌”，只需从平时的细微点滴之处开始。以下几个方法，家长们不妨作个参考。

（1）注意幼儿的言语：有意识地问问幼儿，“钱有什么用？”当幼儿向家长要钱时，家长可问一问幼儿要钱做什么；留意幼儿在用钱买东西时，向售货员说了些什么；听听幼儿在与小伙伴相处时，是否经常谈到钱，是怎样谈钱的。

（2）观察幼儿的行为：观察幼儿的要钱行为：是否经常要？经常向谁要？观察幼儿的用钱行为：是否经常用？经常在哪些方面用？用钱的独立性、计划性如何？观察幼儿的存钱行为：是否有存钱行为？是否有自觉性？存钱的数量多少？怎样处置？

（3）关注幼儿的情感：向家长要到钱时，是怎样的情绪；要不到钱，又是怎样的情绪？看到别的幼儿有钱时，情绪反应如何？听大人在谈到钱的时候，表情有何变化？听到别的幼儿谈钱时，是何情绪反应？对有钱人是何态度？对穷人、乞丐是何态度？当社会上有捐赠行为时，有何情绪反应？

综合幼儿的言语、行为、情感方面的信息，就可以概括出幼儿金钱意识的一般表现。可能的话，不妨用文字记下这些表现。看一看，通过这些问题，你的幼儿所表现出的金钱观念和理财行为，是否符合家长心目中的一般标准呢？

幼儿创造性思维训练游戏

1. 任你的聪明才智自由驰骋：神秘的口袋（2～6 岁）：蒙住幼儿的双眼，要求他用嗅觉、触觉和味觉辨别出袋里的东西。用鼻子闻一下，是海米、大蒜还是葱头？用手摸一下，是羽毛、贝壳还是棉球？用嘴咬一下，是苹果片，梨片还是咸萝卜片？家长可以与幼儿轮流做。

造机器（3 岁以上）：用插片凭想象拼成一架飞机、一辆汽车、摩托车或坦克，等等。由一个人充当动力部分并模仿该机器的声音，家庭另外成员充当其他部分并操纵机器，然后让幼儿猜出是哪种物品。也可以和邻居或朋友的幼儿一起玩。

他是谁？（7 岁以上）：将一历史名人、神话人物、动画片角色或影视界知名人士的名字写下来贴在幼儿后背上。然后让他向你提若干问题，你只能回答“对”或者“不对”。通过回答由他猜出这人是谁。

2. 让你的表演才能充分发挥：“起立！蹲下！”（2～5 岁）：组织者举起双手喊“起立！”其他人按照口令起立，组织者喊“蹲下”，其他人蹲下，接着组织者说：“起立你就变成兔！”其他人按口令要求模仿兔子的动作。

第二次换一种动物或其他的角色，以此类推变换花样，其乐无穷。

戴帽子表演（3～6 岁）：摆上几把椅子，然后在每把椅子上放一顶帽子，帽子的上面画着动物、童话中的人物等。接着就开始放音乐，音乐一停，每人抢一顶帽子戴在头上并坐在椅子上。然后轮流按帽子上的角色来表演，其他的幼儿可以模仿或补充其他动作。

字母游戏（6 岁以上）：按英文字母或汉语拼音的顺序，第一个幼儿说出一个 A 音开头的词，同时表演一个动物，如说出 Apple 并做啃苹果动作，或是说：“啊……嚏”并打个喷嚏，其他人模仿他的声音和动作。第二个人说出 B 开头的词如 Banana，并做剥香蕉的动作，其他人模仿。就这样一个字母接着一个字母进行。

3. 愿你成为故事大王：剪贴簿（4～6 岁）：让幼儿讲述一次旅游，如逛动物园或参加狂欢，边讲述边由其他人以哑剧的表情和动物演出来，组织者一喊："照相!"所有人的表情都固定住，就好像构成剪贴簿上的一幅画，然后再继续进行。

滑稽童话（5 岁以上）：你和幼儿把一个普通的童话或熟悉的故事以某种方式改编一下，可以增加不少乐趣。比如把古代的人搬到现代来，对调两个角色或角色的性格，编一个出人意料的结尾，等等。

故事圈（6 岁以上）：幼儿和大人围成圈，一人蒙住双眼做"击鼓人"，互相传球，第一个接球人讲故事开头，然后，球往下转，由接球人继续讲一段，接着继续传球，直到故事讲完。大点的幼儿可以用押韵的句子讲故事。

移动阅读

- 怎样让孩子养成读（看）书的习惯
- 3～4 岁亲子阅读方法指导
- 5～6 岁亲子阅读方法指导
- 怎样培养 4～5 岁孩子的绘画能力
- 3 岁孩子为何喜欢自言自语
- 5～6 岁幼儿的语言教育
- 创造型儿童的人格特征
- 父母如何发现孩子的创造力
- 怎样教 4～5 岁孩子进行时间管理
- 培养学前期孩子的时间观念
- 怎样教孩子合理分配时间
- 培养孩子的视觉空间智能
- 培养孩子对物品的管理能力
- "叠罗汉"游戏教宝宝整理碗筷
- 教孩子整理图书的小游戏
- 教宝宝学会擦桌子
- 教宝宝学会摆碗筷
- 让宝宝主动收拾玩具的妙招
- 怎样培养孩子的自我管理习惯
- 教孩子认识商品的价格标签
- 教孩子学会投资
- 克服孩子冲动购物的妙方
- 利用理财产品教孩子理财
- 才艺培养的最佳年龄
- 怎样让孩子掌握科学的学习方法
- 4～5 岁亲子阅读方法指导
- 怎样培养 3～4 岁孩子的绘画能力
- 怎样培养 5～6 岁孩子的绘画能力
- 4～5 岁幼儿的语言教育
- 怎样培养孩子选择的能力
- 高创造力儿童有哪些特征
- 时间观念测试
- 怎样教 5～6 岁孩子进行时间管理
- 教宝宝认识时钟和星期
- 怎样教孩子进行空间管理
- 培养孩子的公共空间意识
- 教宝宝整理玩具的小游戏
- 教宝宝收拾水彩笔的小游戏
- 教孩子整理衣服的小游戏
- 教宝宝学会折衣服
- 教宝宝学会收纳
- 尊重物权让孩子学会管理物品
- 如何了解孩子的金钱意识
- 培养孩子的信用意识
- 与财经新闻做朋友
- 帮孩子办张独立存折
- 教孩子制作零用钱记账本
- 发现孩子特长的 6 个生活细节

移动阅读

如何给学龄前儿童选择兴趣班

宝宝的艺术培养重在审美

提升孩子艺术兴趣的方法

让孩子保持学艺热情的绝招

全方位提升宝宝艺术修养

按照孩子的个性开展才艺培养

培养宝宝艺术感的生活建议

特长教育的误区

莫把艺术教育变成技能训练

第6节 3～6岁幼儿的情商培养

如何培养幼儿正确的道德观

教育幼儿，不仅仅是要培养出身体健康、成绩优异的幼儿，更要注意塑造幼儿良好的道德观，正确的人生观、价值观。三四岁的幼儿正处于道德观初步形成的阶段，这个时候是父母帮助幼儿树立正确道德观的大好时机。

1. 处理问题方式有讲究：如果幼儿的行为涉及道德问题，父母应当确保和幼儿进行充分的谈话，并让其明白为什么说他的行为是错的。在这里，讲道理比惩罚更重要，与其命令幼儿道歉，不如让幼儿自己诚心诚意地说出“对不起”。

2. 就一些道德选择进行讨论：挑选一些含有道德选择的故事，跟幼儿一起读或讲给他们听，中间讨论一下故事角色的不同立场和观点。留意故事中人犯错的故事，教幼儿了解人不会永远是“好人”，也不会总是“坏人”。

3. 在指定家庭规则时邀请幼儿参与决策：这种方法可以很好地帮助幼儿思考怎样才是对全家人有利的安排，但是决定惩罚方式时不要让幼儿参与。幼儿的想象力丰富，通常会做出一些匪夷所思的设想，于事无补。

4. 称赞幼儿良好的行为：见到幼儿有帮助或有利于群体中的其他个体的行为，要及时称赞，作出合理的评论。假如幼儿把集体利益置于自身需要之上，应当称赞和鼓励他。对幼儿友好、公正和帮助他人的行为都要予以肯定。

5. 利用现实中道德选择的机会教育幼儿：利用日常生活中的道德选择机会、或学校、幼儿园中的真实情景讨论道德问题。不要以为寓言和格言能教育幼儿道德问题，寓言和格言都太抽象了，孩子难以充分理解其现实的含义。

进行情商教育的三大法宝

幼儿情商的高低虽有一定的先天遗传因素，但更重要的是后天发展的。家长对幼儿进行情商教育，只需掌握三大法宝，就能起到事半功倍的效果。

法宝一：冷静下来。

对于幼小的幼儿来说，他的情绪反应往往来自身体，而不是情感方面。身体健康的幼儿，较少有极端情绪反应，更善于控制自己的情绪，充满活力。让幼儿学会冷静下来，能够很好地掌控自己的思想、情感和需求，可选择幼儿最轻松的时候进行，这时的幼儿更乐于去尝试一些新鲜事情。

方式：

(1) 用手指在幼儿的背上画字、数字或图形，让幼儿猜。

(2) 让他的肌肉紧绷 5 秒钟左右，然后彻底放松。

(3) 有规律地让幼儿把注意力集中到自己身体的各个部位——从双脚开始，慢慢地往头部方向移动。

(4) 深吸一口气。让幼儿吐一口气，然后保持几秒钟，这样，当他吸气的时候，就会自然而然地大吸一口了。

法宝二：摆脱沮丧情绪。

任何人都不可能每时每刻都很快乐，总会有一些不愉快的事情令人心情沮丧。令人不快的经历一旦在幼儿的情感记忆库里沉积下来，当他再遇到类似的状况时，这些记忆碎片就会被激活，产生更激烈的反应。这不仅让幼儿自己难过，还会影响同伴对他的态度。于是，幼儿越来越会在意旁人对自己的态度，变得越来越焦虑和自闭，形成恶性循环。

因此，在一天结束之前教幼儿将当天的痛苦情绪过滤掉，实在是一件很好的事情，试着和幼儿一起，选择一两项下面的活动，想象着把不良情绪排放出去。

方式：

(1) 让他发泄几分钟。在这个过程中，不要试图去压抑他的情绪。

(2) 作吐气运动，将“坏情绪”呼出来。

(3) 想象着自己站在明媚阳光下的一条凉爽新鲜的溪水中，沮丧的情绪被溪水冲洗殆尽。

(4) 自己对自己说:“让它去吧!”“没事儿!”“我现在感觉好多了。”

法宝三:积淀愉快经历。

每个幼儿都会有很多积极正面的体验,如果这些愉快的瞬间能够积淀下来,将会成为幼儿宝贵的精神资源。等到下次遇到不顺心的事情时,更会成为他自我安慰和鼓励的力量源泉。

家长可以在晚上临睡前、在帮助幼儿排遣掉不快的情绪时,教幼儿学会如何将美好的时刻变成自己精神世界的一部分。

方式:

(1) 回顾一天的生活,特别是那些令你们开心的事情。跟幼儿谈谈那些美好的情景,比如与你共处时的甜美,完成某件事、学到新知识时的喜悦等等。尤其要引导幼儿去找找那些与自己平时感受不一样的场景。

(2) 情景再现:首先,由幼儿想象困难场景,让他通过有效的正确方法去面对,引导他想象正确行为所带来的良好情绪。然后,在幼儿所想象的困难场景之下,让他用不正确的方法处理,引导他想象因此在他的内心所产生的不良情绪。最后,让幼儿有意识地在以上两种处理方法中做出选择,并由他将这种方法“情景再现”地表现出来。

(3) 鼓励幼儿。鼓励幼儿把正面的情感体验渗入自己的身体,就像水被吸入海绵一样。如果你的幼儿处事过于谨小慎微,就鼓励他想象自己被意外撞倒的情景,看他如何想办法保持放松和冷静,从而不再担心自己是否摔痛了。如果你的幼儿争强好胜,就鼓励他想象在一场棋类游戏中输了,看他如何摆脱这种让自己沮丧的情绪。

怎样让幼儿学会自我控制

一项发表在《美国国家科学院》杂志上的最新研究发现,3 岁时自控能力差的幼儿,长到 32 岁时更有可能出现健康和财务问题,甚至会有犯罪记录。那么,父母如何让幼儿从小就学会自我控制呢?具体方法如下:

1. 知道怎样能让幼儿平静:当幼儿情绪失控时,爸妈首先要保持冷静,这能带给幼儿安全感,同时也是很好的示范。爸妈要知道什么东西或者什么事情能让幼儿平静,有些幼儿需要爸妈拥抱抚慰才能镇定下来;有些幼儿只要爸妈逗他玩会儿就能转移注意力；而有些幼儿则一定需要一些时间和空间发泄自己的情绪。

2. 找出幼儿失控的原因：一天之中有没有特别时段或者某些典型的事情会导致幼儿“愤怒”？爸妈如果能了解让幼儿生气的原因，就能提前做出应对。如果知道幼儿讨厌人多吵闹的地方，就可以想一些办法让幼儿慢慢适应。比如带幼儿去一个公共游乐场，可以先带他在外面看看其他幼儿都在玩些什么，看看有什么是幼儿感兴趣的；再找一些幼儿熟悉的玩具给他；然后，再帮助幼儿加入到和其他小朋友的游戏中去。另外，当幼儿饿、累、不舒服的时候，会很难表现出自制力。

3. 让幼儿知道这些行为是不恰当的：当幼儿出现不恰当的行为时，爸妈如何反应很重要。如果爸妈反应强烈、情绪化，会让幼儿很有成就感，日后还会故伎重施。爸妈要保持冷静，并让幼儿了解到这些行为是不合理的、不受欢迎的。

4. 当幼儿出现不恰当的行为时：一边用语言制止，一边还要采取行动阻止幼儿，有时语言未必有用。只认可幼儿的感情，但要批评他的行为：“幼儿，我知道你很生气，但不能乱扔积木。”说出幼儿的想法：“幼儿我知道你想玩水，但是不能把水倒在书桌上。”找到替代的方法；不允许幼儿做这些事情，爸妈要提供其他的解决方法，不然幼儿很有可能继续吵闹。比如不想幼儿在书桌上玩水，可以带他去浴室的浴盆玩，满足他“探索”水的愿望。让幼儿知道自己错在哪里：“乱扔积木是不对的，因为会砸痛别人。”

5. 给幼儿机会决定自己的事情：根据幼儿的年龄，给他一定的选择权。拥有一定自主权，会让他觉得自己是有能力的、是可以做到自我控制的。

6. 让幼儿学会等待：等待也属于自制力范畴，让幼儿等待的同时，可以给他点事情做。对还没有建立时间概念的幼儿，要他理解等 5 分钟是比较困难的，爸妈可以准备一个到时间就会响的定时器，这样会使幼儿更有控制感，对大概要等多久有个概念。

怎样培养幼儿的自励力

自励力，就是自己鼓励自己的能力。鼓励是动力的源泉，人如果没有动力，能力只能发挥不到 20%，受到别人的鼓励，潜力能够发挥 50%，而自己能够鼓励自己，其潜力能够发挥到70%～80%。

自励主要是通过对理想目标想象、美好未来的憧憬和自我能力的肯定来激发自己的激情，从而在潜意识中形成肯定必胜的理念，起到激发潜力的目的。怎样才能让幼儿掌握自我激励的方法呢？家长可以从以下几个方面进行引导。

1. 激励与提高幼儿上进心：每个幼儿身上都有长处和短处，都是优点与缺点并存。作为家长要细心地观察幼儿的一言一行，要找出幼儿身上的闪光点，加以肯定让幼儿感觉到，使其产生自我良好的感觉，这样自我激励才会产生。幼儿才会有前进的动力。为幼儿提供一个宽松的环境，针对具体的事情，让幼儿去尝试，有做的意愿，当幼儿有一点点进步时，就要不断地给其鼓劲，使幼儿突破自己的不足。

当幼儿因自己的短处遭到打击时，父母要及时调整幼儿的心态，让幼儿全面看待自己，认识到自己的过人之处，这样幼儿才能够从打击中快速恢复，不沉浸于负面的评价中，这有助于幼儿自我激励的形成。

2. 引导幼儿制定目标：要让幼儿明白光说不练是不会成功的。因此要制定一个明确的目标，并付诸行动才会成功的。比如，幼儿英语发音有问题，就可让他为自己设置一个目标——把每个音标都读准。

幼儿能自觉地为读准每个音标而努力是他迈出自我激励的第一步。不过，制定这个目标，要注意目标的可执行性。如果幼儿制定一个不切实际的目标，目标不但会落空，这就会导致幼儿的积极性和自信心被挫伤。

如让一个不及格的小孩考90分以上。显然是不切实际的，即使他再努力也不一定能马上达到目标，久而久之，他就可能自暴自弃。

所以，在制定目标时，应从幼儿的实际出发，不可过大过高，最好先制定那些容易达到的目标，然后再逐渐增加目标的难度。

3. 强化幼儿的自我激励意识：自我激励的目的不依赖外部赏识，让幼儿对自己进行肯定、鼓励和表扬，这就要求父母对幼儿进行潜移默化的激励意识。在对幼儿进行表扬时，可有意识地将主语“我”改成“你”，如，“你又有了进步，我为你感到骄傲”可改为“你为今天的进步一定付出了很多的努力，你会为自己感到骄傲的”。

久而久之，幼儿就会内心承认自己，并且领悟到努力后获得的成功，就是对自己最好的奖励。

4. 幼儿对目标产生动力：幼儿的每一个目标都要规定一个固定的时间，并要求幼儿在规定的时间之前达到目标。有了时间约束，幼儿的行动才会有紧迫感。

光有目标没有努力，目标只能成为“空头支票”。自我激励是让幼儿确定目标后，产生向目标靠近的动力。幼儿的自我约束能力很差，可能刚刚确定目标的时候斗志昂扬，没过三分钟，热情就不在了。

家长在教幼儿自我激励时，一定要让他有紧迫感。不妨建议幼儿每天大声朗读自己的目标计划，在朗读的过程中，无形加强了他对目标的认知。光有认知还是不行，还要让他知道世上没有不劳而获的事情，付出和回报是成正比的，有多少付出才会有多少回报。

例如，幼儿想组装一个模型，你需要告诉他，成型之前的模型是什么样子的，经过什么样的努力，才能达到现在的样子。最后，还要对幼儿的目标给予适时的时间限制。如果没有时间限制，幼儿会觉得这个目标太过遥远，从而自我放松。

当然，人的一生不可能一帆风顺，父母帮助幼儿的最好办法，就是让幼儿学会自我激励，给自己喝彩。积极的心理暗示，为幼儿提供了充沛的原动力，使他可以冲破重重障碍，成为一个自强不息的人生斗士。教会幼儿自我激励是一个长期、细致的过程，需要父母坚持不懈的努力。

幼儿人际交往中最易出现的状况

我们知道，幼儿的交往有不同的类型，了解了幼儿的交往类型，幼儿交朋友的时候该怎么做？家长要细心观察自己幼儿跟其他幼儿的关系，以给予正确的指导。如果幼儿交朋友发生困难，爸妈不是责备或代替他处理就能解决问题。唯有观察幼儿的特质、经常倾听，才能提供幼儿最适合的关键技巧。

状况一：交不到朋友。

“我不要去学校，都没有人跟我玩。”这是幼儿不肯上学常见的理由。新入园的小朋友如果个性比较内向或爱哭，就不容易很快融入群体中。也有一些幼儿是长期都抱怨没有朋友，可就牵涉到幼儿的特质、行为了。

解决方案：先了解幼儿背后的问题。比如，是每天都没有朋友一起玩，还是只有某一天；趁着接送幼儿时，听听别人眼中的他是怎样的小朋友。

幼儿加油站：打扮得干干净净；学会一种拿手游戏；练习说："我也要玩。"

状况二：吵架了怎么和好。

"今天玩扮家家酒，没让安安当公主，她就生气不跟我玩了。她还骂我最讨厌！"明明是好朋友，却可能因为一时的行为而吵架。有些幼儿会因此伤心、难过，有些会另结新欢，大多数幼儿在小小年纪倒不会记仇吵到底，有时争吵完后，因为下一个活动是彼此都喜欢的，又慢慢玩在一起了。擅长表达的幼儿可能还会说："那你下次不可以那样骂我！"

解决方案：和朋友争吵，心里一定难受。爸妈可以表达自己理解幼儿难过的想法，比如，"吵架真不好玩！"同时要帮助幼儿理清"两人在吵什么？""想要跟朋友说什么？"也许可以画一张图表达想法送对方，千万不要代替他决定还要不要交这个朋友。如果幼儿在吵架后一直被拒绝，觉得很沮丧，就需要先重建他对自己的肯定，然后才做下一步的沟通，例如，可以说："如果是妈妈，也会很难过，可是妈妈会想想班上还有谁可以做我的好朋友。"让幼儿懂得朋友可以互相选择。

幼儿加油站：能说出朋友的优点缺点；练习写卡片；能跟不同的朋友一起玩。

状况三：朋友一定要很多吗？

"今天小文生病没来，我自己一个人玩。我画了一张问候卡给他喔！"有些幼儿是领袖型或万人迷，人气指数超级高，但也有些幼儿只跟特定的幼儿玩。大部分爸妈总是鼓励幼儿多交一些朋友，不要只跟几个人在一起。其实，只有少数玩伴的幼儿，也许才能交到真心的好朋友，甚至是从小到大持续往来的朋友，成为一种安定心灵的力量。

解决方案：爸妈要让幼儿知道，"受欢迎"不是用来骄傲、产生优越感。当受到大家喜欢时，更应该用这样的特质来帮助别人。而只跟少数人作好朋友的幼儿，爸妈可以观察幼儿之间具备哪些特质。比如，都喜欢玩拼图、下棋；有没有欠缺什么？例如：不喜欢运动游戏，这时就要找机会培养新的兴趣和能力，增加和其他不同特质朋友一起玩的机会。对于有时喜欢独处的幼儿，无论是安静看书画画，还是一个人溜冰打球，爸妈都应该欣喜，因为能够"独处"，也是一种重要的能力。幼儿知道自己有好朋友，很满足，就不用为他担忧。

幼儿加油站：能独自玩；关心朋友并具体表达；和好朋友一起学新鲜事。

移动阅读

情商培养的误区	儿童情商测试
儿童自我情绪体验能力测试	儿童自我评价能力测试
儿童恐惧感测试	宝宝为什么喜欢缠人
教你怎么与孩子逐步分床睡	怎样培养孩子的同理心
孩子脾气很坏该如何处理	教孩子学会管理情绪的方法
摆脱焦虑情绪的亲子游戏	偏爱玩具能暗示孩子性格
家长应干预孩子哪些“高危性格信号”	怎样对孩子进行人格教育
怎样对孩子进行理想教育	如何判断孩子的情商高低
培养高情商孩子的技巧	进行情商教育的三大法宝
提高孩子交往能力的九个好方法	母亲怎样与 6 岁孩子相处
父亲如何与 6 岁孩子相处	巧用九招改善亲子关系
怎样让孩子懂得关照老人	怎样让孩子懂得关照父母
怎样让孩子懂得关照普通人	怎样让孩子有一颗善良的心
怎样让孩子懂得回报	怎样培养孩子的爱心

第7节　3~6 岁幼儿的意商培养

父母要学会赏识幼儿的勤奋

美国的一项研究发现，那些过多地被夸奖智力聪明的幼儿可能回避新的挑战。

在这项研究中，老师让幼儿园的幼儿们解决一些非语言性的难题，然后，对一半的幼儿这样说：“你们答对了 8 道题，你们很聪明。”而对另外一半的幼儿则换了一种说法：“你们答对了 8 道题，你们确实付出了很大的努力。”紧接着，给这些幼儿两种任务让他们自己选择：一种是他们在完成的时候可能出一些差错，但是最终能够从中学到一些非常重要的新的东西；另一种是他们有把握能够做得非常好。结果是三分之二的被夸奖聪明的幼儿选择容易完成的那种任务，因为他们不想冒出任何差错的风险；与此相比，被夸奖付出努力的那些幼儿中的 90%选择了具有挑战性的能够学到新事物的那种任务。

总是夸奖幼儿聪明的另一个缺陷是：随着时间的推移，幼儿会开始把好的结果与脑子聪明划等号，逐渐形成过于良好的自我感觉，使自己对自我的认识和评价与自己的实际能力发生偏离，并且只有成功的打算。如果他把事情做得很好，他就认为那只是他聪明罢了。一旦他受到了挫折，他将很可能为此断定“我并不聪明”，随后失去了学习的兴趣。

但是，当你夸奖幼儿的勤奋而不是他的聪明的时候，你其实是在鼓励他继续努力去寻求更多的挑战，这可以帮助幼儿在遇到挫折的时候不气馁。即便结果并不是他所期望的，他也将明白他的努力是最被看重的，会被认为是一件好事，是一件值得他不懈努力完成的任务。

赏识幼儿的努力和勤奋，告诉幼儿成功与失败并不是对立的，它们不过是一种比较。有时，成功只是比失败多了一点点，只要努力与勤奋，就是在不停地前进。那么，作为父母，怎样才能更好地培养幼儿的勤奋力呢？

1. 培养幼儿热爱劳动的习惯：首先，父母要树立勤奋工作的榜样。许多时候，父母会做一些艰辛的工作，例如在非常恶劣的环境中，长时间地从事体力劳动，做一些又脏又累的活等。如果父母咬紧牙关，认真地去做这些事，幼儿也会学到父母的这种勤奋。

其次，父母要告诉幼儿只有辛勤劳动才可以有收获，懒惰的人是什么也得不到的。这样，等幼儿长大后，他就能够勤奋地工作了。

幼儿在家里跟其他成员一样，可以享受一定的权利，也应该履行一定的义务，切莫把幼儿置于只享受权利，不履行义务的特殊地位。父母要教会幼儿做一些力所能及的事情，在幼儿能做的事情上，父母不妨偷“懒”一下。幼儿能做的就都让幼儿自己去做，这样不仅有利于培养幼儿勤奋的习惯，还能培养幼儿的动手和自理能力。做个“懒”父母，放手让幼儿自己成长，是一种高明的教子方法。

2. 培养幼儿勤奋的学习习惯：习惯决定幼儿的命运。好习惯的养成不在一朝一夕，贵在长久坚持。幼儿上课注意力不集中、对读书不感兴趣、观察事物粗心、记忆力差等情况，都是影响幼儿形成良好学习习惯的因素。父母首先要引导幼儿的好奇心，培养幼儿的学习兴趣，创立有利于幼儿学习的外部环境。还可以进行一些培养注意力训练，养成幼儿读书的习惯、主动学习的习惯等。

3. 赏识幼儿的积极行为：父母赏识幼儿的勤奋行为，幼儿就会变得更加勤奋。父母可抓住适当的时机，通过言辞，承认幼儿的努力、耐力和勤奋。其范围可从一句简单的“我喜欢你的努力”到对他所做的行为做出详尽的评论。父母要把完成一项任务和做好一项工作所确立的标准告诉幼儿，比如打扫房间或完成功课等，然后以此来关注幼儿勤奋的程度。

4. 父母要让幼儿多听、多接触勤奋的事例：“天道酬勤”也好，“几分耕耘，几分收获”也好，这些都说明了养成勤奋刻苦好习惯的重要性。

父母要经常给幼儿讲一些道理，比如：古时“头悬梁，锥刺股”的学习精神与现代的学习环境作比较。在电视上所看到的奥运会、亚运会或全国运动会上的金牌得主，他们训练的刻苦、拼搏的顽强，以及不夺金牌誓不罢休的毅力，无一不是勤奋刻苦的真实写照，等等。让他们明白一个知难而退、怕苦怕累的人，是必然一事无成的。因为世界上没有一件事是可以不劳而获、心想事成的。“付出才会收获”的道理，需要父母以身作则的榜样示范幼儿亲力亲为的亲身体验。

父母还可以通过讲一些名人勤奋好学的故事，让幼儿知道，只要能克服艰苦条件而勤奋学习都是可以取得成功的。让幼儿知道，能够克服艰苦条件而勤奋读书，是很不容易的一件事，在崎岖的奋斗中能坚持下来，想必更需要一种毅力。但是只要坚持下来，就能拥抱成功。

5. 不妨用激将法激励幼儿：比如，有一种游戏是走吊桥，吊桥晃来晃去，又没有扶手，幼儿害怕。这时，父母不妨先走过去，对幼儿说：“你要是不过来，我们就走了。”让幼儿处于一种必须靠自己的力量克服困难的境地。

6. 强化幼儿的目标意识，让这个目标在幼儿的心中扎根：比如可以把目标写在墙上悬挂的黑板上，或者用彩色纸写了贴在墙上。如果目标有一定的时间限度，那么再给幼儿一本“目标日历”，目标应该完成的那一天被显著地标明。

为幼儿设定“小目标”。不要认为赏识一定要怎样夸奖幼儿。针对幼儿的实际情况，为幼儿设定一个“够得着”的小目标。

(1) 父母应该对幼儿的能力和现实条件有一个正确认识，切忌急于求成。

(2) 在目标设定时应该和幼儿一起决定，这样不仅能听取幼儿的意见，也能让幼儿更有积极性。

(3) 如果父母对幼儿的情况把握不准，最好与幼儿的老师商量。

7. 不要过分强调幼儿的潜能：强调幼儿“一定能行”，这种办法对一部分幼儿管用，而对另一些天性比较胆怯的幼儿来说，可能反而增加了他们的心理负担。

当幼儿的表现不够理想时，千万不要对幼儿说：“你真笨!”这样的话，一定会伤了他的自尊。应该问问他：“你是不是还不够努力?”当幼儿表现优秀时，不要把它归功于幼儿聪明的先天优势，而是把目光集中在幼儿的后天勤奋努力上。应该告诉他：“成绩不错，这都是你勤奋努力的结果！你努力的过程是最值得赞赏的!”

怎样培养幼儿的自信力

有人问居里夫人：“您认为成才的窍门在哪里?”居里夫人肯定地说：“恒心和自信力，尤其是自信力。”

自信力是调动一个人积极性和创造性、克服各种困难的巨大能量。自信是对理想目标的信念坚定和自知基础上的自我肯定，而不是无知基础上的无畏和错误认识自己基础上的固执。自信心可使幼儿不怕困难，积极尝试，奋力进取，取得更多的知识和经验，争取更好的成绩。鼓励、赞扬对增强幼儿的自信心是很有益的。

自信心是幼儿在成长的过程中一点点的锻炼出来的。培养幼儿的自信心，可以从以下几个方面入手：

1. 相信幼儿，让幼儿做力所能及的事：不少家长总认为幼儿年纪小，这也不行，那也不行，不相信幼儿。当幼儿迈出独立生活的步伐，要求自己吃饭时大人往往怕幼儿弄脏、浪费而喂他；当幼儿满心欢喜地自己穿衣服时，大人却为了赶时间而麻利地给幼儿穿上了；当幼儿和小伙伴为抢玩具而发生争吵时，大人总会怕自己的幼儿吃亏而挺身而出。父母的出发点自然是爱幼儿的，但这种不信任的爱却让幼儿丧失学会照顾自己，学会与人交往，甚至学会面对困难和挫折的机会，并造就以自我为中心，缺乏独立人格的不自信幼儿。

让幼儿自己的事情自己做。这主要是培养幼儿的生活自理能力，让幼儿做好自己可做的事，如 3～4 岁让幼儿逐步学会自己吃饭、穿衣服、鞋袜、入厕、饭前便后洗手、收拾玩具等。到 5～6 岁可以进一步让幼儿自己盥洗、洗小件衣物，如袜子等。放手让幼儿去做，不仅能培养幼儿的生活自理能力。还可以培养幼儿的自信心。

2. 挖掘幼儿的优点，建立自信心：比如让 4 岁的幼儿自己穿衣服，不要说："你现在自己穿上衣服，下午就给你买雪糕。"而只需说："我想你已经长大了，能够自己穿上它了。"在这样的提示下，他努力穿好了，就会感到自己确实已长大了，就会在此后每天的努力中巩固这种感觉，从而自信心大增。

成人的评价对幼儿产生自信心理至关重要。幼儿时期，成人对幼儿信任、尊重，承认，经常对他说"你真棒"，幼儿就会看到自己的长处，肯定自己的进步，认为自己真的很棒。反之，经常受到成人的否定、轻视、怀疑，经常听到"你真笨、你不行、你不会"的评价，幼儿也会否定自己，对自己的能力产生怀疑，从而产生自卑感。因此，成人必须注意自己对幼儿的评价，多为幼儿的长处而骄傲，不为幼儿的短处而遗憾。要以正面鼓励为主，要善于发现幼儿身上的闪光点，不盲目地拿自己的幼儿同别的幼儿比较，而是多拿幼儿的过去与现在比较，让幼儿知道自己长大了，进步了，从而产生相应的自信心理。尤其要给予发展慢的幼儿以更多的关怀和鼓励，让幼儿懂得人人都有长处，使这些幼儿逐渐树立对自己的正确评价。

3. 创造机会，在实践中培养幼儿自信心：给他一些他一定能完成的任务，比如摆碗、盛饭、给爷爷拿眼镜、到信箱拿报纸等，他做到了就表扬。有时也帮他做一些比较困难的事，如洗手绢、擦皮鞋、整理玩具上架等，会做了更要大为表扬，树立他的自信心。早上起床和晚上睡觉要让他自己穿脱衣服，锻炼独立性。需知自信心和独立性要从一点一滴做起，不是抽象的。因此家长应该正确认识到幼儿的缺点和优点，正确把握，创设良好的机会和条件让幼儿去尝试和发现，发展幼儿的各种能力，并在幼儿取得成绩时，及时表扬，充分肯定进步，才能让幼儿体验到成功的喜悦，产生积极愉快的情绪体验。

4. 用鼓励的方法培养幼儿的自信心：鼓励是培养幼儿最重要的一个方面，每一个幼儿都需要不断鼓励，就好像植物需要阳光雨露一样。没有鼓励幼儿不能健康成长。但我们往往轻视对幼儿的鼓励，往往忘记鼓励。许多人错误地认为幼儿需要的就是教育，不断的教育，而教育更多的就是灌输和训导。

当幼儿试着做一件事而没有成功时，我们应避免用语言、用行动向他证明他的失败。我们应该把事和人分开，做一件事失败了并不意味这个幼儿无能，只不过他还没有掌握技巧而已。一旦技巧掌握，他就能把事情做好。如果我们采取指责的态度，幼儿的自信心就会受到伤害，这个时候就不像掌握技巧那样简单了。幼儿可能永远做不成这件事情。对成人而言，我们自己首先不能泄气或失去信心。

想要鼓励幼儿，最重要的两条是：第一，不要讽刺他，使他受到不同程度的打击；第二，不要过分地赞扬他，以免产生骄傲情绪。我们对幼儿的教育过程中，必须时刻顾及到这一点：不要使幼儿失去对自已的信心。同时，我们应该知道，如何鼓励幼儿的自信心。

5. 让幼儿从成功的喜悦中获得自信心：培养幼儿自信心的条件是让幼儿不断地获得成功的体验，而过多的失败体验，往往使幼儿对自已的能力产生怀疑。因此，老师、家长应根据幼儿发展特点和个体差异，提出适合其水平的任务和要求，确立一个适当的目标，使其经过努力能完成。他们也需要通过顺利地学会一件事来获得自信，另外，对于缺乏自信心的幼儿，要格外关心。如对胆小怯懦的幼儿，要有意识地让他们在家里或班级上担任一定的工作，在完成任务的过程中培养大胆自信。创造民主、和谐的家庭气氛像人类赖以生存的阳光、空气那样，无时无刻不在影响着幼儿的身心健康和智力发展。

此外，我们还可帮助幼儿发扬优点，以已之长，克已之短的方法来培养、提高幼儿的自信心、上进心。

6. 教会幼儿而对挫折，树立自信心：挫折是常有的事，如果处理不好，就会伤害幼儿的自信心，时间长了，就会使幼儿丧失信心。应教会幼儿从另一个角度去考虑问题。任何事物都是有好有坏的，让幼儿了解失败和挫折是不可避免的，要让幼儿知道，失败是例外是过程，成功是必然的是最后的。家长应鼓励幼儿面对失败的挑战愿意付出努力，久而久之，幼儿才会养成乐于尝试，勇于克服困难，敢于面对挫折的良好心理品质，树立良好的自信心。

7. 接纳幼儿的原貌，不要有不切实际的期望：中国人有一个根深蒂固的观念——望子成龙、望女成凤。父母总是依照自己的野心来要求幼儿，而不衡量幼儿的能力。作为父母的，要尽量接纳幼儿原来的面貌，不要把他塑造成你所希望的样子，不仅要接受他的优点，也要接受他的缺点。不要时常对幼儿做出负面的评论，这样会使幼儿误以为自己的能力不好，而自暴自弃。鼓励他勇于尝试，勇敢地面对失败、面对挫折。最重要的是让他懂得，“自信力”并非是父母或别人给他的，是从自己身上找到的。

怎样培养幼儿的坚持力

在日常生活中，不少幼儿做事情虎头蛇尾，刚开始时认认真真，时间稍长就不能坚持，做不到有始有终，让家长大伤脑筋。家长为之伤脑筋不无道理，因为幼儿坚持性的发展不仅可以促进其健康人格的养成，而且可以发展他的认知能力。拥有良好坚持性的幼儿更容易成长为一个独立自主、有毅力、有恒心、自信、乐观、社会适应能力强的人。

1. 认识幼儿坚持力的发展过程：不同年龄的幼儿，坚持性也不一样。幼儿的坚持性水平是随年龄的增长而提高的。6 岁之前，幼儿以无意注意为主，且注意力稳定性较差，对事物的兴趣容易转移，易受无关刺激的干扰，从而导致幼儿的坚持性不够好。

3～4 岁：幼儿开始能按照一定的规则做事，能初步控制自己的情绪和行为，不过有时会出现“反抗”行为，如天冷不愿意起床等。

5～6 岁：幼儿能主动地克服困难，坚持把事情做完，如坚持画完一幅画再去玩玩具；坚持自己穿脱衣服等。幼儿开始具有一定程度的自控能力，能拒绝某些诱惑和干扰。幼儿积累了一些“抗挫”经验与能力，逐渐能接受心理暗示，从而提高了坚持性的水平。

2. 培养幼儿的坚持力的方法：

(1) 父母态度要坚定，不可半途而废：父母对幼儿提要求的语气要坚定，让幼儿知道这是一件重要的事情，不可以随随便便对待，但也不可总在幼儿身边不停地唠叨，甚至训斥打骂幼儿。培养幼儿的坚持性是个需要耐心教导的过程。在生活中父母还可以充分利用各种机会培养幼儿的坚持性。比如假如幼儿喜欢花草，父母可以利用家中的阳台，买来花盆和一些花籽，教幼儿种花草，让幼儿在培育花草的过程中，观察看植物生长的过程，如何时发芽、长叶、开花，体会一个生命的成长。在这个过程中，让幼儿明白：无论你怎样着急，你今天撒下种子，它不会明天就长大。要想有收获，你必须耐心地等待，给它浇水，有时还要松土，并让它享受到充足的阳光。

(2) 给幼儿的任务难度要适当：家长给幼儿的任务要难易适当，让他经过一定的努力就能完成，这样他才有自信心和成就感，才会坚持把任务完成，把事情做好。如果任务太多太难，幼儿一看完成不了就会产生畏难情绪，甚至放弃。对于一些难度较大的任务，家长可以将其分解成一个个小目标或分步骤让幼儿完成。家长还应该了解幼儿的发展水平，把握好他的承受能力，因为幼儿一旦达不到家长的要求就会降低积极性，有“受挫”的感觉，这样就不利于对其坚持性的培养。但如果幼儿轻易地就能完成得很好，家长可适时加大任务的难度。任务太多太难，幼儿望而生畏，就会产生对抗情绪或者干脆没做就放弃了。对于一些难度较大的任务，可以分解成一个个小目标。家长把做完的题目点评一下，给幼儿一点鼓励，幼儿可能就乐于接受了。

(3) 做父母的要以身作则，要有坚持性：父母做事的态度很大程度上影响着幼儿做事的态度。一个三天打鱼两天晒网的家长很难培养出有恒心的幼儿。父母的监督也是很重要的，假如父母今天要求幼儿学习绘画半个小时，明天自己忘了没有要求幼儿练习绘画，后天又有什么事给耽误了而不管幼儿当天有没有练习，这样培养幼儿的坚持性就会变成一句空话。

培养幼儿的坚持性，家长要以身作则，在日常生活中，家长要为幼儿树立榜样，如，要求幼儿冬天不要赖床，那爸爸妈妈自己首先应该做到不赖床，要和幼儿一起养成有规律的日常作息习惯。

(4) 不要打断幼儿的正常活动：有时候，家长会出于关心，不分时间、场合经常打断正在专心做事的幼儿，这也是使他做事不能有始有终的原因之一。当幼儿正在画画，妈妈不时地问他“要不要喝水”，奶奶走过来说“幼儿，吃个梨吧”，在画画的过程中，幼儿不断被打断，画画的兴趣自然会受到影响。幼儿的思维活动需要连续性，经常受到干扰，他的心就静不下来，长此以往，幼儿的坚持性无法养成了。因此，当幼儿正在专心做事时，家长一定不要打扰他，给他一个沉下心来全心全意做事的氛围，相信幼儿的坚持性是会有所提高的。

其实，幼儿沉浸在自己喜欢的活动中，就是其坚持性的一种很好的体现。

(5) 让幼儿自己做选择：有时候家长可以让幼儿自己做选择，但是要求他一旦选择好就必须坚持到底，遇到再大的困难也要有信心、有毅力去克服。比如，甜甜喜欢的事情很多，如下棋、画画儿、跳舞等，但是做每件事都只有3分钟热度。妈妈不妨让幼儿自己选择最有兴趣的内容来学习，并要求他坚持到底。这样，幼儿会一心一意地学习某个内容，其坚持性也会得到加强。家长对幼儿提要求时语气要坚定，但不可在他身边不停地唠叨，更不能训斥打骂他。

3～6岁，习惯培养正当时

中国有句老话叫："三岁看大，七岁看老。"这句话很多人都听过，但明白它真正含义的人却很少。三岁看大，就是看幼儿是否具备发展素质，七岁看老，就是看幼儿是否具备成功素质。人的聪明与否、大脑的发育，也是在三岁之前就已经完成了90%，也就是说人的智商高低在三岁之前也就定型了，聪明不聪明三岁之前基本可以看出来了。而且人的思维模式、与人交流的模式以及竞争博弈意识等也基本上在这个年龄段基本确定。一个人的性格特点、心态、情商、有没有目标的憧憬、有没有道德行为习惯、有没有耐心、有没有坚韧力等，这些性格特点在七岁之前就基本形成。

事实上，我们所说的成功素质，其实就是养成各种良好的习惯。一个人拥有的良好习惯越多，他离成功也就越近。而3～6岁是习惯培养的最佳时刻。这个时间段养成的习惯往往可能伴随人的一生，如果想改变这个时期形成的不良习惯，往往很难。比如如果幼儿在这个时间段养成了偏食的习惯，那么长大后，他依然会挑食，小时候不喜欢吃的东西，长大了也不喜欢吃。

习惯是一种长期形成的思维方式、处世态度，习惯是由一再重复的思想行为形成的，习惯具有很强的惯性，像转动的车轮一样。人们往往会不由自主地启用自己的习惯，不论是好习惯还是不好的习惯，都是如此。可见习惯的力量——不经意会影响人的一生。

一个人的习惯好不好是通过行动体现出来的。比如，说一个是否拥有良好的行为习惯，我们可以通过他吃什么、什么时间吃、怎么吃等过程看出来。美国心理学巨匠威廉·詹姆斯有一段对习惯的经典注释：种下一个行动，收获一种行为；种下一种行为，收获一种习惯。

孔子说："少成若天性，习惯如自然。"意思就是小时候形成的良好行为习惯和天生的一样牢固。

一般来说，习惯可以在有目的、有计划的训练中形成，也可以在无意识状态中形成。而良好的习惯必然在有意识的训练中形成，不允许也不可能在无意识中自发的形成，这是好习惯与不良习惯的根本区别。相对于其他习惯而言，不良习惯形成以后，要改变它是十分困难的，俗话说："江山易改，本性难移。"从根本上说，任何一个好习惯的养成都不会是轻而易举的。

那么，父母如何培养幼儿的良好习惯呢？

（1）让幼儿体验快乐：一个人为什么会对一件事乐此不疲呢？那是因为那件事会带给他快乐，培养幼儿的良好习惯首先就要让他体验到快乐。有了快乐才会产生兴趣，有了兴趣才会尝试体验，尝试体验才会掌握方法，长期将这种方法运用才能形成习惯。3岁的敏敏最不喜欢洗手，妈妈多次提醒她饭前便后、玩完玩具之后要洗手，但敏敏就是不配合。后来，妈妈改变了方法，一次要开餐了，妈妈没有要求敏敏洗手，而说："敏敏，在开餐前我们一起来玩一会水吧。"敏敏一听，高兴地答应了，和妈妈一起在手上擦上肥皂，快乐地搓起来，然后再放到龙头下冲，她觉得有趣极了。便问妈妈："除了开餐前可以玩水，其他时间也可以玩水吗？"妈妈告诉她在尿尿后、玩完玩具后、在外面玩耍回来后都可以玩水。就这样，敏敏轻而易举地养成了勤洗手的好习惯。

（2）注意幼儿第一次出现的行为：要使幼儿养成一种好习惯，父母一定要注意幼儿第一次出现的行为。例如，幼儿第一次骂人的时候，他并不是道德驱使，而是觉得好玩。这时候，幼儿会观察父母或其他成人对自己行为的反应。如果成人的态度是冷淡的、严肃的，幼儿就会明白："大人不喜欢我的这种行为。"由此，他会减少这种行为。如果这时有成人对幼儿的行为表现出赞扬、夸奖或者高兴的笑等反应，幼儿就会觉得自己的行为是受到成人喜欢的，由此，他会增加这种行为出现的频率，从而养成不良的习惯。

（3）在生活中培养好习惯：日本教育家福泽谕吉说："家庭是习惯的学校，父母是习惯的老师。"事实正是如此，幼儿习惯的养成主要在家里，父母应该注重在生活中培养幼儿的各种良好习惯。

家庭是幼儿成长的第一环境，是幼儿习惯形成的摇篮，6岁前的幼儿主要生活在家庭中，家庭生活对幼儿的影响是非常重要的。

由于父母工作繁忙，彬彬从小就跟随爷爷奶奶生活，爷爷奶奶对彬彬非常宠爱，他们对彬彬总是照顾得无微不至。当彬彬进入幼儿园时，还不会独自上厕所，不会自己吃饭，不会自己睡觉……彬彬在生活中根本就没有学到良好的自理习惯！这时候，彬彬的父母才意识到问题的严重性，赶紧把彬彬接到家中，对彬彬进行生活习惯的训练。

由此可见，生活即教育，父母应该积极为幼儿创造适宜的家庭环境，同时，父母应当经常在行为、举止和谈吐等方面给幼儿一个最好的榜样，讲话时要注意礼貌、举止要文雅，表现出高尚的情操、道德行为和良好的习惯。如果能够经常这样以身作则，这种长期熏陶使儿童在潜移默化中得到最佳的教养，通过日积月累，让幼儿的良好习惯在不知不觉中形成。

(4) 在实践中培养好习惯：在实践中养成习惯，要不断身体力行，使习惯成自然。要养成某种好习惯，要随时随地加以注意，身体力行、躬行实践，才能“习惯成自然”，收到相当的效果。成自然就是不必故意费什么心，仿佛本来就是那样的意思。走路和说话是我们最需要的两种基本能力。这两种能力的形成是因为我们从小就习惯了，“成自然”了；无论哪一种能力，要达到习惯成自然的地步，才算我们有了那种能力。如果不达到习惯成自然的程度，只是勉勉强强地做一做，就说明我们还不具有那种能力。

“习惯成自然”只有一个法宝，那就是反复实践，也就是无数次地重复那种行为。芳芳妈自芳芳一岁起就每天晚上在睡前和芳芳一起看书，现在芳芳已经 5 岁了，睡前看书已经成为她的一个习惯，哪天晚上没有看书，她就会翻天覆地地睡不着。

(5) 坚持到底，不可半途而废：习惯的培养不是一朝一夕的事，贵在长久坚持。“万事开头难”“好的开端是成功的一半”，培养习惯也是一样，关键前三天，重在一个月。根据美国科学家的研究，一个好习惯的养成一般要坚持 21 天，90 天的重复会形成稳定的习惯。

为了保证洁洁牙齿的健康，洁洁妈要求洁洁养成睡前刷牙的好习惯，开始的一两天，洁洁妈每天都陪着洁洁一起刷牙，监督她。几天后，洁洁妈出差了，十多天后回来，发现洁洁早已将睡前刷牙的事抛到了脑后。

(6) 纠正坏习惯，培养好习惯：对于父母来说，要注意培养幼儿的良好习惯，更要注意不要让幼儿养成不良的习惯。因为坏习惯一旦养成，就具有自然的驱动力和心理惯性，有时候就算没有外部条件，习惯行为也同样可以做出。许多幼儿有时候知道自己有不良的习惯，但是往往控制不住自己而重复不良的习惯。这时候，父母要帮助幼儿抑制和纠正坏习惯。

那么，什么是坏习惯呢？叶圣陶认为，习惯不嫌其多，但有两种习惯养成不得，除此之外，其他的习惯多多益善。这两种习惯就是：不养成什么习惯的习惯和妨害他人的习惯。

什么是“不养成什么习惯的习惯”呢？叶圣陶用日常生活中的某些习惯的养成来说明不养成什么习惯的害处。他说：“坐要端正，站要挺直，每天要洗脸漱口，做事要有头有尾，这些都是一个人的起码习惯。有了这些习惯，身体和精神就能保持起码的健康，但这些习惯不是短时间内就形成的，要逐渐养成。在没有养成的时候，多少需要一些强制工夫，自己得随时警觉，直到‘习惯成自然’，就成为终身受用的习惯。可是如果起先没有强制与警觉，今天东、明天西，今儿这样，明儿又那样，就可能什么习惯也养不成。久而久之，这就成为一种习惯，牢牢地在身上生了根。这就是不养成什么习惯的习惯，最要不得。”这种习惯与其他种种习惯冲突，一旦养成，其他种种习惯就很少有养成的希望了。

什么是“妨害他人的习惯”呢？叶圣陶举例说：“走进一间屋子，砰的一声把门推开；喉间一口痰上来了，噗的一声吐在地上；这些好像是无关紧要的事，但这既影响他人学习和工作，又可能传播病菌，一旦习以为常，就成为一种妨害他人的习惯。”

当然，纠正幼儿不良的习惯不仅需要行为的弱化，还需要大人们配合做一些思想工作，如心理辅导和正向诱导，各种方法共同参与、协调配合，坏习惯是可以消除的。

在纠正孩子坏习惯时，父母应该直接提出坏习惯的不良影响，并以此触动幼儿的心灵，这样纠正起来相对容易得多。

移动阅读

移动阅读

幼儿自信心水平测查
儿童不自信的教育误区
为什么美国孩子个个自信
多角度赏识让孩子充满自信
如何增强孩子的自信
怎样对孩子进行赏识教育
如何培养孩子的勇敢力
培养勇敢力要“对症下药”
如何培养勇敢的孩子
中国孩子为什么胆子小
帮助孩子改变不自信的方法
怎样让孩子保持自信心
毁掉孩子自信心的“杀手”
打造自信孩子的“法宝”
赏识教育的原则
赏识教育的误区
如何培养孩子的勇敢品质
怎样才能让孩子获得勇气
怎么培养孩子的勇气和进取心
美国孩子为什么胆子大

移动阅读

孩子胆小怯懦怎么办

帮孩子解决胆小问题

怎样使孩子克服胆小

怎样培养孩子忍耐挫折的能力

怎样锻炼孩子的忍耐能力

怎样让孩子学会宽容

怎样培养孩子的坚持力

培养孩子意志力的方法

父母应该如何培养孩子的毅力

如何锻炼孩子的毅力

日本孩子如何锻炼毅力

如何从小培养孩子坚持性

测测孩子的坚持性

壮大孩子“小”胆子的妙招

让孩子更勇敢的八招

如何带领孩子走出胆怯心理

按年龄特点培养孩子的忍耐力

怎样培养孩子宽容忍让的品格

怎样培养宝宝的探索精神

如何培养大班幼儿的意志力

日本如何培养孩子的意志力

如何培养孩子的毅力

锻炼毅力的方法

孩子缺乏坚持力怎么办

正确方法塑造孩子坚持性

图书在版编目（C I P）数据

三维六商孕育经：在线答疑版 / 张飞驰,张丽娟,岳少杰，张卫社，王东波著.
-- 长沙 : 湖南科学技术出版社,2020.5
ISBN 978-7-5710-0551-1

Ⅰ. ①三… Ⅱ. ①张… ②张… ③岳… ④张… ⑤王… Ⅲ. ①家庭教育
Ⅳ. ①G78

中国版本图书馆CIP数据核字(2020)第056169号

SANWEI LIUSHANG YUNYUJING
三维六商孕育经（在线答疑版）
著　　者：张飞驰　张丽娟　岳少杰　张卫社　王东波
责任编辑：李　忠
出版发行：湖南科学技术出版社
社　　址：长沙市湘雅路276号
http://www.hnstp.com
邮购联系：0731-84375882
印　　刷：长沙鸿和印务有限公司
（印装质量问题请直接与本厂联系）
厂　　址：长沙市望城区普瑞西路858号金荣企业公园C10栋
邮　　编：410200
版　　次：2020年5月第1版
印　　次：2020年5月第1次印刷
开　　本：710mm×1000mm 1/16
印　　张：32
插　　页：2
字　　数：508000
书　　号：ISBN 978-7-5710-0551-1
定　　价：68.00元